冻融土力学行为及路基动力变形特性

冯德成　张　锋　著

科学出版社

北　京

内 容 简 介

受冻融循环与汽车荷载的耦合作用，寒区公路路基病害机理复杂，严重影响道路结构的稳定性和耐久性。本著作以寒区冻融路基土的力学行为、环境和动荷载耦合作用下路基性能的动态演化和变形特征为研究对象，综合采用了室内试验、理论分析、现场测试、数值模拟等技术手段。第 1 章综述了该领域的国内外研究进展；第 2～7 章研究了冻融循环对路基土结构性的影响和冻融路基土的静动力学行为；第 8～10 章建立并验证了汽车-路面-路基动力相互作用模型、水-热-动力耦合有限元模型；第 11 章和第 12 章揭示了寒区公路路基的温度、水分状态，以及路基动力响应和变形的动态演化特征。

本书可供道路工程、铁路工程、机场工程等领域从事科研、设计的人员阅读，并可作为高等院校相关专业的研究生和教师的参考用书。

图书在版编目(CIP)数据

冻融土力学行为及路基动力变形特性 / 冯德成，张锋著. —北京：科学出版社，2025.3

ISBN 978-7-03-074700-6

Ⅰ. ①冻…　Ⅱ. ①冯…　②张…　Ⅲ. ①冻融作用-路基-冻土地基-变形-特性　Ⅳ. ①U416.1

中国国家版本馆 CIP 数据核字（2023）第 015048 号

责任编辑：王　钰 / 责任校对：王万红
责任印制：吕春珉 / 封面设计：东方人华平面设计部

科学出版社出版
北京东黄城根北街 16 号
邮政编码：100717
http://www.sciencep.com
北京中科印刷有限公司印刷
科学出版社发行　　各地新华书店经销
*
2025 年 3 月第　一　版　　开本：B5（720×1000）
2025 年 3 月第一次印刷　　印张：22 1/4
字数：436 000

定价：238.00 元
（如有印装质量问题，我社负责调换）
销售部电话 010-62136230　编辑部电话 010-62151061

前　言

我国季节性冻土分布广泛，周而复始的冻融循环作用和交通荷载直接影响路基土的力学行为，严重者破坏路面结构、威胁行车安全。目前，国内外关于冻融路基土的静动力学行为、汽车-路面-路基相互作用模型及其动力学分析理论与方法、寒区重载汽车荷载下路基水-热演化与动力响应特性方面的研究尚未成熟，如何有效评价季节性冻土区高等级公路路基的稳定性与长期服役性能，有效降低路面、路基病害的发生且减轻运行维护难度，是制约我国寒区公路发展的瓶颈之一，也是我们面临的一大工程技术难题。

本书的研究内容立足于寒区公路路基病害严重的工程背景，在前人和同行们研究成果的基础上，通过大量室内试验、现场测试、理论分析、数值模拟相结合的技术手段开展研究，充分认识了冻融循环作用对路基土结构的影响机理，系统地研究了冻融路基土的静动力学行为、车-路耦合作用与水-热-动力耦合作用分析理论与模型、寒区公路路基水-热状态与路基动力性能演化特征等三大问题。通过以上研究，进一步认识寒区路基土的静动力学行为，丰富寒区路基-路面动力相互作用理论，明确寒区路基水-热状况演变和产生永久变形的特性；也有助于补充与完善我国寒区路基设计规范或规程的技术要求，服务于寒区公路建设。

本书研究内容的开展得到了国家自然科学基金项目（项目编号：51578200 和 51478163）、黑龙江自然科学基金重点项目（项目编号：ZD201218）、高等学校博士学科点专项科研基金项目（项目编号：20092302110053）、吉林省交通科技计划项目、黑龙江省交通运输厅科技项目等资助。主要参与项目研究的人员有冯德成、张锋、林波、马宏岩、李琼林、荆儒鑫、周志、唐康为、陆许峰等。全书共 13 章，由哈尔滨工业大学冯德成和张锋撰写并统稿。林波博士、荆儒鑫博士、李琼林博士、马宏岩博士为本书收集、整理了相关资料。史盛、唐康为、陆许峰、王冠夫、刘天赐等在成书的过程中做了大量辅助性工作。

感谢中国科学院西北生态环境资源研究院冻土工程国家重点实验室、吉林省交通科学研究所季节性冻土区公路建设与养护技术交通行业重点实验室（长春）、哈尔滨工业大学交通安全特种材料与智能化控制技术交通行业重点实验室提供了便利的试验条件。感谢哈尔滨工业大学张克绪教授和凌贤长教授、四川农业大学朱占元教授在本研究中给予的指导和帮助。

由于笔者水平有限，书中难免存在纰漏，望各位专家及同仁不吝赐教。

冯德成　张　锋

2020 年 12 月于哈尔滨

目　　录

第 1 章　绪　　论

1.1　背景与意义

公路、铁路与机场是国民经济发展、社会进步和人民生活保障的重要公共基础设施，是衡量一个国家经济实力和现代化进程的重要标志之一。目前，我国交通事业发展迅速。根据交通运输部发布的《2019 年交通运输行业发展统计公报》显示，截至 2019 年底，全国公路总里程达到 501.25 万 km，公路密度达到 52.21km/100km^2，其中高速公路里程 14.96 万 km，全国四级及以上等级公路里程 469.87 万 km；全国铁路营业里程 13.9 万 km，其中高铁营业里程达到 3.5 万 km，全国铁路路网密度 145.5km/万 km^2；颁证民用航空机场 238 个。预计不久之后，我国的高速铁路将覆盖 80%以上的长居人口在 100 万以上的城市，铁路、高速公路、民航机场基本覆盖长居人口 20 万以上的城市，构建“十纵十横”综合运输大通道，强化中西部和东北地区通道建设。

经济建设的突飞猛进，促使交通量日益增大。据统计，我国公路载货汽车 1087.82 万辆，载客汽车 77.67 万辆；机动车年平均日交通量为 14852 辆，增长率为 3.7%，国家高速公路年平均日交通量为 27936 辆，增长率为 4.1%，普通国道年平均日交通量为 10641 辆，增长率为 3.1%。大型货车和重载货车急剧增多，致使公路超负荷运营，据黑龙江省哈同高速公路的轴载谱显示，45.87%的Ⅱ型轴载超过国家限重的 10t，其中 4.02%的Ⅱ型轴载超过了 20t，58.01%的Ⅲ型轴载超过了国家规定的 18t，84.78%的Ⅳ型轴载超过了国家规定的 22t。相比普通的双轴货运汽车对路基的作用而言，重型、特重型货运汽车轴重大、轮组多、行车速度较低，因而对路基作用的动荷载强度大、叠加效应大、持续时间长，引起路基的荷载效应强、动应力幅值大、影响范围深、振动持时长，导致路基结构强度、刚度、稳定性等参数的安全储备量降低，从而使道路结构出现病害的概率增大、维修频率增加、使用寿命缩短。

我国是世界第三冻土大国，季节性冻土分布面积为 5.14×10^{6}km^2，其中对工程有重要影响的冻深超过 0.5m 的季节性冻土面积为 4.46×10^{6}km^2；如果包括多年冻土在内，我国冻土分布面积为 7.29×10^{6}km^2，占陆地国土面积的 75.9%[1,2]。其中冻深超过 1.5m 的深季节性冻土面积高达 3.67×10^{6}km^2，主要分布在东北和内蒙古的大部分地区，以及新疆、青海与西藏的部分地区。在东北高纬度与青藏高原高海拔多年冻土区范围内存在为数可观的深季节性冻土融区，如东北大片连续多年冻土区中就有25%～35%、岛状融区中有40%～50%、岛状冻土区中有70%～95%。青藏高原多年冻土中，大片连续区中有25%～30%、岛状区中有40%～60%的深季节性冻土[3,4]。在这些地方广泛分布着纵横交错的各种等级公路。

寒区道路路基在大气温度发生周期性变化时，土中的液态水、固态冰与气态水相互转变，并与外界环境不断进行物质和能量交换，其物理性质、水理性质和力学性能发生改变[5]；加之路基作为公路的基础，不但要承受线路上部结构自身的静力荷载作用，而且要承受过往汽车的随机动力荷载作用。前者对路基而言是静压力，其大小取决于上部结构形式（面层与基层的厚度、质量密度等）；后者则是随车轮移动而重复变化的动应力，其大小与汽车类型、轴重、悬挂方式、运行速度直接相关。因此，季节性的冻融循环作用与重载汽车荷载作用是诱发寒区公路路基病害不断发生的两大因素。在长期重载汽车行驶动力荷载作用下，路基的长期变形稳定性与强度稳定性大幅降低，不可避免地发生路基翻浆、水分迁移和沥青路面纵向裂缝等病害（图1-1），致使路面功能弱化，由此制约地方经济健康有序地发展，而且需要耗费大量人力与财力维修。

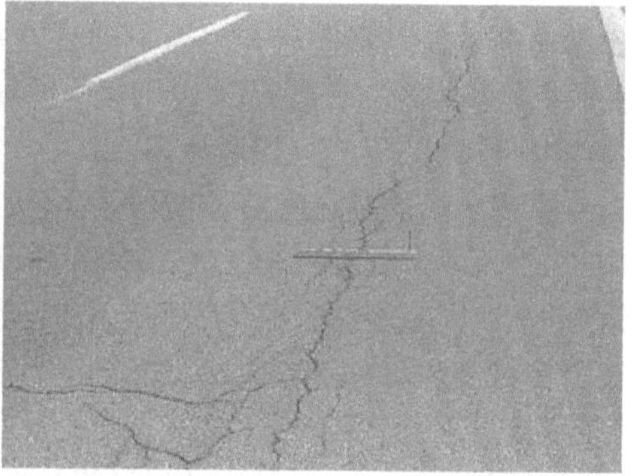

图1-1 寒区路基水分迁移和沥青路面纵向裂缝

我国寒区的大量公路，在汽车载重增加、气候变化等多重因素共同影响下路基病害越发突出，而直接针对寒区重载汽车荷载下路基、路面病害机理和长期变形稳定性的评价方法尚不明确。因而，本书的研究结果有助于认识寒区路基冻融土的静动力学行为，丰富寒区重载汽车-路面-路基动力相互作用基础理论，明确寒区重载汽车荷载下路基动力响应性能，认识冻融循环与行车荷载对路基长期变形稳定性的影响。在更高层面上，为逐步补充与完善我国寒区路基设计规范或规程的若干技术细节，服务于当前我国寒区公路建设的需要奠定基础。对加强寒区重载汽车荷载下路基动力响应性能的理解，有效突破寒区公路建设发展的瓶颈具有重要的理论与现实意义，也有助于促进我国寒区道路工程学科的发展。

1.2 国内外研究进展

1.2.1 冻融循环后土的力学行为

1.2.1.1 冻融循环后土的静力行为

寒区土体暴露于自然环境下，受到周期性正、负温度交替影响，使土体发生季节性冻结和融化，这种强烈的物理风化作用不但影响土的干密度、渗透性、孔隙比等物理特性，而且影响它的变形和强度性能[5]。冻融循环作用对土力学性能的研究方法主要采用的是室内试验，国外在这方面开展较早[6-9]。其中，Alkire等[10]对曼彻斯特（Manchester）粉土和里奥（Elo）黏土分别进行4种加载工况的试验，发现冻融或重复荷载作用使土的强度增加，但冻融循环后再施加重复荷载则使土的强度降低。Berg等[11]研究了冻融循环对不同细粒土和粗粒土回弹模量的影响，对于未冻土，含水率影响其回弹模量，但影响程度却依赖于土的类型；而且未冻土的回弹模量依赖于应力水平，并随饱和度的减小而增大。Simonsen等[12]对美国新罕布什尔州（State of New Hampshire）5种细粒土和粗粒土通过室内三轴试验发现，一个冻融循环后，不同类型土的回弹模量降低20%～60%。Simonsen等[13]对比常围压和变围压三轴试验的结果发现，围压对试验结果无影响，而冻融循环作用影响较大。Tsarapov[14]采用室内直剪试验研究了融化砂壤土、壤土和黏土的剪切强度。Ishikawa等[15,16]采用冻融历史型非饱和三轴压缩试验机，研究了冻融循环作用对日本柏原（Kashiwabara）非饱和破碎性火山灰土强度与变形的影响，指出一次冻融后，土的峰值静强度和模量降低。Yamaki等[17]研究了0～50次冻融循环作用对北海道地区破碎性粗粒火山灰土变形性能的影响，发现冻融循环次数对火山灰土的刚性率[18]有很大影响，如图1-2所示。

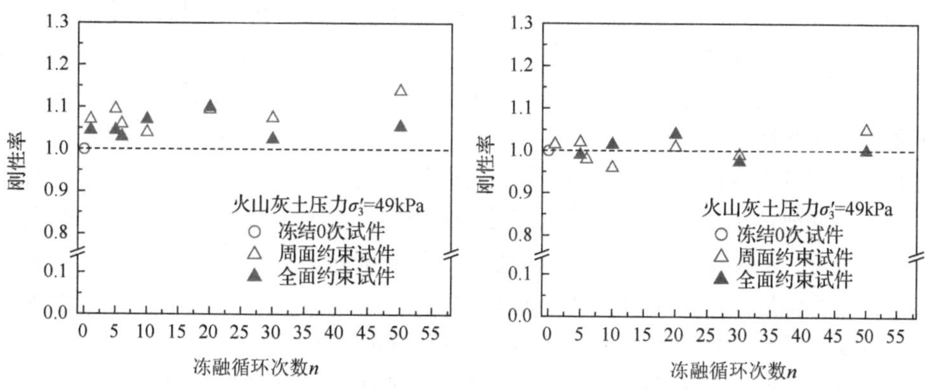

图1-2 冻融循环次数对火山灰土刚性率的影响

齐吉琳等[19]对复杂应力状态下兰州黄土和天津黏土进行了常规三轴不固结快剪试验，发现冻融循环后两种土黏聚力降低，内摩擦角增大。为了研究干密度对冻融后土的强度与变形的影响，Qi 等[20]将兰州黄土制备成不同干密度的试件，经历封闭冻融循环后进行了直剪试验，结果表明，当试件干密度大于临界干密度时黏聚力随冻融循环次数增加而降低，反之则升高；内摩擦角则变化不大，回弹模量降低。Wang 等[21]对青藏黏土在封闭体系下进行 0～21 次冻融循环后，进行了三轴不固结不排水试验，发现随冻融循环次数增加土的黏聚力逐渐下降，而内摩擦角呈增加趋势，如图 1-3 所示。

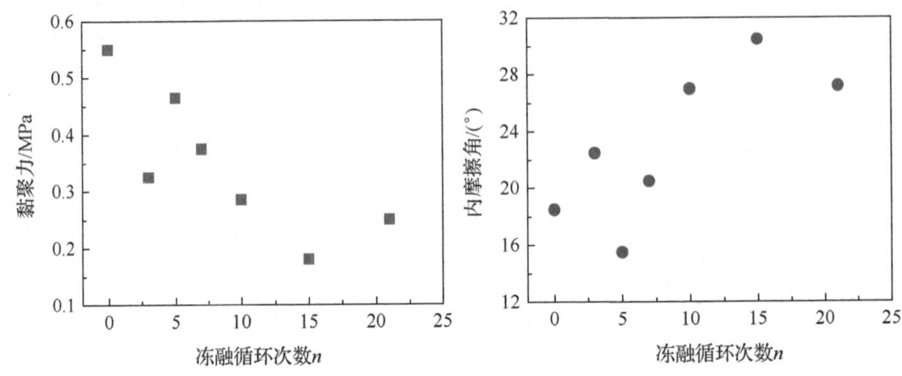

图 1-3　冻融循环对青藏黏土黏聚力与内摩擦角的影响

苏谦等[22]研究了初始干密度和冻融循环作用对青藏砂质黏土强度的影响，发现较低干密度土体冻融循环后黏聚力增加，而较大干密度土体冻融循环后黏聚力增小，10 次冻融循环后土体达到平衡状态。毛雪松等[23]将西安黄土在最佳含水率下静压成型，研究了冻融循环后土体的无侧限回弹模量，发现含水率 8%～17%是黄土回弹模量变化最为敏感区域，随冻融循环次数的增加大致呈衰减趋势。Liu 等[24]进行了融土的无侧限压缩试验，发现最优含水率时融土强度最大，冻结温度越低，融土强度越大，初始含水率越大，融土破坏时对应的应变越大。于琳琳等[25]对饱和原状粉质黏土进行了冻融循环后的不固结不排水剪切试验，结果表明，饱和原状粉质黏土冻融后黏聚力降低，内摩擦角增大，冻结温度越低，冻融作用对黏聚力和内摩擦角的影响越小，5～7 次冻融循环后二者的变化逐渐趋于稳定。董晓宏等[26]对不同初始含水率的杨凌黄土进行封闭体系下的单向冻融循环后做直剪试验，发现黄土的黏聚力和抗剪强度一般在 3～5 次冻融循环之后降到最低值，并趋于稳定；内摩擦角基本不变。许强等[27]发现相同含水率下冻融循环次数越多，融化后土的强度越大，而相同冻融循环次数下冻土的初始含水率越大，融化后的抗剪强度则越小；冻融循环 3 次后融土的抗剪强度趋于稳定。

考虑盐分对土体冻融循环作用的影响，陈炜韬等[28]将格尔木盐渍土掺入氯化钙和硫酸钠后进行3次冻融循环，采用直剪试验测试了冻融循环对不同含盐量和不同含盐类别盐渍土对黏聚力降低的变化规律和机理。冯勇等[29]对新疆细粒土在不同含水率、密实度、易溶盐含量和黏土粒含量条件下在多次冻融循环后进行了快速不排水直剪试验，发现黏聚力有降低的趋势，而内摩擦角变化较为复杂。邴慧等[30]将兰州黄土中掺入无水硫酸钠后进行冻融循环，发现含硫酸钠盐黄土的单轴抗压强度随冻融循环次数的增加而减小，冻融5～7次后，试件强度减小趋势变缓。

然而，由于细粒土对温度和水的敏感性，不宜直接作为工程材料使用，Altun等[31]在伊兹密尔（Izmir）粉砂土中分别掺入C类粉煤灰和水泥，采用干法和湿法两种方法养护试件，研究了封闭冻融循环对试件无侧限抗压强度的影响，结果表明，粉煤灰和水泥的含量与养护方法对冻融循环后试件强度有很大影响。Zaimoglu[32]在安纳托利亚（Anatolia）黏土中掺入不同质量百分比的聚丙烯纤维后冻融循环作用12次，无侧限压缩试验表明，添加聚丙烯纤维后黏土的峰值应力成倍增加，但初始刚度变化甚微。Ghazavi等[33]在高岭土质黏土中掺入不同质量百分比的钢纤维和聚丙烯纤维，封闭冻融循环后进行无侧限抗压强度试验，发现冻融循环次数的增加可以使土的强度降低20%～25%，7次冻融后强度趋于稳定；3%掺量的纤维可以提高试件的强度，但掺加聚丙烯纤维的效果要高于钢纤维。Hazirbaba[34]将费尔班克斯（Fairbanks）黏土加入土工纤维和合成剂，封闭冻融1次后进行加州承载比试验，发现添加土工纤维和合成剂后的改良土对冻融循环有一定的抵抗作用。马巍等[35]讨论了冻融循环对石灰粉土剪切强度特性的影响，试验发现，1次冻融循环后未加石灰的粉土剪切强度变化不大，而石灰粉土的剪切强度明显降低；冻融循环次数增加，石灰粉土的剪切强度衰减，10次冻融循环后饱水石灰粉土强度达到最低。魏海斌等[36,37]把粉煤灰和粉质黏土按干燥质量1∶2混合，分别将粉煤灰土和粉质黏土在最佳含水率和最大干密度下成型，并进行封闭体系的冻融循环和不固结不排水动三轴试验，结果表明：经历3次冻融循环后，粉煤灰土和粉质黏土动强度趋于稳定，但粉煤灰土动强度较大；冻融3～8次后，两种土的动模量稳定，而粉煤灰土动模量较高。Liu等[38]和王天亮等[39]研究了不同的冻融循环次数、冷却温度、围压下水泥及石灰改良土的静动力学性能，试验结果表明，水泥土的应力-应变关系为软化型，冻融作用下石灰土的应力-应变关系为硬化型，改良土的黏聚力随冻融循环次数增加而减小，而内摩擦角与冻融循环次数的关系无规律可循；冷却温度对改良土黏聚力的影响不明显；反复冻融作用下水泥土的改良效果要优于石灰土。

1.2.1.2 冻融循环后土的动力行为

相对于静力试验而言，国内外学者在动力荷载（包括地震、交通和波浪荷载）作用下对冻融循环后土的力学性能的研究较少。戴文亭等[40]对长春粉质黏土进行封闭系统下的冻融循环后做了不固结不排水动三轴试验，控制荷载频率 1Hz，加载波形为正弦波，结果表明，3 次冻融循环后粉质黏土的动强度和动模量趋于稳定，不随围压和冻融循环次数的变化而变化。Zhang[41]研究了冻融循环作用对马布尔湾（Mabel Creek）粉土动剪切模量和阻尼比的影响，指出，冻融后土的动剪切模量增加；但当动剪应变小于 0.03%时，阻尼比不变；动剪应变大于 0.03%时，冻融循环作用可以增加土的阻尼比，如图 1-4 所示。

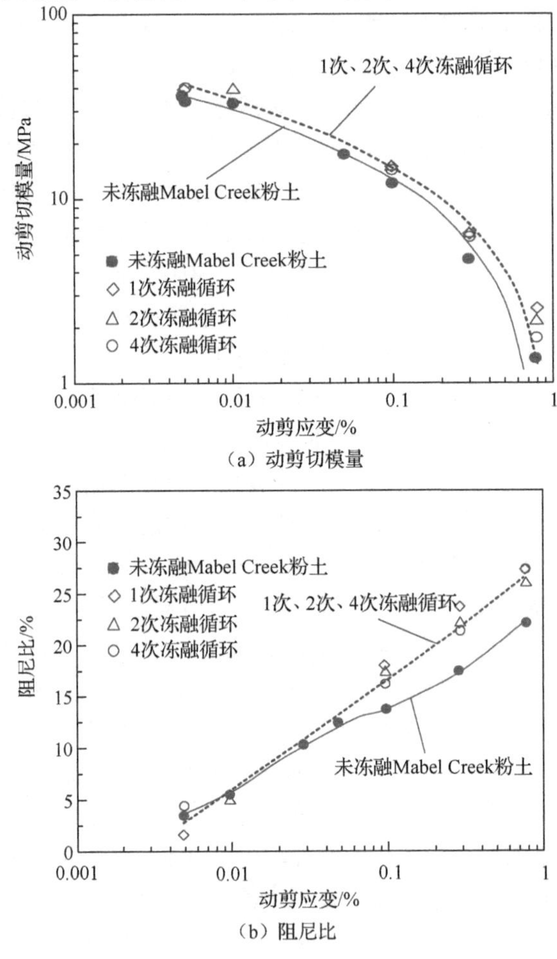

（a）动剪切模量

（b）阻尼比

图 1-4　冻融循环对 Mabel Creek 粉土动剪切模量和阻尼比的影响

赵亮[42]研究了风积土经历一系列冻融循环后的动力特性，认为经过 17～22 次冻融循环后风积土的动力学参数已非常接近其初始状态，动态弹性模量恢复达 96.01%。Wang 等[43]的研究结果表明，反复的冻融循环作用可造成压实路基土的动剪切模量衰减，但是对阻尼比的影响规律尚不明确。严晗等[44]深入研究了多次冻融循环后粉砂土动模量和阻尼比的变化规律，发现在相同的动应变水平下，动模量随冻融循环次数的增加而减小，而阻尼比则增大。Tang 等[45]通过试验证实，淤泥土的动态弹性模量在冻融作用之后降低，且随着循环应力幅值的增加而大幅降低。Wang 等[46]发现粉质砂土的动模量随着冻融循环次数的增加急剧降低，而阻尼比增加，这种变化在第 6 次冻融循环后趋于平缓。Li 等[47]发现冻结温度对饱和土体动态弹性模量影响很小，但冻融作用可导致土体结构发生重新排列。Ling 等[48]研究了压实土经历冻融循环之后动剪切模量和阻尼比的变化规律。Cui 等[49]研究了冻融前后上海粉质黏土的动力特性，认为随着振动次数的增加，轴向应变增长速率和超孔隙水压力逐渐降低。

总体而言，目前国内外对冻融循环对土体静力行为的研究成果较多，其中土的类型以细粒土（如黄土、黏土和粉土）为主，试验方法以单轴压缩试验、直剪试验为主，常规三轴静力压缩试验相对较少；土的冻融循环试验则以封闭体系的单向冻融为主，但限于工程背景不同，冻融试验中控制的冻结温度、融化温度及冻融循环次数不尽相同；为了突出冻融循环作用对力学性能的影响，不少学者在对冻融循环后土的直接常规三轴压缩试验中，直接测试不固结条件下的土强度。因此，若从以上几点出发，考察之前学者得出试验结果的差异性就不难理解了。目前，普遍认为土体冻融循环后的强度和刚度与其试件的密实度有关，密实度大的土体冻融循环后黏聚力降低，内摩擦角变化不大或者有增加的趋势；反之，冻融循环作用对密实度小的土体的强度有增加的趋势，这正如 Viklander[50]提出的残余孔隙比的概念一样，即松散土和密实土经过冻融循环后趋向一个稳定的孔隙比，土体冻融循环后的强度与变形性能和残余孔隙比有关。

此外，以工程应用为目的，改良土在冻融循环后的力学性质研究逐渐开展起来，在性质不良土中掺入土工合成材料、水泥和石灰等，不同材料和掺量对改良后土的力学性能影响的研究成为一个新兴方向。然而，对循环荷载作用下土（素土和改良土）的动力参数的研究相对较少。我国正处于基础建设时期，寒区公路建设面临巨大的发展，针对冻融循环和重载汽车荷载联合作用下路基土的动力参数研究需要给予更多的关注。

1.2.2 交通荷载下路基路面动力响应

1.2.2.1 车-路耦合动力学模型

采用理论分析和数值模拟方法对汽车荷载下公路路面动力响应的研究较早。Frýba[51]在其专著 *Vibration of solids and structures under moving loads* 中系统总结了 20 世纪 80 年代以前关于移动荷载作用下梁、板和实体的动力响应问题，为车-路动力相互作用的研究奠定了坚实基础。Cebon[52]和 Gillespie 等[53]合作研究了重载汽车对路面破坏的影响与评价，代表了该研究领域在 20 世纪 90 年代的进展。

该研究中，将汽车简化为刚体质量-弹簧-阻尼体系，合理考虑车轮悬挂方式，建立三维重载汽车分析模型，以轮胎接地荷载为输入，研究路面的疲劳性能，其研究思路如图 1-5 所示。

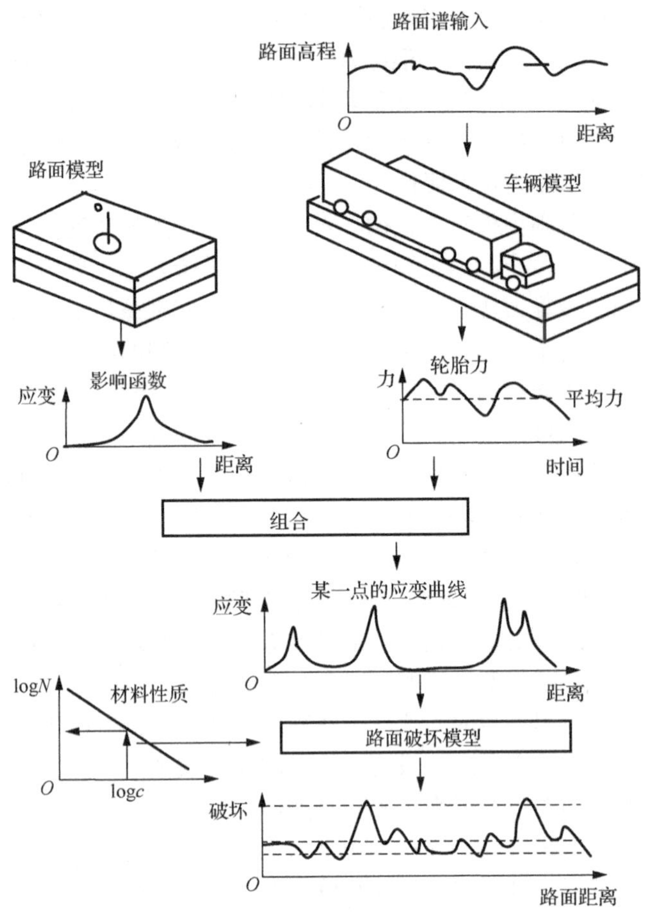

图 1-5　汽车荷载下路面破坏计算过程

为了简化考虑汽车荷载作用，Liu 等[54]将路面视为支撑于黏弹性地基上的无限长梁，汽车荷载简化为集中荷载，其荷载形式为式（1-1），采用傅里叶（Fourier）变换方法对其求解，研究了路面不平度对路面位移、应变和应变率的影响。

$$f(x)=W_0\left[1+\frac{\sum\limits_n \omega_n^2 R_{\mathrm{t}}(\omega_n) A_{\mathrm{q}_n} \mathrm{e}^{\mathrm{i}(q_n+\varphi_{\mathrm{t}}+\varphi_{\mathrm{m}})}}{(1+\beta_0)g}\right] \tag{1-1}$$

式中，$f(x)$为点荷载，x为距原点的距离；W_0为轴重的一半；R_{t}为轮胎的响应函数，与ω_n有关；ω_n为圆频率；A_{q_n}为幅值；q_n为空间频率；φ_{t}为与轮胎接地相

关的迟滞相位角；φ_m为与路面轮廓相关的随机相位角；β_0为簧上质量与弹簧质量比；g为重力加速度。

Kim 等[56]采用多个移动的均布矩形荷载模拟汽车荷载，路面视为黏弹性地基支撑的板模型（图 1-6），研究了荷载幅值对路面垂向位移和板底拉应力的影响。

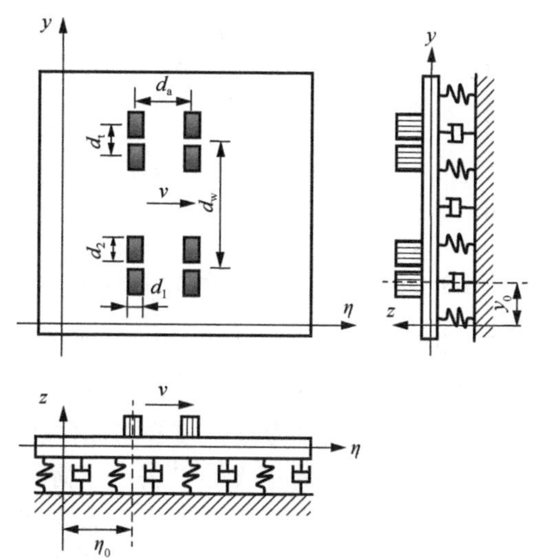

v：速度 y_0、η_0 荷载的初始位置坐标 d_1、d_2：荷载宽度和长度 d_a、d_w：轴距和轮距

图 1-6 黏弹性地基支撑的板模型和汽车荷载

Kim[57]考虑路面转动惯量和轴向压力的影响，将混凝土路面视为瑞利（Rayleigh）梁，地基视为双参数地基（图 1-7），采用 Fourier 变换的方法研究了移动恒载和简谐荷载下路面板的动力响应。

Darestani 等[58,59]将单轮汽车荷载简化为移动矩形节点荷载，采用 ANSYS 软件建立三维路面路基动力有限元模型，研究了单轮、双轮汽车荷载在 2～110km/h 速度下普通混凝土路面和钢筋混凝土路面的动变形和动拉应力，并指出路面设计前动力分析的必要性。Beskou 等[60]在前人工作基础上系统总结了移动荷载下路面的动力响应研究成果，提出了路面常用的梁、板和层状模型，以及地基常用的弹簧、弹簧-阻尼、层状地基和半空间地基模型。Saad 等[61]将汽车单轮轮胎接地区域简化为矩形，荷载时程函数波形为三角脉冲型

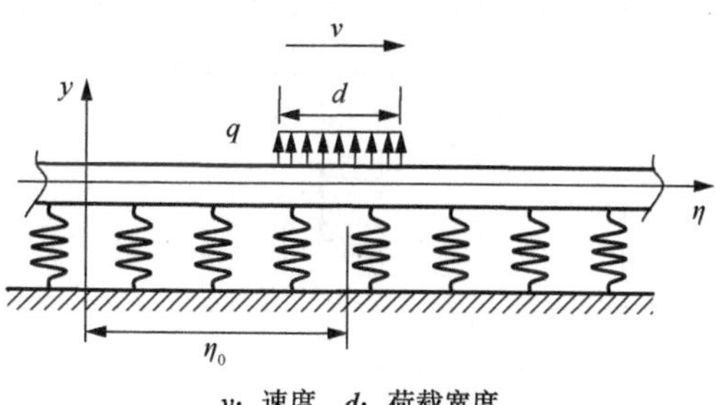

v：速度 d：荷载宽度

q：荷载幅值 η_0：荷载中心位置

图 1-7 Rayleigh 梁

（图 1-8），采用三维动力有限元分析软件 ADINA 研究了基层强度、厚度和路基质量对沥青路面疲劳应变和路基顶面压应变的影响。

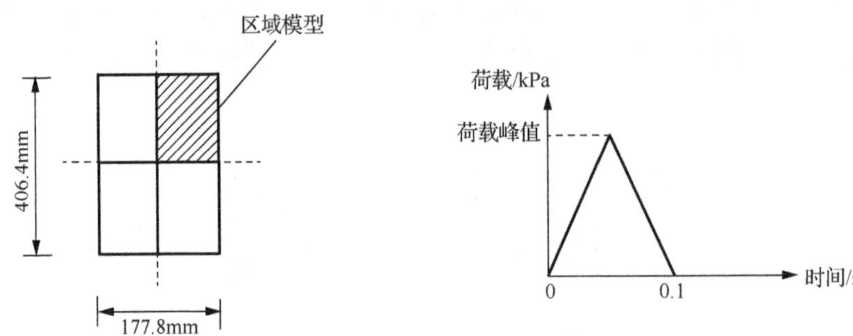

图 1-8　单轮轮胎接地模型和荷载时程函数

国内，杨方廷等[62]将路面视为韦格尔（Winkler）地基上的板模型，研究了 4 个集中荷载作用下的路面位移反应。侯芸等[63]应用三维动力有限元方法，并结合纽马克（Newmark）积分方法求解运动方程，对移动点荷载作用下 Winkler 地基上板的变形和应力响应进行了分析。周华飞等[64]将汽车荷载视为矩形均布荷载，采用下开尔文（Kelvin）地基上无限大基尔霍夫（Kirchhoff）薄板模型，分析了运动汽车荷载作用下刚性路面的动力响应。张文斌等[65]把路面视为弹性地基上的无限大薄板，利用三维 Fourier 变换在时间与空间变换域内建立移动常荷载和谐波荷载下路面动力响应公式，分析了黏滞阻尼、车速、载荷对应变响应的影响。Cao 等[66]基于 Fourier 变换和反变换法则，研究了加速行驶汽车对黏弹性地基支撑下的路面动位移响应。Li 等[67]将汽车荷载模拟为矩形均布荷载，采用 Fourier 变换方法，研究了多个荷载作用下黏弹性地基上路面的位移和动力响应。Lv 等[68]将路面简化为支撑于 Winkler 地基上的无限长梁，并考虑路面内部阻尼，采用解析法研究了荷载移动速度和路面内部阻尼对路面变形的影响。姚海林等[69]将内配纵向钢筋的路面视为置于黏弹性 Winkler 地基上的正交各向异性薄板（图 1-9），采用快速 Fourier 变换方法对匀变速荷载作用下的板的动挠度进行了数值求解。

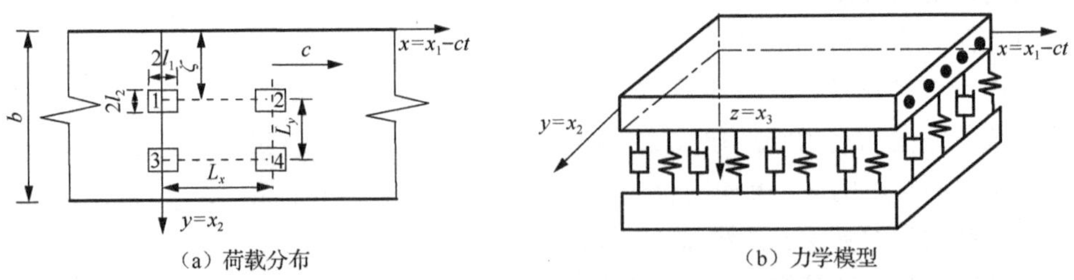

（a）荷载分布　（b）力学模型

b：路面宽度　$2l_1$：荷载长度　$2l_2$：荷载宽度　L_x、L_y：轮载的纵向和横向间距　c：荷载移动速度
t：时间　x_1、x_2、x_3：笛卡儿坐标系的坐标　x、y、z：移动坐标系的坐标

图 1-9　内配纵向钢筋路面模型

将路基视为层状介质，Siddharthan 和 Zafir 等[70-74]提出连续介质有限层法（continuum-based finite-layer approach），并采用 Fourier 变换方法求解移动荷载下层状地基路面模型（图 1-10）的动态响应，该模型的优点在于能够处理复杂的胎面荷载，如宽轮辋轮胎和越野车轮胎，而且可以考虑胎面荷载的时间、空间特性。

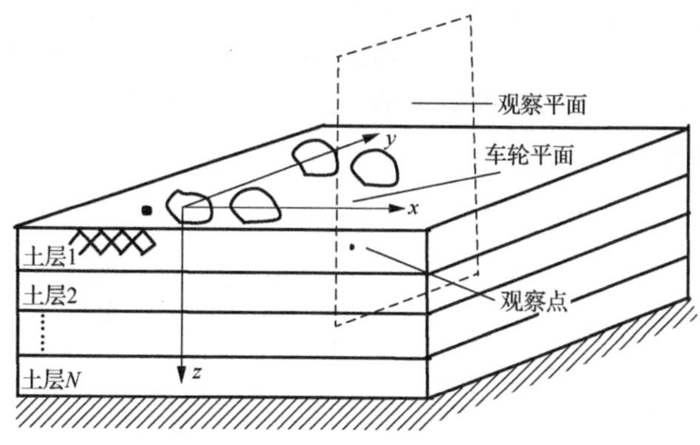

图 1-10 移动荷载下层状地基路面模型

张洪亮等[75]将汽车荷载简化为矩形荷载，将柔性路面视作多层黏弹性半空间体，用传递矩阵、拉普拉斯（Laplace）变换和 Fourier 变换法，对移动的平稳荷载作用下柔性路面的动力响应进行了分析。董泽蛟等[76]采用阶跃型荷载描述路面任一作用位置所受的移动荷载，建立了移动荷载下三维沥青路面动力响应分析有限元模型。数值结果表明，沥青路面的应变响应与移动荷载的速度、作用位置、幅值有关。卢正等[77]采用考虑地基压缩系数和水平剪切系数的双参数路面-双层地基系统模型（图 1-11），建立了考虑地基土体滞回阻尼作用的黏弹性地基上连续

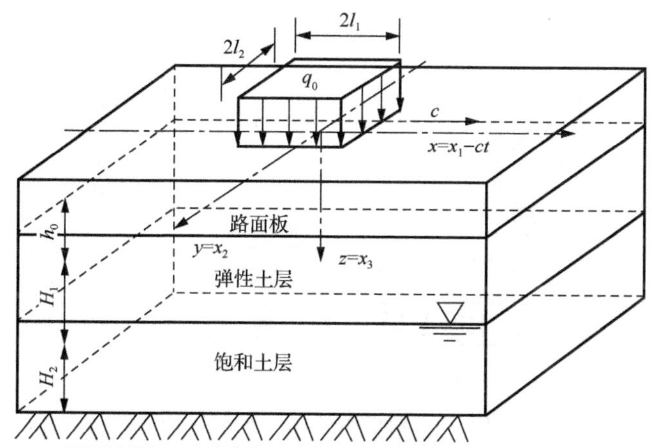

h_0：路面板厚度 H_1 弹性土层厚度 H_2 饱和土层厚度 $2l_1$：荷载长度
$2l_2$：荷载宽度 q_0：均匀荷载 x_1、x_2、x_3：笛卡儿坐标系的坐标 x、y、z：移动坐标系的坐标

图 1-11 双参数路面-双层地基系统模型

配筋混凝土路面的振动微分方程，运用三角级数和 Fourier 变换较为全面地分析了荷载速度、频率、路面配筋率、板厚和地基参数对板的动力响应的影响；而且，针对双参数黏弹性地基上的配筋混凝土路面的动力响应[78]和加速荷载下路面的动力响应[79]也有深入的研究。

Cai 等[80]将汽车荷载简化为 4 个矩形均布荷载，刚性路面和柔性路面简化为支撑于无限大多孔半空间介质上的板（图 1-12），通过路面板和半空间地基之间的相容性条件获得路面板的频率波数域解，进而研究了荷载速度、土的渗透性、板的抗弯刚度等因素对路面响应的影响。

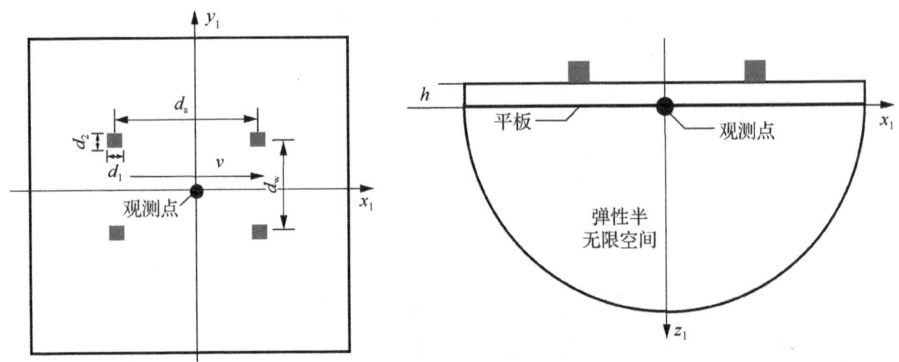

h：观测点的深度　v：移动速度　d_1、d_2：单个荷载的长度和宽度　d_w、d_a：荷载的横向和纵向间距

图 1-12　无限大多孔半空间介质上的板和汽车荷载

为了合理考虑移动汽车荷载作用，一般是将汽车简化为由弹簧和阻尼器连接的多自由度移动刚体模型。Hardy 等[81]将路面简化为黏弹性地基支撑的梁模型（图 1-13），研究了 1/4 汽车模型在路面高差激励下对路面的位移冲击响应。

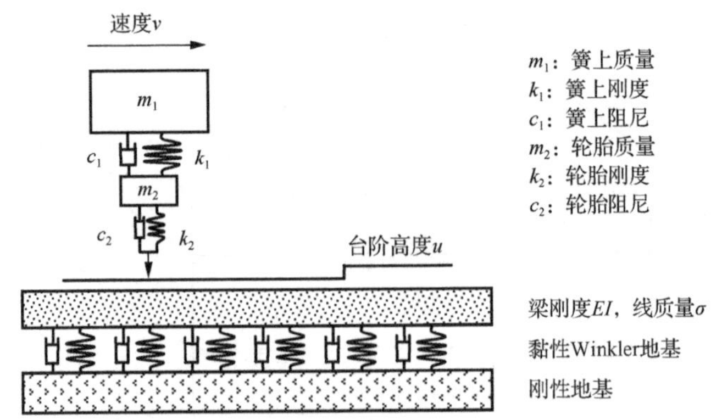

图 1-13　黏弹性地基支撑的梁模型

Wu 等[82]将汽车模拟为带有弹簧和阻尼器悬挂系统支撑的集中质量，混凝土路面模拟为 Kelvin 地基上的一系列实体弹性单元（图 1-14），并采用三维有限元方法验证了模型的可靠性。

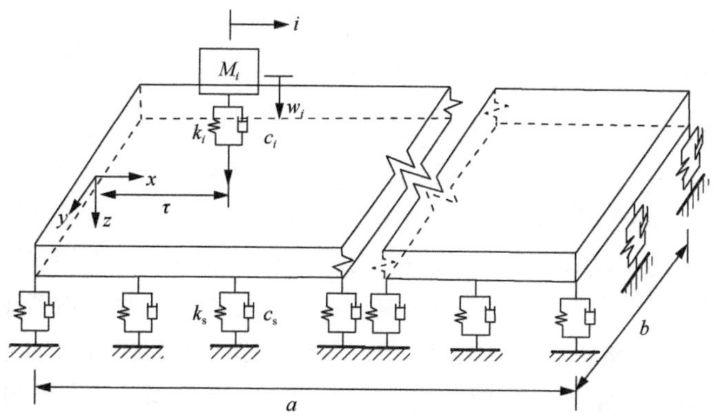

M_i：车体质量 k_i、c_i：弹簧刚度和阻尼 k_s、c_s：土体刚度和阻尼 τ：初始位置 a、b：路面板的长度和宽度

图 1-14 汽车-路面-地基模型

Lin 等[83]建立了单自由度线性简化汽车模型，采用频域分析方法评价匀速行驶于刚性路面上的峰值路面荷载，以用于路面设计。Shi 等[84]考虑车体的沉浮运动、转动运动建立了汽车模型（图 1-15），考虑了路面的变形，研究了路面不平度、汽车参数和行驶速度对轮胎接地荷载的影响。

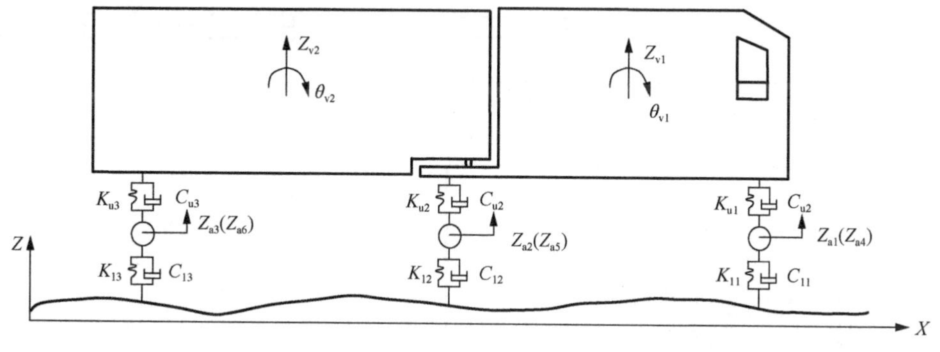

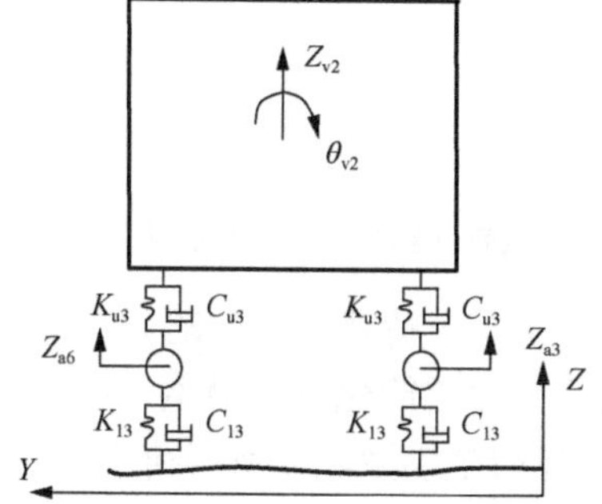

K_{ui}：簧上刚度 C_{ui}：簧上阻尼 K_{1i}：轮胎刚度 C_{1i}：轮胎阻尼
Z_{vi}：车体沉浮位移 θ_{vi}：车体转角 Z_{ai}：车轮沉浮位移

图 1-15 考虑车体的沉浮运动、转动运动的汽车模型

邓学钧等[85]和 Sun 等[86-89]经过多年的研究积淀，较为系统地阐述了汽车-路面的相互作用理论及应用。陶向华等[90]建立了三自由度人-车模型，路面简化为刚体，采用叠加法求解，并研究了汽车荷载与行驶安全性、加速度与振动舒适性的关系。刘大维等[91]采用 SIMPACK 软件建立了重型载货汽车整车模型，提取各轴车轮的轮胎法向作用力，将其加载至半刚性沥青路面三维有限元模型中，进而分析了汽车随机动荷载下路面的应力响应和应变响应。李韶华[92]将公路面层与基层用非线性黏弹性地基上双层薄板模拟，路面材料采用非线性黏弹性的莱登南（Leadennan）本构关系和伯格斯（Burgers）松弛函数模拟，路基采用非线性 Kelvin 黏弹性地基，建立了双轴非线性汽车-路面-路基耦合模型（图 1-16），并分析了模型参数对车体加速度与路面动位移的影响。

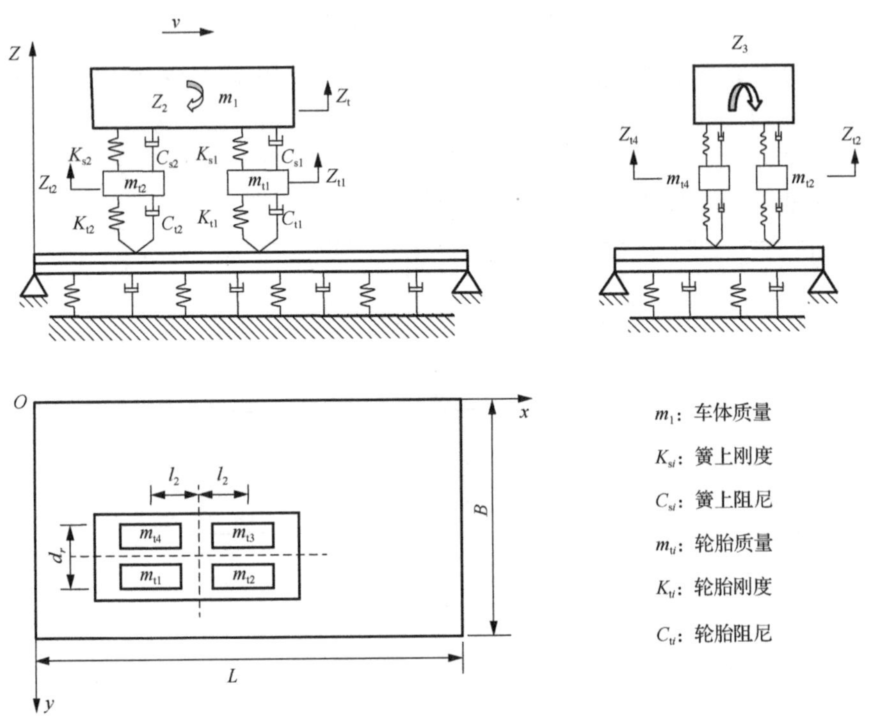

图 1-16　双轴非线性汽车-路面-路基耦合系统

可以看出，前人关于移动汽车荷载下路面动力响应的研究可以归结为 3 个特点：其一，将路面视为刚体，建立简化汽车模型，研究移动汽车产生的轮胎接地动力荷载；再建立路面-地基力学模型，以所得荷载作为输入，研究路面的响应。其二，将轮胎接地荷载简化为集中荷载，或均布圆形荷载、矩形荷载，路面简化为弹性、黏弹性地基或层状弹性地基上的梁/板模型，研究移动荷载下路面的动力响应。其三，建立简化汽车模型（1/4 汽车模型、半车模型或整车模型），将路面模拟为支撑于弹性地基、黏弹性地基上的梁、板模型，研究汽车荷载作用下路面的动力响应。但是，很少将重载汽车、路面（包括面层与基层）、路基体系联合起来，考虑重载汽车、路面和路基系统的动力相互作用，建立较为精细的重载汽车-路面-路基动力模型是必要的。特别是传统的简化地基模型多采用单层黏弹性地基，不能考虑寒区春融期和正常期路基的分层特征，因此，建立适用于寒区的重载汽车-路面-分层路基模型对进一步了解寒区汽车荷载特性和路基、路面体系的动力响应性能必不可少。

1.2.2.2　路基动力响应试验

国外对汽车荷载下路基动力响应的现场试验研究开展较早[93]，英国工程与科学研究委员会在博肯纳尔（Bothkennar）的软土地基上建立一个全尺寸的试验路段[94]，研究了交通荷载下公路的力学和沉降特性。Hyodo 等[95,96]将 10t 卡车以不同行驶速度（0km/h、10km/h、20km/h 和 35km/h）在试验道路上往返运动，得到交通荷载作用下路基不同深度的竖向土压力。Mateos[97]在西班牙土木工程研究和实验中心环道试验场完成了 6 个断面的现场试验，测试了路表弯沉、沥青层底水平应变、路基顶面竖向应变和路基内不同层内的竖向压应力，试验发现随着车轮移动速度的增加，路基土的压应力逐渐减小，而且竖向压应力曲线在纵向上呈现不对称性（图 1-17）。

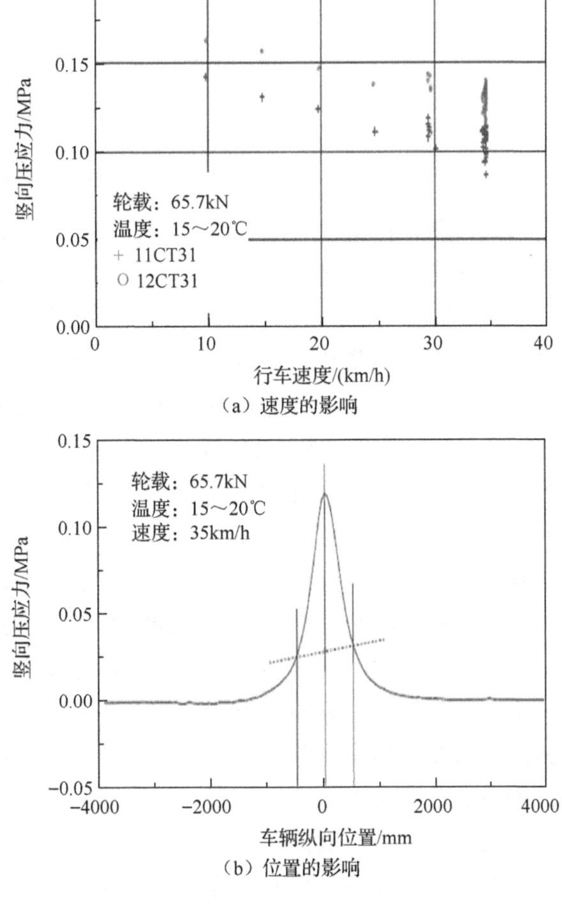

图 1-17　路基土中竖向压应力测试结果

Timm 等[98]在沥青技术国家中心试验场建立 8 个试验段，每个试验段路里埋设应变计、土压力计、温度计和湿度计，系统测试了重型卡车作用下路基、路面的响应，促进了路面力学-经验设计和分析方法的发展。Immanuel 等[99]在沥青技术国家中心试验场中测得的数据表明，季节温度变换对基层和路基的压应力有一定的影响。在所有的测试断面中，冬季由于路面热拌沥青刚度增加，基层和路基顶面压应力降低；相反，夏季相对较高（图 1-18）。

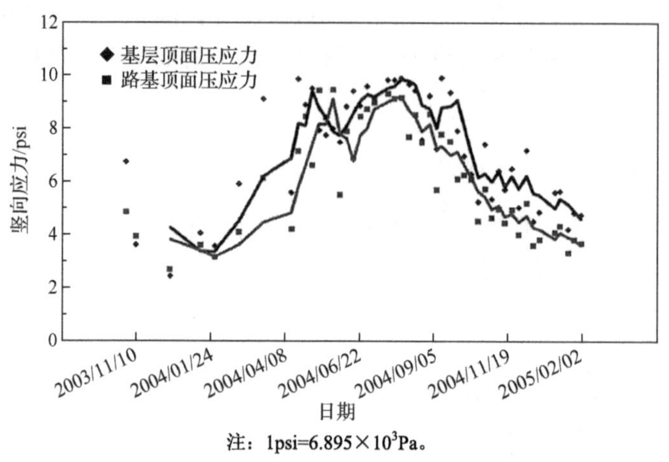

注：1psi=6.895×10^3Pa。

图 1-18　基层和路基顶面压应力趋势

国内这方面工作开展较晚，凌建明等[100]进行了行车荷载下路基顶面及路基土的竖向应力现场测试，发现行车荷载下路基顶面的竖向应力在 5～10kPa 变化。崔伯华等[101]对某高速公路路基汽车动荷载作用下的动响应进行了测试，分析了路基动应力随汽车荷载和路基深度的变化规律。查文华等[102]在江苏连盐高速公路连云港段分别对东风货车和金杯客车进行了振动加速度和动应力测试，车速为 80km/h 时，货车在路面下 0.5m 处的动压应力峰值为 38.6kPa，而客车仅为 3.78kPa。王晅等[103]对三轴重载汽车在不同的轴重、速度、车道时路面动态响应进行了系统测试，研究表明，动应力随竖向深度增加呈衰减趋势；荷载频率随车速增加而向高频方向移动，同一测点动应力极值呈总体减小趋势；随着汽车载重增加，动应力相应增大，但前后轮下差别较大；汽车通过超车道时，相邻行车道横向有较小动应变。王卫强等[104]探讨了低路堤条件下汽车轴重、路面平整度、汽车行驶速度对交通荷载引起的附加应力分布的影响，并得出了交通荷载引起的附加应力的分布范围及其影响深度。赵俊明等[105]在连盐高速公路对 2t 和 20t 两种车进行了路基深度 5m 范围内的动应力和动位移的测定，发现随着汽车荷载和行车速度的增加，路基所承受的动应力和动位移亦呈增加趋势。

在汽车荷载下路基振动传播测试方面，王平安等[106]对城市干道上汽车行驶路面振动信号进行采集，发现汽车行驶引起的地面振幅与车速有关，不同速度下随距中心线距离增加而衰减。梁铁成等[107]对公路两侧不同汽车的振动情况进行了试验研究，结果表明测点上振动幅度随测点与公路的距离增大而减小。刘奉喜等[108]对岩盐公路在汽车动载作用下距公路中心线不同远近地点的振动进行了测试，结果表明，随汽车速度增加，各测点振动加速度增加；随测点距中心线距离增大，振动加速度不规则衰减。

在室内试验方面，卢正[109]设计长了缩尺的道路模型（图 1-19），采用双圆加载板模拟双轮荷载，分别研究了不同荷载幅值（10～75kPa）、不同加载频率（2～7Hz）下不同埋深处路基的动力响应。

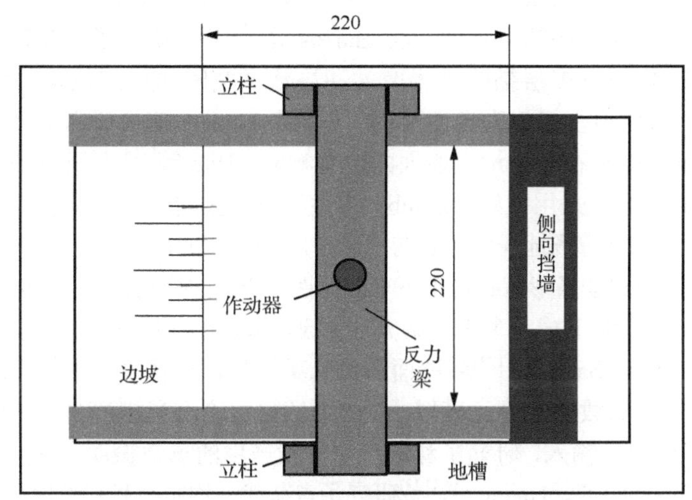

（a）平面图

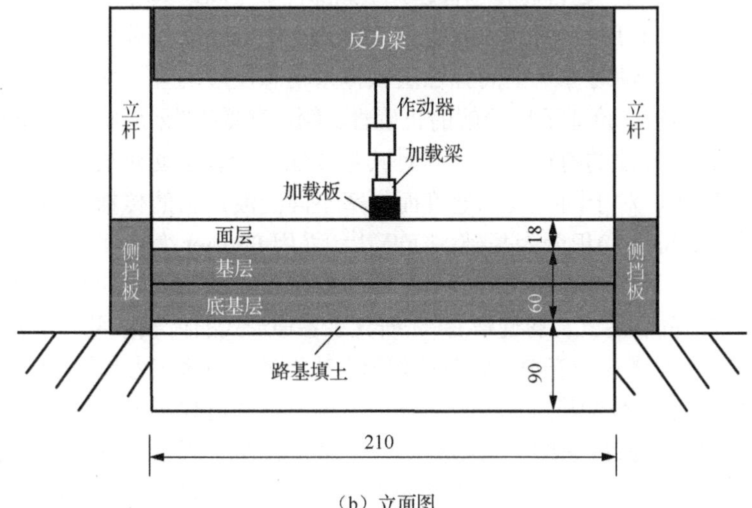

（b）立面图

图 1-19 交通荷载下路基动力响应模型（单位：cm）

值得关注的是，国内外在对轨道交通（列车、地铁、轻轨等）荷载下行驶引起的场地振动、周围环境振动、结构振动等方面的现场监测试验较多，且取得了丰硕的成果，本研究不再赘述。

1.2.2.3 路基动力响应理论与数值分析

20 世纪 50 年代以来，移动荷载下半空间介质的动力响应问题在理论研究方面逐渐开展起来，积累了一些丰硕的研究成果[110-116]。

采用解析法和半解析法，将路基视为黏弹性介质，Siddharthan 等[70]在平面应变假设前提下，利用 Fourier 变换方法提出了层状土体的非线性动力响应，开发并验证了 MOVELOAD 程序的可靠性。de Barros 等[117]分别研究了以亚音速和超音速移动的点荷载作用下多层黏弹性半空间和层状半空间的稳态位移响应和应力响应。Jones 等[116]将地基模拟为弹性半空间，利用 Fourier 变换研究了移动速度超过 Rayleigh 波速的矩形荷载下地基表面的位移响应。Hao 等[118]利用单轴双自由度汽车模型计算轮胎力，采用拉姆（Lamb）弹性半空间波的衰减理论解得到场地振动的功率谱密度，并计算场地表面的竖向加速度，与实测值吻合较好。Lefeuve-Mesgouez 等[119]研究了高速移动条形荷载作用下平面弹性半空间的振动传播。Lefuve-Mesgouez 等[120]考虑地基的水平成层特征，研究了高速移动的矩形简谐荷载作用下地基的振动响应。Lombaert 等[121]将路面简化为梁模型，土体采用水平成层的半空间的格林（Green）函数的边界元模拟，以平面四自由度汽车模型获得轮胎接地荷载为土-路相互作用的输入，研究了移动汽车荷载产生的场地振动，并基于现场实测资料[122]对其进行验证。Huang 等[123]研究了点荷载、均布荷载和弹性分布轮载在不同移动速度（亚音速、近音速和超音速）下黏弹性半空间地基动力响应。

钟阳等[124,125]利用拉普拉斯-汉克尔（Laplace-Hankel）积分变换和传递矩阵相结合的方法推导了轴对称半空间弹性层状体系动态反应的理论解，通过理论计算和现场实测的比较，验证了理论解的正确性。颜可珍等[126]采用解析法求得交通荷载作用下 Rayleigh 波的特征方程，并对其弥散性和荷载运动对波的传播影响进行分析，研究发现，对于同一运动速度而频率不同的波，它的传播方向有所不同。以杜阿梅尔（Duhamel）积分为基础，张昀青[127]采用 Fourier 变换和弗洛凯（Floquet）变换的方法推导了移动荷载作用下半无限体的任一点的动力响应在时域、频域和频率-波数域内的表达式。蒋建群等[128]研究了各种形式的荷载作用下弹性半空间体的稳态响应，同时考虑亚音速、跨音速和超音速下半空间体应力和位移的变换规律。谢伟平等[129]利用三维纳维（Navier）方程推导了不同荷载形式下地基土的动力变形表达式，比较了荷载速度、自振频率、地基土模型等因素对地基变形的影响。汤连生等[130]采用传递矩阵方法，结合黏弹性运动方程，推导了交通荷载下三维黏弹性层状道路系统的动力响应解答，采用矩阵分析软件 Matlab 进行数值计算，和原位监测试验的结果进行对比分析，结果较为吻合。卢正等[131]利用矩阵传递法推导了置于刚性基岩上的层状地基和分层半无限地基的刚度矩阵，并采用拉梅（Lame）对位移场的分解理论和积分变换方法求得了球面-层状地基系统在交通荷载作用下的三维振动解析解。张玉红等[132]利用积分变换方法求解 Navier 动力方程，求出移动荷载作用下三维黏弹性半空间体动力响应积分变换解，研究了荷载移动速度和频率以及土体弹性模量变化对半空间体动力响应的影响。Cao 等[133]利用贝蒂-瑞利（Betti-Rayleigh）动力互等定律，研究了移动点源荷载对场地某一定点的振动响应，研究表明，移动恒荷载产生的场地振动为典型低频特征；场地振动频率范围受控于表层土的 Rayleigh 波速；当测点较近时 Rayleigh 波影响最大，较远时纵波影响最大。

考虑水的渗流作用，基于比奥（Biot）多孔介质理论研究移动荷载作用下路基动力响应，Theodorakopoulos 等[134,135]将移动条形荷载按 Fourier 级数展开，研究了移动荷载下多孔弹性半平面地基的垂向位移、孔压和垂向有效应力，指出孔隙性和渗透性对软土材料的动力性能产生很大影响。Lu 等[136]研究了移动点荷载下三维饱和多孔弹性介质的动力响应，指出高速移动荷载产生的振动响应比静态和低速移动荷载产生的大很多。Lefeuve-Mesgouez 等[137]研究了竖向简谐矩形荷载下三维饱和多孔黏弹性半空间地基的振动传播，通过对表面空间变形进行双重 Fourier 变换求解，得到了加速移动荷载和超过地基 Rayleigh 波速的移动荷载情况下固液两相介质中不同深度的位移。Ouyang[138]和 Beskou 等[60]系统回顾了移动荷载作用下弹性半空间、弹塑性半空间和多孔弹性半空间的动力响应问题的研究历程、研究方法。郑灶锋等[139]考虑了水和土体的惯性作用和耦合作用，利用汉克尔（Hankel）变换求解底部边界为基岩的饱和黏弹性地基稳态响应，并通过 Hankel 逆变换，得到不同频率下地表最大竖向位移，结果表明，地基竖向振幅并不是沿半径单调衰减，而是波动变化，并且随着圆频率的增加更加明显。刘干斌等[140]研究了运动荷载下软土地基的振动问题，获得了地表位移和土体应力与孔压的解析解，并分析了荷载速度、频率等因素的影响。Jin 等[141]和陈远国等[142]应用 Fourier 变换求解简谐荷载下层状饱和多孔介质的 Boit 动力方程，得到变换域内的应力、位移和孔隙水压力的一般解，进而结合地基边界条件，确立了时域内的应力和位移解。Xu 等[143]采用 Fourier 变换研究了移动荷载下层状饱水弹性半空间的位移、应力与孔压分布，结果表明，地基中存在的软弱中间层在一定程度上可以增大层状空间的竖向位移和孔压。Lu 等[144]基于 Biot 波动理论和广义热弹性理论，针对简谐线源荷载（力荷载和热荷载）作用下的热-流-固耦合地基的动力响应，指出在热冲击荷载作用下，热-流-固耦合地基的竖向应力、竖向位移和超孔隙水压力受热冲击荷载的频率影响很大。

随着计算机水平的迅速发展，采用数值计算方法求解移动荷载下路基动力响应成为新的发展趋势。Adersen 等[145]采用边界元法研究了移动恒定荷载下弹性半空间的动力响应问题，并对比分析了基于 Green 函数法和半解析法的结果。在 Lombaert 等[121,122]工作基础上，Francois 等[146]对比研究了边界元方法中局部形函数和全局形函数对计算结果和计算效率的影响。Lak 等[147]建立三维双轴汽车模型，同样采用“两阶段”方法研究了不同路面形式对场地振动传播的影响。蔡袁强等[148]将交通荷载模拟为半正弦荷载，软土采用弹黏塑性动力模型，研究了循环交通荷载下加筋土地基的动力响应，指出考虑软土的流变性更符合实际，在砂垫层和软土地基间铺设加筋材料可减少道路不均匀沉降。丁凯等[149]和杨佳松等[150]通过加权残数法推导了相应的单元刚度矩阵，从而建立了移动问题的有限元格式，将动力问题转化为“拟静力”问题，并验证了此方法的正确性。Wei 等[151]采用三维移动坐标有限单元法（moving finite element method）分析移动荷载下地基的瞬态响应，并与传统有限单元法的计算结果和计算效率进行对比分析，认为该方法计算结果与传统有限元法计算结果吻合较好，且计算耗时大大降低。

可以看出，汽车荷载下路基动力响应问题的研究可以分为两大类：一种是采用现场实测的方法，该方法起源较早，通过在路面和路基结构中埋设应变传感器和土压力传感器来获取路基的动力响应特性，服务于路面、路基设计，但这种方法费用太大，对测试者有较高的技术要求，而且实测结果因为场地条件不同而各有差异；另一种是理论解析和数值计算的方法，将移动汽车荷载简化为移动恒载、移动简谐荷载，其中荷载分布形式主要包括集中点源、均布矩形恒载等，路基和场地主要简化为弹性半空间体、层状体弹性空间、饱和多孔弹性空间、饱和多孔黏弹性空间等，且从平面应变问题逐渐发展为三维空间问题，采用解析和半解析方法为主、有限元和边界元方法为辅的求解手段研究路基动力响应问题，取得了有目共睹的成果。

然而采用解析法和半解析法的研究成果多不能考虑路基土的应力-应变特性、复杂的几何边界；特别是寒区，路基受负温、冻融循环等因素的影响，问题更为复杂。以现场试验为手段的汽车交通荷载下路基动力响应的现场监测，目前仅针对非冻土区，几乎没有关于寒区的研究。因此，开展针对寒区公路汽车荷载下路基动力响应现场监测，并以此为出发点，结合必要的、可行的数值模拟手段，认识和了解寒区路基动力时程、动位移时程和加速度时程特性，对探索寒区路面、路基的病害机理有深远的意义。

1.2.3　交通荷载下路基永久变形

寒区公路路基的沉降变形包括土体自重固结压密沉降变形 S_c、冻胀-融沉变形 S_{ht}、长期交通荷载产生的附加累积永久变形 S_t 和地震荷载产生的变形 S_e 等 4

部分（图 1-20）。一般而言，长期交通荷载下路基的累积永久变形的预测有 3 种方法，即经验法、力学法和力学-经验法[152]。

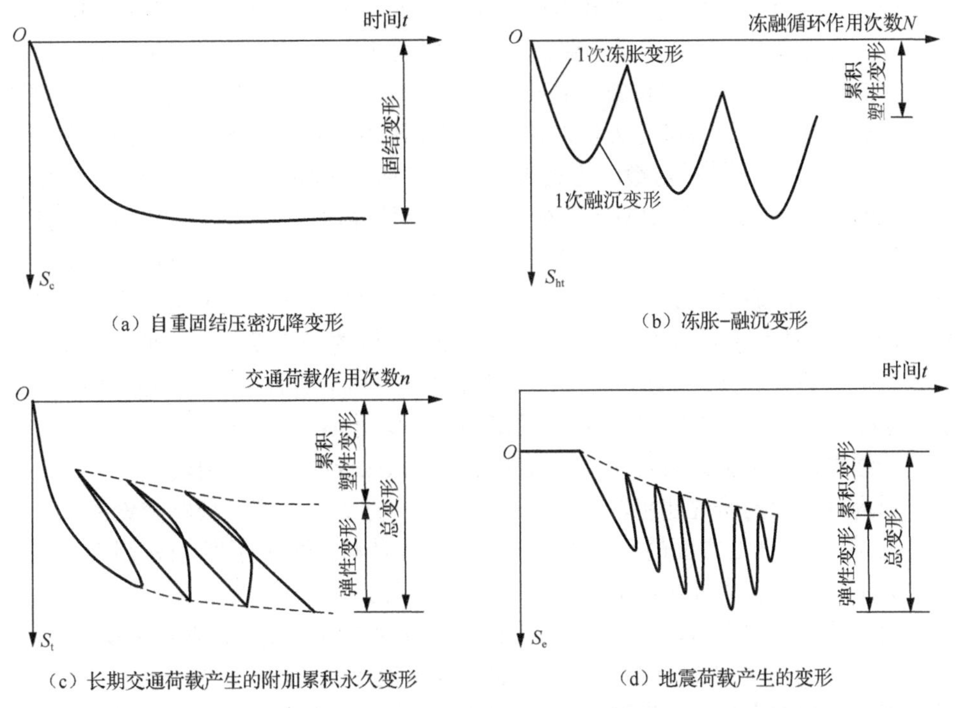

（a）自重固结压密沉降变形

（b）冻胀-融沉变形

（c）长期交通荷载产生的附加累积永久变形

（d）地震荷载产生的变形

图 1-20 寒区公路路基的沉降变形组成

为了预测路基在循环动荷载作用下的累积永久变形，国内外很多学者做了大量的研究。Barksdale[153]通过对不同类型材料的永久变形进行研究，发现在动应水平较低时，累积塑性应变随荷载作用次数的增大而减小，当动应力水平超过某一临界值后，累积塑性应变随荷载次数的增大而增大，并提出以对数形式描述荷载重复次数与轴向塑性应变的关系。Monismith 等[154]研究了在重复荷载下应力水平和应力次序对粉质黏土永久变形的影响，指出，塑性应变率随荷载作用次数增加而减小，在受到高应力水平作用前先受较低应力水平作用，其永久变形比直接受高应力水平作用要小，并提出以荷载重复次数为因变量的幂函数形式表达累积塑性应变。Bouckovalas 等[155]提出了计算砂土在反复荷载作用下永久变形和应力的数值模型，它采用蠕变公式来代替往复荷载作用下的应力-应变公式，可以描述三维情况下的应变累积，还可以应用于整个边界和动载条件，因公式是用有效应力表示，故排水和不排水问题可以用一套参数来解决。Gidel 等[156]采用动三轴仪研究了不同静偏应力条件下粗颗粒土的动力特性，提出了累积塑性应变与振动次数、应力水平关系的经验公式。Niemunis 等[157]提出高循环累积（high-cycle accumulation，HCA）模型预测高循环次数下砂土的永久变形和超孔隙水压力，该模型适用范围为循环次数大于 1000 次且应变幅值小于 0.001。Wichtmann 等[158]针对砂土进行了大量的三轴排水压缩和非三轴应力循环试验，研究了应变幅值、平均应力、密度、预加载历史和颗粒大小分布对应变累积的影响，并对 HCA 模型进行了更多研究，将其应用于路面永久变形的计算中[159-161]。Khogali 等[162]通过建立总应变与塑性应变的指数关系模型，采用动偏应力与总应变的经验关系来描述应变硬化现象，用有限元方法对循环荷载作用下颗粒材料和路基土的永久变形进行了预测。Uzan[163]以对数的形式表述黏性路基土和粒料的永久应变，并采用力学-经验设计法计算了长期循环荷载下柔性路面结构的永久变形。Puppala 等[164]分别研究了含水率、围压和偏应力对黏土、粉土和砂土永久变形特性的影响，提出一个用应力状态和荷载循环作用次数表示的四参数永久应变模型公式，给出了 3 种土的 4 个模型参数取值，并与 Monismith 等[154]的研究成果进行对比，验证了该经验模型的可靠性。Karg 等[165]针对典型比利时细砂进行了循环三轴试验，研究了孔隙比和荷载频率对累积残余应变的影响，并采用 Wichtmann 等[158]经验公式描述试验结果，由试验结果发现，荷载频率对累积应变的发展影响较小。

国内这方面的研究起步较晚，但随着我国高速铁路和高速公路建设的迅速推进，近 10 年来在这方面的研究也处于蓬勃发展时期。周建等[166]对杭州市正常固结软黏土进行了应力控制的循环三轴试验，研究了循环应力比、超固结比、频率对轴向周期应变的影响，建立了反映土体应变软化的数学模型并确定了模型参数。蒋军[167]研究了不排水循环荷载作用下黏土变形速率的特性，结果表明，在循环荷载作用下加载频率越大应变速率越大；循环应力比越大，应变速率也越大；黏土的应变速率衰减率与加载频率、循环应力比无关，而与超固结度有关。唐益群等[168]研究了土体固结状态、固结比、轴向循环压力的大小及频率对动应变的影响，总结了淤泥质粉质黏土的临界动应力比和动应变随振动次数、加载频率、围压及固结状态而变化的规律。王军等[169]研究了循环应力比、振动频率、超固结比及固结比对杭州饱和软黏土循环软化特性的影响，通过引入修正的伊万（Iwan）模型，并对饱和软黏土的应力-应变关系进行描述，得到了与实测值较吻合的结果。陈颖平等[170,171]在原状土样与重塑土样循环三轴试验的基础上，研究了软黏土在循环荷载作用下的不排水瞬态累积变形特性，提出了考虑循环应力、循环振次、超固结比和静偏应力等影响因素的土体应变本构模型。高启聚等[172]等利用室内重复荷载三轴试验，研究了含水率、压实度和偏应力影响下黏性路基土的永久变形特性，并基于曾-莱顿模型建立了改进的黏性路基土的永久变形预估模型，结合某粒料柔性基层沥青路面结构实例，计算了路基土的永久变形。张勇等[173]通过软黏土动三轴试验，提出了含动应力幅值、固结围压、静偏应力和循环次数等影响因素的累积塑性应变拟合模型。刘添俊等[174]分别在排水与不排水条件下对珠江三角洲地区典型的淤泥质软黏土进行了循环三轴试验，研究长期循环荷载作用下饱和软黏土的应变速率，分析了静偏应力与动偏应力耦合作用以及不同排水条件对土体应变速率的影响。刘建坤等[175]和肖军华等[176]通过室内动三轴试验，研究不同密实度、不同含水率粉质路基土在不同动应力水平下的循环累积塑性变形规律，建立了能同时考虑动应力和土体物理状态条件的路基土循环累积塑性变形预测模型。吴敏哲等[177]通过采用应力控制式循环三轴试验，探讨了地铁行车荷载作用下饱和黄土的累积塑性应变，建立了预测饱和黄土累积塑性应变的反正切函数模型，该模型与试验数据吻合良好。

引入土体静力强度参数，Li 等[178,179]对传统经验模型进行了改进，考虑了土体静偏应力和动偏应力的影响，通过总结、分析前人文献中 22 种土的研究资料，解决了 Monismith 指数模型[154]参数取值范围大的问题，并对 4 种典型土提出了型参数的变化范围。Qiu[152]针对阿肯色州 4 种典型路基土，考虑偏应力、含水率、1 次冻融循环、荷载频率、土样密度和围压的影响，研究循环荷载作用下路基土的残余应变，基于应力比的概念提出一个路基土永久变形的预测模型，并将其应用于公路车辙的计算中。Miura 等[180]建立了用于计算交通循环荷载下低路堤软土地基永久变形的经验公式，并验证了该公式的可行性。Kim[181]在恒围压和不同围压两种条件下，研究应力路径，提出了考虑振次、静压力、轴向动应力、侧向动应力、应力路径长度和坡度影响的显式永久变形预测模型，同时，为了提高预测模型与实测数据的相关性，提出用人工神经网络的方法来预测多因素共同影响下的预测模型，并验证了模型的可靠性。El-Badawy[182]针对亚利桑那州 4 种路基填料和 4 种无机结合料进行了循环三轴试验，建立了两种幂指数形式的永久变形预测的本构模型，并给出了模型参数，计算发现采用该模型得到的路基沉降变形与实际长寿命路面断面的沉降值吻合良好。

考虑交通荷载下路基内应力主轴的旋转，Gräbe 等[183]采用空心圆柱试验研究了南非运煤重载铁路 4 种路基材料的永久变形的发展，研究结果表明，主应力轴的旋转可以产生更大的累积永久变形。姚兆明等[184,185]对上海第④层软黏土分别进行了循环三轴试验和动态空心圆柱剪切试验，提出了考虑等向、偏压固结不排水循环加载条件下轴向循环塑性累积应变显式模型和考虑主应力轴偏转角影响的显式模型，而且针对粉细砂也有相似研究。

在经验模型发展的同时，钟辉虹等[186]进行了饱和软黏土一系列应力控制的循环三轴试验，结合各向同性弹塑性边界面模型，得出了软黏土在不排水条件下受循环加载时的塑性变形规律。黄茂松等[187]基于临界状态土力学理论，引入了相对偏应力水平参数，考虑初始静应力、循环动应力和不排水极限强度的相互影响，研究了不同静应力和循环动应力的组合应力历史影响下饱和软黏土的不排水循环累积变形特性。张宏博等[188]基于经典弹塑性理论框架及结构安定理论，考虑了砂土材料的双屈服面及剪胀性特征，引入塑性应变随加载次数的增量表达式，预测粉细砂土材料累积不均匀变形。姜岩等[189]提出了一种能考虑土体在循环荷载作用下结构逐渐破坏的扰动函数，建立了一种反映土体在循环荷载作用下土体结构破坏的塑性变形经验公式，并通过动三轴试验结果对所提经验公式进行了检验。针对冻融路基砂土在长期交通荷载下的变形性能，彭丽云等[190]对正融粉质黏土进行了循环荷载作用下的单轴试验，研究了土样冻前含水率、顶端冷却温度、顶端融化温度和动应力幅值对其变形特性的影响。

在永久变形经验模型的基础上，结合数值计算方法预测长期交通荷载下路基的永久变形。凌建明等[100]采用弹性层状体系理论计算了行车荷载作用下路基土的竖向应力，进而采用室内动三轴试验模拟了行车荷载作用下路基土的残余应变特性和孔隙水压力变化规律，提出了行车荷载下湿软路基残余变形的计算方法。李进军等[191]采用分层总和法计算了上海地区典型软土地基的总沉降。边学成等[192]采用 2.5 维有限元方法，并结合 Li 等[178,179]提出的累积变形模型，计算了在不同速度列车荷载下地基长期动力附加沉降的发展过程和分布规律。董亮等[193]基于三维有限元轨道-路基动力系统模型，获取列车动荷载作用下路基不同深度区域的动偏应力分布，然后结合 Li[178]提出的路基土累积塑性应变模型来预测长期列车循环荷载作用下土质路基的累积变形。

总之，现有长期交通荷载下路基土累积永久变形的研究多以“力法-经验法”为主，它的研究步骤分为两步：第一步，基于循环三轴压缩试验获得荷载施加次数与土体永久塑性变形的经验公式，该公式多以幂指数和对数形式为主，且随着研究的进一步深入，该经验公式中考虑的影响因素逐渐齐全，可以考虑含水率、压实度、围压、应力水平、荷载频率和持时、应力历史等因素的影响，而且，随着试验技术的发展，考虑移动交通荷载下路基内土体的主应力旋转特性的空心圆柱扭剪试验也逐渐开展起来。第二步，假定移动交通荷载作用下路基处于黏弹性范围，基于黏弹性理论计算出交通荷载作用下路基结构的应力水平，再结合已有的永久应变模型计算长期交通荷载下路基的永久变形。

采用“力法”计算长期交通荷载下路基的累积永久变形，主要以经典弹塑性理论为框架，建立长期循环荷载下土的塑性变形发展本构模型，并通过试验方法确定模型参数，进而采用数值计算的方法获取长期交通荷载路基的永久变形。尽管现有的研究成果较多，但多集中在非冻土地区的软黏土方面，针对冻土地区季节性冻融循环与重载汽车荷载的联合作用，建立寒区重载汽车荷载下路基土的永久变形模型的研究尚处于空白，而且对于长期重载汽车荷载下路基土的永久变形发展的预测尚无人涉足，这也是本研究的又一个切入点。

1.2.4 路基变形的容许值

我国公路路基设计中均以回弹模量作为依据，路基填料特性以加州承载比作为评价指标，现场施工中以最佳含水率和压实度作为基本控制指标，施工完成后以路表弯沉作为验收指标。在道路的设计、施工和验收的整个过程中均没有考虑路基变形尤其是长期不均匀变形的影响。Ullidtz[194]和 Puppala 等[195]证实，尽管某些含较多细粒组分的路基土在回弹性能上表现优异，但是在重载加载过程中仍然表现出过大的塑性变形。Venkatesh 等[196]强调，由于路基土在回弹模量和变形特性上不一致的表现，在进行路基路面设计时应将永久变形作为一个重要的参数。工后沉降是路基永久变形的具体表现形式。所谓工后沉降，是指沥青路面在 15a、水泥混凝土路面在 30a 的设计年限内路基的残余沉降[197]。公路路基发生较大的不均匀变形之后，路面将会发生开裂、断块、表面变形隆起、塌陷、脱空、接缝错台及封缝材料失效等病害，路面的行车安全和结构安全将会受到影响。开展路基不均匀沉降模式描述及其控制指标研究是保证道路工程质量的关键。

1.2.4.1 沉降模式的描述

利用合适的函数方程对不均匀沉降模式进行描述是提出沉降控制指标的先决条件。谈至明等[198]较早对地基沉降模式进行了研究。他们将地基沉降断面假设如式（1-2）的抛物线形式，以分析软土地基不均匀沉降所引起的铺面结构层内的附加应力。

$$f(x)=\delta_{\max}\left(1-\frac{x^2}{T^2}\right) \tag{1-2}$$

式中，$f(x)$为x点处的沉降；$\delta_{\max}$为抛物线中点对应的最大沉降量；T为沉降断面的半弦长；x为路线长度。

臧恩穆等[199]根据路基在横断面上表现为中心沉降量大、两侧沉降量小的特点，用如下形式的余弦函数方程对沉降模式进行描述：

$$\delta=\delta_{\max}\cos\left(\frac{\pi x}{B}\right) \tag{1-3}$$

式中，δ为差异沉降量；$\delta_{\max}$为路基中心对应的最大沉降量；x为距离路基中点的水平距离；B为路面宽度。

张久鹏等[200]分析了特定温度场条件下冻土路基的融沉规律，以该融沉曲线为路面结构的位移边界，研究了冻土融沉规律及其对沥青路面结构的影响。利用回归方法建立的路基融沉公式如下：

$$y = 0.01(x - 12.8)^2 - 2.7364 \tag{1-4}$$

式中，y 为沉降值；x 为距路基中线的水平距离。

高成雷等[201]认为山区公路半填半挖路基的沉降曲线可用两段抛物线组成的对称 S 形曲线描述，并建议将 a 作为半填半挖路基沉降控制指标，如下式：

$$s = \begin{cases} ax^2, & 0 \leqslant x \leqslant \dfrac{B}{2} \\ \dfrac{aB^2}{2} - a(B - x)^2, & \dfrac{B}{2} \leqslant x \leqslant B \end{cases} \tag{1-5}$$

式中，s 为差异性沉降量；x 为距离路基中点的水平距离；a 为抛物线方程的二次项系数；B 为填方路基宽度。

Guo 等[202]提出，嵌入式有轨电车作用下路基横断面上的不均匀沉降可以用如下余弦函数描述：

$$y = \frac{A_0}{2}\left[1 - \cos\left(\frac{2\pi(x - x_0)}{L_0}\right)\right] \tag{1-6}$$

式中，y 为对应沉降点的沉降量；x 为距离路基中点的水平距离；A_0 为沉降曲线的幅值；x_0 为沉降发生的起点位置；L_0 为沉降宽度。

二次抛物线或者余弦函数是描述路基不均匀沉降曲线的常用函数。各种函数从本质上均可表征沉降量从路基边缘向路基中心均匀增大的特点。学者们根据研究工况的不同而选择不同的描述函数，据此提出的路基沉降控制指标均能为工程应用提供有效指导。需要注意的是，上述的不均匀沉降多由旧路拓宽、不均匀融沉等因素引发，其特点是沉降的跨度较大，通常覆盖了半幅路基。由交通荷载引起的行车道下路基的不均匀沉降仍然缺乏关注。

1.2.4.2　路基变形的容许值要求

我国《公路路基设计规范》（JTG D30—2015）[203]参考了发达国家的控制标准并结合我国早期开展的高等级道路建设实践经验，针对不同的道路等级和不同的工程位置提出了工程沉降容许值，要求高速公路和一级公路在桥台与路堤相邻处的沉降不超过 10cm，涵洞、箱涵、通道处的沉降不超过 20cm，一般路段不超过 30cm；要求作为干线公路的二级公路在桥台与路堤相邻处的沉降不超过 20cm，涵洞、箱涵、通道处的沉降不超过 30cm，一般路段不超过 50cm。民用航空局在借鉴道路工程研究成果的基础上颁布了《民用机场岩土工程设计规范》（MH/T 5027—2013）[204]，将飞行区道路影响区不同工程位置处的工后沉降控制为 20～40cm，工后差异沉降控制在 1.0‰～2.0‰，而实际工程中我国部分机场采用了工后沉降不超过 5cm、差异沉降不超过 1.0‰的高标准[205]。高速铁路方面，对于无砟轨道，工后沉降不宜超过 15mm，路基与桥梁、隧道或横向结构物交界处的工后差异沉降不应大于 5mm[206]。高速铁路无砟轨道路基，路基结构物上部在长期、重复交通荷载作用下产生的塑性附加沉降变形应小于等于 5mm[207]。

我国提出的路基工后沉降指标要求，一定程度吸取了国外标准的经验，限于我国幅员辽阔，工程地质条件复杂，因此这些指标不能完全满足我国工程建设的需要。近年来，国内学者在道路路基沉降标准研究方面取得了一些新的研究进展。周虎鑫[208]较早地从路面的功能性及结构性要求的角度研究了软土地基上公路路基容许工后沉降控制指标及其确定方法。张永清[209]系统地研究了地基变形模量、地基土类型、填料类型、路面结构以及施工方式和时间对山区路基差异性的影响，并针对不同的影响因素提出了相应的差异性控制指标。宋文佳[210]以水泥稳定级配碎石基层的劈裂抗拉强度和沥青面层材料的疲劳性能作为计算依据，确定新老路基差异沉降斜率的控制指标分别为 0.26%和 0.1%。弋晓明等[211]认为沉降梯度与沉降距离的比值与弯拉应力之间存在一一对应的关系，可作为容许不均匀沉降的控制指标，并认为在不考虑车辆荷载时，我国典型半刚性路面结构下路基不均匀沉降的容许一阶梯度可取为 0.000161m^{-1}。闫强等[212]研究发现，仅考虑差异沉降对行车舒适性的影响时，以差异沉降变化率 0.1%作为沉降控制标准，而考虑路面结构破坏和排水时，应根据公路具体设计参数计算确定差异沉降变化率。向一鸣[213]针对季节冰冻区路基不均匀融沉变形引起的路基差异沉降问题，提出将 5cm 的容许差异沉降值和 0.41%的变坡率作为反映路面结构破坏程度的路基差异沉降控制标准，提出以路基整体稳定性要求下的差异沉降量 1.5cm 及变坡率 0.12%作为容许差异沉降值的下限，以满足路面结构材料极限抗拉强度的差异沉降量 7cm 及变坡率 0.57%作为容许差异沉降值的上限，并将季节性冰冻区路基差异沉降状态分为安全、比较安全、比较危险、危险、非常危险 5 个等级，根据不同路基沉降等级采取恰当的防治措施，实现有针对性的路基差异沉降主动控制。陈晓光[214]建议采用沉降量和沉降速率两个指标控制黄河洪泛区高速公路路桥过渡段差异性沉降，其中沉降量控制标准建议为 0.67cm/a，中修之前沉降速率控制为 1.2cm/a，中修之后控制为 0.6cm/a。

我国在路基不均匀沉降的控制指标和标准方面的研究取得了一定的进展，但由于缺乏对季节性冻土地区黏质土路基因水分分布不均而导致强度不同，继而引发局部变形不均匀的考虑，前期研究成果在对该类地区路基沉降控制的实际应用效果尚有待验证。我国《公路路基设计规范》（JTG D30—2015）[203]对软土地基沉降提出了明确的控制指标，基于我国高速公路飞速发展和对道路施工工期的严格要求，一些工程通过提高软土地基的沉降控制标准来减少工后沉降[197]。《民用机场岩土工程设计规范》（MH/T 5027—2013）[204]第 7.6.3 条也明确指出，多年冻土场地经验不足时宜进行专项研究。

1.3 本书主要内容

本书立足于寒区公路路基病害严重的工程背景，通过大量室内试验、现场监测、理论分析、数值模拟等技术手段，针对冻融路基土的静动力学行为、车-路耦合动力学模型与水-热-动力耦合模型、寒区公路路基水热状态与路基动力性能演化特征进行了充分的研究。研究成果有助于认识寒区冻融路基土的静动力学行为，丰富寒区路基-路面动力相互作用理论，明确寒区路基工作状态和性能的动态演化机理，对我国寒区路基设计规范补充与完善、寒区公路建设和养护有重要的指导意义。

第 2 章　冻融作用下路基黏土结构演化特征

季节性的冻结与融化作用对土体物理、力学性质影响显著，但众多学者之间的研究结论差异较大，造成这种差异的主要原因是路基黏土的初始状态和试验条件存在差异，且冻融对土体结构的改变存在诸多不确定性。因此，标准化的冻融试验方法是系统地分析冻融作用影响效应的前提。本章首先在前人工作的基础上确定冻融循环试验的标准流程，进而分别采用弯曲元剪切波速测试系统和工业计算机层析成像（computed tomography，CT）技术，以土体的小应变动剪切模量和密度作为评价冻融循环作用的指标，定量地研究了冻融循环作用下土体物理力学性质的演化规律。研究结论有助于从不同的角度揭示冻融循环作用对土体结构性的影响，有利于厘清现有研究成果存在的一些争议，同时为进一步研究冻融路基黏土的静动力特性提供事实依据。

2.1　冻融循环试验

2.1.1　土样

试验用土取自黑龙江省哈尔滨市。利用 Winner2308A 型激光粒度仪测得的颗粒级配分布曲线如图 2-1 所示。根据《公路土工试验规程》（JTG 3430—2020）[215]中的试验方法分别进行相对密度试验、界限含水率试验和重型击实试验，分别测得土的相对密度为 2.75，塑限为 25.19%，液限为 36.98%，塑性指数为 11.79。击实试验结果如图 2-2 所示，确定出该土的最优含水率为 17.4%，最大干密度为 1.74g/cm^3。

按照《公路土工试验规程》（JTG 3430—2020）[215]定义该土为低液限黏土；参照《岩土工程勘察规范（2009 年版）》（GB 50021—2001）[216]的划分原则，该土又可称为粉质黏土。本书为了简化将该土统一称为黏土。

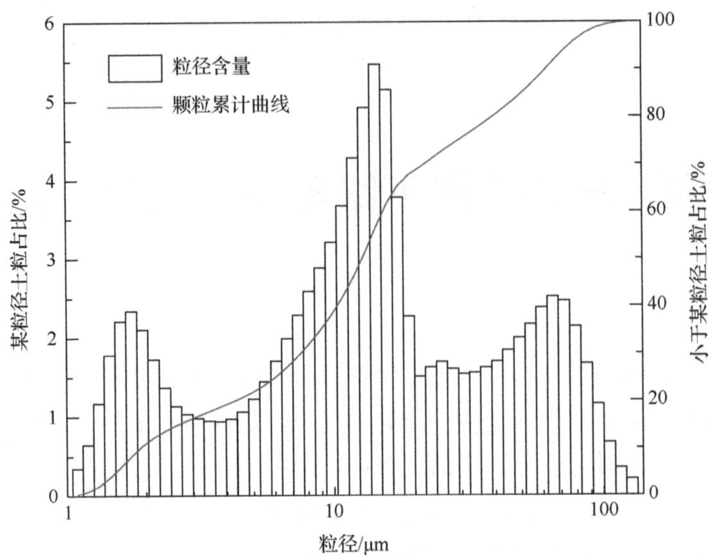

图 2-1　试验用土颗粒级配分布曲线

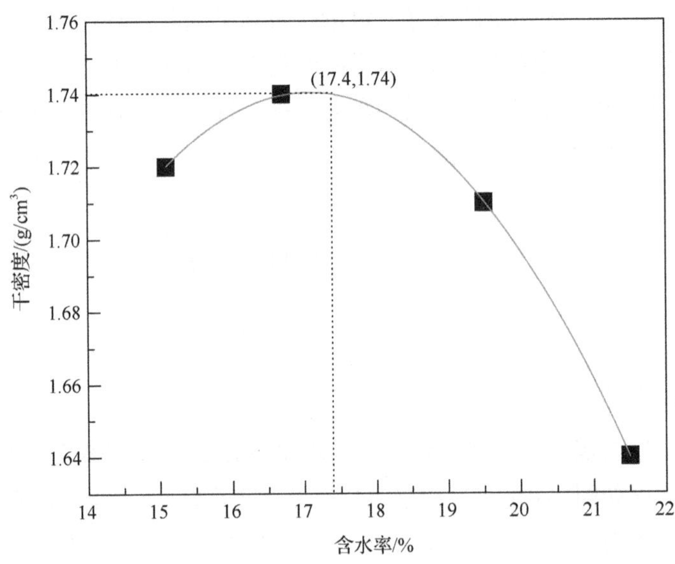

图 2-2　击实试验结果

2.1.2　试件制备

试件的制备、饱和及冻融循环处理均遵循《公路土工试验规程》（JTG 3430—2020）[215]和《土工试验方法标准》（GB/T 50123—2019）[217]的规定，并结合研究需要及试验过程中的实际情况协同完成。

2.1.2.1　试件制备

试验用土均通过了 2mm 标准圆孔筛。在 108℃的恒温鼓风箱中烘干 8h 之后，利用喷雾法使烘干土达到最优含水率，之后密封 12h 以保证水分分布均匀。根据不同的初始压实度称取不同质量的湿润土，利用双向静压法或者分层击实法得到圆柱体试件。所用试件的尺寸有两种：一种高度为 125mm、直径为 61.8mm；另一种高度为 200mm、直径为 100mm。实际得到的试件尺寸稍有误差，以试验时的实测数据为准。高度为 125mm 的试件利用双向静压法制作，并保持试件处于压缩状态 30min 后脱模；高度为 200mm 的试件利用分层击实法分 8 层击实，每层进行拉毛处理以保证层间接触良好，击实之后静置试件 30min 后脱模。

2.1.2.2　试件饱和

路基冻害调查表明，路基黏土层易产生水分积聚，甚至达到饱和状态。因此，研究对象为饱和路基黏土。试验过程中发现，在试件的饱和过程中其表面与饱和器之间会形成一层水膜，致使饱和结束后难以顺利地将试件与饱和器分离。经过多次尝试，确定将试件侧面包裹一层保鲜膜之后再放置于饱和器中，试件的顶、底面分别加放滤纸和透水石后进行固定，即可保证饱和完毕后试件能够完整地与饱和器脱离。

将高度为 125mm 的试件抽真空时间定为 4h，浸水时间定为 10h；将高度为 200mm 的试件抽真空时间定为 12h，浸水时间定为 12h；图 2-3 为高度为 200mm 试件的固定及饱和过程。饱和结束后对试件进行饱和度验证，计算得到的试件饱和度达到 95%以上方可认定该试件达到饱和状态。饱和完毕的试件立即用保鲜膜和透明胶带密封严实，以供下一步进行冻融循环试验所用。

（a）试件的固定

（b）试件的饱和

图 2-3　试件的固定及饱和过程

2.1.2.3　冻融循环试验方法

冻结及融化的温度和持时是冻融循环试验的关键因素。冻结温度根据 Yao 等[218]

和 Kong 等[219]的前期研究经验，并结合东北季节性冻土地区的气候特点确定为−25℃。融化温度为试验周期内的室温，为 23℃±2℃。由于试验时两种尺寸的试件所使用的低温恒温箱及融化条件不同，对应的冻结时间和融化时间需要根据实际情况进行标定。图 2-4 为高度为 200mm 的试件在冻结过程中的降温时程曲线及融化过程中的升温时程曲线，同时参与此次标定试验的试件为 12 个。热耦温度传感器（已标定）记录了单个试件内部不同位置的温度变化情况，可以发现试件在冻结和融化过程中不同位置的温度变化趋势基本相同。经过 14h 试件的温度即可降至−25℃，而融化至 23℃±2℃（2℃是水浴箱的精度）需要 8h。为操作方便，将高度为 200mm 试件的冻结时长定为 14h，融化时长定为 10h，并保证同批次试件为 12 个。

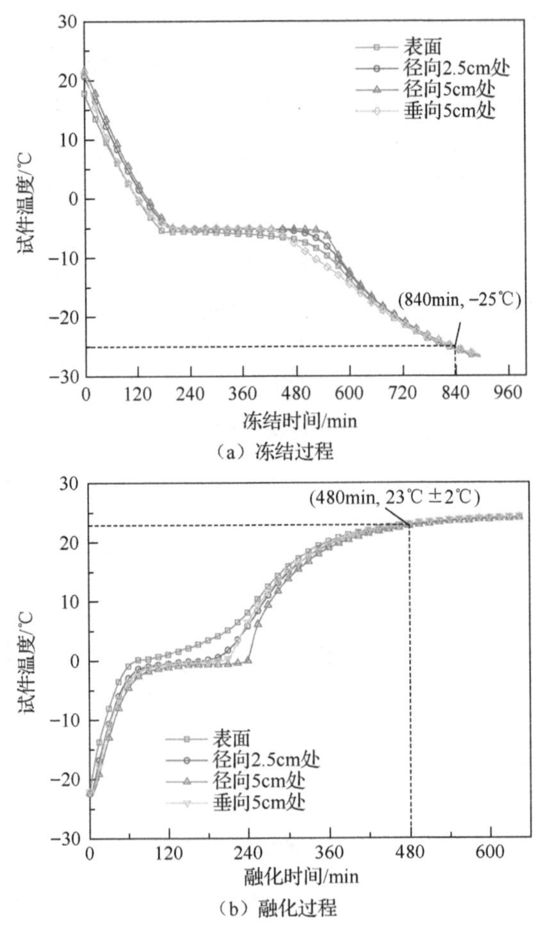

图 2-4　冻结及融化过程中试件的降温时程曲线及升温时程曲线

高度为 125mm 试件冻结和融化的温度与 200mm 试件相同，冻结时长经过标定后确定为 24h，融化时长确定为 10h，保证同批次试件个数为 18 个。根据 Zhang 等[220]和 Wang 等[221]关于冻融循环次数的研究成果，细粒土经历 6～8 次冻融循环后形成了力学性能相对稳定的融土。本研究据此将路基黏土的冻融循环次数确定为 7 次。研究冻融循环次数影响时则根据研究的需要来确定冻融次数。路基黏土在冻融过程中有压力约束而非自由膨胀。本研究用一种相对量化的办法来约束饱和试件在冻结和融化过程中发生的径向变形。如图 2-5 所示，用一种直径与试件直径相当的纸质套筒将饱和试件包裹，并用自锁式扎带来约束套筒。通过控制扎带上的卡扣数目来确保各试件之间的约束力一致。图 2-6 为 12 个直径为 100mm、高度为 200mm 的试件进行冻结和融化的过程。

图 2-5　试件的固定状态

（a）冻结过程

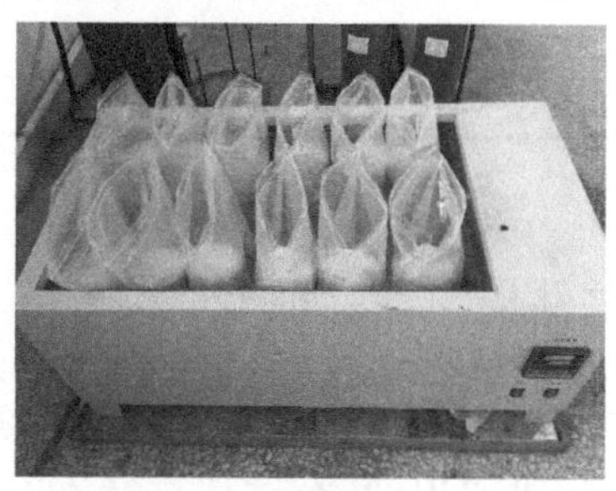

（b）融化过程

图 2-6　试件的冻融过程

试件的饱和及冻融过程是保证后续试验成功的关键。表 2-1 是 94%压实度下 18 个试件在饱和及冻融循环后质量 M、高度 H 及直径 D 等参数的变化情况。可以发现，按照上述操作步骤，18 个试件的饱和度 S_r 均不低于 95%。经过 7 次冻融循环后试件的体积膨胀和质量损失均很小，其中体积膨胀率 ΔV 为 0.32%～3.25%，质量损失率 ΔM 为 0.11%～0.44%。可认为上述操作步骤能够保证试件冻融循环过程的封闭状态良好，冻融循环之后试件的饱和度符合要求。需要指出的是，室内土工试验一般认为饱和度达到 95%以上即为饱和，但实际工程中土体难以达到如此高的饱和度，一般认为土体达到 80%的饱和度即达到饱和状态[222]。

表 2-1　饱和及冻融循环后参数的变化

编号	未冻融的试件（饱和之后）				7 次冻融循环后的试件				
	M/g	H/mm	D/mm	S_r/%	M/g	H/mm	D/mm	ΔV/%	ΔM/%
1	769.54	126.95	62.39	95.43	767.88	130.45	62.28	2.39	0.22
2	772.39	127.02	62.45	96.59	771.37	130.22	62.26	1.89	0.13
3	772.42	126.55	62.72	95.51	770.68	131.27	62.47	2.92	0.23
4	772.54	125.97	62.78	96.17	769.12	130.74	62.29	2.18	0.44
5	771.55	125.11	62.94	95.98	770.69	128.15	62.29	0.32	0.11
6	776.67	127.12	62.72	97.01	774.04	131.31	62.21	1.63	0.34
7	771.74	126.77	62.27	97.96	770.43	129.96	62.26	2.49	0.17
8	772.80	126.01	63.01	94.64	771.00	132.03	61.76	0.67	0.23
9	773.53	127.02	62.71	95.41	772.45	131.83	62.34	2.55	0.14
10	770.22	125.99	62.68	95.46	768.41	130.41	62.14	1.74	0.23
11	770.48	125.27	62.91	95.26	767.68	130.75	62.13	1.80	0.36
12	775.26	126.04	63.01	96.03	773.99	131.06	62.22	1.40	0.16
13	774.63	127.15	62.78	95.34	772.36	130.25	62.29	0.84	0.29
14	773.37	126.33	62.84	95.61	770.62	131.00	61.90	0.61	0.36
15	773.84	127.55	62.57	95.66	770.87	132.16	61.88	1.33	0.38
16	772.76	126.68	62.76	95.20	771.14	130.18	62.14	0.73	0.21
17	767.86	127.43	62.17	95.15	765.49	131.64	62.15	3.25	0.31
18	769.65	125.43	62.81	95.19	767.75	131.57	62.13	2.63	0.25

2.1.3　试件均匀性验证

对高度为 200mm 的融化饱和黏土试件进行静态三轴剪切试验，以验证试件的均匀性。随机取出 3 个试件进行不固结不排水的三轴剪切试验，试验围压为 120kPa，轴向应变的速率为 0.15/h。当轴向应变出现峰值时，继续剪切 2%～4%的应变后终止试验。如无明显峰值出现，则以完成 15%应变为试验终止的标准。获取有效偏应力、孔隙水压力与轴向应变关系的测试结果，融化饱和黏土试件的均匀性验证如图 2-7 所示。3 个平行试件的有效偏应力曲线均呈软化型，峰值强度基本相同。除了平行样 1 在峰值强度之前的曲线稍有偏高之外，3 个平行试验的有效偏应力-应变曲线基本重合。对应的孔隙水压力-应变曲线虽不能完全重合，但误差仍在可接受范围之内。考虑到饱和黏土在冻融过程中会产生一定的结构性变化，致使土体的颗粒排布、孔隙空间形态等发生较大改变，而这种改变的程度往往具有一定的随机性，导致融化饱和黏土试件在宏观力学性质方面表现出一定的差异性。因此，认为按照上述试件制作流程获取的试件均匀性良好，满足本研究对试件的基本要求。

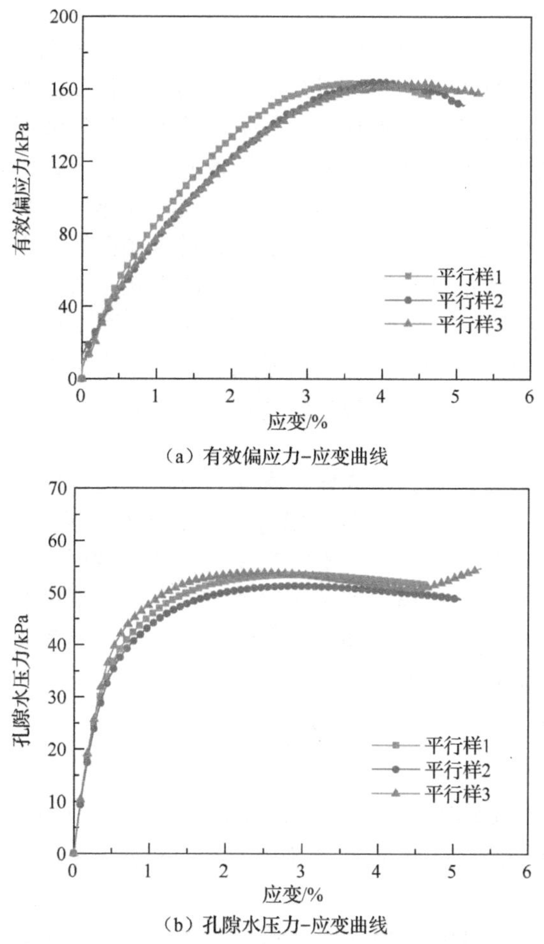

（a）有效偏应力-应变曲线

（b）孔隙水压力-应变曲线

图 2-7　融化饱和黏土试件的均匀性验证

2.2　基于弯曲元的路基黏土模量演化规律

小应变动剪切模量是土动力学中的一个重要参数，在交通荷载动力响应、地震场地反应、海洋工程稳定性等工程问题的分析研究中起到关键作用。按照Atkinson[223]的划分方法，小于 0.001%的应变称为极小应变，大于 0.001%而小于1%的应变称为小应变。快速有效地获取小应变范围内土体的动剪切模量是岩土工程领域的研究热点。弯曲元剪切波速测试试验和共振柱试验是测试土体小应变动剪切模量的常用手段，二者应用范围有所不同。共振柱试验在测量应变范围为

10^{-6}～10^{-5}时具有较高可靠度；弯曲元剪切波速测试试验被认为是一种无损检测手段，可获取应变小于10^{-6}时的动剪切模量[224]。所测得的动剪切模量被称为小应变动剪切模量 G。

弯曲元剪切波速测试试验具有原理简明、操作简单等优点，并且可以与其他试验协同进行，如三轴剪切试验、固结试验、动态三轴试验等。弯曲元剪切波速测试的关键技术包括剪切波传播时间的判别，输入信号的波形、频率及电压幅值的选择，弯曲元类型、试件几何特征及近场效应的影响等方面，相关的技术细节可参考周燕国[224]的系统研究，在此不做详述。近 10 年来，利用弯曲元测定土体结构性取得了一定研究成果，为本研究定量评价冻融循环作用对饱和黏土结构性的影响提供了借鉴。土的结构性是指土粒本身的形状、大小和特征，土粒在空间的排列形式、孔隙状况、粒间接触和联结特性的综和[225]。围绕土的结构性理论模型的研究成果对工程实践的指导意义仍属定性范畴，土结构性研究的根本任务在于寻找一个能全面反映土颗粒排列和联结特征的定量化指标，以准确描述土体相应的力学行为[224]。

土体的刚度各向异性是其结构性在宏观力学层面的体现，通常可分为固有各向异性和应力诱发各向异性[226]。针对赋存于季节性冻土区的土工构筑物来讲，还有一种天然应力造成的各向异性是不容忽视的，即冻融循环作用。本节利用弯曲元剪切波速测试试验定量地描述冻融作用诱发饱和黏土形成的刚度各向异性，以强化对冻融循环作用的认识。Nash 等[227]和 Ng 等[228]利用各向异性指数 ξ 的概念来描述土体的各向异性，其表达式为

$$\xi = \frac{G_{\mathrm{hh}}}{G_{\mathrm{hv}}} = \left(\frac{v_{\mathrm{hh}}}{v_{\mathrm{hv}}}\right)^2 \tag{2-1}$$

式中，v_{hh} 和 v_{hv} 表示土体中的剪切波速；G_{hh} 和 G_{hv} 表示土体的动剪切模量。下标 hh 表示平面内剪切波的振动方向与该平面平行，hv 表示平面内剪切波的振动方向与该平面垂直。

在不考虑土体所处的应力状态时，假设土体的孔隙分布是各向同性的，则土体结构性与刚度各向异性指数的关系可表示为[226]

$$\xi = \frac{S_{\mathrm{hh}}}{S_{\mathrm{hv}}} = \frac{G_{\mathrm{hh}}}{G_{\mathrm{hv}}} = \left(\frac{v_{\mathrm{hh}}}{v_{\mathrm{hv}}}\right)^2 \tag{2-2}$$

式中，S_{hh} 和 S_{hv} 表示土体结构常数。根据弯曲元剪切波速试验获取的不同冻融循环次数下土体的剪切波速和动剪切模量试验结果，利用式（2-2）即可得到饱和黏土结构性随着冻融循环次数的演化规律。

2.2.1　试验概况

利用弯曲元剪切波速测试系统完成对黏土小应变动剪切模量的测试。弯曲元

是一种可实现机械能和电能相互转化的元件，分为发射元和接收元两部分。发射元在输入的激振信号下发生机械振动，所产生的剪切波经过土样后传播至接收元，使之发生振动而产生电信号。激振信号和接收信号通过示波器显示并记录，通过比对激振信号和接收信号可得到剪切波的传播时间，在传播距离已知的前提下通过计算得到剪切波速，其线路连接和实物如图 2-8 所示。本次测试的试件不考虑应力状态的影响，且弯曲元以手工按压的形式与试件接触，因此弯曲元测试装置在功能设计上只需满足便携性和测量间距可调性两方面的要求即可。

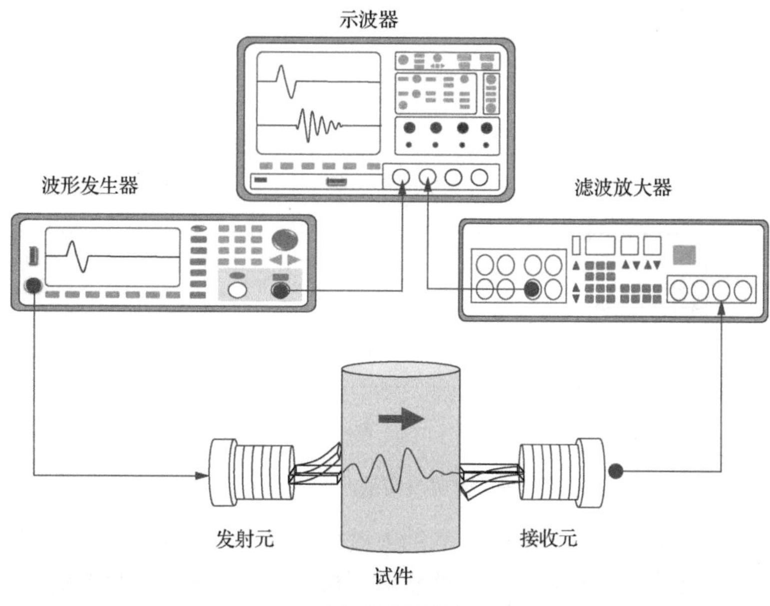

（a）线路连接图

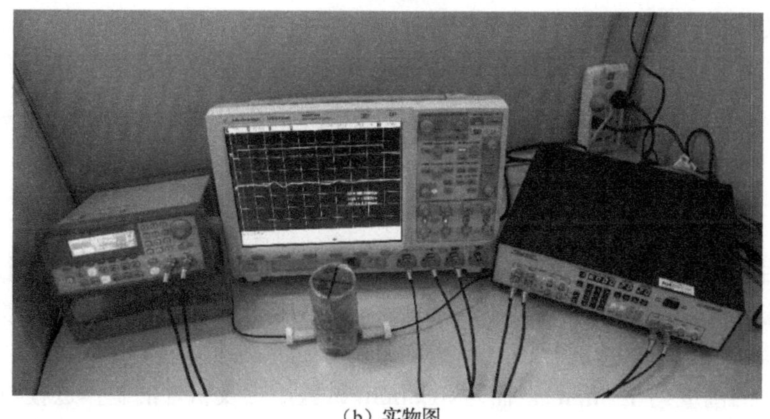

（b）实物图

图 2-8　土体的弯曲元剪切波速测试系统

在测量距离已知的前提下，利用弯曲元测试土体波速的关键点在于准确地获取波速在土体中传播的时间。目前常用的剪切波速确定方法包括以初达波法和特征点判别法为代表的直接确定法，以及采用互相关函数法和互功率谱分析等为主的计算分析法。不少学者研究各种波速传播时间确定方法之间的优劣。总体而言，在合理地选择输入波的波形和频率，并利用滤波或者放大信号等手段对接收信号进行处理的前提下，利用初达波法判定剪切波传播的时间是一种相对可靠的方法[224]，其判别法如图 2-9 所示。

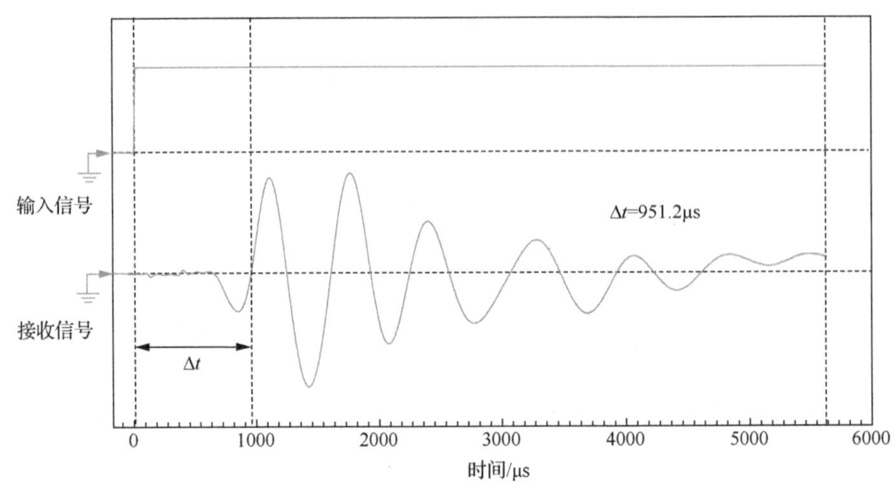

图 2-9　剪切波传播时间判别方法

采用频率为 100Hz、幅值为 1.5V 的方波作为输入波，将频率小于 500Hz 或大于 60000Hz 的接收波进行过滤，能够获取理想的试验结果。利用初达波法确定上述剪切波的传播时间Δt为 951.2μs。需要注意的是$\Delta t=\Delta t_1+\Delta t_2$，其中$\Delta t_1$为剪切波在土体中传播的真实时间，$\Delta t_2$为剪切波在测试系统中的延滞时间。因此，需要提前获取上述输入波的延滞时间Δt_2。将发射元和接收元接触而不产生挤压，即令$\Delta t_1=0$获取Δt_2为 8.2μs。据此得到剪切波在土体中传播的真实时间Δt_1为$\Delta t-8.2$μs。

2.2.2　试验方案

冻融作用对土体结构的影响程度取决于土体的初始状态，即土的粒径分布、孔隙形态和初始含水率。据此将研究变量选定为初始压实度和冻融循环次数，设置一组最优含水率试件进行比照。方案如表 2-2 所示。

试件的高度为 125mm、直径为 61.8mm。试验用土及试件的制作过程与第 2.1.2 节相同。试件的初始压实度依次选为 90%、94%和 98%，饱和状态下的含水率依次为 32.4%、26.3%和 21.9%，对应的初始密度分别为 1.94g/cm^3、1.95g/cm^3 和

1.97g/cm^3。另设置一组最优含水率试件进行对比。冻融循环次数选定为 0 次、1 次、3 次、5 次和 7 次，其中 94%初始压实度的试件额外进行了 9 次、11 次冻融。试验过程中记录每次冻融循环后试件的体积和质量，以便获取试件在不同冻融循环次数之后的真实密度。

表 2-2　剪切波速试验方案

试件编号	初始压实度/%	冻融循环次数	含水率/%	初始密度/（g/cm^3）
BE-01	90	0, 1, 3, 5, 7	32.4%（饱和）	1.94
BE-02	94	0, 1, 3, 5, 7, 9, 11	26.3%（饱和）	1.95
BE-03	94	0, 1, 3, 5, 7	17.4%（最优）	1.92
BE-04	98	0, 1, 3, 5, 7	21.9%（饱和）	1.97

每完成一次冻融循环后对试件进行剪切波速测试，弯曲元的测点布置如图 2-10 所示。将试件沿着高度方向五等分得到 4 个分界点，再取中间两个分界点的中点为第 5 个分界点，并保证这 5 个分界点处于同一条垂线上，以此获取了 5 组水平断面，从上往下依次记作第 1～5 平面。在每个分界点上布置一个弯曲元发射端，在与其同水平面的对称点上布置弯曲元的接收端，如此构成一组测试点。a_1 和 c_1 即为第一组对称的测试点。沿着试件高度方向自上而下得到另外 4 组测试点，依次为 a_2 和 c_2、a_3 和 c_3、a_4 和 c_4 以及 a_5 和 c_5，分配这 5 组测试点用来测试振动方向垂直于对应水平面的剪切波波速。在与 $a_1c_1c_5a_5$ 平面垂直的平面上相应位置布置另外 5 组测试点，用来测试振动方向平行于对应水平面的剪切波波速。同时，在试件顶、底面中心处布置一组测试点 e_1 和 e_2 用来测试振动方向平行于该垂直断面的剪切波波速。

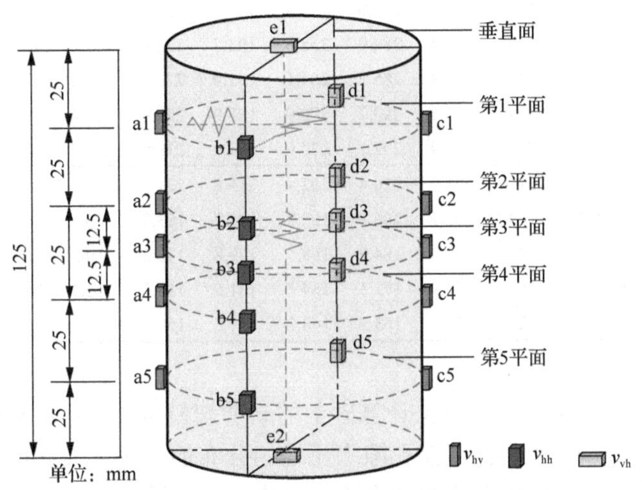

注：v_{hh}、v_{hv} 和 v_{vh} 分别为土体中不同方向平面上的剪切波速。

图 2-10　弯曲元测点的布局图

2.2.3　结果分析

2.2.3.1　小应变动剪切模量

冻融循环作用造成土体发生结构损伤继而影响其强度。每次冻融循环后试件的小应变动剪切模量 G 由下式获取：

$$G = \rho v_s^2 \tag{2-3}$$

式中，ρ 为土体密度，kg/m^3，取为冻融循环作用后试件的整体密度；v_s 为剪切波速，m/s。剪切波速测试结果如表 2-3 所示。

表 2-3　剪切波速测试结果　（单位：m/s）

试件编号	n	v_{hh}-1	v_{hh}-2	v_{hh}-3	v_{hh}-4	v_{hh}-5	v_{hv}-1	v_{hv}-2	v_{hv}-3	v_{hv}-4	v_{hv}-5	v_{vh}
BE-01	0	140.9	150.2	153.2	155.4	154.8	135.4	142.1	142.1	144.7	149.6	127.8
	1	116.3	123.1	124.6	125.1	119.0	115.5	110.6	112.5	113.8	115.5	100.5
	3	110.2	111.7	115.4	117.6	107.9	109.3	102.4	104.0	105.0	106.5	91.9
	5	100.4	101.9	105.4	105.0	96.6	101.3	96.6	96.0	97.8	96.6	86.8
	7	93.2	95.4	98.4	98.4	92.1	94.0	89.7	90.8	91.0	90.3	84.7
BE-02	0	168.2	176.2	174.8	173.4	165.2	159.1	151.8	155.2	156.8	152.5	135.3
	1	161.1	167.0	165.3	165.3	153.2	153.2	149.5	148.1	148.8	145.1	124.1
	3	133.7	133.6	133.6	131.1	121.8	124.2	116.3	115.0	115.0	115.9	103.7
	5	127.2	128.7	128.7	128.7	119.0	122.7	114.6	111.0	111.3	114.2	101.4
	7	122.7	126.6	125.1	122.2	113.8	119.9	109.4	106.4	105.7	110.6	94.7
	9	122.7	129.2	126.9	124.1	116.8	120.8	113.4	109.4	107.5	111.8	92.5
	11	121.8	128.2	126.6	123.6	118.1	121.3	112.9	109.0	107.9	112.2	92.2
BE-03	0	200.1	263.9	268.4	273.0	254.5	197.6	223.8	226.3	238.5	236.8	246.8
	1	196.4	273.0	275.4	282.9	258.6	192.7	223.0	223.0	236.6	234.3	234.8
	3	201.4	280.4	280.4	285.5	264.1	191.0	223.0	220.0	233.1	231.5	218.6
	5	205.4	280.4	285.5	290.7	270.9	188.0	220.6	221.4	231.3	229.7	211.2
	7	202.7	279.1	282.9	292.1	270.9	186.9	219.9	221.7	229.6	231.5	205.7
BE-04	0	198.4	222.3	228.2	220.4	202.4	219.8	221.7	217.8	212.5	207.6	195.3
	1	188.3	212.8	207.9	206.5	190.0	197.7	193.9	189.3	188.2	179.3	168.5
	3	174.9	192.8	189.3	184.9	168.4	179.8	173.8	169.2	168.3	159.9	149.2
	5	153.0	175.2	172.9	173.3	154.5	161.5	156.7	155.9	155.2	153.0	134.4
	7	142.1	162.3	163.1	163.9	148.2	156.8	150.7	151.5	152.2	150.8	130.8

注：n 为冻融循环次数。

Qiu 等[229]建议用有效密度来计算砂土的动剪切模量，可避免利用饱和密度计算带来的误差，但其适用性仅在孔隙水压均匀分布的情况下成立。对于渗透性很低的黏土而言，并不能保证饱和状态下试件内部的孔隙水是均匀分布的，因此本研究仍然采用饱和密度进行计算。

4 种工况下测得的小应变动剪切模量随冻融循环次数的变化规律如图 2-11～图 2-13 所示。图中 G_{hh}-1 指的是第一个水平面（$a_1b_1c_1d_1$）上的水平动剪切模量，G_{hv}-1 指的是第一个水平面（$a_1b_1c_1d_1$）上的垂直动剪切模量，以此类推。G_{vh} 指的是垂直断面上的平行动剪切模量。总体而言，5 个水平面内的 G_{hh} 和 G_{hv} 均随着冻融循环次数的增大而降低，但趋势略有不同，主要表现在以下几个方面。

（1）饱和黏土的小应变动剪切模量 G_{hh}、G_{hv} 及 G_{vh} 均随着冻融循环次数的增加呈现出先急剧降低、随后缓慢降低的趋势。由 94%初始压实度的试验结果可知，第 7 次冻融循环之后饱和黏土的小应变动剪切模量不再降低的趋势表现得很明显。相对于 0 次冻融循环，7 次冻融循环之后 90%初始压实度试件的小应变动剪切模量 G_{hh} 损失了 56.2%～64.6%，G_{hv} 损失了 51.8%～63.6%，G_{vh} 损失了 56.1%；94%初始压实度试件的小应变动剪切模量 G_{hh} 损失了 46.8%～52.6%，G_{hv} 损失了 43.2%～54.5%，G_{vh} 损失了 51.1%；98%初始压实度试件的小应变动剪切模量 G_{hh} 损失了 44.7%～48.9%，G_{hv} 损失了 47.2%～53.8%，G_{vh} 损失了 55.0%。

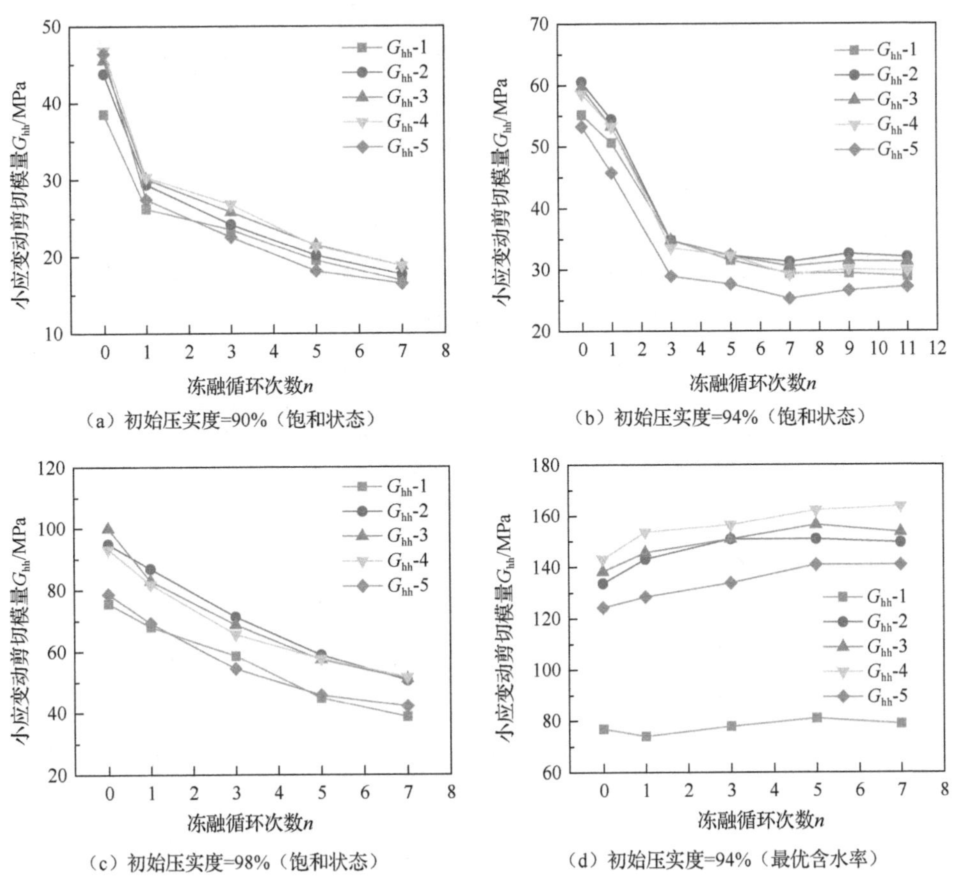

图 2-11　G_{hh} 与冻融循环次数的关系

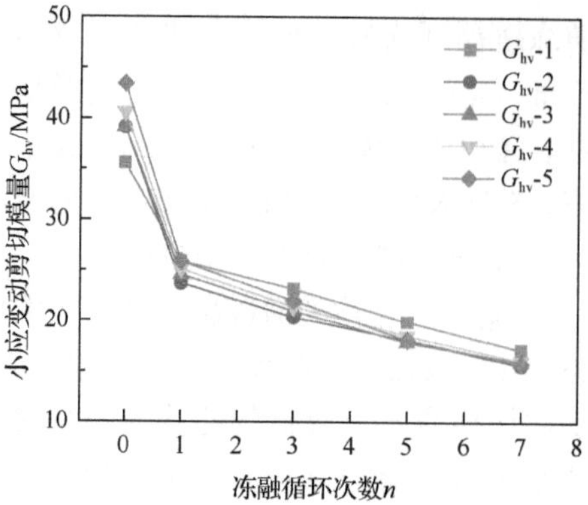

（a）初始压实度=90%（饱和状态） 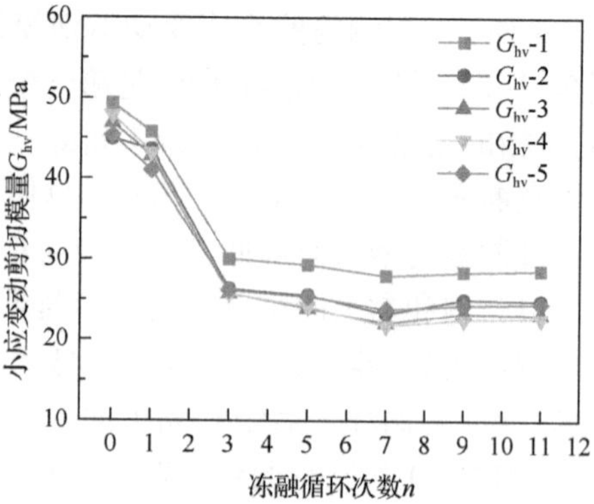　（b）初始压实度=94%（饱和状态）

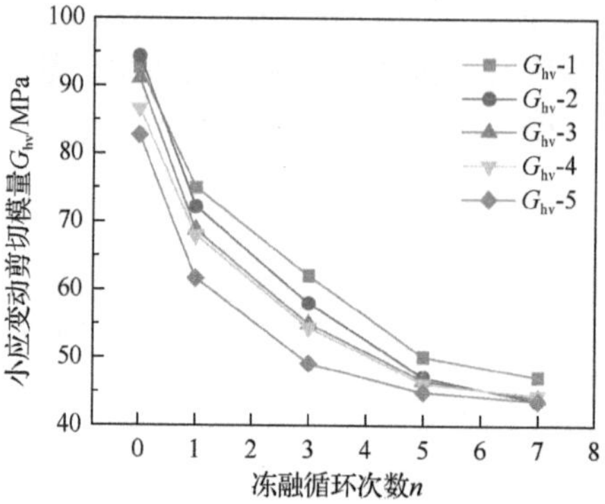

（c）初始压实度=98%（饱和状态） 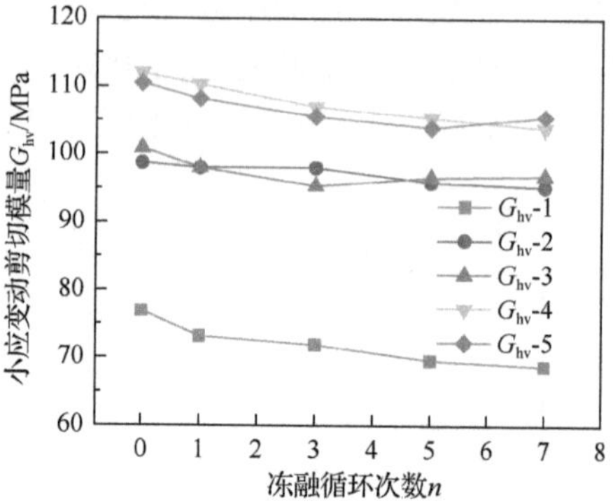　（d）初始压实度=94%（最优含水率）

图 2-12　G_{hv} 与冻融循环次数的关系

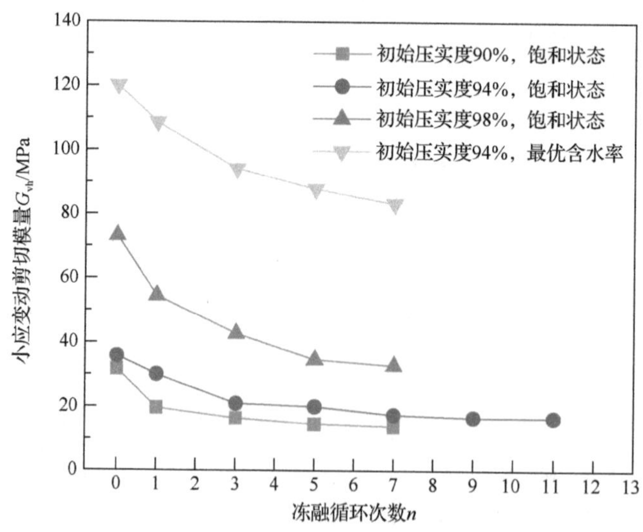

图 2-13　G_{vh} 与冻融循环次数的关系

（2）当含水率为最优状态时，试件的小应变动剪切模量随冻融循环次数的变化趋势与饱和状态不同。可以发现，试件顶层的小应变动剪切模量 G_{hh} 和 G_{hv} 在整个冻融循环过程中均明显低于其他 4 层，这种现象表明试件完成后试件最顶层的强度最低，后期的冻融循环作用并未能弥补这种劣势。与此同时，7 次冻融循环后，小应变动剪切模量 G_{hh} 随着冻融循环次数的增加而提高 2.6%～14.4%；小应变动剪切模量 G_{hv} 随着冻融循环次数的增加而降低 3.5%～10.6%。

小应变动剪切模量一定程度上可以反映土体的强度特性，上述现象意味着冻融循环之后，最优含水率试件在水平方向上的强度有所提高，在垂直方向上的强度有所降低。根据冯德成等[230]的研究成果，孔隙形态和初始含水率是决定冻融作用对土体结构影响程度的主要因素。最优含水率的试件处于非饱和状态，试件内部的孔隙由液态水和气体共同充填，在封闭的冻融循环作用下试件内部的液态水在重力作用下会沿垂直方向迁移，且迁移过程中受冻融循环作用的影响，重力和冻融综合作用的结果导致试件垂直方向上的孔隙率增大、土颗粒彼此分离，宏观上表现为试件的高度增加，从而造成土体在垂直方向上强度弱化，对应的小应变动剪切模量降低。与此同时，封闭体系下试件在垂直方向上发生的变形势必会造成水平方向上被约束，导致试件在水平方向上强度稍有提高。饱和试件均未体现出上述现象，其原因是饱和试件的孔隙完全由液态水充填，在封闭体系下液态水的迁移方向只受冻融循环作用的影响，而不受重力作用的影响。

2.2.3.2　模量的各向异性

4 种工况下各向异性指数随着冻融循环次数的演化规律如图 2-14 所示。整体而言，试件在 5 个水平面上的各向异性指数均大于 1，说明整个冻融循环过程中饱和黏土试件在水平方向上的动剪切模量均大于垂直方向。与此同时，5 个水平面上的各向异性指数相差较大，表现为中间 3 个平面的各向异性指数较为接近且远大于其他两个面。进一步分析，可以发现如下现象。

（1）初始压实度为 94%的最优含水率试件，其顶部和底部（分别对应第 1 个测试平面和第 5 个测试平面）的各向异性指数不大于 1.18，而中部（即第 2、3、4 个测试平面）的各向异性指数处于 1.25～1.36，说明静压成型时试件沿高度方向上的各向异性不均匀，表现为试件中部较顶、底部高，侧面上反映了试件中部的压实度比顶部和底部高。

（2）以试件中部的各向异性指数为评价标准，发现饱和试件的各向异性指数值分布在 1.1～1.25，而最优含水率试件的各向异性指数处于 1.28～1.62。在保证试件的制作工艺有可比性的基础上，说明饱和过程一定程度上弱化了制件过程中形成的各向异性。

（3）以试件中部 3 组各向异性指数的均值为评价标准，可以发现试件的各向异性指数随着冻融循环次数增加的趋势大体相同，均为先增大后减小，但减小趋势趋于平缓。以 94%初始压实度、最优含水率的试件为例，经过 1 次、3 次、5 次、7 次冻融循环后试件的各向异性指数较 0 次冻融依次增加了 8.4%、11.8%、18.2%和 16.7%。

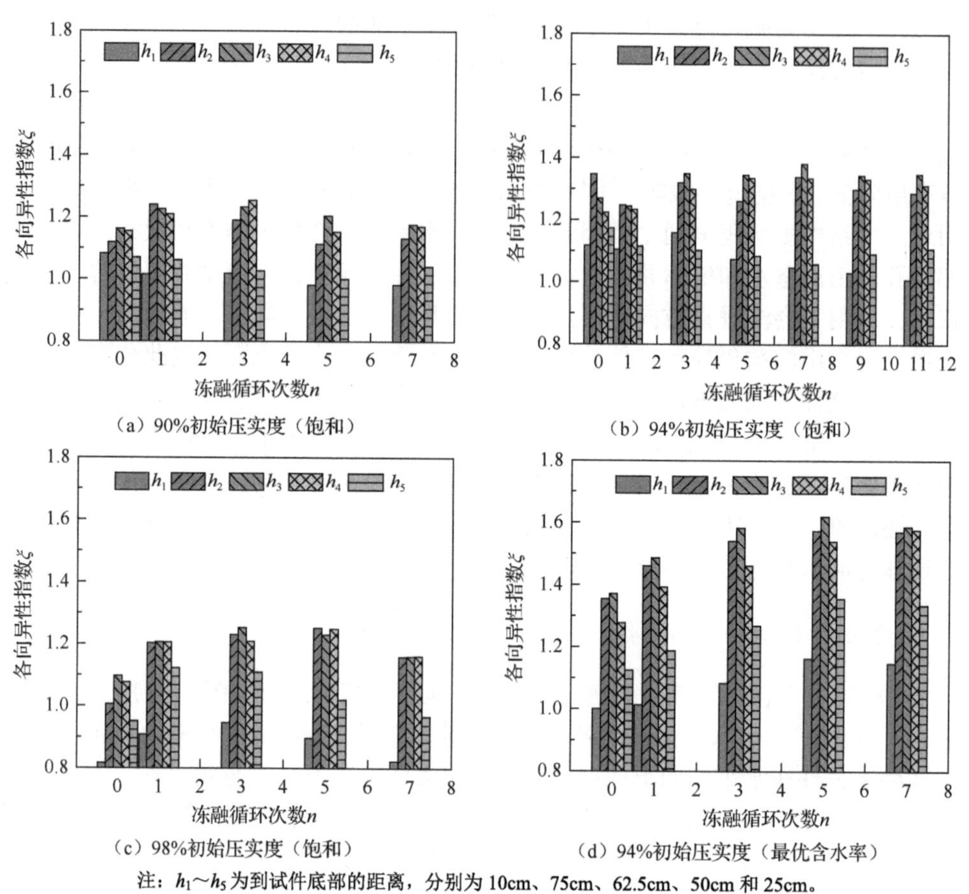

（a）90%初始压实度（饱和）　（b）94%初始压实度（饱和）

（c）98%初始压实度（饱和）　（d）94%初始压实度（最优含水率）

注：h_1～h_5为到试件底部的距离，分别为 10cm、75cm、62.5cm、50cm 和 25cm。

图 2-14　冻融循环次数对小应变动剪切模量各向异性指数的影响

不同初始压实度的试件，其各向异性指数与冻融循环次数的关系可以用如下一元二次函数表示：

$$\xi = An^2 + Bn + C \tag{2-4}$$

式中，ξ 为试件中部 3 组平面上各向异性指数的平均值；n 为冻融循环次数，且 $n \leqslant 11$；A、B、C 为拟合参数。

利用式(2-4)拟合 4 种工况下各向异性指数与冻融循环次数的关系，如图 2-15 所示。为了分析的需要，将 94%初始压实度的饱和试件按照最大 7 次冻融和最大 11 次冻融分别拟合 1 次。由图 2-15 可知，4 种工况下均能得到合理的决定系数

R^2，初步说明一元二次函数可以描述小应变动剪切模量各向异性指数与冻融循环次数的关系。将完成 7 次冻融和完成 11 次冻融条件下 94%初始压实度的饱和试件分别拟合两次，可以发现两次拟合均能获取较为合理的拟合关系，且各向异性指数的降低趋势在冻融循环次数超过 7 次之后明显减缓，进一步验证式（2-4）的合理性。与此同时，发现 94%初始压实度下饱和试件的拟合曲线位于最优含水率试件的下方，说明饱和过程对制件过程中形成的各向异性的弱化作用贯穿了整个冻融循环过程。

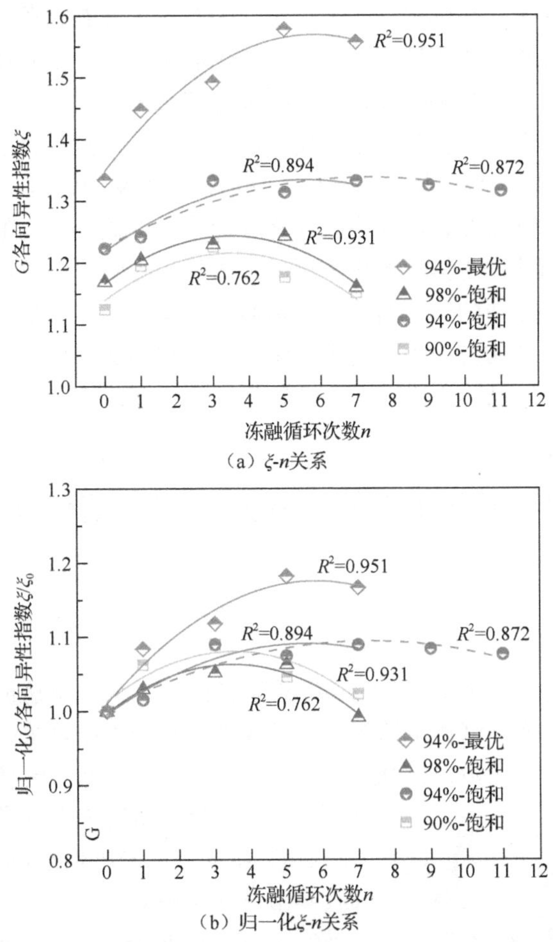

（a）ξ-n关系

（b）归一化ξ-n关系

图 2-15　小应变动剪切模量各向异性指数与冻融循环次数的关系

为排除试件初始各向异性的影响，将各工况下的数据利用初始各向异性指数 ξ_0 进行归一化处理，结果如图 2-15（b）所示。初始压实度对各向异性指数与冻融循环次数之间关系的影响规律不明显，表现为 98%初始压实度的饱和试件拟合曲线整体位于 90%和 94%之间。提取表 2-2 中各工况下试件的含水率数据可知，初始压实度为 90%、94%、98%时试件内部的含水率依次为 32.4%、26.3%、21.9%，即初始压实度越大，饱和含水率越低。据此认为，引起初始压实度的影响规律不明确的原因是试件的含水率存在差异。理论上讲，冻结过程中土体孔隙内部的水分凝结成冰，体积增加十分之一，势必会对土颗粒之间原有的胶结、联结状态造成破坏，从而引起土体结构发生改变。因此，理论上含水率越高，土体结构受冻融循环作用的影响越明显。目前并没有证据显示含水率是造成冻融作用对土体结构性改变的唯一变量。实际上，冰晶在空间上的生长形态和在时间上的生长速度并不仅仅取决于含水率的高低，造成土体产生冻融诱发各向异性的原因有很多。齐吉琳等[19]认为，土体结构发生改变的根本原因是土骨架发生内部位移。何伟朝[231]认为冻融循环作用下与土体剪切强度相关联的微观结构参数有颗粒的粒径、分形维数、平均丰度、定向概率熵、孔隙分布分形维数等 9 个因素。郑郧等[232]研究发现，冻融过程中水分相变、冰晶生长和水分迁移对土颗粒和孔隙的反作用力，是冻融循环对土结构性产生影响的根本原因。水份为冻融作用改造土体结构提供了物质来源，而这种改造的结果是多重因素共同决定的，包括水分在土体内部的空间分布状态、孔隙分布及应力历史等因素。土体在动剪切模量上表现出的各向异性现象，是其受冻融循环作用后在力学参数上的综合体现。

2.3　基于 CT 的路基黏土密度演化规律

2.3.1　试验概况

计算机层析成像技术（CT）的工作原理是利用 X 射线穿透被扫描物质前后存在的强度差异来表征被测物质的密度信息。CT 扫描的本质是求解一系列与被扫描物质密度有关的分布函数，再利用数学重建方法将分布函数转换为人眼可视的灰度图像，通过分析研究灰度图像即可直观地判断被扫描物质内部的密度信息，从而做出相应的判断。本节试验所用 CT 试验机为 Phoenix v|tome|x S 微焦点工业扫描系统。该系统配备了图像重建软件 Datos|x Reconstruction 和数据分析软件 VG Studio Max，可完成各种工业材料的扫描、重建及分析工作。图 2-16 为该工业 CT 试验机，其最大管电压为 240kV，最大管功率为 320W，最大像素分辨率为 2μm。

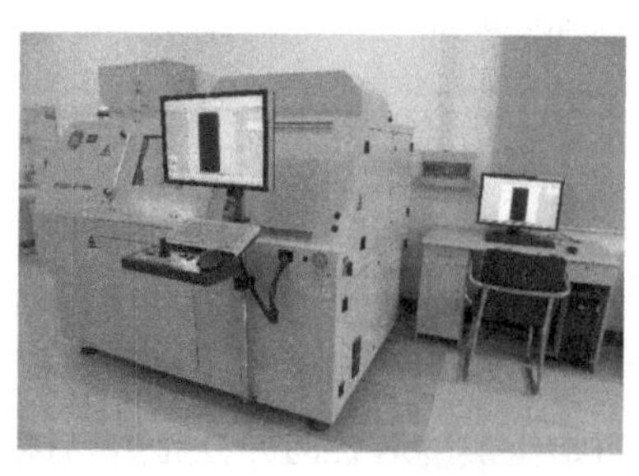

图 2-16　工业 CT 试验机

2.3.2 试验方案

为了直接观察冻融循环作用对土体结构性的影响，利用和第 2.2.2 节相同的试验方案开展 CT 扫描试验来研究冻融循环作用对土体各向异性的影响。同时，为了更为精确地获取试件的断面信息，额外设置一组压实度为 94%的小尺寸饱和黏土试件，用来研究冻融循环作用对饱和黏土结构的影响。此番考虑的出发点是基于工业 CT 试验机的工作原理。由射线源发出的 X 射线呈放射状，在三维空间内形成了一列锥形的有效扫描区域，试件与 X 射线放射源之间的距离决定着 CT 试验机的分辨率。试件距离放射源越近，CT 试验机的分辨率越高。高度为 125mm、直径为 61.8mm 的圆柱体试件在本研究 CT 试验机下的分辨率为 0.143mm，这种分辨率对于研究冻融循环作用对土体各向异性的影响规律是足够的。考虑本研究黏土颗粒直径绝大部分小于 0.075mm，为了获取试件断面更为精确的图像信息，增加了一组高度为 4cm、直径为 1.8cm 的小型圆柱体试件，该尺寸下 CT 试验机的分辨率可达 0.031mm。试验过程中扫描电压为 190kV，扫描电流为 90μA，完成 1 次扫描所需时间约 1h。

2.3.3 结果分析

2.3.3.1 对饱和黏土密度的影响

研究表明[233]，当测量的电压低于 200kV 时，X 射线穿透扫描物质之后的衰减系数与被测物质的密度呈线性相关。将衰减系数按照一定的比例换算即可得到图像的灰度值。利用 CT 扫描获取的灰度值变化可以相对地反映被测物质的密度变化，即灰度值越大，对应的物质密度越大。将经历过 0 次、1 次、3 次、5 次、7 次、9 次、11 次冻融循环之后饱和黏土试件的灰度值分布情况进行统计，结果如图 2-17 所示，各冻融循环次数对应的灰度值曲线均呈钟形分布。随着冻融循环次数的增加，灰度值曲线整体往横坐标零点方向移动。曲线的分布宽度差异不大，7 次冻融循环之后曲线的移动幅度趋于平缓，各曲线开始出现重叠，表明饱和黏土的密度随着冻融循环次数的增加而降低，7 次冻融循环后趋于稳定。

分别选取圆柱形试件的横断面和纵断面，可更为直观地研究冻融循环作用对土体结构的影响。由于冻融作用可导致土体发生膨胀和融沉，造成目标断面发生移动。为保证每次冻融循环后所取的断面为同一断面，在制件过程中通过设置标志物的方法来辅助跟踪目标断面的移动。同时，将冻融试验方法设置为有侧限冻融，让试件仅在高度方向上发生膨胀和融沉，将每次冻融循环后观测的试件体积变化量换算成高度变化量，将高度变化量平均分摊给每一层 CT 图像对应的断面，再辅助以预先设置在试件内部标志物的指示，即可快速定位到目标断面，从而保证每次冻融循环后得到的目标断面为同一个断面。

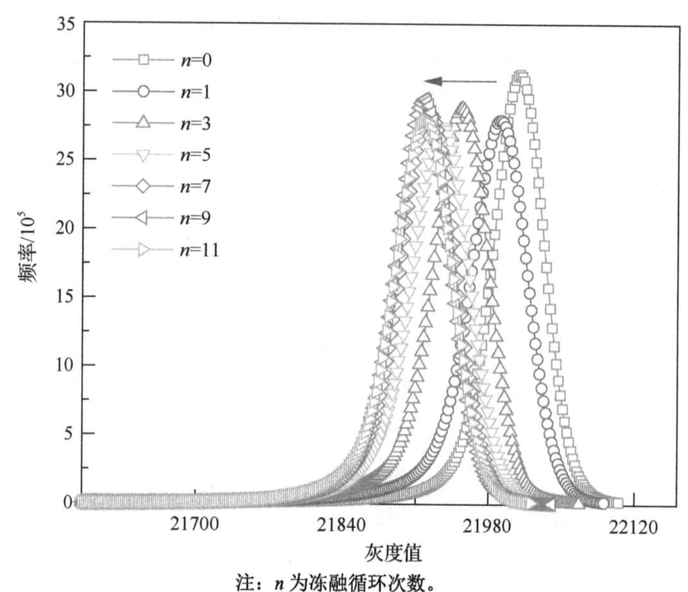

注：n 为冻融循环次数。

图 2-17　不同冻融循环次数下的灰度值分布情况

CT 图像直接获取的图像为灰度图，在灰度图中黑色区域表示高密度区域，白色区域表示低密度区域，处在黑、白色之间的区域则反映了被测物质的密度分布。利用工业 CT 试验系统获取的图像为 16 位灰度图像，这种格式的图像显示了更为丰富的密度信息，缺点是采用普通的打印方法难以将其输出。鉴于人眼对灰度图像的不敏感性，可采用伪彩色增强的方法将灰色图像映射成为彩色图像，以便获取更为直观的判断。

利用工业 CT 扫描试验系统配备的后期处理软件 VG Studio Max 实现灰度图像的增强处理，结果如图 2-18 和图 2-19 所示。图 2-18 中的灰度值分布情况随冻融循环次数的变化规律也印证了这一直观现象。总体而言，由于冻融过程中试件在侧向上有位移约束，因此饱和试件在横断面上主要表现为密度随冻融循环次数的增加而减小的规律。

观察图 2-19 可以发现，由于冻融循环过程中试件在高度方向上保持自由膨胀和融沉，试件在纵断面上的图像信息不仅反映了冻融循环作用对土体密度的弱化，也反映了土体内部裂纹的发展规律。0 次冻融试件在制件过程中产生了一些连通性很差的原始孔隙，且呈离散状分布。经过 1 次冻融循环之后，这些原始孔隙开始扩大并且逐渐连通。同时，在试件的顶部产生了新的裂纹；3 次冻融循环之后这些原始裂纹和冻融诱发的新裂纹持续扩大并且相互贯通，表明试件的密度在不断降低。7 次冻融循环之后，断面上的裂纹分布状况变动不大，冻融循环作用对土体结构的影响趋近于平稳。图 2-19 灰度值分布情况随冻融循环次数的变化规律也可以验证这一现象。

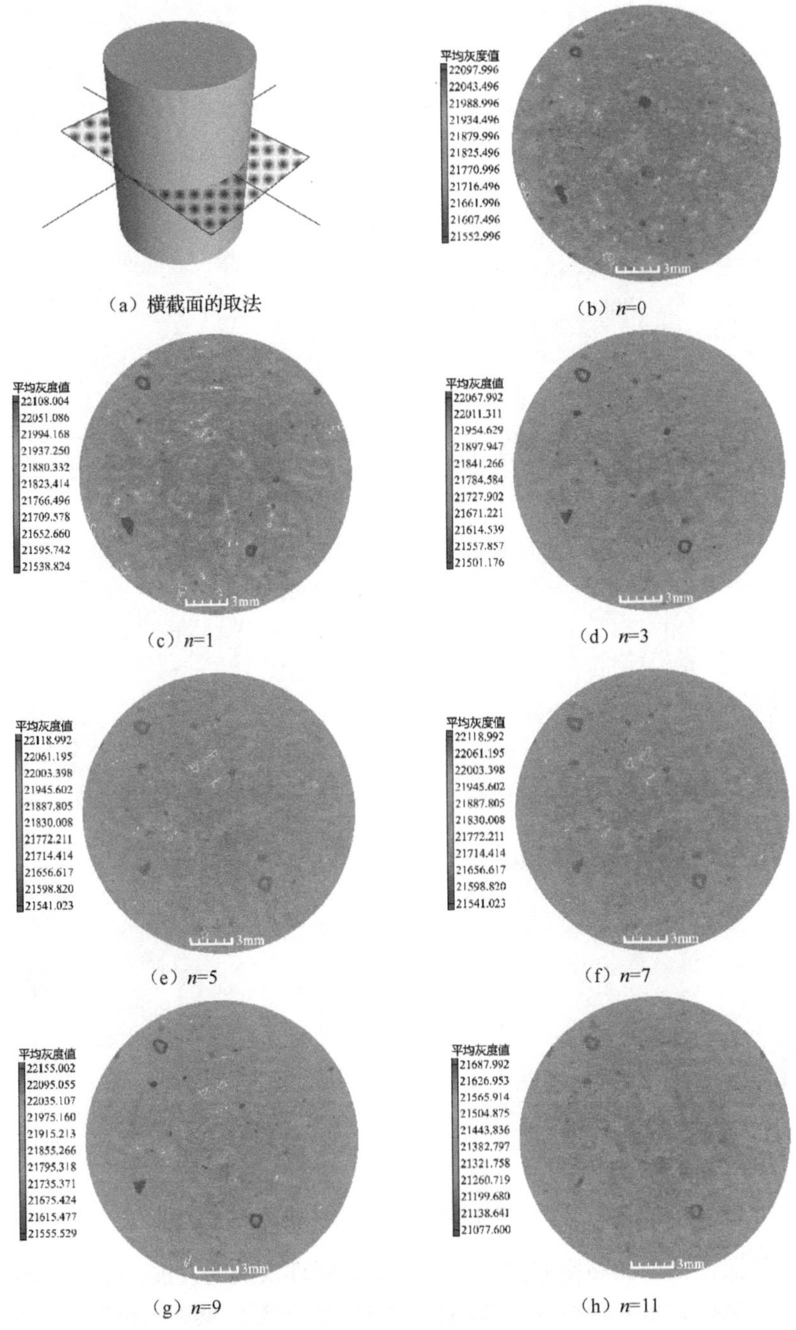

（a）横截面的取法　（b）n=0

（c）n=1　（d）n=3

（e）n=5　（f）n=7

（g）n=9　（h）n=11

图 2-18　不同冻融循环次数下试件横断面的 CT 图像及灰度值演化

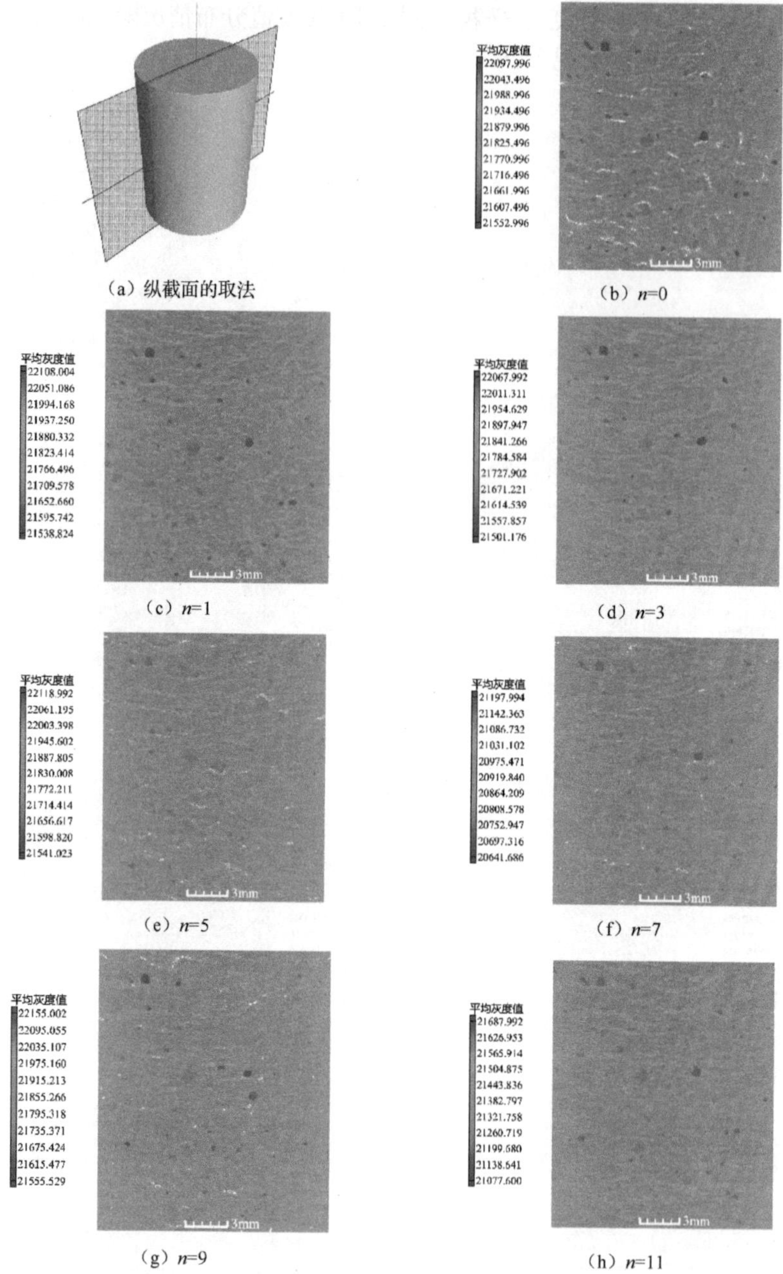

(a) 纵截面的取法　(b) n=0

(c) n=1　(d) n=3

(e) n=5　(f) n=7

(g) n=9　(h) n=11

图 2-19　不同冻融循环次数下试件纵断面的 CT 图像

为定量探讨试件在高度方向上裂纹随冻融循环次数的发展，将图 2-19 中纵断面的裂纹信息提取出来转换为二值图像，图 2-20 为裂纹典型的纵断面二值图像，白色区域为裂纹。

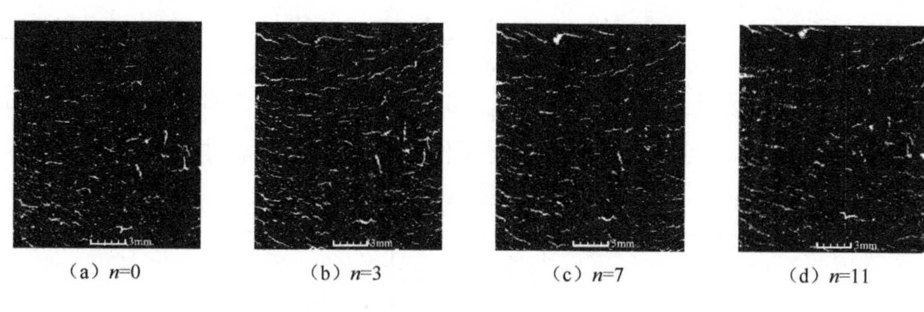

（a）n=0　（b）n=3　（c）n=7　（d）n=11

图 2-20　典型的纵断面二值图像

利用分形的方法来描述裂纹的分布状况，在众多分形描述方法中盒子维数 D_B 是最实用的方法之一，其计算式写成[234]

$$D_B = -\lim_{\varepsilon \to 0}\left[\frac{\log N_\varepsilon}{\log \varepsilon}\right] \tag{2-5}$$

式中，ε 为盒子的边长；N_ε 为利用边长为 ε 的盒子所需的最少盒子数。通过由小到大不断变换盒子边长 ε 的取值可获取一系列对应的 N_ε。分形理论认为针对同一研究对象，N_ε 和 ε 的双对数比值是一个定值，即为盒子维数。盒子维数 D_B 越大，表明裂纹分布得越均匀，曲线越复杂[235]。

计算得到不同冻融循环次数下纵断面上裂纹分布的盒子维数及其随冻融循环次数的演化规律，如图 2-21 所示。可以看出，不同冻融循环次数对应的纵断面上裂纹的盒子维数 D_B 均可合理地表征盒子大小与盒子数量的双对数关系。随着冻融循环次数的增加，D_B 值先增大后减小，在第 3 次冻融时达到峰值，第 7 次冻融后趋于稳定。说明裂隙在 3 次冻融后裂隙分布最多、最均匀，7 次冻融之后部分裂缝愈合，导致裂隙分布均匀性变差，随后保持不变。

饱和黏土试件在横向和纵向上的断面信息直观地反映了冻融循环作用对土体密度的弱化作用，且这种弱化作用呈现出先强后弱随后趋于稳定的特点。利用分形的方法研究饱和黏土试件在纵向断面上裂纹的发展状况，进一步反映了冻融作用对土体结构造成损伤的演化特征及土体部分裂纹经历了增长而又愈合的过程。

2.3.3.2　等效密度的各向异性演化

为加深对冻融诱发土体各向异性的认识，本节基于 CT 扫描图像试验继续探讨冻融作用对土体等效密度各向异性的影响。由于 CT 扫描获取的断面并非严格意义上的二维面，而是具备一定厚度的切片，其本质上仍然是三维的。本节试验获取的切片厚度为 0.143mm，具备继续深入挖掘冻融作用对土体等效密度各向异性影响的条件。参考式（2-2）的定义方法，将等效密度各向异性指数 ζ 定义为

$$\zeta = \frac{S_{hh}}{S_{hv}} = \frac{\psi_{hh}}{\psi_{hv}} \tag{2-6}$$

式中，S_{hh} 和 S_{hv} 表示土体结构常数；ψ_{hh} 和 ψ_{hv} 分别为每一个体素在横向切面和纵向切面上的灰度值。利用上式即可获得试件内部每一个体素对应的等效密度各向异性指数 ζ 随冻融循环次数 n 的演化规律。

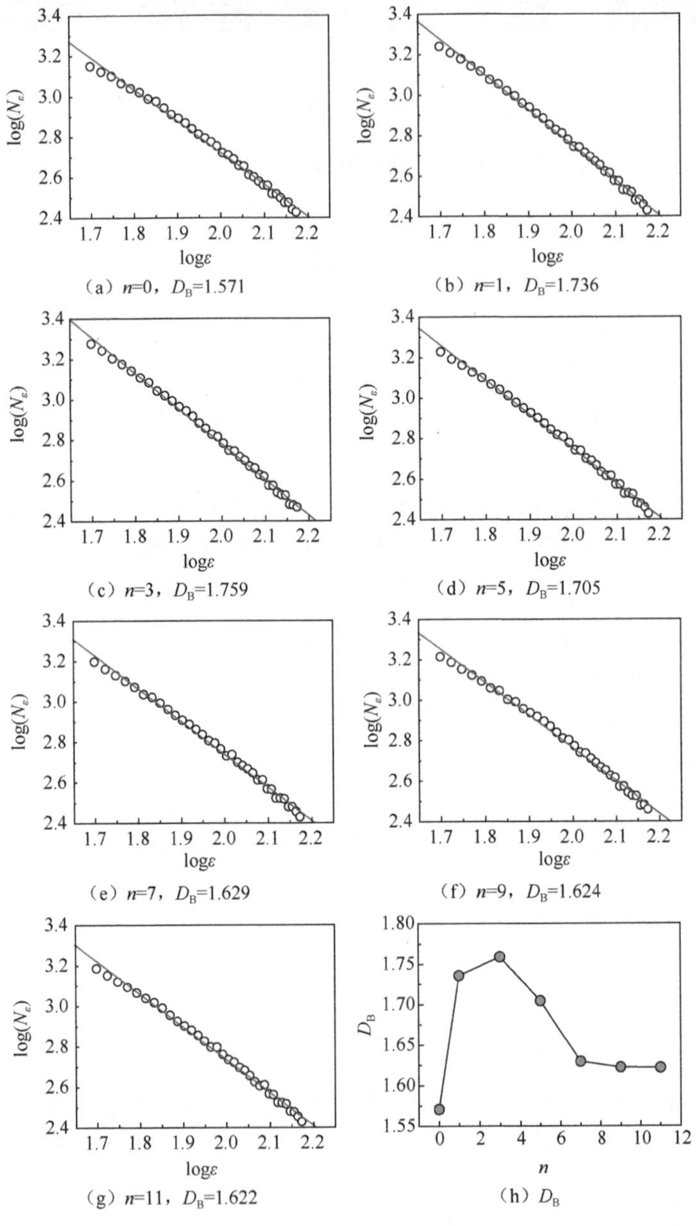

图 2-21　纵断面裂纹分布的盒子维数及其随冻融循环次数的演化规律

图 2-22 为试件不同高度处的 ζ-n 关系。可以发现试件的曲线演化规律与含水率有关，但整体仍表现出较为一致的规律。以初始压实度为 90%的试件为例，试件顶部（50～70cm）的等效密度各向异性指数 ζ 随冻融循环次数 n 的增加而不断降低，曲线朝横坐标左边移动；而试件底部（0～20cm）的 ζ 随 n 变动的趋势与试件顶部相反。整体表现为 0 次冻融下呈倾斜“C”形分布的 ζ 随着冻融循环次数 n 的增加而围绕试件中部发生逆时针旋转，结果表现为 7 次冻融循环之后“C”形近乎直立。上述现象对初始压实度为 94%的试件表现尤为明显。

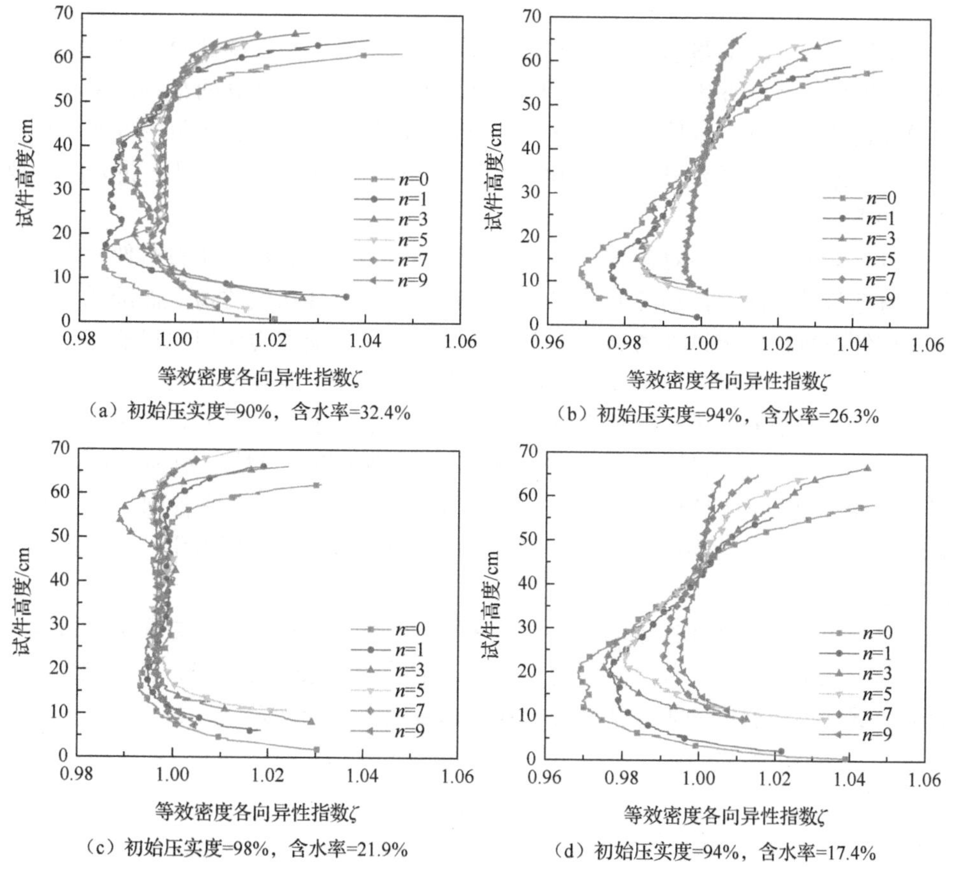

（a）初始压实度=90%，含水率=32.4%

（b）初始压实度=94%，含水率=26.3%

（c）初始压实度=98%，含水率=21.9%

（d）初始压实度=94%，含水率=17.4%

图 2-22　试件不同高度处的 ζ-n 关系

不同冻融循环次数下试件不同位置处对应的等效密度各向异性指数 ζ 的演化规律说明三方面问题：①饱和完成之后的试件即具备初始的等效密度各向异性。②试件顶、底部对应的等效密度各向异性随冻融循环次数的增加而表现出相反演化规律，其原因是重力作用下试件内部的水分在试件底部发生聚集，而冻融循环作用的影响程度强烈依赖于水分的含量；③“C”形分布的等效密度各向异性指数的逆时针旋转现象表明冻融作用促使饱和试件不同层位的密度趋于均一化。

需要说明的是，本试验中黏土试件的各向异性是基于封闭体系下的多向冻融循环试验获取的，未考虑冻融循环过程中土体的应力状态，这与真实路基处于补水条件下的单向冻结、双向融化的工程状况仍然有差异。

2.4 小　结

本章进行了冻融路基黏土的剪切波速试验和工业 CT 扫描试验，利用剪切波速和灰度值的概念评价了冻融循环作用对黏土试件刚度和密度的影响，引入了各向异性指数的概念定量地研究了小应变动剪切模量各向异性和等效密度各向异性随着冻融循环次数的演化规律，揭示了冻融循环作用的影响机理。获取的主要结论如下。

（1）冻融循环作用对黏土试件的小应变动剪切模量影响规律与试件含水率有关。对饱和试件而言，小应变动剪切模量随着冻融循环次数的增大而降低；对非饱和试件而言，由于试件内部的液态水在封闭体系下受重力作用而沿着垂直方向分布，水分重分布过程同时受到冻融循环作用的影响，表现为封闭体系下非饱和试件的小应变动剪切模量在垂直方向上产生弱化，在水平方向上有所加强。

（2）试件在成型的过程中即形成了初始的刚度各向异性，饱和过程一定程度上弱化了这种各向异性。随后的冻融循环作用又改变了刚度各向异性，冻融循环次数与归一化的小应变动剪切模量各向异性指数的关系可以用一元二次函数描述。

（3）随着冻融循环次数的增加，饱和黏土试件的密度产生一定程度的弱化，随后趋于稳定，试件的部分裂纹也经历了先增长随后愈合的过程。在冻融作用影响下，试件不同层位的等效密度各向异性指数趋于均一化。

第 3 章　寒区饱和冻融路基黏土静力特性

土体经历冻融循环作用后，其孔隙特征、强度和变形行为将产生改变。本章利用等向压缩-回弹试验、三轴静力蠕变试验、应变速率试验系统地研究不同冻融循环次数下饱和黏土的压缩-回弹特性、蠕变特性、应变速率效应特性，获取的研究结论一方面能够对融化饱和黏土的静力特性产生深刻认识；另一方面，相应的研究结果可为下一步分析冻融路基的动力行为特性提供依据。

3.1　饱和冻融路基黏土的等向压缩-回弹行为

3.1.1　试验方案

利用南京宁曦土壤仪器有限公司生产的 TSZ-3 型全自动三轴仪完成饱和冻融土的等向压缩-回弹试验。该仪器的围压可手动控制，试验过程中的孔隙水压及体积变形数据可通过数显面板读取，满足等向压缩-回弹试验的需求。选定冻融循环次数依次为 0 次、1 次、3 次、5 次、7 次。试件的高度为 125mm，直径为 61.8mm，压实度为 94%。试件的制作、饱和及冻融处理等试验过程与前述相同。

按照《公路土工试验规程》（JTG 3430—2020）[215]中关于土体固结试验的规定，确认本次试验中加载和卸载的序列为：60kPa→120kPa→180kPa→240kPa→300kPa→240kPa→180kPa→120kPa→180kPa→240kPa→300kPa→360kPa→420kPa→480kPa。每一级荷载加载 24h 之后切换到下一级荷载，记录切换之前试件的体积变形量和孔隙水压力，并换算成该荷载级别下饱和黏土的孔隙比 e_i 和有效体应力 p_i'。换算方法如下：

$$e_i = e_0 - \left(1 + e_0\right) \times S_i \tag{3-1}$$

$$S_i = \frac{\Delta V_i}{V_0} \tag{3-2}$$

$$e_0 = \frac{\rho_s \left(1 + 0.01 w_0\right)}{\rho_0} - 1 \tag{3-3}$$

$$p_i' = p_i - u_i \tag{3-4}$$

式中，e_0 为试验开始时试件的孔隙比；ρ_s 为土粒密度，g/cm^3；ρ_0 为试件的密度，g/cm^3；w_0 为试验开始时试件的含水率；V_0 为试验开始时试件的体积，cm^3；ΔV_i 为某级荷载下试件体积的改变量，cm^3；S_i 为某级荷载下试件产生的体积变形；p_i 为某级荷载的体积应力，kPa；u_i 为某级荷载下的孔隙水压力，kPa。

3.1.2　结果及分析

图 3-1（a）为融化黏土经历 0 次、1 次、3 次、5 次、7 次冻融循环之后的等向压缩-回弹全过程曲线。可以发现各工况下的曲线在初始压缩阶段均呈现一定的非线性，进行一次卸载回弹-重复加载之后，曲线仍能够很好地与第一阶段的压缩曲线衔接，且表现出明显的线性特征。为更好地说明这一现象，将卸载回弹曲线和重复加载曲线里的非线性段剔除，得到各冻融循环次数下融化饱和黏土的等向压缩曲线，如图 3-1（b）所示，随着冻融循环次数的增加，饱和黏土的孔隙比（包括初始孔隙比 e_0）增加，对应压缩曲线的曲率减小，这种现象意味着冻融循环作用导致土体孔隙比增大，且弱化了饱和黏土的结构性。需要注意的是，图 3-1（b）中各级荷载下的孔隙比由初始孔隙比 e_0 计算得来，而 e_0 则是通过式（3-3）由试件在未发生冻融时的状态参数计算得到，前文已验证过试件在发生冻融循环过程中的体积损失和质量损失可忽略不计，对应融化饱和黏土的状态参数仍由其初始状态获取。实际上，将图 3-1（b）中的压缩曲线利用初始孔隙比 e_0 分别进行归一化，以消除试件初始状态（完成饱和时候的状态）不一致的影响，其结果更能说明问题，如图 3-1（c）所示。归一化之后的压缩曲线能够很好地反映冻融循环次数对饱和黏土孔隙比的影响，表现为孔隙比随着冻融循环次数的增加整体下降，直至第 5 次和第 7 次冻融循环之后趋于稳定。

将图 3-1（a）中各曲线的回弹点和压缩曲线中的直线段分别进行线性拟合，得到对应的压缩曲线斜率 λ 和回弹曲线斜率 κ。融化饱和黏土经历 0 次、1 次、3 次、5 次、7 次冻融循环之后，压缩曲线斜率 λ 依次为 0.07079、0.08344、0.09167、0.09811 和 0.0978；回弹曲线斜率 κ 依次为 0.01822、0.00983、0.00908、0.00415 和 0.00263。

将 λ 和 κ 与冻融循环次数 n 的关系整理出来，如图 3-2 所示。随着冻融循环次数的增加，λ 先增加随后平稳，κ 先减小随后平稳。二者与冻融循环次数的关系可用指数函数描述，分别写为

$$\begin{cases} \lambda = 0.0988 - 0.0277 \times 0.589^n \\ \kappa = 0.00242 + 0.0148 \times e^{-0.406n} \end{cases} \tag{3-5}$$

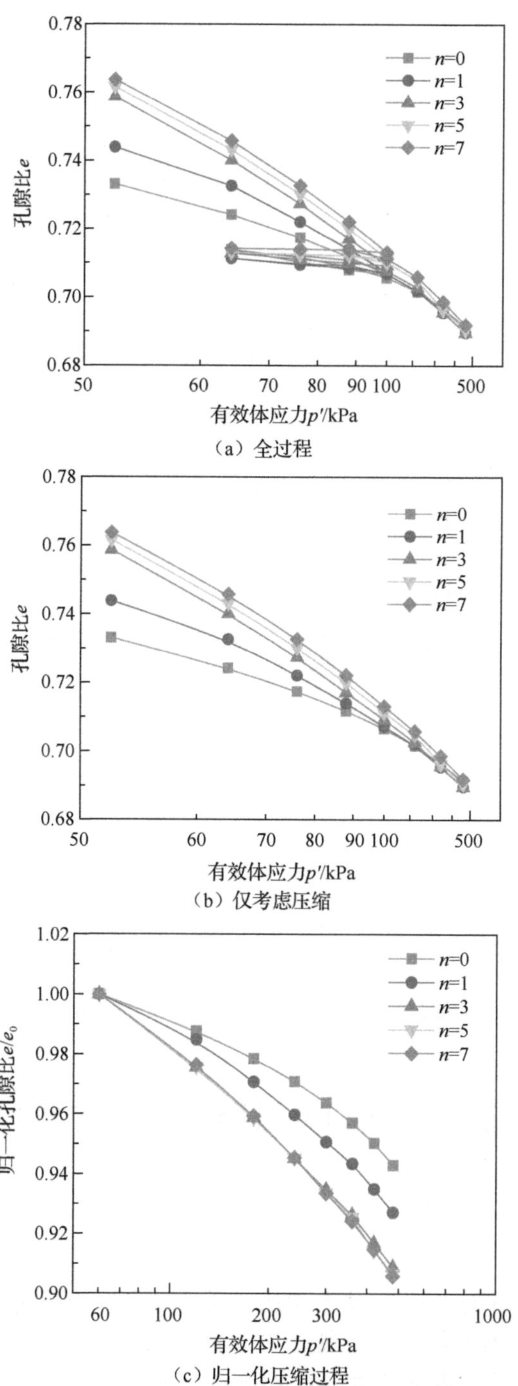

（a）全过程

（b）仅考虑压缩

（c）归一化压缩过程

图 3-1　压缩-回弹过程中孔隙比的演化规律

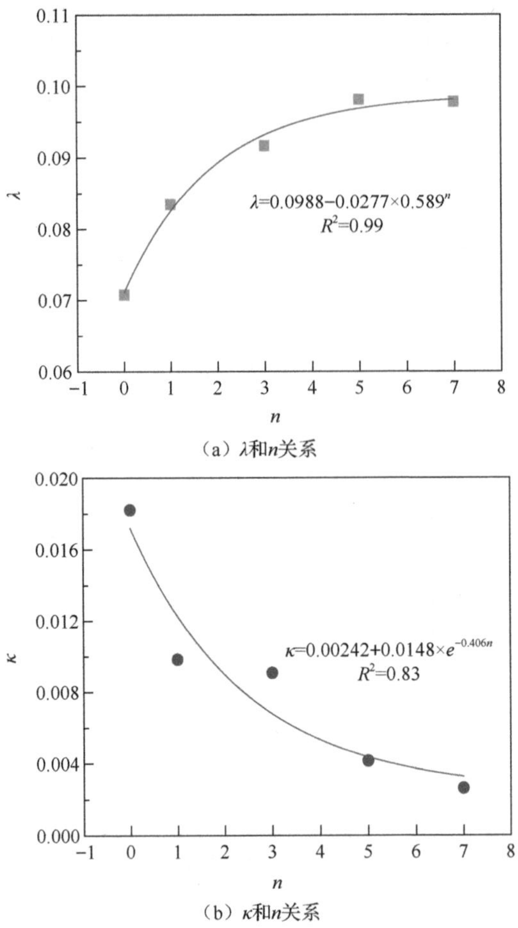

（a）λ和n关系

（b）κ和n关系

图 3-2　λ 和 κ 与冻融循环次数 n 的关系

3.2　三轴条件下饱和冻融路基黏土的静力蠕变行为

3.2.1　试验方案

融化饱和黏土在行车荷载及上覆压力的作用下，路基融化饱和黏土会呈现出蠕变特性，表现为土体的变形特性与时间相关。这种与时间相关的特性不仅影响着施工周期及施工进度，也影响着季节性冻土地区路基乃至路面的长期稳定性。表 3-1 为融化饱和黏土的三轴静力蠕变试验方案。其中试件 TC-01～试件 TC-05 为研究静偏应力的作用，用来考察车辆静荷载和上覆压力的影响；试件 TC-06 为分级加载，用来验证蠕变模型，试验周期为 120h，每一级荷载下 24h；试件 TC-07～试件 TC-09 为研究围压的作用，用来考察路基内不同深度土体的蠕变特性。试件的初始压实度为 94%，直径为 61.8mm，高度为 125mm。

表 3-1　融化饱和黏土的三轴静力蠕变试验方案

试件编号	蠕变时长/h	围压σ_3/kPa	静偏应力$\Delta\sigma$/kPa	应力水平 D_r
TC-01	24	60	19.1	0.199
TC-02		60	31.8	0.332
TC-03		60	44.6	0.466
TC-04		60	57.3	0.598
TC-05		60	70.0	0.731
TC-06	每阶段 24	60	19.1→31.8→44.6→57.3→70.0	0.199→0.332→0.466→0.598→0.731
TC-07	24	90	70.0	0.545
TC-08		120	70.0	0.427
TC-09		150	70.0	0.353

3.2.2　结果及分析

将试件的轴向位移数据换算成应变与蠕变时间的关系，融化饱和黏土的三轴蠕变曲线如图 3-3 所示。可以发现 9 种工况下融化饱和黏土蠕变的发展趋势均为衰减-稳态类型，即随着蠕变时间的增长，轴向应变先急剧增大，之后增速变缓直至近似停止增长。图 3-3（a）显示，施加的静偏应力 $\Delta\sigma$ 越大，融化饱和黏土产生的瞬间变形越大，达到稳定之后的蠕变也就越大。图 3-3（b）显示出围压 σ_3 越大，对应稳定状态下的蠕变越小。图 3-3（c）为围压 60kPa 下融化饱和土试件分 5 级加载时蠕变的演化规律，可以发现每级荷载下的蠕变曲线均经历快速增长、增速变缓的过程。当荷载切换到下一个级别时，轴向应变短期内迅速增大，随后增速变缓并逐渐趋于平缓，这种现象与单独加载类似。试验过程中试件始终处于不排水的状态，不产生体积变形。假设应力不产生偏应变，则图 3-3 中轴向应变的演化规律表征的是融化饱和黏土在静偏应力作用下产生的剪切蠕变行为。

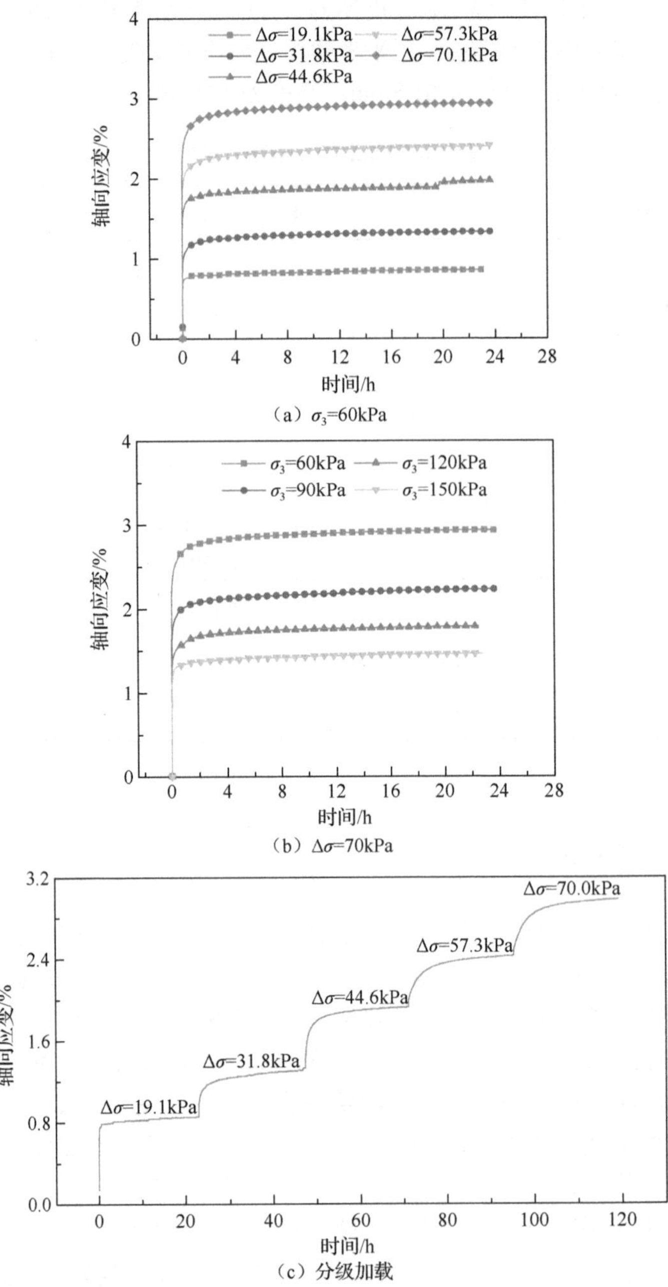

（a）σ_3=60kPa

（b）$\Delta\sigma$=70kPa

（c）分级加载

图 3-3　融化饱和黏土的三轴蠕变曲线

3.2.3　双曲线蠕变模型

3.2.3.1　模型的建立

辛格-米切尔（Singh-Mitchell）模型和梅斯里（Mesri）模型是能够描述土体在三轴应力状态下蠕变行为的经典模型。由于均采用幂函数来描述应力-时间关系，使得两种模型在描述衰减-稳定型蠕变行为时误差很大，表现为预测的蠕变变形在加载后期较陡，从而偏离了尚处于稳定蠕变状态的试验曲线。采用邓志斌[236]介绍的双曲线蠕变模型来描述融化饱和黏土的三轴蠕变特性，即

$$\varepsilon = AD_{\mathrm{r}}^{n}\frac{t}{t+T} \tag{3-6}$$

式中，ε 为偏应变，三轴不排水应力状态下等于轴向应变，%；D_{r} 为模型参数，反映了偏应力的施加水平，其值由 $D_{\mathrm{r}}=(\sigma_1-\sigma_3)/(\sigma_1-\sigma_3)_{\mathrm{failure}}$ 获取，其中 $(\sigma_1-\sigma_3)_{\mathrm{failure}}$ 为同等围压下的峰值强度；t 为蠕变时间，h；A、n、T 为模型参数。

当蠕变时间 t 趋向无穷大时，蠕变 ε 得到最大值 $\varepsilon_{\max}$，即

$$\varepsilon_{\max}=\lim_{t\to\infty}AD_{\mathrm{r}}^{n}\frac{t}{t+T}=AD_{\mathrm{r}}^{n} \tag{3-7}$$

将式（3-7）代入式（3-6）并经过变换得到

$$\frac{t}{\varepsilon}=\frac{1}{\varepsilon_{\max}}t+\frac{T}{\varepsilon_{\max}} \tag{3-8}$$

式（3-8）中 $\varepsilon_{\max}$ 和 T 均为常数，该式可以看作是以 t 为自变量、t/ε 为因变量的一元一次方程。将试件 TC-01～试件 TC-05 的试验数据整理成 t/ε-t 关系，并利用式（3-8）对试验数据进行拟合得到各工况下 $\varepsilon_{\max}$ 和 T 的取值，拟合结果如图 3-4

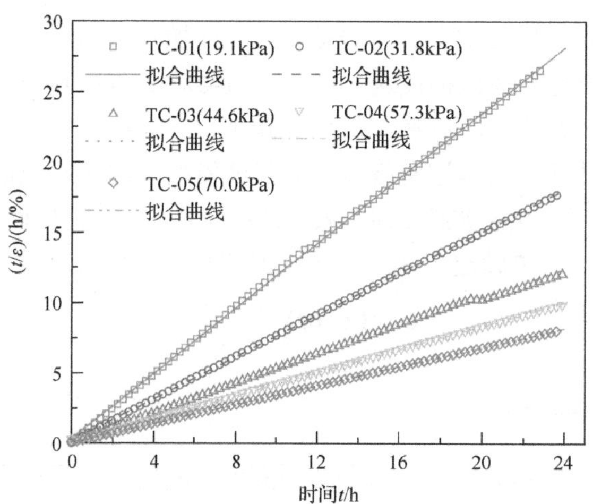

图 3-4　t/ε-t 拟合关系

所示。试件 TC-01～试件 TC-05 的 ε_{max} 值依次为 0.862、1.342、1.964、2.418 和 2.951；T 值依次为 0.283、0.251、0.384、0.219 和 0.168。T 值的取值范围基本锁定。由于 T 值决定着预测曲线达到稳定蠕变状态的快慢，其最终取值需要根据实测数据进行确定。

参数 A 和 n 的确定。将式（3-7）两边同时取对数得到

$$\ln \varepsilon_{max} = n \ln D_r + \ln A \tag{3-9}$$

5 种工况下的 ε_{max} 和 D_r 值已知，利用式（3-9）对 5 种工况下的 $\ln \varepsilon_{max}$ -$\ln D_r$ 关系进行拟合得到参数 A 和 n 的取值，拟合结果如图 3-5 所示。得到 A=3.976，n=0.955。

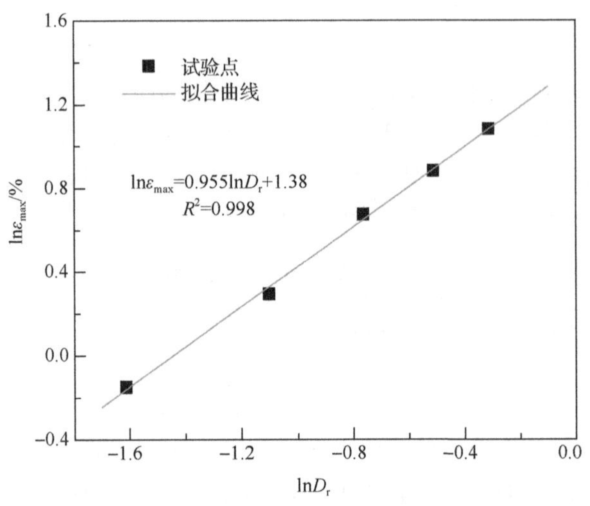

图 3-5　$\ln \varepsilon_{max}$ -$\ln D_r$ 关系

参数 T 的确定。融化饱和黏土的轴向应变在加载初期均有一个急剧增长的过程，为了使模型能更合理地描述这一过程，需要对 T 值控制预测曲线的演化规律进行研究。如图 3-6 所示，随着 T 值持续减小，计算得到的曲线先是靠近试验曲线随后远离试验曲线。根据这种规律，为保证模型能够合理地描述加载初期轴向蠕变急剧增长的现象，又能兼顾到对加载后期蠕变 ε_{max} 的合理模拟，将 T 值取为 0.1。

模型参数 A、n、T 确定，建立的融化饱和黏土三轴蠕变模型为

$$\varepsilon = 3.976 D_r^{0.955} \frac{t}{t + 0.1} \tag{3-10}$$

3.2.3.2　模型的验证

试件 TC-06～试件 TC-09 均未参与蠕变模型的建立，可用来验证模型的预测能力。由图 3-3（c）可知，试件 TC-06 的每个分级加载时间间隔相同，且各级荷

载下蠕变均达到近似稳定状态，符合陈宗基教授提出的“陈氏加载法”应用范围。利用此方法将连续的分级加载拆分成 5 个单独的加载过程，并利用建立的蠕变模型计算得到了相应应力状态下的预测曲线，将二者进行对比，结果如图 3-7（a）所示。图 3-7(b)为 4 种围压下的试验实测值与模型预测值对比。除了围压为 60kPa、静偏应力为 31.8kPa 时预测曲线与实测曲线稍有偏差之外，其余工况下的预测曲线均能合理地反映出蠕变在加载初期轴向应变迅速增大、随后增速变缓并趋于平缓的特点。

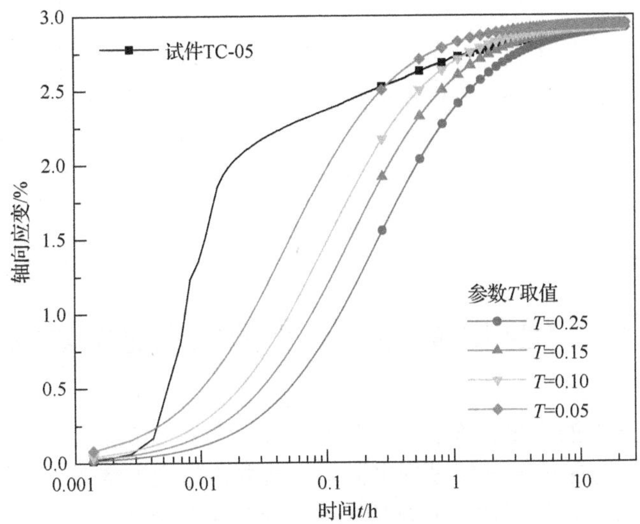

图 3-6　参数 T 的确定

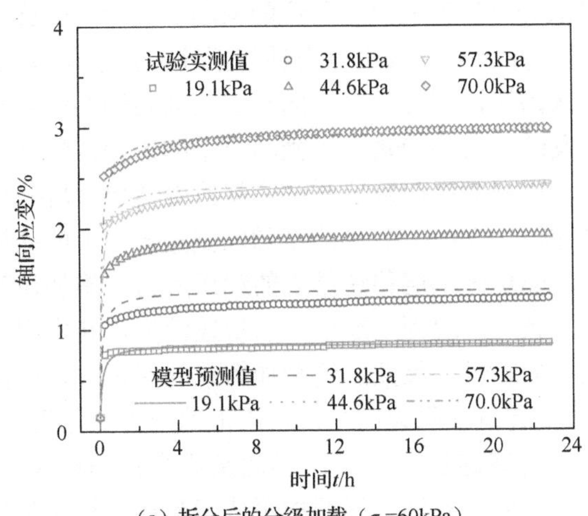

（a）拆分后的分级加载（σ_3=60kPa）

图 3-7　模型预测值和试验实测值比较

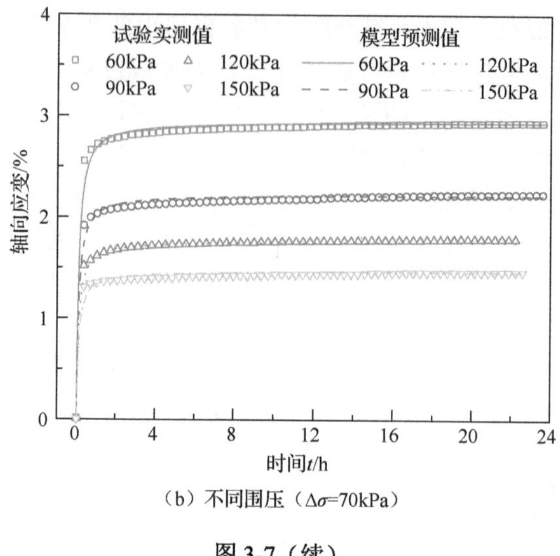

（b）不同围压（$\Delta\sigma$=70kPa）

图 3-7（续）

3.3　饱和冻融路基黏土的应变速率效应

对于路基某处的土单元而言，车辆荷载是一种由远及近随后又由近及远的移动荷载。图 3-8 为在这一时域过程中典型的路面路基受力状态[237,238]。

从图 3-8（a）可以看出，垂向应力和水平应力始终为正，而剪应力则会由正转负，导致的结果是土单元的主应力轴发生连续旋转。交通循环荷载引起的主应力轴旋转现象是岩土动力学领域持续关注的问题，主应力轴旋转不但会增大土体的累积塑性变形[239]，并且会导致主应力轴与塑性应变增量方向不一致[240]，继而对传统本构理论中认为塑性应变增量方向与主应力共轴的假设提出了挑战。由此可见，交通荷载引发的动力响应是一个极其复杂的过程，将这些复杂的力学响应进行合理简化，对于理解交通荷载下道路路基的力学行为是有益的。图 3-8（b）是张锋[238]实测齐嫩高速 K46+732 处路基顶面垂直方向上的动压应力时程曲线，可见垂直方向上由路面经过基层传递过来的动压应力，施加在路基顶面的整个过程中方向不变，在时域内表现为迅速增大后快速消失，其作用效果相当于对路基黏土施加了一次快速加卸载。显然，这种加卸载的持时与行车荷载的速度密切相关。基于此考虑，将交通荷载引起的垂直方向上的应力简化为一种单向速度荷载，用加载的速度来表征荷载施加的快慢，以此来研究路基融化饱和黏土在速度荷载下的力学响应。相关的研究结论能够加深认识车辆荷载在路基中引发的力学响应，路基黏土的应变速率效应能够对路基施工过程中分层碾压的时间控制提供一定参考。

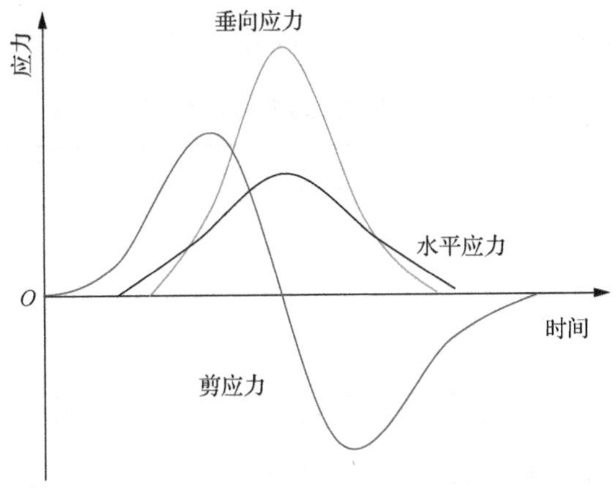

（a）移动车轮荷载下路面力学响应[237]

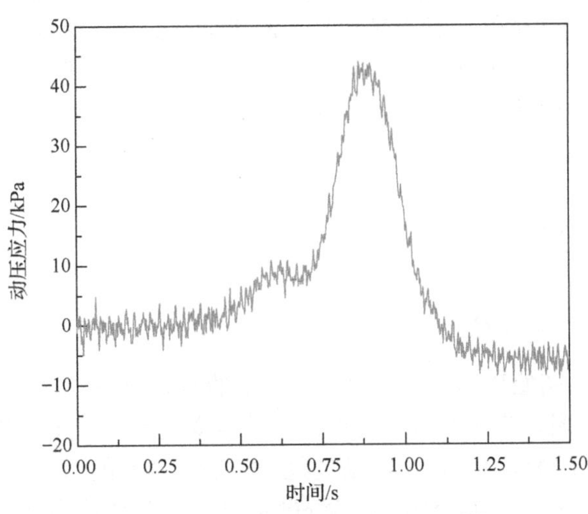

（b）路基顶面垂向动压应力时程曲线[238]

图 3-8　典型的路面路基受力状态

3.3.1　试验方案

根据朱启银等[241]的分析，不排水抗剪强度随着加载速率增长的幅度与土体固结状态、固结应力及试验类型均无关，而是与土体的物理力学性质相关。因此，本试验以应变速率、初始压实度和围压为试验变量。《公路土工试验规程》（JTG 3430—2020）[215]中对黏质土不排水剪切速率建议为每分钟应变为 0.05%～0.1%，换算成小时是 3%～6%。以此为依据结合研究的目的，将剪切速率确定为每小时应变为 0.15%、1.5%、15%、30%和 60%共 5 种。试件的高度为 125mm，直径为 61.8mm。试件的初始压实度参考公路路基设计标准选定为 86%、92%和 98%；试验围压分别选取为 60kPa、120kPa 和 240kPa，具体试验方案如表 3-2 所示。

表 3-2 融化饱和黏土应变速率效应试验方案

试件编号	初始压实度/%	围压/kPa	应变速率/（%/h）
T1～T5	86	120	0.15,1.5,15,30,60
T6～T10	92	60	0.15,1.5,15,30,60
T11～T15	92	120	0.15,1.5,15,30,60
T16～T20	92	240	0.15,1.5,15,30,60
T21～T25	98	120	0.15,1.5,15,30,60

注：T1～T5 的应变速率分别为 0.15%/h、1.5%/h、15%/h、30%/h、60%/h，后同。

利用南京宁曦土壤仪器有限公司生产的 TSZ-3 型全自动三轴仪完成本节试验。该仪器的剪切应变速率适用范围为（0.0048～230.4）%/h，满足试验要求。试验中，首先判定融化饱和黏土试件是否需要反压饱和；然后进行 24h 的等压固结，以孔隙水压力消散 95%为固结结束的标准；最后立即进行剪切试验，以完成 15%的应变为试验终止条件。试验过程中反压饱和、固结、剪切及数据采集均由仪器自动完成。

3.3.2 结果及分析

3.3.2.1 应力-应变曲线

图 3-9 为 3 种初始压实度下融化饱和黏土的应力-应变关系曲线。各工况下的应力-应变曲线均表现为应变软化特性。随着应变速率的增加，对应的应力-应变曲线的位置发生了整体移动，但移动的规律与应变速率的增长方向并不一致。具体表现为，当应变速率从 0.15%/h 增至 60%/h 时，试件的应力-应变曲线位置由高到低依次为 60%/h>30%/h>1.5%/h>15%/h>0.15%/h。也就是，出现了 1.5%/h 曲线高于 15%/h 曲线的现象，其原因初步认为是，融化饱和黏土试件的孔隙水压力在 1.5%/h 的剪切速率下比 15%/h 下消散更慢，融化饱和黏土有足够的时间继续固结，有效应力得到大幅提高；应变速率为 0.15%/h 时，融化饱和黏土表现出蠕变特性，因此强度最小。融化饱和黏土的应变速率效应以 15%/h 应变速率为节点，可分为以下两种情况。

（1）当应变速率小于 15%/h 时，试件的强度随着应变速率的增加先增加后减小，即存在临界应变速率，对应的强度值最大（本试验中为 1.5%/h）。针对这一现象，陈铁林等[242]做了系统的研究，认为临界速率现象是由两种效应共同作用而产生的。一种效应表现为黏土的强度随着应变速率的提高而增大，这和常规认识[241]是一致的；另一种效应表现为，随着触变作用参与的程度由强变弱，黏土的强度将随应变速率的增大而减小，这种规律可通过引入聚合物网络理论和速率过程理

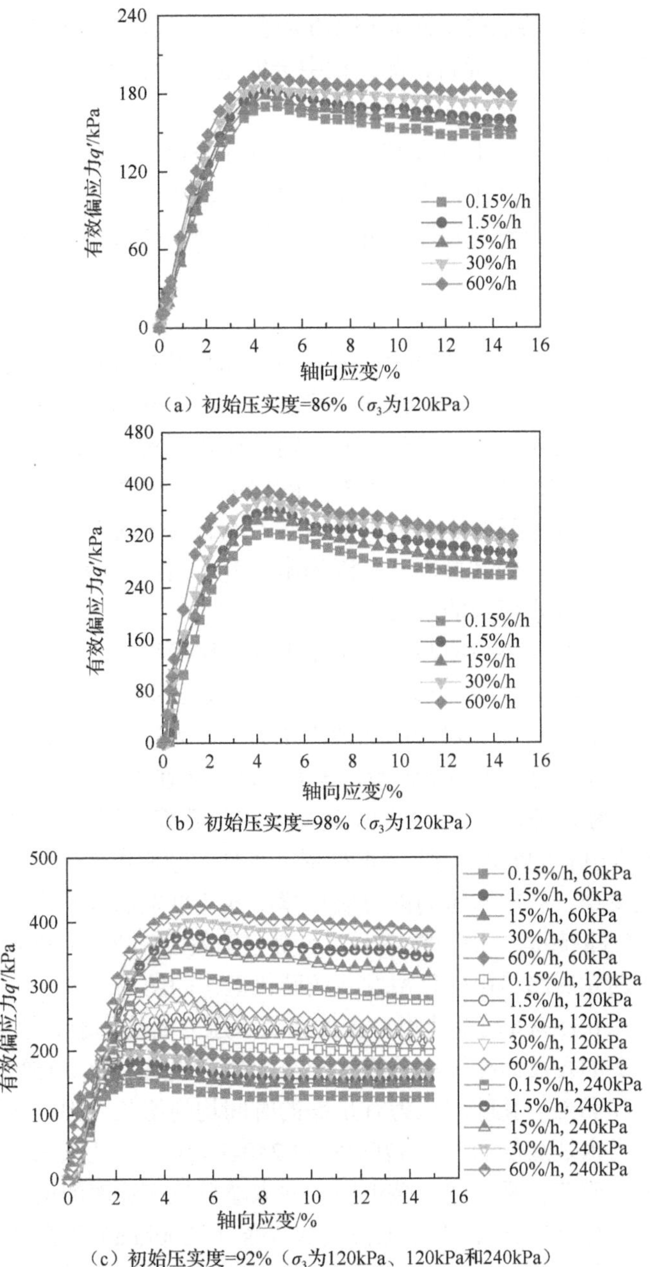

（a）初始压实度=86%（σ_3为120kPa）

（b）初始压实度=98%（σ_3为120kPa）

（c）初始压实度=92%（σ_3为120kPa、120kPa和240kPa）

图 3-9　不同初始压实度下融化饱和黏土的应力-应变关系曲线

论很好地解释[242]。除触变作用参与之外，剪切过程中试件继续产生的固结作用也是不可忽视的，1.5%/h 和 15%/h 应变速率下试件完成 15%的应变分别需要 10h 和 1h，由于前者剪切时间较长，试件有足够的时间继续完成固结，表现出来的强度比 15%/h 略高也是说得通的；而 0.15%/h 应变速率对应的试件完成 15%的应变则需要 100h，对于饱和黏土而言，此过程中会发生蠕变作用，表现出来的强度是最低的。

（2）当应变速率大于 15%/h 时，由于应变速率已经超过了一定的范畴，此时饱和黏土试件中的孔隙水压力来不及均匀分布，造成试件的有效应力与总应力相当，因此应变速率效应表现为速率越大，试件的强度越大，与常规认识[241]一致。

3.3.2.2　孔隙水压力

图 3-10（a）和（c）为 120kPa 围压下时 86%和 92%初始压实度的融化饱和黏土孔隙水压力随轴向应变变化曲线。可以看出，不同的剪切速率可能会造成孔隙水压力的发展趋势不同：从峰值上看，随着初始压实度提高，融化饱和黏土的孔隙水压力峰值降低；从曲线形状上看，融化饱和黏土在各应变速率下的孔隙水压力均随着应变发展不甚明确，但应变速率为 0.15%/h 时对应的孔隙水压力均明显大于其他应变速率，究其原因，是因为本试验所用黏土为饱和黏土，缓慢的剪切速率才有利于孔隙水压力的增长[243]。

饱和黏土的应变速率效应与孔隙水压力的发展规律息息相关，但二者的关系尚不明确。由图 3-10（b）～（d）可以看出，60kPa 围压下除了 0.15%/h 应变速率之外，其余 4 种应变速率对应的孔隙水压力曲线为软化型，在剪切进程超过峰值应变后，孔隙水压力减小甚至消散。这种软化趋势在 120kPa 的围压下变得不明显，而当围压变为 240kPa 时，5 种应变速率对应的孔隙水压力曲线转变为硬化型。分析可知，围压由 60kPa 增长到 240kPa 时，试件的超固结特性由强变弱，对应的超固结比由大变小，孔隙水压力的发展规律由软化型发展成硬化型，这种现象与 Zhu 等[244]研究香港超固结饱和软黏土的应变速率效应时得出“随着超固结比的减小，孔隙水压的发展趋势由软化型发展成硬化型”的结论一致。

3 种围压下，0.15%/h 应变速率对应的孔隙水压力始终大于其他 4 种应变速率，且始终随着应变的发展而持续增长或者趋于平缓，这是因为 0.15%/h 的应变速率非常缓慢，饱和黏土的孔隙水压力有足够的时间均匀增长，因此同等试验条件下试件的有效应力也是最低的；但 120kPa 和 240kPa 围压下孔隙水压力的发展趋势与应变速率并无明确关系，即孔隙水压力并未随着应变速率的增大而增大。蔡羽等[243]的研究发现，湛江结构性黏土在较低围压（<200kPa）下孔隙水压力随应变速率增大变化并不明显。Lefebvre 等[245]对超固结结构性黏土进行了不同应变速率的三轴加载试验，发现孔隙水压力与动剪应变速率无关。可见，虽然大多数学者认为黏土的应变速率增加，孔隙压力也应该逐渐增加，但对于结构性黏土而言，情况有所不同，本书试验中的融化饱和黏土，由冻融作用而产生了新的结构性，其孔隙水压力的发展趋势与应变速率之间的关系不明确尚可理解。

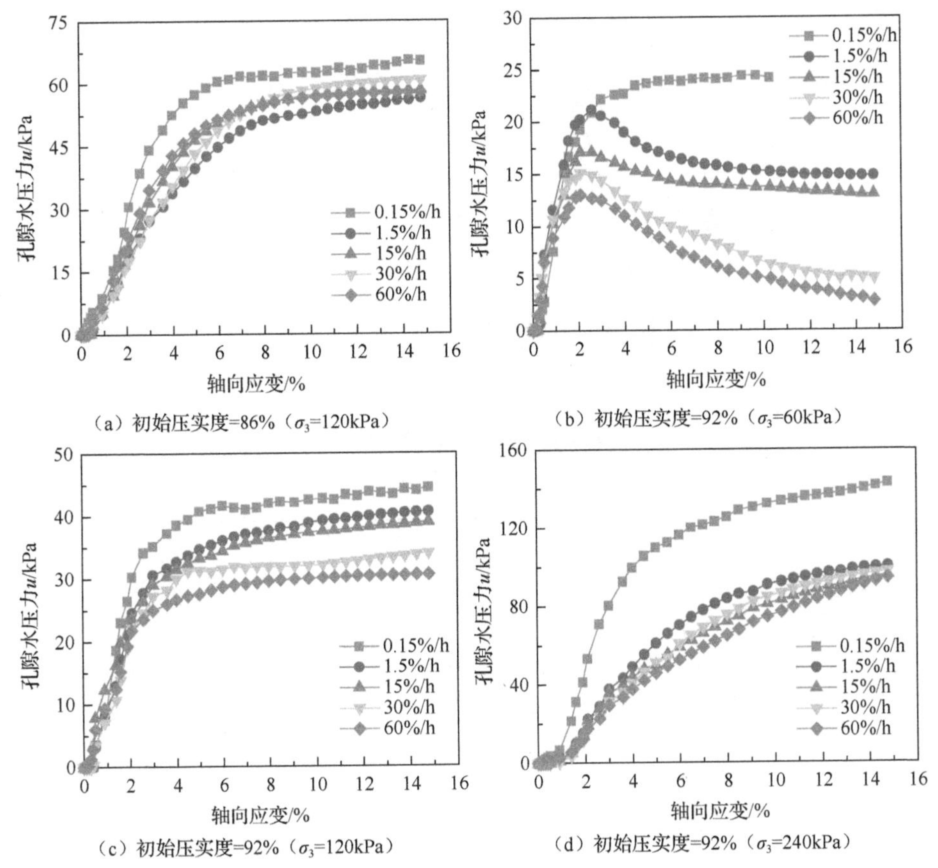

(a) 初始压实度=86%（σ_3=120kPa）　(b) 初始压实度=92%（σ_3=60kPa）

(c) 初始压实度=92%（σ_3=120kPa）　(d) 初始压实度=92%（σ_3=240kPa）

图 3-10　不同初始压实度下孔隙水压力的演化规律

3.3.2.3　E_{50} 模量

E_{50} 模量定义为 50%峰值强度对应的割线模量。不同加载速率下岩土体的 E_{50} 模量变化明显[246]，因此本书采用 E_{50} 模量来描述应变速率对融化饱和黏土力学性能的影响，其取法如图 3-11 所示。

图 3-12 为围压为 120kPa 下 3 种初始压实度的融化饱和黏土 E_{50} 模量与应变速率关系。可见对应于每种应变速率，融化饱和黏土的 E_{50} 模量均随初始压实度增大而增大。当应变速率小于 15%/h 时，E_{50} 模量均随着应变速率的增大而增大，增幅 1.90%～31.43%。由于试件离散性的原因，86%初始压实度融化饱和黏土在 15%/h 时的 E_{50} 模量稍有降低；当应变速率大于 15%/h 后，E_{50} 模量则随着应变速率增大持续增大，增大幅度 1.45%～52.32%。换言之，融化饱和黏土的 E_{50} 模量随着应变速率增大而增大，即应变速率与融化饱和黏土的应力发展速度呈现正相关。

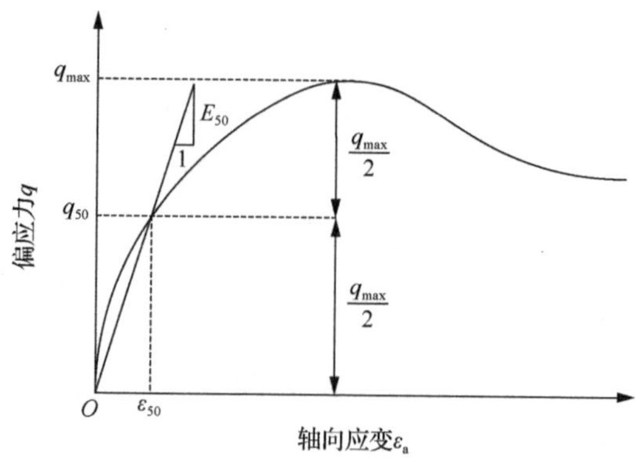

图 3-11　E_{50} 模量的取法[247]

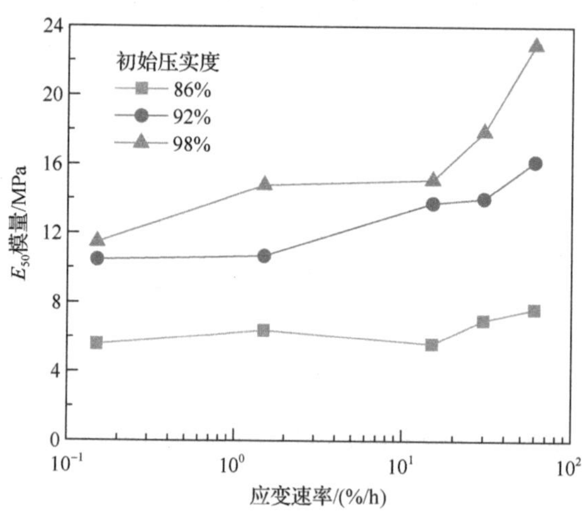

图 3-12　E_{50} 模量与应变速率的关系

3.3.2.4　峰值强度和残余强度

图 3-13 为融化饱和黏土的峰值强度和残余强度与应变速率的关系，取 15%轴向应变对应的偏应力值为残余强度。可以看出，在应变速率小于 15%/h 时，融化饱和黏土的峰值强度和残余强度均经历先增加后减小的过程，即应变速率 1.5%/h 对应的峰值强度和残余强度，均大于应变速率 0.15%/h 和 15%/h。这是因为融化饱和黏土以 0.15%/h 的应变速率完成 15%的轴向应变需要 100h，这个过程中融化饱和黏土表现出蠕变特性，因此强度值最小；而在 1.5%/h 的应变速率下，融化饱和黏土有足够的时间完成继续固结，继而峰值强度比 0.15%/h 提高 2.93%～10.62%，比 15%/h 提高 2.24%～3.75%。当应变速率超过 15%/h 之后，峰值强度均随着应变速率的增大而增大，这个阶段的特征和文献[243]的结论一致。

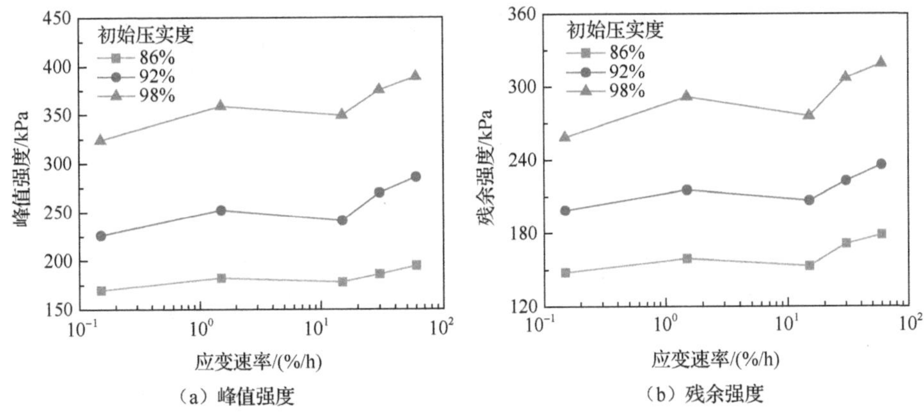

（a）峰值强度　　（b）残余强度

图 3-13　峰值强度和残余强度与应变速率的关系

3.3.2.5　抗剪强度

图 3-14 为初始压实度为 92%时的融化饱和黏土试件的有效抗剪强度指标（黏聚力和内摩擦角）与应变速率关系。可以看出，黏聚力随着应变速率的增大而增大，而内摩擦角在应变速率从 0.15%/h 增大至 15%/h 的过程中逐渐减小，当应变速率超过 15%/h，内摩擦角则随着应变速率的增大而增大。这与部分研究成果认为冻融循环作用导致土体黏聚力降低、内摩擦角增大[25,27,248,249]的结论稍有不同。究其原因，是低液限黏土在冻融的循环作用下，水分发生来回迁移，即冻结过程中温度的降低是由试件表层向内部传递的，这个过程会导致水分往试件表层迁移继而积聚、冻结在试件表层；融化过程中，温度的升高是由表层向内部传递，造成融化的水分向试件内部迁移[250]，如此重复若干次冻融循环后形成的融化饱和黏土试件，实际上已经具备一定的结构性。融化饱和黏土的强度发挥来源于土颗粒之间的滑动摩擦和咬合摩擦共同作用，在应变速率小于 15%/h 时，土颗粒之间的摩擦以滑动摩擦为主，应变速率增加（如 1.5%/h），克服滑动摩擦需要的阻力则变小，对应的内摩擦角变小；当应变速率超过 15%/h，由于应变速率加快，土颗粒之间来不及发生滑动摩擦，而是以咬合摩擦占主导，内摩擦角开始增大，且应变速率越大，内摩擦角越大。

融化饱和黏土的应变速率效应以 15%/h 应变速率为节点，分为两种情况：①当应变速率小于 15%/h 时，由于剪切过程中蠕变、固结和滑动摩擦的综合作用，试件的强度随着应变速率的增加先增加后减小，即存在最大应变速率，对应的强度值最大（本试验中为 1.5%/h）；②当应变速率大于 15%/h 时，蠕变和固结作用不明显，剪切过程中土颗粒间的摩擦以咬合摩擦为主，表现为应变速率越大，试件的强度越大。

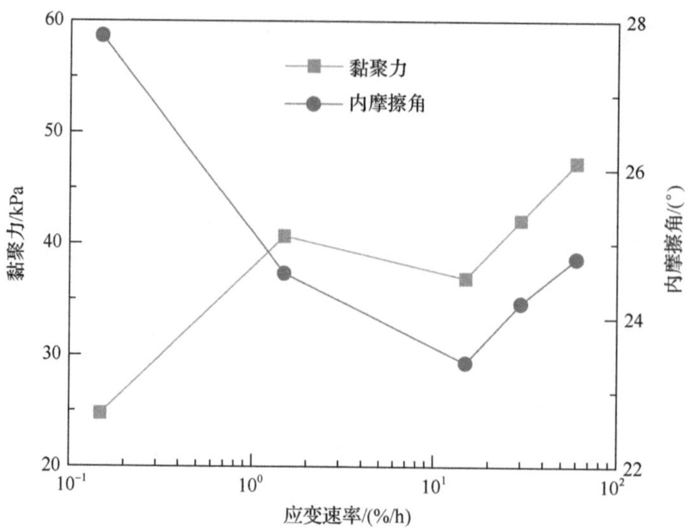

图 3-14　应变速率与融化饱和黏土黏聚力和内摩擦角关系

3.3.3　广义双曲线模型

受围压、应力路径、应变速率、结构性等因素的影响，黏土的应力-应变关系变得复杂，但仍能通过选取合理的归一化因子将不同试验条件下的应力-应变关系进行归一化处理，继而得到黏土应力-应变关系的统一表达式。Ladd[251]提出用试验围压或者平均固结压力作为归一化因子是最常用的归一化方法，本书融化饱和黏土试件的应力-应变关系受固结围压影响较大，因此采用围压进行归一化将不能得到很好的归一化特征。本书利用峰值强度$(\sigma_1-\sigma_3)_{\max}$作为归一化因子。

将 3 种围压、5 种应变速率的试验数据整理到$\varepsilon_1(\sigma_1-\sigma_3)_{\max}(\sigma_1-\sigma_3)^{-1}$-$\varepsilon_1$坐标系，如图 3-15 所示。考虑到剪切初期各工况下的试件受偏应力作用不一致的事实，采用过原点的直线进行拟合得到归一化方程的表达式为

$$\frac{\varepsilon_1}{\sigma_1-\sigma_3}\left(\sigma_1-\sigma_3\right)_{\max}=1.17891\varepsilon_1 \tag{3-11}$$

拟合的决定系数 R^2=0.97，说明利用峰值强度作为归一化因子能够得到很好的归一化效果，同时也说明应变速率与峰值强度高度线性相关。本试验中所有的应力-应变曲线均为软化型曲线，采用如下广义双曲线模型[252]对试验曲线进行拟合：

$$q=\frac{\varepsilon_1\left(a+c\varepsilon_1\right)}{\left(a+b\varepsilon_1\right)^2} \tag{3-12}$$

式中，q为偏应力，$q=\sigma_1-\sigma_3$；ε_1为轴向应变；a、b、c均为拟合参数。

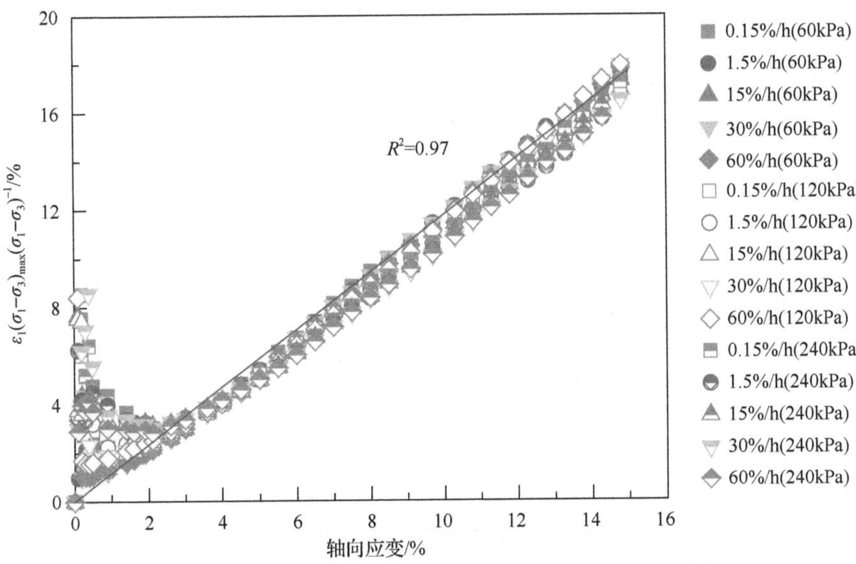

图 3-15　不同围压和应变速率下的归一化曲线

由于融化饱和黏土试件的峰值强度与应变速率高度相关，因此拟合过程中优先以拟合峰值为准。试验值和模型拟合值比较如图 3-16 所示，广义双曲线模型在 3 种围压下均能很好地对试验数据进行拟合。获取的参数 a、b、c 的取值如表 3-3 所示，绝大多数曲线拟合的决定系数都超过了 0.925，进一步说明拟合效果良好。

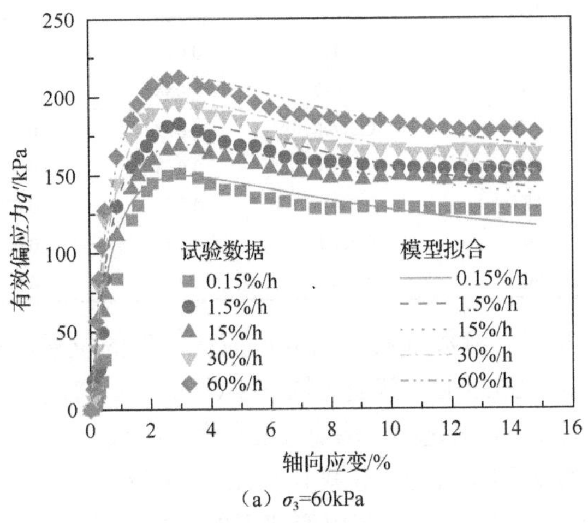

（a）σ_3=60kPa

图 3-16　试验值和模型拟合值比较

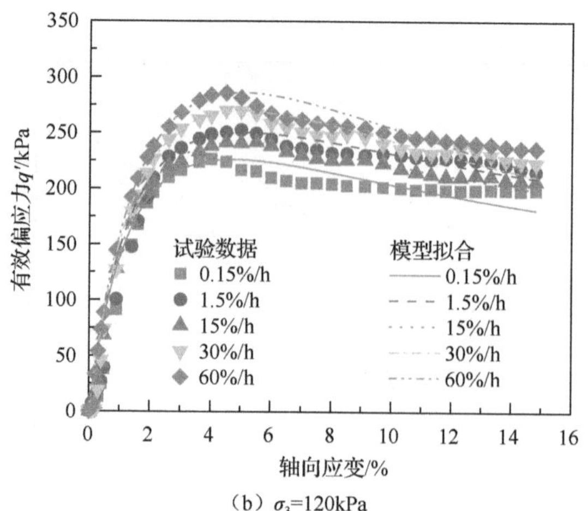

（b）σ_3=120kPa

图 3-16（续）

表 3-3　拟合参数 *a*、*b*、*c* 的取值

围压/kPa	应变速率/（%/h）	a	$b/10^2$	$c/10^3$	R^2
60	0.15	0.00421	0.199	0.3204	0.864
	1.5	0.00381	0.16	0.2300	0.955
	15	0.00376	0.182	0.3386	0.947
	30	0.00354	0.149	0.2156	0.975
	60	0.00336	0.14	0.2164	0.984
120	0.15	0.00435	0.125	0.1410	0.930
	1.5	0.00429	0.112	0.1246	0.946
	15	0.00432	0.115	0.1194	0.974
	30	0.00428	0.099	0.0588	0.972
	60	0.00427	0.088	0.0067	0.985
240	0.15	0.0044	0.079	0.0087	0.925
	1.5	0.0039	0.068	0.0270	0.945
	15	0.0039	0.071	0.0205	0.940
	30	0.0038	0.065	0.0274	0.949
	60	0.0037	0.06	0.0135	0.973

在拟合过程中发现，参数 a 控制着峰值应变出现的位置，3 种围压下 a 的取值范围为 0.0037～0.0435，由于其变化幅度小，可将 a 取均值 0.004038。参数 b 控制着峰值强度的大小，b 值越小，峰值强度越大。参数 c 控制着残余强度的大小。

不同围压下参数 b 和 c 值的变化规律如图 3-17 所示。和上述试件强度与应变速率的变化规律相似，参数 b 和 c 随应变速率的变化规律，也是以 15%/h 为节点：应变速率小于 15%/h 时，参数 b 和 c 值先减小后增大；应变速率大于 15%/h 时，参数 b 和 c 值持续减小。

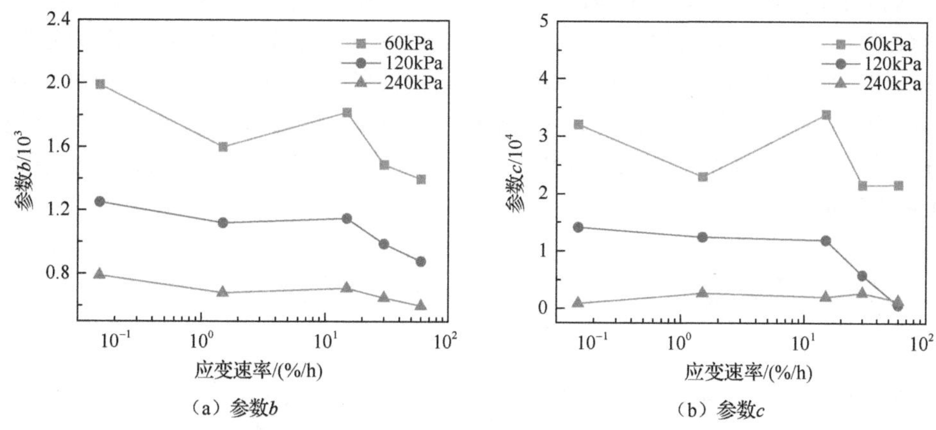

（a）参数b　（b）参数c

图 3-17　不同围压下参数的变化规律

同时可以发现，参数 b、c 受围压影响很大，二者与围压的关系如图 3-18 所示，可用下式进行描述：

$$y = C + A\exp(Bx) \tag{3-13}$$

式中，A、B、C 为拟合参数，其拟合值如表 3-4 所示。

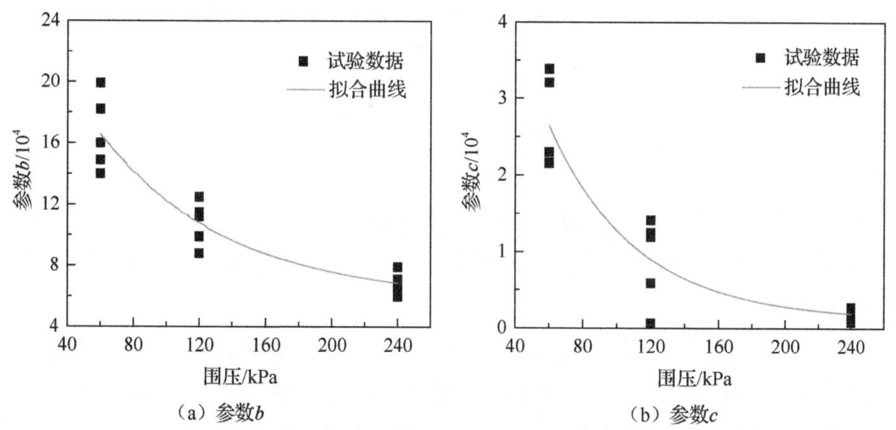

（a）参数b　（b）参数c

图 3-18　参数 b、c 和围压的关系

表 3-4　拟合参数 A、B、C 的取值

参数	$A/10^3$	B	$C/10^4$	R^2
b	2.34	−0.01291	5.802	0.856
c	0.814	−0.01953	0.119	0.828

试验中只测试了 5 种应变速率，且应变速率效应以 15%/h 为节点分为两个部分，通过拟合数据建立应变速率与参数 a、b、c 之间的函数关系是困难的，但仍

可以利用 E_{50} 模量的概念来验证广义双曲线模型描述融化饱和黏土应变速率效应的合理性。分别计算出相同围压、不同应变速率下 E_{50} 模量的拟合值和试验值进行对比，如图 3-19 所示。可见利用模型拟合得到的 E_{50} 模量与试验得到的 E_{50} 模量随应变速率的变化趋势相同，且基本重合。60kPa 和 120kPa 围压下的最大误差分别不超过 5.95%和 1.57%。因此，认为广义双曲线模型可用来描述融化饱和黏土应变速率效应。

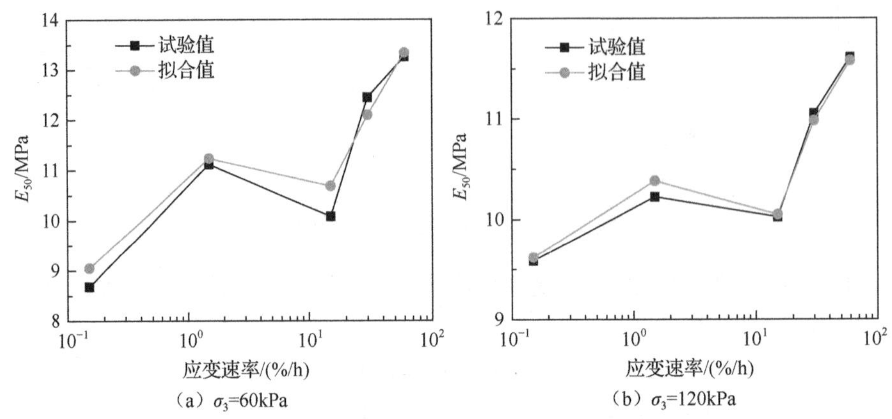

图 3-19　E_{50} 模量的拟合值和试验值的典型比较结果

3.4　小　　结

本章利用等向压缩-回弹试验、三轴静力蠕变试验、应变速率试验研究了饱和黏土在不同冻融循环次数下的压缩-回弹特性、三轴蠕变特性、应变速率效应特性。主要结论如下。

（1）不同冻融循环次数下的等向压缩-回弹曲线证实融化饱和黏土具备一定的结构性。随着冻融循环次数的增加，压缩曲线斜率 λ 先增大随后趋于平稳；回弹曲线斜率 κ 先减小随后趋于平稳。二者取值与冻融循环次数的关系均可用指数函数进行定量描述。

（2）融化饱和黏土在三轴应力状态下的蠕变特性表现为衰减-稳定型。利用本书介绍的双曲线蠕变模型可准确地预测其演化趋势，从而回避了经典的幂函数型蠕变模型在预测后期与实测蠕变曲线相背离的缺点。

（3）融化饱和黏土的峰值强度随冻融循环次数的增加而降低，7 次冻融循环之后趋于稳定，二者的关系可用指数函数描述；冻融作用致使土颗粒破碎成更小的颗粒继而堵塞了原有的孔隙，造成孔隙水压力的发展受阻，是饱和黏土的孔隙水压力随冻融循环次数的增加而整体降低的主要原因。

（4）以 15%/h 的应变速率为分界线，融化饱和黏土的抗剪强度、E_{50} 模量及抗剪强度指标呈现出不同的变化趋势：当应变速率在不超过 15%/h 的范围内增大时，抗剪强度先增大后减小，内摩擦角则持续减小；当应变速率超过 15%/h 时，抗剪强度和内摩擦角随着应变速率的增大持续增大。E_{50} 模量和黏聚力则不存在临界应变速率现象，与应变速率的增长呈正相关。

（5）利用峰值强度作为归一化因子可以得到较好的归一化应力-应变关系，从而保证了广义双曲线模型能够合理地预测不同应变速率下融化饱和黏土的应力-应变关系。

第 4 章　寒区非饱和冻融路基黏土静力特性

寒区路基运营过程中多处于非饱和状态。为了明确非饱和路基黏土的强度和变形特性，本章采用静三轴试验对路基粉质黏土的静力学性能进行测试，研究了围压、压实度、含水率、冻融循环次数等因素对其静力学性能的影响；对主应力差与轴向应变关系进一步分析，得到不同因素对破坏强度、切线模量、黏聚力和内摩擦角的影响规律；进而采用多元非线性回归方法，提出破坏强度、切线模量、黏聚力和内摩擦角的经验预估公式。

4.1　试 验 概 况

4.1.1　试验条件

采用应变控制式静三轴试验技术条件，进行单一因素下试验测试，着重考虑不同的围压、含水率、冻融循环次数、压实度对路基粉质黏土破坏强度、切线模量、黏聚力和内摩擦角影响。围压控制分别为 50kPa、150kPa 和 250kPa，含水率控制分别为 10%、12.6%、14%、16%和 18%，冻融循环次数控制分别为 0 次、1 次、3 次、5 次和 7 次，压实度控制分别为 85%、90%、95%和 100%。试验条件如表 4-1 所示，共完成对 198 个试件的静态三轴试验。

表 4-1　试验条件

试验批次	含水率/%	压实度/%	冻融循环次数
1	10, 12.6, 14, 16, 18	95	0, 1, 3, 5, 7
2	12.6	85, 90, 100	0, 1, 3

4.1.2　试验过程

采用应变控制式三轴剪切仪。按照《公路土工试验规程》（JTG 3430—2020）进行试验。试验过程为：试验前对试件的质量、直径和高度等物理参数进行测量，并检查三轴仪，确保其正常工作；在压力室底座上依次放上不透水板、试件及试件帽，将橡皮膜套在试件外，并将橡皮膜两端与底座和试件帽分别扎紧；安装压力室，转动手轮使试件顶端与加载端接触，装上轴向位移百分表，将测力计和轴向位移百分表读数归零；将压力室内部注满水，关闭排水阀，开启围压阀直到预定值；选择合适的动剪应变速率和记录数据速率后，开动马达开始剪切；当测力计读数出现峰值且轴向应变超过 5%时停止试验，若测力计读数无峰值，则当轴向应变达到 15%时停止试验；试验结束后，关闭围压阀，排除压力室的水，拆除试件并描述其破坏状态。

4.2　结果及分析

4.2.1　围压的影响

图 4-1 和图 4-2 为不同围压的试件轴向应变与主应力差的关系曲线。可以看出，在不同压实度、不同含水率下试件的轴向应变与主应力差的关系曲线均随围压的变化有着相同或相近的规律。通过分析，得到以下结论：主应力差随着轴向

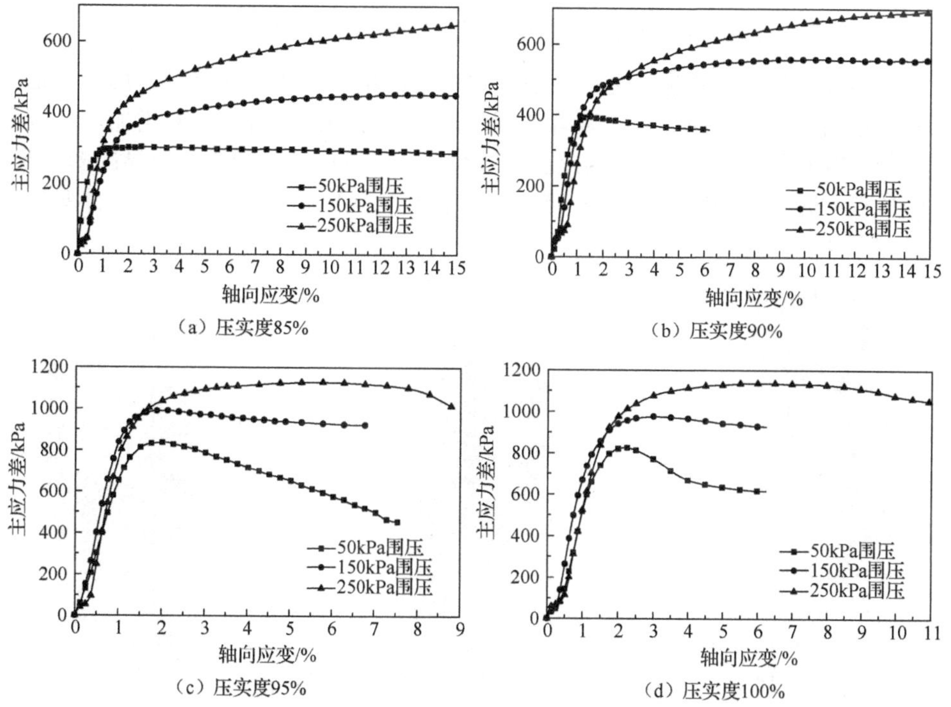

(a) 压实度85%　(b) 压实度90%　(c) 压实度95%　(d) 压实度100%

图 4-1　不同压实度下主应力差-轴向应变曲线（冻融 0 次，含水率 12.6%）

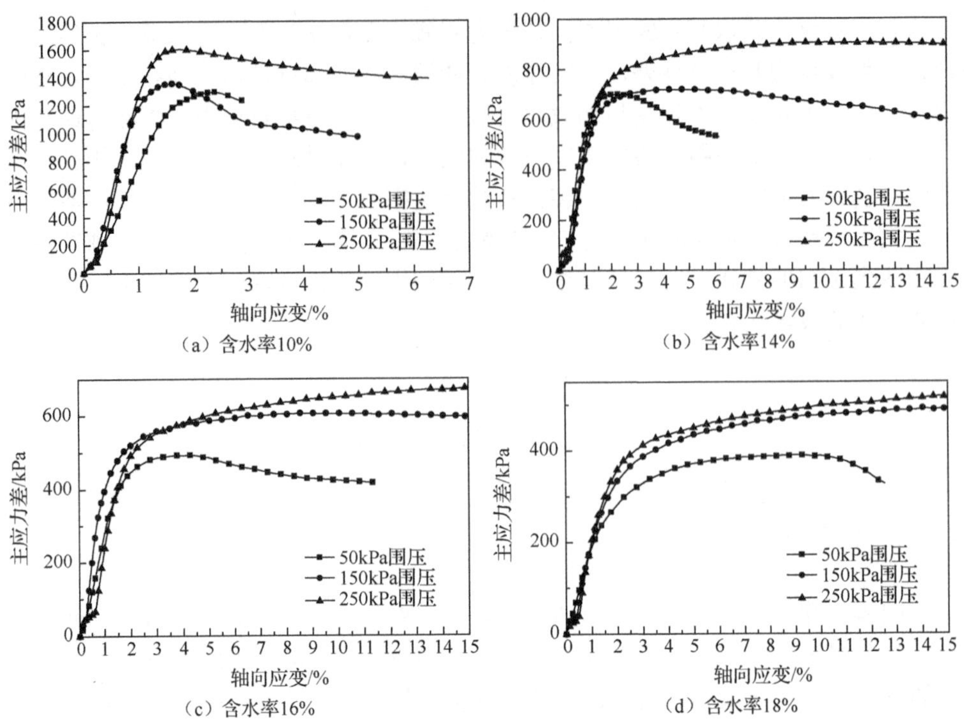

（a）含水率10%　（b）含水率14%　（c）含水率16%　（d）含水率18%

图 4-2　不同含水率下主应力差-轴向应变曲线（冻融 0 次，压实度 95%）

应变的增加先呈线性增加，之后随着轴向应变的增加呈非线性缓慢增加；当轴向应变继续增加时，主应力差出现峰值或增加非常缓慢；随着围压的增加，主应力差增加；当围压较小时，主应力差出现峰值，试件表面可以观察到明显的剪切带；当围压较大时，当轴向应变到达 15%时，主应力差不易观察到峰值，试件变为鼓状，如图 4-3 所示。

（a）围压50kPa　（b）围压150kPa　（c）围压250kPa

图 4-3　不同围压下试件剪切破坏形式（压实度 95%，含水率 16%，冻融 0 次）

4.2.2 压实度的影响

图 4-4 为同一围压、含水率和冻融循环次数下，不同压实度的试件轴向应变与主应力差的关系曲线。可见，在不同含水率、不同冻融循环次数下试件的轴向应变与主应力差的关系曲线均随压实度的变化有着相同或相近的规律。通过分析，得到以下结论：压实度越大，主应力差随轴向应变增加的速率越大，主应力差破

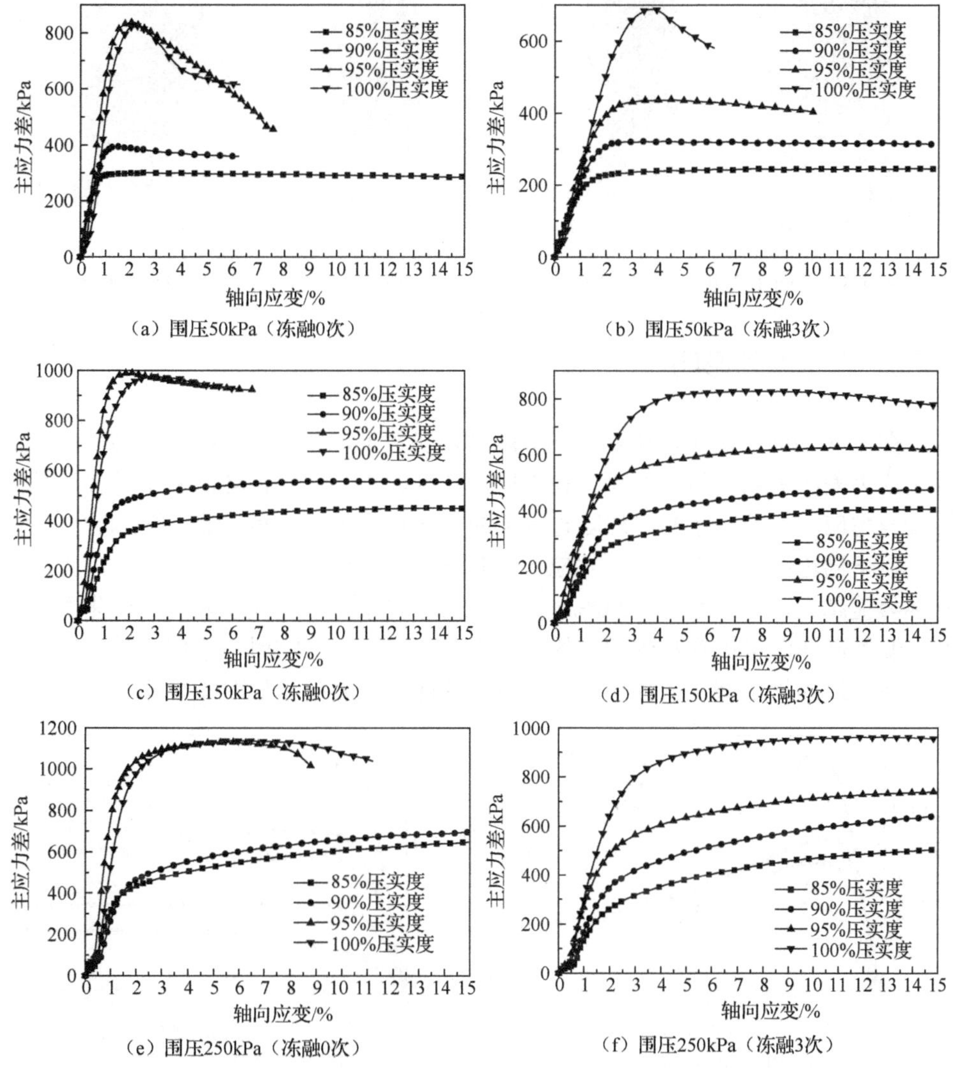

图 4-4　不同压实度下主应力差-轴向应变曲线（含水率 12.6%）

坏峰值越大；压实度为 85%时，主应力差与轴向应变关系表现为软化型，试件呈脆性破坏，可以观察到明显的剪切带；压实度为 100%，主应力差与轴向应变关系表现为硬化型，试件呈塑性破坏，试件变为鼓状，如图 4-5 所示。

（a）压实度85%

（b）压实度90%

（c）压实度95%

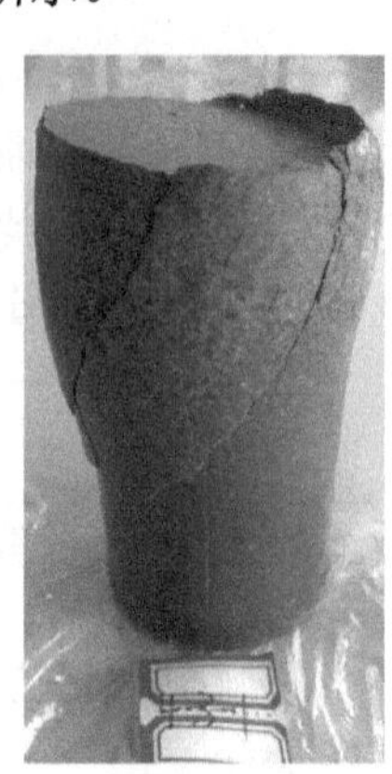
（d）压实度100%

图 4-5　不同压实度下试件剪切破坏形式（围压 50kPa，含水率 12.6%，冻融 0 次）

4.2.3　含水率的影响

图 4-6 为同一围压、压实度和冻融循环次数下，不同含水率试件的轴向应变与主应力差的关系曲线。可见，在不同压实度、不同冻融循环次数下试件的轴向应变与主应力差的关系曲线均随含水率的变化有着相同或相近的规律。通过分析，得到以下结论：含水率越小，主应力差随轴向应变增加的速率越大，主应力差的破坏峰值越大。含水率为 12.6%时，主应力差与轴向应变关系表现为硬化型，试件呈脆性破坏，可以观察到明显的剪切带；含水率为 18%时，主应力差与轴向应变关系表现为软化型，试件呈塑性破坏，试件变为鼓状，如图 4-7 所示。

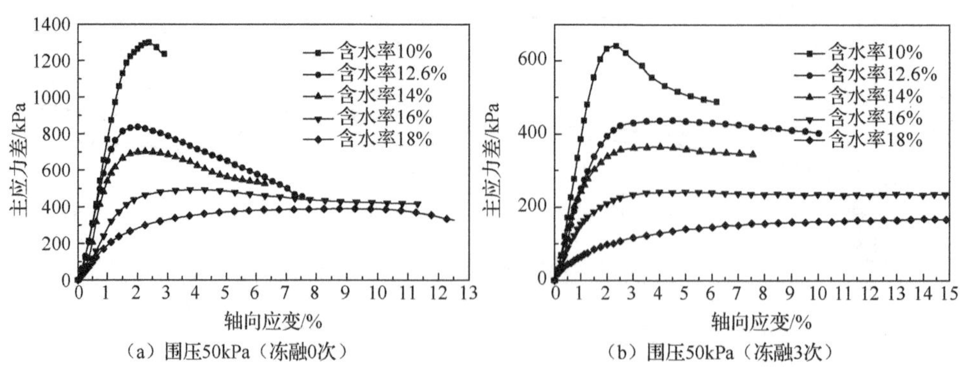

（a）围压50kPa（冻融0次）　（b）围压50kPa（冻融3次）

图 4-6　不同含水率下主应力差-轴向应变曲线（压实度 95%）

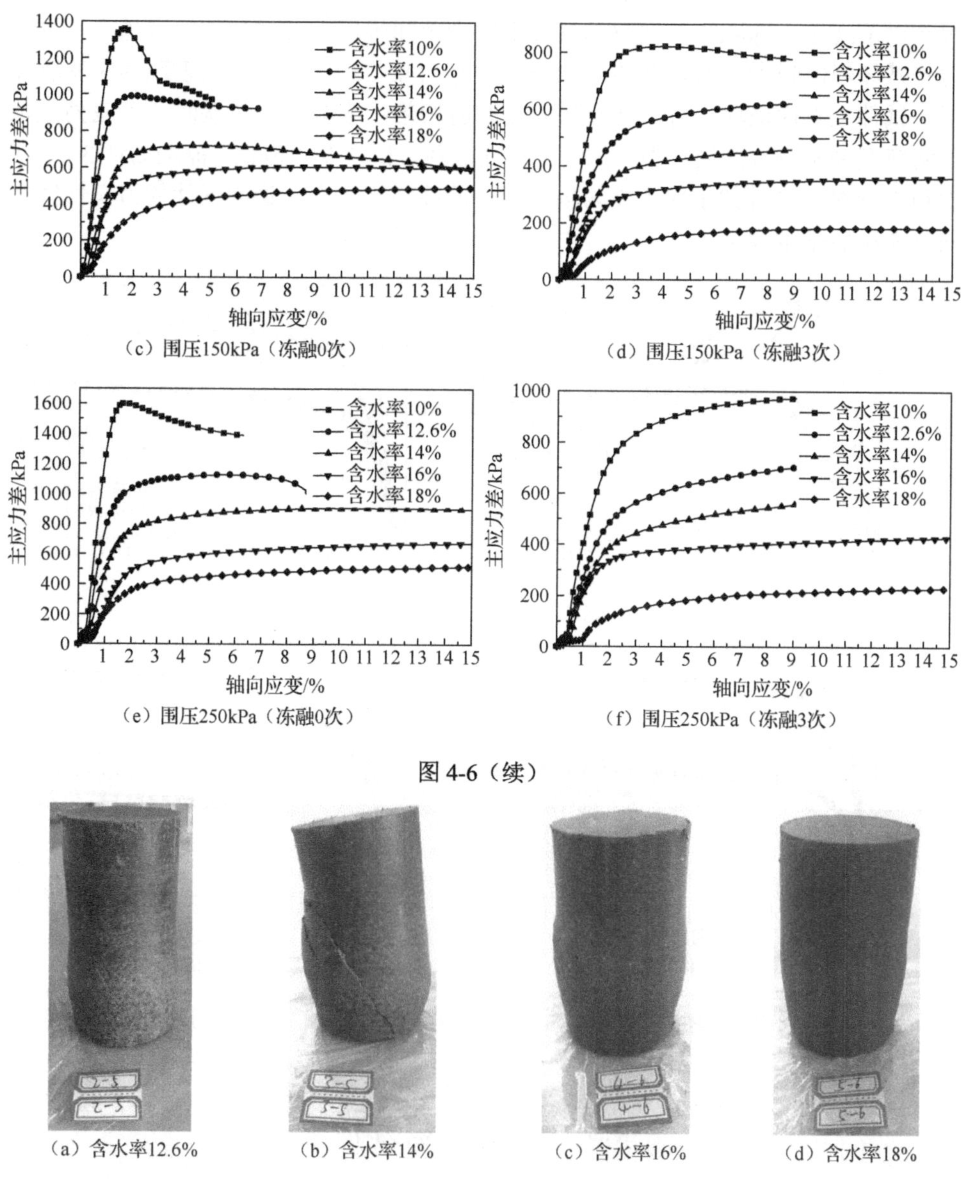

（c）围压150kPa（冻融0次）

（d）围压150kPa（冻融3次）

（e）围压250kPa（冻融0次）

（f）围压250kPa（冻融3次）

图 4-6（续）

（a）含水率12.6%　（b）含水率14%　（c）含水率16%　（d）含水率18%

图 4-7　不同围压下试件剪切破坏形式

4.2.4　冻融循环次数的影响

图 4-8 为同一围压、压实度和含水率下，不同冻融循环次数试件的轴向应变与主应力差的关系曲线。可见，在不同压实度、不同含水率下试件的轴向应变与主应力差的关系曲线均随冻融循环次数的变化有着相同或相近的规律。通过分析，

得到以下结论：冻融循环次数越少，主应力差随轴向应变增加的速率越大，主应力差破坏峰值越大。冻融循环 0 次时，主应力差与轴向应变关系表现为应变软化型，试件呈脆性破坏，可以观察到明显的剪切带；冻融循环 7 次时，主应力差与轴向应变关系表现为硬化型，试件呈塑性破坏，试件变为鼓状。冻融循环 3 次、5 次和 7 次时，试件的主应力差与轴向应变曲线基本重合，说明试件的力学性能在冻融 3 次后基本稳定。

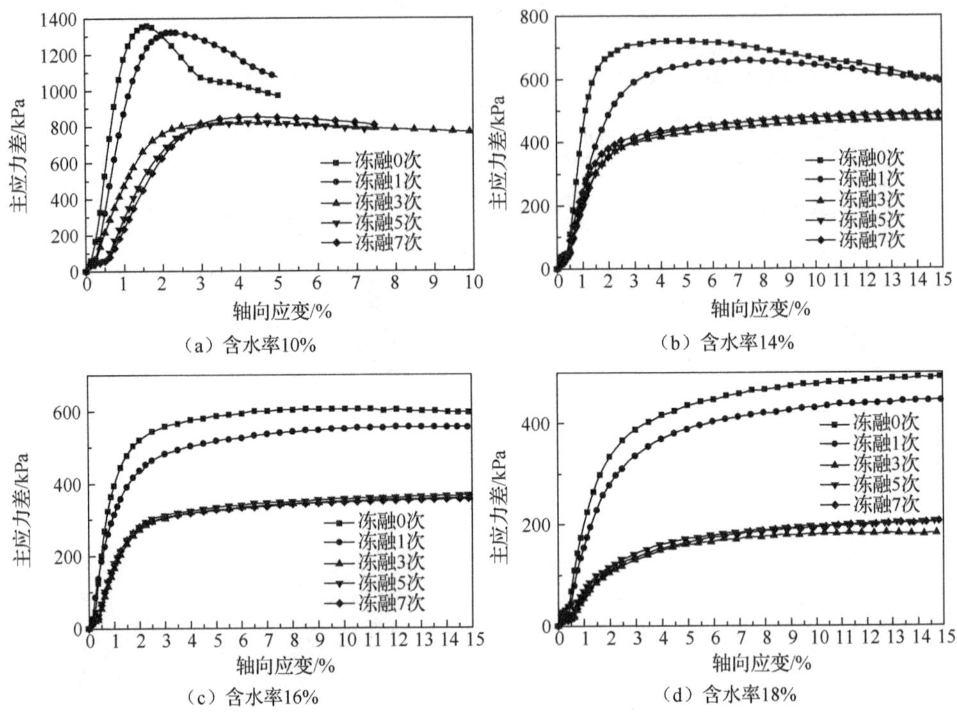

图 4-8　不同冻融循环次数下主应力差-轴向应变曲线（围压 150kPa，压实度 95%）

4.3　力学参数分析

4.3.1　破坏强度

土体的破坏强度是表征其极限强度的指标之一。图 4-9～图 4-11 为围压、压实度、含水率和冻融循环次数对试件破坏强度的影响规律曲线。可以看出，试件的破坏强度随着围压的增加而增加；围压每增加 100kPa，试件的破坏强度增加 100～200kPa。试件的破坏强度随着压实度的增加而增加；当试件的压实度由 85%

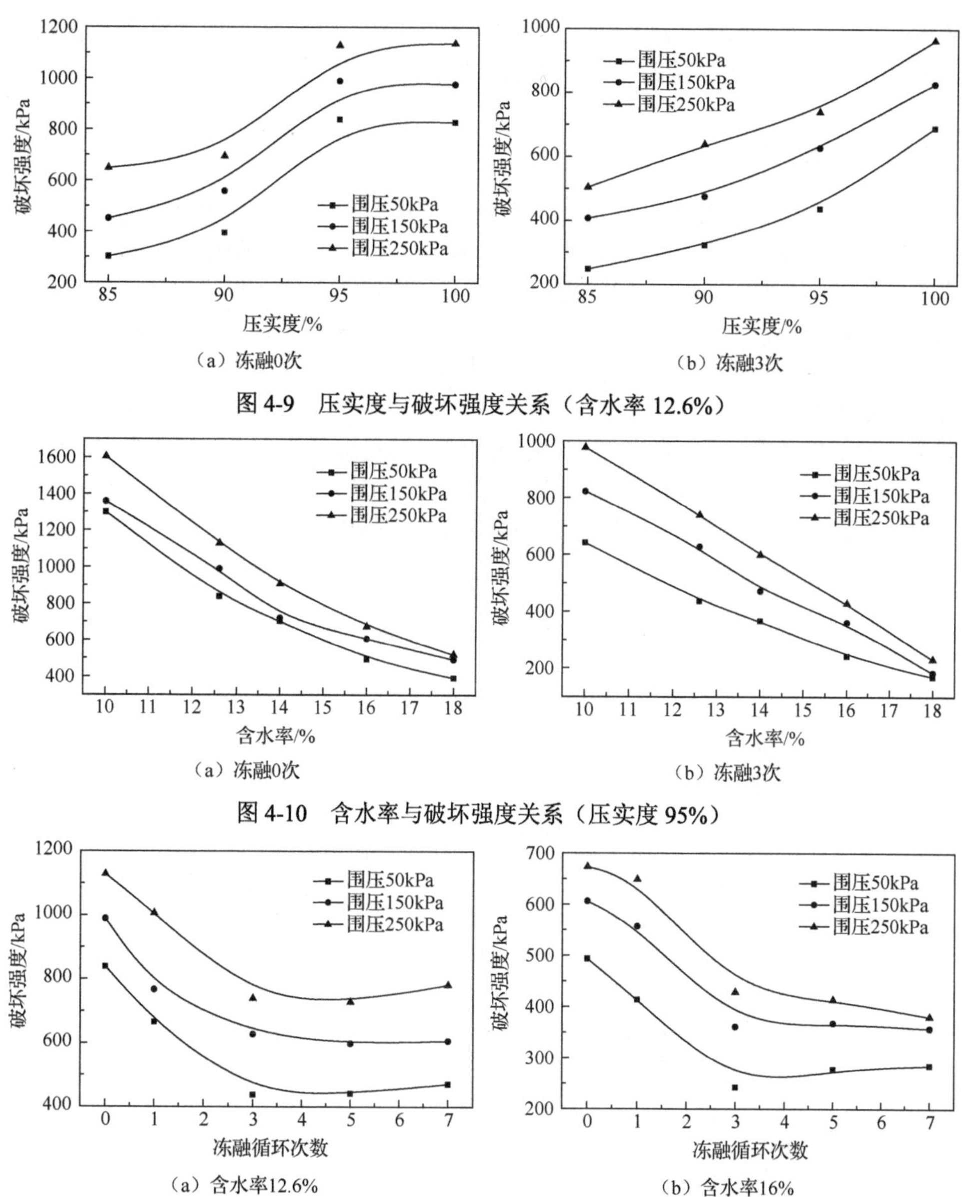

（a）冻融0次　（b）冻融3次

图 4-9　压实度与破坏强度关系（含水率 12.6%）

（a）冻融0次　（b）冻融3次

图 4-10　含水率与破坏强度关系（压实度 95%）

（a）含水率12.6%　（b）含水率16%

图 4-11　冻融循环次数与破坏强度关系（压实度 95%）

提高到 100%时，其破坏强度基本上增长 1 倍左右，说明提高路基的压实度是提高路基承载能力的有效措施。试件的破坏强度随着含水率的增加而减少；当试件的含水率由 10%升高到 18%时，其破坏强度降低为原来的 1/3 左右，说明保持路基的干燥是保证路基具有较高承载力的有效措施。试件的破坏强度随着冻融循环次数的增加而减少；冻融循环 3 次后，试件的破坏强度趋于稳定，是未冻融时的

50%～70%；在冻融循环过程中，含水率小的试件，其破坏强度始终大于含水率大的试件，再次说明保持路基干燥性的重要性。

4.3.2　切线模量

土体的切线模量是表征其抵抗变形能力的重要指标之一。对试件的主应力差与轴向应变关系进行分析，得到围压、压实度、含水率和冻融循环次数对试件切线模量的影响规律，如图 4-12～图 4-14 所示。由图可以得到以下结论：试件的切线模量随着围压的增加而增加；当试件的压实度由 85%提高到 100%时，切线模量整体上呈现增加趋势，每增加 5%时切线模量增长 10%～20%，说明提高路基的压实度是提高路基抗变形能力的有效措施。试件的切线模量随着含水率的增加而减少；当试件的含水率由 10%升高到 18%时，其切线模量显著降低，降幅为原来的 1/4 左右。试件的切线模量随着冻融循环次数的增加而减少；冻融循环 3 次后，试件的切线模量趋于稳定，是未冻融时的 40%～50%。

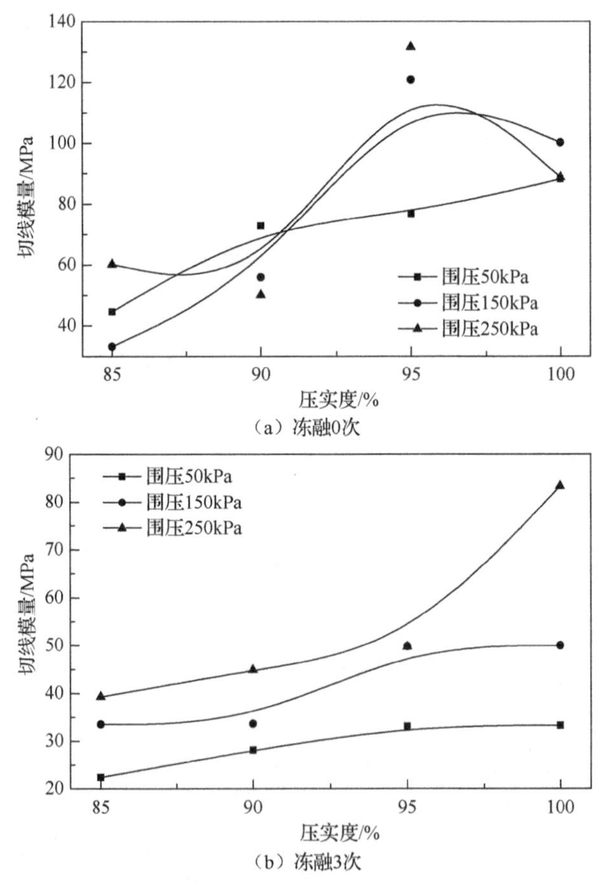

图 4-12　压实度与切线模量关系（含水率 12.6%）

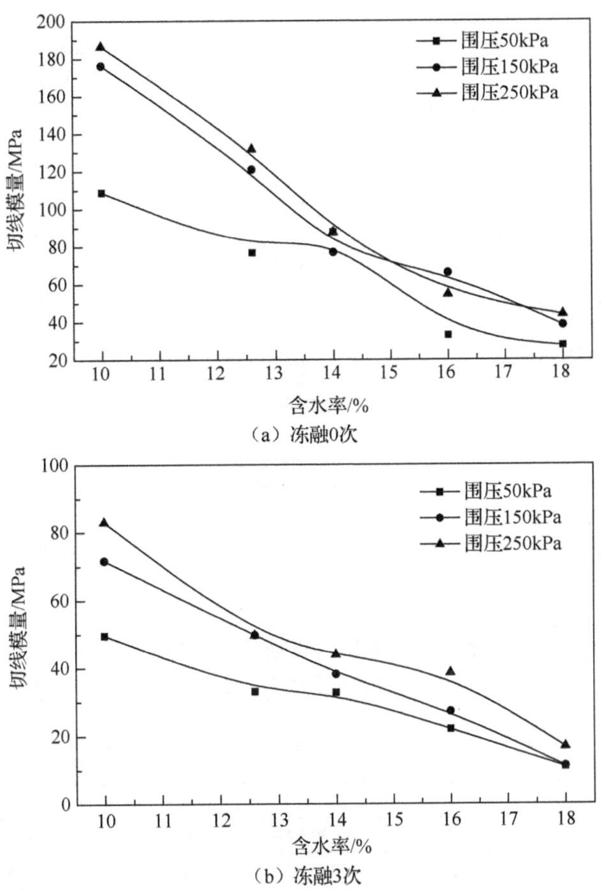

（a）冻融0次

（b）冻融3次

图 4-13 含水率与切线模量关系（压实度 95%）

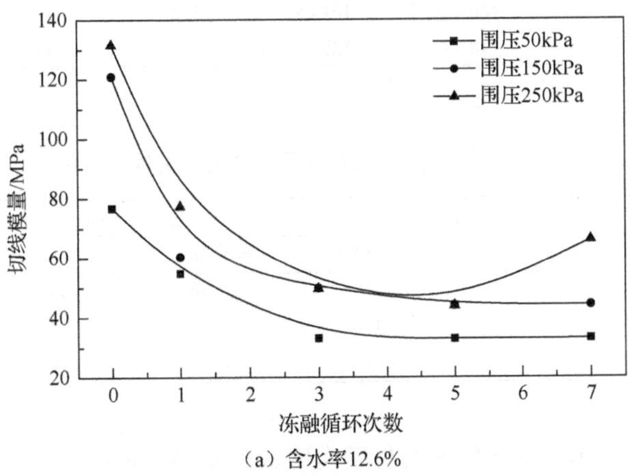

（a）含水率12.6%

图 4-14 冻融循环次数与切线模量关系（压实度 95%）

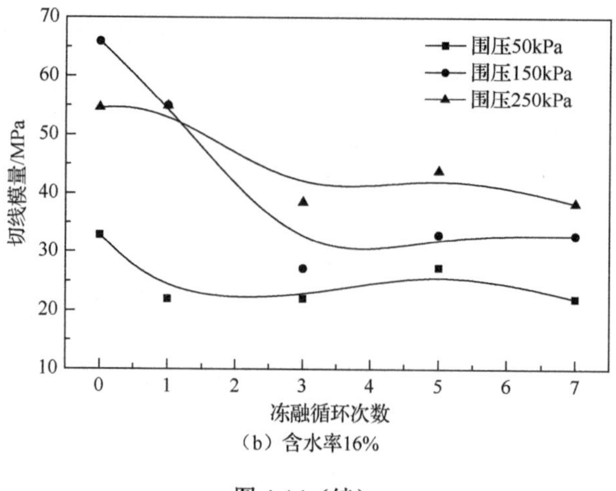

（b）含水率16%

图 4-14（续）

4.3.3 黏聚力

根据莫尔-库仑（Mohr-Coulomb）准则，绘制强度包络线，计算得到不同含水率、压实度、冻融循环次数试件的黏聚力，如表 4-2 和表 4-3 所示。

表 4-2　不同含水率、冻融循环次数下试件的黏聚力

冻融循环次数	黏聚力/kPa				
	含水率 10%	含水率 12.6%	含水率 14%	含水率 16%	含水率 18%
0	362.50	246.33	226.46	169.36	153.92
1	288.56	167.87	136.50	126.99	127.95
3	173.43	124.51	102.55	77.50	63.14
5	166.41	121.65	122.03	100.58	78.20
7	144.78	120.17	140.24	115.54	62.24

注：压实度为 95%。

表 4-3　不同压实度、冻融循环次数下试件的黏聚力

冻融循环次数	黏聚力/kPa			
	压实度 85%	压实度 90%	压实度 95%	压实度 100%
0	60.71	103.90	246.33	233.75
1	69.31	80.07	167.87	182.76
3	68.73	74.85	124.51	201.93

注：含水率为 12.6%。

由表 4-2 和表 4-3 得到黏聚力与压实度、含水率、冻融循环次数的关系曲线，如图 4-15 所示。可见，黏聚力随着压实度的增加而增加，当试件的压实度由 85%升高到 100%，其黏聚力升高 100～200kPa。黏聚力随着含水率的增加而减小，当试件的含水率由 10%升高到 18%，其黏聚力下降 50%左右。黏聚力随着冻融循环次数的增加而减小；冻融循环 3 次后，试件的黏聚力趋于稳定，是未冻融时的 50%左右；在冻融循环过程中，含水率越大、压实度越高，黏聚力下降得越快。

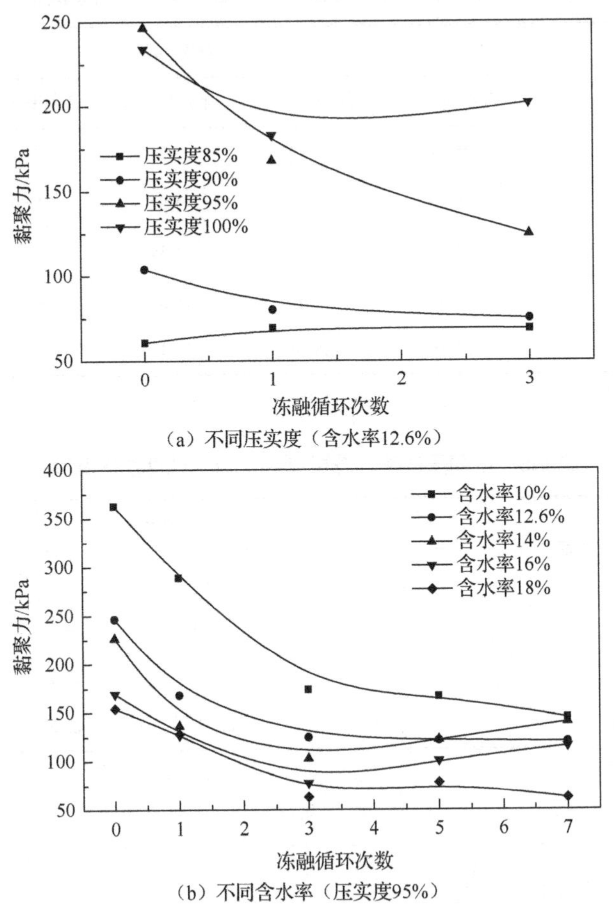

(a) 不同压实度（含水率12.6%）

(b) 不同含水率（压实度95%）

图 4-15　黏聚力与压实度、含水率、冻融循环次数的关系曲线

4.3.4　内摩擦角

由莫尔（Mohr）圆强度包络线，计算得到不同压实度、含水率、冻融循环次数试件的内摩擦角，如表 4-4 和表 4-5 所示。

由表 4-4 和表 4-5 得到内摩擦角与压实度、含水率、冻融循环次数的关系曲线，如图 4-16 所示。可见，最佳含水率（含水率 12.6%）下，冻融循环过程中，试件的内摩擦角与压实度无明显关系，在 22°～28°波动。内摩擦角随着含水率的增加而减小，当试件的含水率每增加 2%时，内摩擦角减少 5°左右。内摩擦角随着冻融循环次数的增加整体上呈现先增加后减小的趋势；冻融循环 1 次后，试件的内摩擦角有小幅增加，之后，试件的含水率越大，其内摩擦角减小的趋势越大。

表 4-4　不同含水率、冻融循环次数下试件的内摩擦角

冻融循环次数	内摩擦角/（°）				
	含水率 10%	含水率 12.6%	含水率 14%	含水率 16%	含水率 18%
0	25.92	24.82	17.75	17.92	13.43
1	29.80	26.71	25.88	21.59	14.56
3	27.10	25.20	21.54	18.35	7.50
5	28.07	24.67	18.50	14.54	5.49
7	31.46	25.84	15.43	10.88	8.89

注：压实度为 95%。

表 4-5　不同压实度、冻融循环次数下试件的内摩擦角

冻融循环次数	内摩擦角/（°）			
	压实度 85%	压实度 90%	压实度 95%	压实度 100%
0	27.58	25.33	24.82	25.86
1	23.61	27.12	26.71	25.82
3	22.81	26.19	25.20	24.00

注：含水率为 12.6%。

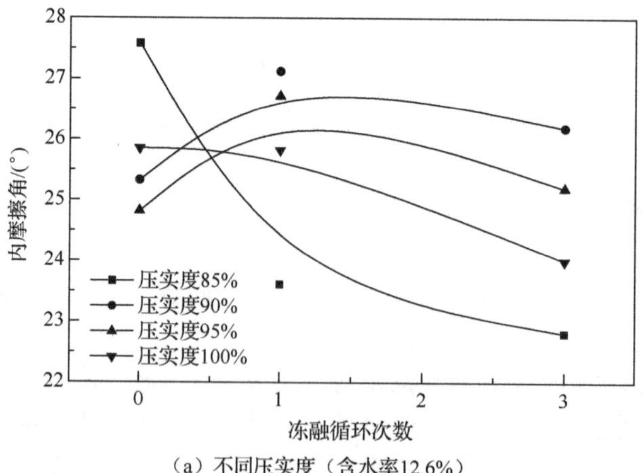

（a）不同压实度（含水率12.6%）

图 4-16　内摩擦角与压实度、含水率、冻融循环次数的关系曲线

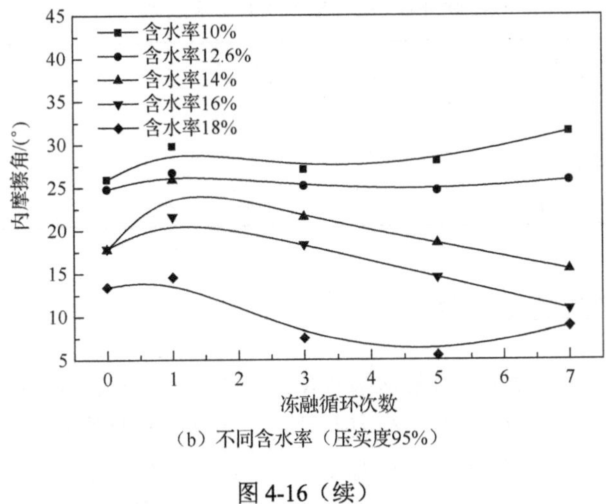

（b）不同含水率（压实度95%）

图 4-16（续）

4.4　破坏形式分析

4.4.1　破坏形式分类

在不同的加载条件下，试件破坏形式不同，主应力差-轴向应变关系不同，可以分为图 4-17 中两种情况。

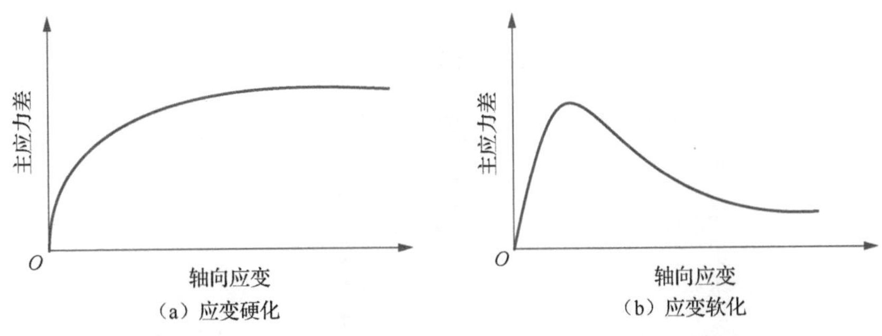

（a）应变硬化　（b）应变软化

图 4-17　冻融循环后路基粉质黏土的应力-应变关系曲线

图 4-17（a）为试件的应变硬化，即随着轴向应变增加，主应力差不断增加，但增幅逐渐降低，最终试件变为鼓状。图 4-17（b）为试件的应变软化，即随着轴向应变的增加，主应力差先增加后减小，存在峰值点，试件表面可以观察到明显的剪切带。由静三轴试验的应力-应变曲线结果，得到各因素对试件应力状态的影响如表 4-6 所示。

表 4-6　试件应力状态影响因素

影响因素	应变软化	应变硬化
围压	低	高
压实度	高	低
水率	低	高
冻融循环次数	少	多

4.4.2　破坏形式的微观分析

为了观测破坏后试件的内部结构变化，使用 Phoenix v|tome|x S 工业 CT 试验机对不同应力状态下（应变硬化和应变软化）破坏的试件进行 CT 扫描，并重构试件的三维结构，选择某一断面进行观察，如图 4-18 和图 4-19 所示。CT 扫描中可见，存在一种处于应变硬化型破坏和应变软化型破坏之间的破坏形态，称为应变过渡型破坏，如图 4-20 所示。

（a）试样实物图

（b）CT扫描三视图及重构图

图 4-18　应变硬化型破坏

（a）试样实物图

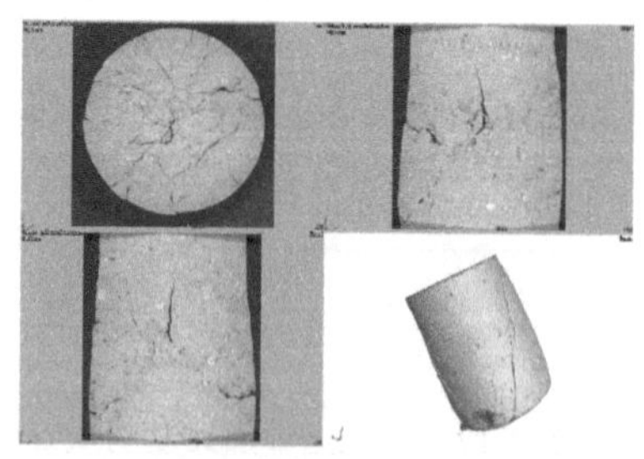

（b）CT扫描三视图及重构图

图 4-19　应变软化型破坏

由图 4-18～图 4-20 可以得到以下结论：应变硬化型试件，呈塑性破坏，试件变为鼓状；CT 扫描图像显示试件内部没有裂缝出现，反而变得更加密实。应变软化型试件，呈脆性破坏，试件表面可以观察到明显的剪切带；CT 图像显示试件内部出现了大量连通的裂缝，存在明显的剪切滑动面。应变过渡型试件，呈塑性破坏，试件表面可以观察到不规则剪切带；CT 扫描图像显示试件内部出现了大量非连通的细小裂缝，不存在明显的剪切滑动面，仍具有一定骨架结构，可以承受一定的应力。

（a）试样实物图

（b）CT扫描三视图及重构图

图 4-20　应变过渡型破坏

4.5　破坏强度与切线模量的预估公式

为了明确冻融循环后路基粉质黏土的静力学参数与各影响因素之间的关系，采用多元非线性回归方法，提出破坏强度和切线模量的预估公式。

将不同围压、不同压实度、不同含水率和不同冻融循环次数下，试件的破坏强度和切线模量数据进行统计分析，分别使用式（4-1）和式（4-2）对不同围压下试件的破坏强度和切线模量进行回归，回归结果如图 4-21 和图 4-22 所示。

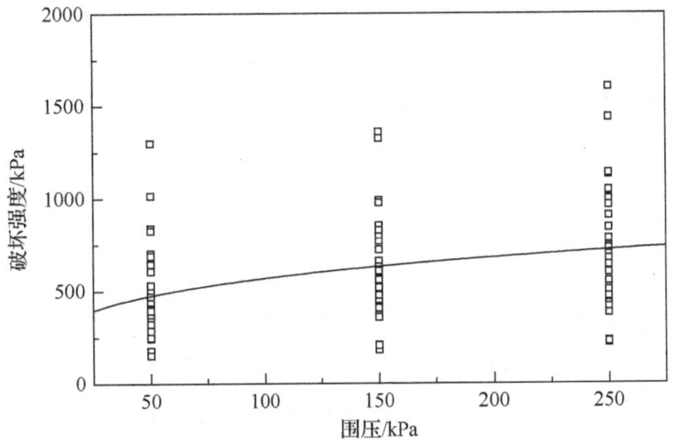

图 4-21　不同围压下破坏强度

$$q_0 = K_{\mathrm{f}} p_{\mathrm{a}} \left(\frac{\sigma_3}{p_{\mathrm{a}}} \right)^m \tag{4-1}$$

$$E_0 = K_{\mathrm{t}} p_{\mathrm{a}} \left(\frac{\sigma_3}{p_{\mathrm{a}}} \right)^n \tag{4-2}$$

式中，q_0 为破坏强度回归值，kPa；E_0 为切线模量回归值，kPa；σ_3 为围压，kPa；p_{a} 为标准气压（取为 100kPa）；K_{f}、m 为拟合参数（$K_{\mathrm{f}} = 5.681$, $m = 0.260$）；K_{t}、n 为拟合参数（$K_{\mathrm{t}} = 490.1$, $n = 0.244$）。

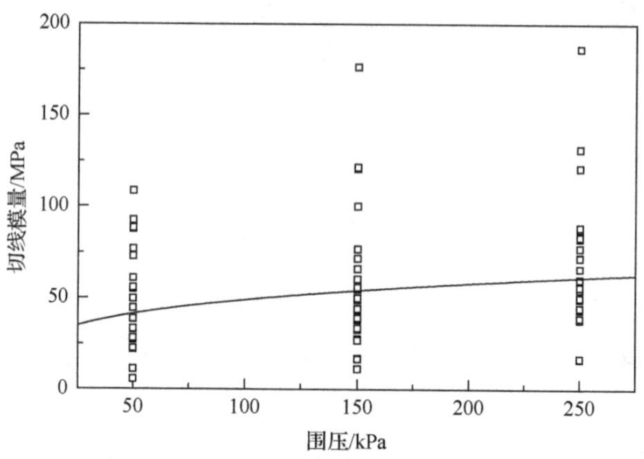

图 4-22　不同围压下切线模量

4.5.1　冻融循环次数的影响

图 4-23 为冻融循环次数对标准化值的影响，可以看出标准化值随着冻融循环次数的增加而减小，在冻融循环 3 次后基本稳定。

使用式（4-3）和式（4-4）对不同冻融循环次数下试件的破坏强度和切线模量的标准化值进行回归分析，拟合曲线如图 4-23 所示。

$$g_{\mathrm{N}} = \frac{q}{q_0} = A_1 \mathrm{e}^{A_2 N} + 1 \tag{4-3}$$

$$f_{\mathrm{N}} = \frac{E}{E_0} = C_1 \mathrm{e}^{C_2 N} + 1 \tag{4-4}$$

式中，g_{N} 为冻融循环影响下破坏强度标准化值；f_{N} 为冻融循环影响下切线模量标准化值；q 为破坏强度，kPa；q_0 为破坏强度回归值，kPa；E 为切线模量，kPa；E_0 为切线模量回归值，kPa；N 为冻融循环次数；A_1、A_2 为拟合参数（$A_1 = 0.650$, $A_2 = -0.891$, $R^2 = 0.910$）；C_1、C_2 为拟合参数（$C_1 = 1.255$, $C_2 = -1.410$, $R^2 = 0.888$）。

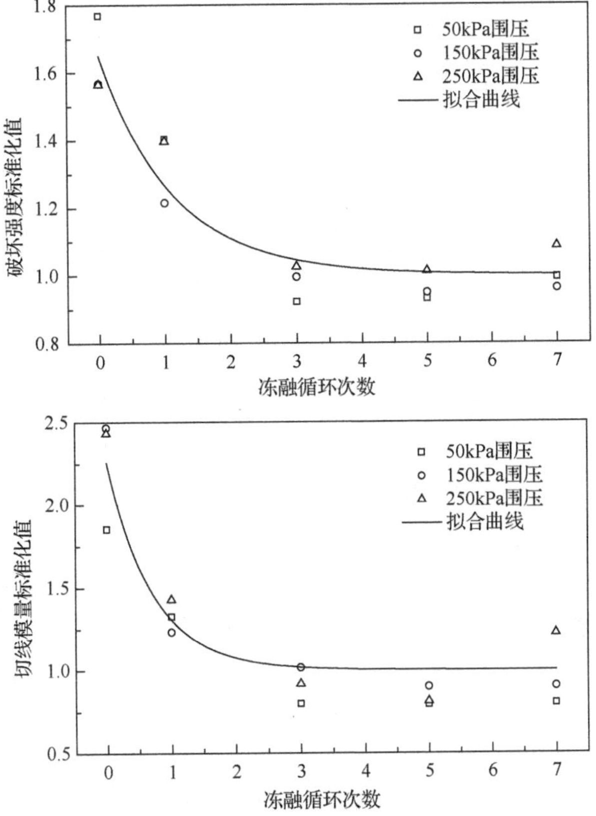

图 4-23　冻融循环次数对标准化值的影响（压实度为 95%、含水率为 12.6%）

4.5.2　压实度的影响

图 4-24 为压实度对标准化值的影响，可以看出标准化值随着压实度的增加而增加。

使用式（4-5）和式（4-6）对不同压实度下试件的破坏强度和切线模量的标准化值进行回归分析，拟合曲线如图 4-24 所示。

$$g_{\mathrm{K}} = \frac{q}{q_0} = A_3 \mathrm{e}^{A_4 K} \tag{4-5}$$

$$f_{\mathrm{K}} = \frac{E}{E_0} = C_3 \mathrm{e}^{C_4 K} \tag{4-6}$$

式中，g_{K} 为压实度影响下破坏强度标准化值；f_{K} 为压实度影响下切线模量标准化值；K 为压实度；A_3、A_4 为拟合参数（$A_3 = 0.00571$，$A_4 = 5.461$，$R^2 = 0.935$）；C_3、C_4 为拟合参数（$C_3 = 0.024$，$C_4 = 3.836$，$R^2 = 0.530$）；其他同前。

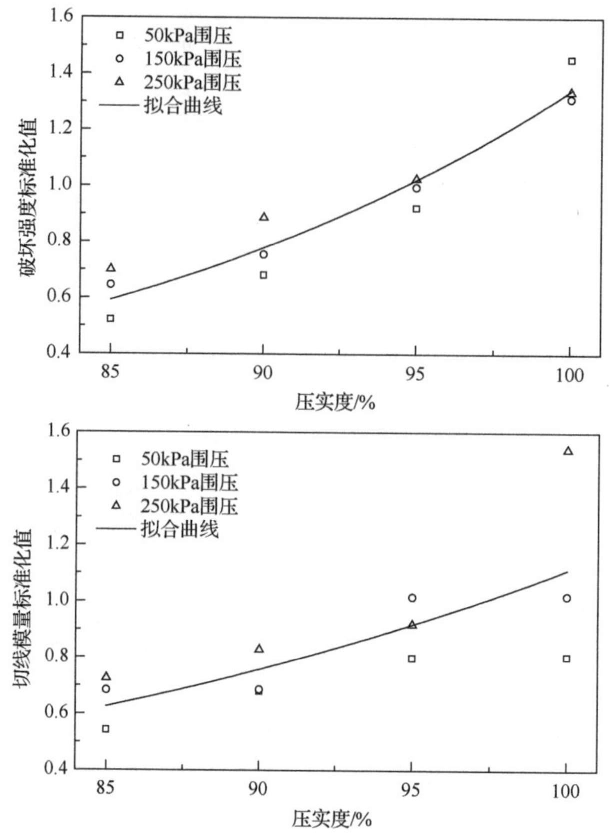

图 4-24　压实度对标准化值的影响（含水率为 12.6%，冻融 3 次）

4.5.3　含水率的影响

图 4-25 为含水率对标准化值的影响，可以看出标准化值随着含水率的增加呈线性减小。

使用式（4-7）和式（4-8）对不同含水率下试件的破坏强度和切线模量的标准化值进行回归分析，拟合曲线如图 4-25 所示。

$$g_{\mathrm{w}}=\frac{q}{q_0}=A_5w+A_6 \tag{4-7}$$

$$f_{\mathrm{w}}=\frac{E}{E_0}=C_5w+C_6 \tag{4-8}$$

式中，g_{w} 为含水率影响下破坏强度标准化值；f_{w} 为含水率影响下切线模量标准化值；w 为含水率；A_5、A_6 为拟合参数（$A_5=-12.64$，$A_6=2.582$，$R^2=0.988$）；C_5、C_6 为拟合参数（$C_5=-13.41$，$C_6=2.687$，$R^2=0.931$）；其他同前。

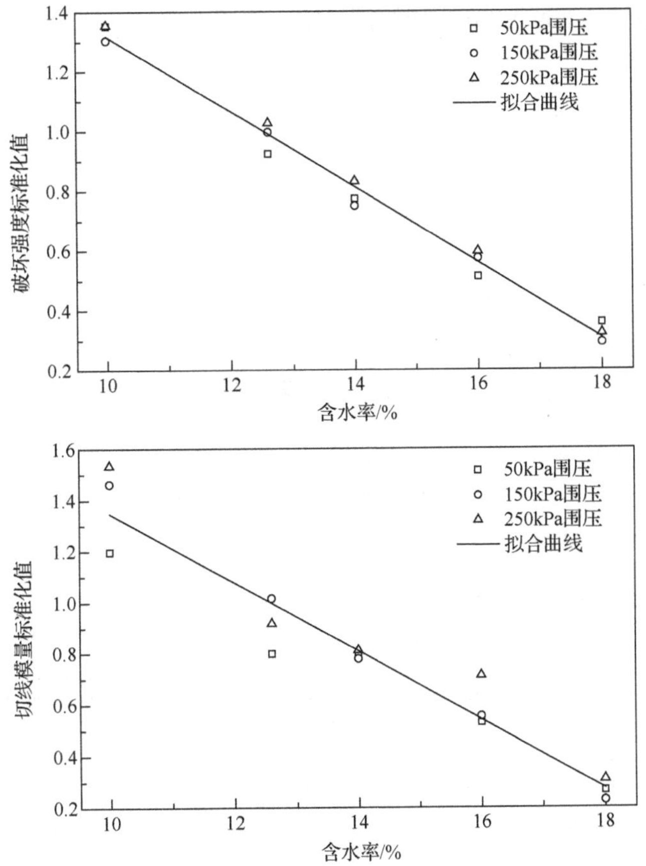

图 4-25　含水率对标准化值的影响（压实度 95%，冻融循环 3 次）

4.5.4　公式建立与验证

由式（4-1）～式（4-8）及相应的回归结果，汇总得到破坏强度、切线模量与各变量（围压、压实度、含水率、冻融循环次数）的经验预估模型式（4-9）和式（4-10），模型验证结果如图 4-26 和图 4-27 所示。可以看出绝大部分的数据点都在等值线附近，说明本研究建立的破坏强度和切线模量经验预估公式与试验结果吻合较好。

$$q = \lambda g_{\mathrm{N}} g_{\mathrm{K}} g_{\mathrm{w}} q_0 = \lambda K_{\mathrm{f}} p_{\mathrm{a}} g_{\mathrm{N}} g_{\mathrm{K}} g_{\mathrm{w}} \left(\frac{\sigma_3}{p_{\mathrm{a}}} \right)^m \tag{4-9}$$

$$E = \eta f_{\mathrm{N}} f_{\mathrm{K}} f_{\mathrm{w}} E_0 = \eta K_{\mathrm{t}} p_{\mathrm{a}} f_{\mathrm{N}} f_{\mathrm{K}} f_{\mathrm{w}} \left(\frac{\sigma_3}{p_{\mathrm{a}}} \right)^n \tag{4-10}$$

式中，q 为破坏强度，kPa；E 为切线模量，kPa；λ 为破坏强度综合修正系数

（$\lambda = 0.954$，$R^2 = 0.869$）；η 为切线模量综合修正系数（$\eta = 0.931$，$R^2 = 0.793$）；其他同前。

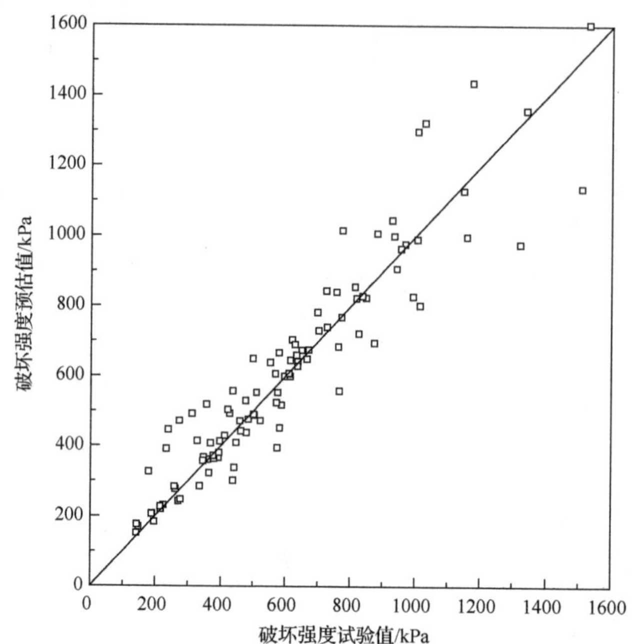

图 4-26　破坏强度预估值与试验值比较

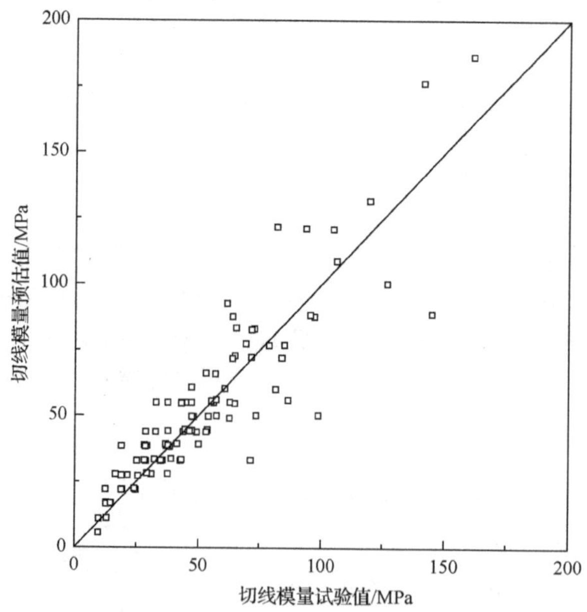

图 4-27　切线模量预估值与试验值比较

4.6 小　　结

采用应变控制式静三轴仪对冻融循环后路基粉质黏土的静力学性能进行测试，研究围压、压实度、含水率、冻融循环次数等因素对路基粉质黏土的静力学性能影响，并对试件的破坏形式进行了微观和宏观的分析；对路基粉质黏土试件的主应力差与轴向应变关系分析，得到了不同因素对路基粉质黏土的破坏强度、切线模量、黏聚力和内摩擦角的影响规律；采用多元非线性回归方法，提出了破坏强度和切线模量的预估公式。主要结论如下。

（1）主应力差随着围压的增加而增加，随着压实度的增加而增加，随着含水率的增加而减小，随着冻融循环次数的增加而减小；主应力差变化速率随着压实度增加而增加，随着含水率增加而减小，随着冻融循环次数的增加而减小；试件的静力学参数（破坏强度、切线模量、黏聚力和内摩擦角）在冻融循环 3 次后基本稳定。

（2）随着围压的增加、压实度的减小、含水率的增加、冻融循环次数的增加，试件的主应力差与轴向应变关系由应变软化型变为应变硬化型；应变软化型试件呈脆性破坏，表面可以观察到明显的剪切带，内部出现了大量连通的裂缝，并存在剪切滑动面；应变硬化型试件呈塑性破坏，表面变为鼓状，内部无裂缝出现，反而更加密实；存在应变过渡型，呈塑性破坏，试件表面存在不规则剪切带，内部出现大量非连通的细小裂缝，无明显的剪切滑动面，仍具有一定骨架结构。

（3）随着围压的增加，破坏强度和切线模量增加；随着压实度的减小、含水率和冻融循环次数的增加，破坏强度、切线模量、黏聚力和内摩擦角减小；采用多元非线性回归方法，提出了破坏强度和切线模量经验预估公式。

第5章 交通荷载下冻融路基黏土的动剪切模量与阻尼比

土的动力性能研究起源于 20 世纪 60 年代，主要分析地震荷载和动力机器荷载作用下土的动力行为，其中，动剪切模量和阻尼比是土体动力性能分析的两个重要动力学参数，也是进行土体黏弹性动力响应分析的基础。近年来，随着轨道交通、铁路和高等级公路建设的迅速推进，交通荷载下土的动力性能研究逐渐成为新的研究热点，并取得了较多研究成果，动剪切模量和阻尼比依然是重要的输入参数。本章关注冻融与动力交通荷载的顺序作用，采用动三轴试验仪，研究了融化饱和黏土在长期循环荷载作用下动剪切模量和阻尼比的演化规律，讨论了动应力幅值和围压等因素对动剪切模量和循环动剪应变关系（通常被整理成 G/G_{max} 和γ的关系）以及阻尼比与循环动剪应变关系的影响，并将分级加载和长期加载作用下的动剪切模量和阻尼比进行分析对比。最后，分别引入两种经验模型对动剪切模量和阻尼比的长期演化规律进行描述，并且对模型的合理性进行验证。

5.1 试验设计与概况

5.1.1 试验因素分析

图 5-1 为路基土单元所处的典型力学状态。假设路基土水平方向上处于横观各向同性状态，图中$\sigma_3+\Delta\sigma$、σ_3分别表示土体单元的上覆压力和侧向压力。$\sigma_0+\sigma_d$表示由车辆引起的附加荷载，其中σ_0表示车辆静荷载，σ_d表示车辆引起的振动荷载。除了受到σ_3的作用之外，土单元在垂向上受到的偏应力为$\Delta\sigma+\sigma_0+\sigma_d$，可以拆分为静偏应力$\Delta\sigma+\sigma_0$和动偏应力$\sigma_d$两个部分考虑。显然动偏应力$\sigma_d$是一种往复荷载，即在反复的加卸载过程中只产生剪切压缩而不产生剪切拉伸，这也是交通荷载区别于地震荷载、风荷载以及波浪荷载的地方。偏应力$\Delta\sigma+\sigma_0+\sigma_d$产生的总变形同样可以拆分为两个部分，一部分为动偏应力σ_d引起的变形，另一部分为静偏应力$\Delta\sigma+\sigma_0$引起的蠕变变形。

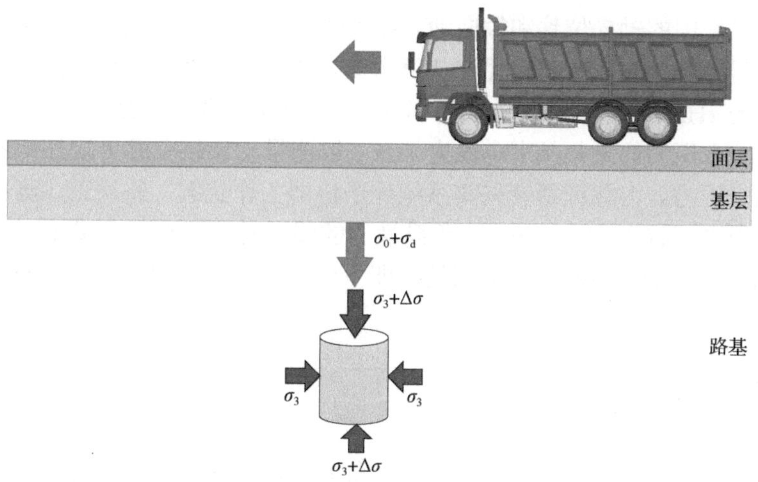

图 5-1　路基土单元所处的典型力学状态

5.1.2　试验系统

利用 UTM-100 试验系统完成动态三轴试验（图 5-2）。该仪器由澳大利亚工业产品公司生产，最大加载轴力 100kN，最大单向行程 100mm，最大轴向振动频率可达 70Hz，采集器最大采集频率为 5kHz，充气状态下三轴压力室的最大工作压力为 400kPa。考虑到如果所选试件的尺寸太小，对应的破坏轴力偏低，很容易偏离仪器轴力的有效采集范围。为使仪器的轴力采集系统能够发挥最佳的采集效果，故选用的试件为常用三轴试验中最大的型号，高度为 200mm、直径为 100mm 的圆柱形试件。选用的孔隙水压力传感器量程为 150kPa，测量精度±0.15kPa。

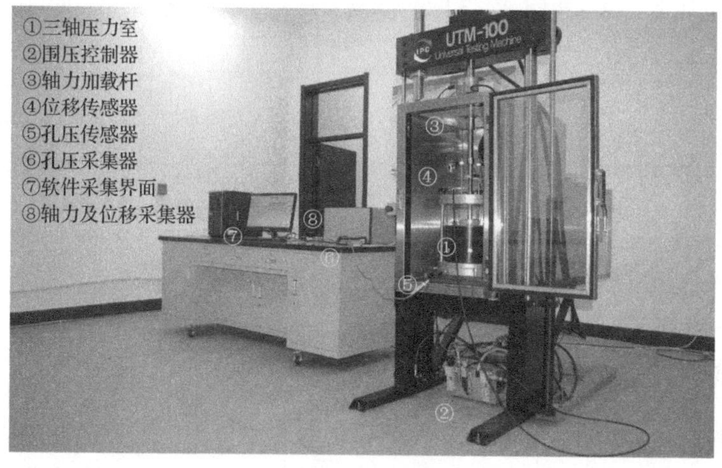

图 5-2　UTM-100 试验系统

试验过程中的轴向位移和轴向动力由 UTM-100 试验系统采集，采集频率为 20Hz。孔隙水压力由 DT 80G 型采集器采集。由于 DT 80G 型采集器的最大有效采集频率为 1Hz，而动荷载的加载频率同样为 1Hz，即每秒完成一次振动加卸载，因此将孔隙水压力的采集频率也设为 1Hz，以测量动荷载完成 1 次加卸载之后的瞬态孔隙水压力。为保证两套采集系统处于协同工作状态，每次正式测试之前均将试件置于围压状态下 10min。由于黏性土的固结时间通常需要超过 24h 才能完成，此 10min 的稳定过程不视为固结，即主要开展的是不固结不排水的动态三轴剪切试验。

5.1.3 动荷载施加方式

动荷载主要包括加载频率和加载时长以及幅值等 3 个主要因素。大量研究表明[253]，1～2Hz 的动荷载加载频率能够合理地模拟交通荷载的低频特性。张锋[238]的现场实测数据也表明，重车荷载作用下路基内部优势频率为 1Hz 左右。据此，除了研究动荷载频率的影响之外，其余工况下均将动荷载频率设为 1Hz。图 5-3 为本研究中用到的两种动荷载加载模式。图 5-3（a）为施加同一荷载幅值下连续加载 10000 次。在正式加载之前，除了研究初始应力比的影响之外，其余影响因素下均对试件施加围压σ_3，即令$\Delta\sigma=0$；图 5-3（b）为分 4 级不同的荷载幅值加载至 10000 次，每级荷载分别振动 2500 次。

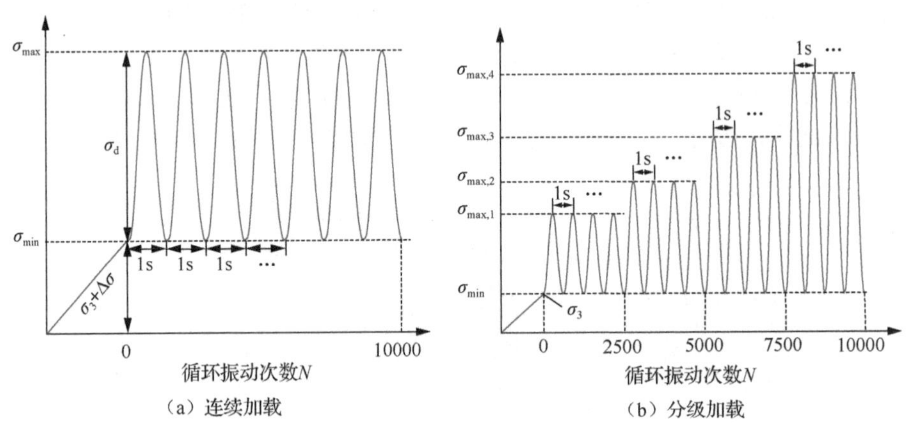

（a）连续加载　　（b）分级加载

图 5-3 长期循环荷载的施加方式

5.1.4 试验方案

动荷载的加载模式确定为半正矢波，加载频率设为 1Hz，因此动应力幅值是需要重点研究的动荷载要素。另根据研究目的，将围压确定为影响路基黏土动力特性的主要因素进行研究。试验方案如表 5-1 所示。

表 5-1　融化黏土动力学参数试验方案

试件编号	动应力幅值/kPa	围压/kPa	冻融循环次数	循环振动次数
DHC-01～05	50, 57, 70, 89, 114	60	7	10000
DHC-06～10	50, 57, 70, 89, 114	90	7	10000
DHC-11～14	50, 70, 89, 114	120	7	10000
DHC-15～18	50, 70, 89, 114	150	7	10000
DHC-19～22	70	60	0, 1, 3, 5	10000
DHC-23～25	50→70→89→114	60, 90, 120	7	每个阶段 2500 次

注：DHC-01～05 的动应力幅值分别为 50kPa、57kPa、70kPa、89kPa、114kPa，后同。DHC-19～22 的冻融循环次数分别为 0 次、1 次、3 次、5 次。DHC-23～25 的围压分别为 60kPa、90kPa、120kPa。

根据卢正等[254]计算得到的轴载和路基工作区深度的关系以及胡小弟等[255]实测的重载货车轮胎接地压力分布，利用 Boussinesq 弹性理论计算得到车辆静荷载作用下路基工作区内垂向压力的分布规律，同时将土体的自重和附加应力分布系数考虑进去，计算得到重车荷载作用下路基工作深度区内土体单元的围压分布，确定试验围压分别为 60kPa、90kPa、120kPa 和 150kPa。干密度根据路基设计规范的要求选定为 $0.94\rho_{max}$，其中 ρ_{max} 为土体最大干密度。为保证试验仪器系统能够发挥最佳的采集效果，选用高度为 200mm、直径为 100mm 的圆柱形试件，该尺寸为常用三轴试验中最大的型号。试件的制备包括筛土、制件、饱和、密封、冻融等过程，如前所述。

5.2　典型试验结果

5.2.1　动剪切模量和阻尼比的确定

图 5-4 为饱和黏土在循环荷载作用下轴向动应力 q_d 和轴向动应变 ε_d 的典型关系。可以发现，由于加卸载过程中产生了残余应变，加载曲线和卸载曲线不能完全闭合。通常情况下，卸载曲线和再加载曲线形成的封闭圈被称为滞回圈。图 5-4 中曲线 *abcd* 围成的椭圆就是循环加卸载过程中形成的滞回圈，连接 *ac* 点形成直线的斜率为对应的割线弹性模量。

本研究中将割线模量定义为饱和黏土的弹性模量。则第 *N* 次循环荷载下的割线模量 $E_{e,n}$ 代表着第 *N* 次循环下的弹性模量。$E_{e,n}$ 可通过下式计算得到

$$E_{e,n}=\frac{q_{d,max}-q_{d,min}}{\varepsilon_{d,max}-\varepsilon_{d,min}} \tag{5-1}$$

图 5-4 中，C（$\varepsilon_{\mathrm{d,max}},q_{\mathrm{d,max}}$）和 D（$\varepsilon_{\mathrm{d,min}},q_{\mathrm{d,min}}$）分别为滞回圈顶点和底点的坐标值。将第 N 次卸载完成后对应的残余应变 $\varepsilon_{\mathrm{d,min}}$ 定义为累积轴向塑性应变。累积塑性应变受应力施加水平以及土体应力状态的影响。

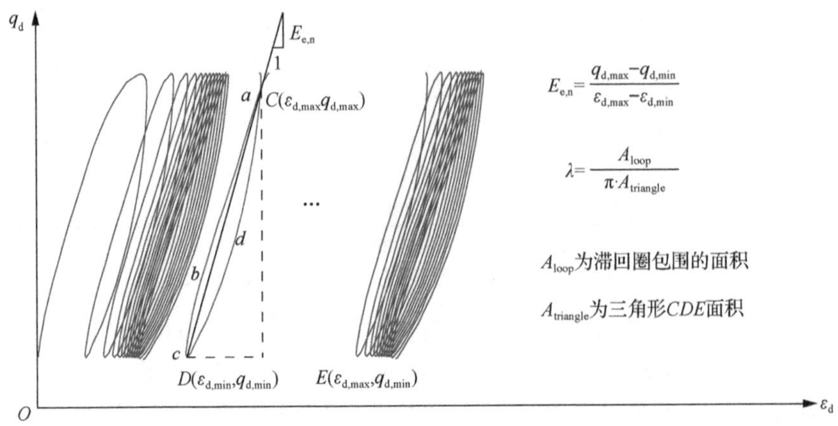

图 5-4　动态弹性模量及阻尼比的确定方法

由滞回圈包围的面积反映了加卸载过程中的能量损耗。利用该面积计算得到饱和黏土的阻尼比 λ，计算公式为

$$\lambda=\frac{A_{\mathrm{loop}}}{\pi\cdot A_{\mathrm{triangle}}}\tag{5-2}$$

式中，A_{loop} 为滞回圈包围的面积，反映能量损耗程度；A_{triangle} 为图 5-4 中三角形 CDE 的面积，反映了一次加载过程中的能量峰值。

考虑到大部分研究均采用动剪切模量和动剪应变来表征材料的动力性能。为保持研究的一致性，利用弹性理论将第 N 次振动对应的弹性模量 $E_{\mathrm{e,n}}$ 转换成对应的动剪切模量 $G_{\mathrm{e,n}}$，转换式及对应的动剪应变 γ_{n} 的计算式分别为

$$G_{\mathrm{e,n}}=\frac{E_{\mathrm{e,n}}}{2(1+\upsilon)}\tag{5-3}$$

$$\gamma_{\mathrm{n}}=(1+\upsilon)(\varepsilon_{\mathrm{d,max}}-\varepsilon_{\mathrm{d,min}})\tag{5-4}$$

式中，υ 为土体泊松比，对于饱和黏土而言，不排水条件下的泊松比可取为 0.5[256]；$G_{\mathrm{e,n}}$ 为第 N 次循环荷载过程中的最大动剪切模量；γ_{n} 为对应最大动剪切模量下的动剪应变。

5.2.2　应力-应变关系

将 DHC-3 试件循环加载过程的轴向动应力-应变曲线整理如图 5-5（a）所示。

加载开始时轴向应力迅速产生了塑性应变，并在加载初期形成了一系列非闭合的滞回圈。随着加载的持续进行，黏土试件的动应力曲线朝坐标轴右侧移动，且最大值和最小值维持在一个平稳的状态，这意味着一定振次之后试件达到了循环安定状态。为进一步说明问题，将循环加载过程中试件的总应力路径 *p-q* 以及 3.4.3 节中确定的临界状态线一同展示如图 5-5（b）所示。可以发现循环加载过程中试件的应力路径左右变动范围很窄，其最大值距离临界状态线仍有一段距离。由图 5-6 展示的 DHC-3、DHC-4 试件也能很好地说明试验结束之后试件的中部被压缩而发生鼓胀。

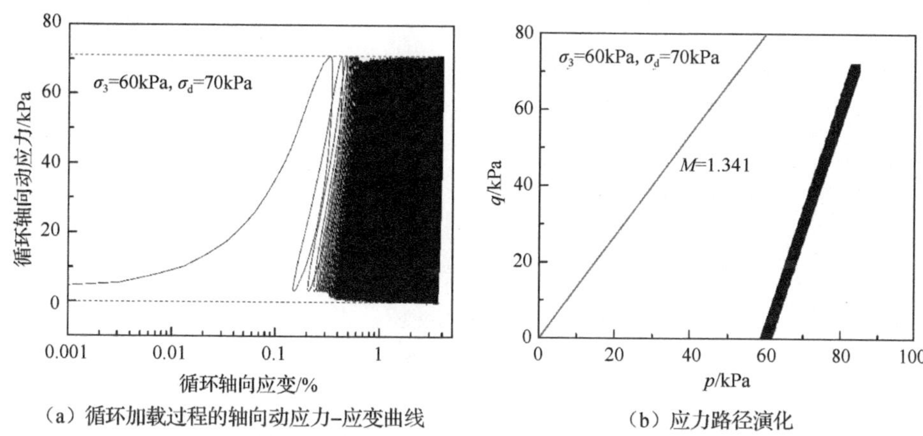

（a）循环加载过程的轴向动应力–应变曲线　（b）应力路径演化

图 5-5　循环加载过程的轴向动应力–应变曲线及应力路径演化

试验后 DHC-3、DHC-4 试件的状况如图 5-6 所示。

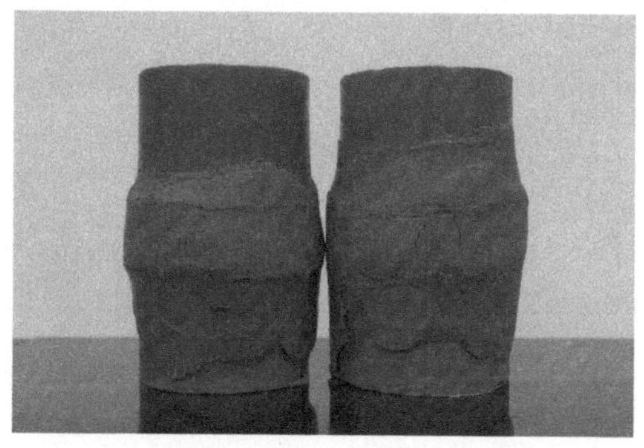

图 5-6　试验后 DHC-3、DHC-4 试件的状况

将图 5-7（a）中循环振动次数为 1、100、500、1500、3000、6000 及 9000 的滞回圈分别提取出来。为了方便比较，将各滞回圈移动到一固定点，结果如图 5-7（b）所示。当振动次数超过 100 次之后，滞回圈开始倒向横坐标的正方向，但对应滞回圈的面积几乎未变，这就意味着 A_{triangle} 增大而 A_{loop} 不变，由式(5-2)

计算出来的阻尼比是不断减小的。阻尼比的减小意味着动荷载在试件内部传递的过程是流畅的，试件土颗粒之间是互相挤嵌而并非产生裂隙从而阻碍动荷载的传递。这种现象与上述动应力-应变关系、应力路径以及试验之后试件的压缩状态是一致的。

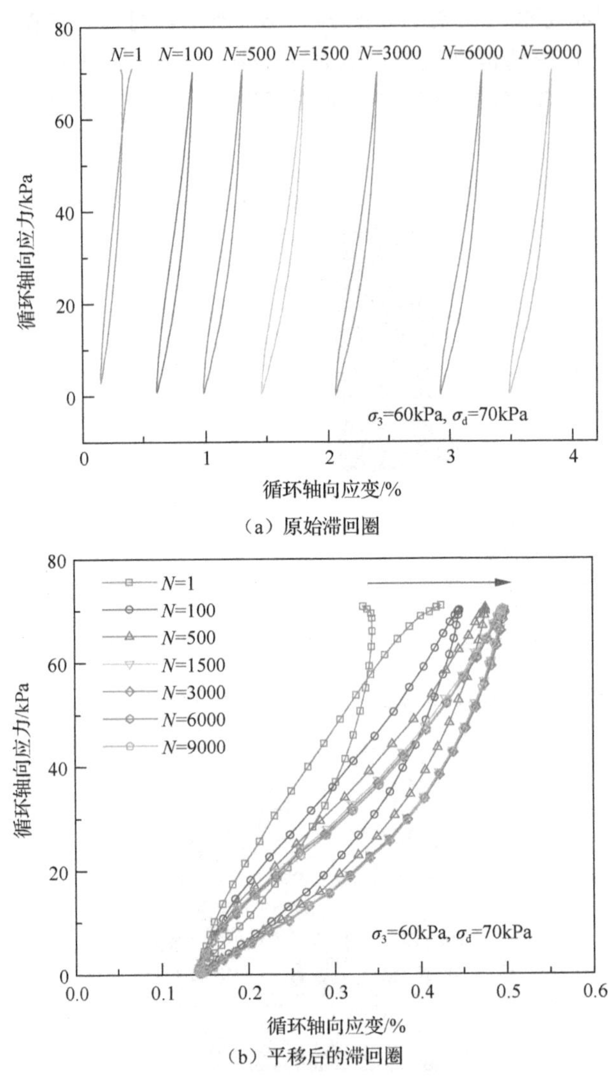

（a）原始滞回圈

（b）平移后的滞回圈

图 5-7　滞回圈随振动次数增加的典型演化特征

5.2.3　孔隙水压力的演化

图 5-8 为不同工况下饱和黏土的孔隙水压力与循环振动次数的关系。可以看

出，不同围压和动应力幅值下的孔隙水压力在大约 1000 次振动循环之前均随着振次的增加而增大，且增大幅度相似。1000 次振动循环之后的孔压趋于稳定，稳定时的孔隙水压力值接近对应的围压值。这种现象意味着经历 1000 次循环荷载之后饱和黏土可能接近液化状态而导致强度大幅丧失，但试验结果表明此时的试件仍然具有相当高的强度，后面将讨论到的动剪切模量的规律可证明这一点。产生这种现象的原因，是因为测量的孔隙水压力仅代表试件底部的孔压，并不能代表整个试件的孔隙水压力状态。由于黏土极低的渗透性，加上试件的高度达 200mm，而最大剪切部位通常位于试件的中部，据此认为试件内部的孔压在循环振动过程中很难均匀分布。

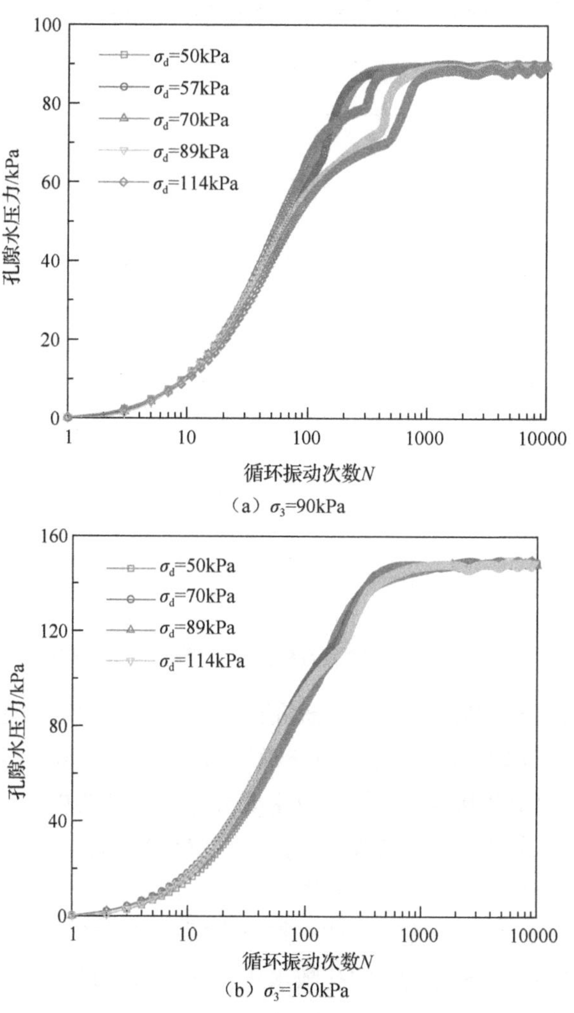

图 5-8　不同工况下孔隙水压力与循环振动次数的关系

为了验证含水率的分布，随机抽取完成循环荷载试验之后的试件，利用烘干法获取了试件由上到下 4 个均等层位上的含水率，结果如图 5-9 所示。由于试验结束之后试件高度已不足 200mm，因此图 5-9 所示结果中纵轴坐标指的是试件的层位编号，自试件顶部到底部的层位编号依次为 1、2、3、4，每层取 2 个平行试件测含水率。很明显，3 种压实度下试件中部的含水率明显小于顶、底部的含水率。假设试验之前试件内部的含水率均匀，引起这种现象的原因是动荷载作用下含水率发生了重新分布或者积聚。因此，图 5-8 展示的孔隙水压力演化趋势只能表征试件的局部特征，并不能代表整个试件的状态。需要补充的是，图 5-9 所测含水率是试件卸载之后的含水率，在试验应力状态下的含水率差异应该更明显。

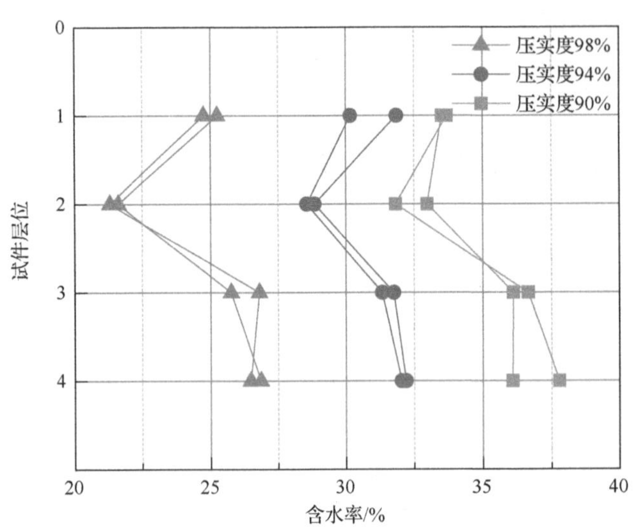

图 5-9　动态三轴试验后试件内部的含水率情况

从试件力学性质的角度来讲，本研究试验所用的试件虽然达到饱和状态，但并非传统意义上的软黏土，不排水条件下有效静力强度在 90kPa 和 150kPa 围压下分别为 127.7kPa 和 198.3kPa，剪切带也主要分布在试件的中部。这些特征均说明本研究的饱和黏土并非振动液化敏感性黏土。由于黏土的渗透性极低，致使其孔隙水压力在动荷载作用下的演化规律较为复杂。通常情况下黏性土的孔隙水压力并不会随着循环荷载发生周期性波动，其演化规律可看作与瞬间孔压及残余孔压的独立组成部分[49]。图 5-8 展示的孔隙水压力在加载后期达到围压水平的试验现象并不能说明试件整体发生了液化。因此在有效应力原理的框架下来分析融化饱和黏土的动力力学行为是不合适的。

5.3　影响因素分析

5.3.1　冻融循环次数

图 5-10（a）为经历过不同冻融循环次数之后饱和黏土的动剪切模量随动剪应变的演化规律。总体而言，动剪切模量随着冻融循环次数的增加而降低。动剪切模量-动剪应变关系曲线可以通过一个转折点分为两个阶段。在初始阶段动剪切模量随着动剪应变的增加而逐渐减小，在此阶段能够明确地区分出冻融循环次数越多，对应的动剪切模量越小。这个阶段里动剪切模量的差异体现了冻融循环作用对饱和黏土的影响程度；取此阶段里动剪切模量的均值作为衡量标准，经过 1 次、3 次、5 次、7 次冻融循环之后，饱和黏土的动剪切模量较 0 次冻融相比，分别降低了 3.1%、18.4%、31.1%和 37.7%。当动剪应变水平通过转折点进入了第二个阶段，动剪切模量线性减小，且不同冻融循环次数下曲线的斜率接近，当试验结束时不同的曲线均能较好地重合到一起。这个阶段体现出来的特点说明，随着剪切水平的不断提高，试件内部与冻融循环作用相关的力学特性已经逐渐消失，试件开始进入到塑性应变不断累积的状态，表现为动剪切模量不断降低。

图 5-10（b）为经历过不同冻融循环次数之后饱和黏土的阻尼比随动剪应变的演化规律。随着冻融循环次数的增加，阻尼比的曲线整体不断上升，局部则表现为阻尼比随着动剪应变的增加而降低。当围压为 60kPa、动应力幅值为 70kPa 时，0 次、1 次、3 次、5 次、7 次冻融循环之后饱和黏土的阻尼比变化范围依次为 0.05～0.08，0.06～0.10，0.065～0.12，0.065～0.125 和 0.08～0.13。若以平均值作为衡量标准，和 0 次冻融相比较，各冻融循环次数下的阻尼比依次降低了 35.0%、45.3%、50.8%和 54.3%。

冻融循环作用对饱和黏土动剪切模量和阻尼比的影响机理可以利用冻融循环过程中土体内部水分发生的相变进行解释。在冻结过程中，土体孔隙内的水分凝结成冰晶体积增大，不断地挤压周围土颗粒导致土体的孔隙增大，同时也弱化了土体的结构强度。这种改变在融化过程中并未完全恢复。冻结和融化作用综合作用的结果是土体结构强度的动剪切模量发生衰减。土体结构的改变和孔隙的改变意味着土颗粒之间的接触变得疏松而不利于能量的传播，在动力学参数上则表现为阻尼比随着冻融循环次数的增加而增大。

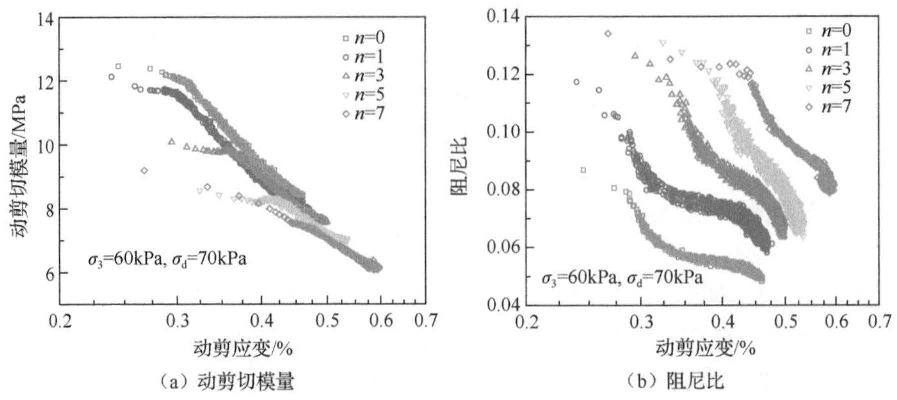

(a) 动剪切模量 (b) 阻尼比

图 5-10 不同冻融循环次数下动剪切模量和阻尼比随动剪应变演化规律

5.3.2 动应力幅值

5.3.2.1 动剪切模量

图 5-11 为不同动应力幅值下融化饱和黏土的动剪切模量与动剪应变的关系。可以发现 4 种围压下的动剪切模量均随着动剪应变增加而降低。降低的趋势同样可以利用转折点的概念分成两个阶段：初始阶段动剪切模量的衰减速度较缓慢，进入第二个阶段之后呈线性降低，此阶段不同动应力幅值对应的动剪切模量曲线的减低速率几乎相同。利用转折点处的动剪切模量来评估动应力幅值的影响。当围压为 60kPa、90kPa 和 120kPa 时，动剪切模量整体上随着动应力幅值的增大而降低；当围压增大至 150kPa 时，50kPa 动应力幅值对应的动剪切模量大于 70kPa 动应力模值对应的动剪切模量，但二者分别小于 89kPa 和 114kPa 动应力模值对应的动剪切模量，动剪切模量随着动应力幅值增大而降低的规律变得不明显。根据 Hardin 等[257]的研究成果，动剪切模量随剪切幅值降低的速率主要取决于动剪切模量的最大值以及土体的剪切强度。本研究中 4 个试件的初始强度存在差异，导致与上述不一致的现象。尽管如此，动应力幅值的增加会导致动剪切模量降低的规律是明确的。

5.3.2.2 阻尼比

从图 5-12 中转折点的走势可以看出饱和黏土的阻尼比大体上随着动应力幅值的增加而增大。该试验现象与 Hardin 等[257]研究饱和黏性土的阻尼比以及 Idriss 等[258]研究软黏土的阻尼比所得到的结论是一致的。与此同时，长期循环荷载作用下各试件的阻尼比随着动剪应变的增大持续减小。阻尼比的减小意味着能量的传播路径变得更加畅通，试验现象上表现为试件不断被压密。该现象与 Hardin 等[257]发现循环荷载次数低于 50000 次时黏性土的阻尼比随着振次的增加而不断降低的试验现象相符。从循环荷载过程中滞回圈的演化特征也可证实上述试验现象是合理的。

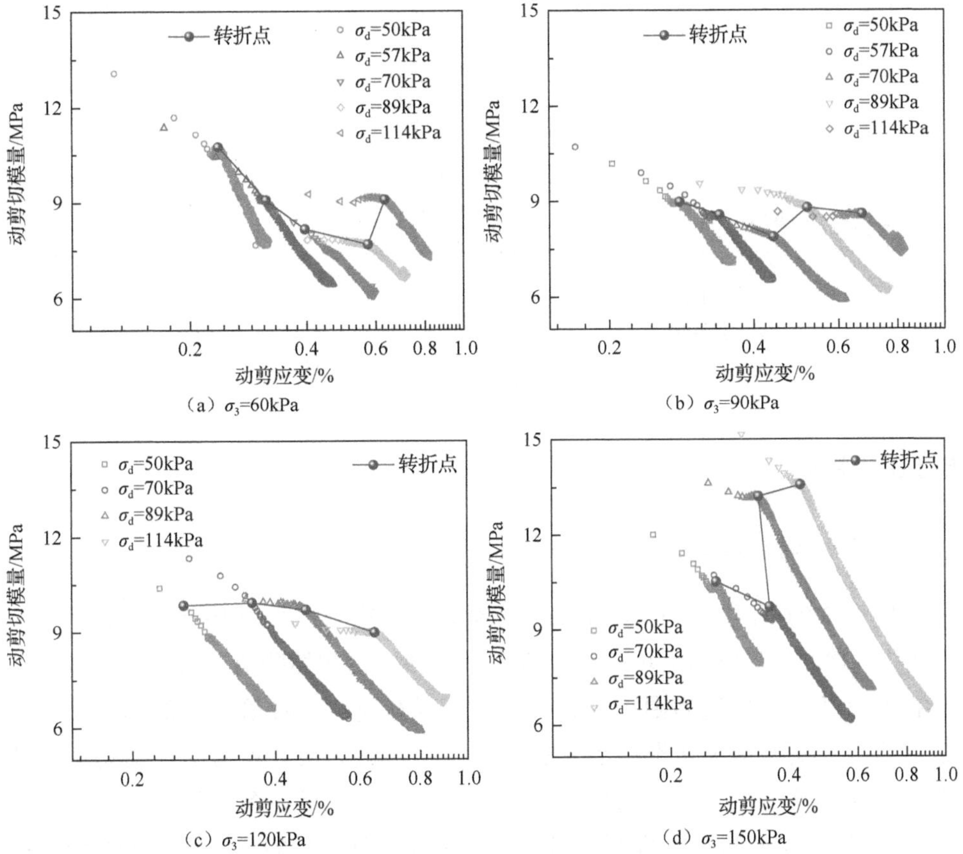

（a）σ_3=60kPa　（b）σ_3=90kPa

（c）σ_3=120kPa　（d）σ_3=150kPa

图 5-11　不同动应力幅值对动剪切模量演化规律的影响

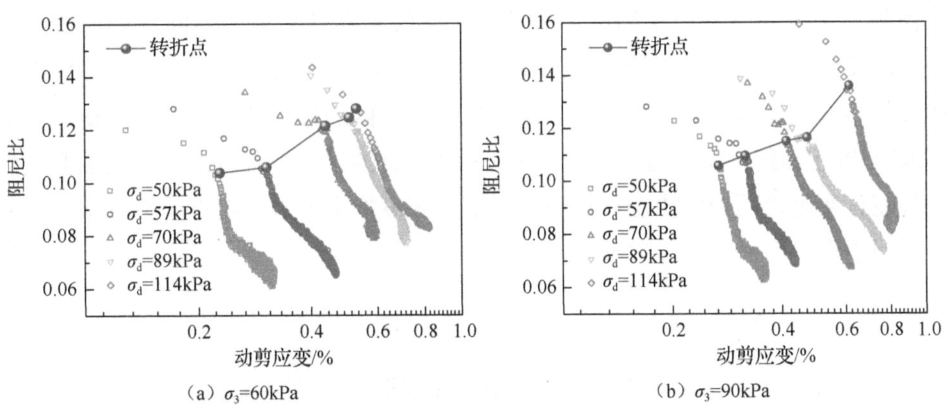

（a）σ_3=60kPa　（b）σ_3=90kPa

图 5-12　不同动应力幅值对阻尼比演化规律的影响

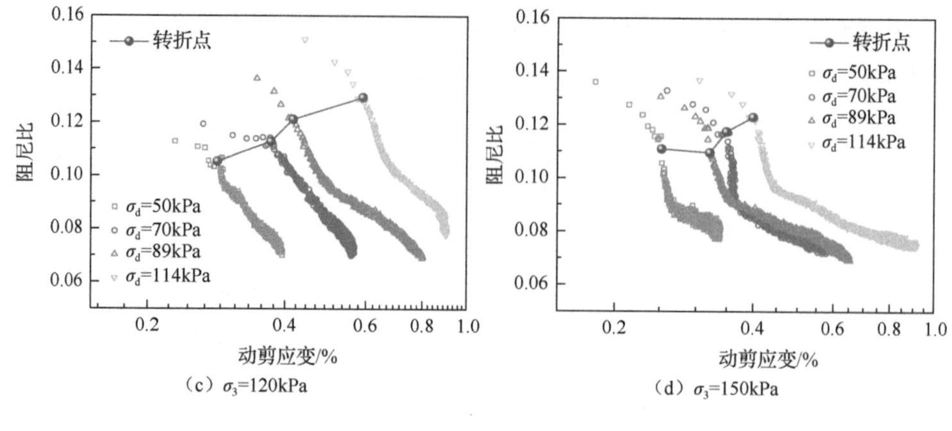

(c) σ_3=120kPa (d) σ_3=150kPa

图 5-12（续）

5.3.3 围压

5.3.3.1 动剪切模量

图 5-13 为不同围压对动剪切模量演化规律的影响。动剪切模量随着动剪应变的变化规律同样可以利用转折点分成两个阶段。在初始阶段，围压对动剪切模量的影响显著，表现为围压越大，动剪切模量越大；此阶段里的动剪切模量随着动剪应变的增大逐渐减小。进入第二个阶段之后，所有的动剪切模量曲线均呈线性减小，而且当动剪应变达到一定水平之后，各曲线能够较好地重合在一起；这个阶段的现象说明此时围压对动剪切模量的影响已经变得不明显。围压对动剪切模量的作用先是明显随后变得不明显的现象可以解释为：试件原本由围压增大所体现出来强度增大的优势，随着动剪应变的不断发展而逐渐丧失。以图 5-13（b）为例，连接 150kPa 围压曲线的起始点和转折点、120kPa 围压曲线的转折点和起始点可以组成一个近似的平行四边形。该四边形的面积表征了 150kPa 围压曲线下降到与 120kPa 围压曲线重合的过程中动应力的变化幅度，而这种变化幅度恰巧说明由围压提高造成土体强度增大的现象随着动剪应变的不断增大而消失。

5.3.3.2 阻尼比

图 5-14 为不同围压下阻尼比的典型变化情况。由转折点的波动趋势可见围压对阻尼比的影响不明显，4 种围压下的阻尼比在同一个区域内均随着动剪应变的

增大而减小。阻尼比对围压的不敏感性可以解释为，在低围压（不大于 150kPa）下饱和黏土颗粒之间的相互挤压、滑动、翻转等行为有限，导致可表征土体颗粒接触形态变化的阻尼比的变化有限。Delfosse-Ribay 等[259]得到围压变化对砂土或者注浆砂土的阻尼特性没有明显影响的结论与本研究的结论相符合。本节试验确定融化饱和黏土在 50kPa、70kPa、89kPa 和 114kPa 的动应力幅值下阻尼比的变化范围依次为 0.06～0.125、0.065～0.135、0.069～0.14 和 0.065～0.16。

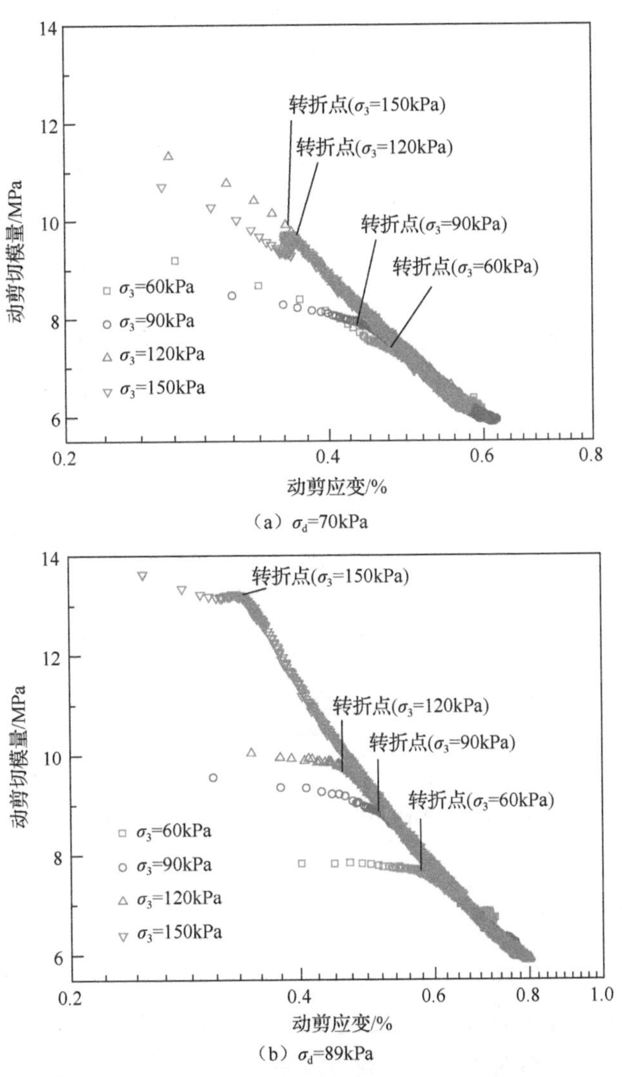

（a）σ_d=70kPa

（b）σ_d=89kPa

图 5-13　不同围压对动剪切模量演化规律的影响

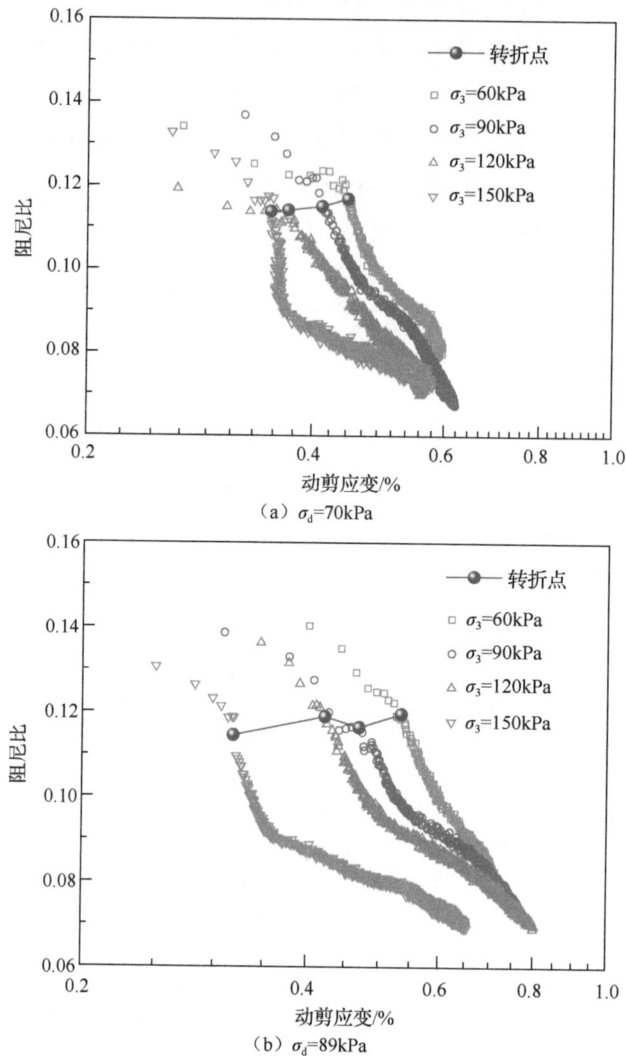

（a）σ_d=70kPa

（b）σ_d=89kPa

图 5-14　不同围压对阻尼比演化规律的影响

5.3.4　加载方式

通常情况下土体的动剪切模量和阻尼比是将同一个试件进行多次分级加载获取的。但是对于黏性土而言，这种做法的可取性尚待验证，因为前一个分级加载产生的累积塑性应变将对下一个加载阶段里的动力响应产生很大影响。因此对同一个试件施加分级加载而获取其动态力学参数的做法需要根据土体性质决定，仅当前一个加载阶段产生的应力历史对后续加载不产生影响的前提下才是可取的。否则只能对不同的试件施加不同的应力水平来确定其动态力学参数。为了研究分级加载对融化饱和黏土动态力学参数的影响，开展了一系列的分级加载试验，结果如图 5-15 所示。

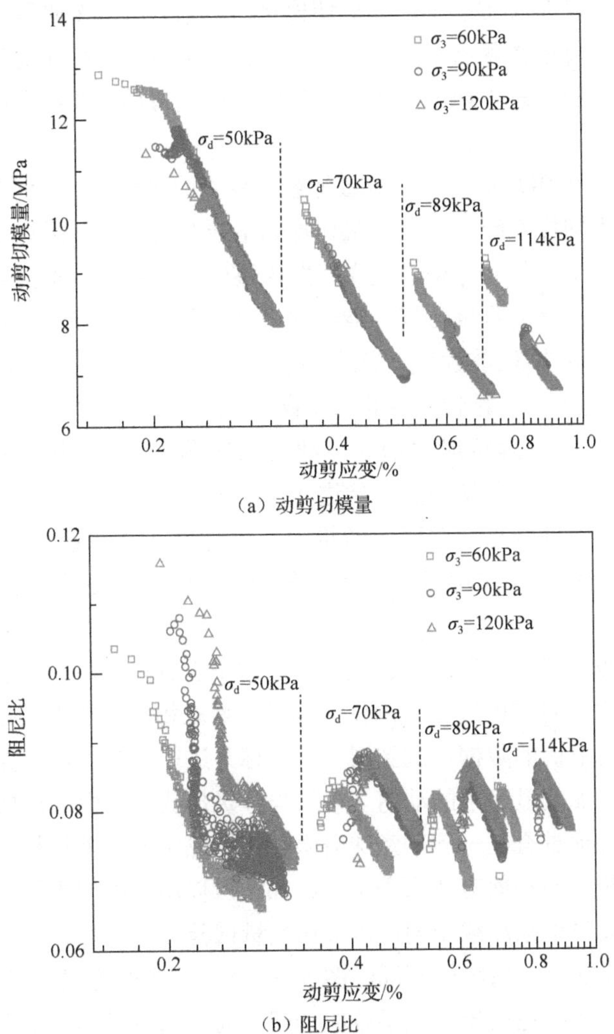

图 5-15　分 4 级加载条件下动剪切模量和阻尼比的演化规律

图 5-15（a）为动剪切模量在 4 个分级加载条件下均呈线性减小的趋势，而且 3 种围压下动剪切模量曲线重合度较高。4 个分级加载条件下土体的动剪切模量均体现出了跳变的现象值得关注。当加载切换到下一个级别时，动剪切模量迅速上升到一个较高的水平，然后才随着动剪应变的增大开始线性减小。这种现象说明

土体在前一个分级加载阶段不断发生屈服而积聚了相当大的弹性势能，当动应力幅值增大时，土体有足够的能力去响应动应力幅值的增大，表现为动剪切模量迅速增大。与此同时，由上述讨论可知，融化饱和黏土的动剪切模量曲线可通过转折点的概念划分为初始阶段和第二阶段两个部分。在图5-15所示的第一级荷载里，本研究更倾向于将3种围压下的动剪切模量曲线划为第二个阶段，因为初始阶段的特征没有很明显地体现出来。不仅如此，初始阶段的特征在随后的第二级、第三级、第四级加载阶段里均没有体现，对应的动剪切模量曲线全部表现为线性减小的特征。

图5-15（b）为阻尼比在4个分级加载条件下的演化规律。可以发现围压对阻尼比的影响作用同样不明显。当加载切换到下一个级别时，阻尼比先是小幅度增加，随后开始减小，与动剪切模量立即发生跳变的现象略有不同。其原因是动剪切模量体现的是土体的刚度特征，能够对动力的跳变做出迅速反应；而阻尼比反映的是土体的能量耗散程度，当动力水平跳变到更高级别时，土体受压缩的程度迅速增大而致使土颗粒发生滑动、翻转以适应能量输入的突然变大，在动态力学参数上则表现为阻尼比增大。随着土体颗粒完成了相应的调整，在新的荷载动应力下土体的动剪切模量开始进入下一个应力水平对应的状态，即随着动剪应变的增加而线性减小。按照此番推论，土体颗粒在每次荷载跳转到下一个级别时均发生调整，其作用效果对于土体而言，势必会更快地使土体达到破坏状态。

为了将分级加载和长期加载放到同一个水平上进行比较，需要以分级加载作用下4个加载水平对应的应变范围作为标准，截取相同工况下长期加载过程中的动剪切模量和阻尼比的数据，放到同一个坐标系进行比较，结果如图5-16所示。可以发现，长期加载过程中的动剪切模量与分级加载过程中的动剪切模量在4个阶段均能够较好地重合在一起，意味着融化饱和黏土的动剪切模量不受分级加载的影响，即在相同的动剪应变水平下分级加载可以用来确定土体的动剪切模量，如此获得的结果与单独加载相同，可节约大量试验资源。

对于阻尼比而言，情况则不同，图5-16（b）为典型的试验结果。可以发现，长期加载过程中的阻尼比始终大于分级加载，而且加载过程中不会出现分级加载过程中出现的阻尼比跳变现象。意味着长期加载过程中土体颗粒无须对荷载突变做出响应，其阻尼比随着动剪应变的不断推进而持续降低，土体持续被压密直至发生破坏。这就预示着对于饱和黏土而言，如果以同样的剪切应变水平作为参考标准，采用分级加载的方法获取的阻尼比会比真实值偏小。因此，不建议利用分级加载的办法获取融化饱和黏土的阻尼比。

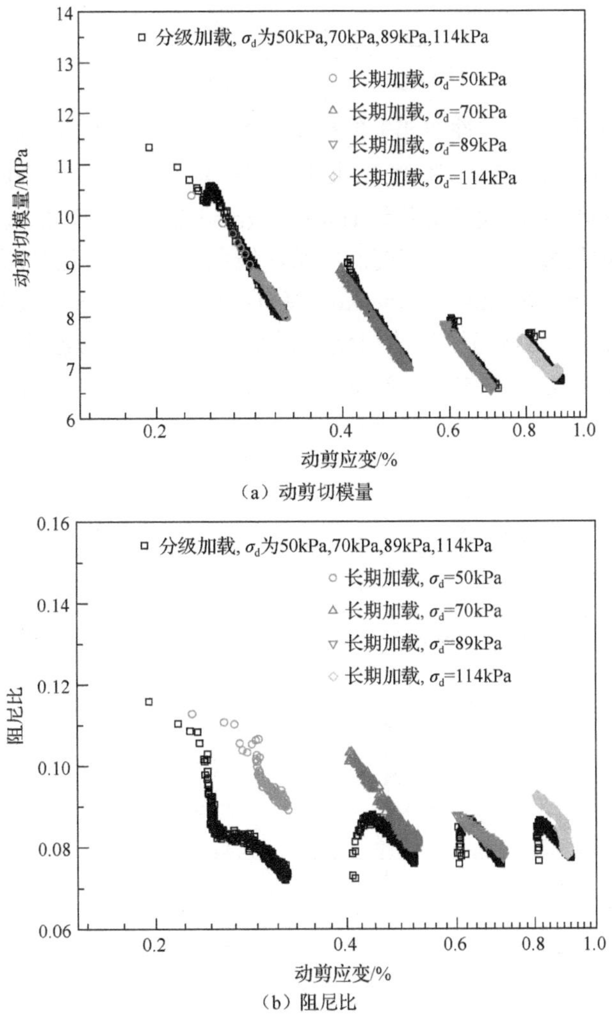

（a）动剪切模量

（b）阻尼比

图 5-16　分级及长期加载条件下动剪切模量和阻尼比的比较

5.4　经验模型及验证

5.4.1　动剪切模量经验模型

由于研究对象是具有高塑性的软质融化饱和黏土，马丁-达维登科夫（Martin-Davidenkov）模型对于描述这类软土的动力特性具有独到的优势。该模型由 Martin 等[260]对哈丁-德理维奇（Hardin-Drnevich）模型[257]进行修正后提出归一化的动剪切模量模型，称之为 Martin-Davidenkov 模型，其表达式为

$$\frac{G}{G_{\max}}=1-\left[\frac{(\gamma/\gamma_0)^{2B}}{1+(\gamma/\gamma_0)^{2B}}\right]^A \tag{5-5}$$

式中，A、B、γ_0 是与土体性质相关的模型参数；$G_{\max}$ 是动态加载过程中的最大动剪切模量；γ 为动剪应变。当 A=1，B=0.5 时，γ_0 按照 Hardin-Drnevich 模型取值时，Martin-Davidenkov 模型退化为 Hardin-Drnevich 的双曲线模型。

将上述动剪切模量与动剪应变的关系曲线利用各工况下的最大动剪切模量进行归一化之后，利用 Martin-Davidenkov 模型进行拟合，发现该模型不仅能够较好地拟合出初始阶段动剪切模量的演化特征，而且对转折点之后各阶段动剪切模量线性减小的特征也能够进行较好刻画。图 5-17 为典型的拟合效果图，表 5-2 为各工况下的参数。

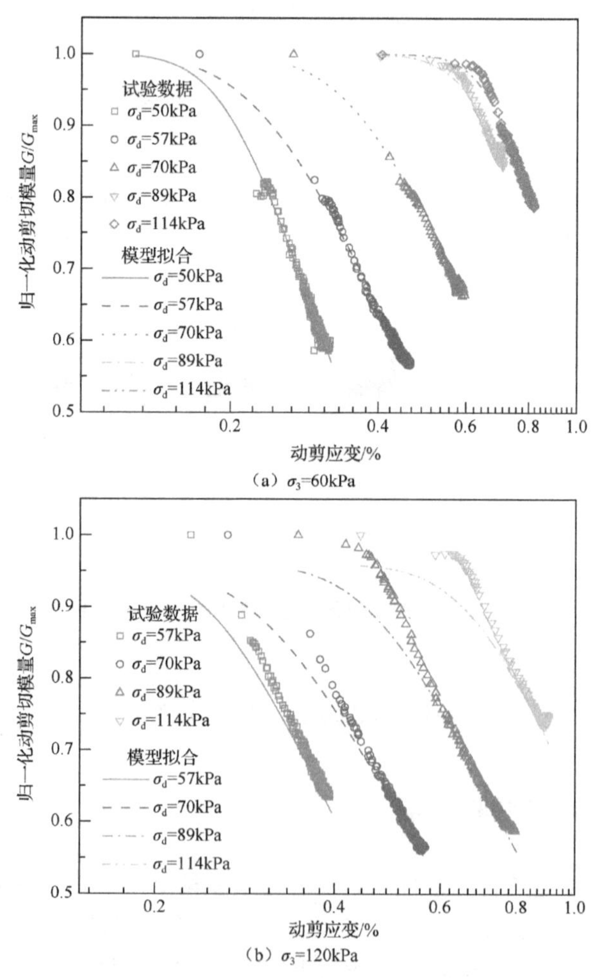

(a) σ_3=60kPa

(b) σ_3=120kPa

图 5-17　归一化动剪切模量的实测值与拟合值比较

表 5-2　Martin-Davidenkov 模型各工况下的参数

试件编号	A	B	γ_0	R^2	试件编号	A	B	γ_0	R^2
DHC-02	21.09	1.15	0.08	0.98	DHC-11	162.00	1.92	0.26	0.98
DHC-03	15.70	0.83	0.08	0.99	DHC-12	192.65	1.05	0.03	0.98
DHC-04	16.91	0.89	0.13	0.98	DHC-13	21.52	0.93	0.10	0.99
DHC-05	22.02	1.30	0.28	0.88	DHC-14	157.28	1.04	0.06	0.98
DHC-06	53.45	1.48	0.25	0.98	DHC-15	48.30	1.16	0.19	0.96
DHC-07	29.27	1.21	0.10	0.97	DHC-16	24.88	1.19	0.09	0.98
DHC-08	4.27	1.14	0.23	0.99	DHC-17	40.28	1.05	0.09	0.99
DHC-09	63.11	1.08	0.10	0.96	DHC-18	244.35	0.95	0.03	0.98
DHC-10	41.78	1.08	0.14	0.98	DHC-19	264.43	0.84	0.02	0.99

融化饱和黏土的动剪切模量规律是在不同的动应力幅值和围压下获取的，相应的动剪切模量-动剪应变关系可以利用 3 个参数的 Martin-Davidenkov 模型合理地拟合，如表 5-3 所示。接下来尝试寻找模型参数 A、B、γ_0 与动应力幅值以及围压的变化规律。分析发现，3 个参数的变化与动应力幅值σ_d以及围压σ_3均有关系。表现为参数 A 随着动应力幅值σ_d以及围压σ_3的增大而增大；参数 B 随着动应力幅值σ_d以及围压σ_3的变化而波动不定；参数γ_0随着动应力幅值σ_d的增大而增大，随着围压σ_3的增大而减小。因此，选用下列二元二次方程来表示参数与动应力幅值σ_d以及围压σ_3的拟合关系：

$$Z_{\text{para}} = p_1\sigma_3 + p_2\sigma_d + p_3\sigma_3^2 + p_4\sigma_d^2 + p_5\sigma_3\sigma_d \tag{5-6}$$

式中，Z_{para}代表某个模型参数；p_1～p_5为拟合参数。利用上式拟合得到参数 A、B、γ_0随着试验条件而变化的结果如图 5-18 所示。参数 A 的取值范围为 4.27～264.43；参数 B 的取值范围为 0.83～1.92；参数γ_0的取值范围为 0.02～0.28。

表 5-3　Martin-Davidenkov 模型中各拟合参数之间的关系

模型参数	拟合参数					
	p_1	p_2	p_3	p_4	p_5	R^2
A	−0.828	−0.574	0	0	0.025	0.654
B	1.87×10^{-2}	3.93×10^{-3}	-3.83×10^{-5}	8.71×10^{-5}	-1.57×10^{-4}	0.632
γ_0	2.1×10^{-3}	0	0	3.73×10^{-5}	-4.29×10^{-5}	0.768

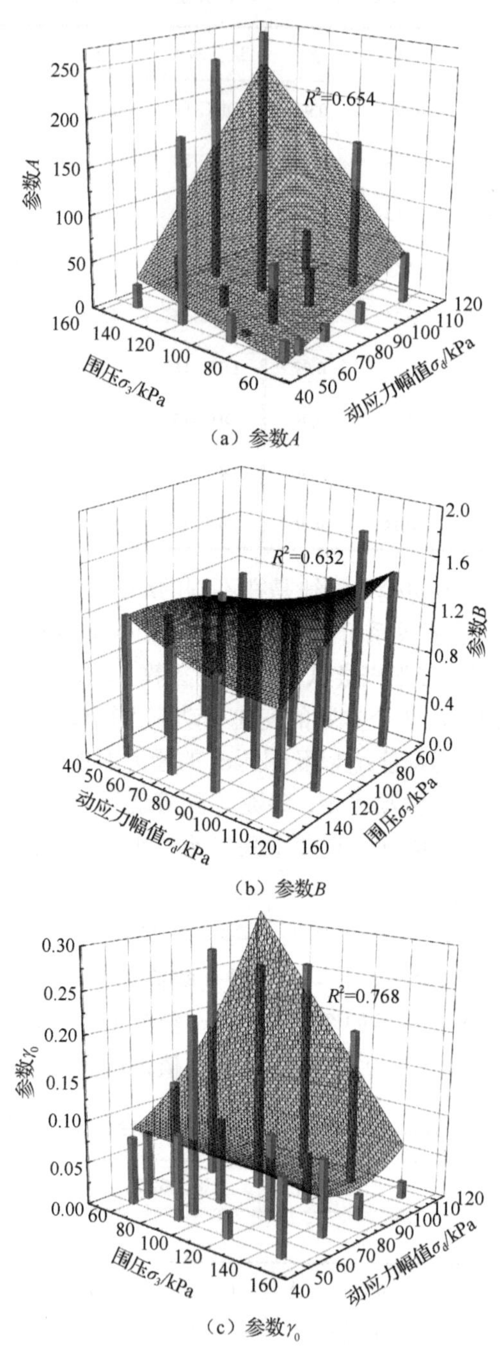

（a）参数A

（b）参数B

（c）参数γ_0

图 5-18 Martin-Davidenkov 模型参数 A、B、γ_0 与围压及动应力幅值的关系

5.4.2　阻尼比经验模型

通常情况下，阻尼比的经验模型是利用 λ/λ_{max} -G/G_{max} 关系建立起来的，因为 G/G_{max}-γ 关系已提前建立。由于 G/G_{max}-γ 关系也是基于试验现象所建立的经验关系，本身存在一定误差和局限性。本研究尝试以实测的 λ-γ 关系直接建立经验模型。在长期循环荷载作用下，融化饱和黏土的动剪应变已远超小动剪应变的范围，达到 0.002～0.01。分析各种工况下阻尼比的演化规律发现，当围压为 60kPa 和 90kPa 时，阻尼比随着动剪应变持续降低；当围压为 120kPa 时，阻尼比的减小趋势在剪切后期有所减缓；当围压增大至 150kPa 时，阻尼比在剪切后期减缓的趋势更为明显。针对这一试验现象，本研究认为双曲线函数可合理地描述阻尼比的这一演化规律，其表达式为

$$\lambda = \frac{a}{(\gamma - \gamma_r)^c} \tag{5-7}$$

式中，γ_r 为相对动剪应变，其大小反映了土体初始状态以及测试应力水平的大小，当动剪应变趋近于 γ_r，λ 取其最大值 λ_{max}；a 和 c 为模型参数，控制着双曲线的形状。

利用上述双曲线模型将阻尼比与动剪应变的关系进行拟合，并将拟合结果与试验数据进行比较，发现该模型能够较好地刻画阻尼比随着动剪应变增大的演化规律。图 5-19 为典型的对比结果，表 5-4 为各工况下的拟合参数取值。通过分析比较可知，双曲线模型可用来描述融化饱和黏土在长期循环荷载作用下阻尼比的演化规律。

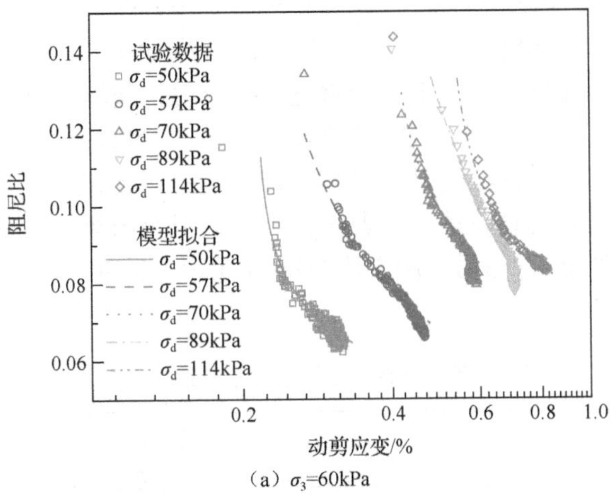

（a）σ_3=60kPa

图 5-19　阻尼比的实测值与拟合值比较

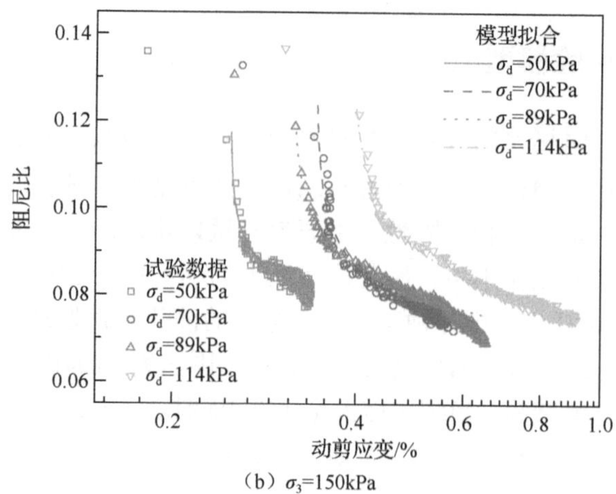

（b）σ_3=150kPa

图 5-19（续）

表 5-4 阻尼比的双曲线模型参数取值

试件编号	a	γ_r	c	R^2	试件编号	a	γ_r	c	R^2
DHC-02	0.04	0.20	0.23	0.88	DHC-11	0.06	0.49	0.35	0.98
DHC-03	0.05	0.24	0.28	0.98	DHC-12	0.06	0.28	0.13	0.93
DHC-04	0.05	0.32	0.36	0.98	DHC-13	0.06	0.34	0.18	0.85
DHC-05	0.05	0.38	0.41	0.98	DHC-14	0.06	0.38	0.19	0.99
DHC-06	0.06	0.36	0.39	0.94	DHC-15	0.07	0.53	0.23	0.99
DHC-07	0.04	0.25	0.26	0.93	DHC-16	0.07	0.25	0.08	0.84
DHC-08	0.05	0.28	0.25	0.96	DHC-17	0.06	0.34	0.11	0.94
DHC-09	0.06	0.33	0.29	0.98	DHC-18	0.07	0.32	0.09	0.97
DHC-10	0.06	0.33	0.30	0.97	DHC-19	0.07	0.39	0.12	0.98

由表 5-4 可知，参数 a 在 0.04～0.07 小幅波动，可取为均值 0.058。实际拟合过程中发现参数 a 控制着阻尼比的衰减速率。同时，发现参数γ_r随着动应力幅值σ_d的增大而增大，随着围压σ_3的增大而波动不定；参数c随着动应力幅值σ_d和围压σ_3的增大而减小。因此，仍然采用式（5-6）的二元二次方程来拟合参数γ_r、c 与动应力幅值、围压的关系，如表 5-5 所示，拟合结果如图 5-20 所示。参数 a 的取值确定为 0.058；参数γ_r的取值范围为 0.20～0.49；参数 c 的取值范围为 0.08～041。

表 5-5 阻尼比双曲线模型的各参数之间的关系

参数	拟合参数					
	p_1	p_2	p_3	p_4	p_5	R^2
γ_r	4.74×10^{-3}	0	-3.08×10^{-5}	0	2.56×10^{-5}	0.737
c	0	8.25×10^{-3}	0	-1.99×10^{-5}	-3.44×10^{-5}	0.927

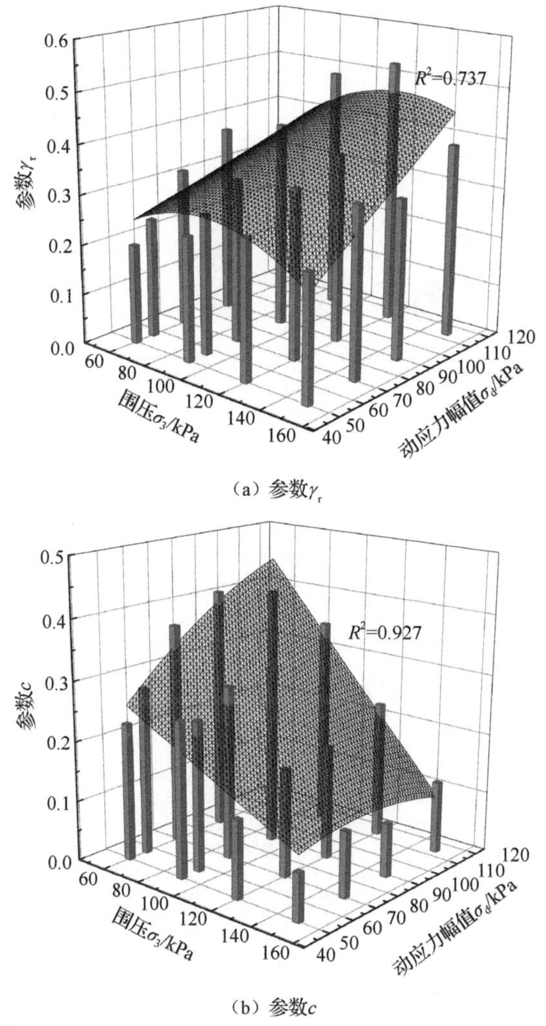

（a）参数γ_r

（b）参数c

图 5-20　双曲线模型参数 γ_r 和 c 与围压及动应力幅值的关系

5.4.3　模型验证及评价

利用式（5-5）和式（5-6）计算得到融土的动剪切模量，利用式（5-6）和式（5-7）计算得到融土的阻尼比，并分别将预测结果和实测结果进行对比。典型的对比结果如图 5-21 所示。可以看到，虽然计算得到的动剪切模量在其实测值附近有所波动，但其发展趋势与实测数据相符，即动剪切模量在初始阶段缓慢降低，转入第二个阶段之后则线性降低；与此同时，计算得到的阻尼比随振动次数增大的演化趋势能够较好地与实测数据相符。总体而言，Martin-Davidenkov 模型和双曲线函数能够合理地预测出长期循环荷载作用下融土的动剪切模量和阻尼比的演化趋势。

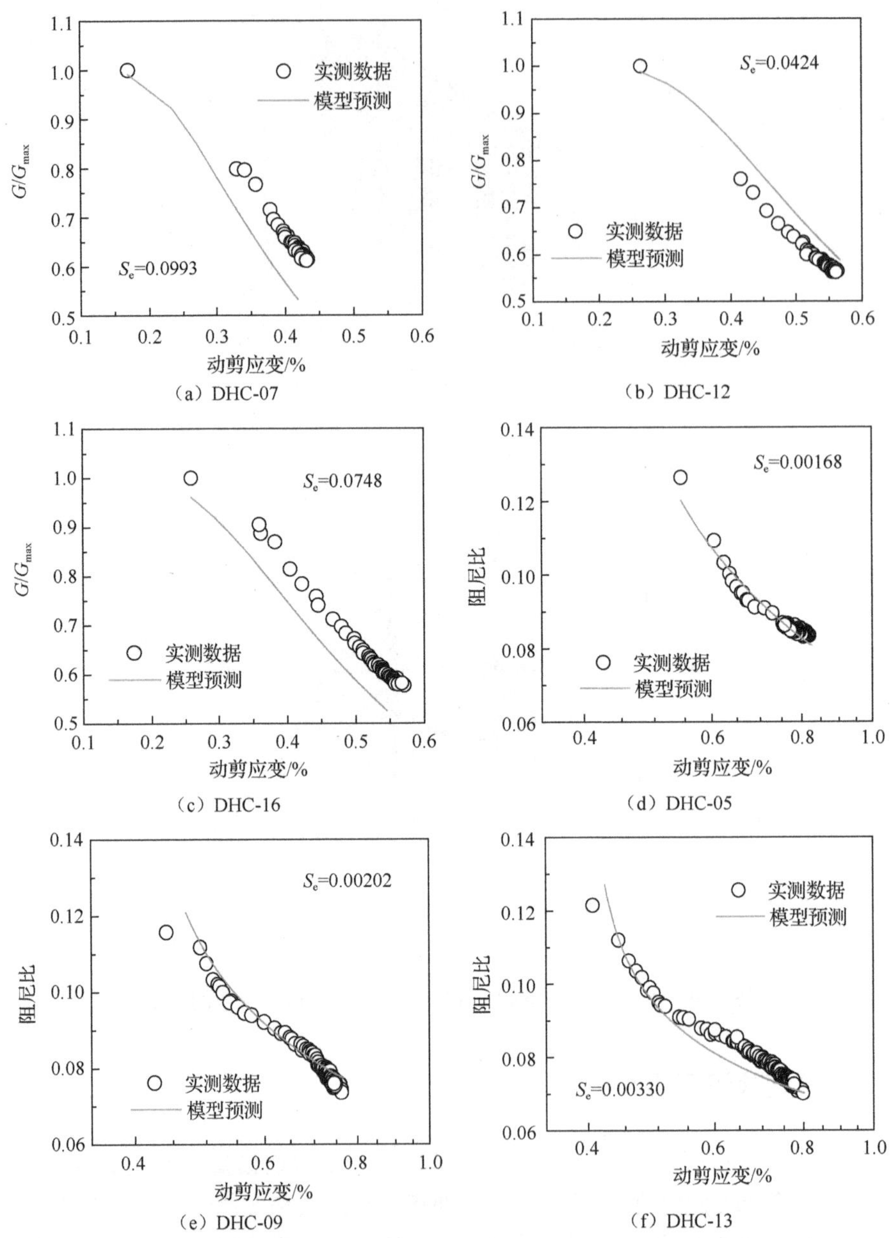

图 5-21　融土动剪切模量和阻尼比实测值与预测值比较

为定量评价模型预测结果的可靠性，采用标准误差 S_e 的统计学概念对预测结果进行检验。S_e 表征了实测值与预测值之间的相对偏离程度。S_e 的取值与实测值

的量级有关，S_e越小表明预测值越能代表实测值，其计算式为

$$S_e = \sqrt{\frac{1}{N}\sum_{i=1}^{N}\left(x_i - y_i\right)^2} \tag{5-8}$$

式中，S_e为估计标准误差；N为样本数；x_i为第 i 个预测值；y_i为第 i 个实测值。

根据式（5-8）计算获取各工况下动剪切模量和阻尼比的实测值与预测值之间的标准误差值，典型结果如图 5-21 所示。动剪切模量的标准误差值均不超过 0.1，阻尼比的标准误差值均不超过 0.003，这种误差量级与其实测值相比只占很小的部分。考虑到本研究的研究对象为经历过冻融循环作用之后的黏性饱和土，而冻融循环作用对土体结构性的影响又是难以精准描述的，因此，认为本研究建立的模型能够满足土力学领域的精度要求，该模型为评价季节性冻土区融化路基黏土的长期动力性能提供了新的途径。

5.5　小　　结

利用一系列的循环荷载三轴试验研究了融化饱和黏土在长期加载过程中动剪切模量、阻尼比的演化规律。首先分析了冻融循环次数、动应力幅值、围压、分级加载等因素对动剪切模量和阻尼比的影响规律。基于试验分析的结果，分别引入了可预测长期循环荷载作用下融化黏土动剪切模量和阻尼比的经验模型。得到的主要结论如下。

（1）随着冻融循环次数和动剪应变的增加，融化饱和黏土的动剪切模量、阻尼比以及长期回弹模量均先减小随后趋于平稳。融化饱和黏土的动剪切模量为 6～16MPa，阻尼比为 0.04～0.16。长期回弹模量与冻融循环次数的关系可用线性函数描述。

（2）随着动应力幅值的增大，融化饱和黏土的动剪切模量降低，而阻尼比增加；围压对于阻尼比的影响不明显，对于动剪切模量的影响程度则取决于动剪应变水平：在较低的动剪应变水平下动剪切模量随着围压的增大而增大；当动剪应变达到一定水平之后，围压的影响变得不明显。

（3）和长期循环荷载相比，分级加载对于动剪切模量的影响不明显，而对于阻尼比的影响则十分显著。因此，对于融化饱和黏土而言，由不同应力水平下的单级循环荷载试验或分级加载试验均可获得其动剪切模量的长期演化规律，而阻尼比的长期演化规律则不可用分级加载试验替代。

（4）Martin-Davidenkov 模型和双曲线模型能够合理地预测长期循环荷载作用下融化饱和黏土的动剪切模量和阻尼比的演化规律。两种模型中的拟合参数与各影响因素之间的关系均可用二元二次函数描述。

第 6 章　交通荷载下冻融路基黏土回弹模量与累积塑性应变

回弹模量和累积塑性应变是道路结构设计和长期性能评价中常用的重要参数。对于修筑在季节性冻土地区的交通基础设施而言，周期性冻融循环因素的参与让路基内部水分问题变得复杂，使得路基弹性模量和塑性变形演化规律呈现出季节性和长期性，从而导致该地区的交通基础设施土质基础的冻融病害频发。

本章首先研究循环荷载作用下融化黏土的回弹模量演化规律，将冻融循环次数、动应力幅值、围压、加载频率以及循环荷载振动次数等因素列为影响土体动力性能的主要因素，重点研究饱和黏土长期回弹模量的演化规律，并建立可综合考虑上述影响因素的饱和路基黏土长期回弹模量经验模型。进而，以长期循环加载次数、冻融循环次数、动应力幅值、围压以及水分重分布等外部因素作为研究冻融循环和重载交通双重作用下路基黏土永久变形的试验变量，通过室内试验的方法探讨融化黏土的累积塑性应变演化特征，建立可考虑上述外部影响因素的融化黏土累积塑性应变经验公式。选取初始应力比、分级加载以及排水条件等因素作为补充，系统地研究不同初始物理力学状态下土体的累积塑性应变演化规律。

6.1　路基黏土回弹模量

6.1.1　试验方案

采用前述动态三轴试验系统完成试验，共完成 20 个工况的加载试验，其中动荷载的施加方式如图 5-3（a）所示，每个工况分别加载 10000 次，以达到 5%的塑性应变为破坏标准。试验方案如表 6-1 所示。

表 6-1　融化黏土长期回弹模量特性试验方案

试件编号	循环动应力幅值/kPa	围压/kPa	加载频率/Hz	冻融循环次数
DHC-26～29	70	60	1	0, 1, 3, 5
DHC-30～33	25, 50, 57, 70	60	1	7
DHC-34～37	50, 57, 70, 89	90	1	7
DHC-38～40	50, 70, 89	120	1	7
DHC-41～43	50, 70, 89	150	1	7
DHC-44、45	70	60	2, 3	7

注：DHC-26～29 的冻融循环次数分别为 0 次、1 次、3 次、5 次。DHC-30～33 的循环动应力幅值分别为 25kPa、50kPa、57kPa、70kPa，后同。DHC-44、45 的加载频率分别为 2Hz、3Hz。

6.1.2　回弹模量的确定

《公路路基设计规范》（JTG D30—2015）[203]中对粒料回弹模量的确定方法做出了详细的解释，要求至少施加 1000 次预载之后分别针对每个应力水平施加 100 次振动，取最后 5 次回弹变形的均值计算得到该应力水平下的回弹模量值。由此可见，由该方法获取的回弹模量仅能代表较低荷载作用次数下内土体的回弹性能。另一方面，某一应力水平下的回弹模量取值并不能完全代表该土体尤其是黏质土体在该应力水平下的真实回弹性能，由于前若干个加载序列对土体强化的加载历史，黏性土体不断发生硬化，土体强度得到提高，使得该应力水平下的回弹应变比其真实值偏大，对应的回弹模量比真实值偏小。总之，规范推荐的回弹模量确定方法无疑会掩盖黏性土体的真实回弹性能，也不宜作为研究黏土长期回弹性能的试验方法。因此，路基黏土长期加载过程中的回弹模量由下式获取：

$$M_{\mathrm{r},N}=\frac{q_{\mathrm{d},N}}{\varepsilon_{\mathrm{r},N}} \tag{6-1}$$

式中，$M_{\mathrm{r},N}$、$q_{\mathrm{d},N}$、$\varepsilon_{\mathrm{r},N}$ 分别为第 N 次振动对应的回弹模量、动应力幅值和回弹应变。$q_{\mathrm{d},N}$ 和 $\varepsilon_{\mathrm{r},N}$ 的取法如图 6-1 所示。

以回弹曲线和卸载曲线交叉形成的滞回圈作为确定回弹应变的依据。开始时若干振次的加载过程中回弹曲线并未和卸载点相交，而是与卸载曲线某一位置相交，这意味着黏性土体具备很强的压缩性。随着加载的持续进行，土体不断被压密，回弹曲线与卸载曲线的交点逐渐在卸载点相交，土体达到相对稳定的状态。

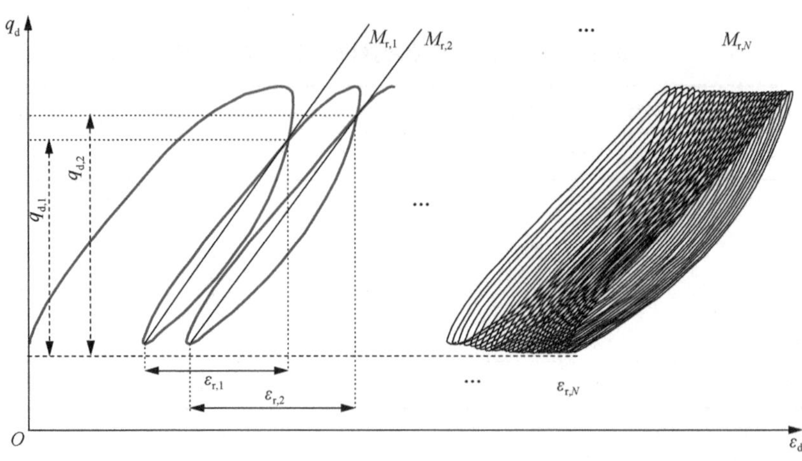

图 6-1　回弹模量的取法

6.1.3　影响因素分析

6.1.3.1　冻融循环次数

图 6-2（a）为饱和黏土试件经过 0 次、1 次、3 次、5 次、7 次冻融循环后回弹模量在长期加载过程中的演化规律。总体而言，回弹模量曲线的位置随着冻融循环次数的增加而整体下移，表明饱和黏土的回弹模量随冻融循环次数的增加而降低。为进一步说明冻融循环作用的影响，将第 1000 次振动对应的滞回圈取出并移至坐标原点进行比较，如图 6-2（b）所示。明显可以发现，各滞回圈对应的动应力幅值基本保持不变，但随着冻融循环次数的增加，各滞回圈以坐标原点作为不动点而倒向横坐标正方向，这意味着回弹应变随着冻融循环次数的增加而增大。根据回弹模量的定义可知，动应力幅值不变而回弹应变增加势必造成回弹模量不断减小。另一方面，从冻融循环对土体工程力学性质影响的讨论结果可知，冻结过程中因冰水相变造成的土体结构损伤在融化过程中并不能完全恢复，而土体回弹模量随冻融循环次数的增加而不断衰减的现象正是其结构损伤的力学表现之一。

由图 6-2（a）可知，各冻融循环次数对应的回弹模量随着振动次数的增加而减小，当振动次数增加至 2000 次左右，回弹模量的减小趋势趋于稳定。因此，将第 2000 振次对应的回弹模量 $M_{r,2000}$ 作为标准评价冻融循环次数的影响。结果显示，经过 1 次、3 次、5 次、7 次冻融循环后，饱和黏土的 $M_{r,2000}$ 与 0 次冻融相比依次降低 4.4%、10.5%、18.5%和 28.1%。为研究回弹模量随振次的演化规律，将振次为第 10 次、100 次、500 次、1000 次、2000 次、4000 次、9000 次对应的滞回圈取出并移至坐标原点进行比较，图 6-2（c）和（d）展示的是第 1 次和第 7 次冻融循环对应的结果。可以发现，随着振动次数增加，滞回圈以坐标原点为不动点而倒向横坐标正方向；当振次超过 2000 次之后，滞回圈倒向横坐标正向的幅度随着振动次数的增大而减弱，表现为 2000 振次之后的滞回圈开始重叠。这种现象表明土体的累积塑性应变演化趋势开始进入安定状态[261]。Guo 等[262]针对饱和软黏土的长期回弹模量做过类似的研究，发现加载过程中滞回圈形状的演化与施加的循环应力比有关，大约 35000 次循环振动后饱和软黏土的回弹模量趋于稳定状态。本书饱和黏土在大约 2000 个振次后趋于稳定，其原因是该土体并非 Guo 等[262]所谓的软黏土。经上文的测试结果可知，在 90kPa 围压下饱和黏土的不排水强度为 142.6kPa，而 Guo 等[262]研究的土体在 100kPa 围压下的不排水强度为 71.8kPa。由此可见，饱和黏土的回弹模量达到稳定状态所需的振次更少是有事实依据的。

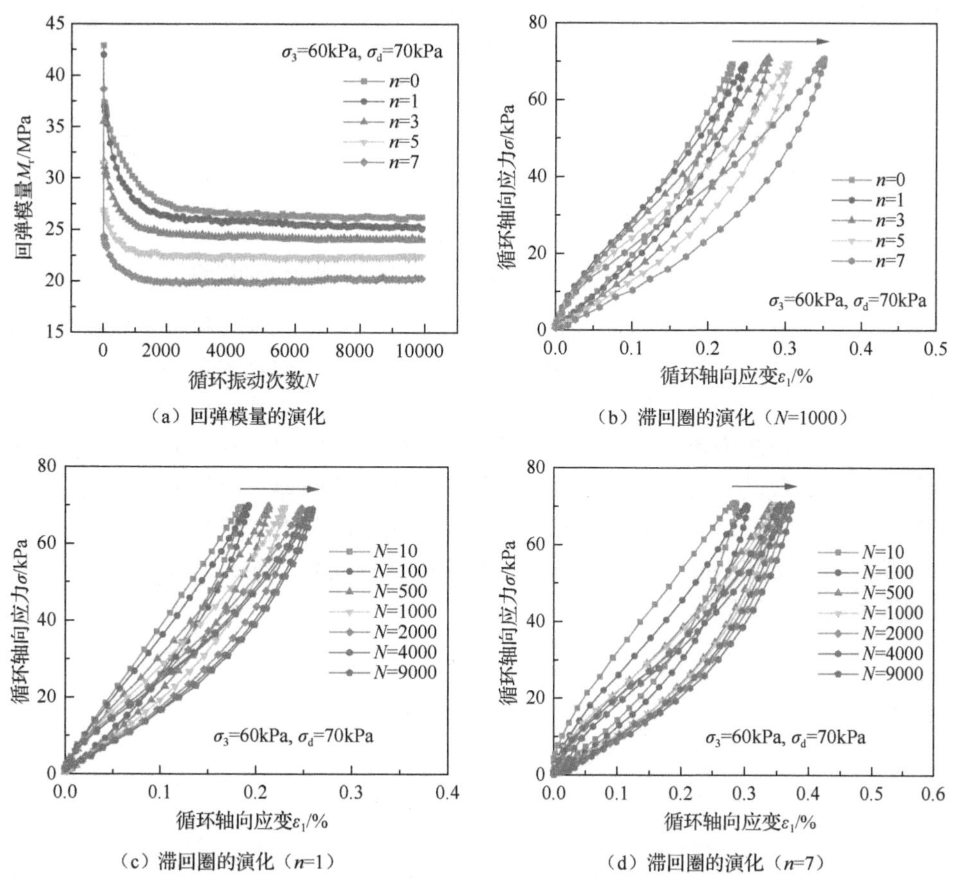

图 6-2　冻融循环次数对饱和黏土长期回弹模量的影响

6.1.3.2　动应力幅值

图 6-3 为不同动应力幅值作用下融化饱和黏土的回弹模量随振次增长的演化情况。测试的试件为 7 次冻融循环之后的融土试件，测试围压为 90kPa。总体而

言，不同动应力幅值对应的回弹模量曲线位置随着动应力幅值的增大而降低，表明融化饱和黏土的回弹模量与动应力幅值呈负相关。随着振次的不断增长，各动应力幅值对应的回弹模量在前 2000 振次内不断降低，2000 振次之后则降低趋势趋于平稳，这种规律与 6.1.3.1 节内容类似。

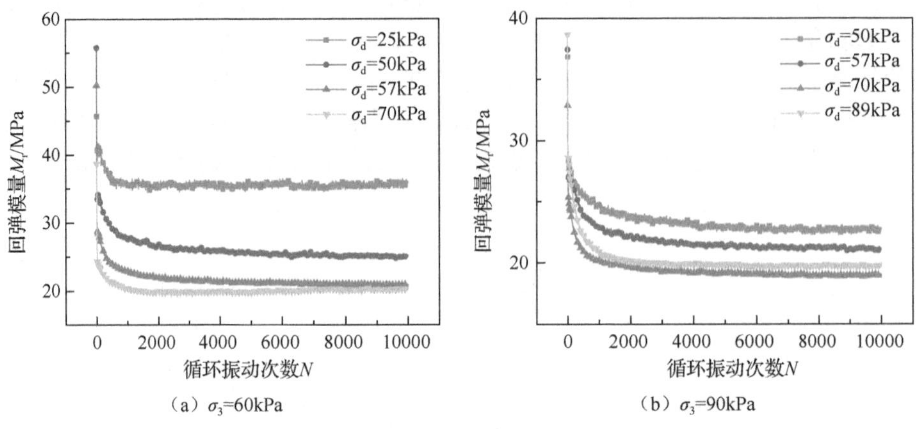

（a）σ_3=60kPa　（b）σ_3=90kPa

图 6-3　不同动应力幅值对融化饱和黏土回弹模量的影响

融化饱和黏土的回弹模量与动应力幅值呈现的负相关性可利用回弹应变的演化趋势进行解释。各动应力幅值对应的回弹应变随振次演化的典型规律如图 6-4 所示。明显地，动应力幅值越大，对应的回弹应变越大，且动应力幅值的增大趋势与对应的回弹应变增大趋势并不对等。进一步分析发现，融化饱和黏土的动应力幅值增大导致其对应的回弹应变增加幅度更大，从回弹模量的定义可知，这种现象意味着增大的动应力幅值将导致回弹模量减小。分析文献发现，Yang 等[263]研究黏性路基土和 Nguyen 等[264]研究细粒土的回弹模量与施加动应力幅值之间的影响关系与本书研究结论一致。

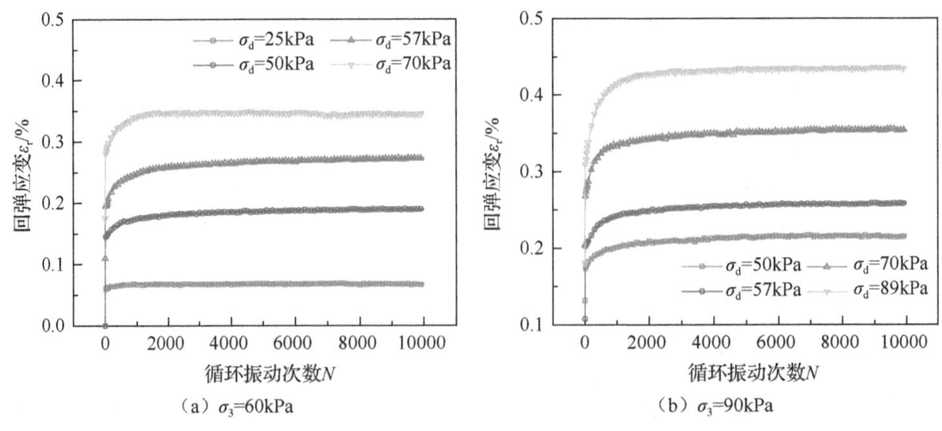

（a）σ_3=60kPa　（b）σ_3=90kPa

图 6-4　不同动应力幅值对融化饱和黏土回弹应变的影响

6.1.3.3　围压

图 6-5 和图 6-6 分别为 70kPa 和 89kPa 动应力幅值作用下不同围压对融化饱和黏土回弹模量和回弹应变的影响规律。可以发现，围压的增大一定程度上提高了土体的回弹模量，表现为围压越大，在坐标系中回弹模量曲线对应的位置越高。进一步地，回弹模量随振次的演化规律与其他影响因素类似，均在 2000 振次之后趋于稳定。作为影响土体回弹模量的重要参数之一，针对围压的研究持续数十年，但仍未形成统一结论。例如，Dunlap 等[265]曾提出一个可考虑围压作用的双参数幂函数模型用来预测回弹模量，认为围压和回弹模量的关系与试验数据有关；Nguyen 等[264]和 George[266]则认为围压对回弹模量的影响不明显。与此同时，Hicks[267]证实围压的增大会显著增大颗粒材料的回弹模量；Fredlund 等[268]认为黏

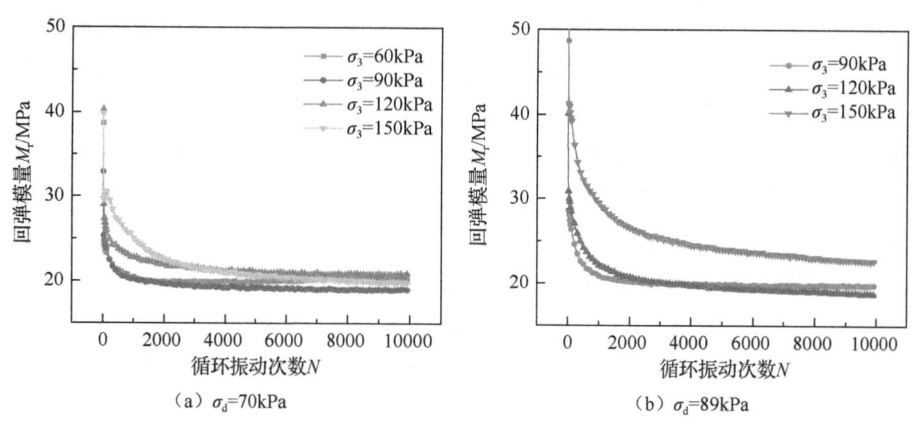

（a）σ_d=70kPa　（b）σ_d=89kPa

图 6-5　不同围压对融化饱和黏土回弹模量的影响

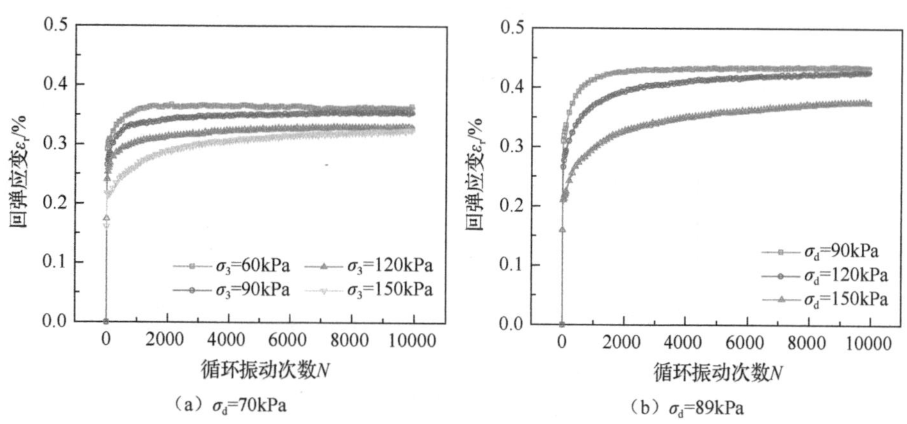

（a）σ_d=70kPa　（b）σ_d=89kPa

图 6-6　不同围压对融化饱和黏土回弹应变的影响

性路基土的回弹模量与围压呈线性关系，而且当土体含水率低于最优含水率时这种线性关系更明显。对于融化饱和黏土而言，其回弹模量受围压的影响在 2000 振次之前是明显的，即围压的增大提高了土体的回弹模量；2000 振次之后围压的影响程度有所减弱。回弹应变的演化规律可以明显反映这一特点：回弹应变在 2000 振次之内时，不同围压对应的曲线之间距离明显，随着振次的不断增大，不同回弹应变之间的差距逐渐减小。因此，前人关于围压对回弹模量影响的研究未形成统一结论的原因，可能与其施加的围压量级以及循环振动次数有关。

6.1.3.4　加载频率

加载频率是影响饱和砂土[269]、压实黏土[270]以及重复利用软土[271]等土体动力特性的重要参数。为测试加载频率对融化饱和黏土长期回弹模量的影响，分别进行了加载频率为 1Hz、2Hz 和 3Hz 下的动三轴试验，施加的围压为 60kPa，动应力幅值为 70kPa，试验结果如图 6-7（a）所示。可以发现，随着加载频率的提高，融化饱和黏土的回弹模量增大，而且这种现象贯穿了整个加载过程。与此同时，回弹模量随振次的演化规律与其他影响因素类似，均在 2000 振次之后趋于稳定。利用加载过程中回弹应变的演化规律对加载频率的作用进行解释，如图 6-7（b）所示。高频率加载作用下融化饱和黏土的回弹应变明显低于低频率，这就意味着同等测试条件下高频率加载将导致土体回弹模量提高。Guo 等[272]和 Lei 等[271]均研究过频率对土的回弹模量的影响，得到的结论与本书一致。

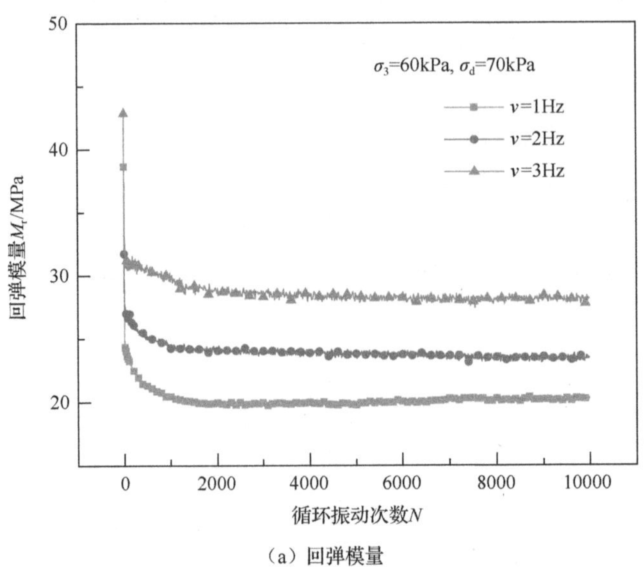

（a）回弹模量

图 6-7　不同加载频率对融化饱和黏土回弹行为的影响

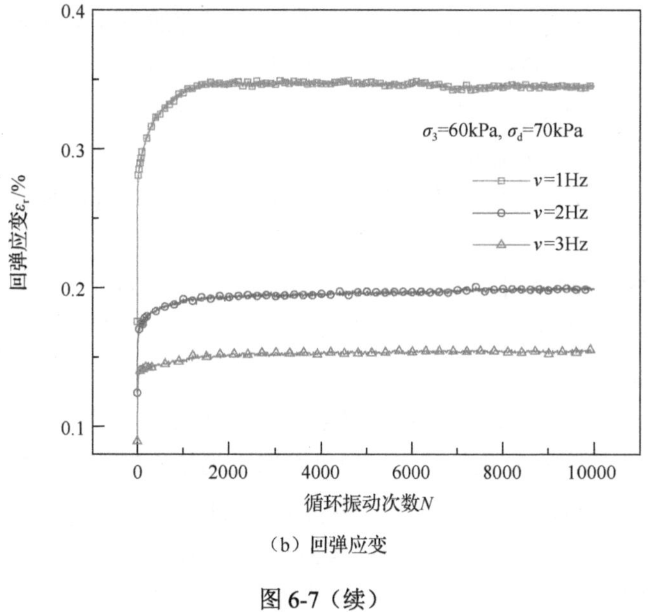

（b）回弹应变

图 6-7（续）

6.2　回弹模量经验模型

6.2.1　建模方法

利用迭代的方法将长期循环荷载作用下土体回弹模量的各种影响因素集合起来，继而建立可考虑多种影响因素的土体长期回弹模量经验模型，是本书建模方法的核心思路。Niemunis 等[273]和 Wichtmann 等[274]针对高循环振次下砂土的应变特性采用过类似的处理。后期的扩展研究表明，该方法可用来描述长期循环荷载过程中土体的各种物理力学参数的演化规律。现将其建模方法介绍如下。

假设研究事件为U，研究的影响因素依次为A、B、C、D和N等 5 种，其中因素A有A_1、A_2、A_3、…、A_l等l个研究水平；因素B有B_1、B_2、B_3、…、B_m等m个研究水平；因素C有C_1、C_2、C_3、…、C_p等p个研究水平；因素D有D_1、D_2、D_3、…、D_q等q个研究水平。循环振动次数N是研究过程中始终参与作用的影响因素。可描述研究事件U的函数为

$$f_U(N)=f_A\cdot f_B\cdot f_C\cdot f_D\cdot f_N \tag{6-2}$$

（1）由于振动次数量级较大，提取其特征点处数据进行分析是一种简易而高效的办法。观察事件U随振动次数N的演化规律，确定能够反映事件U演化规

律的关键振次 N_i（i=1,2,3,⋯,n），$n \leqslant N$，提取 N_i 对应的事件实测值 U_i。同理，提取影响因素 A、B、C、D 在关键点对应的实测值，分别记作 U_{Al}、U_{Bm}、U_{Cp} 和 U_{Dq}。将影响因素 A、B、C、D 的各个研究水平作为横坐标值，以对应的实测值作为纵坐标值分别画图。选取合适的拟合函数分别拟合 U_{Al}-A_l 关系、U_{Bm}-B_m 关系、U_{Cp}-C_p 关系及 U_{Dq}-D_q 关系，可得到对应的拟合函数 f_A、f_B、f_C、f_D 的表达式及其拟合参数取值。

（2）将关键振次 N_i 作为横坐标值、$U_i/(f_A \cdot f_B \cdot f_C \cdot f_D)$ 作为纵坐标值画图。利用合适的拟合函数拟合 N_i-$U_i/(f_A \cdot f_B \cdot f_C \cdot f_D)$ 关系即可得到以振次 N 为变量的表达式 f_N 及其拟合参数取值。

（3）能够描述 $f_U(N)=(f_A \cdot f_B \cdot f_C \cdot f_D \cdot f_N)$ 的各函数表达式基本确立。分别以不同的影响因素函数作为研究对象执行迭代处理以获取更为精确的拟合参数。例如，利用形式和 f_A 一样的拟合函数继续拟合 $U_{Al}/(f_B \cdot f_C \cdot f_D \cdot f_N)$-$A_l$ 关系，得到能够描述因素 A 贡献程度的更为精确拟合参数；利用形式和 f_B 一样的拟合函数拟合 $U_{Bm}/(f_A \cdot f_C \cdot f_D \cdot f_N)$-$B_m$ 关系，得到对应因素 B 的更为精确的拟合参数。对因素 C、D 和 N 执行同样的操作，将其函数表达式对应的拟合参数依次更新。

（4）重复执行第（3）步的迭代过程，当更新后的拟合参数波动范围（本书取 1%）满足精度要求时完成迭代。至此，能够预测事件 U 演化趋势的经验预测模型得以建立，该模型同时考虑了因素 A、B、C、D 和 N 等 5 种影响因素。

6.2.2　经验模型

利用 6.2.1 节介绍的建模方法构建可考虑冻融循环次数、动应力幅值、围压、加载频率和振动次数等影响因素的融化饱和黏土长期回弹模量经验模型。其表达式为

$$M_{\mathrm{r}}(N) = f_{\mathrm{FT}} \cdot f_{\mathrm{ampl}} \cdot f_{\mathrm{CP}} \cdot f_{\mathrm{LF}} \cdot f_{\mathrm{N}} \tag{6-3}$$

式中，f_{FT}、f_{ampl}、f_{CP}、f_{LF} 和 f_{N} 分别为冻融循环次数、动应力幅值、围压、加载频率和循环振动次数的影响函数，其物理意义为各影响因素对长期回弹模量演化规律的贡献程度。

该模型为考虑了冻融循环次数、动应力幅值、围压、加载频率和循环振动次数等影响因素的一般表达式，实际应用中可针对此 5 种因素选定一组标准工况，继而以修正系数的形式考虑非标准工况下路基融化黏土的长期回弹模量演化规律。表 6-2 统计了各影响函数的具体表达式和相应的拟合参数取值。归一化回弹模量与各影响因素之间的拟合关系如图 6-8 所示。

表 6-2　融化饱和黏土长期回弹模量预测模型及其参数取值

影响函数	拟合参数	取值
$f_{FT}=A_1+B_1n$	A_1	28.11
	B_1	−1.28
$f_{ampl}=A_2+B_2\exp(C_2\sigma_d)$	A_2	31.21
	B_2	151.76
	C_2	−0.0823
$f_{CP}=A_3+B_3\sigma_3+C_3\sigma_3^2$	A_3	30.16
	B_3	−0.157
	C_3	1.07×10^{-3}
$f_{LF}=A_4\exp(B_4v)$	A_4	16.9
	B_4	0.156
$f_N=A_5[1-\exp(B_5N)]^{C_5}$	A_5	4.47×10^{-5}
	B_5	-5.47×10^{-8}
	C_5	−0.0496

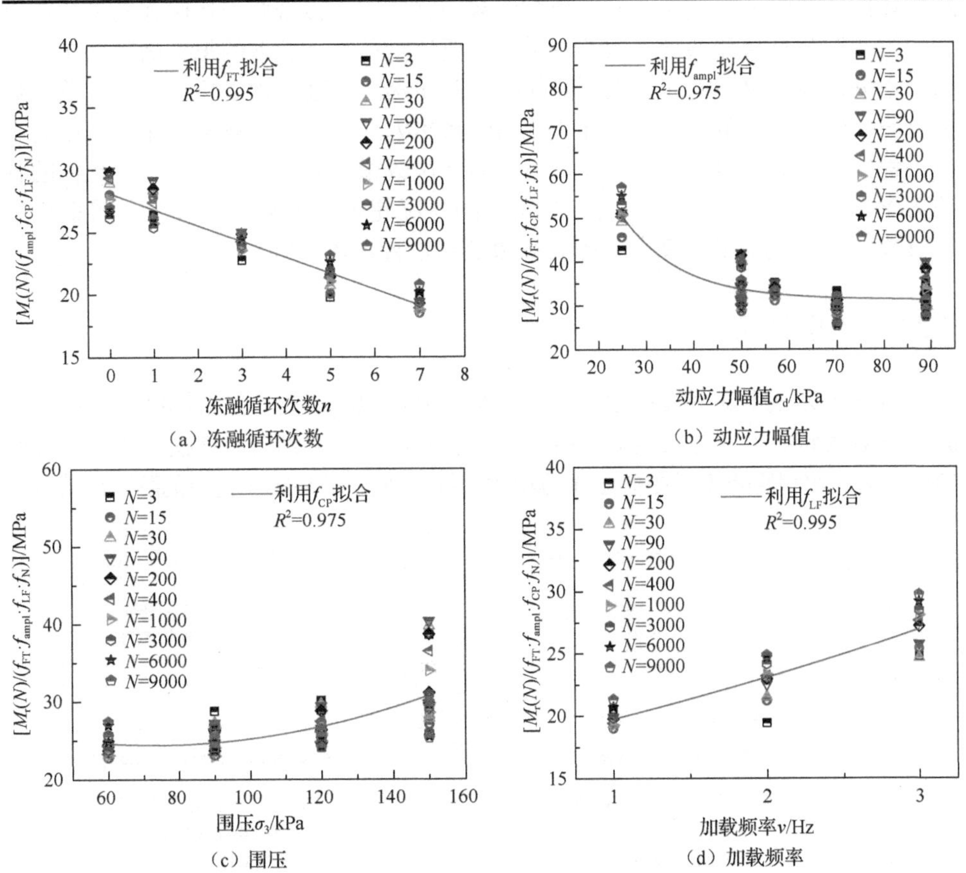

（a）冻融循环次数　（b）动应力幅值　（c）围压　（d）加载频率

图 6-8　归一化回弹模量与各影响因素的关系

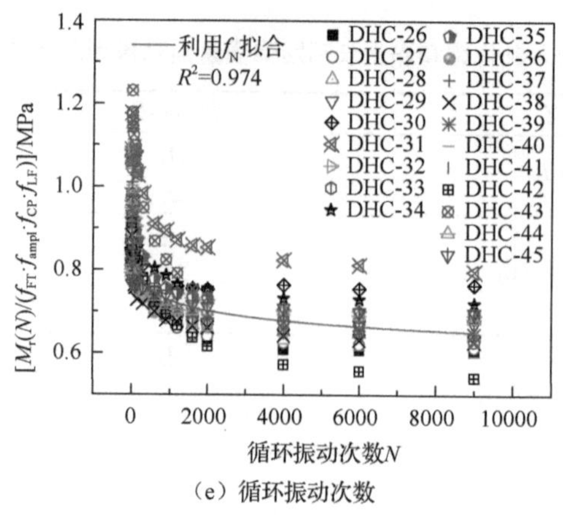

（e）循环振动次数

图 6-8（续）

可以发现，利用线性函数和抛物线函数能够较好地拟合归一化回弹模量与冻融循环次数和围压的关系；利用指数函数能够较好地拟合归一化回弹模量与动应力幅值、加载频率和振动次数的关系。需要注意的是，获取的拟合函数关系仅适用于本书试验工况。例如，当研究的冻融循环次数超过 7 次之后，利用指数函数拟合归一化回弹模量与冻融循环次数的关系更为合理。由上述冻融循环作用对土体工程性质影响的研究规律可知，冻融循环次数增加到一定程度之后，土体的各项力学性质将趋于稳定。因此，当研究的工况超过本书列出工况时只需根据第 5.3.1 节中列出的方法重新获取拟合函数及其拟合参数即可。

6.2.3 模型验证

图 6-9 为整个加载过程中回弹模量实测值与预测值的典型对比结果。尽管预测值在某些局部区域与实测值有所出入，但通过预测得到的回弹模量曲线能够准确地捕捉到实测回弹模量在前 2000 振次内不断降低、随后趋于稳定的阶段性特征。

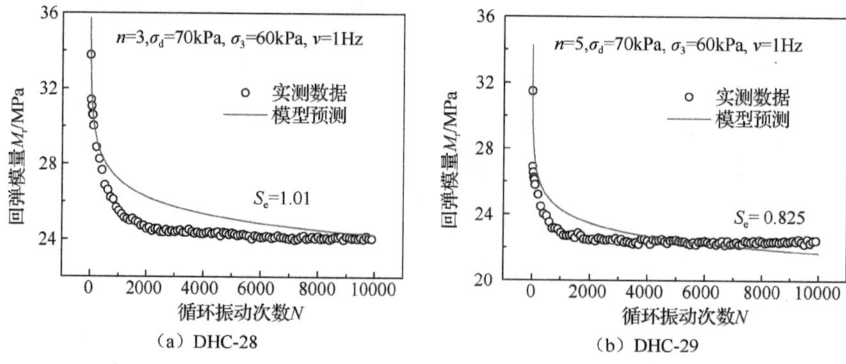

（a）DHC-28　　（b）DHC-29

图 6-9　不同工况下回弹模量实测值与预测值比较

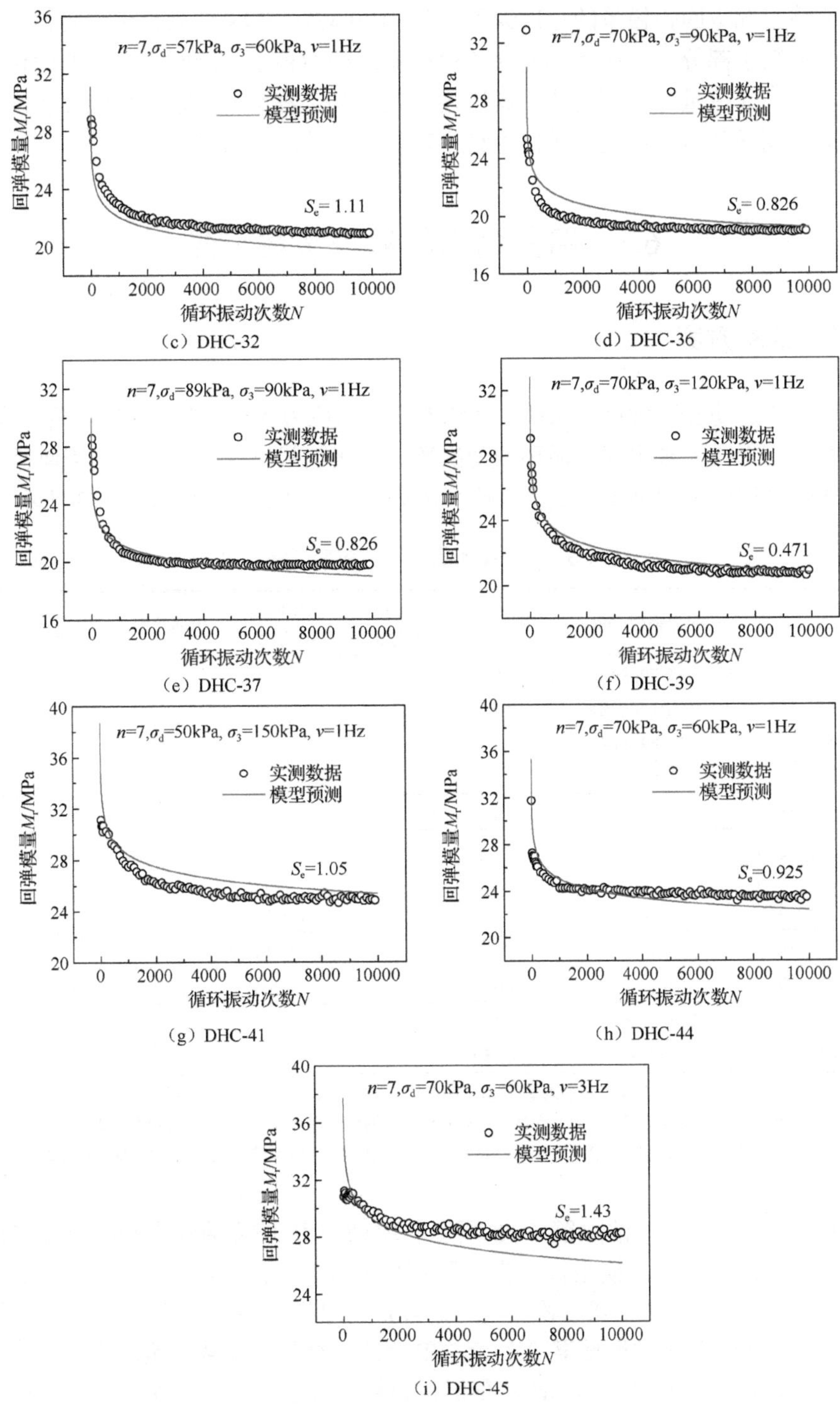

（c）DHC-32　（d）DHC-36

（e）DHC-37　（f）DHC-39

（g）DHC-41　（h）DHC-44

（i）DHC-45

图 6-9（续）

典型工况下回弹模量的标准误差值 S_e 在 0.471～1.43 波动，仅占回弹模量波动幅度的很小部分，表明本书建立的模型预测能力稳定。因此，建立的融化饱和黏土长期回弹模量经验模型能够灵活地研究 5 种工程影响因素，且能够较为准确地预测长期循环荷载过程中融化饱和路基黏土回弹模量的演化趋势。

6.3　路基黏土的累积塑性应变

6.3.1　试验方案

利用前述动态三轴试验系统，分别考察了动应力幅值、围压、冻融循环次数、初始固结应力比、含水率、循环振动次数、分级加载以及排水条件的影响因素对长期加载过程中饱和黏土累积塑性应变的影响。具体试验方案如表 6-3 所示。

表 6-3　融化黏土累积塑性应变试验方案

试件编号	动应力幅值/kPa	围压/kPa	冻融循环次数	初始固结应力比	含水率/%	循环振动次数	是否排水
DHC-46～51	25, 50, 57, 70, 89, 114	60	7	0	26.3	10000	否
DHC-52～56	50, 57, 70, 89, 114	90					
DHC-57～60	50, 70, 89, 114	120					
DHC-61～64	50, 70, 89, 114	150					
DHC-65～68	70	60	0, 1, 3, 5	0	26.3	10000	否
DHC-69～72	70	60	7	0	17.4, 21.9, 25.1, 29.4	10000	否
DHC-73～74	25,50	60	7	0.59	26.3	10000	否
DHC-75～78	70			0, 0.45, 059, 0.72			
DHC-79～80	70,89	60	7	0	26.3	10000	是
DHC-81～84	50→70→	60,90,	7	0	26.3	每阶段	否
DHC-85～88	89→114	120,150				2500 次	是

注：DHC-46～51 的动应力幅值分别为 25kPa、50kPa、57kPa、70kPa、89kPa、114kPa，后同。DHC-65～68 的冻融循环次数分别为 0 次、1 次、3 次、5 次。DHC-69～72 的含水率分别为 17.4%、21.9%、25.1%、29.4%。DHC-75～78 的初始固结应力比分别为 0、0.45、059、0.72。DHC-81～84 的围压分别为 60kPa、90kPa、120kPa、150kPa。

累积塑性应变的取法如图 6-10 所示。取动应力-应变曲线中卸载曲线和再加载曲线的转折点对应的横坐标值为累积塑性应变。$\varepsilon_{acc,1}$、$\varepsilon_{acc,2}$、$\varepsilon_{acc,3}$、…、$\varepsilon_{acc,n}$ 依次为第 1 次、第 2 次、第 3 次、……、第 n 次卸载-再加载过程中产生的累积塑性应变。试件的制作过程见第 2.2 节中的介绍；循环动荷载的施加方式如图 4-3 所示。其中除了 DHC-73～78 试件在正式加载之前进行 24h 的固结之外，其余的试件均不固结。

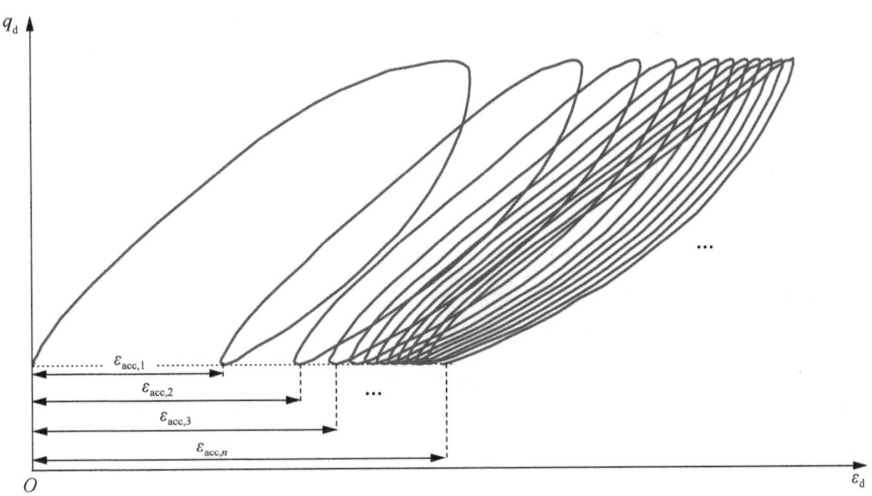

图 6-10　累积塑性应变的取法

6.3.2　影响因素分析

6.3.2.1　冻融循环次数

图 6-11（a）为 0 次、1 次、3 次、5 次、7 次冻融循环后饱和黏土的累积塑性应变规律。试验围压为 60kPa，动应力幅值为 70kPa。整体而言，各冻融循环次数下的累积塑性应变均随着振次的增加而增大，这与常规土类似。同样振次下饱和黏土的累积塑性应变随冻融循环次数增加而增大。将前 100 次振动产生的累积塑性应变均值作为评价标准，饱和黏土试件经历 1 次、3 次、5 次、7 次冻融后的累积塑性应变与 0 次冻融相比，依次增加了 8.7%、75.4%、161.5%和 151.3%。冻融循环作用对饱和土体变形特性的改变可从其物理力学性能的改变寻找证据。图 6-11（b）为等向压缩-回弹过程中各冻融循环次数下试件的归一化孔隙比 e/e_0 与有效围压 p' 的关系。可以看出，经历过冻融循环的试件抗压缩性能明显减弱，表现为随着冻融循环次数的增加，等向压缩曲线围绕归一化原点顺时针旋转。与此同时，试件的回弹曲线也与冻融循环次数关系密切，比如 7 次冻融对应的回弹曲线斜率明显低于 0 次冻融，说明冻融循环作用不但弱化土体的压缩性能，其回弹性能也受到大幅度弱化。根据累积塑性应变的定义可知，同等应变条件下回弹应变越小，对应的累积塑性应变越大。从而验证了上述冻融循环作用增加了饱和黏土试件累积塑性应变的结论。

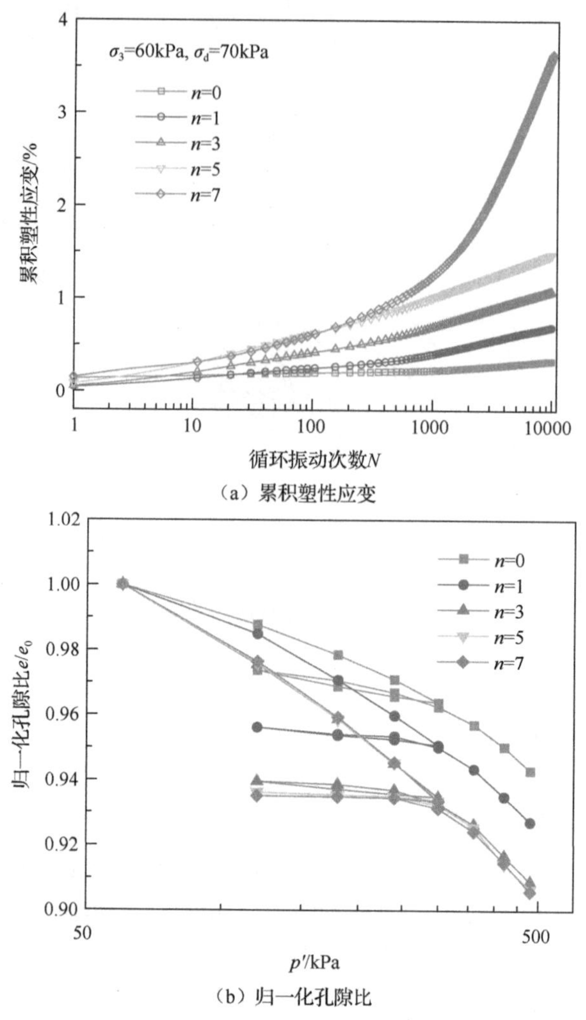

（a）累积塑性应变

（b）归一化孔隙比

图 6-11　冻融作用下饱和试件的累积塑性应变和归一化孔隙比演化规律

6.3.2.2　动应力幅值

图 6-12 为 7 次冻融后饱和黏土试件在不同动应力幅值下累积塑性应变和振次关系。明显可以观察到，同样振次条件下土体的累积塑性应变随振幅的增大而增加，且这种增加趋势随着振次超过约 1000 次后而越发明显。这意味着长期循环荷载过程中土体累积塑性应变的增长受动应力幅值和振次的耦合作用影响，动应力幅值的影响程度随着振次的增加而动态变化。低轴次振动条件下试件累积塑性应变增速明显低于高轴次振动条件。据此以 1000 次振动作为临界点将累积塑性应变曲线划为两个阶段。在第一个阶段内塑性应变逐渐累积，在第二个阶段内快速累积。融化饱和黏土的累积塑性应变规律与散体颗粒材料类似[275]。总体而言，

动应力幅值对融化饱和黏土的影响规律与学者研究粉质黏土[154]、非饱和土[276]以及软黏土[262,277]等土体的规律相符合。

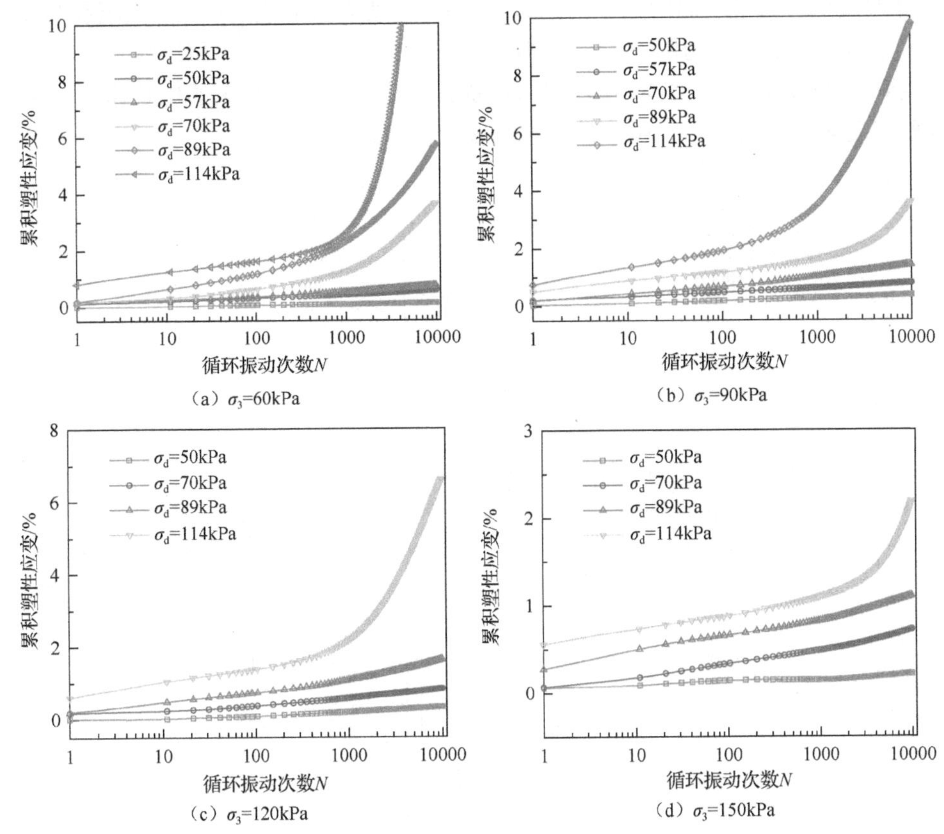

（a）σ_3=60kPa　（b）σ_3=90kPa

（c）σ_3=120kPa　（d）σ_3=150kPa

图 6-12　不同动应力幅值下累积塑性应变和振次关系

根据施加的应力水平可将饱和黏土的累积变形特性划分为塑性安定型、塑性蠕变型和增量失稳型三种类型，如图 6-12（b）所示。将 10000 次振动结束时累积塑性应变达到 5%视作土体强度破坏的标准。从图 6-12（a）可以看出，动应力幅值为 25kPa、50kPa 和 57kPa 下的累积塑性应变曲线属于塑性安定型，即塑性应变累积到一定水平之后将不再增加；89kPa 和 114kPa 动应力幅值对应的曲线在 1000 次振动后增长速度快速增加直至破坏，这是增量失稳型曲线的典型特征。类似地，60kPa 围压下 70kPa 动应力幅值和 90kPa 围压下 89kPa 动应力幅值对应的累积塑性应变曲线则属于塑性蠕变型。判定累积塑性应变的演化模式是基于相同的应力水平和荷载总次数，超过本书研究水平之外的演化模式则需要另做判断。

6.3.2.3　围压

图 6-13 为不同围压下融化饱和黏土累积塑性应变的典型规律。明显可以观察

到，同样振次条件下累积塑性应变随着围压的增大而减小。进一步地，围压对累积塑性应变的影响程度同样取决于振次水平。4 种围压下曲线的增长速度在约 1000 次振动前后呈现出明显不同趋势。以 70kPa 动应力幅值下 60kPa 围压和 90kPa 围压［图 6-13（b）］为例，1000 次振动荷载之前二者对应的累积塑性应变曲线几乎重叠，1000 次之后 60kPa 围压对应的曲线才展现出明显增大的增长速度。这意味着和动应力幅值一样，围压的影响程度也与振次水平有关。

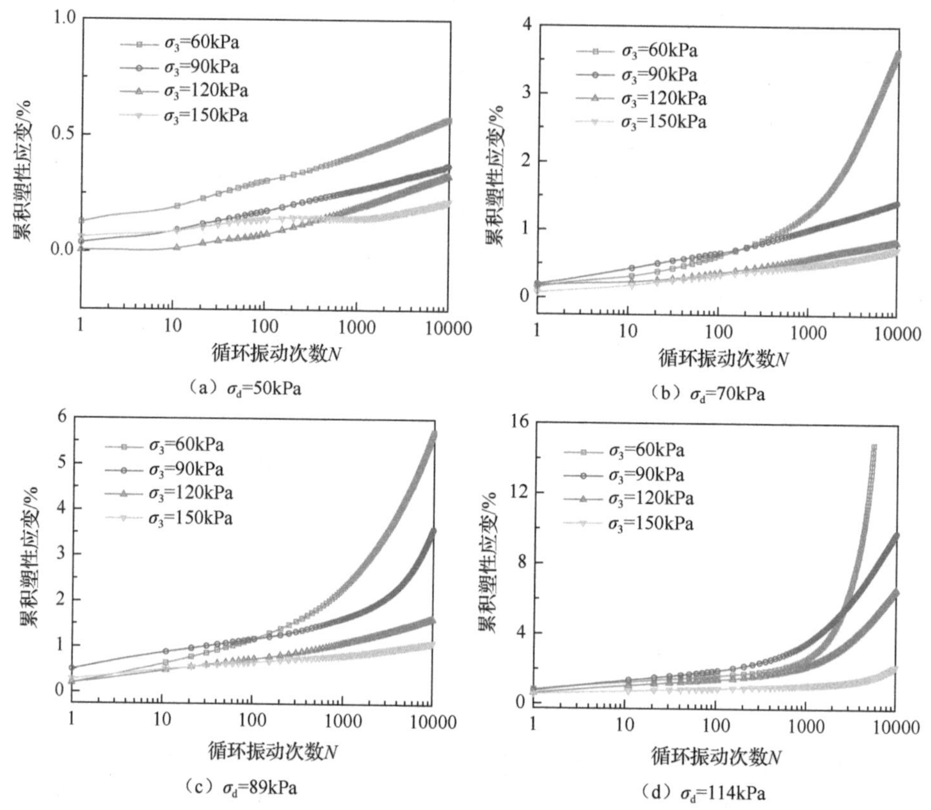

图 6-13　不同围压下累积塑性应变与振次的关系

当动应力幅值一定时，不同围压下曲线的演化规律同样呈现出 3 种类型。例如图 6-13（a）中的 90kPa、120kPa 和 150kPa 围压以及图 6-13（b）中 120kPa、150kPa 围压对应的曲线在整个加载过程中均缓慢增加，属于典型的增长型曲线。60kPa 围压对应的曲线在两种动应力幅值下均呈现出增量失稳型特性，在荷载结束时达到或接近 5%塑性应变的破坏标准。同样是 90kPa 围压，动应力幅值为 70kPa 和 89kPa 对应的曲线规律明显不同，前者属于塑性蠕变型，而后者属于增量失稳型，这种现象进一步表明，在一定研究条件范围内考察土体的应力-应变特性才具有研究意义。在长期循环荷载条件下并不能严格将应力水平和振次等影响因素截然分开，而应综合考虑它们的耦合作用，这也是本节建立考虑动应力幅值、围压、循环振动次数以及冻融循环次数等因素综合作用经验模型的事实依据。

6.3.2.4　含水率

考虑到路基不同层位受到的交通荷载应力水平、温湿循环以及冻融作用的影响程度不同，我国《公路路基设计规范》（JTG D30—2015）[203]针对不同的自然区划和路基填土类型提出了路基平衡湿度预估公式，并给出了路基弹性模量的湿度调整系数取值范围。然而这种粗糙的划分方式既没有充分考虑到水分的周期性重分布，也未能考虑水分的局部富集。因此，本书充分考虑到冻融循环、毛细水上升以及雨水下渗等环境因素的综合影响，按照最不利原则选取了初始含水率为17.4%（最优含水率）、21.9%、25.1%、29.4%（为92%压实度对应的饱和含水率）的试件开展长期循环荷载试验，用来观察不同初始含水率下土体的累积塑性应变演化规律。

试验结果如图 6-14 所示。不同含水率下融化黏土试件的累积塑性应变曲线差异明显，表现为同样应力水平条件下，初始含水率越大的试件对应的累积塑性应变越大。再者，不同曲线随振动次数增长的演化模式存在相同点，即存在一个明显的临界振次。加载次数突破临界振次之后累积塑性应变的累积速度将大幅上升。例如最优含水率试件的累积塑性应变曲线在约前 100 振次内缓慢增长，之后保持上升趋势直至加载结束；同样，含水率为 21.9%、25.1%及 29.4%的试件对应的临界振次约为 200 次。由此可见，保证路基含水率维持在一定的水平对于路基的运营状态极其关键，一旦出现含水率上升从而造成局部压实度下降的情况，路基的变形模式将发生根本性改变，继而影响到路面材料的变形特性，威胁行车安全。虽然道路路基修筑时对含水率有严格控制，但在运营期的环境因素波动下路基局部产生水分聚集是工程中常见的现象。

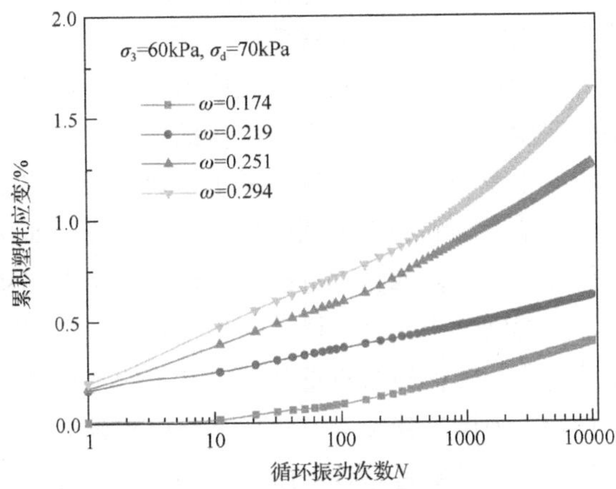

图 6-14　不同含水率下的累积塑性应变随振次的演化规律

6.3.2.5　初始应力比

前文以动应力幅值作为研究指标，研究了路基土在垂直方向上的受力状态；以围压作为指标研究了路基土在重型车辆荷载及自重的综合作用下在水平方向上的受力状态。这种考虑对于研究路基浅层区域受重型车辆荷载影响很大的路基土的累积塑性应变行为是非常有必要的。对于路基中层和深层区域的土体而言，由上覆荷载自重引起的固结作用不容忽视。实际上，路基在施工过程中便在自重作用下产生固结，而且这种固结作用始终贯穿在车辆动态荷载作用的全过程。随着路基深度的增加，路基上覆荷载产生的固结作用越发明显。由于前文已经以动应力幅值和围压作为指标研究了路基土在服役期间的变形特性，本节将以初始应力比的概念来表征路基在服役之前的初始应力状态，并研究了不同初始应力状态下饱和路基土的长期变形规律，相关研究结论有助于深刻地认识土体在长期循环加载过程中累积塑性应变的演化规律，也为解释各种演化规律提供了事实依据。

令σ_1和σ_3分别为试件在加载的全过程中受到的垂向静压应力和水平静压应力，将初始应力比η定义为

$$\eta = \frac{3(\sigma_1 - \sigma_3)}{\sigma_1 + 2\sigma_3} \tag{6-4}$$

图 6-15（a）为不同初始应力比和动应力幅值下的累积塑性应变演化规律。可见初始应力比越大，对应累积塑性应变曲线的位置越低，表明固结作用显著提高了土体的抗变形能力。进一步地，将同样试验条件下应力比为 0.59 和应力比为 0 的试件进行对比，结果如图 6-15（b）所示。可以发现，应力比为 0 对应的曲线均位于应力比为 0.59 的曲线之上，进一步说明固结作用提高了饱和黏土的抗变形能力。与此同时，初始应力比也改变了土体累积塑性应变的演化规律，由动应力幅值为 70kPa 的试件可以看出，未经过固结作用的试件在 200 振次之后的累积塑性应变迅速增大，表明土体的结构损伤迅速累积，而初始应力比为 0.59 的试件则能够较为平稳地保持增长型演化，直至加载结束。

作为路基土体的初始物理力学参数，初始应力比同样决定着路基变形的演化模式。对于处于不同深度位置的路基土而言，自面层向地基垂直方向上的初始应力比逐渐增大，对应的累积塑性应变则逐渐减小，累积塑性应变演化模式也由破坏性向安定型转化。这就意味着路基不同层位上的永久变形演化模式不同，加上周期性的冻融作用促使路基土内部的水分在路基浅层发生聚集从而改变了该处土体的物理力学性质，使得路基土的变形模式因为模量的改变而变得更加复杂。因此，后文将结合试验现象和数值模拟着重分析路基土的变形模式。上文对围压因素的研究实际上是初始应力比的特殊情况，后文将以初始应力比的概念对土体初始应力状态进行研究，这样既能考虑到围压的影响，又能兼顾垂直方向的静压力影响。

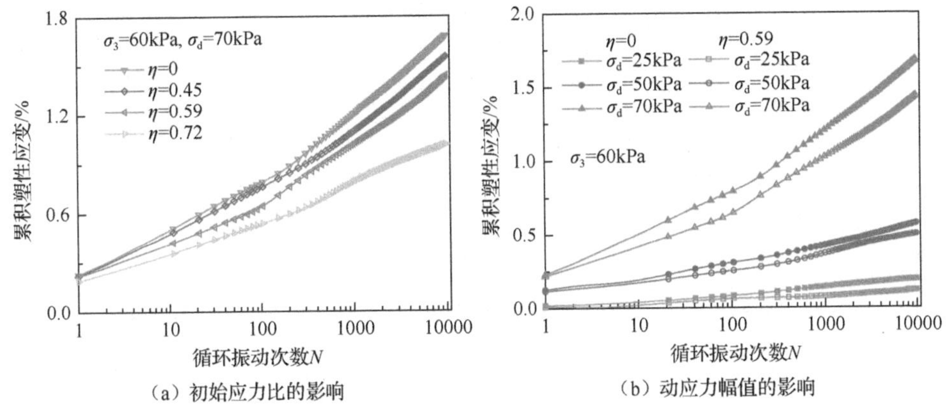

(a) 初始应力比的影响　(b) 动应力幅值的影响

图 6-15　初始应力比和动应力幅值对累积塑性应变的影响

6.3.2.6　分级加载

动应力幅值和围压对于融化饱和黏土累积塑性应变特性的影响在整个加载过程中并不是彼此独立的，而是互相耦合、彼此制约的。为进一步说明问题，引入循环应力比 CSR（cyclic stress ratio）的概念表征动应力幅值σ_d和围压σ_3的综合作用。循环应力比 CSR 取值为$\sigma_d/2\sigma_3$。试验采取分 4 级加载的形式进行，每级加载 2500 次且对应一种动应力幅值，分别测试了 60kPa、90kPa、120kPa 和 150kPa 围压下融化饱和黏土的累积塑性应变演化特性，试验结果如图 6-16 所示。增大的围压对累积塑性应变的抑制作用是明显的，表现为围压越大，坐标系中曲线的整体位置越低。4 种围压下的曲线随振次增加的变化趋势相似，均随着 CSR 的增大而增大。取某一个围压下的曲线作为分析对象，发现累积塑性应变在第一个加载级内先增加随后趋于稳定，呈现安定型演化趋势；在第二、第三个加载级内持续增加，展示出增长型演化演化趋势；在第四个加载级内快速增大直至破坏，属于典型的破坏型演化趋势。三种典型的饱和黏土累积变形特征曲线在同一个加载序列均得到体现，这就意味着存在两个临界 CSR。饱和黏土的曲线形状从稳定型向增长型转变的临界 CSR 值在 60kPa、90kPa、120kPa 和 150kPa 围压下分别为 0.58、0.39、0.29 和 0.23；从增长型向破坏型转变的临界 CSR 值在 4 种围压下分别为 0.95、0.63、0.48 和 0.38。一些学者对黏性土的累积塑性应变的演化特征做过类似的研究。Tang 等[45]认为应力加载频率为 0.5Hz 时上海淤泥土的两种临界 CSR 分别为 0.08 和 0.14，而频率为 2.5Hz 时对应的临界 CSR 分别为 0.08 和 0.16；Guo 等[262]将软黏土的循环偏应力和不排水强度的比值定义为容许 CSR，认为软黏土的容许 CSR 为 0.65，这是一个介于临界 CSR 和 CSR 阈值之间比值。类似的，Wu 等[277]认为温州软黏土的容许 CSR 为 0.22。

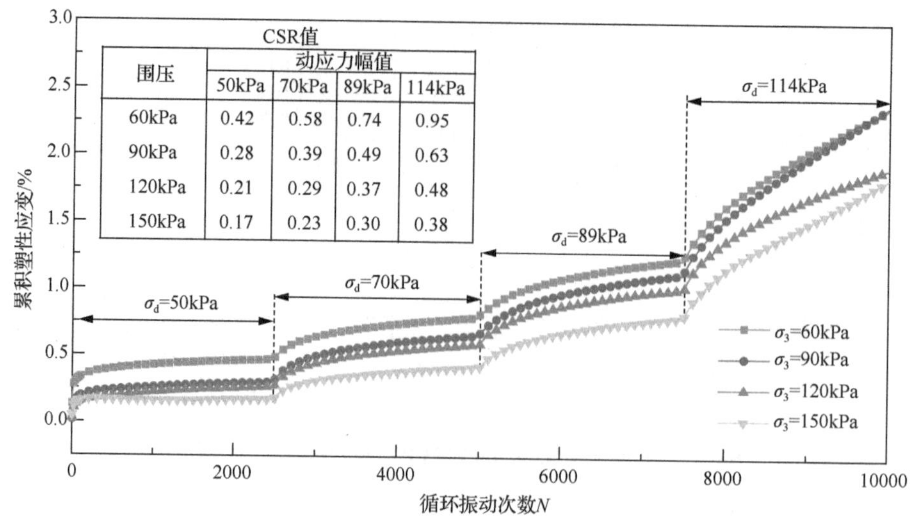

图 6-16　分级加载条件下累积塑性应变的演化规律

饱和黏土在单次加载和分级加载条件下的累积塑性应变演化特征具备可比性。这意味着对路基土开展长期变形特性室内试验研究时，对一个试件进行分级加载的试验可用来替代研究不同应力水平下对多个试件进行单次加载的试验，这将节省大量的时间和试验成本。该结论和 Salour 等[278]的研究结论一致。

6.3.2.7　排水条件的影响

按照最不利原则，本节绝大部分试验是在不排水条件下开展的。由于黏性路基土的渗透系数很低，而车辆移动荷载作用时路基某些局部聚集的水分难以快速排出，土体在变形过程中有孔隙水压力参与。因此，利用不排水条件开展一系列动、静力三轴试验来模拟路基土的各项力学性能符合实际情况。严格来讲，当荷载持续的时间足够长，排水的情况仍然是存在的。为此，本节在相同的应力水平下开展了排水和不排水两种试验条件下饱和黏土的长期循环三轴试验。

由图 6-17（a）和（b）所示的试验结果可知，两种围压对应的排水和不排水条件下的试验曲线呈现出相同的规律，均以大约 1000 振次为临界点分为两个阶段：在振次低于 1000 次的阶段，排水条件下的塑性应变的累积速度随着振次增加有减缓之势，而不排水条件下的塑性应变的累积速度随着振次增加而不断增加。总体而言，这个阶段内排水条件下的累积塑性应变均大于对应的不排水条件；当加载次数超过 1000 次之后，不排水条件对应的累积塑性应变迅速累积，曲线明显开始上扬，而排水条件对应的累积塑性应变则保持一贯的速度继续累积，两条曲线在大约 1000 振次后交叉，之后各自发展直至加载结束。完成 10000 次加载后，不排水条件下饱和黏土试件达到的累积塑性应变在 60kPa 围压和 90kPa 围压下分别为对应排水条件的 2.4 倍和 2.2 倍。

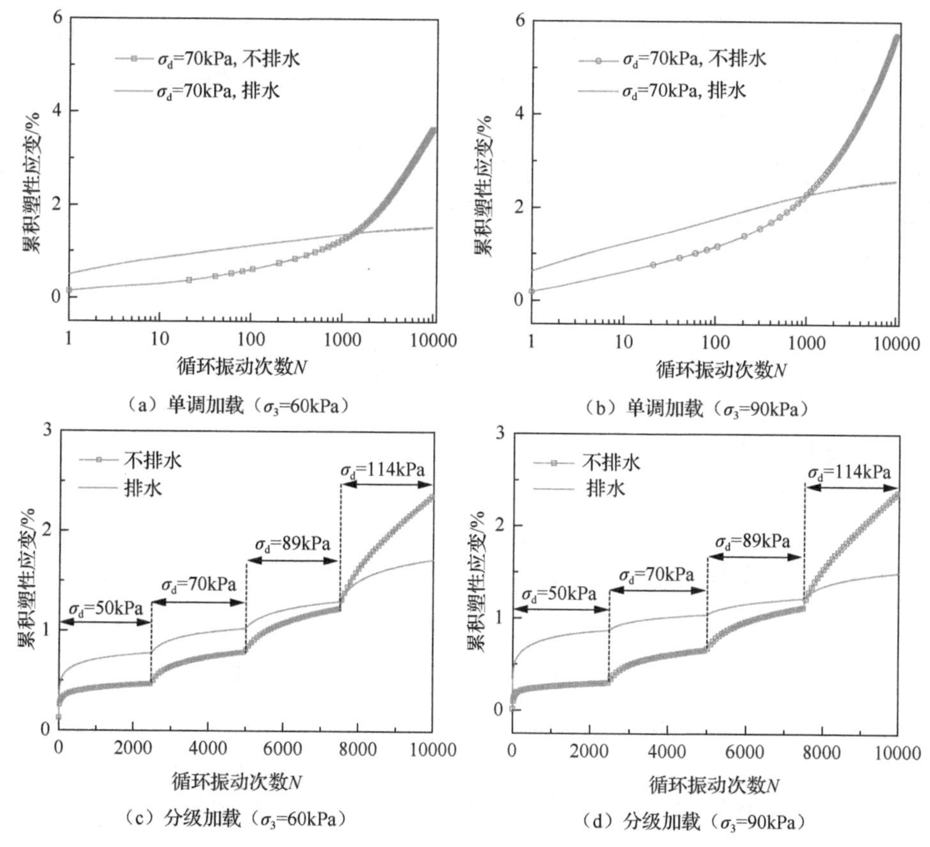

（a）单调加载（σ_3=60kPa）　（b）单调加载（σ_3=90kPa）

（c）分级加载（σ_3=60kPa）　（d）分级加载（σ_3=90kPa）

图 6-17　排水和不排水条件下累积塑性应变的演化规律

由图 6-17（c）和（d）可知，在动应力幅值由 50kPa 增至 89kPa 的前 7500 次振动加载过程中，排水条件下的曲线始终位于不排水曲线之上，表明排水条件下饱和黏土的累积塑性应变更大；与此同时，排水和不排水条件下对应的塑性应变均随加载级别的提高而不断累积，而且前者的累积速度明显低于后者的速度，表现为当加载次数接近 7500 次时，不排水条件的累积塑性应变已经有超过排水条件下累积塑性应变的趋势，荷载为 114kPa 动应力幅值时，两条曲线完成交叉，不排水曲线随着振次的增加迅速上扬，而排水曲线则增速减缓。完成 10000 次加载后，不排水条件下饱和黏土试件在分级加载完成之后达到的累积塑性应变在 60kPa 围压和 90kPa 围压下分别为对应排水条件的 1.4 倍和 1.6 倍。

排水和不排水条件下的曲线随着振动次数的增加而出现交叉的现象体现了排水固结效果的累积从量变达到了质变。当振动次数较少时，由于水分的排出，饱和试件的体积不断减小，对应的轴向应变则不断增大，从而促使试件内部土颗粒之间的相对空间不断被挤密；经过一定时间的排水固结作用之后，饱和黏土的内部结构达到了新的平衡，表现为试件的强度增大，抵抗变形的能力增强，因此对应的曲线形状发生了质的变化，表现为之后的塑性应变累积速度趋于稳定。反观不排水条件下累积塑性应变的演化规律，由第 4.3.3 节中对孔隙水压力的讨论可知，在加载初期由于试件内部水分分布不均匀，试件抵抗变形的能力较强。随着振动作用不断促使水分的重新分布，整个试件的综合有效应力不断减小，表现为试件在横向上不断发生膨胀，轴向上则表现为累积塑性应变不断增大。

6.4　累积塑性应变经验模型

6.4.1　模型建立

理想的路基土永久变形预测模型需要充分考虑到路基土的物理力学条件、复杂应力状况以及多样化的环境因素，永久应变 ε_{p} 表达式为

$$\varepsilon_{\mathrm{p}} = f\left(\boldsymbol{\delta}_{\mathrm{lm}}, \boldsymbol{\sigma}_{\mathrm{ij}}, \boldsymbol{\chi}_{\mathrm{pq}}\right) \tag{6-5}$$

式中，$\boldsymbol{\delta}_{\mathrm{lm}}$ 表示土体初始的物理力学条件，包括土体的含水率、压实度、渗透率、孔隙率、泊松比、初始应力比等；$\boldsymbol{\sigma}_{\mathrm{ij}}$ 表示土体所处的复杂应力状况，包括动应力幅值、围压、循环应力比、加载频率、加载速率、应力路径、循环加载次数等；$\boldsymbol{\chi}_{\mathrm{pq}}$ 表示土体所处的环境因素，包括温度、湿度、补水条件、降雨量、辐射强度、风速等。

构建理想的永久变形预测模型不但需要考虑众多影响因素，而且困难极大。考虑的因素越多，模型的预测精度势必下降，其工程应用价值也值得商榷。本节根据研究的需要，将影响土体永久变形特性的众多因素划分为内部因素和外部因素两类，其中内部因素包括土体的初始物理力学条件，外部因素包括复杂应力状况和多变的环境因素。根据辩证法的思想，内部因素是土体的固有属性，不依赖于外部因素而天然存在；外部因素是土体被动接受的影响，决定着土体初始物理力学性能的走势。前者在数值模拟过程中通常以初始值或者材料属性的形式被考虑；后者通常以边界条件的形式被考虑。

外部因素促使路基黏土结构发生改变而形成融化黏土。路基黏土的累积塑性应变特性在冻融循环及长期循环加载过程中受到冻融循环次数、动应力幅值、初始应力比、含水率以及循环振动次数等外部因素的综合影响。为了构建可描述这一系列物理变化全过程的经验模型，基于迭代思维的建模方法建立融化黏土的累积塑性应变的经验模型，其表达式写成：

$$\varepsilon_{\mathrm{acc}} = f_{\mathrm{FT}} \cdot f_{\mathrm{ampl}} \cdot f_{\eta} \cdot f_{\omega} \cdot f_{\mathrm{N}} \tag{6-6}$$

式中，f_{FT}、f_{ampl}、f_{η}、f_{ω}、f_{N}为影响函数，其物理意义为冻融循环次数、动应力幅值、初始应力比、含水率和循环振动次数对累积塑性应变的贡献程度。表 6-4 为影响函数及其参数取值。该累积塑性应变经验模型仅对塑性安定型或者弱塑性蠕变型适用。

表 6-4　累积塑性应变经验模型影响函数及其参数取值

影响函数	系数或拟合参数	取值
$f_{FT}=\begin{cases}b+an & 0\leqslant n\leqslant 7\\1.733 & n>7\end{cases}$	a	0.206
	b	0.291
$f_{ampl}=A_1\sigma_d^{B_1}$	A_1	2.22×10^{-8}
	B_1	4.227
$f_{\eta}=A_2+B_2\exp(C_2\eta)$	A_2	5.128
	B_2	−0.0293
	C_2	5.724
$f_{\omega}=A_3\omega^{B_3}$	A_3	7.885
	B_3	2.651
$f_{N}=\dfrac{B_4N^{A_4}}{1+C_4N^{A_4}}$	A_4	0.147
	B_4	0.118
	C_4	−0.107

对f_{FT}而言，当冻融循环次数超过 7 次之后均按 n=7 取值。式（6-6）为考虑多影响因素下累积塑性应变的一般表达式，实际应用中可将上述因素各选定一个标准值以形成标准工况，以修正系数的形式计算非标准工况下路基土累积塑性应变的演化规律。图 6-18 为各影响因素与归一化累积塑性应变的关系。

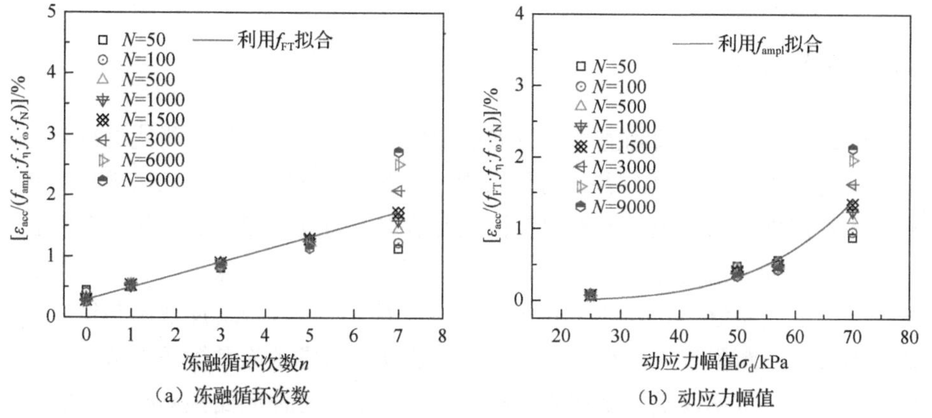

（a）冻融循环次数　（b）动应力幅值

图 6-18　各影响因素与归一化累积塑性应变的关系

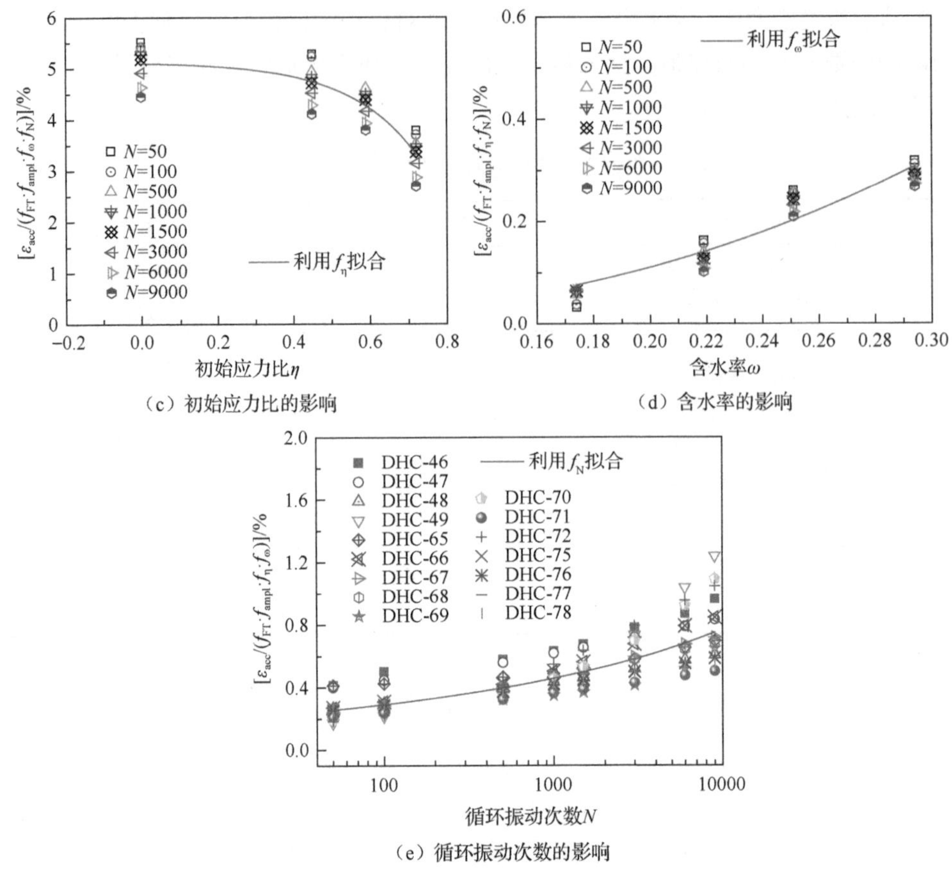

（c）初始应力比的影响

（d）含水率的影响

（e）循环振动次数的影响

图 6-18　各影响因素与归一化累积塑性应变的关系（续）

6.4.2　模型验证

为验证经验模型的预测能力，将累积塑性应变的实测值和预测值进行对比，图 6-19 展示了典型的对比结果。可以发现，尽管少数计算值在某些局部与实测值稍有出入，但绝大部分预测的累积塑性应变值均能与其实测值的演化趋势吻合良好。利用式（5-8）描述的标准误差 S_e 来定量评价模型预测结果的可靠性，得到各工况下的标准误差值在 0.0289～0.306，表明预测值能够合理地反映出塑性应变随着振次增加而不断累积的过程。据此，认为建立的考虑了冻融循环次数、动应力幅值、围压、含水率以及振动次数等影响因素的累积塑性应变预测模型能够合理地预测长期循环荷载作用下路基融土的累积塑性应变演化特征。

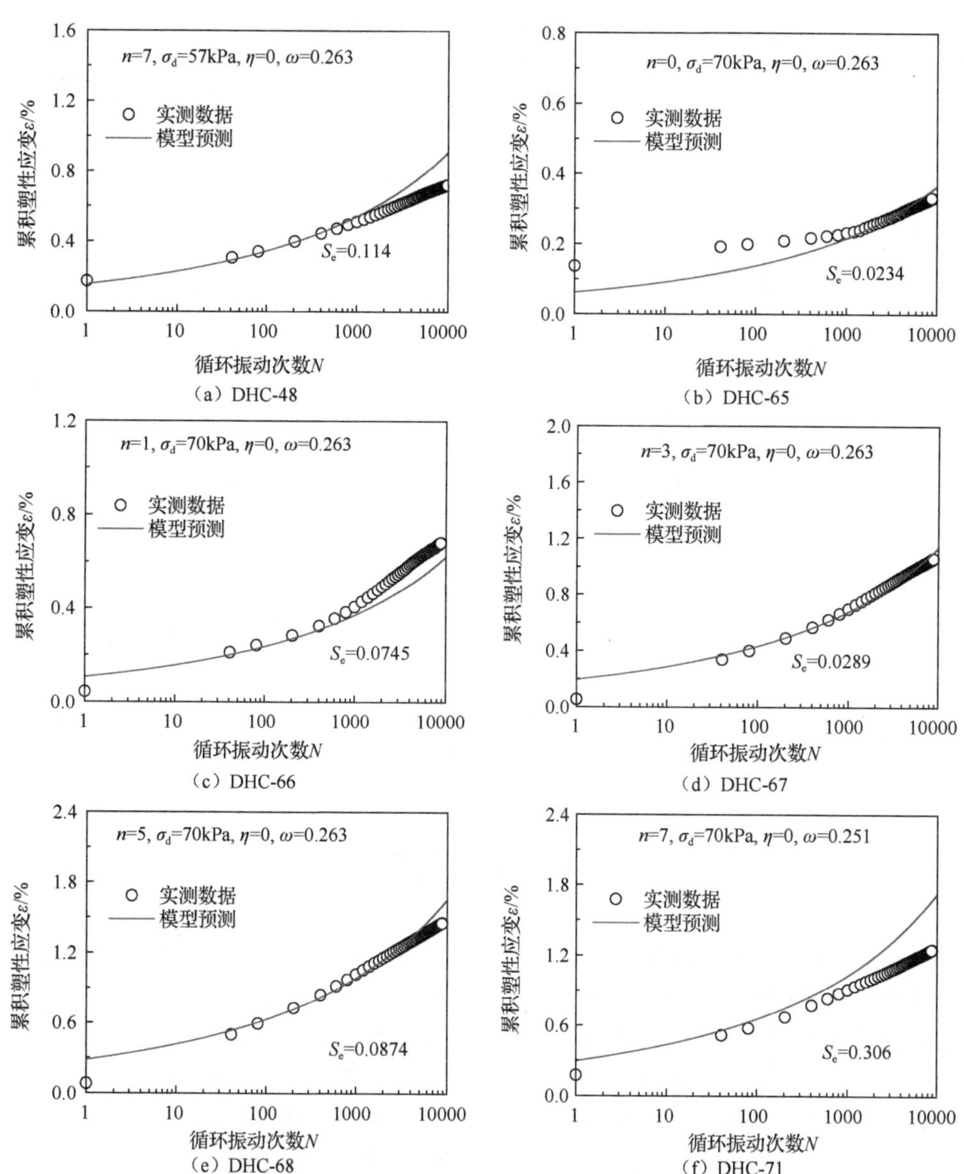

图 6-19　累积塑性应变的实测值与预测值比较

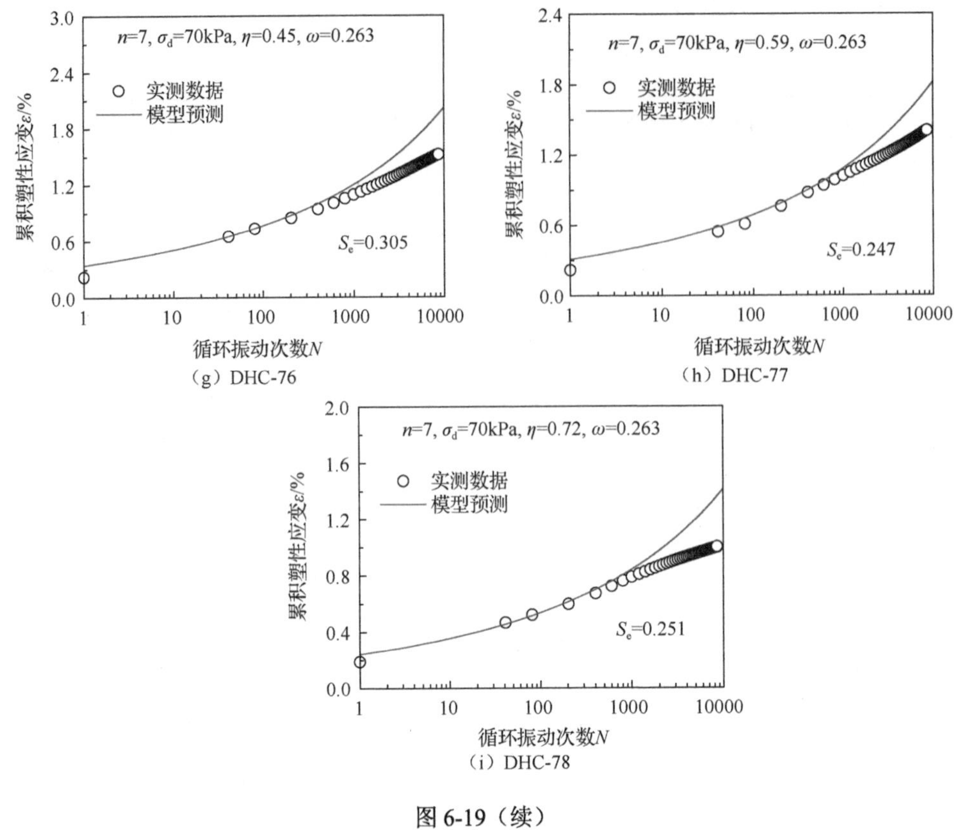

（g）DHC-76

（h）DHC-77

（i）DHC-78

图 6-19（续）

6.5　小　　结

本章利用一系列的循环荷载三轴试验研究了融化饱和黏土在长期加载过程中回弹模量和累积塑性应变演化规律。分析了冻融循环次数、动应力幅值、围压、加载频率以及振动次数等因素对长期回弹模量的影响规律；研究了冻融循环次数、动应力幅值、围压、含水率、初始应力比、加载次数、分级加载以及排水等诸多因素对黏土累积塑性应变的影响规律。建立了可考虑上述影响因素的融化饱和黏土长期回弹模量预测模型以及累积塑性应变经验模型。获取的主要结论如下。

（1）随着循环振动次数的不断增加，不同冻融循环次数、动应力幅值、围压和加载频率作用下融化饱和黏土的回弹模量呈现出前 2000 振次内快速降低、之后则趋近于一个稳定值的现象。推荐将 2000 振次对应的回弹模量 $M_{r,2000}$ 作为长期循环荷载作用下融化饱和黏土回弹模量的代表值。经过 1 次、3 次、5 次、7 次冻融循环后，饱和黏土的 $M_{r,2000}$ 比 0 次冻融相比依次降低 4.4%、10.5%、18.5%和 28.1%。

（2）归一化回弹模量随着动应力幅值和振次的增加而减小，随着围压和加载频率的增加而增大。利用指数函数可描述归一化回弹模量与动应力幅值、加载频率以及振动次数之间的关系；利用抛物线函数可描述归一化回弹模量与动应力幅值之间的关系。

（3）建立了可考虑冻融循环次数、动应力幅值、围压、加载频率以及振动次数等 5 种影响因素的融化饱和黏土长期回弹模量预测模型，以及可考虑冻融循环次数、动应力幅值、含水率、初始应力比以及振动次数等因素的路基融土累积塑性应变经验模型。两个模型能够分别预测路基融土的回弹模量和累积塑性应变在长期加载过程中的演化规律。

（4）路基融土的累积塑性应变随着动应力幅值和含水率的增大而增大，随着围压和初始应力比的增大而减小。动应力幅值、含水率与累积塑性应变的关系均可用幂函数描述；初始应力比与累积塑性应变的关系可用指数函数描述；冻融循环次数不超过 7 次时路基黏土的应变特性受冻融循环次数影响显著，表现为冻融循环次数越多，路基黏土的累积塑性应变越大，二者关系可用近似线性关系描述。当冻融循环次数超过 7 次之后，冻融作用的影响不再明显。

（5）利用长期加载和分级多次加载试验获取的累积塑性应变演化特征具备相似性。两种试验对于研究路基土在不同应力水平下的长期应变行为具有可替代性。

（6）排水条件下融化饱和黏土累积塑性应变的增长趋势取决于循环振动次数。当循环振动次数较少时，排水条件下的累积塑性应变增大速度比不排水迅速，对应的累积塑性应变偏大；当循环振动次数超过一定水平之后，由于排水固结作用的不断强化，融化饱和黏土的累积塑性应变小于不排水条件。

第 7 章　交通荷载下冻融路基砂土动力参数与累积塑性应变

砂土常被认为是一种水稳定良好的材料，在寒区通常作为抗冻垫层，或者在填料不足的时候与黏土分层填筑使用。为了明确其在交通荷载作用下动力参数和累积塑性变形行为的演化规律，本章考虑季节性冻融循环与重载汽车荷载联合作用，进行不同的含水率、冻融循环次数和荷载频率等条件下的冻融路基砂土动三轴试验。以等效线性化模型描述冻融路基砂土的动应力-动应变关系，在经典双曲线模型的基础上，采用改进的哈丁（Hardin）双曲线模型刻画冻融路基砂土的骨干曲线，进而研究各因素对最大动剪切模量、最大阻尼比、动剪应变幅值、动剪切模量和阻尼比的影响。目的在于揭示重载汽车荷载下冻融路基砂土的动应力-动应变关系和动参数变化规律，为后文继续开展寒区重载汽车荷载下路基动力响应性能的研究提供必备的计算参数。

7.1　试件的准备

7.1.1　土样物理性质

试验用土为黑龙江省齐齐哈尔至嫩江高速公路路基典型填土。将所取扰动土样自然风干后去除异物，依据《公路土工试验规程》（JTG 3430—2020）[215]中土的颗粒分析试验（T 0115－1993）方法对其进行筛分，土样的颗粒级配曲线如图 7-1 所示。其中不均匀系数 C_u 为 3.2，曲率系数 C_c 为 1.013，为级配不良中砂。

依据《公路土工试验规程》（JTG 3430—2020）[215]中关于土的重型击实试验（T 0131－2007）的规定。用湿法制备击实土样，并将其闷置 12h 后，采用重型击实仪分 3 层人工击实，该土样含水率与干密度的关系曲线如图 7-2 所示。确定土样的最优含水率为 8.63%，最佳干密度为 2.01g/cm^3。

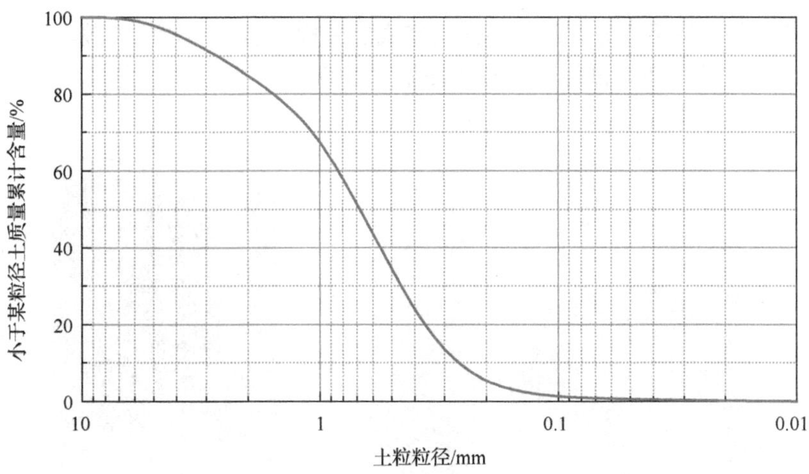

图 7-1　土样颗粒级配曲线

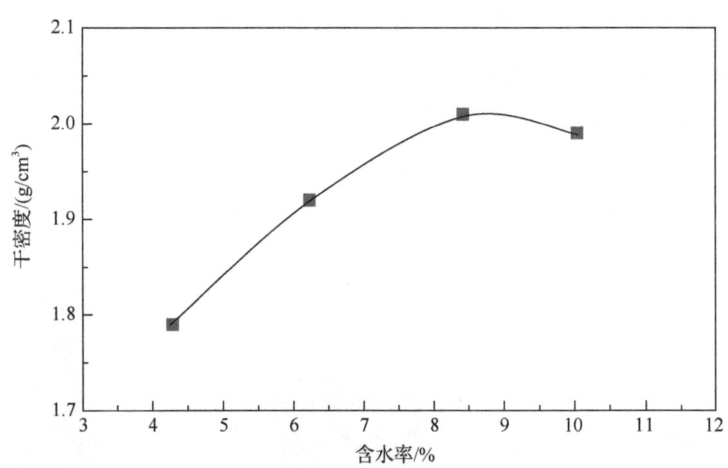

图 7-2　讷河中砂含水率与干密度的关系曲线

7.1.2　试件制备与冻融循环

含水率是影响土体力学性能的重要因素之一，因此依据《公路土工试验规程》（JTG 3430—2020）[215]中重塑土样的制备方法（T 0102－2007），并参考《土工试验方法标准》(GB/T 50123—2019)[279]，制备含水率分别为 8.63%、9.55%和 10.7%的土样。为确保试验结果的可比性，采用标准方法批量制备试件，控制所有试件干密度为 2.01g/cm^3，采用三瓣试模人工击实成型（图 7-3），该试模直径为 61.8mm，高度为 125mm。试件制备前，在三瓣试模内壁均匀涂抹一层凡士林，并将准备好的土样等分 3 份，为了增加试件上下两层的连接，需要在每次击实完成后对其进行“拉毛”处理。试件击实完成后脱模，迅速用黑色乳胶套将其密封，将需要进行冻融循环的试件迅速置于冷柜（-20℃）中进行快速冻结，无须冻融的试件置于保湿器中保存。

（a）三瓣模和击实锤

（b）制备好的土样

（c）封装好的土样

图 7-3　三瓣试模和成型试件

冻融循环试验在冻土实验室自制冷柜中完成（图 7-4），该系统温度稳定可达-30℃，温度精度为 0.1℃。根据现场路基温度实测资料和前人[280-285]研究经验，冻融循环中最低温度控制为-20℃，试件快速冻结 24h 后取出，置于室温条件下（23℃±2℃）快速融化 12h，即为一次冻融循环，如此反复进行，直至完成规定冻融循环次数。

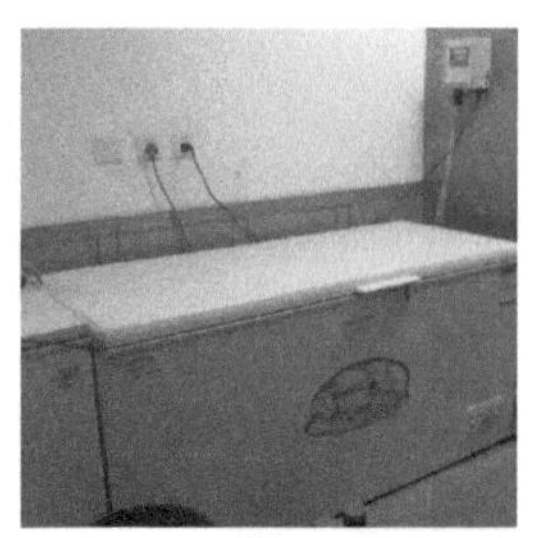
（a）自制控温冰柜

（b）内封口

（c）土样

图 7-4　试件的冻融循环

7.2　冻融路基砂土动剪切模量与阻尼比

7.2.1　试验加载与终止标准

试验的动力条件要求尽可能模拟重载汽车荷载，根据现场动应力测试结果，汽车荷载下路基内动压应力波形与半正弦波相似[286,287]，故本试验中施加的动力荷载如图 7-5 所示，为正弦荷载波形。同时考虑到一般公路重载汽车以 6 轴重载汽车（3 轴牵引车+3 轴拖车）为常见，行驶速度一般为 60～80km/h，因此，将轴向动荷载频率设定为 2Hz，并辅以其他荷载频率。土的动力参数试验时，采用每级荷载振动 12 次的分级循环加载方式[288-290]，并以一定的荷载等级递增，测试不同轴向动应力水平下的轴向动应变，直至试件达到终止标准为止。

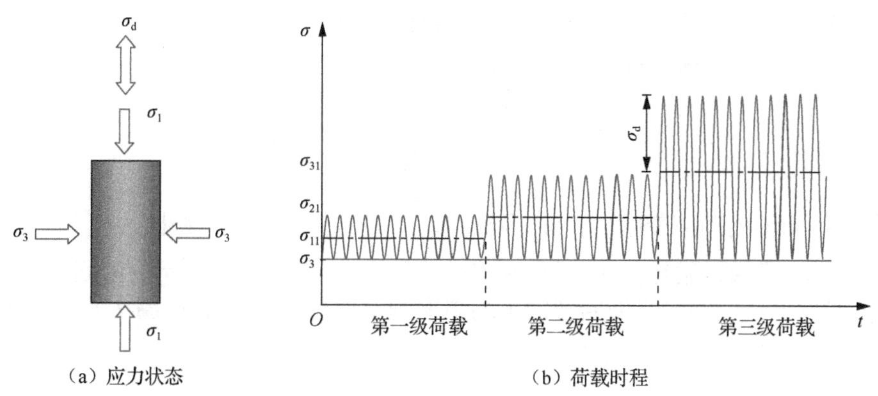

（a）应力状态　　（b）荷载时程

图 7-5　汽车荷载的加载模式

采用中国科学院西北生态环境资源研究院冻土工程国家重点实验室 MTS—810 型振动三轴材料试验系统（图 7-6）完成本研究相关室内试验。该设备主要技术指标为：最大轴向负荷为 100kN，最大轴向位移为±85mm，荷载频率范围为 0～50Hz。测定时，动三轴试验的试件破坏标准通常取 5%的轴向动应变。本次测定冻融路基砂土动力参数动三轴试验的试件破坏标准一并取 15%的轴向动应变，这是因为试件轴向动应变达到 5%时仍可以逐步加轴向动荷载，直至产生 15%的轴向应变后停止加载[289,290]。

图 7-6　MTS—810 型振动三轴材料试验系统

7.2.2　数据处理方法与改进 Hardin 双曲线模型

交通荷载作用下路基土的动应力-动应变关系可采用等效线性化模型描述[291]，动剪切模量与阻尼比是衡量土动力性能的两个重要参数。

冻融路基砂土动三轴试验数据处理具体步骤如下。

（1）计算每一荷载等级下动剪应力幅值 τ_d 和动剪应变幅值 γ_d。

$$\gamma_d = \varepsilon_d (1+\mu) \tag{7-1}$$

$$\tau_d = \frac{\sigma_d}{2} \tag{7-2}$$

式中，ε_d 为轴向动应变幅值；σ_d 为轴向动应力幅值；μ 为泊松比。

（2）动荷载每循环一次（每一振次）形成一个如图 7-7 所示的滞回圈。绘制 τ_d - γ_d 滞回曲线，并定义滞回圈的平均斜率为动剪切模量 G_d，如图 7-7（a）所示。

$$G_d = \frac{\tau_d}{\gamma_d} \tag{7-3}$$

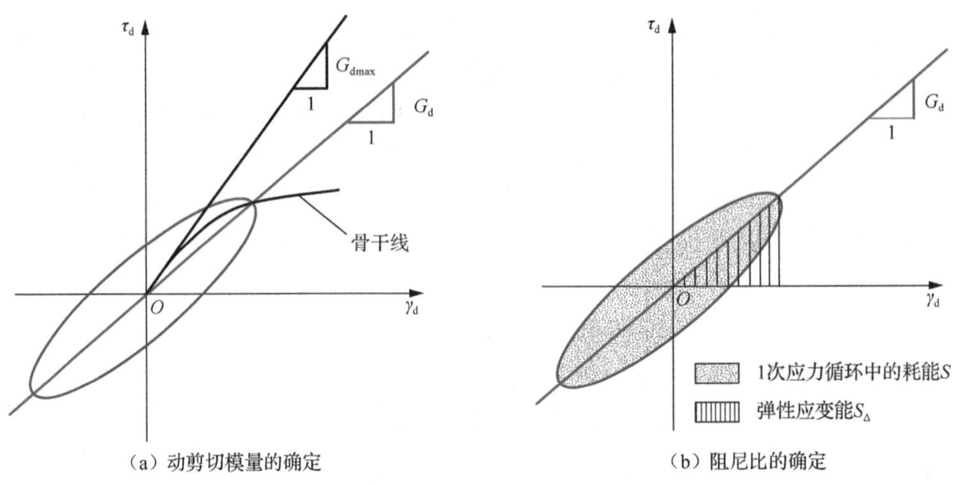

（a）动剪切模量的确定　　（b）阻尼比的确定

图 7-7　动剪切模量和阻尼比的确定

Hardin 等[292]建议采用双曲线拟合土动剪应力幅值和动剪应变幅值之间的关系曲线（骨干曲线）。然而本研究在对试验数据处理中发现如下问题：①冻融路基砂土的骨干曲线由初始线性阶段和后期非线性阶段组成，双曲线模型中由于在较小动剪应变幅值（$\gamma_d < 0.0002$）下其曲线斜率变化较快，试验不能很好地拟合冻融路基砂土骨干曲线在较小动剪应变幅值时的线性阶段；②双曲线模型在较大动剪应变幅值（$\gamma_d > 0.0002$）时逐渐向上偏离骨干曲线，因而过高估计冻融路基砂土的最终剪应力幅值$\tau_{\rm dult}$，以致动剪切模量与动剪应变幅值之间的关系出现较大误差。

因此，本研究采用式（7-4）所示改进的 Hardin 双曲线模型描述冻融路基砂土的骨干曲线。

$$\tau_{\rm d}=\frac{\gamma_{\rm d}}{\left(a^{c}+b^{c}\gamma_{\rm d}^{c}\right)^{1/c}} \tag{7-4}$$

式中，a、b和c为试验参数，其中$a>0$、$b>0$，$c>0$。

图 7-8 为采用 Hardin 双曲线模型和改进的 Hardin 双曲线模型拟合冻融路基砂土骨干曲线的对比，可以看出，采用改进的 Hardin 双曲线模型，可以更好刻画冻融路基砂土的动剪应变幅值和动剪应力幅值之间的关系，能够获得更准确的最终剪应力幅值$\tau_{\rm dult}$。

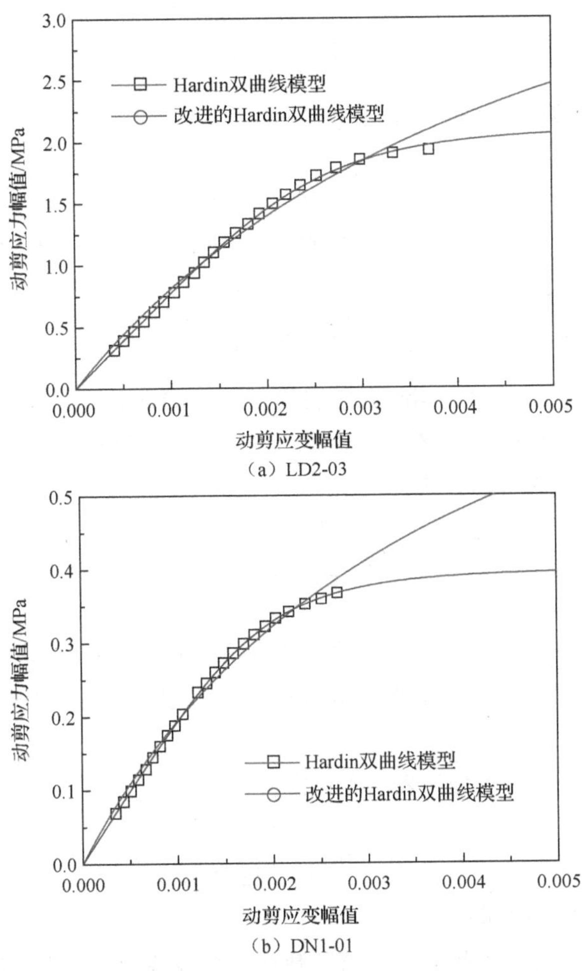

图 7-8　不同模型拟合冻融路基砂土骨干曲线的对比

联立式（7-3）和式（7-4）可解得式（7-5）。

$$G_{\mathrm{d}}=\frac{\tau_{\mathrm{d}}}{\gamma_{\mathrm{d}}}=\frac{1}{\left(a^{c}+b^{c}\gamma_{\mathrm{d}}^{c}\right)^{1/c}} \tag{7-5}$$

特别当式（7-5）中$\gamma_{\mathrm{d}}\to 0$时，有式（7-6）；$\gamma_{\mathrm{d}}\to +\infty$时，有式（7-7）。

$$G_{\mathrm{d\,max}}=G_{\mathrm{d}}\big|_{\gamma_{\mathrm{d}}\to 0}=\frac{1}{a} \tag{7-6}$$

$$\tau_{\mathrm{dult}}=\tau_{\mathrm{d}}\big|_{\gamma_{\mathrm{d}}\to +\infty}=\frac{1}{b} \tag{7-7}$$

式中，$G_{\mathrm{d\,max}}$为最大动剪切模量；τ_{dult}为最终剪应力幅值。

（3）将式（7-3）、式（7-6）和式（7-7）代入式（7-5），得式（7-8）。

$$G_{\mathrm{d}}^{c}=\frac{G_{\mathrm{d\,max}}^{c}}{1+\left(\dfrac{G_{\mathrm{d\,max}}}{\tau_{\mathrm{dult}}}\right)^{c}\gamma_{\mathrm{d}}^{c}} \tag{7-8}$$

引入参考动剪应变幅值γ_{dr}，其表达式为

$$\gamma_{\mathrm{dr}}=\frac{\tau_{\mathrm{dult}}}{G_{\mathrm{d\,max}}}=\frac{a}{b} \tag{7-9}$$

整理式（7-8）后，得动剪切模量G_{d}与动剪应变幅值γ_{d}的关系为

$$G_{\mathrm{d}}=\frac{G_{\mathrm{d\,max}}}{\left[1+\left(\gamma_{\mathrm{d}}/\gamma_{\mathrm{dr}}\right)^{c}\right]^{1/c}} \tag{7-10}$$

特别地，当改进的 Hardin 双曲线模型中$c=1$时，式（7-4）、式（7-8）和式（7-10）即为文献[293]推荐的系列公式，说明经典双曲线模型是本研究改进 Hardin 双曲线模型的特殊形式。

（4）阻尼比λ采用式（7-11）计算。

$$\lambda=\frac{S}{4\pi S_{\Delta}} \tag{7-11}$$

式中，S为一次应力循环中的耗能，即一次应力循环滞回圈所围成的椭圆面积；S_{Δ}为弹性应变能，即图 7-7（b）阴影三角形的面积。采用数值法求解椭圆的面积S和三角形的面积S_{Δ}。

文献[293]采用式（7-12）表示阻尼比。

$$\lambda=\lambda_{\max}\left(\frac{\gamma_{\mathrm{d}}/\gamma_{\mathrm{dr}}}{1+\gamma_{\mathrm{d}}/\gamma_{\mathrm{dr}}}\right) \tag{7-12}$$

式中，$\lambda_{\max}$为最大阻尼比。

通过对交通荷载下土的动三轴试验数据拟合表明，用式（7-13）拟合阻尼比与动剪应变幅值的关系更符合测试结果[188,196]。

$$\lambda = \lambda_{\max}\left(1-\frac{G_{\mathrm{d}}}{G_{\mathrm{d\,max}}}\right)^{m} = \lambda_{\max}\left(\frac{\gamma_{\mathrm{d}}/\gamma_{\mathrm{dr}}}{1+\gamma_{\mathrm{d}}/\gamma_{\mathrm{dr}}}\right)^{m} \tag{7-13}$$

式中，m 为试验拟合参数。

7.2.3　动剪切模量

重载汽车荷载下冻融路基砂土动三轴试验条件与骨干曲线拟合参数如表 7-1 所示，共计 10 个试件，着重考虑不同含水率：8.63%，9.55%和 10.7%；不同冻融循环次数：0 次、1 次、3 次和 5 次；不同荷载振动频率：1Hz、2Hz 和 3Hz。依据上文所提方法对试验数据进行处理，将不同条件下冻融路基砂土的动剪切模量和阻尼比分述如下。

表 7-1　冻融路基砂土动三轴试验条件与骨干曲线拟合参数

试件编号	含水率 w/%	冻融循环次数 n	荷载频率 f/Hz	拟合参数			决定系数
				$a/10^2$	b	c	R^2
DN1-01	8.63	0	2	0.5076	2.5070	3.7146	0.9999
DN2-01	9.55			0.5451	2.5450	2.7800	0.9998
DN3-01	10.7			0.5474	2.9745	3.1098	0.9998
DN1-02	8.63	3	2	0.5062	2.7863	3.9626	0.9999
DN2-02	9.55			0.5186	2.9795	3.2125	0.9999
DN3-02	10.7			0.5669	3.0925	3.0454	0.9998
DN2-03	9.55	1	2	0.5297	2.9733	3.5150	0.9999
DN2-04	9.55	5		0.6551	3.0692	2.2690	0.9998
DN2-05	9.55	3	1	0.5277	2.8464	3.4567	0.9999
DN2-06	9.55		3	0.4982	2.6455	2.8754	0.9999

冻融路基砂土的骨干曲线拟合参数 a、b 和 c 如表 7-1 所示，根据式（7-6）和式（7-7）计算不同影响因素下的冻融路基砂土的最大动剪切模量 $G_{\mathrm{d\,max}}$ 和最终剪应力幅值 τ_{dult}。不同影响因素下的试验结果关系曲线如图 7-9～图 7-20 所示。从图中可以看出，冻融路基砂土的动剪应力幅值和动剪应变幅值之间的关系曲线由初始线性段、中期非线性段和后期直线段组成，试验所得动剪应变幅值为 0.0004～0.004，动剪应力幅值为 0.05～0.35MPa；随着动剪应变幅值的增加，冻融路基砂土的动剪应力幅值增加，直至趋于某条渐近线。最大动剪切模量、最终剪应力幅值与各因素的关系较为复杂。

7.2.3.1　含水率

1）未经历冻融循环

当荷载频率为 2Hz，围压为 0.3MPa 时，3 种不同含水率条件下未经历冻融循环作用的冻融路基砂土骨干曲线如图 7-9 所示，其最大动剪切模量和最终剪应力幅值与含水率的关系曲线如图 7-10 所示。由图可见，含水率对冻融路基砂土的骨干曲线影响显著，随含水率的增加，骨干曲线初始斜率降低，最终剪应力幅值降低。含水率由 8.63%增加至 10.7%时，最大动剪切模量由 196MPa 降低至 182MPa，降幅为 7.1%，最终剪应力幅值由 0.40MPa 降低至 0.34MPa，降幅为 15%。

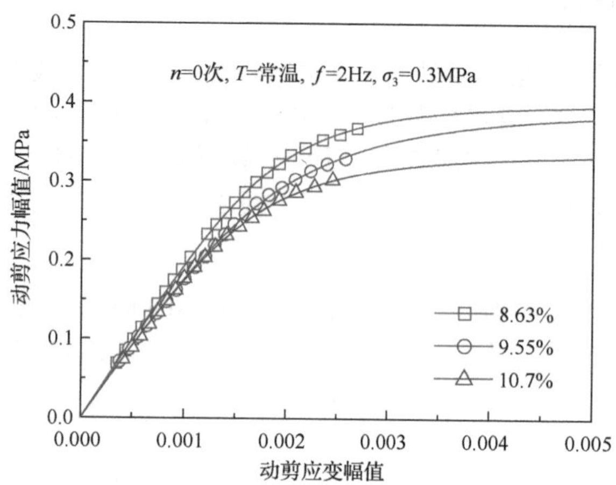

图 7-9　不同含水率下冻融路基砂土的骨干曲线

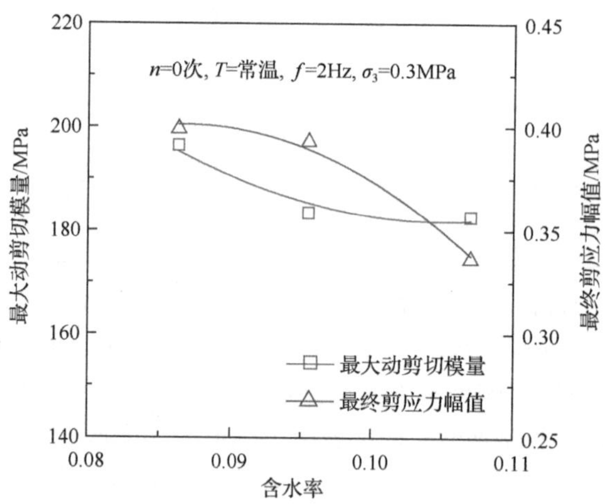

图 7-10　冻融路基砂土 $G_{\mathrm{d\,max}}$ 和 τ_{dult} 与含水率的关系

冻融路基砂土动剪切模量与动剪应变幅值随含水率变化的关系曲线如图 7-11 所示。由图可见，随着动剪应变幅值的增加，冻融路基砂土的动剪切模量降低；含水率增加，冻融路基砂土的动剪切模量降低。显然，随着含水率的增加，土颗粒周围包裹更多的水膜，在荷载作用下起到一定的润滑作用，使得冻融路基砂土的变形增加，刚度降低，动剪切模量降低。

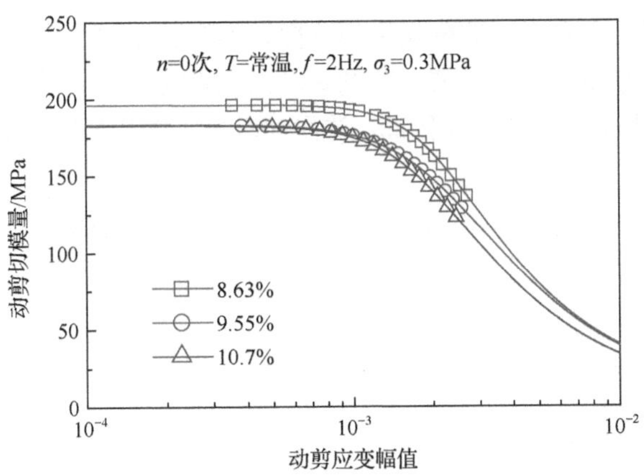

图 7-11　不同含水率下砂土动剪切模量与动剪应变幅值的关系

2）经历 3 次冻融循环

当荷载频率为 2Hz、围压为 0.3MPa 时，3 种含水率下经历 3 次冻融循环后的冻融路基砂土骨干曲线如图 7-12 所示，其最大动剪切模量和最终剪应力幅值与含水率的关系曲线如图 7-13 所示。由图可见，冻融循环后，含水率对冻融路基砂土的骨干曲线影响更显著，随着含水率的增加，最大动剪切模量降低，且降低幅度增加。含水率由 8.63%增加至 10.7%，冻融路基砂土最大动剪切模量由 197MPa 降低至 176MPa，降幅为 10.7%；最终剪应力幅值由 0.36MPa 降低至 0.32MPa，降幅为 11.1%。

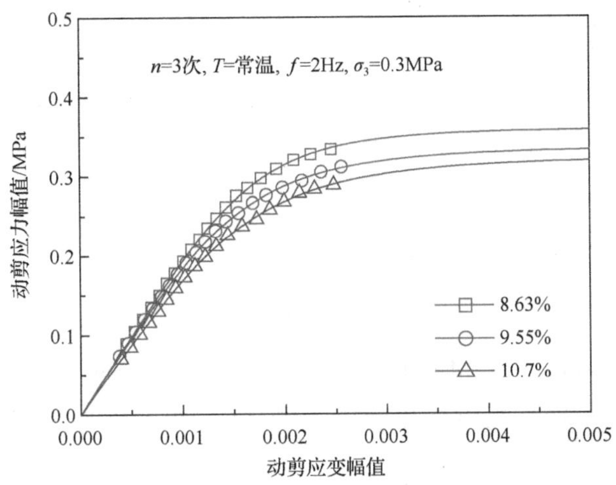

图 7-12　不同含水率下冻融路基砂土的骨干曲线

经历 3 次冻融循环后，冻融路基砂土动剪切模量、动剪应变幅值与含水率的关系曲线如图 7-14 所示。由图可见，随着动剪应变幅值的增加，冻融路基砂土的动剪切模量降低；含水率对冻融循环后冻融路基砂土的动剪切模量影响显著。主要原因在于，一方面，含水率增加有利颗粒之间产生滑移；另一方面，冻融循环也加剧了冻融路基砂土的损伤，因此，冻融路基砂土的变形能力增强，动剪切模量降低。

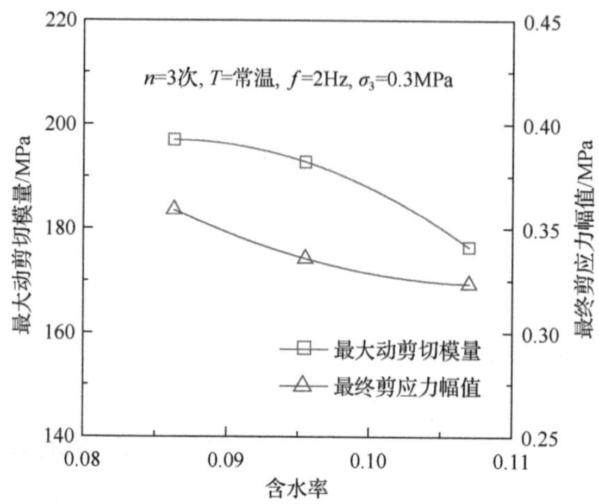

图 7-13　冻融路基砂土 $G_{d\,max}$ 和 τ_{dult} 与含水率的关系

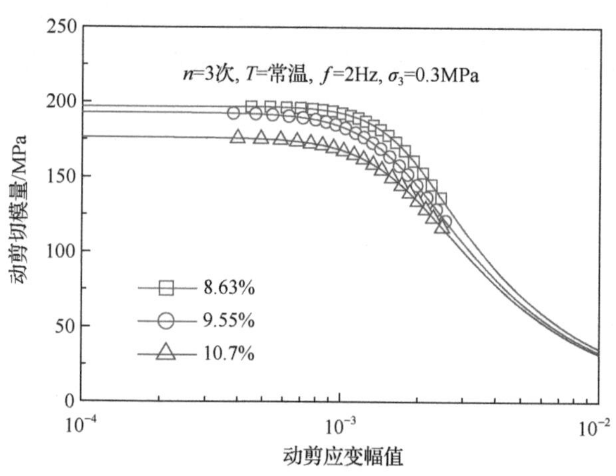

图 7-14　不同含水率下砂土动剪切模量与动剪应变幅值的关系

7.2.3.2　冻融循环次数

当含水率 w 为 9.55%、荷载频率为 2Hz、围压为 0.3MPa 时，不同冻融循环次数下冻融路基砂土的骨干曲线如图 7-15 所示，其最大动剪切模量和最终剪应力幅值与冻融循环次数的关系曲线如图 7-16 所示。由图可见，冻融循环次数对冻融路基砂土的骨干曲线影响显著。在初始几次的冻融循环作用下，最大动剪切模量有增

加的趋势，由 183MPa 增加至 192MPa；当冻融 5 次后，最大动剪切模量降低至 152MPa。此外，最终剪应力幅值随冻融循环次数的增加逐渐降低，由 0.39MPa 降低至 0.32MPa，而且冻融 1 次、3 次和 5 次的最终剪应力幅值相差很小。

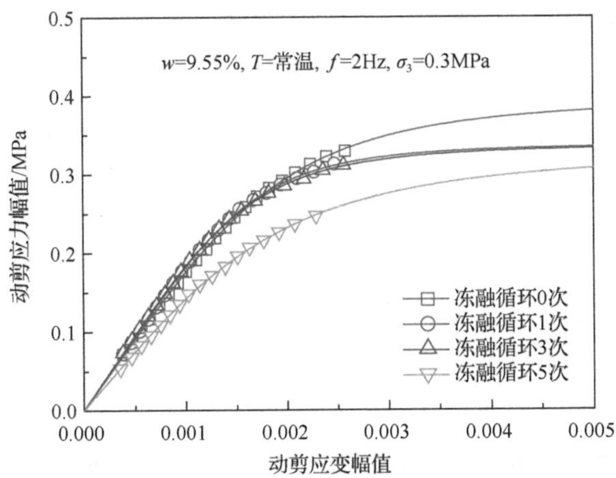

图 7-15　不同冻融循环次数下冻融路基砂土的骨干曲线

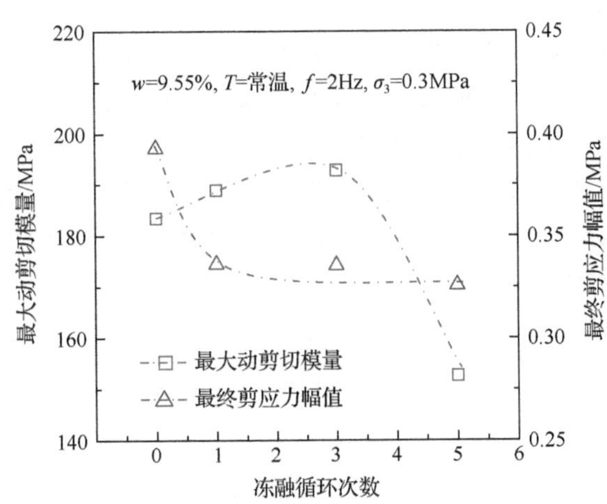

图 7-16　冻融路基砂土 $G_{d\max}$ 和 τ_{dult} 与冻融循环次数的关系

冻融路基砂土动剪切模量与动剪应变幅值随冻融循环次数变化的关系曲线如图 7-17 所示。由图可见，随着冻融循环次数的增加，冻融路基砂土动剪切模量先增大后降低。与未经历冻融循环作用的冻融路基砂土相比，经历 1 次和 3 次冻融循环后，冻融路基砂土的动剪切模量有小幅增加；经历 5 次冻融后，冻融路基砂土的动剪切模量大幅降低。其原因可能在于冻融循环是在小侧限下进行的，在较少的冻融循环次数下，一方面使土颗粒本身以及土颗粒之间造成损伤，另一方面使土体变得松散。在三轴试验中，施加围压固结后土颗粒产生有序的挤压变形，使土的刚性增大，变形减小。随冻融循环次数的增加，围压固结产生的补强不足以弥补土颗粒的损伤，因而土的变形增加，动剪切模量降低。

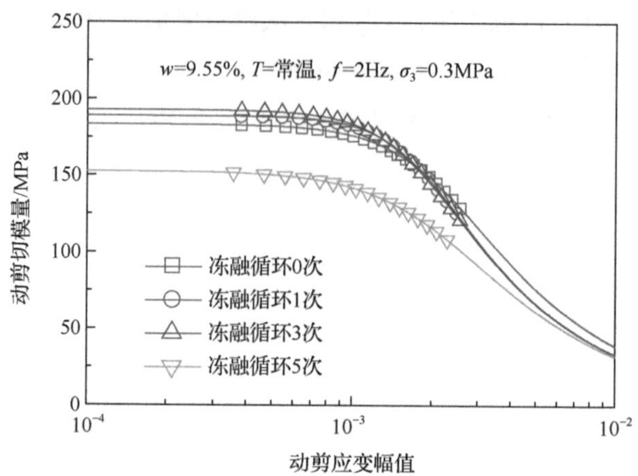

图 7-17　不同冻融循环次数下冻融路基砂土动剪切模量与动剪应变幅值的关系

7.2.3.3　荷载频率

当含水率为 9.55%、冻融循环次数为 3 次、围压为 0.3MPa 时，3 种不同荷载频率下冻融路基砂土的骨干曲线如图 7-18 所示，其最大动剪切模量和最终剪应力幅值与荷载频率的关系曲线如图 7-19 所示。由图可见，荷载频率在 1～3Hz 变化时对冻融路基砂土的骨干曲线影响不显著，随振动荷载频率的增大冻土的初始强度有所增大，最大动剪切模量增大，但增幅不显著；最终剪应力幅值随荷载频率的增大先降低，后增加。

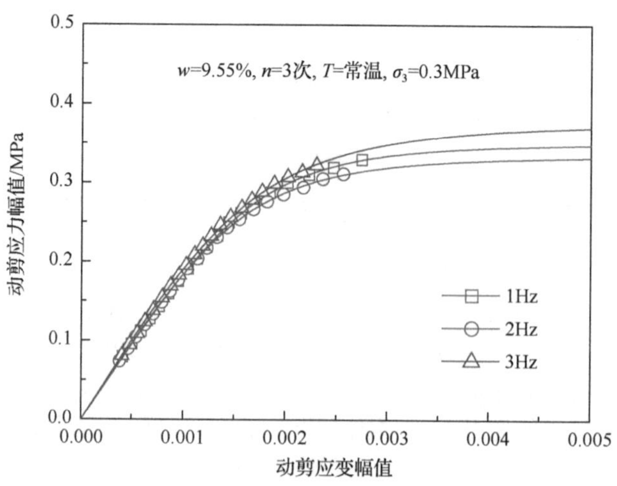

图 7-18　不同荷载频率下冻融路基砂土的骨干曲线

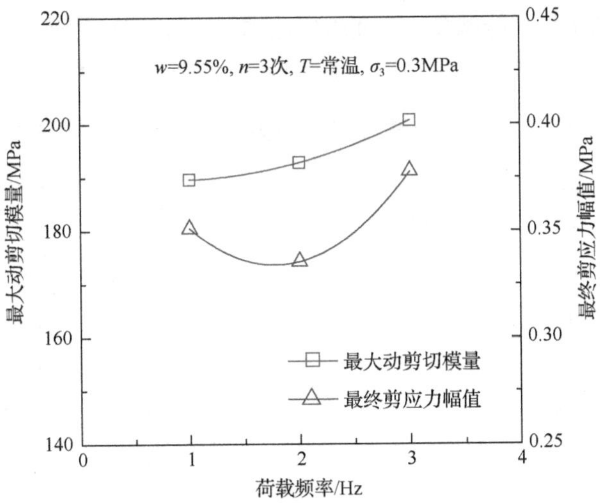

图 7-19　冻融路基砂土 $G_{d\max}$ 和 τ_{dult} 与荷载频率的关系

冻融路基砂土动剪切模量与动剪应变幅值随荷载频率变化的拟合关系曲线如图 7-20 所示。由图可见，随着荷载频率增加，不同动剪应变幅值对应的冻融路基砂土的动剪切模量增加，但增幅不大。

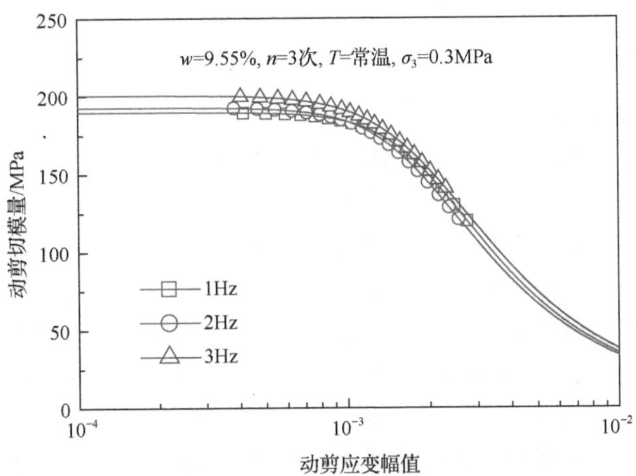

图 7-20　不同荷载频率下冻融路基砂土动剪切模量与动剪应变幅值的关系

7.2.4　阻尼比

冻融路基砂土阻尼比的拟合参数 λ_{max} 和 m 如表 7-2 所示，不同的含水率、冻融循环次数、荷载频率和拟合参数的关系曲线如图 7-21～图 7-28 所示。从图中可以看出阻尼比随动剪应变幅值的增大而显著增大，这是由于动剪应变越大，冻融路基砂土的黏滞阻尼耗能越多，因而阻尼比越大。与动剪切模量一致，阻尼比受含水率、冻融循环次数和荷载频率等因素影响，分别详细叙述如下。

表 7-2　冻融路基砂土动三轴试验条件与阻尼比拟合参数

试件编号	含水率 w/%	冻融循环次数 n	荷载频率 f/Hz	拟合参数 λ_{max}	拟合参数 m	决定系数 R^2
DN1-01	8.63	0	2	0.3208	0.3218	0.9201
DN2-01	9.55	0	2	0.4731	0.5417	0.9623
DN3-01	10.7	0	2	0.5002	0.5093	0.9801
DN1-02	8.63	3	2	0.3781	0.3777	0.9474
DN2-02	9.55	3	2	0.4833	0.5305	0.9806
DN3-02	10.7	3	2	0.4973	0.4988	0.9779
DN2-03	9.55	1	2	0.4224	0.4189	0.9411
DN2-04	9.55	5	2	0.5242	0.4054	0.9755
DN2-05	9.55	3	1	0.4629	0.4818	0.9698
DN2-06	9.55	3	3	0.4816	0.4907	0.9607

7.2.4.1　含水率

1）未经历冻融循环

当荷载频率为 2Hz、围压为 0.3MPa 时，3 种不同含水率下，未经历冻融循环作用的冻融路基砂土阻尼比与动剪应变幅值的关系如图 7-21 所示。从图中可以看出，随着动剪应变幅值的增加，冻融路基砂土的阻尼比增大，特别是当动剪应变幅值大于 0.001 时，冻融路基砂土的阻尼比显著增大；随着含水率的增加，越来越多的水包裹在土颗粒周围，土颗粒之间的润滑作用增加，因此冻融路基砂土的强度降低，耗能增加，冻融路基砂土最大阻尼比和拟合参数 m 与含水率之间的关系曲线如图 7-22 所示。由图可见，未经历冻融循环作用的冻融路基砂土，含水率对冻融路基砂土最大阻尼比的影响较大。随着含水率的增加，冻融路基砂土的最大阻尼比增加，拟合参数 m 先增大后减小。

2）经历 3 次冻融循环

当荷载频率为 2Hz、围压为 0.3MPa 时，3 种不同含水率下，经历 3 次冻融后的冻融路基砂土阻尼比与动剪应变幅值的关系如图 7-23 所示。可见，冻融路基砂土的阻尼比随动剪应变幅值的增大而增大；与未经历冻融循环的冻融路基砂土不同，当动剪应变幅值小于 0.001 时，3 次冻融后的冻融路基砂土阻尼比随动剪应变幅值的增加呈明显增大趋势。冻融路基砂土最大阻尼比和拟合参数 m 与含水率之间的关系曲线如图 7-24 所示。由图可见，未经历冻融循环作用的冻融路基砂土，含水率对其最大阻尼比的影响较大。随着含水率的增加，最大阻尼比先增大后减小，拟合参数 m 增大。

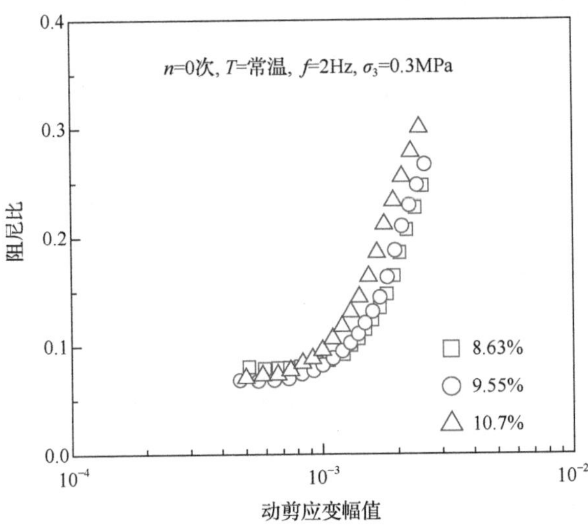

图 7-21　不同含水率下冻融路基砂土阻尼比与动剪应变幅值的关系

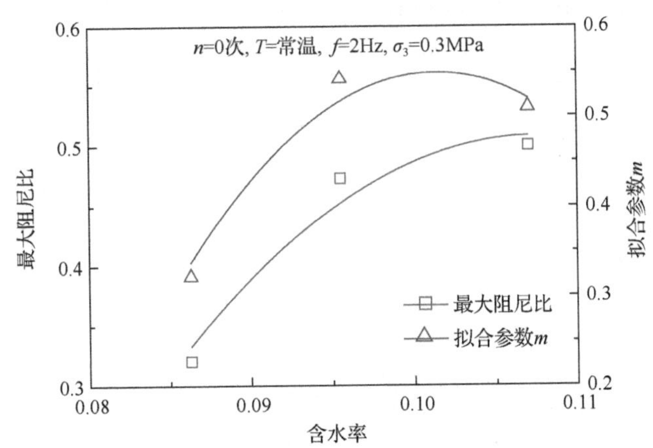

图 7-22　冻融路基砂土最大阻尼比和拟合参数 m 与含水率的关系

7.2.4.2　冻融循环次数

当含水率为 9.55%、荷载频率为 2Hz、围压为 0.3MPa 时，不同冻融循环次数下冻融路基砂土的阻尼比与动剪应变幅值的关系如图 7-25 所示。从图中可以看出，阻尼比随动剪应变幅值的增大而显著增大；5 次冻融循环后，同一动剪应变幅值对应的阻尼比显著增加。其原因在于，随着冻融循环次数的增加，土颗粒自身和土颗粒之间的黏着强度降低；5 次冻融循环后，冻融路基砂土原有的稳定结构可能已经被冻融循环作用打破。冻融路基砂土最大阻尼比和拟合参数 m 与冻融循环次数之间的关系如图 7-26 所示。由图可见，冻融循环次数增加，最大阻尼比先减小后逐渐增大；拟合参数 m 的变化复杂。

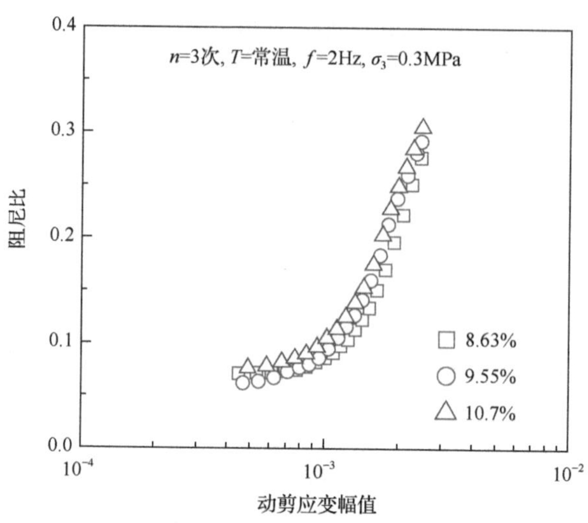

图 7-23　不同含水率下冻融路基砂土阻尼比与动剪应变幅值的关系

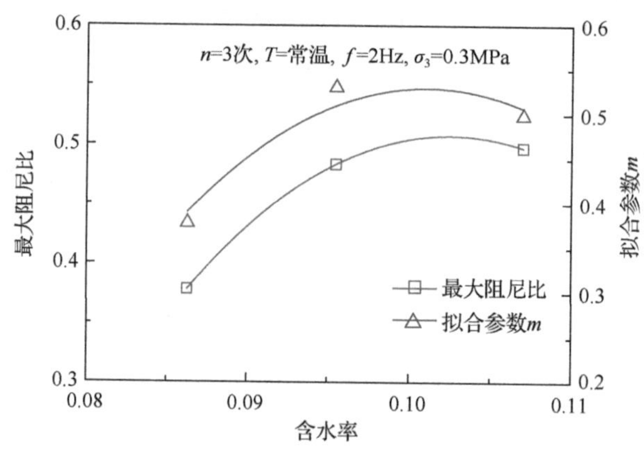

图 7-24　冻融路基砂土最大阻尼比和拟合参数 m 与含水率的关系

7.2.4.3　荷载频率

当含水率为 9.55%、冻融循环次数为 3 次、围压为 0.3MPa 时，不同荷载频率下冻融路基砂土的阻尼比与动剪应变幅值的关系如图 7-27 所示。从图中可以看出冻融路基砂土阻尼比随动剪应变幅值的增大而显著增大。动剪应变幅值小于 0.001 时，荷载振动频率为 3Hz 时冻融路基砂土的阻尼比较 1Hz 和 2Hz 时大；

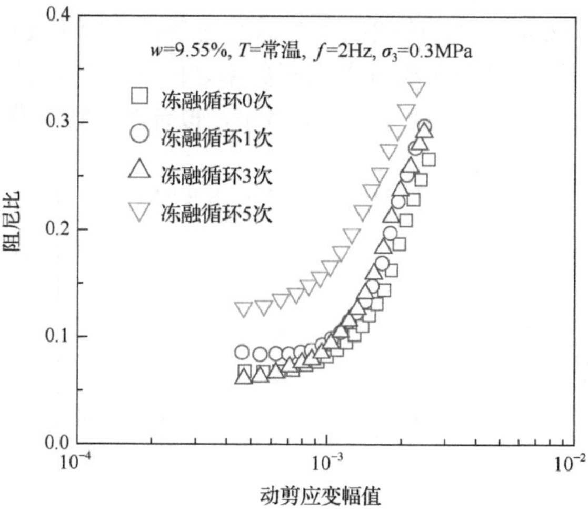

图 7-25　冻融路基砂土不同冻融循环次数下阻尼比与动剪应变幅值的关系

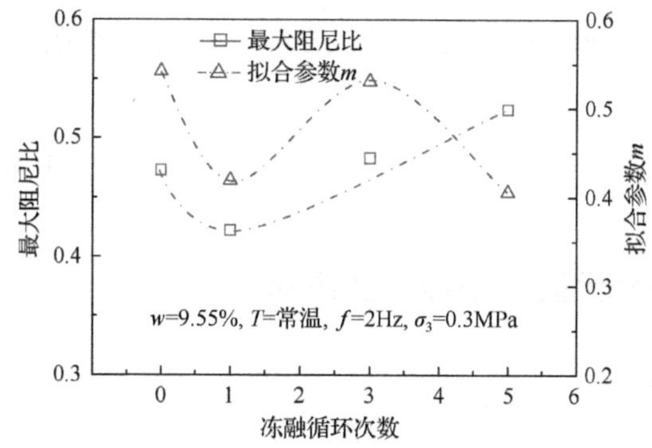

图 7-26　冻融路基砂土最大阻尼比和拟合参数 m 与冻融循环次数的关系

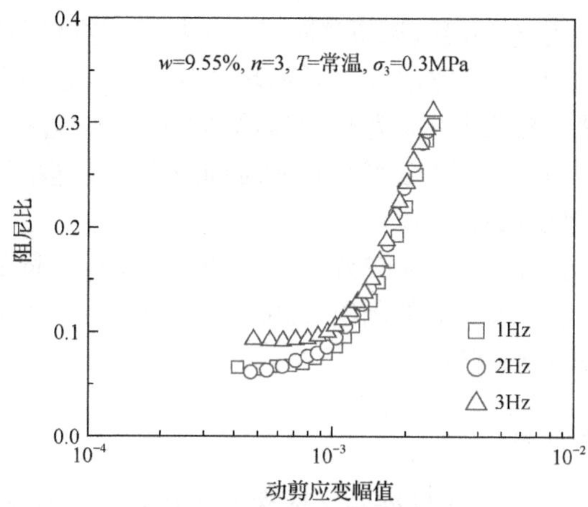

图 7-27　不同荷载频率下阻尼比与动剪应变幅值的关系

动剪应变幅值大于 0.001 时，荷载频率对冻融路基砂土阻尼比的影响不大。冻融路基砂土最大阻尼比和拟合参数 *m* 与荷载频率之间的关系如图 7-28 所示。由图可见，荷载频率增加，最大阻尼比先增大后减小，拟合参数则呈增大趋势。

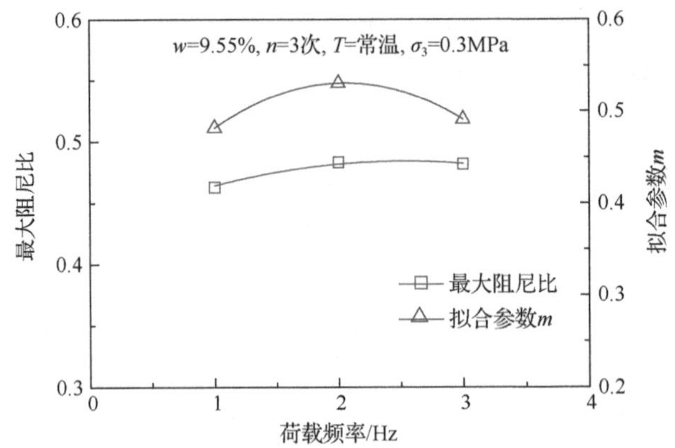

图 7-28　最大阻尼比和拟合参数 *m* 与荷载频率的关系

7.3　冻融路基砂土的永久变形性能

7.3.1　冻融路基砂土固结不排水压缩试验

7.3.1.1　试验概况

考虑到冻融路基砂土贯穿于春融期与正常期且对公路路基稳定性影响显著，故以冻融路基砂土为研究对象。土样仍选用齐嫩高速公路段砂土，试验加载设备采用中国科学院西北生态环境资源研究院冻土工程国家重点实验室 MTS－810 型三轴材料试验机。试件制备方法和冻融循环方法同 7.1.2 节所述，试件完成规定冻融循环后，放进三轴常温压力腔中等压固结 2h 后，依据《公路土工试验规程》（JTG 3430—2020）进行测试，试验中控制轴向应变加载速率为 2mm/min，当轴向应变达到 15%时停止试验加载。

分别进行了不同的含水率（8.63%、9.55%和 10.7%）、不同的冻融循环次数（0 次、1 次、3 次和 5 次）和不同的围压（300kPa、400kPa 和 500kPa）下冻融路基砂土的三轴固结不排水压缩试验。

7.3.1.2　结果与分析

图 7-29 为不同含水率、不同冻融循环次数下对应的不同围压下冻融路基砂土的轴向应变与主应力差关系曲线。可以看出，①冻融路基砂土轴向应变与主应力

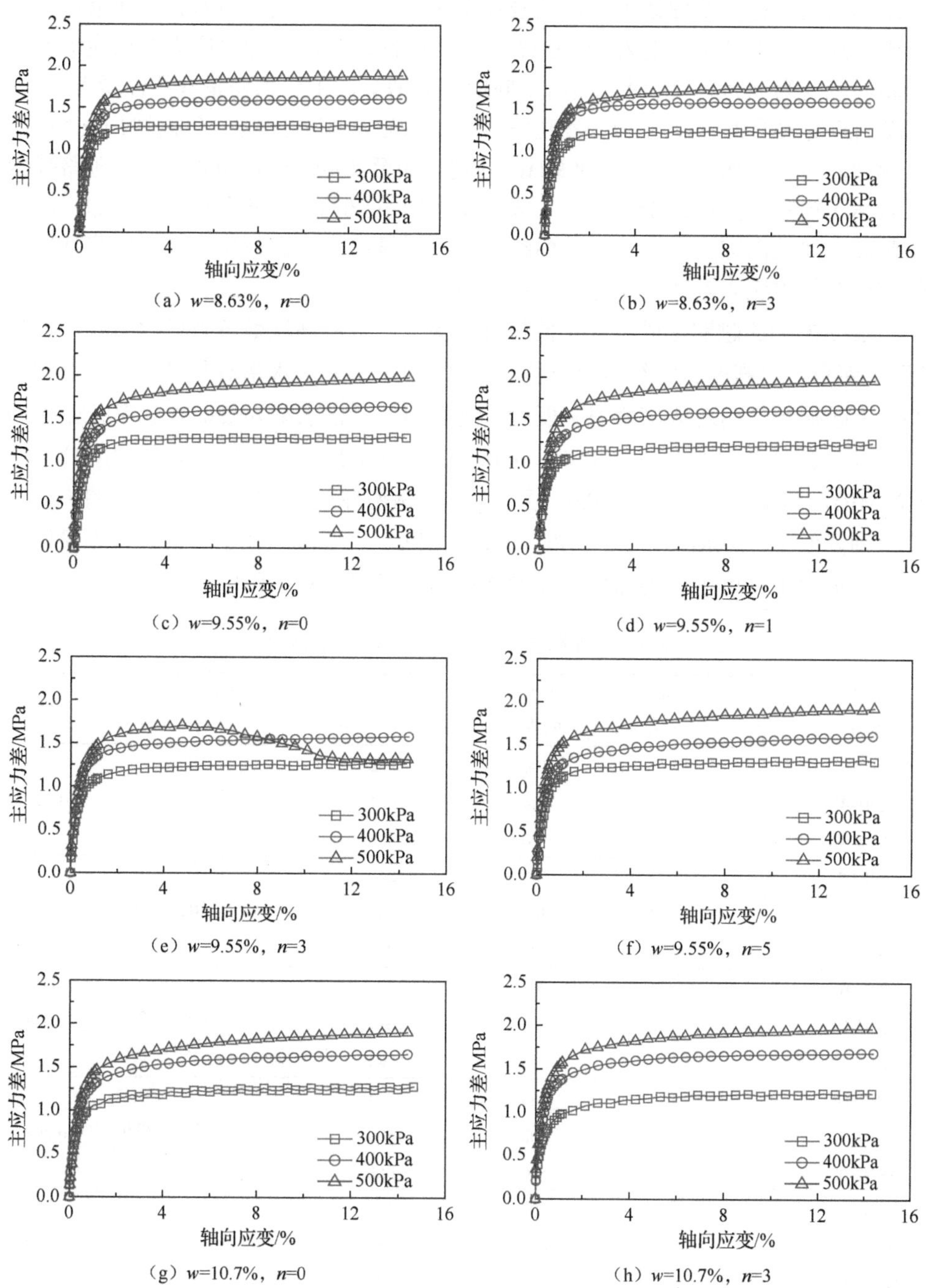

（a）w=8.63%，n=0　（b）w=8.63%，n=3

（c）w=9.55%，n=0　（d）w=9.55%，n=1

（e）w=9.55%，n=3　（f）w=9.55%，n=5

（g）w=10.7%，n=0　（h）w=10.7%，n=3

图 7-29　不同条件下冻融路基砂土轴向应变与主应力差的关系曲线

差之间的关系符合双曲线模型，随着轴向应变的增加，主应力差先迅速增加，后趋于一致。②当轴向应变为 0～0.5%时，随轴向应变的增加主应力差线性增加；当轴向应变为 0.5%～2%时，随着轴向应变的增加，主应力差呈非线性缓慢增加；当轴向应变大于 2%时，主应力差几乎不增加，或增加非常缓慢。③随围压的增加，主应力差显著增加；围压从 300kPa，分别增加至 400kPa 和 500kPa，冻融路基砂土破坏（轴向应变达到 15%）时主应力差增加了 20%。④随含水率的增加，冻融路基砂土的轴向应变与主应力差曲线变化不明显；冻融循环作用对冻融路基砂土轴向应变与主应力差曲线变化有一定影响。

表 7-3 为冻融路基砂土在不同的含水率、冻融循环次数下破坏时主应力差与摩尔-库仑抗剪强度包络线拟合方程。可以看出，3 种含水率对其峰值强度影响较小；冻融循环作用对静态峰值强度有一定影响，当含水率为最优含水率（8.63%）时，未冻融时 3 种围压（300kPa、400kPa 和 500kPa）下对应的峰值强度分别为 1.28MPa、1.61MPa 和 1.89MPa；经过 3 次冻融循环后，3 种围压下对应的峰值强度分别降低至 1.24MPa、1.59MPa 和 1.80MPa，主要原因在于，该试件为最优含水率和最大干密度下制备而成，显然冻融循环对它的破坏作用更强。

表 7-3　冻融路基砂土固结不排水试验结果

试件编号	含水率 w/%	冻融循环次数 n	围压 σ_3 /kPa	破坏时主应力差（$\sigma_1-\sigma_3$）/kPa	M-C 抗剪强度包络线拟合方程/kPa	R^2
SN1-01	8.63	0	300	1282	$\tau_f=0.75\sigma_n+94.6$	0.999
BSN1-01			400	1611		
BSN1-02			500	1886		
SN1-02		3	300	1244	$\tau_f=0.71\sigma_n+110.8$	0.997
BSN1-03			400	1593		
BSN1-04			500	1796		
SN2-01	9.55	0	300	1288	$\tau_f=0.82\sigma_n+57.8$	1.000
BSN2-01			400	1637		
BSN2-02			500	1984		
SN2-03		1	300	1243	$\tau_f=0.84\sigma_n+40.6$	0.999
BSN2-07			400	1639		
BSN2-08			500	1968		
SN2-02		3	300	1273	$\tau_f=0.62\sigma_n+174.2$	0.997
BSN2-03			400	1584		
BSN2-04			500	1709		
SN2-04		5	300	1314	$\tau_f=0.77\sigma_n+93.1$	0.999
BSN2-05			400	1610		
BSN2-06			500	1932		

续表

试件编号	含水率 w/%	冻融循环次数 n	围压 σ_3 /kPa	破坏时主应力差（$\sigma_1-\sigma_3$）/kPa	M-C 抗剪强度包络线拟合方程/kPa	R^2
SN3-01	10.7	0	300	1279	$\tau_f=0.77\sigma_n+87.2$	0.998
BSN3-01			400	1654		
BSN3-02			500	1904		
SN3-02		3	300	1225	$\tau_f=0.86\sigma_n+29.9$	0.998
BSN3-03			400	1686		
BSN3-04			500	1967		

7.3.2　长期交通荷载下冻融路基砂土永久应变试验

7.3.2.1　试验概况

1）长期重载汽车荷载加载方式

永久应变是指长期循环动荷载作用下土体产生的不可恢复的应变，是衡量土体在重复动荷载作用下产生永久变形的有效量值之一。采用常规动三轴试验测试冻融路基砂土在重复荷载作用下产生的累积不可恢复应变即为动应力作用前后试件的高度差与动应力作用前试件初始高度之比，即取轴向循环动应力幅值 $\sigma_d=0$ 时对应的应变值为此刻永久应变值[294]。

图 7-30 为长期重载汽车荷载加载方式。试件完成静力固结后，开始施加动荷载。控制动荷载幅值和频率不变，以正弦波的形式持续加载，直至试件达到破坏标准，或达到设计荷载次数后终止加载。

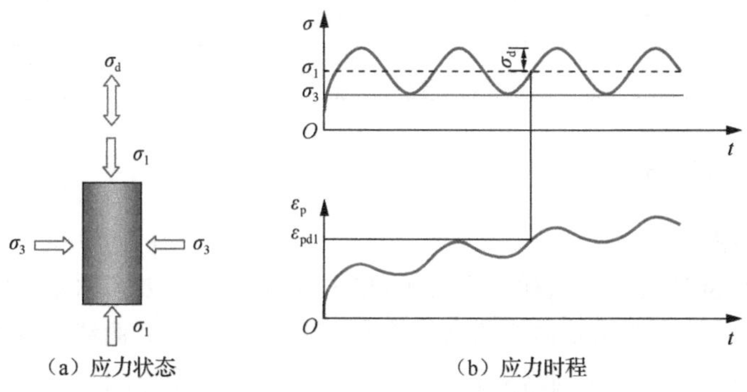

图 7-30　冻融路基砂土永久应变试验中动荷载加载方式

2）试件控制条件

试件完成规定冻融循环次数后，放入三轴压力腔中，控制围压为 300kPa 等压固结 2h。完成固结后，按图 7-30 所示方法施加等幅动荷载，考虑到为了模拟重载汽车荷载，控制加载频率为 2Hz，荷载循环作用次数至少 20000 次，或试件轴向动态应变达到 15%终止试验。

针对 3 种不同的含水率（8.63%、9.55%和 10.7%）、不同的冻融循环次数（0 次、1 次、3 次和 5 次）和不同的轴向荷载幅值（215kPa、300kPa、450kPa、525kPa 和 600kPa）下进行试验设计。表 7-4 为长期重载汽车荷载下冻融路基砂土永久应变试验控制条件，共计 16 组试件。

表 7-4　长期重载汽车荷载下冻融路基砂土永久应变试验控制条件

试件编号	含水率 w/%	冻融循环次数 n	围压 σ_3 /kPa	F_{1max} /kN	F_{1min} /kN	动荷载幅值/kPa	三轴固结不排水静强度（σ_3 =300kPa）/kPa	应力比
CN1-01	8.63	0	300	4.10	1.40	450	1282	0.3511
CN1-02		3	300	4.10	1.40	450	1244	0.3619
CN2-08	9.55	0	300	4.10	1.40	450	1288	0.3494
CN2-02		1	300	3.20	1.40	300	1243	0.2413
CN2-06			300	4.10	1.40	450	1243	0.3620
CN2-10		3	300	3.20	1.40	300	1273	0.2358
CN2-09			300	4.10	1.40	450	1273	0.3536
CN2-11			300	5.00	1.40	600	1273	0.4715
CN2-12-1			300	4.55	1.40	525	1273	0.4126
CN2-03		5	300	3.20	1.40	300	1314	0.2283
CN2-05			300	4.10	1.40	450	1314	0.3425
CN2-04			300	5.00	1.40	600	1314	0.4566
CN3-01-1	10.7	0	300	2.70	1.40	215	1279	0.1681
CN2-07			300	4.10	1.40	450	1279	0.3518
CN3-01		3	300	2.70	1.40	215	1225	0.1755
CN3-02			300	4.10	1.40	450	1225	0.3674

7.3.2.2　结果与分析

1）含水率

当围压为 300kPa、动荷载幅值为 450kPa 时，图 7-31 是含水率分别为 8.63%、9.55%和 10.7%时冻融路基砂土永久应变与荷载次数的关系曲线。可以看出，随着荷载作用次数的增加，冻融路基砂土永久应变增加。主要原因在于，在循环荷载作用初期，土体内的微裂隙逐渐闭合，土骨架在应力的作用下被压缩并重新排列，因而土体永久变形发展迅速；随着荷载次数的增加，土体内微裂隙基本闭合，土骨架的定向排列完成，土样的变形由土颗粒之间的缓慢滑移组成，因而，土体永久变形发展逐渐缓慢。未经历冻融循环的路砂基土，随含水率的增加，长期循环荷载下永久应变增加；而经历 3 次冻融循环后的冻融路基砂土，随含水率的增加，长期循环荷载下永久应变反而降低，但总体而言，冻融循环后土体的动力变形稳定性降低。究其原因，可能在于未经历冻融循环的重塑土，当含水率大于最优含水率时，土体内水分以水膜形式存在于土颗粒之间起到一定的润滑作用，含水率增加使得土体在长期循环荷载作用下润滑作用增强，因此土体的长期性能弱化；然而，当土体经历相同冻融循环后，相对于含水率为 9.55%和 10.7%而言，含水率为 8.63%（最优含水率）的土体在冻融循环过程中土体结构最易遭到损坏，因而越接近最优含水率，土体冻融循环后的长期动力变形稳定性能越差。

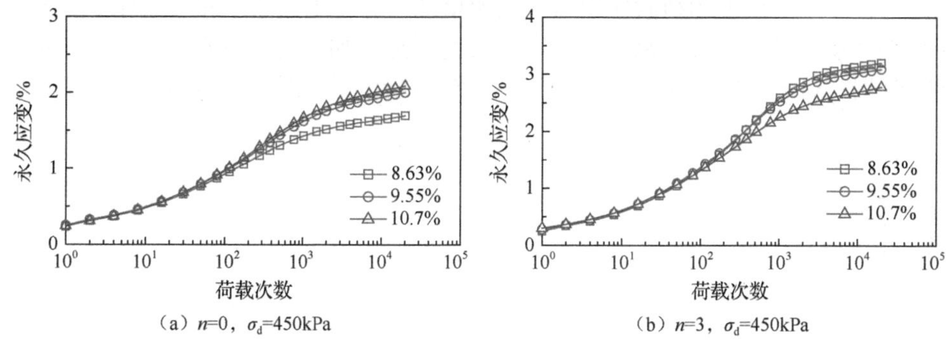

图 7-31　不同含水率下冻融路基砂土永久应变与荷载次数的关系曲线

2）冻融循环次数

当含水率为 9.55%、围压为 300kPa、动荷载幅值为 450kPa 时，图 7-32 分别为 0 次、1 次、3 次和 5 次冻融循环作用后路基砂土永久应变与荷载次数的关系曲线。可以看出，冻融循环次数对土体长期循环荷载作用下永久应变有显著的影响。随着冻融循环次数的增加，冻融路基砂土永久应变呈明显增加趋势，特别是当冻融循环作用次数为 5 次时，随荷载次数的逐渐增加，冻融路基砂土永久应变持续增大。

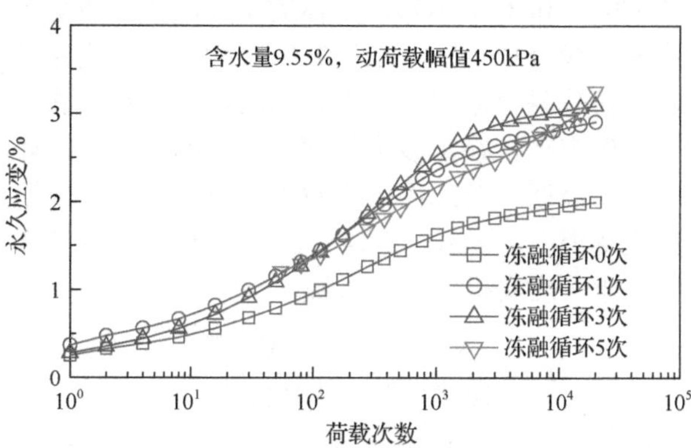

图 7-32　不同冻融循环次数下冻融路基砂土永久应变与荷载次数的关系曲线

其原因在于冻融循环作用使得土颗粒之间的粘结结构遭到破坏[295]，随着冻融循环次数的增加，土体损伤更加强烈，因此，在长期循环荷载作用下土体的变形呈现增加趋势。

3）动荷载幅值

当含水率为 9.55%、围压为 300kPa 时，图 7-33 分别为冻融循环 3 次和 5 次后不同动荷载幅值下冻融路基砂土永久应变与荷载次数的关系曲线。可以看出，动荷载幅值对冻融路基砂土在长期循环荷载作用下的永久应变有显著影响。随着动荷载幅值的增加，其永久应变呈显著增加趋势，当动荷载幅值为 600kPa 时，冻融路基砂土永久应变随荷载作用次数迅速增加，并发生破坏。冻融循环 5 次后，长期循环动力荷载下冻融路基砂土永久应变增加更加迅速，特别当动荷载幅值为 600kPa 时，荷载次数达到 2500 次后，冻融路基砂土的永久应变已达到 15%。

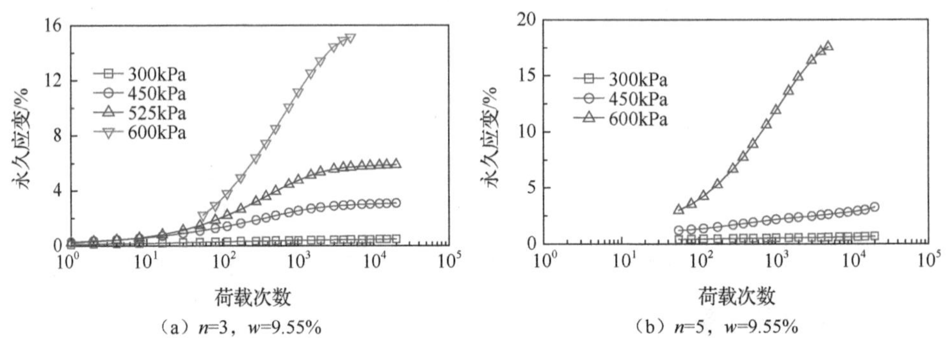

图 7-33 不同动荷载幅值下冻融路基砂土永久应变与荷载次数的关系曲线

7.3.3 长期重载汽车荷载下冻融路基砂土永久应变模型

从长期重载汽车荷载下冻融路基砂土的永久变形试验结果可以看出，在应力比较大时（试件 CN2-11 和 CN2-04），土体的永久应变曲线呈破坏型；在应力比较小时，土体的应变曲线呈稳定型。本研究针对稳定型曲线建模，综合考虑冻融循环与长期重载汽车荷载联合作用，基于三轴固结不排水静强度试验和长期循环荷载下动三轴试验，确定冻融路基砂土相同的含水率、冻融循环次数和围压条件下对应的试件应力比，以循环荷载作用次数为因变量，建立长期重载汽车荷载下冻融路基砂土永久应变模型，见式（7-14）。表 7-5 为冻融循环和长期重载汽车荷载下冻融路基砂土永久应变模型拟合参数。

$$\varepsilon_{\mathrm{p}}=\frac{N}{1000}\left[a_0+b_0\left(\frac{N}{1000}\right)^{m_0}\right]^{-1/m_0} \tag{7-14}$$

式中，ε_{p} 为永久应变；N 为荷载作用次数；a_0、b_0 和 m_0 为模型拟合参数，为应力比的函数。

表 7-5　冻融循环和长期重载汽车荷载下冻融路基砂土永久应变模型拟合参数

试件编号	应力比 S	a_0	b_0	m_0	R^2
CN1-01	0.3511	0.4744	3.7636	0.3376	0.9974
CN1-02	0.3619	0.7769	4.1206	0.4304	0.9966
CN2-02	0.2413	0.1758	2.0374	0.1566	0.9991
CN2-03	0.2283	0.1110	1.3031	0.0662	0.9991
CN2-06	0.3620	0.4392	2.8261	0.3127	0.9968
CN2-08	0.3494	0.4938	3.1774	0.3127	0.9968
CN2-09	0.3536	0.6827	3.9346	0.4119	0.9969
CN2-10	0.2358	0.3033	2.8224	0.2056	0.9996
CN2-12-1	0.4126	1.4367	6.3528	0.6695	0.9985
CN3-01-1	0.1681	0.0703	1.0450	0.0190	0.9986
CN3-01	0.1755	0.2238	2.1912	0.1823	0.9997
CN2-07	0.3518	0.5269	3.2421	0.3216	0.9973
CN3-02	0.3674	0.5468	3.4337	0.3612	0.9976

图 7-34 为长期重载汽车荷载下冻融路基砂土永久应变模型拟合参数 a_0、b_0 和 m_0 与应力比 S 的关系曲线。可以看出，随着试件应力比增加，模型拟合参数 a_0、b_0 和 m_0 也随之增加。模型拟合参数 a_0、b_0 和 m_0 与应力比 S 之间的拟合关系见式(7-15)。

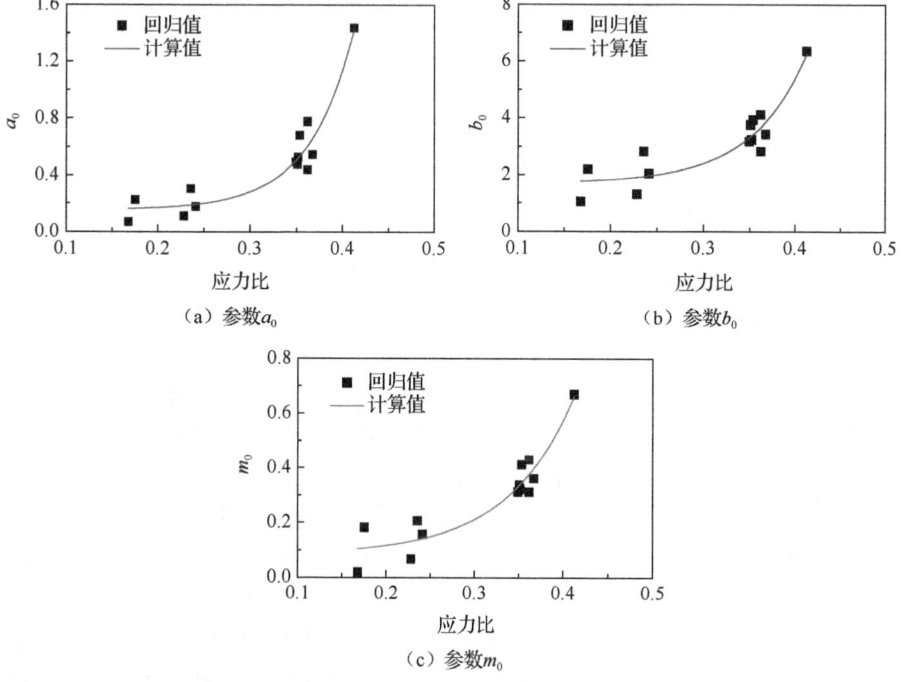

（a）参数a_0　（b）参数b_0

（c）参数m_0

图 7-34　模型拟合参数 a_0、b_0 和 m_0 与应力比 S 的关系

$$\begin{cases} a_0 = 0.1537 + 0.00028\mathrm{e}^{S/0.04900} & (R^2 = 0.9589) \\ b_0 = 1.6869 + 0.0052\mathrm{e}^{S/0.0609} & (R^2 = 0.9204) \\ m_0 = 0.0833 + 0.0023\mathrm{e}^{S/0.0745} & (R^2 = 0.9471) \end{cases} \tag{7-15}$$

为了检验模型的可信性，图 7-35 为冻融路基砂土永久应变模型试验值与计算值对比的关系曲线。可以看出，在较低应力比条件下，模型计算值和实测值吻合较好，因此所建立的长期重载汽车荷载下冻融路基砂土永久应变模型可以满足计算精度要求，可以用于下一步长期重载汽车荷载下路基永久变形的计算。

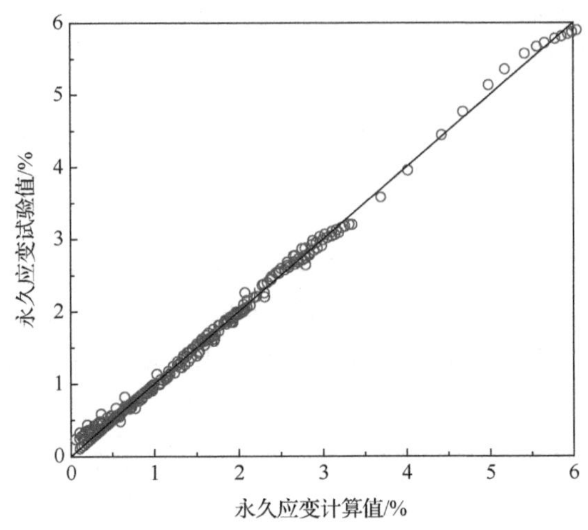

图 7-35　冻融路基砂土永久应变模型试验值与计算值对比

7.4　小　　结

采用动三轴试验研究冻融循环次数、含水率、荷载频率等因素对冻融路基砂土骨干曲线、最大动剪切模量、最终剪应力幅值、最大阻尼比，以及动剪应变幅值、动剪切模量和阻尼比曲线的影响；进而，基于室内固结不排水三轴试验和长期重载汽车荷载下的动三轴试验，提出了寒区长期重载汽车荷载下的冻融路基砂土永久应变模型。主要结论如下。

（1）在经典双曲线模型基础上，提出改进的 Hardin 双曲线模型，能够弥补经典双曲线模型的不足，更好地拟合冻融路基砂土动剪应力幅值与动剪应变幅值的关系。当模型参数 $c=1$ 时，改进的 Hardin 双曲线模型即为经典的双曲线模型。

（2）随含水率的增加，G_{dmax} 和 τ_{dult} 减小，$\lambda_{\max}$ 增大；随冻融循环次数的增加，G_{dmax} 先增加而后迅速降低，τ_{dult} 降低，$\lambda_{\max}$ 有增加的趋势；随荷载频率的增加，G_{dmax}

和 λ_{max} 增加，τ_{dult} 先降低后增加。

（3）随动剪应变幅值 γ_d 的增加，冻融路基砂土动剪切模量 G_d 减小，阻尼比 λ 增大。在相同动剪应变幅值条件下，动剪切模量 G_d 随含水率和冻融循环次数的增大而减小，随荷载频率的增加而增大；阻尼比 λ 随含水率、冻融循环次数和荷载频率的增大而增大。

（4）获得了不同冻融循环次数、围压和含水率下路基砂土的三轴固结不排水静力强度，发现围压对其强度影响很大，冻融循环作用对其强度有一定影响，含水率对其影响较小。

（5）长期重载汽车荷载下动力三轴试验表明，冻融循环作用、含水率和荷载幅值对路基土永久应变影响显著；未冻融时，含水率越大其永久应变越大；冻融循环 3 次后，含水率越大时对应的永久应变越小；随冻融循环次数的增加，冻融路基砂土永久应变增大；荷载幅值每增加一个等级，其永久应变显著增加。

（6）以应力比为关联，建立了寒区长期重载汽车荷载下冻融路基砂土永久应变模型，并采用实测数据验证了模型的可靠性。

第 8 章　汽车-路面-路基动力相互作用模型

汽车-路面-路基动力相互作用模型是研究汽车荷载下道路动力响应的方法之一。目前的研究工作可归纳为 3 个方面：一是将路面视为刚体，不考虑路面的变形，建立汽车模型，研究移动汽车产生的动力接地荷载特征；二是将汽车荷载简化为集中、均布荷载，路面简化为弹性或黏弹性地基上的梁或板模型，研究简化荷载作用下路面的动力响应；三是采用简单的汽车模型（1/4 汽车模型或半车双轴汽车模型），将路面模拟为梁或板模型，研究汽车荷载作用下路面动力响应。

本研究在吸收现有车-路动力相互作用分析模型的基础上，针对公路系统特点，将汽车-路面-路基耦合动力系统分解为汽车子系统和面层-基层-路基子系统。在合理假设基础上，分别建立了双轴、三轴、四轴和六轴汽车行驶振动模型；并针对寒区路基垂向分层特征，建立了面层-基层-路基动力相互作用模型、春融期面层-基层-路基动力相互作用模型、正常期面层-基层-路基动力相互作用模型；以路面不平度作为汽车行驶振动模型和路面-路基系统模型的附加激励，采用轮胎点接触模型和改进弹性滚子模型实现重载汽车与路面、路基体系的动力相互作用，建立了汽车-路面-路基动力相互作用数学模型。采用振型叠加法对路面微分方程变换，并基于威尔逊-θ（Wilson-θ）法求解汽车-路面-路基动力相互作用体系方程组，为进一步研究汽车荷载下路基动力响应奠定理论基础。

8.1　基本分析思路

汽车行驶在公路上，它的振动引起路面、路基和场地的振动，而路面和路基的振动反过来也影响重载汽车的振动，二者通过车轮与路面相互作用组成一个密不可分的整体。概括地说，汽车-路面-路基-场地动力相互作用分析的建模思路是：将公路和行驶的汽车视为一个复杂的大系统，它是由重载汽车系统、轮胎与路面相互作用系统、路面系统、路基系统组成（图 8-1）。其中，汽车系统由车体、轮对、连接车体与轮对的弹簧组成；路面系统由面层和基层组成；轮胎与路面相互作用系统是连接重载汽车系统、路面与路基系统的纽带，它是由轮胎接地关系和路面高低不平度组成的。

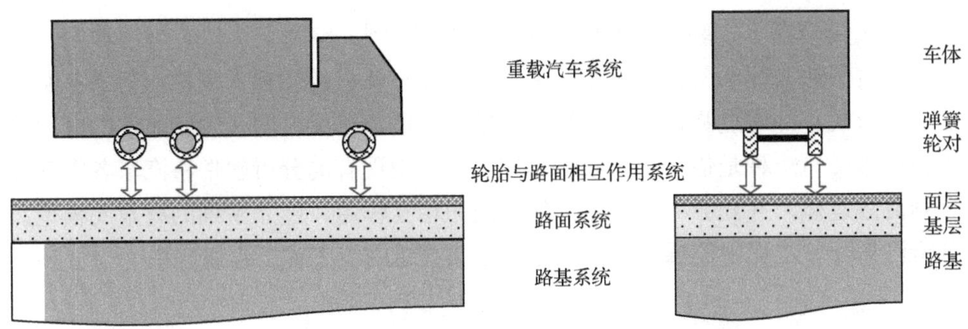

图 8-1　汽车–路面–路基–场地动力相互作用系统

事实上，汽车–路面–路基–场地是一个庞大的系统，要想对其完全耦合求解尚有很大难度（图 8-2）。因此，在吸收前人建立的简化列车–轨道–路基耦合动力模型[296]和简化汽车–路面动力相互作用模型[297-307]优点的基础上，针对汽车–面层–基层–路基子系统建模，将汽车视为多自由度移动的质量、弹簧和阻尼体系，路面视为连续的黏弹性薄板模型，基层视为支撑于黏弹性地基之上的离散块体，并考虑基层块体之间的剪切作用，基于达朗贝尔（D'Alembert）原理建立简化分析汽车–路面–路基动力相互作用数学模型。

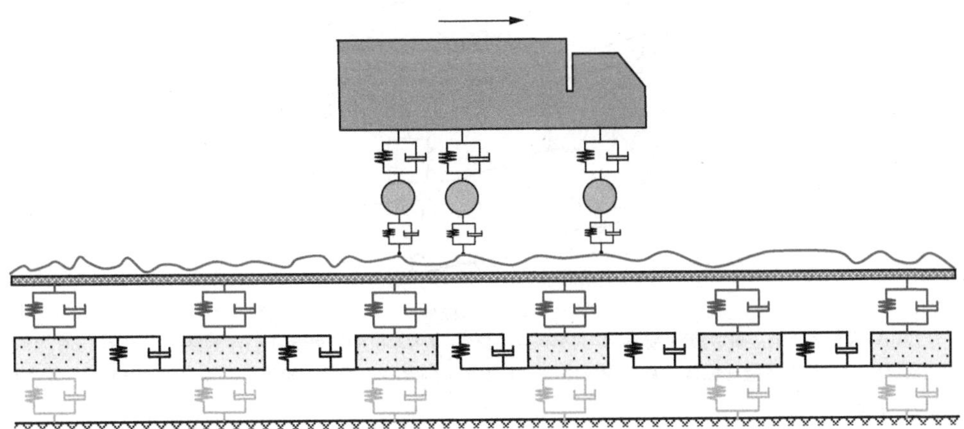

图 8-2　汽车–路面–路基动力相互作用模型

8.2　建 模 原 则

汽车–路面–路基动力相互作用模型的建立涉及以下 3 个方面：汽车行驶振动分析模型、路面–路基动力相互作用分析模型、轮胎与地面之间的接触关系模型。

前人关于汽车行驶振动的研究成果较多[297-307]，整体上可以分为两种：一种是集中质量法（图 8-3），将汽车各关键部分如车体、轮胎视为刚体，考虑各刚体的运动形式，并通过弹簧和阻尼器相连模拟车体与车架之间和轮胎与地面之间的协调变形；另一种是借助于有限单元方法，应用现有的分析软件将汽车各零部件分别离散建模，并充分考虑各零部件之间的相互作用，建立精细的有限元模型，分析汽车行驶过程中的振动反应，这种方法更适用于车辆工程研究中。

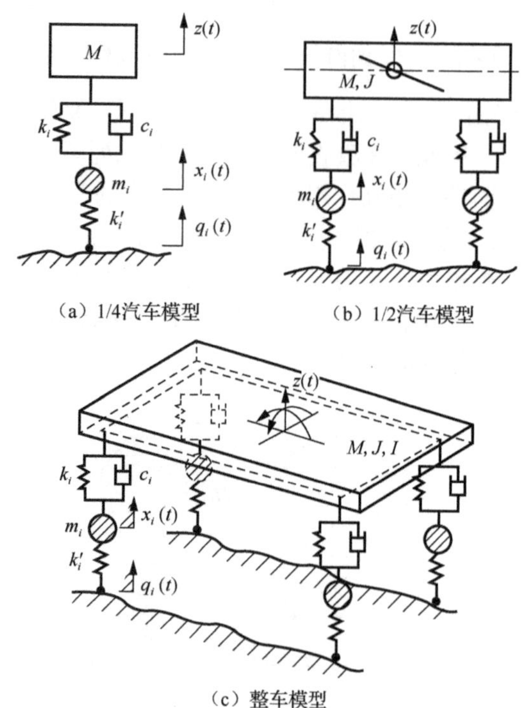

（a）1/4汽车模型　（b）1/2汽车模型

（c）整车模型

注：M 为车体质量；m_i 为簧上质量；J 为车体点头惯量；I 为车头侧倾惯量；$q_i(t)$ 为路面不平度；$x_i(t)$ 为轮胎竖向位移；$z(t)$为车体竖向位移；k_i' 为簧下刚度；k_i 为簧上刚度；c_i 为簧上阻尼；t 为时刻；i 为个数，分别为 1、2、3 和 4。

图 8-3　简化汽车模型示意图

对于路面-路基系统，由于功能和填筑要求使其在竖向沿深度方向表现为水平分层特征，由上至下依次为面层、基层、上路堤、下路堤和地基。特别是在寒区，由于季节性冻融循环作用的影响，路基在正常期、冻结期和春融期表现不同的物理特征（图 8-4）：冻结期内，由于环境温度的降低，路基表层温度低于 0℃后首先发生原位冻结，之后，下部未冻结路基的水分在土水势的作用下向上部迁移形成冰晶体，这部分土体即为路基季节冻结层；来年春季，环境温度升高至大于 0℃

后，季节冻结路基发生部分融化，此时，路基从上至下依次为：路基季节融化层（每年春天开始融化，冬天冻结）、路基季节冻结层（春融期尚未融化的冻结路基层）和路基未冻融层（季节冻结深度以下路基）；在夏季和秋季，路基季节冻结层已经全部融化，此时该层即为路基季节冻融层。

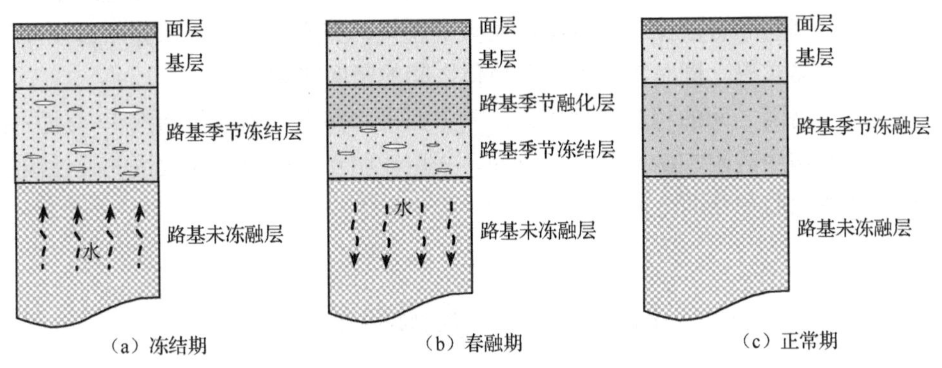

图 8-4　寒区路基分层特征

综观现有的汽车-路面-路基动力相互作用分析方法，由于研究的侧重点不同，有的为了研究汽车的动力特性而简化考虑路面和路基的作用，有的为了研究路面和路基的动力特性而简化考虑汽车的行驶振动作用。如此会或多或少导致整个模型分析精度的降低。理论上，理想的分析模型应该尽可能考虑各种影响因素以反映模型的本质，从而使模型有较高的计算精度，但同时又不能使模型过于复杂，以便利用计算模拟和试验验证。因此，建立汽车-路面-路基动力相互作用模型应遵循如下基本原则。

（1）汽车采用质量-弹簧-阻尼器系统模型，充分考虑重载汽车各主要组成部分的振动。

（2）采用黏弹性薄板模型，既能反应刚性路面和柔性路面的本质，适应工程应用的需要，又能保证计算精度。

（3）不同时节的路基采用质量-弹簧-阻尼器系统模型，并考虑相邻块体之间的竖向剪切作用，保证各层路基在水平向的整体性。

（4）采用合理的轮胎接地模型，充分考虑重载汽车轮胎的包容性。

（5）采用三维重载汽车-面层-基层-路基动力相互作用模型，考虑重载汽车车体、悬架和轮胎接地方式的影响，特别是考虑各轮胎的叠加效应。

基于此，汽车行驶振动分析模型：考虑车体的点头运动、侧倾运动、沉浮运动和车轮的垂向运动，将汽车车体模拟为匀速移动的多自由度刚体系统，车体和轮胎之间的悬架由线性弹簧和线性阻尼器并联连接；轮胎视为刚体，其压缩变形特性由线性弹簧和线性阻尼器并联来体现。据此，建立我国高等级公路上常见的双轴汽车、三轴汽车、四轴汽车和六轴汽车（牵引车+拖车）三维简化物理模型和数学模型。

路面-路基动力相互作用模型：考虑路面的黏滞阻尼，将路面简化为支撑于黏弹性地基之上的黏弹性板模型，为了考虑基层、季节冻融路基和未冻融路基的作用，分别将基层和各层路基视为集中质量的刚块，其变形特性采用并联线性弹簧和线性阻尼器实现，同时考虑各离散块体之间的竖向剪切作用。

汽车与路面之间的相互作用关系：一方面采用路面不平度作为汽车-路面-路基动力相互作用的附加激励；另一方面，采用轮胎点接触模型和改进的弹性滚子模型，考虑轮胎和路面之间的接触。

8.3　汽车行驶振动模型

我国高等级公路常见货运汽车见表 8-1[308]。依据重载汽车轴数的不同，将我国常见重载汽车分为双轴重载汽车、三轴重载汽车、四轴重载汽车、五轴重载汽车、六轴重载汽车和七轴重载汽车，针对不同重载汽车，建立振动分析物理模型和数学模型。考虑到五轴重载汽车和七轴重载汽车与六轴重载汽车在结构上的相似性，故本书略去五轴重载汽车和七轴重载汽车物理模型和数学模型的表述。

表 8-1　我国高等级公路常见货运汽车

货车	轴型	说明
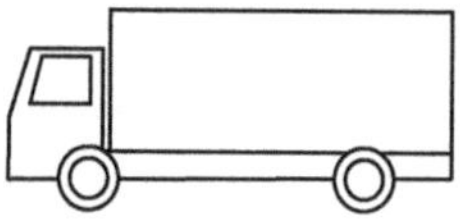	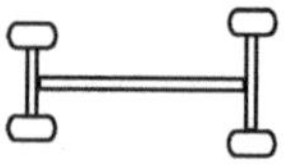	二轴车（前后桥为 1 型轴，简称 1+1 型车）
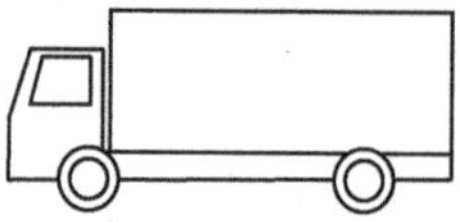	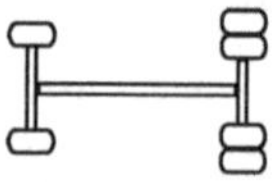	二轴车（前桥为 1 型轴，后桥为 2 型轴，简称 1+2 型车）
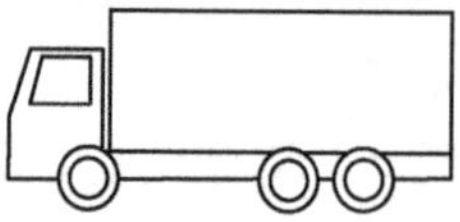	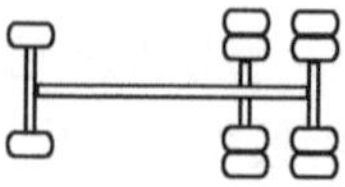	三轴车（前桥为 1 型轴，后桥为 5 型轴，简称 1+5 型车）

续表

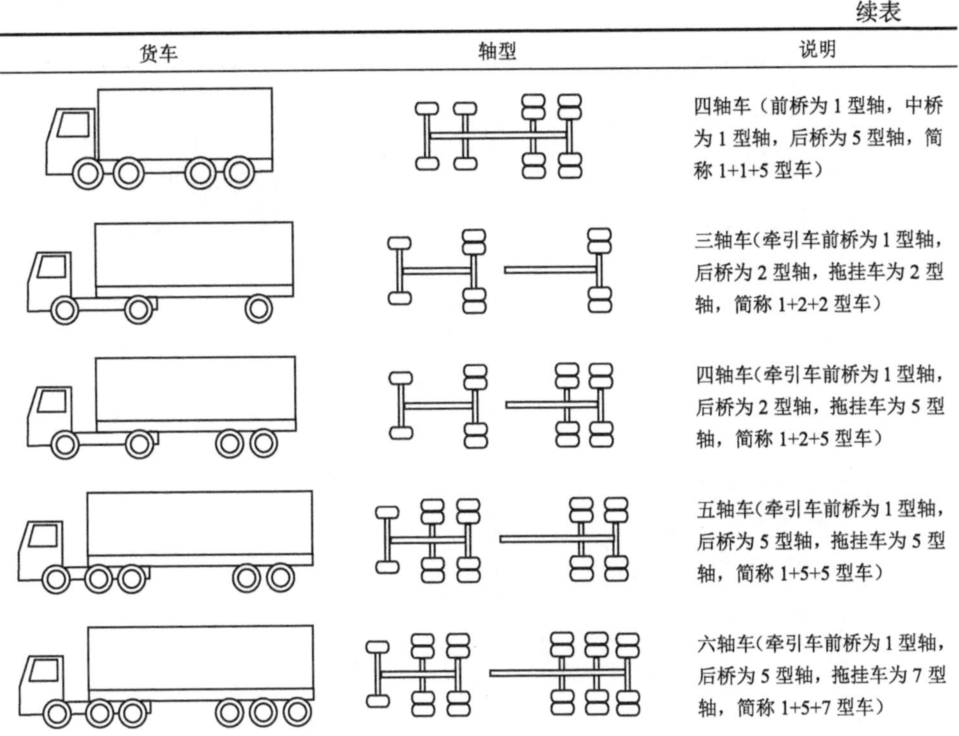

货车	轴型	说明
		四轴车（前桥为 1 型轴，中桥为 1 型轴，后桥为 5 型轴，简称 1+1+5 型车）
		三轴车（牵引车前桥为 1 型轴，后桥为 2 型轴，拖挂车为 2 型轴，简称 1+2+2 型车）
		四轴车（牵引车前桥为 1 型轴，后桥为 2 型轴，拖挂车为 5 型轴，简称 1+2+5 型车）
		五轴车（牵引车前桥为 1 型轴，后桥为 5 型轴，拖挂车为 5 型轴，简称 1+5+5 型车）
		六轴车（牵引车前桥为 1 型轴，后桥为 5 型轴，拖挂车为 7 型轴，简称 1+5+7 型车）

如上所述，在建立简化重载汽车行驶振动模型时，做如下假设：

（1）车体视为刚体，且质量均匀分布，质心为上下、左右对称，前后可变。

（2）悬架由线性弹簧和线性阻尼器并联模拟，且刚度和阻尼为常数。

（3）簧下质量包括车轮和车轴质量，轮胎刚度和阻尼为常数。

（4）不考虑重载汽车运动过程中车轮滚动和滑动的影响。

8.3.1 双轴重载汽车

双轴重载汽车行驶振动分析物理模型如图 8-5 所示，考虑车体的沉浮、点头和侧倾运动，以及 4 个轮胎的垂向振动，共计 7 个自由度。

模型中，M_c 为车体质量（包括车体质量、载重和车架质量），J_c 为车体的点头惯量，I_c 为车体的侧倾惯量，相应地，Z_c 为车体的垂向位移，β_c 为车体的点头位移，ϕ_c 为车体的侧倾位移，K_{ci} 为叶片弹簧刚度，C_{ci} 为叶片弹簧阻尼，M_{wi} 为簧下车轮质量，Z_{wi} 为簧下车轮质心垂向位移，K_{ti} 为簧下车轮轮胎刚度，C_{ti} 为簧下车轮轮胎阻尼，l_i 为各轴至车体质心的距离，d_f 和 d_r 分别为前轴和后轴轮胎质心距离之半，P_{ti} 为轮胎等效垂向接地力。

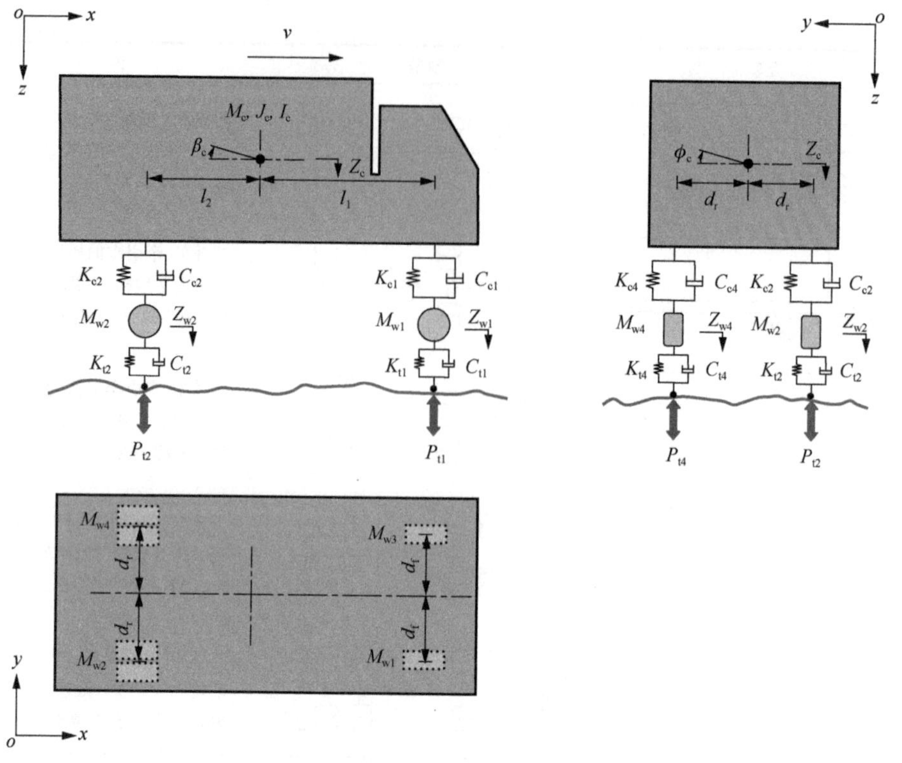

图 8-5　双轴重载汽车行驶振动模型

基于 D'Alembert 原理，建立 7 自由度重载汽车行驶振动微分方程，见式（8-1）～式（8-7）。

双轴重载汽车车体的沉浮运动：

$$
\begin{aligned}
&M_c\ddot{Z}_c + C_{c1}\left[\left(\dot{Z}_c + l_1\dot{\beta}_c + d_f\dot{\phi}_c\right) - \dot{Z}_{w1}\right] + K_{c1}\left[\left(Z_c + l_1\beta_c + d_f\phi_c\right) - Z_{w1}\right] \\
&+C_{c2}\left[\left(\dot{Z}_c - l_2\dot{\beta}_c + d_r\dot{\phi}_c\right) - \dot{Z}_{w2}\right] + K_{c2}\left[\left(Z_c - l_2\beta_c + d_r\phi_c\right) - Z_{w2}\right] \\
&+C_{c3}\left[\left(\dot{Z}_c + l_1\dot{\beta}_c - d_f\dot{\phi}_c\right) - \dot{Z}_{w3}\right] + K_{c3}\left[\left(Z_c + l_1\beta_c - d_f\phi_c\right) - Z_{w3}\right] \\
&+C_{c4}\left[\left(\dot{Z}_c - l_2\dot{\beta}_c - d_r\dot{\phi}_c\right) - \dot{Z}_{w4}\right] + K_{c4}\left[\left(Z_c - l_2\beta_c - d_r\phi_c\right) - Z_{w4}\right] = M_c g
\end{aligned}
\tag{8-1}
$$

双轴重载汽车车体的点头运动：

$$
\begin{aligned}
&J_c\ddot{\beta}_c + C_{c1}l_1\left[\left(\dot{Z}_{c1} + l_1\dot{\beta}_c + d_f\dot{\phi}_c\right) - \dot{Z}_{w1}\right] + K_{c1}l_1\left[\left(Z_{c1} + l_1\beta_c + d_f\phi_c\right) - Z_{w1}\right] \\
&-C_{c2}l_2\left[\left(\dot{Z}_{c1} - l_2\dot{\beta}_c + d_r\dot{\phi}_c\right) - \dot{Z}_{w2}\right] - K_{c2}l_2\left[\left(Z_{c1} - l_2\beta_c + d_r\phi_c\right) - Z_{w2}\right] \\
&+C_{c3}l_1\left[\left(\dot{Z}_{c1} + l_1\dot{\beta}_c - d_f\dot{\phi}_c\right) - \dot{Z}_{w3}\right] + K_{c3}l_1\left[\left(Z_{c1} + l_1\beta_c - d_f\phi_c\right) - Z_{w3}\right] \\
&-C_{c4}l_2\left[\left(\dot{Z}_{c1} - l_2\dot{\beta}_c - d_r\dot{\phi}_c\right) - \dot{Z}_{w4}\right] - K_{c4}l_2\left[\left(Z_{c1} - l_2\beta_c - d_r\phi_c\right) - Z_{w4}\right] = 0
\end{aligned}
\tag{8-2}
$$

双轴重载汽车车体的侧倾运动：

$$\begin{aligned}&I_c\ddot{\phi}_c+C_{c1}d_f\left[\left(\dot{Z}_{c1}+l_1\dot{\beta}_c+d_f\dot{\phi}_c\right)-\dot{Z}_{w1}\right]+K_{c1}d_f\left[\left(Z_{c1}+l_1\beta_c+d_f\phi_c\right)-Z_{w1}\right]\\&+C_{c2}d_r\left[\left(\dot{Z}_{c1}-l_1\dot{\beta}_c+d_r\dot{\phi}_c\right)-\dot{Z}_{w2}\right]+K_{c2}d_r\left[\left(Z_{c1}-l_1\beta_c+d_r\phi_c\right)-Z_{w2}\right]\\&-C_{c3}d_f\left[\left(\dot{Z}_{c1}+l_1\dot{\beta}_c-d_f\dot{\phi}_c\right)-\dot{Z}_{w3}\right]-K_{c3}d_f\left[\left(Z_{c1}+l_1\beta_c-d_f\phi_c\right)-Z_{w3}\right]\\&-C_{c4}d_r\left[\left(\dot{Z}_{c1}-l_1\dot{\beta}_c-d_r\dot{\phi}_c\right)-\dot{Z}_{w4}\right]-K_{c4}d_r\left[\left(Z_{c1}-l_1\beta_c-d_r\phi_c\right)-Z_{w4}\right]=0\end{aligned}\tag{8-3}$$

第一组车轮的沉浮运动：

$$\begin{aligned}&M_{w1}\ddot{Z}_{w1}-C_{c1}\left[\left(\dot{Z}_c+l_1\dot{\beta}_c+d_f\dot{\phi}_c\right)-\dot{Z}_{w1}\right]\\&-K_{c1}\left[\left(Z_c+l_1\beta_c+d_f\phi_c\right)-Z_{w1}\right]+P_{t1}=M_{w1}g\end{aligned}\tag{8-4}$$

第二组车轮的沉浮运动：

$$\begin{aligned}&M_{w2}\ddot{Z}_{w2}-C_{c2}\left[\left(\dot{Z}_c-l_2\dot{\beta}_c+d_r\dot{\phi}_c\right)-\dot{Z}_{w2}\right]\\&-K_{c2}\left[\left(Z_c-l_2\beta_c+d_r\phi_c\right)-Z_{w2}\right]+P_{t2}=M_{w2}g\end{aligned}\tag{8-5}$$

第三组车轮的沉浮运动：

$$\begin{aligned}&M_{w3}\ddot{Z}_{w3}-C_{c3}\left[\left(\dot{Z}_c+l_1\dot{\beta}_c-d_f\dot{\phi}_c\right)-\dot{Z}_{w3}\right]\\&-K_{c3}\left[\left(Z_c+l_1\beta_c-d_f\phi_c\right)-Z_{w3}\right]+P_{t3}=M_{w3}g\end{aligned}\tag{8-6}$$

第四组车轮的沉浮运动：

$$\begin{aligned}&M_{w4}\ddot{Z}_{w4}-C_{c4}\left[\left(\dot{Z}_c-l_2\dot{\beta}_c-d_r\dot{\phi}_c\right)-\dot{Z}_{w4}\right]\\&-K_{c4}\left[\left(Z_c-l_2\beta_c-d_r\phi_c\right)-Z_{w4}\right]+P_{t4}=M_{w4}g\end{aligned}\tag{8-7}$$

8.3.2　三轴重载汽车

三轴重载汽车行驶振动分析物理模型如图 8-6 所示，考虑车体的沉浮、点头和侧倾运动，以及 6 个轮胎的垂向振动，共计 9 个自由度。

模型中符号物理意义同 8.3.1 节。基于 D'Alembert 原理，建立 9 自由度重载汽车行驶振动微分方程，见式（8-8）～式（8-16）。

三轴重载汽车车体的沉浮运动：

$$\begin{aligned}&M_c\ddot{Z}_c+C_{c1}\left[\left(\dot{Z}_c+l_1\dot{\beta}_c+d_f\dot{\phi}_c\right)-\dot{Z}_{w1}\right]+K_{c1}\left[\left(Z_c+l_1\beta_c+d_f\phi_c\right)-Z_{w1}\right]\\&+C_{c2}\left[\left(\dot{Z}_c-l_2\dot{\beta}_c+d_{r1}\dot{\phi}_c\right)-\dot{Z}_{w2}\right]+K_{c2}\left[\left(Z_c-l_2\beta_c+d_{r1}\phi_c\right)-Z_{w2}\right]\\&+C_{c3}\left[\left(\dot{Z}_c-l_3\dot{\beta}_c+d_{r2}\dot{\phi}_c\right)-\dot{Z}_{w3}\right]+K_{c3}\left[\left(Z_c-l_1\beta_c+d_{r2}\phi_c\right)-Z_{w3}\right]\\&+C_{c4}\left[\left(\dot{Z}_c+l_1\dot{\beta}_c-d_f\dot{\phi}_c\right)-\dot{Z}_{w4}\right]+K_{c4}\left[\left(Z_c+l_1\beta_c-d_f\phi_c\right)-Z_{w4}\right]\end{aligned}$$

$$+C_{c5}\left[\left(\dot{Z}_c-l_2\dot{\beta}_c-d_{r1}\dot{\phi}_c\right)-\dot{Z}_{w5}\right]+K_{c5}\left[\left(Z_c-l_2\beta_c-d_{r1}\phi_c\right)-Z_{w5}\right]$$
$$+C_{c6}\left[\left(\dot{Z}_c-l_3\dot{\beta}_c-d_{r2}\dot{\phi}_c\right)-\dot{Z}_{w6}\right]+K_{c6}\left[\left(Z_c-l_3\beta_c-d_{r2}\phi_c\right)-Z_{w6}\right]=M_cg \tag{8-8}$$

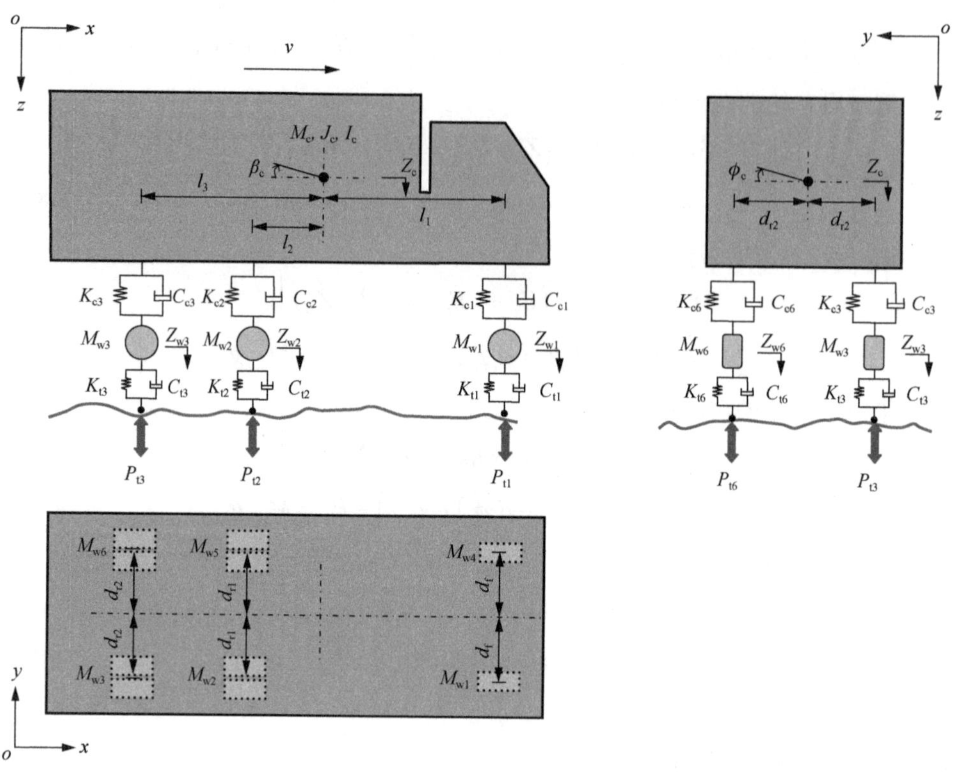

图 8-6　三轴重载汽车行驶振动模型

三轴重载汽车车体的点头运动：

$$J_c\ddot{\beta}_c+C_{c1}l_1\left[\left(\dot{Z}_c+l_1\dot{\beta}_c+d_f\dot{\phi}_c\right)-\dot{Z}_{w1}\right]+K_{c1}l_1\left[\left(Z_c+l_1\beta_c+d_f\phi_c\right)-Z_{w1}\right]$$
$$-C_{c2}l_2\left[\left(\dot{Z}_c-l_2\dot{\beta}_c+d_{r1}\dot{\phi}_c\right)-\dot{Z}_{w2}\right]-K_{c2}l_2\left[\left(Z_c-l_2\beta_c+d_{r1}\phi_c\right)-Z_{w2}\right]$$
$$-C_{c3}l_3\left[\left(\dot{Z}_c-l_3\dot{\beta}_c+d_{r2}\dot{\phi}_c\right)-\dot{Z}_{w3}\right]-K_{c3}l_3\left[\left(Z_c-l_1\beta_c+d_{r2}\phi_c\right)-Z_{w3}\right]$$
$$+C_{c4}l_1\left[\left(\dot{Z}_c+l_1\dot{\beta}_c-d_f\dot{\phi}_c\right)-\dot{Z}_{w4}\right]+K_{c4}l_1\left[\left(Z_c+l_1\beta_c-d_f\phi_c\right)-Z_{w4}\right]$$
$$-C_{c5}l_2\left[\left(\dot{Z}_c-l_2\dot{\beta}_c-d_{r1}\dot{\phi}_c\right)-\dot{Z}_{w5}\right]-K_{c5}l_2\left[\left(Z_c-l_2\beta_c-d_{r1}\phi_c\right)-Z_{w5}\right]$$
$$-C_{c6}l_3\left[\left(\dot{Z}_c-l_3\dot{\beta}_c-d_{r2}\dot{\phi}_c\right)-\dot{Z}_{w6}\right]-K_{c6}l_3\left[\left(Z_c-l_3\beta_c-d_{r2}\phi_c\right)-Z_{w6}\right]=0 \tag{8-9}$$

三轴重载汽车车体的侧倾运动：

$$
\begin{aligned}
&I_{c}\ddot{\phi}_{c}+C_{c1}d_{f}\left[\left(\dot{Z}_{c}+l_{1}\dot{\beta}_{c}+d_{f}\dot{\phi}_{c}\right)-\dot{Z}_{w1}\right]+K_{c1}d_{f}\left[\left(Z_{c}+l_{1}\beta_{c}+d_{f}\phi_{c}\right)-Z_{w1}\right]\\
&+C_{c2}d_{r1}\left[\left(\dot{Z}_{c}-l_{2}\dot{\beta}_{c}+d_{r1}\dot{\phi}_{c}\right)-\dot{Z}_{w2}\right]+K_{c2}d_{r1}\left[\left(Z_{c}-l_{2}\beta_{c}+d_{r1}\phi_{c}\right)-Z_{w2}\right]\\
&+C_{c3}d_{r2}\left[\left(\dot{Z}_{c}-l_{3}\dot{\beta}_{c}+d_{r2}\dot{\phi}_{c}\right)-\dot{Z}_{w3}\right]+K_{c3}d_{r2}\left[\left(Z_{c}-l_{1}\beta_{c}+d_{r2}\phi_{c}\right)-Z_{w3}\right]\\
&-C_{c4}d_{f}\left[\left(\dot{Z}_{c}+l_{1}\dot{\beta}_{c}-d_{f}\dot{\phi}_{c}\right)-\dot{Z}_{w4}\right]-K_{c4}d_{f}\left[\left(Z_{c}+l_{1}\beta_{c}-d_{f}\phi_{c}\right)-Z_{w4}\right]\\
&-C_{c5}d_{r1}\left[\left(\dot{Z}_{c}-l_{2}\dot{\beta}_{c}-d_{r1}\dot{\phi}_{c}\right)-\dot{Z}_{w5}\right]-K_{c5}d_{r1}\left[\left(Z_{c}-l_{2}\beta_{c}-d_{r1}\phi_{c}\right)-Z_{w5}\right]\\
&-C_{c6}d_{r2}\left[\left(\dot{Z}_{c}-l_{3}\dot{\beta}_{c}-d_{r2}\dot{\phi}_{c}\right)-\dot{Z}_{w6}\right]-K_{c6}d_{r2}\left[\left(Z_{c}-l_{3}\beta_{c}-d_{r2}\phi_{c}\right)-Z_{w6}\right]=0
\end{aligned}
\tag{8-10}
$$

第一组车轮的沉浮运动：

$$
\begin{aligned}
&M_{w1}\ddot{Z}_{w1}-C_{c1}\left[\left(\dot{Z}_{c}+l_{1}\dot{\beta}_{c}+d_{f}\dot{\phi}_{c}\right)-\dot{Z}_{w1}\right]\\
&-K_{c1}\left[\left(Z_{c}+l_{1}\beta_{c}+d_{f}\phi_{c}\right)-Z_{w1}\right]+P_{t1}=M_{w1}g
\end{aligned}
\tag{8-11}
$$

第二组车轮的沉浮运动：

$$
\begin{aligned}
&M_{w2}\ddot{Z}_{w2}-C_{c2}\left[\left(\dot{Z}_{c}-l_{2}\dot{\beta}_{c}+d_{r1}\dot{\phi}_{c}\right)-\dot{Z}_{w2}\right]\\
&-K_{c2}\left[\left(Z_{c}-l_{2}\beta_{c}+d_{r1}\phi_{c}\right)-Z_{w2}\right]+P_{t2}=M_{w2}g
\end{aligned}
\tag{8-12}
$$

第三组车轮的沉浮运动：

$$
\begin{aligned}
&M_{w3}\ddot{Z}_{w3}-C_{c3}\left[\left(\dot{Z}_{c}-l_{3}\dot{\beta}_{c}+d_{r2}\dot{\phi}_{c}\right)-\dot{Z}_{w3}\right]\\
&-K_{c3}\left[\left(Z_{c}-l_{3}\beta_{c}+d_{r2}\phi_{c}\right)-Z_{w3}\right]+P_{t3}=M_{w3}g
\end{aligned}
\tag{8-13}
$$

第四组车轮的沉浮运动：

$$
\begin{aligned}
&M_{w4}\ddot{Z}_{w4}-C_{c4}\left[\left(\dot{Z}_{c}+l_{1}\dot{\beta}_{c}-d_{f}\dot{\phi}_{c}\right)-\dot{Z}_{w4}\right]\\
&-K_{c4}\left[\left(Z_{c}+l_{1}\beta_{c}-d_{f}\phi_{c}\right)-Z_{w4}\right]+P_{t4}=M_{w4}g
\end{aligned}
\tag{8-14}
$$

第五组车轮的沉浮运动：

$$
\begin{aligned}
&M_{w5}\ddot{Z}_{w5}-C_{c5}\left[\left(\dot{Z}_{c}-l_{2}\dot{\beta}_{c}-d_{r1}\dot{\phi}_{c}\right)-\dot{Z}_{w5}\right]\\
&-K_{c5}\left[\left(Z_{c}-l_{2}\beta_{c}-d_{r1}\phi_{c}\right)-Z_{w5}\right]+P_{t5}=M_{w5}g
\end{aligned}
\tag{8-15}
$$

第六组车轮的沉浮运动：

$$
\begin{aligned}
&M_{w6}\ddot{Z}_{w6}-C_{c6}\left[\left(\dot{Z}_{c}-l_{3}\dot{\beta}_{c}-d_{r2}\dot{\phi}_{c}\right)-\dot{Z}_{w6}\right]\\
&-K_{c6}\left[\left(Z_{c}-l_{3}\beta_{c}-d_{r2}\phi_{c}\right)-Z_{w6}\right]+P_{t6}=M_{w6}g
\end{aligned}
\tag{8-16}
$$

8.3.3　四轴重载汽车

四轴重载汽车行驶振动分析物理模型如图 8-7 所示，考虑车体的沉浮、点头和侧倾运动，以及 8 个轮胎的垂向振动，共计 11 个自由度。

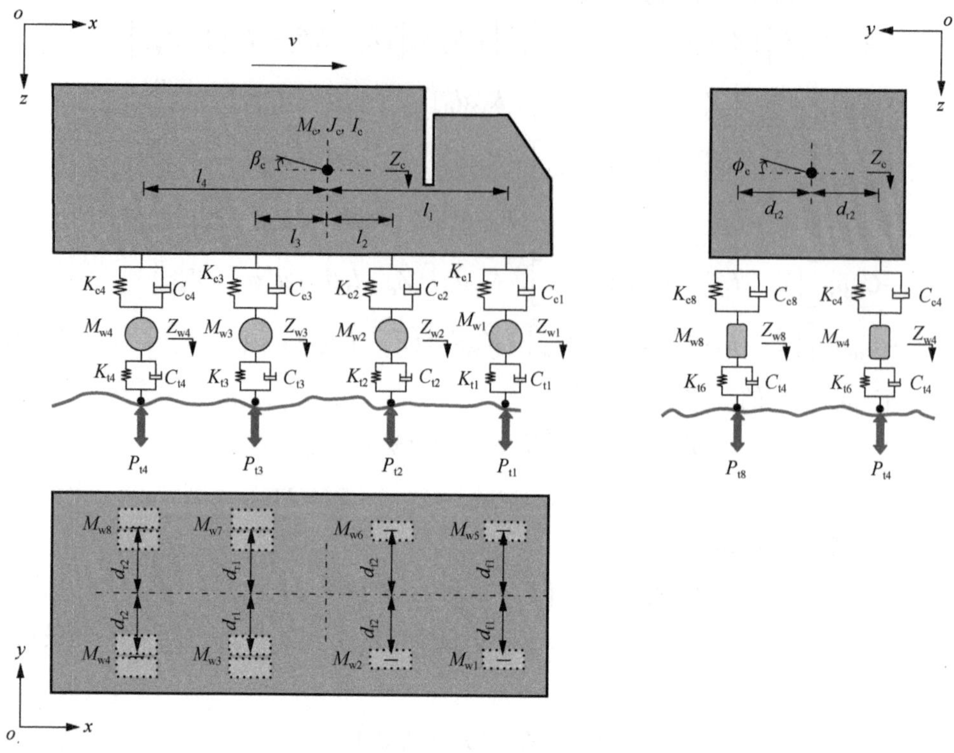

图 8-7　四轴重载汽车行驶振动模型

模型中符号物理意义同 8.3.1 节。基于 D'Alembert 原理，建立十一自由度重载汽车行驶振动微分方程，见式（8-17）～式（8-27）。

四轴重载汽车车体的沉浮运动：

$$
\begin{aligned}
& M_c\ddot{Z}_c + C_{c1}\left[\left(\dot{Z}_c + l_1\dot{\beta}_c + d_{f1}\dot{\phi}_c\right) - \dot{Z}_{w1}\right] + K_{c1}\left[\left(Z_c + l_1\beta_c + d_{f1}\phi_c\right) - Z_{w1}\right] \\
& + C_{c2}\left[\left(\dot{Z}_c + l_2\dot{\beta}_c + d_{f2}\dot{\phi}_c\right) - \dot{Z}_{w2}\right] + K_{c2}\left[\left(Z_c + l_2\beta_c + d_{f2}\phi_c\right) - Z_{w2}\right] \\
& + C_{c3}\left[\left(\dot{Z}_c - l_3\dot{\beta}_c + d_{r1}\dot{\phi}_c\right) - \dot{Z}_{w3}\right] + K_{c3}\left[\left(Z_c - l_3\beta_c + d_{r1}\phi_c\right) - Z_{w3}\right] \\
& + C_{c4}\left[\left(\dot{Z}_c - l_4\dot{\beta}_c + d_{r2}\dot{\phi}_c\right) - \dot{Z}_{w4}\right] + K_{c4}\left[\left(Z_c - l_4\beta_c + d_{r2}\phi_c\right) - Z_{w4}\right] \\
& + C_{c5}\left[\left(\dot{Z}_c + l_1\dot{\beta}_c - d_{f1}\dot{\phi}_c\right) - \dot{Z}_{w5}\right] + K_{c5}\left[\left(Z_c + l_1\beta_c - d_{f1}\phi_c\right) - Z_{w5}\right] \\
& + C_{c6}\left[\left(\dot{Z}_c + l_2\dot{\beta}_c - d_{f2}\dot{\phi}_c\right) - \dot{Z}_{w6}\right] + K_{c6}\left[\left(Z_c + l_2\beta_c - d_{f2}\phi_c\right) - Z_{w6}\right] \\
& + C_{c7}\left[\left(\dot{Z}_c - l_3\dot{\beta}_c - d_{r1}\dot{\phi}_c\right) - \dot{Z}_{w7}\right] + K_{c7}\left[\left(Z_c - l_3\beta_c - d_{r1}\phi_c\right) - Z_{w7}\right] \\
& + C_{c8}\left[\left(\dot{Z}_c - l_4\dot{\beta}_c - d_{r2}\dot{\phi}_c\right) - \dot{Z}_{w8}\right] + K_{c8}\left[\left(Z_c - l_4\beta_c - d_{r2}\phi_c\right) - Z_{w8}\right] = M_c g
\end{aligned}
\tag{8-17}
$$

四轴重载汽车车体的点头运动：

$$\begin{aligned}
&J_c\ddot{\beta}_c + C_{c1}l_1\left[\left(\dot{Z}_c + l_1\dot{\beta}_c + d_{f1}\dot{\phi}_c\right) - \dot{Z}_{w1}\right] + K_{c1}l_1\left[\left(Z_c + l_1\beta_c + d_{f1}\phi_c\right) - Z_{w1}\right]\\
&+C_{c2}l_2\left[\left(\dot{Z}_c + l_2\dot{\beta}_c + d_{f2}\dot{\phi}_c\right) - \dot{Z}_{w2}\right] + K_{c2}l_2\left[\left(Z_c + l_2\beta_c + d_{f2}\phi_c\right) - Z_{w2}\right]\\
&-C_{c3}l_3\left[\left(\dot{Z}_c - l_3\dot{\beta}_c + d_{r1}\dot{\phi}_c\right) - \dot{Z}_{w3}\right] - K_{c3}l_3\left[\left(Z_c - l_3\beta_c + d_{r1}\phi_c\right) - Z_{w3}\right]\\
&-C_{c4}l_4\left[\left(\dot{Z}_c - l_4\dot{\beta}_c + d_{r2}\dot{\phi}_c\right) - \dot{Z}_{w4}\right] - K_{c4}l_4\left[\left(Z_c - l_4\beta_c + d_{r2}\phi_c\right) - Z_{w4}\right]\\
&+C_{c5}l_1\left[\left(\dot{Z}_c + l_1\dot{\beta}_c - d_{f1}\dot{\phi}_c\right) - \dot{Z}_{w5}\right] + K_{c5}l_1\left[\left(Z_c + l_1\beta_c - d_{f1}\phi_c\right) - Z_{w5}\right]\\
&+C_{c6}l_2\left[\left(\dot{Z}_c + l_2\dot{\beta}_c - d_{f2}\dot{\phi}_c\right) - \dot{Z}_{w6}\right] + K_{c6}l_2\left[\left(Z_c + l_2\beta_c - d_{f2}\phi_c\right) - Z_{w6}\right]\\
&-C_{c7}l_3\left[\left(\dot{Z}_c - l_3\dot{\beta}_c - d_{r1}\dot{\phi}_c\right) - \dot{Z}_{w7}\right] - K_{c7}l_3\left[\left(Z_c - l_3\beta_c - d_{r1}\phi_c\right) - Z_{w7}\right]\\
&-C_{c8}l_4\left[\left(\dot{Z}_c - l_4\dot{\beta}_c - d_{r2}\dot{\phi}_c\right) - \dot{Z}_{w8}\right] - K_{c8}l_4\left[\left(Z_c - l_4\beta_c - d_{r2}\phi_c\right) - Z_{w8}\right] = 0
\end{aligned} \tag{8-18}$$

四轴重载汽车车体的侧倾运动：

$$\begin{aligned}
&I_c\ddot{\phi}_c + C_{c1}d_{f1}\left[\left(\dot{Z}_c + l_1\dot{\beta}_c + d_{f1}\dot{\phi}_c\right) - \dot{Z}_{w1}\right] + K_{c1}d_{f1}\left[\left(Z_c + l_1\beta_c + d_{f1}\phi_c\right) - Z_{w1}\right]\\
&+C_{c2}d_{f2}\left[\left(\dot{Z}_c + l_2\dot{\beta}_c + d_{f2}\dot{\phi}_c\right) - \dot{Z}_{w2}\right] + K_{c2}d_{f2}\left[\left(Z_c + l_2\beta_c + d_{f2}\phi_c\right) - Z_{w2}\right]\\
&+C_{c3}d_{r1}\left[\left(\dot{Z}_c - l_3\dot{\beta}_c + d_{r1}\dot{\phi}_c\right) - \dot{Z}_{w3}\right] + K_{c3}d_{r1}\left[\left(Z_c - l_3\beta_c + d_{r1}\phi_c\right) - Z_{w3}\right]\\
&+C_{c4}d_{r2}\left[\left(\dot{Z}_c - l_4\dot{\beta}_c + d_{r2}\dot{\phi}_c\right) - \dot{Z}_{w4}\right] + K_{c4}d_{r2}\left[\left(Z_c - l_4\beta_c + d_{r2}\phi_c\right) - Z_{w4}\right]\\
&-C_{c5}d_{f1}\left[\left(\dot{Z}_c + l_1\dot{\beta}_c - d_{f1}\dot{\phi}_c\right) - \dot{Z}_{w5}\right] - K_{c5}d_{f1}\left[\left(Z_c + l_1\beta_c - d_{f1}\phi_c\right) - Z_{w5}\right]\\
&-C_{c6}d_{f2}\left[\left(\dot{Z}_c + l_2\dot{\beta}_c - d_{f2}\dot{\phi}_c\right) - \dot{Z}_{w6}\right] - K_{c6}d_{f2}\left[\left(Z_c + l_2\beta_c - d_{f2}\phi_c\right) - Z_{w6}\right]\\
&-C_{c7}d_{r1}\left[\left(\dot{Z}_c - l_3\dot{\beta}_c - d_{r1}\dot{\phi}_c\right) - \dot{Z}_{w7}\right] - K_{c7}d_{r1}\left[\left(Z_c - l_3\beta_c - d_{r1}\phi_c\right) - Z_{w7}\right]\\
&-C_{c8}d_{r2}\left[\left(\dot{Z}_c - l_4\dot{\beta}_c - d_{r2}\dot{\phi}_c\right) - \dot{Z}_{w8}\right] - K_{c8}d_{r2}\left[\left(Z_c - l_4\beta_c - d_{r2}\phi_c\right) - Z_{w8}\right] = 0
\end{aligned} \tag{8-19}$$

第一组车轮的沉浮运动：

$$\begin{aligned}
&M_{w1}\ddot{Z}_{w1} - C_{c1}\left[\left(\dot{Z}_c + l_1\dot{\beta}_c + d_{f1}\dot{\phi}_c\right) - \dot{Z}_{w1}\right]\\
&-K_{c1}\left[\left(Z_c + l_1\beta_c + d_{f1}\phi_c\right) - Z_{w1}\right] + P_{t1} = M_{w1}g
\end{aligned} \tag{8-20}$$

第二组车轮的沉浮运动：

$$\begin{aligned}
&M_{w2}\ddot{Z}_{w2} - C_{c2}\left[\left(\dot{Z}_c + l_2\dot{\beta}_c + d_{f2}\dot{\phi}_c\right) - \dot{Z}_{w2}\right]\\
&-K_{c2}\left[\left(Z_c + l_2\beta_c + d_{f2}\phi_c\right) - Z_{w2}\right] + P_{t2} = M_{w2}g
\end{aligned} \tag{8-21}$$

第三组车轮的沉浮运动：

$$M_{w3}\ddot{Z}_{w3}-C_{c3}\left[\left(\dot{Z}_c-l_3\dot{\beta}_c+d_{r1}\dot{\phi}_c\right)-\dot{Z}_{w3}\right]$$
$$-K_{c3}\left[\left(Z_c-l_3\beta_c+d_{r1}\phi_c\right)-Z_{w3}\right]+P_{t3}=M_{w3}g \tag{8-22}$$

第四组车轮的沉浮运动：

$$M_{w4}\ddot{Z}_{w4}-C_{c4}\left[\left(\dot{Z}_c-l_4\dot{\beta}_c+d_{r2}\dot{\phi}_c\right)-\dot{Z}_{w4}\right]$$
$$-K_{c4}\left[\left(Z_c-l_4\beta_c+d_{r2}\phi_c\right)-Z_{w4}\right]+P_{t4}=M_{w4}g \tag{8-23}$$

第五组车轮的沉浮运动：

$$M_{w5}\ddot{Z}_{w5}-C_{c5}\left[\left(\dot{Z}_c+l_1\dot{\beta}_c-d_{f1}\dot{\phi}_c\right)-\dot{Z}_{w5}\right]$$
$$-K_{c5}\left[\left(Z_c+l_1\beta_c-d_{f1}\phi_c\right)-Z_{w5}\right]+P_{t5}=M_{w5}g \tag{8-24}$$

第六组车轮的沉浮运动：

$$M_{w6}\ddot{Z}_{w6}-C_{c6}\left[\left(\dot{Z}_c+l_2\dot{\beta}_c-d_{f2}\dot{\phi}_c\right)-\dot{Z}_{w6}\right]$$
$$-K_{c6}\left[\left(Z_c+l_2\beta_c-d_{f2}\phi_c\right)-Z_{w6}\right]+P_{t6}=M_{w6}g \tag{8-25}$$

第七组车轮的沉浮运动：

$$M_{w7}\ddot{Z}_{w7}-C_{c7}\left[\left(\dot{Z}_c-l_3\dot{\beta}_c-d_{r1}\dot{\phi}_c\right)-\dot{Z}_{w7}\right]$$
$$-K_{c7}\left[\left(Z_c-l_3\beta_c-d_{r1}\phi_c\right)-Z_{w7}\right]+P_{t7}=M_{w7}g \tag{8-26}$$

第八组车轮的沉浮运动：

$$M_{w8}\ddot{Z}_{w8}-C_{c8}\left[\left(\dot{Z}_c-l_4\dot{\beta}_c-d_{r2}\dot{\phi}_c\right)-\dot{Z}_{w8}\right]$$
$$-K_{c8}\left[\left(Z_c-l_4\beta_c-d_{r2}\phi_c\right)-Z_{w8}\right]+P_{t8}=M_{w8}g \tag{8-27}$$

8.3.4　六轴重载汽车

六轴重载汽车行驶振动模型如图 8-8 所示，考虑牵引车和拖车车体的沉浮、点头和侧倾运动，以及 12 个轮胎的垂向振动，共计 18 个自由度。

模型中，M_{c2}、J_{c2}和I_{c2}分别为拖车的车体质量（包括拖车车体自重、载重和车架质量）、点头惯量和侧倾惯量，相应地，Z_{c2}、β_{c2}和ϕ_{c2}分别为拖车车体的垂向位移、点头位移和侧倾位移；K_{cj}和C_{cj}分别为拖车轴下叶片弹簧刚度和阻尼；M_{wj}、K_{tj}和C_{tj}为拖车轴下车轮的质量、刚度和阻尼；l_4、l_5和l_6分别为拖车各轴至拖车车体质心的距离，d_{f1}、d_{f2}和d_{f3}分别为拖车各轴轮胎质心距离之半；l_{c1} 和 l_{c2} 分别为支座至牵引车质心和拖车质心的距离；K_{c0}和C_{c0}为牵引车和拖车之间的弹簧刚度和阻尼；其他符号变量物理意义同前。

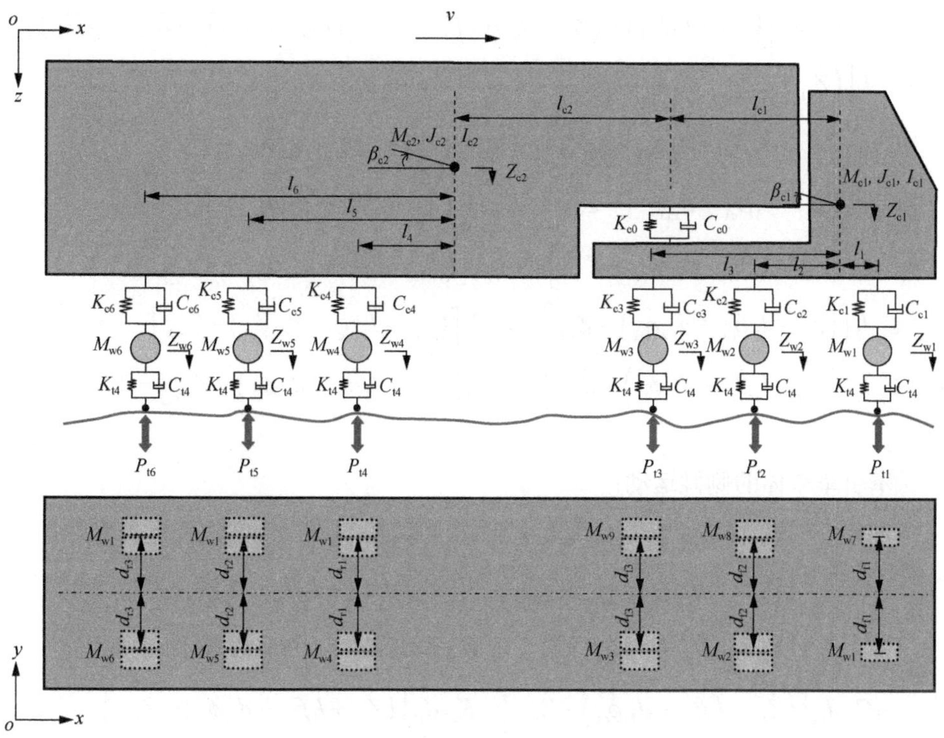

图 8-8　六轴重载汽车行驶振动模型

基于 D'Alembert 原理，建立 18 自由度重载汽车行驶振动微分方程如式（8-28）～式（8-45）。

牵引车车体的沉浮运动：

$$
\begin{aligned}
& M_{c1}\ddot{Z}_{c1}+C_{c0}\left[\left(\dot{Z}_{c1}-l_{c1}\dot{\beta}_{c1}\right)-\left(\dot{Z}_{c2}+l_{c2}\dot{\beta}_{c2}\right)\right]+K_{c0}\left[\left(Z_{c1}-l_{c1}\beta_{c1}\right)-\left(Z_{c2}+l_{c2}\beta_{c2}\right)\right] \\
& +C_{c1}\left[\left(\dot{Z}_{c1}+l_1\dot{\beta}_{c1}+d_{f1}\dot{\phi}_{c1}\right)-\dot{Z}_{w1}\right]+K_{c1}\left[\left(Z_{c1}+l_1\beta_{c1}+d_{f1}\phi_{c1}\right)-Z_{w1}\right] \\
& +C_{c2}\left[\left(\dot{Z}_{c1}-l_2\dot{\beta}_{c1}+d_{f2}\dot{\phi}_{c1}\right)-\dot{Z}_{w2}\right]+K_{c2}\left[\left(Z_{c1}-l_2\beta_{c1}+d_{f2}\phi_{c1}\right)-Z_{w2}\right] \\
& +C_{c3}\left[\left(\dot{Z}_{c1}-l_3\dot{\beta}_{c1}+d_{f3}\dot{\phi}_{c1}\right)-\dot{Z}_{w3}\right]+K_{c3}\left[\left(Z_{c1}-l_1\beta_{c1}+d_{f3}\phi_{c1}\right)-Z_{w3}\right] \\
& +C_{c7}\left[\left(\dot{Z}_{c1}+l_1\dot{\beta}_{c1}-d_{f1}\dot{\phi}_{c1}\right)-\dot{Z}_{w7}\right]+K_{c7}\left[\left(Z_{c1}+l_1\beta_{c1}-d_{f1}\phi_{c1}\right)-Z_{w7}\right] \\
& +C_{c8}\left[\left(\dot{Z}_{c1}-l_2\dot{\beta}_{c1}-d_{f2}\dot{\phi}_{c1}\right)-\dot{Z}_{w8}\right]+K_{c8}\left[\left(Z_{c1}-l_2\beta_{c1}-d_{f2}\phi_{c1}\right)-Z_{w8}\right] \\
& +C_{c9}\left[\left(\dot{Z}_{c1}-l_3\dot{\beta}_{c1}-d_{f3}\dot{\phi}_{c1}\right)-\dot{Z}_{w9}\right]+K_{c9}\left[\left(Z_{c1}-l_3\beta_{c1}-d_{f3}\phi_{c1}\right)-Z_{w9}\right]=M_{c1}g \qquad (8\text{-}28)
\end{aligned}
$$

牵引车车体的点头运动：

$$
\begin{aligned}
&J_{c1}\ddot{\beta}_{c1}-C_{c0}l_{c1}\left[\left(\dot{Z}_{c1}-l_{c1}\dot{\beta}_{c1}\right)-\left(\dot{Z}_{c2}+l_{c2}\dot{\beta}_{c2}\right)\right]-K_{c0}l_{c1}\left[\left(Z_{c1}-l_{c1}\beta_{c1}\right)-\left(Z_{c2}+l_{c2}\beta_{c2}\right)\right]\\
&+C_{c1}l_1\left[\left(\dot{Z}_{c1}+l_1\dot{\beta}_{c1}+d_{f1}\dot{\phi}_{c1}\right)-\dot{Z}_{w1}\right]+K_{c1}l_1\left[\left(Z_{c1}+l_1\beta_{c1}+d_{f1}\phi_{c1}\right)-Z_{w1}\right]\\
&-C_{c2}l_2\left[\left(\dot{Z}_{c1}-l_2\dot{\beta}_{c1}+d_{f2}\dot{\phi}_{c1}\right)-\dot{Z}_{w2}\right]-K_{c2}l_2\left[\left(Z_{c1}-l_2\beta_{c1}+d_{f2}\phi_{c1}\right)-Z_{w2}\right]\\
&-C_{c3}l_3\left[\left(\dot{Z}_{c1}-l_3\dot{\beta}_{c1}+d_{f3}\dot{\phi}_{c1}\right)-\dot{Z}_{w3}\right]-K_{c3}l_3\left[\left(Z_{c1}-l_1\beta_{c1}+d_{f3}\phi_{c1}\right)-Z_{w3}\right]\\
&+C_{c7}l_1\left[\left(\dot{Z}_{c1}+l_1\dot{\beta}_{c1}-d_{f1}\dot{\phi}_{c1}\right)-\dot{Z}_{w7}\right]+K_{c7}l_1\left[\left(Z_{c1}+l_1\beta_{c1}-d_{f1}\phi_{c1}\right)-Z_{w7}\right]\\
&-C_{c8}l_2\left[\left(\dot{Z}_{c1}-l_2\dot{\beta}_{c1}-d_{f2}\dot{\phi}_{c1}\right)-\dot{Z}_{w8}\right]-K_{c8}l_2\left[\left(Z_{c1}-l_2\beta_{c1}-d_{f2}\phi_{c1}\right)-Z_{w8}\right]\\
&-C_{c9}l_3\left[\left(\dot{Z}_{c1}-l_3\dot{\beta}_{c1}-d_{f3}\dot{\phi}_{c1}\right)-\dot{Z}_{w9}\right]-K_{c9}l_3\left[\left(Z_{c1}-l_3\beta_{c1}-d_{f3}\phi_{c1}\right)-Z_{w9}\right]=0
\end{aligned}
\tag{8-29}
$$

牵引车车体的侧倾运动：

$$
\begin{aligned}
&I_{c1}\ddot{\phi}_{c1}+C_{c1}d_{f1}\left[\left(\dot{Z}_{c1}+l_1\dot{\beta}_{c1}+d_{f1}\dot{\phi}_{c1}\right)-\dot{Z}_{w1}\right]+K_{c1}d_{f1}\left[\left(Z_{c1}+l_1\beta_{c1}+d_{f1}\phi_{c1}\right)-Z_{w1}\right]\\
&+C_{c2}d_{f2}\left[\left(\dot{Z}_{c1}-l_2\dot{\beta}_{c1}+d_{f2}\dot{\phi}_{c1}\right)-\dot{Z}_{w2}\right]+K_{c2}d_{f2}\left[\left(Z_{c1}-l_2\beta_{c1}+d_{f2}\phi_{c1}\right)-Z_{w2}\right]\\
&+C_{c3}d_{f3}\left[\left(\dot{Z}_{c1}-l_3\dot{\beta}_{c1}+d_{f3}\dot{\phi}_{c1}\right)-\dot{Z}_{w3}\right]+K_{c3}d_{f3}\left[\left(Z_{c1}-l_1\beta_{c1}+d_{f3}\phi_{c1}\right)-Z_{w3}\right]\\
&-C_{c7}d_{f1}\left[\left(\dot{Z}_{c1}+l_1\dot{\beta}_{c1}-d_{f1}\dot{\phi}_{c1}\right)-\dot{Z}_{w7}\right]-K_{c7}d_{f1}\left[\left(Z_{c1}+l_1\beta_{c1}-d_{f1}\phi_{c1}\right)-Z_{w7}\right]\\
&-C_{c8}d_{f2}\left[\left(\dot{Z}_{c1}-l_2\dot{\beta}_{c1}-d_{f2}\dot{\phi}_{c1}\right)-\dot{Z}_{w8}\right]-K_{c8}d_{f2}\left[\left(Z_{c1}-l_2\beta_{c1}-d_{f2}\phi_{c1}\right)-Z_{w8}\right]\\
&-C_{c9}d_{f3}\left[\left(\dot{Z}_{c1}-l_3\dot{\beta}_{c1}-d_{f3}\dot{\phi}_{c1}\right)-\dot{Z}_{w9}\right]-K_{c9}d_{f3}\left[\left(Z_{c1}-l_3\beta_{c1}-d_{f3}\phi_{c1}\right)-Z_{w9}\right]=0
\end{aligned}
\tag{8-30}
$$

第一组车轮的沉浮运动：

$$
\begin{aligned}
&M_{w1}\ddot{Z}_{w1}-C_{c1}\left[\left(\dot{Z}_{c1}+l_1\dot{\beta}_{c1}+d_{f1}\dot{\phi}_{c1}\right)-\dot{Z}_{w1}\right]\\
&-K_{c1}\left[\left(Z_{c1}+l_1\beta_{c1}+d_{f1}\phi_{c1}\right)-Z_{w1}\right]+P_{t1}=M_{w1}g
\end{aligned}
\tag{8-31}
$$

第二组车轮的沉浮运动：

$$
\begin{aligned}
&M_{w2}\ddot{Z}_{w2}-C_{c2}\left[\left(\dot{Z}_{c1}-l_2\dot{\beta}_{c1}+d_{f2}\dot{\phi}_{c1}\right)-\dot{Z}_{w2}\right]\\
&-K_{c2}\left[\left(Z_{c1}-l_2\beta_{c1}+d_{f2}\phi_{c1}\right)-Z_{w2}\right]+P_{t2}=M_{w2}g
\end{aligned}
\tag{8-32}
$$

第三组车轮的沉浮运动：

$$
\begin{aligned}
&M_{w3}\ddot{Z}_{w3}-C_{c3}\left[\left(\dot{Z}_{c1}-l_3\dot{\beta}_{c1}+d_{f3}\dot{\phi}_{c1}\right)-\dot{Z}_{w3}\right]\\
&-K_{c3}\left[\left(Z_{c1}-l_3\beta_{c1}+d_{f3}\phi_{c1}\right)-Z_{w3}\right]+P_{t3}=M_{w3}g
\end{aligned}
\tag{8-33}
$$

第七组车轮的沉浮运动：

$$
\begin{aligned}
&M_{w7}\ddot{Z}_{w7}-C_{c7}\left[\left(\dot{Z}_{c1}+l_1\dot{\beta}_{c1}-d_{f1}\dot{\phi}_{c1}\right)-\dot{Z}_{w7}\right]\\
&-K_{c7}\left[\left(Z_{c1}+l_1\beta_{c1}-d_{f1}\phi_{c1}\right)-Z_{w7}\right]+P_{t7}=M_{w7}g
\end{aligned}
\tag{8-34}
$$

第八组车轮的沉浮运动：

$$
\begin{aligned}
&M_{w8}\ddot{Z}_{w8}-C_{c8}\left[\left(\dot{Z}_{c1}-l_2\dot{\beta}_{c1}-d_{f2}\dot{\phi}_{c1}\right)-\dot{Z}_{w8}\right]\\
&-K_{c8}\left[\left(Z_{c1}-l_2\beta_{c1}-d_{f2}\phi_{c1}\right)-Z_{w8}\right]+P_{t8}=M_{w8}g
\end{aligned}
\tag{8-35}
$$

第九组车轮的沉浮运动：

$$
\begin{aligned}
&M_{w9}\ddot{Z}_{w9}-C_{c9}\left[\left(\dot{Z}_{c1}-l_3\dot{\beta}_{c1}-d_{f3}\dot{\phi}_{c1}\right)-\dot{Z}_{w9}\right]\\
&-K_{c9}\left[\left(Z_{c1}-l_3\beta_{c1}-d_{f3}\phi_{c1}\right)-Z_{w9}\right]+P_{t9}=M_{w9}g
\end{aligned}
\tag{8-36}
$$

拖车车体的沉浮运动：

$$
\begin{aligned}
&M_{c2}\ddot{Z}_{c2}-C_{c0}\left[\left(\dot{Z}_{c1}-l_{c1}\dot{\beta}_{c1}\right)-\left(\dot{Z}_{c2}+l_{c2}\dot{\beta}_{c2}\right)\right]-K_{c0}\left[\left(Z_{c1}-l_{c1}\beta_{c1}\right)-\left(Z_{c2}+l_{c2}\beta_{c2}\right)\right]\\
&+C_{c4}\left[\left(\dot{Z}_{c2}-l_4\dot{\beta}_{c2}+d_{r1}\dot{\phi}_{c2}\right)-\dot{Z}_{w4}\right]+K_{c4}\left[\left(Z_{c2}-l_4\beta_{c2}+d_{r1}\phi_{c2}\right)-Z_{w4}\right]\\
&+C_{c5}\left[\left(\dot{Z}_{c2}-l_5\dot{\beta}_{c2}+d_{r2}\dot{\phi}_{c2}\right)-\dot{Z}_{w5}\right]+K_{c5}\left[\left(Z_{c2}-l_5\beta_{c2}+d_{r2}\phi_{c2}\right)-Z_{w5}\right]\\
&+C_{c6}\left[\left(\dot{Z}_{c2}-l_6\dot{\beta}_{c2}+d_{r3}\dot{\phi}_{c2}\right)-\dot{Z}_{w6}\right]+K_{c6}\left[\left(Z_{c2}-l_6\beta_{c2}+d_{r3}\phi_{c2}\right)-Z_{w6}\right]\\
&+C_{c10}\left[\left(\dot{Z}_{c2}-l_4\dot{\beta}_{c2}-d_{r1}\dot{\phi}_{c2}\right)-\dot{Z}_{w10}\right]+K_{c10}\left[\left(Z_{c2}-l_4\beta_{c2}-d_{r1}\phi_{c2}\right)-Z_{w10}\right]\\
&+C_{c11}\left[\left(\dot{Z}_{c2}-l_5\dot{\beta}_{c2}-d_{r2}\dot{\phi}_{c2}\right)-\dot{Z}_{w11}\right]+K_{c11}\left[\left(Z_{c2}-l_5\beta_{c2}-d_{r2}\phi_{c2}\right)-Z_{w11}\right]\\
&+C_{c12}\left[\left(\dot{Z}_{c2}-l_6\dot{\beta}_{c2}-d_{r3}\dot{\phi}_{c2}\right)-\dot{Z}_{w12}\right]+K_{c12}\left[\left(Z_{c2}-l_6\beta_{c2}-d_{r3}\phi_{c2}\right)-Z_{w12}\right]=M_{c2}g
\end{aligned}
\tag{8-37}
$$

拖车车体的点头运动：

$$
\begin{aligned}
&J_{c2}\ddot{\beta}_{c2}-C_{c0}l_{c2}\left[\left(\dot{Z}_{c1}-l_{c1}\dot{\beta}_{c1}\right)-\left(\dot{Z}_{c2}+l_{c2}\dot{\beta}_{c2}\right)\right]-K_{c0}l_{c2}\left[\left(Z_{c1}-l_{c1}\beta_{c1}\right)-\left(Z_{c2}+l_{c2}\beta_{c2}\right)\right]\\
&-C_{c4}l_4\left[\left(\dot{Z}_{c2}-l_4\dot{\beta}_{c2}+d_{r1}\dot{\phi}_{c2}\right)-\dot{Z}_{w4}\right]-K_{c4}l_4\left[\left(Z_{c2}-l_4\beta_{c2}+d_{r1}\phi_{c2}\right)-Z_{w4}\right]\\
&-C_{c5}l_5\left[\left(\dot{Z}_{c2}-l_5\dot{\beta}_{c2}+d_{r2}\dot{\phi}_{c2}\right)-\dot{Z}_{w5}\right]-K_{c5}l_5\left[\left(Z_{c2}-l_5\beta_{c2}+d_{r2}\phi_{c2}\right)-Z_{w5}\right]\\
&-C_{c6}l_6\left[\left(\dot{Z}_{c2}-l_6\dot{\beta}_{c2}+d_{r3}\dot{\phi}_{c2}\right)-\dot{Z}_{w6}\right]-K_{c6}l_6\left[\left(Z_{c2}-l_6\beta_{c2}+d_{r3}\phi_{c2}\right)-Z_{w6}\right]\\
&-C_{c10}l_4\left[\left(\dot{Z}_{c2}-l_4\dot{\beta}_{c2}-d_{r1}\dot{\phi}_{c2}\right)-\dot{Z}_{w10}\right]-K_{c10}l_4\left[\left(Z_{c2}-l_4\beta_{c2}-d_{r1}\phi_{c2}\right)-Z_{w10}\right]\\
&-C_{c11}l_5\left[\left(\dot{Z}_{c2}-l_5\dot{\beta}_{c2}-d_{r2}\dot{\phi}_{c2}\right)-\dot{Z}_{w11}\right]-K_{c11}l_5\left[\left(Z_{c2}-l_5\beta_{c2}-d_{r2}\phi_{c2}\right)-Z_{w11}\right]\\
&-C_{c12}l_6\left[\left(\dot{Z}_{c2}-l_6\dot{\beta}_{c2}-d_{r3}\dot{\phi}_{c2}\right)-\dot{Z}_{w12}\right]-K_{c12}l_6\left[\left(Z_{c2}-l_6\beta_{c2}-d_{r3}\phi_{c2}\right)-Z_{w12}\right]=0
\end{aligned}
\tag{8-38}
$$

拖车车体的侧倾运动：

$$
\begin{aligned}
&I_{c2}\ddot{\phi}_{c2}+C_{c4}d_{r1}\left[\left(\dot{Z}_{c2}-l_4\dot{\beta}_{c2}+d_{r1}\dot{\phi}_{c2}\right)-\dot{Z}_{w4}\right]+K_{c4}d_{r1}\left[\left(Z_{c2}-l_4\beta_{c2}+d_{r1}\phi_{c2}\right)-Z_{w4}\right]\\
&+C_{c5}d_{r2}\left[\left(\dot{Z}_{c2}-l_5\dot{\beta}_{c2}+d_{r2}\dot{\phi}_{c2}\right)-\dot{Z}_{w5}\right]+K_{c5}d_{r2}\left[\left(Z_{c2}-l_5\beta_{c2}+d_{r2}\phi_{c2}\right)-Z_{w5}\right]\\
&+C_{c6}d_{r3}\left[\left(\dot{Z}_{c2}-l_6\dot{\beta}_{c2}+d_{r3}\dot{\phi}_{c2}\right)-\dot{Z}_{w6}\right]+K_{c6}d_{r3}\left[\left(Z_{c2}-l_6\beta_{c2}+d_{r3}\phi_{c2}\right)-Z_{w6}\right]\\
&-C_{c10}d_{r1}\left[\left(\dot{Z}_{c2}-l_4\dot{\beta}_{c2}-d_{r1}\dot{\phi}_{c2}\right)-\dot{Z}_{w10}\right]-K_{c10}d_{r1}\left[\left(Z_{c2}-l_4\beta_{c2}-d_{r1}\phi_{c2}\right)-Z_{w10}\right]\\
&-C_{c11}d_{r2}\left[\left(\dot{Z}_{c2}-l_5\dot{\beta}_{c2}-d_{r2}\dot{\phi}_{c2}\right)-\dot{Z}_{w11}\right]-K_{c11}d_{r2}\left[\left(Z_{c2}-l_5\beta_{c2}-d_{r2}\phi_{c2}\right)-Z_{w11}\right]\\
&-C_{c12}d_{r3}\left[\left(\dot{Z}_{c2}-l_6\dot{\beta}_{c2}-d_{r3}\dot{\phi}_{c2}\right)-\dot{Z}_{w12}\right]-K_{c12}d_{r3}\left[\left(Z_{c2}-l_6\beta_{c2}-d_{r3}\phi_{c2}\right)-Z_{w12}\right]=0
\end{aligned}
\tag{8-39}
$$

第四组车轮的沉浮运动：

$$
\begin{aligned}
&M_{w4}\ddot{Z}_{w4}-C_{c4}\left[\left(\dot{Z}_{c2}-l_4\dot{\beta}_{c2}+d_{r1}\dot{\phi}_{c2}\right)-\dot{Z}_{w4}\right]\\
&-K_{c4}\left[\left(Z_{c2}-l_4\beta_{c2}+d_{r1}\phi_{c2}\right)-Z_{w4}\right]+P_{t4}=M_{w4}g
\end{aligned}
\tag{8-40}
$$

第五组车轮的沉浮运动：

$$
\begin{aligned}
&M_{w5}\ddot{Z}_{w5}-C_{c5}\left[\left(\dot{Z}_{c2}-l_5\dot{\beta}_{c2}+d_{r2}\dot{\phi}_{c2}\right)-\dot{Z}_{w5}\right]\\
&-K_{c5}\left[\left(Z_{c2}-l_5\beta_{c2}+d_{r2}\phi_{c2}\right)-Z_{w5}\right]+P_{t5}=M_{w5}g
\end{aligned}
\tag{8-41}
$$

第六组车轮的沉浮运动：

$$
\begin{aligned}
&M_{w6}\ddot{Z}_{w6}-C_{c6}\left[\left(\dot{Z}_{c2}-l_6\dot{\beta}_{c2}+d_{r3}\dot{\phi}_{c2}\right)-\dot{Z}_{w6}\right]\\
&-K_{c6}\left[\left(Z_{c2}-l_6\beta_{c2}+d_{r3}\phi_{c2}\right)-Z_{w6}\right]+P_{t6}=M_{w6}g
\end{aligned}
\tag{8-42}
$$

第十组车轮的沉浮运动：

$$
\begin{aligned}
&M_{w10}\ddot{Z}_{w10}-C_{c10}\left[\left(\dot{Z}_{c2}-l_4\dot{\beta}_{c2}-d_{r1}\dot{\phi}_{c2}\right)-\dot{Z}_{w10}\right]\\
&-K_{c10}\left[\left(Z_{c2}-l_4\beta_{c2}-d_{r1}\phi_{c2}\right)-Z_{w10}\right]+P_{t10}=M_{w10}g
\end{aligned}
\tag{8-43}
$$

第十一组车轮的沉浮运动：

$$
\begin{aligned}
&M_{w11}\ddot{Z}_{w11}-C_{c11}\left[\left(\dot{Z}_{c2}-l_5\dot{\beta}_{c2}-d_{r2}\dot{\phi}_{c2}\right)-\dot{Z}_{w11}\right]\\
&-K_{c11}\left[\left(Z_{c2}-l_5\beta_{c2}-d_{r2}\phi_{c2}\right)-Z_{w11}\right]+P_{t11}=M_{w11}g
\end{aligned}
\tag{8-44}
$$

第十二组车轮的沉浮运动：

$$
\begin{aligned}
&M_{w12}\ddot{Z}_{w12}-C_{c12}\left[\left(\dot{Z}_{c2}-l_6\dot{\beta}_{c2}-d_{r3}\dot{\phi}_{c2}\right)-\dot{Z}_{w12}\right]\\
&-K_{c12}\left[\left(Z_{c2}-l_6\beta_{c2}-d_{r3}\phi_{c2}\right)-Z_{w12}\right]+P_{t12}=M_{w12}g
\end{aligned}
\tag{8-45}
$$

8.4　路面-路基动力相互作用模型

8.4.1　汽车-路面-路基动力相互作用模型

假定路面和路基呈水平方向层状分布且无间断，对于半刚性基层支撑下的路面结构，考虑到基层刚度和面层刚度相近且远大于非冻结期路基的刚度，并考虑到路面纵向和横向的延伸远大于竖向厚度，将路面面层和半刚性基层简化为支撑于连续黏弹性地基上的双层连续黏弹性薄板。

以双轴车为例，设轮胎接地压力为 P_{wi}，汽车-路面-路基动力相互作用模型如图 8-9 所示。模型中，E_{p1}、μ_{p1}、χ_{p1}、ρ_{p1} 和 h_{p1} 分别为面层弹性模量、泊松比、黏滞阻尼系数、质量密度和厚度；E_{p2}、μ_{p2}、χ_{p2}、ρ_{p2} 和 h_{p2} 分别为基层弹性模量、泊松比、黏滞阻尼系数、质量密度和厚度；K_{sh}、K_s 和 C_s 分别为路基水平剪切刚度、竖向刚度和竖向阻尼；L 为路面长度；W 为路面宽度；$w_p(x,y,t)$ 为路面垂向位移（挠度）。

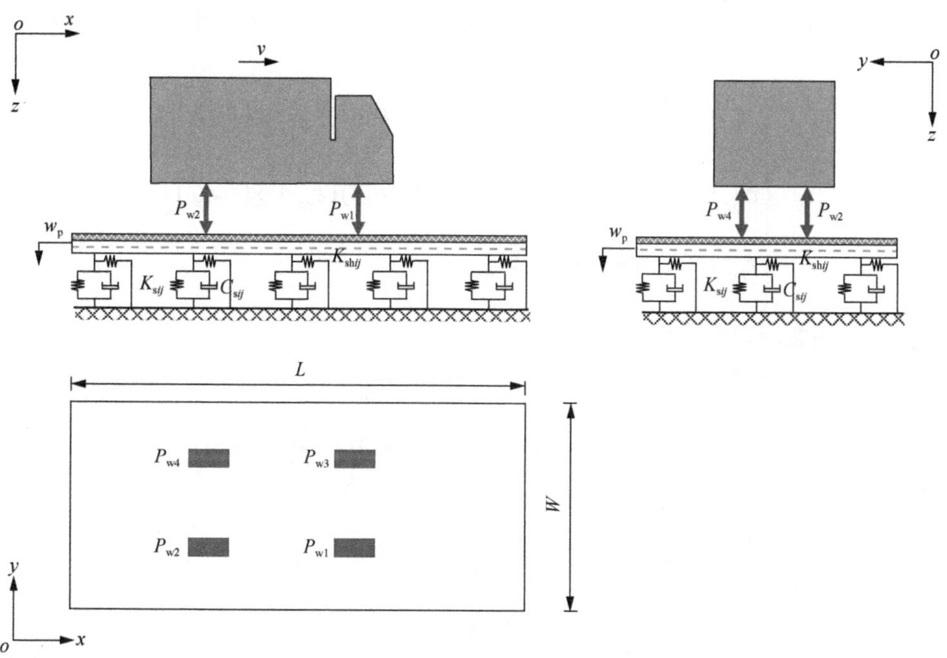

图 8-9　汽车-路面-路基动力相互作用模型

设路面中性层位置为h_{p0}，依据弹性薄板假设易知

$$h_{p0}=\frac{E_{p1}\left(1-\mu_{p2}\right)h_{p1}^{2}+E_{p2}\left(1-\mu_{p1}\right)\left(2h_{p1}+h_{p2}\right)h_{p2}}{2E_{p1}\left(1-\mu_{p2}\right)h_{p1}+2E_{p2}\left(1-\mu_{p1}\right)h_{p2}} \tag{8-46}$$

路面的位移分量为

$$\begin{cases} u(x,y,z,t)=-z\dfrac{\partial w_{p}(x,y,t)}{\partial x} \\ v(x,y,z,t)=-z\dfrac{\partial w_{p}(x,y,t)}{\partial y} \\ w(x,y,z,t)=w_{p}(x,y,z,t) \end{cases} \tag{8-47}$$

应变与应变速率分量为

$$\begin{cases} \varepsilon_{px}=\dfrac{\partial u}{\partial x}=-z\dfrac{\partial^{2} w_{p}}{\partial x^{2}} & \dot{\varepsilon}_{px}=\dfrac{\partial^{2} u}{\partial x\partial t}=-z\dfrac{\partial^{3} w_{p}}{\partial x^{2}\partial t} \\ \varepsilon_{py}=\dfrac{\partial v}{\partial y}=-z\dfrac{\partial^{2} w_{p}}{\partial y^{2}} & \dot{\varepsilon}_{py}=\dfrac{\partial^{2} v}{\partial y\partial t}=-z\dfrac{\partial^{3} w_{p}}{\partial y^{2}\partial t} \\ \gamma_{pxy}=\dfrac{\partial u}{\partial y}+\dfrac{\partial v}{\partial x}=-2z\dfrac{\partial^{2} w_{p}}{\partial x\partial y} & \dot{\gamma}_{pxy}=\dfrac{\partial^{2} u}{\partial y\partial t}+\dfrac{\partial^{2} v}{\partial x\partial t}=-2z\dfrac{\partial^{3} w_{p}}{\partial x\partial y\partial t} \end{cases} \tag{8-48}$$

物理关系中，计入路面内阻尼影响，依据 Kelvin 黏滞阻尼理论[309]，路面内力由与应变成正比的弹性恢复力和与应变速率成正比的阻尼力组成，应力分量可表述为

$$\begin{cases} \sigma_{px}=\dfrac{E(z)}{1-\mu^{2}(z)}\left[\left(\varepsilon_{px}+\chi(z)\dot{\varepsilon}_{px}\right)+\mu(z)\left(\varepsilon_{py}+\chi(z)\dot{\varepsilon}_{py}\right)\right] \\ \sigma_{py}=\dfrac{E(z)}{1-\mu^{2}(z)}\left[\left(\varepsilon_{py}+\chi(z)\dot{\varepsilon}_{py}\right)+\mu(z)\left(\varepsilon_{px}+\chi(z)\dot{\varepsilon}_{px}\right)\right] \\ \tau_{pxy}=G(z)\left(\gamma_{pxy}+\chi(z)\dot{\gamma}_{pxy}\right) \end{cases} \tag{8-49}$$

式中，χ为黏滞阻尼系数。

进一步整理得

$$\begin{cases} \sigma_{px}=-\dfrac{E(z)}{1-\mu^{2}(z)}z\left[\left(\dfrac{\partial^{2} w_{p}}{\partial x^{2}}+\mu(z)\dfrac{\partial^{2} w_{p}}{\partial y^{2}}\right)+\chi(z)\left(\dfrac{\partial^{3} w_{p}}{\partial x^{2}\partial t}+\mu(z)\dfrac{\partial^{3} w_{p}}{\partial y^{2}\partial t}\right)\right] \\ \sigma_{py}=-\dfrac{E(z)}{1-\mu^{2}(z)}z\left[\left(\dfrac{\partial^{2} w_{p}}{\partial y^{2}}+\mu(z)\dfrac{\partial^{2} w_{p}}{\partial x^{2}}\right)+\chi(z)\left(\dfrac{\partial^{3} w_{p}}{\partial y^{2}\partial t}+\mu(z)\dfrac{\partial^{3} w_{p}}{\partial x^{2}\partial t}\right)\right] \\ \tau_{pxy}=-2G(z)z\left(\dfrac{\partial^{2} w_{p}}{\partial x\partial y}+\chi(z)\dfrac{\partial^{3} w_{p}}{\partial x\partial y\partial t}\right) \end{cases} \tag{8-50}$$

弯矩与扭矩分量为

$$
\begin{cases}
M_{px}=\int_{h_0-h_1-h_2}^{h_0}\sigma_{px}\mathrm{d}z\cdot z=-D_{ps}\dfrac{\partial^2 w}{\partial x^2}-D_{pxy}\dfrac{\partial^2 w}{\partial y^2}-D'_{ps}\dfrac{\partial^3 w}{\partial x^2\partial t}-D'_{pxy}\dfrac{\partial^3 w}{\partial y^2\partial t}\\
M_{py}=\int_{h_0-h_1-h_2}^{h_0}\sigma_{py}\mathrm{d}z\cdot z=-D_{ps}\dfrac{\partial^2 w}{\partial x^2}-D_{pxy}\dfrac{\partial^2 w}{\partial y^2}-D'_{ps}\dfrac{\partial^3 w}{\partial x^2\partial t}-D'_{pxy}\dfrac{\partial^3 w}{\partial y^2\partial t}\\
M_{pxy}=\int_{h_0-h_1-h_2}^{h_0}\tau_{pxy}\mathrm{d}z\cdot z=-2D_{pk}\dfrac{\partial^3 w}{\partial x\partial y}-2D'_{pk}\dfrac{\partial^3 w}{\partial x\partial y\partial t}
\end{cases}
\tag{8-51}
$$

式中，D_{ps}、D_{pxy}、D_{pk} 为弹性抗弯刚度，由式（8-52）计算；D'_{ps}、D'_{pxy}、D'_{pk} 为阻尼抗弯刚度，由式（8-53）计算。

$$
\begin{cases}
D_{ps}=\int_{h_{p0}-h_{p1}}^{h_{p0}}\dfrac{E_{p1}}{1-\mu_{p1}^2}z^2\mathrm{d}z+\int_{h_{p0}-h_{p1}-h_{p2}}^{h_{p0}-h_{p1}}\dfrac{E_{p2}}{1-\mu_{p2}^2}z^2\mathrm{d}z\\
D_{pxy}=\int_{h_{p0}-h_{p1}}^{h_{p0}}\dfrac{E_{p1}\mu_{p1}}{1-\mu_{p1}^2}z^2\mathrm{d}z+\int_{h_{p0}-h_{p1}-h_{p2}}^{h_{p0}-h_{p1}}\dfrac{E_{p2}\mu_{p2}}{1-\mu_{p2}^2}z^2\mathrm{d}z\\
D_{pk}=\int_{h_{p0}-h_{p1}}^{h_{p0}}G_{p1}z^2\mathrm{d}z+\int_{h_{p0}-h_{p1}-h_{p2}}^{h_{p0}-h_{p1}}G_{p2}z^2\mathrm{d}z
\end{cases}
\tag{8-52}
$$

$$
\begin{cases}
D'_{ps}=\int_{h_{p0}-h_{p1}}^{h_{p0}}\dfrac{E_{p1}\chi_{p1}}{1-\mu_{p1}^2}z^2\mathrm{d}z+\int_{h_{p0}-h_{p1}-h_{p2}}^{h_{p0}-h_{p1}}\dfrac{E_{p2}\chi_{p2}}{1-\mu_{p2}^2}z^2\mathrm{d}z\\
D'_{pxy}=\int_{h_{p0}-h_{p1}}^{h_{p0}}\dfrac{E_{p1}\mu_{p1}\chi_{p1}}{1-\mu_{p1}^2}z^2\mathrm{d}z+\int_{h_{p0}-h_{p1}-h_{p2}}^{h_{p0}-h_{p1}}\dfrac{E_{p2}\mu_{p2}\chi_{p2}}{1-\mu_{p2}^2}z^2\mathrm{d}z\\
D'_{pk}=\int_{h_{p0}-h_{p1}}^{h_{p0}}G_{p1}\chi_{p1}z^2\mathrm{d}z+\int_{h_{p0}-h_{p1}-h_{p2}}^{h_{p0}-h_{p1}}G_{p2}\chi_{p2}z^2\mathrm{d}z
\end{cases}
\tag{8-53}
$$

考虑路面内微元体动力平衡，并忽略惯性力矩，则有

$$
\begin{cases}
\dfrac{\partial M_x}{\partial x}+\dfrac{\partial M_{yx}}{\partial y}-Q_x=0\\
\dfrac{\partial M_{xy}}{\partial x}+\dfrac{\partial M_y}{\partial y}-Q_y=0\\
\dfrac{\partial Q_x}{\partial x}+\dfrac{\partial Q_y}{\partial y}-\rho_s h_s\dfrac{\partial^2 w}{\partial t^2}+P_t-F_s+F_{sh}=0
\end{cases}
\tag{8-54}
$$

式中，P_t 为轮胎动压力；F_s 为地基竖向支撑力；F_{sh} 为地基水平向剪切力。

将弯矩表达式代入式（8-54）的前两式，将剪力代入式（8-54）的第三式。考虑路面内阻尼和路基水平向剪切力的作用，汽车荷载下黏弹性地基上的路面的垂向振动微分方程为

$$D_{\mathrm{ps}}\frac{\partial^4 w_{\mathrm{p}}(x,y,t)}{\partial x^4}+2\left(D_{\mathrm{p}xy}+2D_{\mathrm{pk}}\right)\frac{\partial^4 w_{\mathrm{p}}(x,y,t)}{\partial x^2\partial y^2}+D_{\mathrm{ps}}\frac{\partial^4 w_{\mathrm{p}}(x,y,t)}{\partial y^4}$$
$$+D'_{\mathrm{ps}}\frac{\partial^5 w_{\mathrm{p}}(x,y,t)}{\partial x^4\partial t}+2\left(D'_{\mathrm{p}xy}+2D'_{\mathrm{pk}}\right)\frac{\partial^5 w_{\mathrm{p}}(x,y,t)}{\partial x^2\partial y^2\partial t}+D'_{\mathrm{ps}}\frac{\partial^5 w_{\mathrm{p}}(x,y,t)}{\partial y^4\partial t}$$
$$+\rho_{\mathrm{p}}h_{\mathrm{p}}\frac{\partial w_{\mathrm{p}}^2(x,y,t)}{\partial t^2}=\sum_{i=1}^{N_{\mathrm{p}}}P_{\mathrm{t}i}(t)\delta(x-x_{\mathrm{t}i})\delta(y-y_{\mathrm{t}i})$$
$$-\sum_{i=1}^{\mathrm{NL}}\sum_{j=1}^{\mathrm{NW}}F_{\mathrm{s}ij}(t)\delta(x-x_{\mathrm{s}i})\delta(y-y_{\mathrm{s}j})$$
$$+\sum_{i=1}^{\mathrm{NL}}\sum_{j=1}^{\mathrm{NW}}F_{\mathrm{sh}ij}(t)\delta(x-x_{\mathrm{s}i})\delta(y-y_{\mathrm{s}j}) \tag{8-55}$$

其中

$$\rho_{\mathrm{p}}h_{\mathrm{p}}=\rho_{\mathrm{p}1}h_{\mathrm{p}1}+\rho_{\mathrm{p}2}h_{\mathrm{p}2} \tag{8-56}$$

$$F_{\mathrm{s}ij}(t)=C_{\mathrm{s}ij}\dot{w}_{\mathrm{p}}(x,y,t)+K_{\mathrm{s}ij}w_{\mathrm{p}}(x,y,t) \tag{8-57}$$

$$F_{\mathrm{sh}ij}(t)=\frac{K_{\mathrm{sh}ij}(h_{\mathrm{p}1}+h_{\mathrm{p}2})^2}{4}\left(\frac{\partial w_{\mathrm{p}}^2(x,y,t)}{\partial x^2}+\frac{\partial w_{\mathrm{p}}^2(x,y,t)}{\partial y^2}\right) \tag{8-58}$$

式中，N_{p} 为路面上作用的汽车荷载个数；NL 为路面下纵向（x 向）离散支撑点个数；NW 为路面下横向（y 向）离散支撑点个数；$P_{\mathrm{t}i}$ 为汽车荷载；$F_{\mathrm{s}ij}$ 为路面下路基垂向支撑力；$F_{\mathrm{sh}ij}$ 为路面下路基水平向剪切力；$x_{\mathrm{t}i}$、$y_{\mathrm{t}i}$ 为路面上第 i 个荷载点的纵坐标和横坐标；$x_{\mathrm{s}i}$、$y_{\mathrm{s}j}$ 为第 i、j 个支撑点的纵向坐标和横向坐标。

为了描述汽车的移动特性，建立动态重载汽车轮胎坐标来模拟汽车的运动状态。模型中，ox 为固定于路面-路基体系上的固定坐标系，$o'x'$ 是连接在汽车上的移动坐标系，如图 8-10 所示。

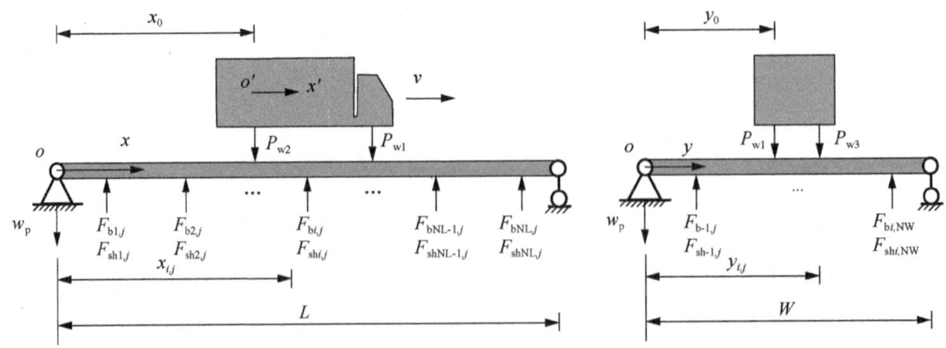

图 8-10　路面受力分析模型

对于双轴重载汽车而言，两种坐标之间的相互变换关系为

$$\begin{cases} x_{t1}=x_0+l_1+l_2+vt, & y_{t1}=y_0 \\ x_{t2}=x_0+vt, & y_{t2}=y_0 \\ x_{t3}=x_0+l_1+l_2+vt, & y_{t3}=y_0+2d_f \\ x_{t4}=x_0+vt, & y_{t4}=y_0+2d_r \end{cases} \tag{8-59}$$

路面下各离散支点坐标为

$$x_{ri}=il_s \quad (i=1,2,3,\cdots,\mathrm{NL}) \tag{8-60}$$

$$y_{rj}=jl_w \quad (j=1,2,3,\cdots,\mathrm{NW}) \tag{8-61}$$

式中，l_s 为 x 向离散点间距；l_w 为 y 向离散点间距。

式（8-55）为 5 阶偏微分方程，为了进行数值分析，采用里茨（Ritz）法将其转化为 2 阶常微分方程[296,309]。采用双向梁函数组合级数逼近方法可获得较为满意的结果。因此，若设路面为四边简支边界，路面振型可简化为

$$W_{pmn}(x,y)=X_m(x)Y_n(y) \tag{8-62}$$

式中，$X_m(x)$ 为路面 x 方向的振型函数；$Y_n(y)$ 为路面 y 方向的振型函数。

路面的垂向位移（挠度）为

$$w_p(x,y,t)=\sum_{m=1}^{\mathrm{NM}}\sum_{n=1}^{\mathrm{NN}}X_m(x)Y_n(y)T_{mn}(t)=\sum_{m=1}^{\mathrm{NM}}\sum_{n=1}^{\mathrm{NN}}\sin\frac{m\pi x}{L}\sin\frac{n\pi y}{W}T_{mn}(t) \tag{8-63}$$

式中，T_{mn} 为路面的正则坐标；NM 为路面 x 方向的截止模态阶数；NN 为路面 y 方向的截止模态阶数。

将式（8-63）代入路面的振动微分方程式（8-55），整理后得

$$\begin{aligned} & D_{ps}\sum_{m=1}^{\mathrm{NM}}\sum_{n=1}^{\mathrm{NN}}X_m''''(x)Y_n(y)T_{mn}(t)+2\left(D_{pxy}+2D_{pk}\right)\sum_{m=1}^{\mathrm{NM}}\sum_{n=1}^{\mathrm{NN}}X_m''(x)Y_n''(y)T_{mn}(t) \\ & +D_{ps}\sum_{m=1}^{\mathrm{NM}}\sum_{n=1}^{\mathrm{NN}}X_m(x)Y_n''''(y)T_{mn}(t)+D_{ps}'\sum_{m=1}^{\mathrm{NM}}\sum_{n=1}^{\mathrm{NN}}X_m''''(x)Y_n(y)\dot{T}_{mn}(t) \\ & +2\left(D_{pxy}'+2D_{pk}'\right)\sum_{m=1}^{\mathrm{NM}}\sum_{n=1}^{\mathrm{NN}}X_m''(x)Y_n''(y)\dot{T}_{mn}(t)+D_{ps}'\sum_{m=1}^{\mathrm{NM}}\sum_{n=1}^{\mathrm{NN}}X_m(x)Y_n''''(y)\dot{T}_{mn}(t) \\ & +\rho_p h_p\sum_{m=1}^{\mathrm{NM}}\sum_{n=1}^{\mathrm{NN}}X_m(x)Y_n(y)\ddot{T}_{mn}(t) \\ = & \sum_{i=1}^{N_p}P_{ti}(t)\delta(x-x_{ti})\delta(y-y_{ti})-\sum_{i=1}^{\mathrm{NL}}\sum_{j=1}^{\mathrm{NW}}F_{sij}(t)\delta(x-x_{si})\delta(y-y_{sj}) \\ & +\sum_{i=1}^{\mathrm{NL}}\sum_{j=1}^{\mathrm{NW}}F_{shij}(t)\delta(x-x_{si})\delta(y-y_{sj}) \end{aligned} \tag{8-64}$$

将式（8-64）两边同乘以路面的振型函数 $W_p(x,y)$，并对路面分别在 x 向和 y 向沿长度积分，利用梁振型函数的正交性，可得路面垂向振动关于正则坐标的 2

阶常微分方程：

$$\ddot{T}_{mn}(t)+\frac{A'_{\mathrm{ps}}}{\rho_{\mathrm{p}}h_{\mathrm{p}}B_1B_2}\dot{T}_{mn}(t)+\frac{A_{\mathrm{ps}}}{\rho_{\mathrm{p}}h_{\mathrm{p}}B_1B_2}T_{mn}(t)$$
$$=\frac{1}{\rho_{\mathrm{p}}h_{\mathrm{p}}B_1B_2}\left[\sum_{i=1}^{N_{\mathrm{p}}}P_{\mathrm{t}i}(t)X_m(x_{\mathrm{t}i})Y_n(y_{\mathrm{t}i})-\sum_{i=1}^{\mathrm{NL}}\sum_{j=1}^{\mathrm{NW}}F_{\mathrm{s}ij}(t)X_m(x_{\mathrm{s}i})Y_n(y_{\mathrm{s}j})\right.$$
$$\left.+\sum_{i=1}^{\mathrm{NL}}\sum_{j=1}^{\mathrm{NW}}F_{\mathrm{sh}ij}(t)X_m(x_{\mathrm{sh}i})Y_n(y_{\mathrm{sh}i})\right] \tag{8-65}$$

式（8-65）中系数 A_{ps} 、 A'_{ps} 、 $B_1\sim B_6$ 采用式（8-66）计算。

$$\begin{cases}A_{\mathrm{ps}}=D_{\mathrm{ps}}B_3B_2+2\left(D_{\mathrm{p}xy}+D_{\mathrm{pk}}\right)B_4B_5+D_{\mathrm{ps}}B_1B_6\\A'_{\mathrm{ps}}=D'_{\mathrm{ps}}B_3B_2+2\left(D'_{\mathrm{p}xy}+D'_{\mathrm{pk}}\right)B_4B_5+D'_{\mathrm{ps}}B_1B_6\\B_1=\int_0^L X_m^2\left(x\right)\mathrm{d}x,\quad B_2=\int_0^W Y_m^2\left(y\right)\mathrm{d}y\\B_3=\int_0^L X_m''''\left(x\right)X_m\left(x\right)\mathrm{d}x,\quad B_4=\int_0^L X_m''\left(x\right)X_m\left(x\right)\mathrm{d}x\\B_5=\int_0^W Y_n''\left(y\right)Y_n\left(y\right)\mathrm{d}y,\quad B_6=\int_0^W Y_n''''\left(y\right)Y_n\left(y\right)\mathrm{d}y\end{cases} \tag{8-66}$$

路基竖向支撑力 $F_{\mathrm{s}ij}(t)$ 为

$$F_{\mathrm{s}ij}(t)=C_{\mathrm{s}ij}\dot{w}_{\mathrm{s}}(x,y,t)+K_{\mathrm{s}ij}w_{\mathrm{s}}(x,y,t)$$
$$=\sum_{m'=1}^{\mathrm{NM}}\sum_{n'=1}^{\mathrm{NN}}C_{\mathrm{s}ij}X_{m'}(x)Y_{n'}(y)\dot{T}_{m'n'}(t)+\sum_{m'=1}^{\mathrm{NM}}\sum_{n'=1}^{\mathrm{NN}}K_{\mathrm{s}ij}X_{m'}(x)Y_{n'}(y)T_{m'n'}(t)$$
$$=\sum_{m'=1}^{\mathrm{NM}}\sum_{n'=1}^{\mathrm{NN}}C_{\mathrm{s}ij}\sin\frac{m'\pi x}{L}\sin\frac{n'\pi y}{W}\dot{T}_{m'n'}(t)+\sum_{m'=1}^{\mathrm{NM}}\sum_{n'=1}^{\mathrm{NN}}K_{\mathrm{s}ij}\sin\frac{m'\pi x}{L}\sin\frac{n'\pi y}{W}T_{m'n'}(t) \tag{8-67}$$

路基水平剪切力 $F_{\mathrm{sh}ij}(t)$ 为

$$F_{\mathrm{sh}ij}(t)=\frac{K_{\mathrm{sh}ij}(h_{\mathrm{p}1}+h_{\mathrm{p}2})^2}{4}\left(\frac{\partial w_{\mathrm{p}}^2(x,y,t)}{\partial x^2}+\frac{\partial w_{\mathrm{p}}^2(x,y,t)}{\partial y^2}\right)$$
$$=\frac{K_{\mathrm{sh}ij}(h_{\mathrm{p}1}+h_{\mathrm{p}2})^2}{4}\left(\sum_{m'=1}^{\mathrm{NM}}\sum_{n'=1}^{\mathrm{NN}}X''_{m'}(x)Y_{n'}(y)T_{m'n'}(t)+\sum_{m'=1}^{\mathrm{NM}}\sum_{n'=1}^{\mathrm{NN}}X_{m'}(x)Y''_{n'}(y)T_{m'n'}(t)\right)$$
$$=\frac{K_{\mathrm{sh}ij}(h_{\mathrm{p}1}+h_{\mathrm{p}2})^2}{4}\left(\sum_{m'=1}^{\mathrm{NM}}\sum_{n'=1}^{\mathrm{NN}}\left(\left(\frac{m'\pi}{L}\right)^2+\left(\frac{n'\pi}{W}\right)^2\right)\sin\frac{m'\pi x}{L}\sin\frac{n'\pi y}{W}T_{m'n'}(t)\right) \tag{8-68}$$

若轮胎采用点接触模型，则第 i 个轮胎接地压力 $P_{\mathrm{t}i}(t)$ 为

$$P_{\mathrm{t}i}(t)=C_{\mathrm{t}i}\left(\dot{Z}_{\mathrm{w}i}(t)-\dot{q}_{\mathrm{w}i}(x,y,t)-\dot{w}_{\mathrm{p}i}(x,y,t)\right)$$
$$+K_{\mathrm{t}i}\left(Z_{\mathrm{w}i}(t)-q_{\mathrm{w}i}(x,y,t)-w_{\mathrm{p}i}(x,y,t)\right) \tag{8-69}$$

式中，$\dot{w}_{\mathrm{p}}(x,y,t)$ 为路面的垂向变形速率，采用式（8-70）计算。

$$\dot{w}_{\mathrm{p}}(x,y,t)=\frac{\partial w_{\mathrm{p}}(x,y,t)}{\partial t}=\frac{\sum_{m=1}^{\mathrm{NM}}\sum_{n=1}^{\mathrm{NN}}X_m(x)Y_n(y)T_{mn}(t)}{\partial t}$$

$$=\sum_{m=1}^{\mathrm{NM}}\sum_{n=1}^{\mathrm{NN}}\sin\frac{m\pi x}{L}\sin\frac{n\pi y}{W}\dot{T}_{mn}(t)+\sum_{m=1}^{\mathrm{NM}}\sum_{n=1}^{\mathrm{NN}}\frac{m\pi v}{L}\cos\frac{m\pi x}{L}\sin\frac{n\pi y}{W}T_{mn}(t) \tag{8-70}$$

将式（8-63）和式（8-69）代入式（8-68）得轮胎接地压力 $P_{\mathrm{t}i}$ 的表达式（8-71）。

$$\begin{aligned}P_{ti}(t)&=C_{ti}\left(\dot{Z}_{wi}(t)-\dot{q}_{wi}(x,y,t)-\dot{w}_{pi}(x,y,t)\right)+K_{ti}\left(Z_{wi}(t)-q_{wi}(x,y,t)-w_{pi}(x,y,t)\right)\\&=C_{ti}\left(\dot{Z}_{wi}(t)-\dot{q}_{wi}(x,y,t)\right)+K_{ti}\left(Z_{wi}(t)-q_{wi}(x,y,t)\right)\\&\quad-\sum_{m'=1}^{\mathrm{NM}}\sum_{n'=1}^{\mathrm{NN}}C_{ti}\sin\frac{m'\pi x}{L}\sin\frac{n'\pi y}{W}\dot{T}_{m'n'}(t)-\sum_{m=1}^{\mathrm{NM}}\sum_{n=1}^{\mathrm{NN}}C_{ti}\frac{m'\pi v}{L}\cos\frac{m'\pi x}{L}\sin\frac{n'\pi y}{W}T_{m'n'}(t)\\&\quad-\sum_{m'=1}^{\mathrm{NM}}\sum_{n'=1}^{\mathrm{NN}}K_{ti}\sin\frac{m'\pi x}{L}\sin\frac{n'\pi y}{W}T_{m'n'}(t)\end{aligned} \tag{8-71}$$

整理后可得路面垂向振动关于正则坐标的 2 阶常微分方程为

$$\begin{aligned}&\ddot{T}_{mn}(t)+\frac{4A'_{\mathrm{ps}}}{\rho_{\mathrm{p}}h_{\mathrm{p}}LW}\dot{T}_{mn}(t)+\frac{4A_{\mathrm{ps}}}{\rho_{\mathrm{p}}h_{\mathrm{p}}LW}T_{mn}(t)\\&+\frac{4}{\rho_{\mathrm{p}}h_{\mathrm{p}}LW}\sum_{i=1}^{\mathrm{NL}}\sum_{j=1}^{\mathrm{NW}}\left(\sum_{m'=1}^{\mathrm{NM}}\sum_{n'=1}^{\mathrm{NN}}C_{\mathrm{s}ij}\sin\frac{m'\pi x_i}{L}\sin\frac{n'\pi y_j}{W}\dot{T}_{m'n'}(t)\right.\\&+\sum_{m'=1}^{\mathrm{NM}}\sum_{n'=1}^{\mathrm{NN}}K_{\mathrm{s}ij}\sin\frac{m'\pi x_i}{L}\sin\frac{n'\pi y_j}{W}T_{m'n'}(t)\\&\left.+\frac{K_{\mathrm{sh}ij}(h_{\mathrm{p1}}+h_{\mathrm{p2}})^2}{4}\sum_{m'=1}^{\mathrm{NM}}\sum_{n'=1}^{\mathrm{NN}}\left(\left(\frac{m'\pi}{L_{\mathrm{s}}}\right)^2+\left(\frac{n'\pi}{W_{\mathrm{s}}}\right)^2\right)\sin\frac{m'\pi x_i}{L}\sin\frac{n'\pi y_j}{W}T_{m'n'}(t)\right)\sin\frac{m\pi x_i}{L}\sin\frac{n\pi y_j}{W}\\&=\frac{4}{\rho_{\mathrm{p}}h_{\mathrm{p}}LW}\sum_{i=1}^{N_{\mathrm{p}}}\left[C_{ti}\left(\dot{Z}_{wi}-\dot{q}_{wi}\right)+K_{ti}\left(Z_{wi}-q_{wi}\right)-\sum_{m'=1}^{\mathrm{NM}}\sum_{n'=1}^{\mathrm{NN}}C_{ti}\sin\frac{m'\pi x_i}{L}\sin\frac{n'\pi y}{W}\dot{T}_{m'n'}(t)\right.\\&-\sum_{m'=1}^{\mathrm{NM}}\sum_{n'=1}^{\mathrm{NN}}C_{ti}\frac{m'\pi v}{L}\cos\frac{m'\pi x_i}{L}\sin\frac{n'\pi y}{W}T_{m'n'}(t)\\&\left.-\sum_{m'=1}^{\mathrm{NM}}\sum_{n'=1}^{\mathrm{NN}}K_{ti}\sin\frac{m'\pi x_i}{L}\sin\frac{n'\pi y}{W}T_{m'n'}(t)\right]\sin\frac{m\pi x_i}{L}\sin\frac{n\pi y}{W}\end{aligned} \tag{8-72}$$

由上可见，该路面-路基振动微分方程组的阶数为 $\mathrm{NM}\times\mathrm{NN}$。

8.4.2　汽车-面层-基层-路基动力相互作用模型

8.4.2.1　*面层振动微分方程*

假设路面、路基在水平方向是呈层分布且无间断，并考虑到面层纵向和横向的延伸远大于竖向厚度，将路面面层简化为支撑于连续黏弹性基层和黏弹性地基上的连续黏弹性薄板。以双轴车为例，设轮胎接地压力为 P_{wi}，汽车-面层-基层-路基动力相互作用模型如图 8-11 所示。

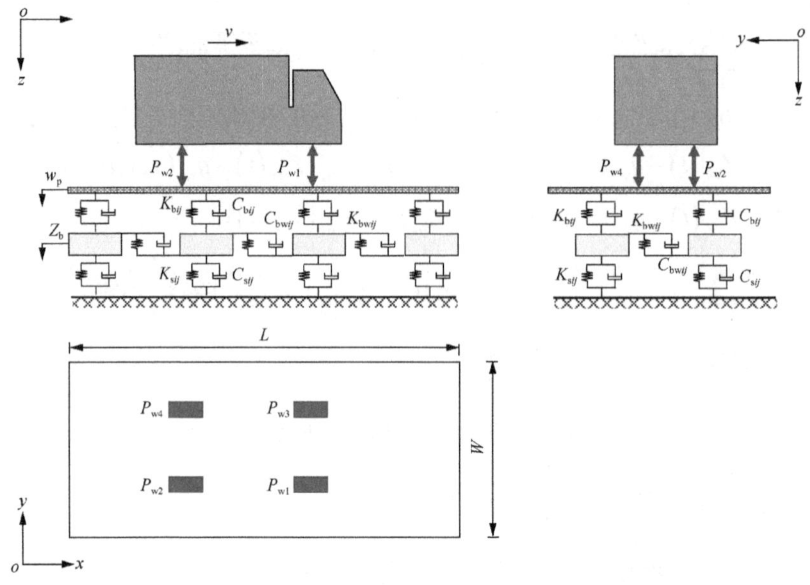

图 8-11　汽车-面层-基层-路基动力相互作用模型

模型中，E_p、μ_p、χ_p、ρ_p 和 h_p 分别为面层弹性模量、泊松比、黏滞阻尼系数、质量密度和厚度；ρ_b、h_b、K_b、C_b、K_{bw} 和 C_{bw} 分别为基层质量密度、厚度、竖向压缩刚度、竖向压缩阻尼、竖向剪切刚度和竖向剪切阻尼；K_s 和 C_s 分别为路基竖向压缩刚度和竖向压缩阻尼。记面层垂向位移（挠度）为 $w_p(x,y,t)$，模型路面长度为 L，宽度为 W。

汽车荷载下简化路面受力分析模型如图 8-12 所示。模型中，ox 为固定于路面-路基体系上的固定坐标系，$o'x'$ 是连接在汽车上的移动坐标系，两种坐标的变换关系见式（8-59）～式（8-61）。

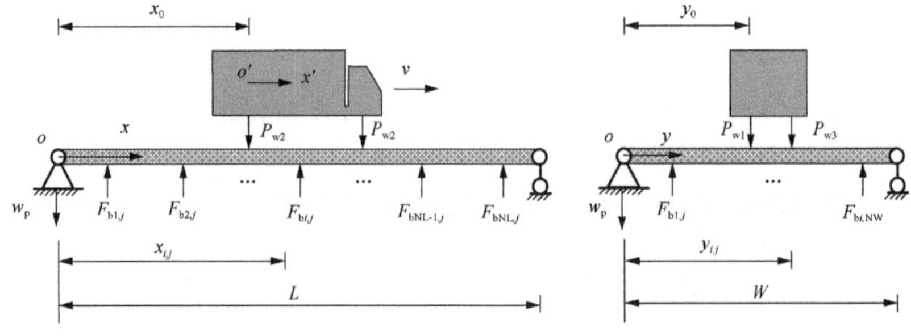

图 8-12　路面受力分析模型

考虑路面内黏滞阻尼作用，汽车荷载下黏弹性地基上的面层垂向振动微分方程为

$$
\begin{aligned}
&D_{\mathrm{p}}\frac{\partial^4 w_{\mathrm{p}}(x,y,t)}{\partial x^4}+2D_{\mathrm{p}}\frac{\partial^4 w_{\mathrm{p}}(x,y,t)}{\partial x^2\partial y^2}+D_{\mathrm{p}}\frac{\partial^4 w_{\mathrm{p}}(x,y,t)}{\partial y^4}\\
&+D_{\mathrm{p}}'\frac{\partial^5 w_{\mathrm{p}}(x,y,t)}{\partial x^4\partial t}+2D_{\mathrm{p}}'\frac{\partial^5 w_{\mathrm{p}}(x,y,t)}{\partial x^2\partial y^2\partial t}+D_{\mathrm{p}}'\frac{\partial^5 w_{\mathrm{p}}(x,y,t)}{\partial y^4\partial t}+\rho_{\mathrm{p}}h_{\mathrm{p}}\frac{\partial w_{\mathrm{p}}^2(x,y,t)}{\partial t^2}\\
&=\sum_{i=1}^{N_{\mathrm{p}}}P_{\mathrm{t}i}(t)\delta(x-x_{\mathrm{t}i})\delta(y-y_{\mathrm{t}i})-\sum_{i=1}^{\mathrm{NL}}\sum_{j=1}^{\mathrm{NW}}F_{\mathrm{b}ij}(t)\delta(x-x_{\mathrm{s}i})\delta(y-y_{\mathrm{s}j})
\end{aligned}
\tag{8-73}
$$

其中

$$
F_{\mathrm{b}ij}(t)=C_{\mathrm{b}ij}\left(\dot{w}_{\mathrm{p}}(x,y,t)-\dot{Z}_{\mathrm{b}ij}(t)\right)+K_{\mathrm{b}ij}\left(w_{\mathrm{p}}(x,y,t)-Z_{\mathrm{b}ij}(t)\right)
\tag{8-74}
$$

式中，N_{p} 为路面上作用的汽车荷载个数；NL 为路面下纵向（x 向）离散支撑点个数；NW 为路面下横向（y 向）离散支撑点个数；$P_{\mathrm{t}i}$ 为重载汽车荷载；$F_{\mathrm{b}ij}$ 为路面下基层垂向支撑力；$x_{\mathrm{t}i}$、$y_{\mathrm{t}i}$ 为路面上第 i 个荷载点的纵坐标和横坐标；$x_{\mathrm{s}i}$、$y_{\mathrm{s}j}$ 为第 i、j 个支撑点的纵向坐标和横向坐标；D_{p} 为不考虑黏滞阻尼效应的路面的抗弯刚度，$D_{\mathrm{p}}=E_{\mathrm{p}}h_{\mathrm{p}}^3/[12(1-\mu_{\mathrm{p}}^2)]$；$D_{\mathrm{p}}'$ 为考虑黏滞阻尼效应的路面的抗弯刚度，$D_{\mathrm{p}}'=E_{\mathrm{p}}\chi_{\mathrm{p}}h_{\mathrm{p}}^3/[12(1-\mu_{\mathrm{p}}^2)]$。

式（8-73）为 5 阶偏微分方程，为了进行数值分析，采用 Ritz 法将其转化为 2 阶常微分方程。若设路面为四边简支边界条件，则其振型同式（8-62），路面的垂向位移（挠度）同式（8-63）。

将式（8-62）代入路面的振动微分方程式（8-73），整理后得

$$
\begin{aligned}
&D_{\mathrm{p}}\left(\sum_{m=1}^{\mathrm{NM}}\sum_{n=1}^{\mathrm{NN}}X_m''''(x)Y_n(y)+2\sum_{m=1}^{\mathrm{NM}}\sum_{n=1}^{\mathrm{NN}}X_m''(x)Y_n''(y)+\sum_{m=1}^{\mathrm{NM}}\sum_{n=1}^{\mathrm{NN}}X_m(x)Y_n''''(y)\right)T_{mn}(t)\\
&+D_{\mathrm{p}}'\left(\sum_{m=1}^{\mathrm{NM}}\sum_{n=1}^{\mathrm{NN}}X_m''''(x)Y_n(y)+2\sum_{m=1}^{\mathrm{NM}}\sum_{n=1}^{\mathrm{NN}}X_m''(x)Y_n''(y)+\sum_{m=1}^{NM}\sum_{n=1}^{NN}X_m(x)Y_n''''(y)\right)\dot{T}_{mn}(t)\\
&+\rho_{\mathrm{p}}h_{\mathrm{p}}\sum_{m=1}^{\mathrm{NM}}\sum_{n=1}^{\mathrm{NN}}X_m(x)Y_n(y)\ddot{T}_{mn}(t)\\
&=\sum_{i=1}^{N_{\mathrm{p}}}P_{\mathrm{t}i}(t)\delta(x-x_{\mathrm{t}i})\delta(y-y_{\mathrm{t}i})-\sum_{i=1}^{\mathrm{NL}}\sum_{j=1}^{\mathrm{NW}}F_{\mathrm{b}ij}(t)\delta(x-x_{\mathrm{s}i})\delta(y-y_{\mathrm{s}j})
\end{aligned}
\tag{8-75}
$$

将上式两边同乘以路面的振型函数 $W_{\mathrm{p}}(x,y)$，并对路面分别在 x 向和 y 向沿长度积分，利用梁振型函数的正交性，可得路面垂向振动关于正则坐标的 2 阶常微分方程：

$$\ddot{T}_{mn}(t)+\frac{A_{\mathrm{p}}'}{\rho_{\mathrm{p}}h_{\mathrm{p}}B_1B_2}\dot{T}_{mn}(t)+\frac{A_{\mathrm{p}}}{\rho_{\mathrm{p}}h_{\mathrm{p}}B_1B_2}T_{mn}(t)$$

$$=\frac{1}{\rho_{\mathrm{p}}h_{\mathrm{p}}B_1B_2}\left[\sum_{i=1}^{N_{\mathrm{p}}}P_{\mathrm{t}i}(t)X_m(x_{\mathrm{t}i})Y_n(y_{\mathrm{t}i})-\sum_{i=1}^{\mathrm{NL}}\sum_{j=1}^{\mathrm{NW}}F_{\mathrm{b}ij}(t)X_m(x_{\mathrm{s}i})Y_n(y_{\mathrm{s}j})\right] \tag{8-76}$$

式中，$A_{\mathrm{p}}=D_{\mathrm{p}}B_3B_2+2D_{\mathrm{p}}B_4B_5+D_{\mathrm{p}}B_1B_6$；$A_{\mathrm{p}}'=D_{\mathrm{p}}'B_3B_2+2D_{\mathrm{p}}'B_4B_5+D_{\mathrm{p}}'B_1B_6$；$B_1\sim B_6$ 采用式（8-66）计算。

$$\begin{aligned}F_{\mathrm{b}ij}(t)&=C_{\mathrm{b}ij}\left(\dot{w}_{\mathrm{p}}(x,y,t)-\dot{Z}_{\mathrm{b}ij}(t)\right)+K_{\mathrm{b}ij}\left(w_{\mathrm{p}}(x,y,t)-Z_{\mathrm{b}ij}(t)\right)\\&=C_{\mathrm{b}ij}\left(\sum_{m'=1}^{\mathrm{NM}}\sum_{n'=1}^{\mathrm{NN}}X_{m'}(x)Y_{n'}(y)\dot{T}_{m'n'}(t)-\dot{Z}_{\mathrm{b}ij}(t)\right)\\&\quad+K_{\mathrm{b}ij}\left(\sum_{m'=1}^{\mathrm{NM}}\sum_{n'=1}^{\mathrm{NN}}X_{m'}(x)Y_{n'}(y)T_{m'n'}(t)-Z_{\mathrm{b}ij}(t)\right)\\&=\sum_{m'=1}^{\mathrm{NM}}\sum_{n'=1}^{\mathrm{NN}}C_{\mathrm{b}ij}\sin\frac{m'\pi x}{L}\sin\frac{n'\pi y}{W}\dot{T}_{m'n'}(t)+\sum_{m'=1}^{\mathrm{NM}}\sum_{n'=1}^{\mathrm{NN}}K_{\mathrm{b}ij}\sin\frac{m'\pi x}{L}\sin\frac{n'\pi y}{W}T_{m'n'}(t)\\&\quad-C_{\mathrm{b}ij}\dot{Z}_{\mathrm{b}ij}(t)-K_{\mathrm{b}ij}Z_{\mathrm{b}ij}(t)\end{aligned} \tag{8-77}$$

若轮胎采用点接触模型，代入简支边界条件下的振型函数，整理后可得路面垂向振动关于正则坐标的 2 阶常微分方程：

$$\begin{aligned}&\ddot{T}_{mn}(t)+\frac{4A_{\mathrm{p}}'}{\rho_{\mathrm{p}}h_{\mathrm{p}}LW}\dot{T}_{mn}(t)+\frac{4A_{\mathrm{p}}}{\rho_{\mathrm{p}}h_{\mathrm{p}}LW}T_{mn}(t)\\&+\frac{4}{\rho_{\mathrm{p}}h_{\mathrm{p}}LW}\sum_{i=1}^{\mathrm{NL}}\sum_{j=1}^{\mathrm{NW}}\left(\sum_{m'=1}^{\mathrm{NM}}\sum_{n'=1}^{\mathrm{NN}}C_{\mathrm{b}ij}\sin\frac{m'\pi x_i}{L}\sin\frac{n'\pi y_j}{W}\dot{T}_{m'n'}(t)-C_{\mathrm{b}ij}\dot{Z}_{\mathrm{b}ij}(t)\right.\\&\left.+\sum_{m'=1}^{\mathrm{NM}}\sum_{n'=1}^{\mathrm{NN}}K_{\mathrm{b}ij}\sin\frac{m'\pi x_i}{L}\sin\frac{n'\pi y_j}{W}T_{m'n'}(t)-K_{\mathrm{b}ij}Z_{\mathrm{b}ij}(t)\right)\sin\frac{m\pi x_i}{L}\sin\frac{n\pi y_j}{W}\\=&\frac{4}{\rho_{\mathrm{p}}h_{\mathrm{p}}LW}\sum_{i=1}^{N_{\mathrm{p}}}\left[C_{\mathrm{t}i}\left(\dot{Z}_{\mathrm{w}i}-\dot{q}_{\mathrm{w}i}\right)+K_{\mathrm{t}i}\left(Z_{\mathrm{w}i}-q_{\mathrm{w}i}\right)-\sum_{m'=1}^{\mathrm{NM}}\sum_{n'=1}^{\mathrm{NN}}C_{\mathrm{t}i}\sin\frac{m'\pi x_i}{L}\sin\frac{n'\pi y}{W}\dot{T}_{m'n'}(t)\right.\\&-\sum_{m'=1}^{\mathrm{NM}}\sum_{n'=1}^{\mathrm{NN}}C_{\mathrm{t}i}\frac{m'\pi v}{L}\cos\frac{m'\pi x_i}{L}\sin\frac{n'\pi y}{W}T_{m'n'}(t)\\&\left.-\sum_{m'=1}^{\mathrm{NM}}\sum_{n'=1}^{\mathrm{NN}}K_{\mathrm{t}i}\sin\frac{m'\pi x_i}{L}\sin\frac{n'\pi y}{W}T_{m'n'}(t)\right]\sin\frac{m\pi x_i}{L}\sin\frac{n\pi y}{W}\end{aligned} \tag{8-78}$$

8.4.2.2　基层振动微分方程

对于第 i 、 j 号离散的基层块，受到上方面层对它的作用力 $F_{\mathrm{b}ij}(t)$，下方路基对它的作用力 $F_{\mathrm{s}ij}(t)$，x 方向上后侧剪切作用力 $F_{\mathrm{bxr}ij}(t)$ 和前侧剪切作用力 $F_{\mathrm{bxf}ij}(t)$，y 方向上后侧剪切作用力 $F_{\mathrm{byr}ij}(t)$ 和前侧剪切作用力 $F_{\mathrm{byf}ij}(t)$，如图 8-13 所示，其运

动方程为

$$F_{bij}(t)-F_{sij}(t)-F_{bxrij}(t)-F_{bxfij}(t)-F_{byrij}(t)-F_{byfij}(t)=M_{bij}\ddot{Z}_{bij}(t) \tag{8-79}$$

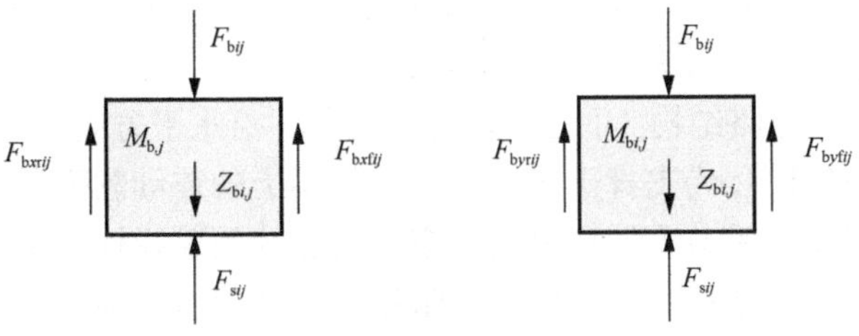

图 8-13　基层块受力分析模型

6 个作用力分别为

$$\begin{cases}F_{bij}(t)=C_{bij}\left(\dot{w}_p(x,y,t)-\dot{Z}_{bij}(t)\right)+K_{bij}\left(w_p(x,y,t)-Z_{bij}(t)\right)\\ F_{sij}(t)=C_{sij}\dot{Z}_{bij}(t)+K_{sij}Z_{bij}(t)\\ F_{bxrij}(t)=C_{bwij}\left(\dot{Z}_{bij}(t)-\dot{Z}_{b(i-1)j}(t)\right)+K_{bwij}\left(Z_{bij}(t)-Z_{b(i-1)j}(t)\right)\\ F_{bxfij}(t)=C_{bwij}\left(\dot{Z}_{bij}(t)-\dot{Z}_{b(i+1)j}(t)\right)+K_{bwij}\left(Z_{bij}(t)-Z_{b(i+1)j}(t)\right)\\ F_{byrij}(t)=C_{bwij}\left(\dot{Z}_{bij}(t)-\dot{Z}_{bi(j-1)}(t)\right)+K_{bwij}\left(Z_{bij}(t)-Z_{bi(j-1)}(t)\right)\\ F_{byfij}(t)=C_{bwij}\left(\dot{Z}_{bij}(t)-\dot{Z}_{bi(j+1)}(t)\right)+K_{bwij}\left(Z_{bij}(t)-Z_{bi(j+1)}(t)\right)\end{cases} \tag{8-80}$$

式中，$i=1,2,3,\cdots,\text{NL}$；$j=1,2,3,\cdots,\text{NW}$。

将式（8-80）代入式（8-79）中，整理得基层振动微分方程：

$$\begin{aligned}&M_{bij}\ddot{Z}_{bij}(t)+\left(C_{bij}+C_{sij}+4C_{bwij}\right)\dot{Z}_{bij}(t)+\left(K_{bij}+K_{sij}+4K_{bwij}\right)Z_{bij}(t)\\&-C_{bij}\dot{w}_p(x,y,t)-K_{bij}w_p(x,y,t)-C_{bwij}\dot{Z}_{b(i+1)j}(t)-K_{bwij}Z_{b(i+1)j}(t)\\&-C_{bwij}\dot{Z}_{b(i-1)j}(t)-K_{bwij}Z_{b(i-1)j}(t)-C_{bwij}\dot{Z}_{bi(j+1)}(t)-K_{bwij}Z_{bi(j+1)}(t)\\&-C_{bwij}\dot{Z}_{bi(j-1)}(t)-K_{bwij}Z_{bi(j-1)}(t)=M_{bij}g\end{aligned} \tag{8-81}$$

其无限远处边界条件为

$$\begin{cases}Z_{b0j}=\dot{Z}_{b0j}=0, & Z_{b(\text{NL}+1)j}=\dot{Z}_{b(\text{NL}+1)j}=0\\ Z_{bi0}=\dot{Z}_{bi0}=0, & Z_{bi(\text{NM}+1)}=\dot{Z}_{bi(\text{NM}+1)}=0\end{cases} \tag{8-82}$$

由上可见，该路面-路基振动微分方程组的阶数为 $\text{NM}\times\text{NN}+\text{NL}\times\text{NW}$。

8.4.3　春融期汽车-面层-基层-路基动力相互作用模型

在寒区，路基经历一个漫长的冻结期，其顶部水分除原位冻结外，冻结核周围的水分会在土水势的作用下发生迁移，进一步使路基顶部含水率增加，至来年春融期，地表温度上升，路基冻结区开始双向融化，然而，由于路基季节冻结层的阻隔，路基顶部融化生成的自由水不能顺利排出，致使上部路基融化层含水率增加，路基弹性模量降低，宏观上形成分层路基，从上至下依次为路基季节融化层、路基季节冻结层和路基未冻融，如图 8-14 所示。

基于此，假设公路结构（面层、基层和路基）沿水平方向呈层分布且无间断，同前，将路面面层简化为支撑于连续黏弹性基层上的连续黏弹性薄板，基层、路基季节融化层和路基季节冻结层分别被模拟为连续的黏弹性集中质量刚体，采用竖向支撑弹簧模拟变形行为，竖向支撑阻尼器模拟耗能特性，并采用并联弹簧和阻尼器模拟各离散块体的竖向剪切作用。以双轴车为例，设轮胎接地压力为 P_{wi}，春融期汽车-路面-路基动力相互作用模型如图 8-14 所示。

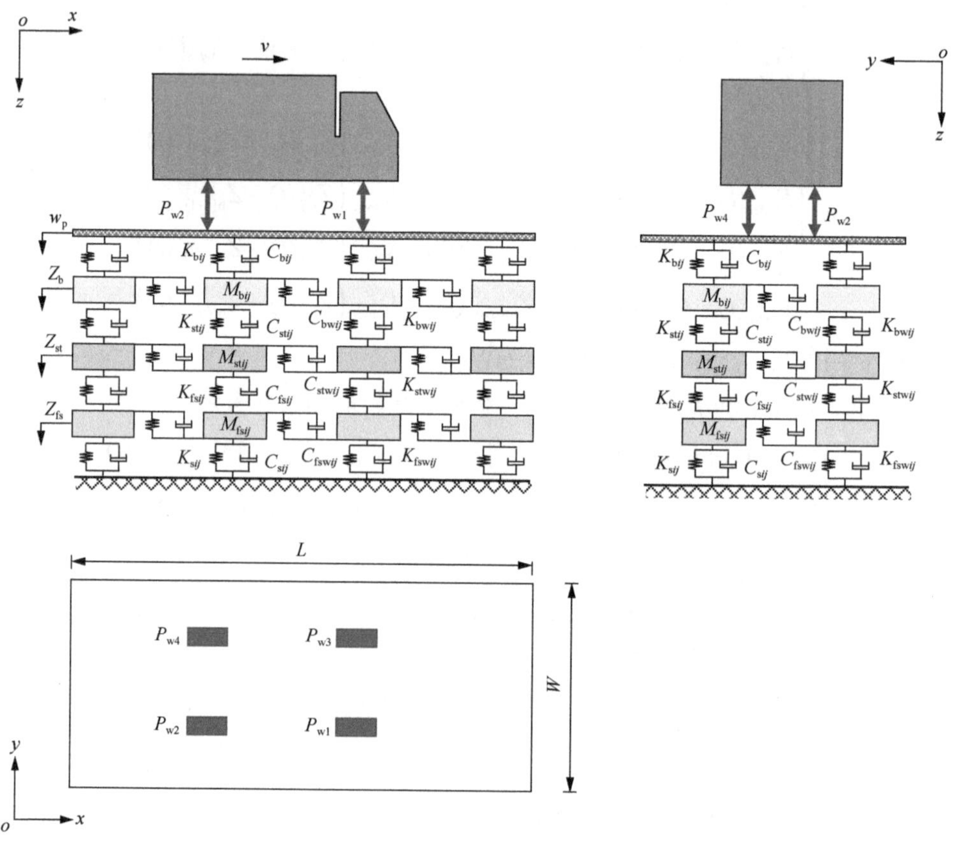

图 8-14　春融期汽车-面层-基层-路基动力相互作用模型

模型中，E_p、μ_{p1}、χ_p、ρ_p 和 h_p 分别为面层弹性模量、泊松比、黏滞阻尼系数、质量密度和厚度；ρ_b、h_b、K_b、C_b、K_{bw} 和 C_{bw} 为分别基层质量密度、厚度、竖向压缩刚度、竖向压缩阻尼、竖向剪切刚度和竖向剪切阻尼；ρ_{st}、h_{st}、

K_{st}、C_{st}、K_{stw} 和 C_{stw} 分别路基季节融化层质量密度、厚度、竖向压缩刚度、竖向压缩阻尼、竖向剪切刚度和竖向剪切阻尼；ρ_{fs}、h_{fs}、K_{fs}、C_{fs}、K_{fsw} 和 C_{fsw} 分别为路基季节冻结层质量密度、厚度、竖向压缩刚度、竖向压缩阻尼、竖向剪切刚度和竖向剪切阻尼；K_{s} 和 C_{s} 分别为路基竖向压缩刚度和竖向压缩阻尼。

记面层垂向位移（挠度）为 $w_{\mathrm{p}}(x,y,t)$，基层垂向位移为 $Z_{\mathrm{b}}(x,y,t)$，路基季节融化层垂向位移为 $Z_{\mathrm{st}}(x,y,t)$，路基季节冻结层垂向位移为 $Z_{\mathrm{fs}}(x,y,t)$，模型路面长度为 L，宽度为 W。

1）路面振动微分方程

路面振动微分方程同式（8-73）。

2）基层振动微分方程

对于第 i、j 号离散基层块，受到上方面层对它的作用力 $F_{\mathrm{b}ij}(t)$，下方路基季节融化层对它的作用力 $F_{\mathrm{st}ij}(t)$，x 方向后侧剪切作用力 $F_{\mathrm{bxr}ij}(t)$ 和前侧剪切作用力 $F_{\mathrm{bxf}ij}(t)$，y 方向后侧剪切作用力 $F_{\mathrm{byr}ij}(t)$ 和前侧剪切作用力 $F_{\mathrm{byf}ij}(t)$，其运动方程为

$$\begin{aligned}&M_{\mathrm{b}ij}\ddot{Z}_{\mathrm{b}ij}(t)+\left(C_{\mathrm{b}ij}+C_{\mathrm{st}ij}+4C_{\mathrm{bw}ij}\right)\dot{Z}_{\mathrm{b}ij}(t)+\left(K_{\mathrm{b}ij}+K_{\mathrm{st}ij}+4K_{\mathrm{bw}ij}\right)Z_{\mathrm{b}ij}(t)\\&-C_{\mathrm{b}ij}\dot{w}_{\mathrm{p}}(x,y,t)-K_{\mathrm{b}ij}w_{\mathrm{p}}(x,y,t)-C_{\mathrm{bw}ij}\dot{Z}_{\mathrm{b}(i+1)j}(t)-K_{\mathrm{bw}ij}Z_{\mathrm{b}(i+1)j}(t)\\&-C_{\mathrm{bw}ij}\dot{Z}_{\mathrm{b}(i-1)j}(t)-K_{\mathrm{bw}ij}Z_{\mathrm{b}(i-1)j}(t)-C_{\mathrm{bw}ij}\dot{Z}_{\mathrm{b}i(j+1)}(t)-K_{\mathrm{bw}ij}Z_{\mathrm{b}i(j+1)}(t)\\&-C_{\mathrm{bw}ij}\dot{Z}_{\mathrm{b}i(j-1)}(t)-K_{\mathrm{bw}ij}Z_{\mathrm{b}i(j-1)}(t)=M_{\mathrm{b}ij}g\end{aligned}\tag{8-83}$$

其无限远处边界条件为

$$\begin{cases}Z_{\mathrm{b}0j}=\dot{Z}_{\mathrm{b}0j}=0, & Z_{\mathrm{b(NL+1)}j}=\dot{Z}_{\mathrm{b(NL+1)}j}=0\\Z_{\mathrm{b}i0}=\dot{Z}_{\mathrm{b}i0}=0, & Z_{\mathrm{b}i\mathrm{(NM+1)}}=\dot{Z}_{\mathrm{b}i\mathrm{(NM+1)}}=0\end{cases}\tag{8-84}$$

3）融化路基振动微分方程

对于第 i、j 号离散的季节融化路基块，受到上方基层对它的作用力 $F_{\mathrm{st}ij}(t)$，下方季节冻结路基对它的作用力 $F_{\mathrm{fs}ij}(t)$，x 方向后侧剪切作用力 $F_{\mathrm{stxr}ij}(t)$ 和前侧剪切作用力 $F_{\mathrm{stxf}ij}(t)$，y 方向后侧剪切作用力 $F_{\mathrm{styr}ij}(t)$ 和前侧剪切作用力 $F_{\mathrm{styf}ij}(t)$，如图 8-15 所示，其运动方程为

$$F_{\mathrm{st}ij}(t)-F_{\mathrm{fs}ij}(t)-F_{\mathrm{stxr}ij}(t)-F_{\mathrm{stxf}ij}(t)-F_{\mathrm{styr}ij}(t)-F_{\mathrm{styf}ij}(t)=M_{\mathrm{st}ij}\ddot{Z}_{\mathrm{st}ij}(t)-M_{\mathrm{st}ij}g\tag{8-85}$$

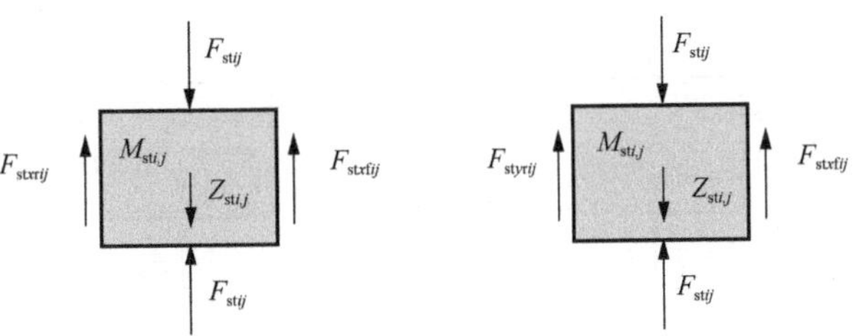

图 8-15　路基融化块受力分析模型

6 个作用力分别为

$$
\begin{cases}
F_{\mathrm{st}ij}(t)=C_{\mathrm{st}ij}\left(\dot{Z}_{\mathrm{b}ij}(t)-\dot{Z}_{\mathrm{st}ij}(t)\right)+K_{\mathrm{st}ij}\left(Z_{\mathrm{b}ij}(t)-Z_{\mathrm{st}ij}(t)\right)\\
F_{\mathrm{fs}ij}(t)=C_{\mathrm{st}ij}\left(\dot{Z}_{\mathrm{st}ij}(t)-\dot{Z}_{\mathrm{fs}ij}(t)\right)+K_{\mathrm{st}ij}\left(Z_{\mathrm{st}ij}(t)-Z_{\mathrm{fs}ij}(t)\right)\\
F_{\mathrm{stxr}ij}(t)=C_{\mathrm{stw}ij}\left(\dot{Z}_{\mathrm{st}ij}(t)-\dot{Z}_{\mathrm{st}(i-1)j}(t)\right)+K_{\mathrm{stw}ij}\left(Z_{\mathrm{st}ij}(t)-Z_{\mathrm{st}(i-1)j}(t)\right)\\
F_{\mathrm{stxf}ij}(t)=C_{\mathrm{stw}ij}\left(\dot{Z}_{\mathrm{st}ij}(t)-\dot{Z}_{\mathrm{st}(i+1)j}(t)\right)+K_{\mathrm{stw}ij}\left(Z_{\mathrm{st}ij}(t)-Z_{\mathrm{st}(i+1)j}(t)\right)\\
F_{\mathrm{styr}ij}(t)=C_{\mathrm{stw}ij}\left(\dot{Z}_{\mathrm{st}ij}(t)-\dot{Z}_{\mathrm{st}i(j-1)}(t)\right)+K_{\mathrm{stw}ij}\left(Z_{\mathrm{st}ij}(t)-Z_{\mathrm{st}i(j-1)}(t)\right)\\
F_{\mathrm{styf}ij}(t)=C_{\mathrm{stw}ij}\left(\dot{Z}_{\mathrm{st}ij}(t)-\dot{Z}_{\mathrm{st}i(j+1)}(t)\right)+K_{\mathrm{stw}ij}\left(Z_{\mathrm{st}ij}(t)-Z_{\mathrm{st}i(j+1)}(t)\right)
\end{cases}
\tag{8-86}
$$

式中，$i=1,2,3,\cdots,\mathrm{NL}$；$j=1,2,3,\cdots,\mathrm{NW}$。

将式（8-86）代入式（8-85）中，整理得融化路基振动微分方程，

$$
\begin{aligned}
&M_{\mathrm{st}ij}\ddot{Z}_{\mathrm{st}ij}(t)+\left(C_{\mathrm{st}ij}+C_{\mathrm{fs}ij}+4C_{\mathrm{stw}ij}\right)\dot{Z}_{\mathrm{st}ij}(t)+\left(K_{\mathrm{st}ij}+K_{\mathrm{fs}ij}+4K_{\mathrm{stw}ij}\right)Z_{\mathrm{st}ij}(t)\\
&-C_{\mathrm{st}ij}\dot{Z}_{\mathrm{b}ij}(t)-K_{\mathrm{st}ij}Z_{\mathrm{b}ij}(t)-C_{\mathrm{sf}ij}\dot{Z}_{\mathrm{sf}ij}(t)-K_{\mathrm{st}ij}Z_{\mathrm{sf}ij}(t)\\
&-C_{\mathrm{st}ij}\dot{Z}_{\mathrm{st}(i+1)j}(t)-K_{\mathrm{st}ij}Z_{\mathrm{st}(i+1)j}(t)-C_{\mathrm{st}ij}\dot{Z}_{\mathrm{st}(i-1)j}(t)-K_{\mathrm{st}ij}Z_{\mathrm{st}(i-1)j}(t)\\
&-C_{\mathrm{st}ij}\dot{Z}_{\mathrm{st}i(j+1)}(t)-K_{\mathrm{st}ij}Z_{\mathrm{st}i(j+1)}(t)-C_{\mathrm{st}ij}\dot{Z}_{\mathrm{st}i(j-1)}(t)-K_{\mathrm{st}ij}Z_{\mathrm{st}i(j-1)}(t)=M_{\mathrm{st}ij}g
\end{aligned}
\tag{8-87}
$$

其无限远处边界条件为

$$
\begin{cases}
Z_{\mathrm{st}0j}=\dot{Z}_{\mathrm{st}0j}=0, & Z_{\mathrm{st(NL+1)}j}=\dot{Z}_{\mathrm{st(NL+1)}j}=0\\
Z_{\mathrm{st}i0}=\dot{Z}_{\mathrm{b}i0}=0, & Z_{\mathrm{st}i(\mathrm{NM}+1)}=\dot{Z}_{\mathrm{st}i(\mathrm{NM}+1)}=0
\end{cases}
\tag{8-88}
$$

4）冻结路基振动微分方程

对于第i、j号离散的冻结路基块，受到上方季节融化路基对它的作用力$F_{\mathrm{fs}ij}(t)$，下方地基对它的作用力$F_{\mathrm{s}ij}(t)$，x方向后侧剪切作用力$F_{\mathrm{sfxr}ij}(t)$和前侧剪切作用力$F_{\mathrm{sfxf}ij}(t)$，y方向后侧剪切作用力$F_{\mathrm{sfyr}ij}(t)$和前侧剪切作用力$F_{\mathrm{sfyf}ij}(t)$，如图 8-16 所示，其运动方程为

$$
F_{\mathrm{fs}ij}(t)-F_{\mathrm{s}ij}(t)-F_{\mathrm{sfxr}ij}(t)-F_{\mathrm{sfxf}ij}(t)-F_{\mathrm{sfyr}ij}(t)-F_{\mathrm{sfyf}ij}(t)=M_{\mathrm{fs}ij}\ddot{Z}_{\mathrm{fs}ij}(t)-M_{\mathrm{fs}ij}g \tag{8-89}
$$

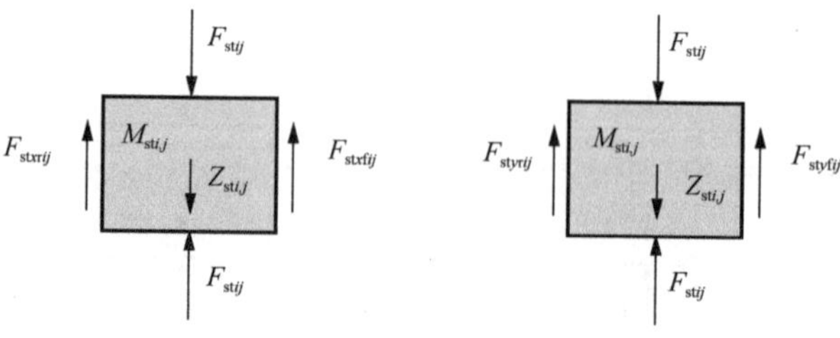

图 8-16　冻结路基块受力分析模型

6 个作用力分别为

$$\begin{cases}F_{\mathrm{fs}ij}(t)=C_{\mathrm{fs}ij}\left(\dot{Z}_{\mathrm{st}ij}(t)-\dot{Z}_{\mathrm{fs}ij}(t)\right)+K_{\mathrm{sf}ij}\left(Z_{\mathrm{st}ij}(t)-Z_{\mathrm{fs}ij}(t)\right)\\F_{\mathrm{s}ij}(t)=C_{\mathrm{s}ij}\dot{Z}_{\mathrm{fs}ij}(t)+K_{\mathrm{s}ij}Z_{\mathrm{fs}ij}(t)\\F_{\mathrm{fsxr}ij}(t)=C_{\mathrm{fsw}ij}\left(\dot{Z}_{\mathrm{fs}ij}(t)-\dot{Z}_{\mathrm{fs}(i-1)j}(t)\right)+K_{\mathrm{fsw}ij}\left(Z_{\mathrm{fs}ij}(t)-Z_{\mathrm{fs}(i-1)j}(t)\right)\\F_{\mathrm{fsxf}ij}(t)=C_{\mathrm{fsw}ij}\left(\dot{Z}_{\mathrm{fs}ij}(t)-\dot{Z}_{\mathrm{fs}(i+1)j}(t)\right)+K_{\mathrm{fsw}ij}\left(Z_{\mathrm{fs}ij}(t)-Z_{\mathrm{fs}(i+1)j}(t)\right)\\F_{\mathrm{fsyr}ij}(t)=C_{\mathrm{fsw}ij}\left(\dot{Z}_{\mathrm{fs}ij}(t)-\dot{Z}_{\mathrm{fs}i(j-1)}(t)\right)+K_{\mathrm{fsw}ij}\left(Z_{\mathrm{fs}ij}(t)-Z_{\mathrm{fs}i(j-1)}(t)\right)\\F_{\mathrm{fsyf}ij}(t)=C_{\mathrm{fsw}ij}\left(\dot{Z}_{\mathrm{fs}ij}(t)-\dot{Z}_{\mathrm{fs}i(j+1)}(t)\right)+K_{\mathrm{fsw}ij}\left(Z_{\mathrm{fs}ij}(t)-Z_{\mathrm{fs}i(j+1)}(t)\right)\end{cases}\tag{8-90}$$

式中，$i=1,2,3,\cdots,\mathrm{NL}$；$j=1,2,3,\cdots,\mathrm{NW}$。

将式（8-90）代入式（8-89）中，整理得冻结路基振动微分方程为

$$\begin{aligned}&M_{\mathrm{fs}ij}\ddot{Z}_{\mathrm{fs}ij}(t)+\left(C_{\mathrm{fs}ij}+C_{\mathrm{s}ij}+4C_{\mathrm{fsw}ij}\right)\dot{Z}_{\mathrm{fs}ij}(t)+\left(K_{\mathrm{fs}ij}+K_{\mathrm{s}ij}+4K_{\mathrm{fsw}ij}\right)Z_{\mathrm{fs}ij}(t)\\&-C_{\mathrm{fs}ij}\dot{Z}_{\mathrm{st}ij}(t)-K_{\mathrm{fs}ij}Z_{\mathrm{st}ij}(t)-C_{\mathrm{fs}ij}\dot{Z}_{\mathrm{fs}(i+1)j}(t)-K_{\mathrm{fs}ij}Z_{\mathrm{fs}(i+1)j}(t)\\&-C_{\mathrm{fs}ij}\dot{Z}_{\mathrm{fs}(i-1)j}(t)-K_{\mathrm{fs}ij}Z_{\mathrm{fs}(i-1)j}(t)-C_{\mathrm{fs}ij}\dot{Z}_{\mathrm{fs}i(j+1)}(t)-K_{\mathrm{fs}ij}Z_{\mathrm{sf}i(j+1)}(t)\\&-C_{\mathrm{fs}ij}\dot{Z}_{\mathrm{fs}i(j-1)}(t)-K_{\mathrm{fs}ij}Z_{\mathrm{fs}i(j-1)}(t)=M_{\mathrm{fs}ij}g\end{aligned}\tag{8-91}$$

其无限远处边界条件为

$$\begin{cases}Z_{\mathrm{fs}0j}=\dot{Z}_{\mathrm{fs}0j}=0,\qquad Z_{\mathrm{fs(NL+1)}j}=\dot{Z}_{\mathrm{fs(NL+1)}j}=0\\Z_{\mathrm{fs}i0}=\dot{Z}_{\mathrm{fs}i0}=0,\qquad Z_{\mathrm{fs}i\mathrm{(NM+1)}}=\dot{Z}_{\mathrm{fs}i\mathrm{(NM+1)}}=0\end{cases}\tag{8-92}$$

由上可见，春融期面层-基层-路基振动微分方程组的阶数为 $\mathrm{NM}\times\mathrm{NN}+3\times\mathrm{NL}\times\mathrm{NW}$。

8.4.4 正常期汽车-面层-基层-路基动力相互作用模型

在寒区，随着环境温度的继续升高，路基季节冻结层完全融化，但由于反复的季节性冻融循环作用影响，路基季节冻融层形成强度较低的软弱层，假定其沿水平方向呈层分布且刚度均匀。同前，将路面面层简化为支撑于连续黏弹性基层上的连续黏弹性薄板，基层和路基季节冻融层分别被模拟为连续的黏弹性集中质量刚体，采用竖向支撑弹簧模拟变形行为，竖向支撑阻尼器模拟耗能特性，并采用并联弹簧和阻尼器模拟各离散块体的竖向剪切作用。正常期汽车-面层-基层-路基动力相互作用模型如图 8-17 所示。

模型中，面层与基层的符号变量物理含义同 8.4.2 节中的定义；ρ_{st}、h_{st}、K_{st}、C_{st}、K_{stw} 和 C_{stw} 分别为路基季节冻融层质量密度、厚度、竖向压缩刚度、竖向压缩阻尼、竖向剪切刚度和竖向剪切阻尼；K_{s} 和 C_{s} 分别为路基竖向压缩刚度和竖向压缩阻尼。

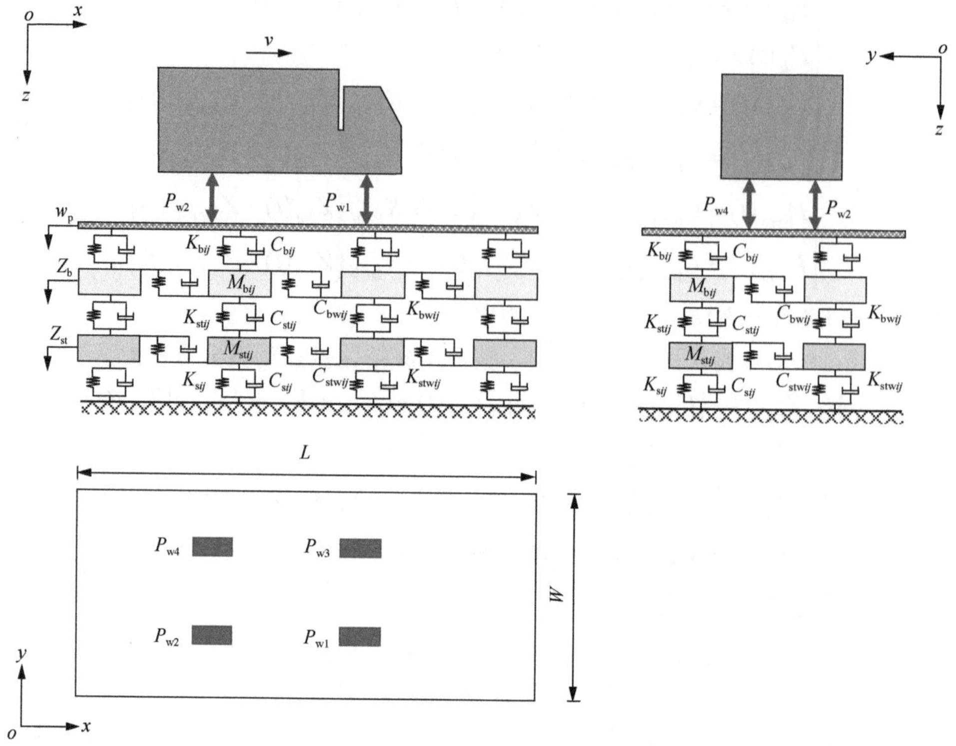

图 8-17　正常期汽车-面层-基层-路基动力相互作用模型

记面层垂向位移（挠度）为 $w_p(x,y,t)$，基层垂向位移为 $Z_b(x,y,t)$，路基季节冻融层垂向位移为 $Z_{st}(x,y,t)$，模型路面长度为 L，宽度为 W。

1）路面振动微分方程

路面振动微分方程同式（8-73）。

2）基层振动微分方程

基层振动微分方程同式（8-83）。

3）路基季节冻融层振动微分方程

对于第 i、j 号离散的季节冻融路基块，受到上方基层对它作用力 $F_{stij}(t)$，下方地基对它的作用力 $F_{sij}(t)$，x 方向后侧剪切作用力 $F_{stxrij}(t)$ 和前侧剪切作用力 $F_{stxfij}(t)$，y 方向后侧剪切作用力 $F_{styrij}(t)$ 和前侧剪切作用力 $F_{styfij}(t)$，如图 8-18 所示，其运动方程为

$$F_{stij}(t)-F_{sij}(t)-F_{stxrij}(t)-F_{stxfij}(t)-F_{styrij}(t)-F_{styfij}(t)=M_{stij}\ddot{Z}_{stij}(t)-M_{stij}g \tag{8-93}$$

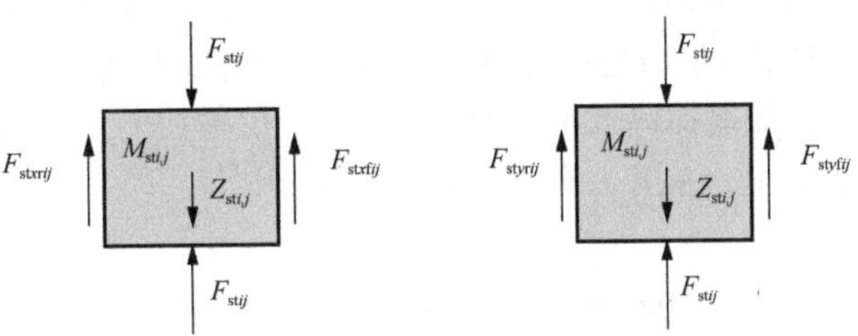

图 8-18　路基融化块受力分析模型

6 个作用力分别为

$$\begin{cases} F_{\mathrm{st}ij}(t)=C_{\mathrm{st}ij}\left(\dot{Z}_{\mathrm{b}ij}(t)-\dot{Z}_{\mathrm{st}ij}(t)\right)+K_{\mathrm{st}ij}\left(Z_{\mathrm{b}ij}(t)-Z_{\mathrm{st}ij}(t)\right) \\ F_{\mathrm{s}ij}(t)=C_{\mathrm{s}ij}\dot{Z}_{\mathrm{s}ij}(t)+K_{\mathrm{s}ij}Z_{\mathrm{s}ij}(t) \\ F_{\mathrm{stxr}ij}(t)=C_{\mathrm{stw}ij}\left(\dot{Z}_{\mathrm{st}ij}(t)-\dot{Z}_{\mathrm{st}(i-1)j}(t)\right)+K_{\mathrm{stw}ij}\left(Z_{\mathrm{st}ij}(t)-Z_{\mathrm{st}(i-1)j}(t)\right) \\ F_{\mathrm{stxf}ij}(t)=C_{\mathrm{stw}ij}\left(\dot{Z}_{\mathrm{st}ij}(t)-\dot{Z}_{\mathrm{st}(i+1)j}(t)\right)+K_{\mathrm{stw}ij}\left(Z_{\mathrm{st}ij}(t)-Z_{\mathrm{st}(i+1)j}(t)\right) \\ F_{\mathrm{styr}ij}(t)=C_{\mathrm{stw}ij}\left(\dot{Z}_{\mathrm{st}ij}(t)-\dot{Z}_{\mathrm{st}i(j-1)}(t)\right)+K_{\mathrm{stw}ij}\left(Z_{\mathrm{st}ij}(t)-Z_{\mathrm{st}i(j-1)}(t)\right) \\ F_{\mathrm{styf}ij}(t)=C_{\mathrm{stw}ij}\left(\dot{Z}_{\mathrm{st}ij}(t)-\dot{Z}_{\mathrm{st}i(j+1)}(t)\right)+K_{\mathrm{stw}ij}\left(Z_{\mathrm{st}ij}(t)-Z_{\mathrm{st}i(j+1)}(t)\right) \end{cases} \tag{8-94}$$

式中，$i=1,2,3,\cdots,\mathrm{NL}$；$j=1,2,3,\cdots,\mathrm{NW}$。

将式（8-94）代入式（8-93）中，整理得路基季节冻融层振动微分方程为

$$\begin{aligned} & M_{\mathrm{st}ij}\ddot{Z}_{\mathrm{st}ij}(t)+\left(C_{\mathrm{st}ij}+C_{\mathrm{s}ij}+4C_{\mathrm{stw}ij}\right)\dot{Z}_{\mathrm{st}ij}(t)+\left(K_{\mathrm{st}ij}+K_{\mathrm{s}ij}+4K_{\mathrm{stw}ij}\right)Z_{\mathrm{st}ij}(t) \\ & -C_{\mathrm{st}ij}\dot{Z}_{\mathrm{b}ij}(t)-K_{\mathrm{st}ij}Z_{\mathrm{b}ij}(t)-C_{\mathrm{st}ij}\dot{Z}_{\mathrm{st}(i+1)j}(t)-K_{\mathrm{st}ij}Z_{\mathrm{st}(i+1)j}(t) \\ & -C_{\mathrm{st}ij}\dot{Z}_{\mathrm{st}(i-1)j}(t)-K_{\mathrm{st}ij}Z_{\mathrm{st}(i-1)j}(t)-C_{\mathrm{st}ij}\dot{Z}_{\mathrm{st}i(j+1)}(t)-K_{\mathrm{st}ij}Z_{\mathrm{st}i(j+1)}(t) \\ & -C_{\mathrm{st}ij}\dot{Z}_{\mathrm{st}i(j-1)}(t)-K_{\mathrm{st}ij}Z_{\mathrm{st}i(j-1)}(t)=M_{\mathrm{st}ij}g \end{aligned} \tag{8-95}$$

其无限远处边界条件为

$$\begin{cases} Z_{\mathrm{st}0j}=\dot{Z}_{\mathrm{st}0j}=0, \quad Z_{\mathrm{st(NL+1)}j}=\dot{Z}_{\mathrm{st(NL+1)}j}=0 \\ Z_{\mathrm{st}i0}=\dot{Z}_{\mathrm{b}i0}=0, \quad Z_{\mathrm{st}i\mathrm{(NM+1)}}=\dot{Z}_{\mathrm{st}i\mathrm{(NM+1)}}=0 \end{cases} \tag{8-96}$$

由上可见，正常期面层-基层-路基振动微分方程组的阶数为 $\mathrm{NM}\times\mathrm{NN}+2\times\mathrm{NL}\times\mathrm{NW}$。

8.5　车-路相互作用

8.5.1　路面不平度激励

路面不平度（surface roughness）是重载汽车-路面-路基动力相互作用的附加

激励，是影响重载汽车轮胎接地压力的重要因素之一。我国规范《机械振动 道路路面谱测量数据报告》（GB/T 7031－2005）中用功率谱密度（power spectral density，PSD）来描述路面高低不平的统计特性。位移功率谱密度 $G_d(n)$ 和速度功率谱 $G_v(n)$ 可分别用式（8-97）和式（8-98）拟合[310]。

$$G_d(n)=G_d(n_0)\left(\frac{n}{n_0}\right)^{-w},\quad n>0 \tag{8-97}$$

$$G_v(n)=(2\pi n)^2 G_d(n_0)\left(\frac{n}{n_0}\right)^{-w},\quad n>0 \tag{8-98}$$

式中，n 为空间频率；n_0 为参考空间频率，取 $n_0=0.1\text{m}^{-1}$；w 为拟合频率谱密度的指数，一般取 $w=2$；G_d 为参考空间频率 n_0 下的路面功率谱密度，称为路面不平度系数，数据取决于公路路面不平度等级。

依据文献[311]所提方法，采用数值模拟的方法获取我国 A、B、C 和 D 级路面不平度。图 8-19 为路面不平度系数为 $16\times10^{-6}\text{m}^3$、$64\times10^{-6}\text{m}^3$、$256\times10^{-6}\text{m}^3$ 和 $1024\times10^{-6}\text{m}^3$ 对应的 A、B、C 和 D 级路面位移不平度和速度不平度空间分布。可以看出，随着路面不平度等级的降低，路面位移不平度的正负高差增大。

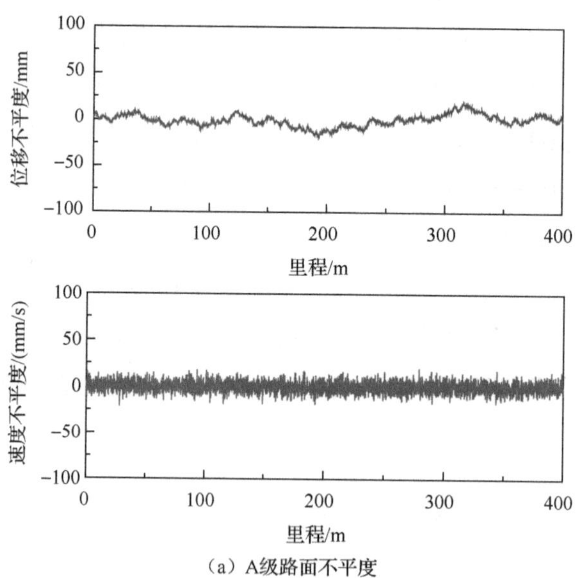

（a）A级路面不平度

图 8-19　我国 A、B、C 和 D 级路面位移不平度和速度不平度空间分布

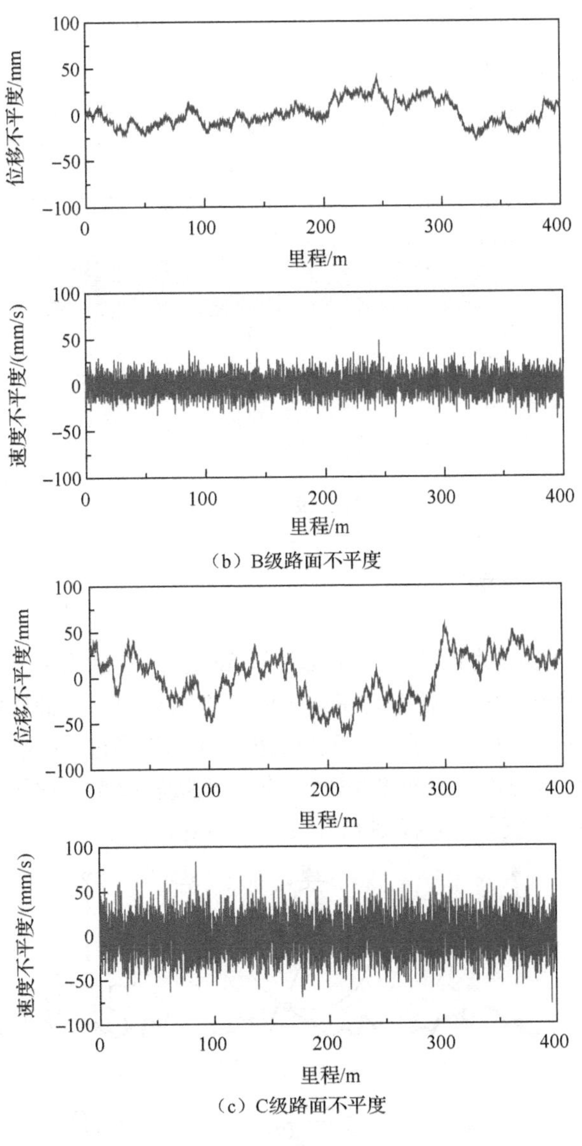
位移不平度/mm
100
50
0
−50
−100
0
100
200
300
400
里程/m
速度不平度/(mm/s)
100
50
0
−50
−100
0
100
200
300
400
里程/m
（b）B级路面不平度
位移不平度/mm
100
50
0
−50
−100
0
100
200
300
400
里程/m
速度不平度/(mm/s)
100
50
0
−50
−100
0
100
200
300
400
里程/m
（c）C级路面不平度

图 8-19（续）

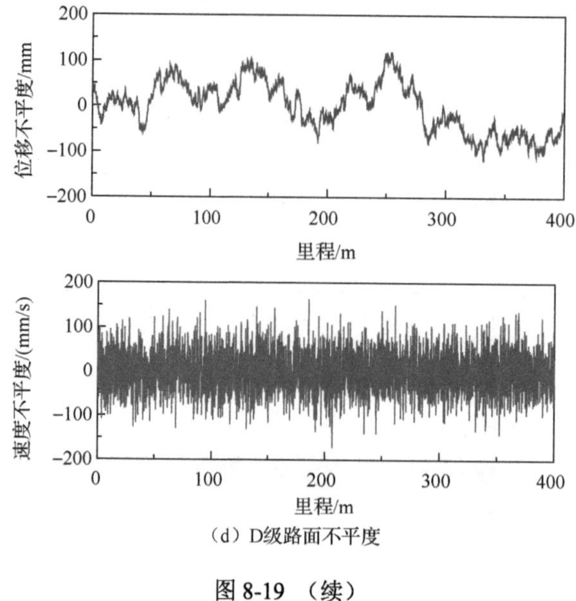

（d）D级路面不平度

图 8-19 （续）

8.5.2 轮胎-路面接触

轮胎与路面的接触关系是实现重载汽车-路面-路基动力相互作用的纽带。一方面，它可以将重载汽车行驶振动荷载传递至道路表面，从而影响路面一路基系统的振动反应；另一方面，路面-路基系统的振动也可以通过它影响汽车的行驶振动。

图 8-20 为常用的轮胎接地模型[312]。包括点接触模型、滚子接触模型、固定印迹模型、径向弹簧模型、环模型和有限元模型等，其中，点接触模型形式简单，

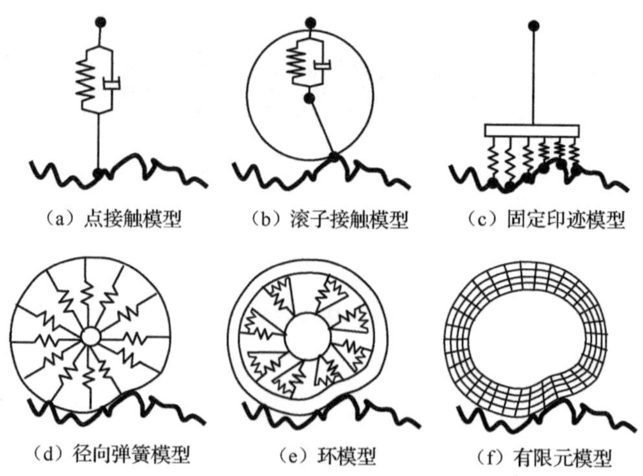

图 8-20　常用的轮胎接地模型

在汽车动力学和路面动力学中应用较为广泛。

当轮胎与地面的接触关系采用点接触模型时，轮胎接地压力 $P_{\mathrm{t}}(t)$ 为

$$P_{\mathrm{t}}(t)=C_{\mathrm{t}}\Delta\dot{Z}_{\mathrm{t}}(t)+K_{\mathrm{t}}\Delta Z_{\mathrm{t}}(t) \tag{8-99}$$

式中，C_{t} 为轮胎阻尼；K_{t} 为轮胎刚度；$\Delta\dot{Z}_{\mathrm{t}}$ 为轮胎与路面之间的相对振动速度；ΔZ_{t} 为轮胎与路面之间的相对动位移。

其中，$\Delta\dot{Z}_{\mathrm{t}}$ 和 ΔZ_{t} 可由式（8-100）和式（8-101）确定。

$$\Delta\dot{Z}_{\mathrm{t}}(t)=\begin{cases}\dot{Z}_{\mathrm{w}}(t)-\dot{q}_{\mathrm{w}}(x,y,t)-\dot{w}_{\mathrm{p}}(x,y,t) & \Delta\dot{Z}_{\mathrm{t}}(t)>0\\ 0 & \Delta\dot{Z}_{\mathrm{t}}(t)\leqslant 0\end{cases} \tag{8-100}$$

$$\Delta Z_{\mathrm{t}}(t)=\begin{cases}Z_{\mathrm{w}}(t)-q_{\mathrm{w}}(x,y,t)-w_{\mathrm{p}}(x,y,t) & \Delta Z_{\mathrm{t}}(t)>0\\ 0 & \Delta Z_{\mathrm{t}}(t)\leqslant 0\end{cases} \tag{8-101}$$

式中，$\dot{Z}_{\mathrm{w}}$ 为车轮垂向振动速度；$\dot{q}_{\mathrm{w}}$ 为轮胎质心对应处路面速度不平度；$\dot{w}_{\mathrm{p}}$ 为轮胎质心对应处路面垂向振动速度；Z_{w} 为车轮垂向动位移；q_{w} 为轮胎质心对应处路面位移不平度；w_{p} 为轮胎质心对应处路面垂向动位移。

近年来，郭孔辉等[313-315]考虑轮胎的几何尺寸效应和弹性滤波效应，建立了轮胎弹性滚子模型，并进行了数值仿真和试验验证。李韶华[92]考虑了轮胎与路面各接触点的压缩量，提出了改进的轮胎弹性滚子模型，并对比验证了该模型的可靠性，如图 8-21 所示。

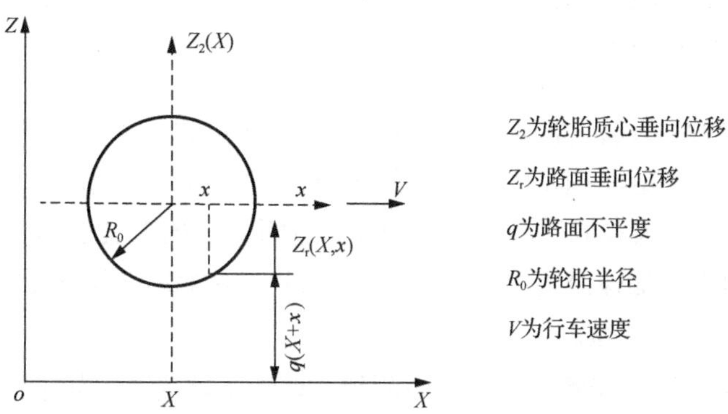

图 8-21　改进的轮胎弹性滚子模型[92]

当轮胎与地面的接触关系采用改进弹性滚子模型[316]时，轮胎接地压力 $P_{\mathrm{t}}(t)$ 为

$$P_{\mathrm{t}}(t)=\int_{a_1}^{a_2}\frac{C_{\mathrm{t}}}{a_2-a_1}\Delta\dot{Z}_{\mathrm{t}}(x,y,t)\mathrm{d}x+\int_{a_1}^{a_2}\frac{K_{\mathrm{t}}}{a_2-a_1}\Delta Z_{\mathrm{t}}(x,y,t)\mathrm{d}x \tag{8-102}$$

式中，C_{t} 为轮胎垂直分布阻尼；K_{t} 为轮胎垂直分布刚度；a_1 为轮胎接地起始点；a_2 为轮胎接地终止点；$\Delta\dot{Z}_{\mathrm{t}}$ 为轮胎与路面之间的相对振动速度；ΔZ_{t} 为轮胎与路面之间的相对动位移。其中，$\Delta\dot{Z}_{\mathrm{t}}$ 和 ΔZ_{t} 可由式（8-103）和式（8-104）确定。

$$\Delta\dot{Z}_{\mathrm{t}}\left(x,x_0,t\right)=\begin{cases}\dot{Z}_{\mathrm{w}}\left(x,y,t\right)-\dot{q}_{\mathrm{w}}\left(x+x_0,y,t\right) \\ \qquad -\dot{w}_{\mathrm{p}}\left(x+x_0,y,t\right)-\left(R_0-\sqrt{R_0^2-x_0^2}\right) & \Delta\dot{Z}_{\mathrm{t}}\left(t\right)>0 \\ 0 & \Delta\dot{Z}_{\mathrm{t}}\left(t\right)\leqslant 0\end{cases} \tag{8-103}$$

$$\Delta Z_{\mathrm{t}}\left(x,x_0,t\right)=\begin{cases}Z_{\mathrm{w}}\left(x,y,t\right)-q_{\mathrm{w}}\left(x+x_0,y,t\right) \\ \qquad -w_{\mathrm{p}}\left(x+x_0,y,t\right)-\left(R_0-\sqrt{R_0^2-x_0^2}\right) & \Delta Z_{\mathrm{t}}\left(t\right)>0 \\ 0 & \Delta Z_{\mathrm{t}}\left(t\right)\leqslant 0\end{cases} \tag{8-104}$$

式中，$\dot{Z}_{\mathrm{w}}$ 为车轮垂向振动速度；$\dot{q}_{\mathrm{w}}$ 为轮胎质心对应处路面速度不平度；$\dot{w}_{\mathrm{p}}$ 为轮胎质心对应处路面垂向振动速度；Z_{w} 为车轮垂向动位移；q_{w} 为轮胎质心对应处路面位移不平度；w_{p} 为轮胎质心对应处路面垂向动位移；R_0 为轮胎半径；x_0 为轮胎接地局部坐标。

8.6　模 型 求 解

在上述汽车行驶振动模型、汽车-路面-路基动力相互作用模型、春融期汽车-面层-基层-路基动力相互作用模型、正常期汽车-面层-基层-路基动力相互作用模型的基础上，联立形成重载汽车-路面-路基动力相互作用模型，建立体系振动方程的矩阵形式，可表述为

$$[M]\{\ddot{X}\}+[C]\{\dot{X}\}+[K]\{X\}=\{P\} \tag{8-105}$$

式中，$[M]$ 为汽车-路面-路基动力分析系统的质量矩阵；$[C]$ 为汽车-路面-路基动力分析系统的阻尼矩阵；$[K]$ 为汽车-路面-路基动力分析系统的刚度矩阵；$\{X\}$ 为动力分析系统的广义位移矢量；$\{\ddot{X}\}$ 为动力分析系统的广义速度矢量；$\{\ddot{X}\}$ 为动力分析系统的广义加速度矢量；$\{P\}$ 为动力分析系统的广义载荷矢量，是与 $\{\ddot{X}\}$ 和 $\{\ddot{X}\}$ 有关的非线性过程量。

采用 Wilson-θ 法求解动力体系方程组，逐步求解的过程如下[293]。

（1）形成汽车-路面-路基动力分析系统的质量矩阵 $[M]$、刚度矩阵 $[K]$ 和阻尼矩阵 $[C]$。

（2）给定初始值 $\{x\}_0$、$\{\dot{x}\}_0$、$\{\dot{x}\}_0$。

（3）选择时间步长 Δt，并取 $\theta=1.4$，并按式（8-106）计算积分常数，

$$\begin{cases}\alpha_0=\dfrac{6}{\left(\theta\Delta t\right)^2}, \quad \alpha_0=\dfrac{3}{\theta\Delta t}, \quad \alpha_2=2\alpha_1, \quad \alpha_3=\dfrac{\theta\Delta t}{2}, \quad \alpha_4=\dfrac{\alpha_0}{\theta} \\ \alpha_5=-\dfrac{\alpha_2}{\theta}, \quad \alpha_6=1-\dfrac{3}{\theta}, \quad \alpha_7=\dfrac{\Delta t}{2}, \quad \alpha_8=\dfrac{\Delta t^2}{6}\end{cases} \tag{8-106}$$

（4）按式（8-107）形成有效刚度矩阵$[\overline{K}]$，

$$[\overline{K}]=[K]+\alpha_0[M]+\alpha_1[C] \tag{8-107}$$

（5）对有效刚度矩阵$[\overline{K}]$做三角分解为$[\overline{K}]=[L][D][L]^{\mathrm{T}}$；对每一时间步进行计算：

① 按式（8-108）计算$t+\theta\Delta t$时刻的有效荷载$\{\overline{P}\}_{t+\Delta t}$，

$$\begin{aligned}\{\overline{P}\}_{t+\Delta t}=&\{P\}_t+\theta\left(\{P\}_{t+\Delta t}-\{P\}_t\right)+[M]\left(\alpha_0\{x\}_t+\alpha_2\{\dot{x}\}_t+2\{\ddot{x}\}_t\right)\\&+[C]\left(\alpha_1\{x\}_t+2\{\dot{x}\}_t+\alpha_3\{\ddot{x}\}_t\right)\end{aligned} \tag{8-108}$$

② 求解式（8-109），计算$t+\theta\Delta t$时刻的有效位移$\{x\}_{t+\theta\Delta t}$，

$$[L][D][L]^{\mathrm{T}}\{x\}_{t+\theta\Delta t}=[\overline{P}]_{t+\theta\Delta t} \tag{8-109}$$

③ 分别按式（8-110）～式（8-112）计算$t+\Delta t$时刻的加速度$\{\ddot{x}\}_{t+\Delta t}$、速度$\{\dot{x}\}_{t+\Delta t}$、位移$\{x\}_{t+\Delta t}$，

$$\{\ddot{x}\}_{t+\Delta t}=\alpha_4\left(\{x\}_{t+\Delta t}-\{x\}_t\right)+\alpha_5\{\dot{x}\}_t+\alpha_6\{\ddot{x}\}_t \tag{8-110}$$

$$\{\dot{x}\}_{t+\Delta t}=\{\dot{x}\}_t+\alpha_7\left(\{\ddot{x}\}_{t+\Delta t}+\{\ddot{x}\}_t\right) \tag{8-111}$$

$$\{x\}_{t+\Delta t}=\{x\}_t+\Delta t\{\dot{x}\}_t+\alpha_8\left(\{\ddot{x}\}_{t+\Delta t}+2\{\ddot{x}\}_t\right) \tag{8-112}$$

④ 求解体系动力响应；

⑤ 返回至步骤①，对下一时间间隔重复上述运算。

8.7 小　　结

本章在吸收现有列车-轨道-路基耦合动力模型和汽车-路面动力相互作用模型优点的基础上，把汽车简化为匀速移动的多自由度由线性弹簧和线性阻尼器连接的刚体系统，考虑路面的黏滞阻尼作用，将路面视为无限大黏弹性薄板模型，基层和分层路基视为离散刚块，并考虑各上下块体之间的压缩作用和左右块体之间的剪切作用，地基采用黏性地基模型。以路面不平度和轮胎接地模型为汽车系统与路面-路基系统的纽带，实现汽车与路面、路基体系的动力相互作用，建立了寒区汽车-路面-路基动力相互作用模型，得到如下成果。

（1）分别建立了双轴重载汽车、三轴重载汽车、四轴重载汽车和六轴重载汽车行驶振动物理模型，并基于 D'Alembert 原理，提出了各车型的振动微分方程。

（2）针对面层、基层的组合方式和寒区路基不同时期物理分层特征，建立了汽车-路面-路基动力相互作用模型、春融期汽车-面层-基层-路基动力相互作用模

型、正常期汽车-面层-基层-路基动力相互作用模型。

（3）采用振型叠加法，引入正则坐标体系，对路面振动微分方程进行变换，形成了显式的 2 阶路面正则微分方程。

（4）以路面不平度作为汽车-路面-路基系统模型的附加激励，轮胎点接触模型和改进轮胎弹性滚子模型为轮胎与路面的接触关系，实现汽车与路面、路基体系的动力相互作用，并采用 Wilson-θ 法求解动力体系方程组。

第 9 章 汽车-路面-路基动力相互作用模型验证与分析

汽车行驶振动荷载下路面、路基的动力相互作用的研究，一方面可以获取汽车荷载下路面振动特性，用于评价路面和路基体系的整体性能；另一方面可以获取轮胎接地压力时程变化，明确汽车接地荷载特性。因此，本章在前述耦合动力学模型的基础上，开发了汽车-路面-路基动力相互作用模型的计算程序 DATPS；并结合前人的现场测试和数值模拟结果，验证了该 DATPS 程序在计算重载汽车荷载下路面的动应变反应、基层顶面的动应力反应、路面的动位移反应等方面的可靠性，并提出了计算的误差来源；进而定量研究了行车因素（汽车类型、后轴轴重和行车速度）和道路因素（路面不平度等级、路基冻结层融化厚度和路基刚度）等对轮胎接地压力、基层顶面动压应力和路面动位移的影响。

9.1 DATPS 计算程序

9.1.1 程序结构与流程

DATPS 是英文“dynamic analysis of heavy truck-pavement-subgrade”（汽车-路面-路基动力分析）的缩写，该计算程序采用 Fortran 语言编写，它以一个主程序 DATPS 为核心，7 个一级子程序为基础，其他子程序为辅助，另外包含 2 个输入文件，其组织结构关系如图 9-1 所示。

DATPS 中 7 个一级子程序及其相关文件的含义和功能分述如下。

INPUT 为控制模型参数输入子程序。包括重载汽车的类型、几何和力学参数，路面-路基模型的类型、几何和力学参数、离散尺寸和模态阶数等。

TEQS 为重载汽车子程序。包括双轴重载汽车子程序 TEQS2、三轴重载汽车子程序 TEQS3、四轴重载汽车子程序 TEQS4、五轴重载汽车子程序 TEQS5、六轴重载汽车子程序 TEQS6、七轴重载汽车子程序 TEQS7，用以形成重载汽车的质量矩阵、刚度矩阵和阻尼矩阵。

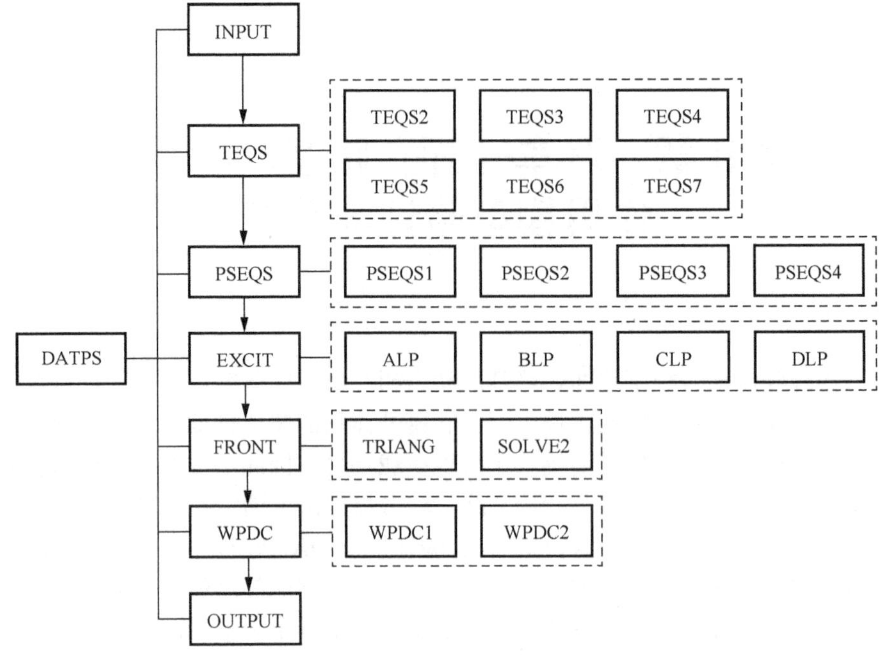

图 9-1　DATPS 计算程序结构

PSEQS 为路面-路基模型子程序。包括路面-路基动力模型子程序 PSEQS1、面层-基层-路基动力模型子程序 PSEQS2、春融期面层-基层-路基动力模型子程序 PSEQS3 和正常期面层-基层-路基动力模型子程序 PSEQS4，用以形成面层、基层和路基的质量矩阵、刚度矩阵和阻尼矩阵。

EXCIT 为系统激扰子程序。依据我国规范《机械振动 道路路面谱测量数据报告》(GB/T 7031－2005）中对路面平整度的统计特性，输入我国 A 级、B 级、C 级和 D 级路面位移不平度和速度不平度。

FRONT 为计算子程序。包括形成荷载向量、采用 Wilson-θ法求解动力学方程组、三角分解法子程序 TRIANG 和求解器 SOLVE2 子程序。

WPDC 为轮胎-路面相互作用关系子程序。采用的轮胎模型包括点接触模型子程序 WPDC1 和改进弹性滚子模型子程序 WPDC2。

OUTPUT 为计算输出子程序。输出重载汽车、路面和路基顶面的动力响应；包括体系内各自由度的位移、速度和加速度时程，各离散刚体之间的作用力时程。

DATPS 计算程序在输入控制参数后，形成重载汽车-路面-路基动力相互作用方程；在输入路面不平度激励后，对系统方程进行计算，求解系统各自由度的位移、速度和加速度时程反应；之后，在确定轮胎接地模型后，计算轮胎接地压力。如此反复循环直至计算终止，其计算程序流程如图 9-2 所示。

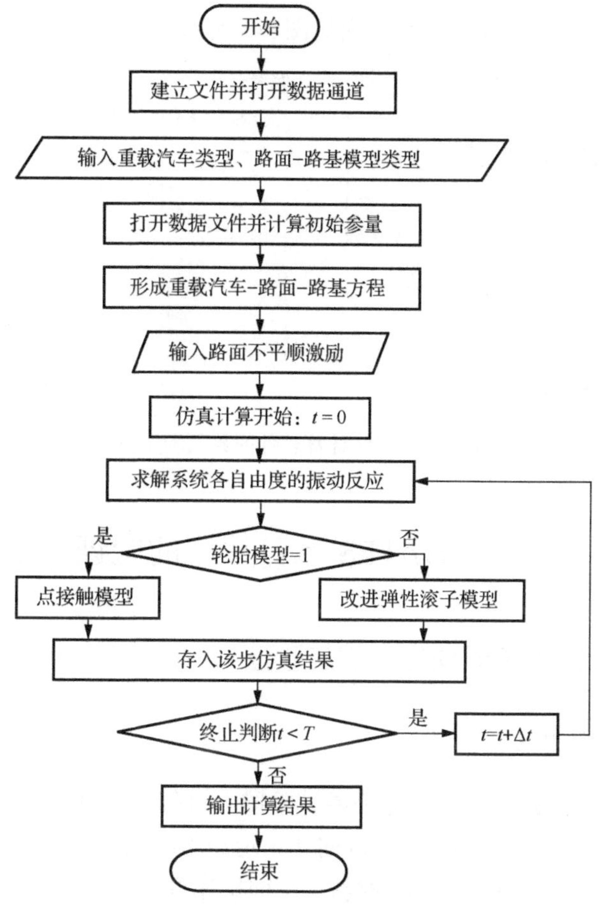

图 9-2　DATPS 计算程序流程

9.1.2　程序功能

该计算程序所包含的功能如下：①可以模拟我国高等级公路常见重载汽车，建立如双轴、三轴、四轴、五轴、六轴和七轴重载汽车行驶振动模型。②可以针对不同季节（春融期和正常期）路基分层特性，建立路面-路基模型：可将面层与基层合并，建立路面-路基动力相互作用模型；也可将路面分为面层与基层，建立面层-基层-路基动力相互作用模型。③可选择常用的轮胎点接触模型和改进的弹性滚子模型。④提供路面不平度输入，模拟 A 级、B 级、C 级和 D 级不平度等级路面。

该程序计算结果包括：①车体和车轮的位移、速度和加速度时程，悬架的作用力时程；②各轮胎接地动压力时程，轮胎接地面积时程；③路面和路基各层的位移、速度和加速度时程；④路面的横向和纵向的动应变与动应力时程；⑤路面和路基各层之间的动应力时程，路基各点的位移、速度和加速度时程。

DATPS 计算软件的界面和主页面如图 9-3 所示。

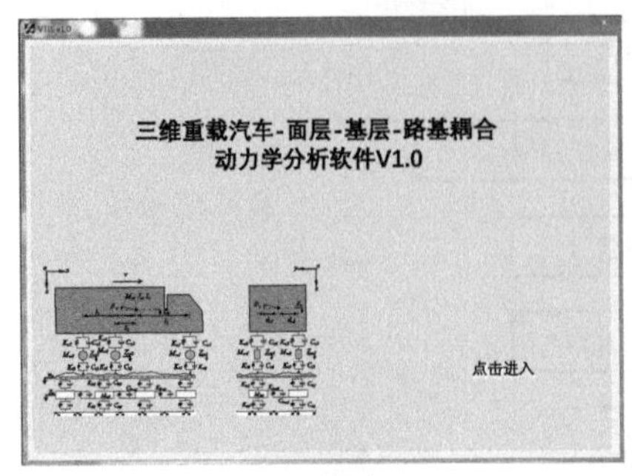

（a）界面

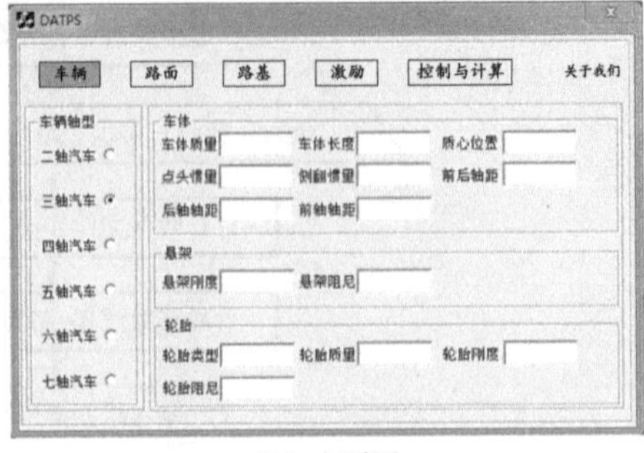

（b）主页面

图 9-3　DATPS 计算软件的界面和主页面

9.2　DATPS 计算程序的验证

9.2.1　汽车荷载下路面动应变响应验证

9.2.1.1　现场测试概况

吕彭民等[308]在武威过境高速公路试验段上进行了重载汽车行驶下沥青路面动应变响应的现场测试。该路段为双向 4 车道沥青路面结构，路面宽 12m，上面层厚度为 5cm，采用改性 Sup-16 材料；下面层厚度为 7cm，采用基质 Sup-25 材料。基层厚度为 50cm，分 3 层施工，厚度分别为 17cm、16cm 和 17cm，采用水泥稳定砂砾材料。路基设计强度要求弹性模量大于 100MPa，面层与基层之间采用乳化沥青稀浆封层。

测试汽车为典型双轴重载汽车，轴型为 1+5 型，分别进行了不同的行车速度（5km/h、35km/h、45km/h、55km/h 和 65km/h）和不同的后轴轴重（79.8kN、108.0kN 和 133.8kN）下路面动应变测试。

9.2.1.2　计算模型与参数

验证计算中采用的双轴重载汽车-路面-路基动力相互作用模型如图 9-4 所示。

重载汽车模型的几何参数见文献[317]，取解放 J5K4×2 重载货运汽车，车长 9.0m，前后轴距 5.05m，前悬 1.33m，后悬 2.62m，轮距为 1.8m，轮胎规格为 9.00R20。力学参数见文献[303]、文献[318]～文献[320]。其中前轴：弹簧刚度为 242604N/m，弹簧阻尼为 2190N·s/m，轮胎质量为 200kg，轮胎刚度为 875082N/m，轮胎阻尼为

2000N·s/m；后轴：弹簧刚度为 1903172N/m，弹簧阻尼为 7882N·s/m，轮胎质量为 400kg，轮胎刚度为 3503307N/m，轮胎阻尼为 4000N·s/m。

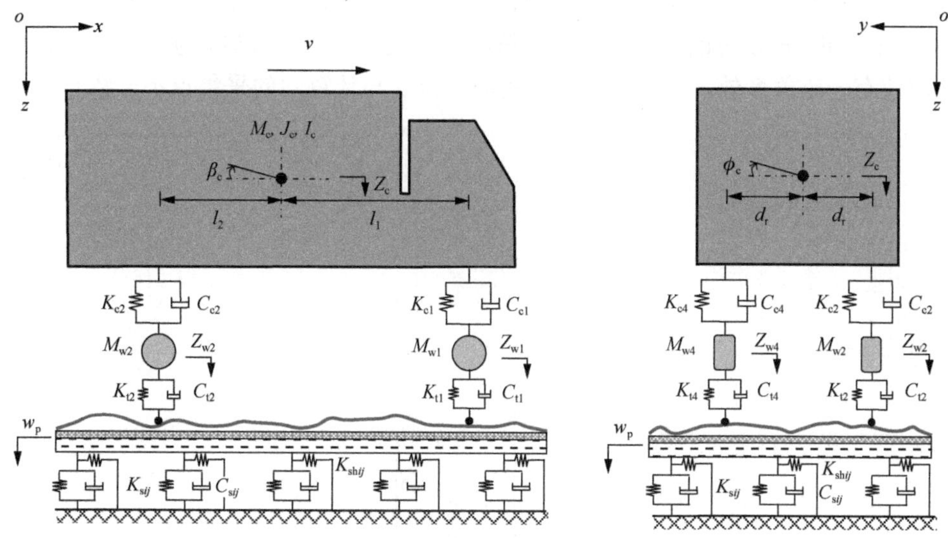

图 9-4　双轴重载汽车-路面-路基动力模型

路面和路基模型参数依据经验并参考文献[308]、文献[318]和文献[319]选取。面层：弹性模量为 1.5×10^9Pa，泊松比为 0.30，厚度为 0.12m，质量密度为 2500kg/m^3，黏滞阻尼系数为 0.05。基层：弹性模量为 9.0×10^8Pa，泊松比为 0.25，厚度为 0.50m，质量密度为 2400kg/m^3，黏滞阻尼系数为 0.005。路基土的竖向刚度为 1.0×10^8Pa/m，竖向阻尼为 3.0×10^4 N·s/m，路基水平剪切刚度为 2.0×10^8Pa/m。

由于该路段为新建试验路，故取路面不平度等级为 A 级。假定路面边界为四边简支，计算中，路面-路基模型离散尺寸为 0.25m×0.25m，模态阶数 NM 为 150，NN 为 50；时间步长为 5.0×10^{-4}s。以重载汽车行进方向右侧轮迹线与路面纵向长度的中线的交点为采样点，记录该点面层底部纵向应变时程曲线，以便与实测曲线对比。

9.2.1.3　结果比较

由于现场测试时的采样开始时刻不同，因此部分实测纵向应变时程曲线的时间轴从不为零的时刻开始，为了便于对比现场实测曲线与计算曲线的异同，将计算所得路面底部纵向应变时程曲线沿时间轴向后水平平移后，使其与实测曲线时间范围相同。

1）行车速度的影响

图 9-5 为后轴轴重 108kN 时不同行车速度下面层底部纵向应变时程实测曲线

与计算曲线对比。可以看出，计算的面层底部纵向应变时程曲线与实测曲线基本一致。面层底部纵向应变呈拉压交替状态；车轮离开后，由于阻尼的影响，路面纵向应变不能及时恢复。对比图 9-5 中计算曲线和实测曲线不难发现，行车速度为 55km/h 和 65km/h 时两者纵向应变峰值相差较大，其原因除与验证计算中模型参数取值有一定关系外，还与现场实测的测点位置与计算中的采集点不一致有关。

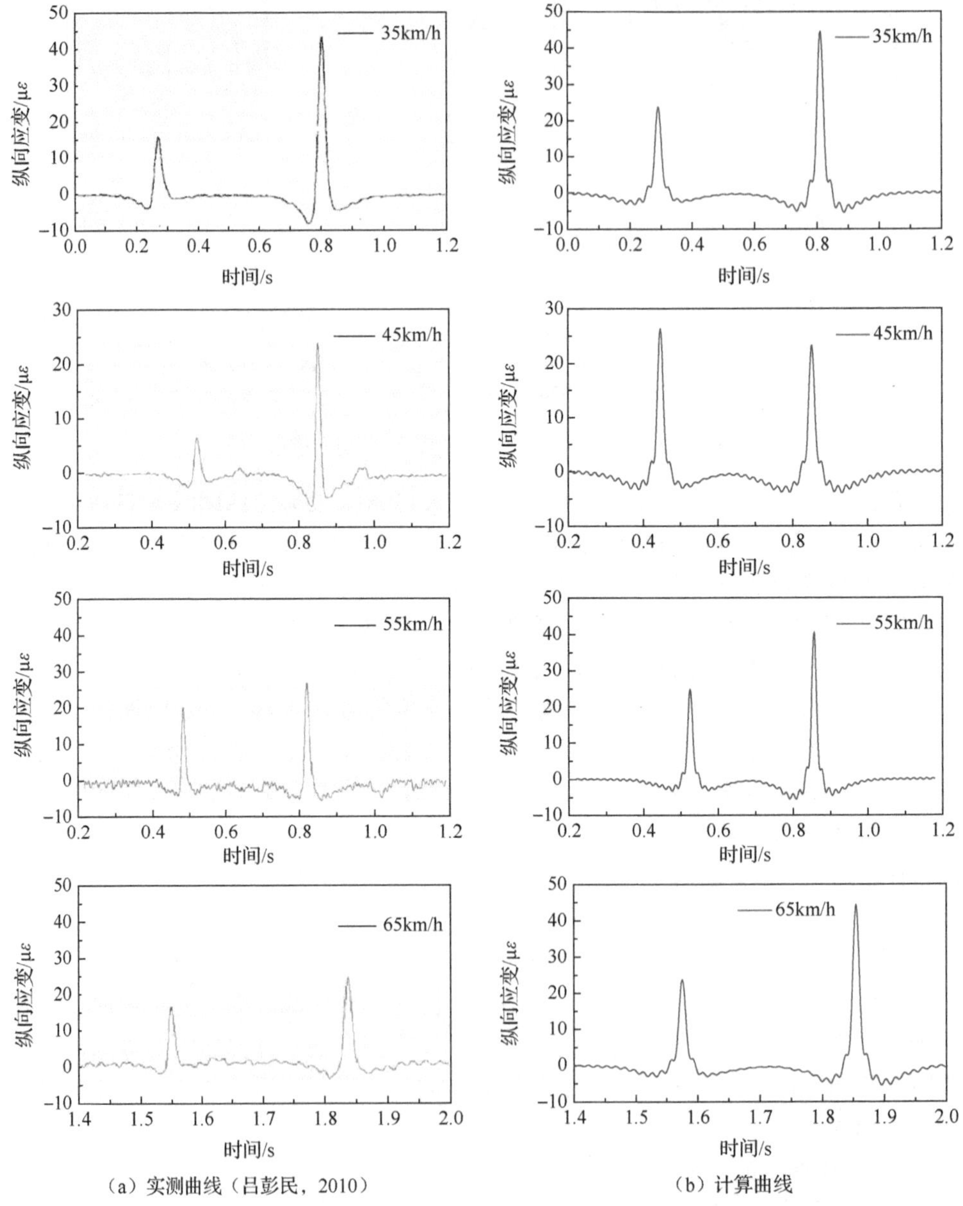

图 9-5　不同速度下面层底部纵向应变时程曲线对比（108kN）

图 9-6 为不同行车速度下面层底部纵向应变峰值的纵向分布。由图可以看出，在汽车行进过程中，面层底部纵向应变峰值呈周期性变化，且行车速度越大周期越长；不同点处，行车速度对面层底部纵向应变峰值的影响规律不同。其主要原因：一是重载汽车在行驶过程中，由于路面不平度的附加激励，激发了车体周期性的点头运动；二是重载汽车、路面和路基组成了多自由度质量、弹簧和阻尼振动系统，除受路面不平度影响外，行车速度也影响重载汽车-路面-路基体系的振动性能，因此也就对面层底部纵向应变的分布产生影响。

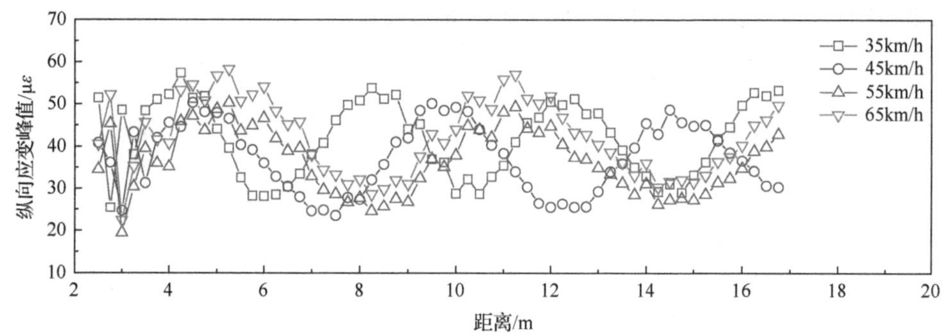

图 9-6　不同行车速度下面层底部纵向应变峰值的纵向分布

为了消除这种随机差异对计算值与实测值之间关系的影响，图 9-7 为不同行车速度下面层底部纵向应变的计算峰值与实测峰值对比。可以看出，在整个计算的路面长度范围内，不同行车速度下面层底部纵向应变的计算峰值的分布范围相

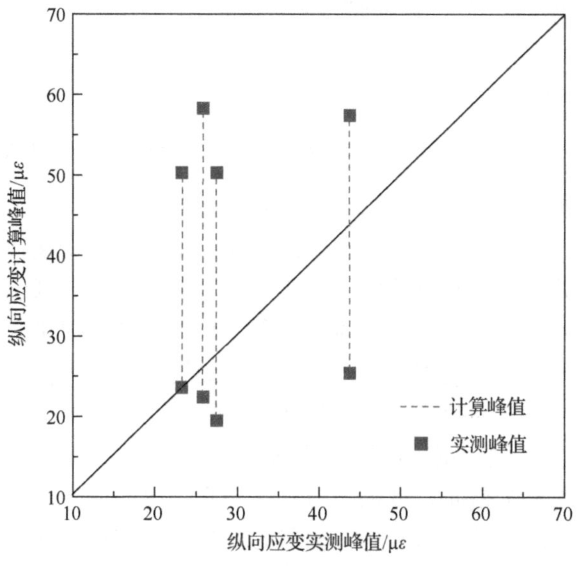

图 9-7　不同行车速度下面层底部纵向应变计算峰值与实测峰值对比

差甚微，且面层底部纵向应变的计算峰值与实测峰值之间有一定的相关性，即存在纵向应变计算峰值与实测峰值相等的情况。

2）后轴轴重的影响

图 9-8 为行车速度为 55km/h 时在不同后轴轴重下面层底部纵向应变时程实测曲线与计算曲线对比。可以看出，路面纵向应变时程实测曲线与计算曲线基本一致。后轴轴重为 79.8kN 时，前后车轮下对应的面层底部纵向应变峰值相差不大；后轴轴重为 133.8kN 时，后轮下对应的面层底部纵向应变峰值明显大于前轮下。随着后轴轴重的增加，路面纵向拉应变也明显增大。

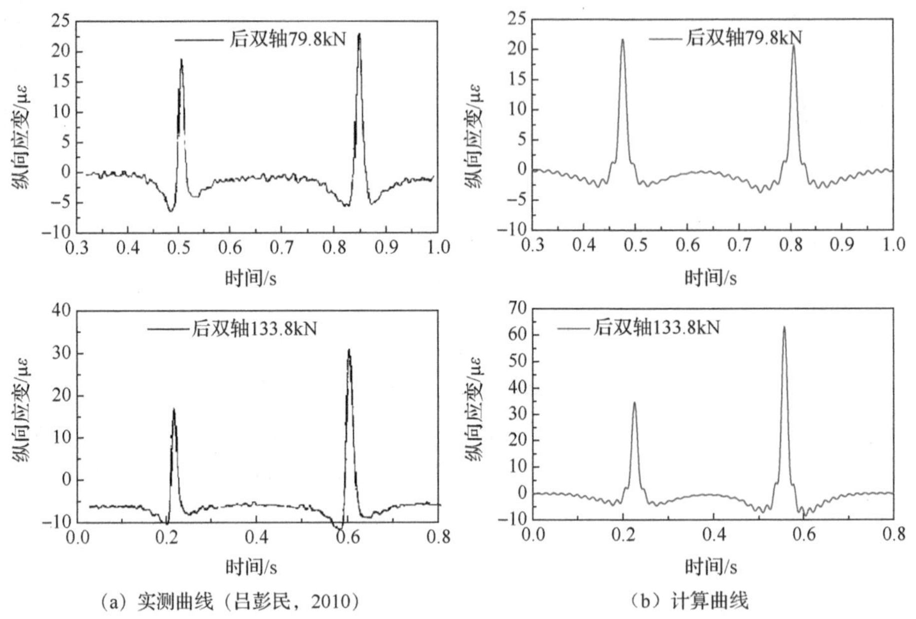

（a）实测曲线（吕彭民，2010）　（b）计算曲线

图 9-8　不同后轴轴重下面层底部纵向应变时程曲线对比（55km/h）

图 9-9 为不同后轴轴重下面层底部纵向应变峰值纵向分布。可以看出，同一后轴轴重条件下，面层底部纵向应变峰值纵向上呈周期性变化；随着后轴轴重的增加，面层底部纵向应变峰值整体上有所增加，而且面层底部纵向应变峰值纵向呈周期性变大。主要原因在于，车体载重影响车体的转动惯量，载重量越大，转动惯量越大，汽车在行进过程需要的点头运动的转动矩越大，因而车体点头运动的周期增大，面层底部纵向应变峰值在纵向上的周期增大。

图 9-10 为不同后轴轴重下面层底部纵向应变的计算峰值与实测峰值对比。可以看出，在计算的整个路面长度范围内，面层底部纵向应变的计算峰值与实测峰值之间相关性较高；而且，随着后轴轴重的增加，面层底部纵向应变的计算峰值的范围增大。

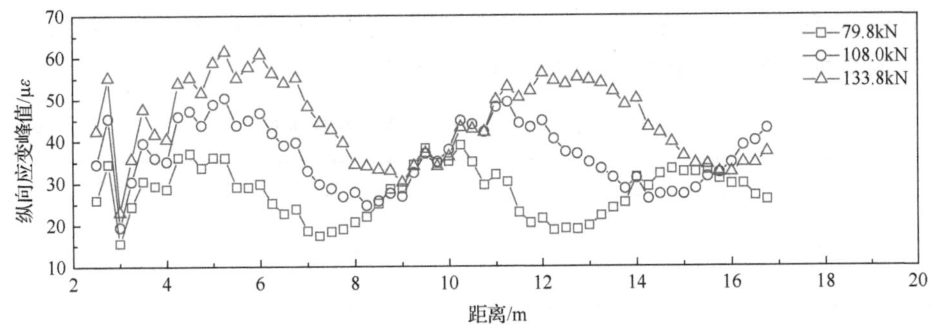

图 9-9　不同后轴轴重下面层底部纵向应变峰值纵向分布

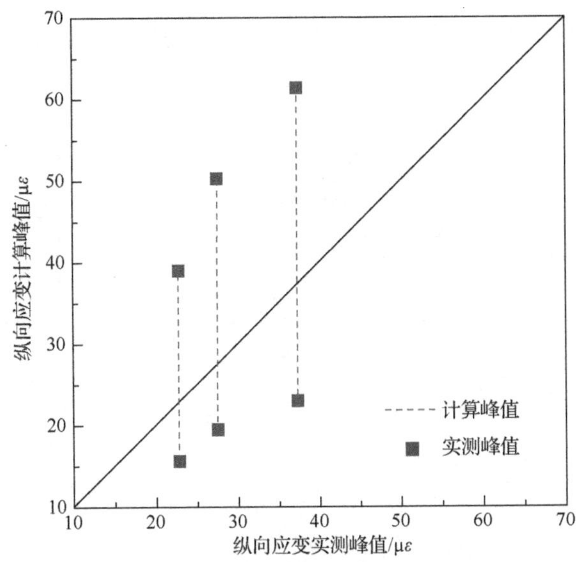

图 9-10　不同后轴轴重下面层底部纵向应变计算峰值与实测峰值对比

9.2.2　汽车荷载下路面动应力响应验证

9.2.2.1　现场测试概况

王暅等[287]在常德-张家界高速公路试验段系统进行了重载汽车下路面结构动力响应测试。路面结构形式为沥青混凝土复合路面，厚度为 15cm，各结构层自上而下分别为：4cm 改性沥青 AK-13A 抗滑表层，5cm AC20 型中面层+6cm AC25 下面层，1cm 改性乳化沥青稀释封层，透层，16cm 5%水泥稳定碎石上基层，16cm 5%水泥稳定碎石下基层和 18cm 4%水泥稳定砂砾底基层。

试验汽车为三轴 10 轮“东风”重型普通货车（EQ1166G2），后轴双轮，轮距

2.05m；前轴单轮，轮距 1.90m，前轴与最近后轴轴距 5.90m。现场测试时汽车空载、满载和超载时各轴荷载分配如表 9-1 所示[103]。

表 9-1　汽车空载、满载和超载时各轴轴重　（单位：kN）

项目	空载	满载	超载
车体质量	120.0	300.0	420.0
前轴轴重	54.0	90.0	105.0
后桥轴重	66.0	210.0	315.0

9.2.2.2　计算模型与参数

验证计算中采用的三轴重载汽车-路面-路基动力相互作用模型见图 9-11。

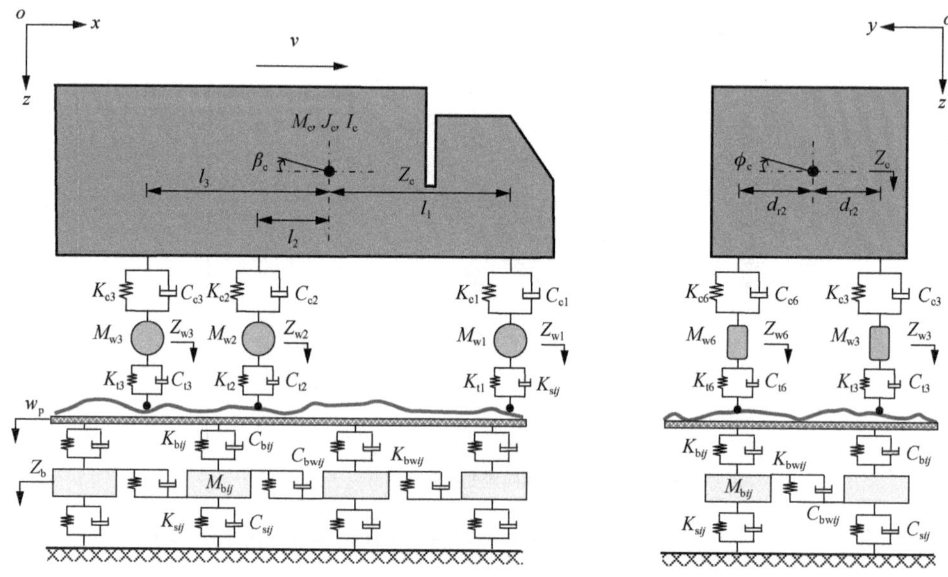

图 9-11　三轴重载汽车-路面-路基动力模型

重载汽车模型的几何参数见文献[287]，力学参数见文献[303]、文献[318]～文献[320]。汽车模型力学参数见文献[303]、文献[318]～文献[320]。其中前轴：弹簧刚度为 242604N/m，弹簧阻尼为 2190N·s/m，轮胎质量为 200kg，轮胎刚度为 875082N/m，轮胎阻尼为 2000N·s/m；中轴和后轴：弹簧刚度为 1903172N/m，弹簧阻尼为 7882N·s/m，轮胎质量为 400kg，轮胎刚度为 3503307N/m，轮胎阻尼为 4000N·s/m。

路面和路基模型的几何参数见文献[287]，力学参数依据经验并参考文献[318]和文献[319]选取。面层：弹性模量为 1.0×10^9Pa，泊松比为 0.30，厚度为 0.15m，质量密度为 2300kg/m^3，黏滞阻尼系数为 0.10。基层：弹性模量为 8.0×10^8Pa，泊松比为 0.25，厚度为 0.50m，质量密度为 2400kg/m^3，黏滞阻尼系数为 0.05，竖向剪切刚度为 2.5×10^8Pa/m，竖向剪切阻尼为 1.5×10^5N·s/m。路基土的竖向刚度为 4.0×10^7Pa/m，竖向阻尼为 3.5×10^4N·s/m。

取路面不平度等级为 A 级，假定路面的边界为四边简支，路面模型长度为 30m，宽度为 12m。计算中，路面-路基模型离散尺寸为 0.25m×0.25m，模态阶数 NM 为 144，NN 为 60；时间步长为 5.0×10^{-4}s。以重载汽车行进方向右侧轮迹线与路面纵向长度的中线的交点为采样点，记录该点基层顶面压应力时程曲线。

9.2.2.3　结果比较

图 9-12 为行车速度 V 为 80km/h 时，载重 M 分别为 120kN、300kN 和 420kN

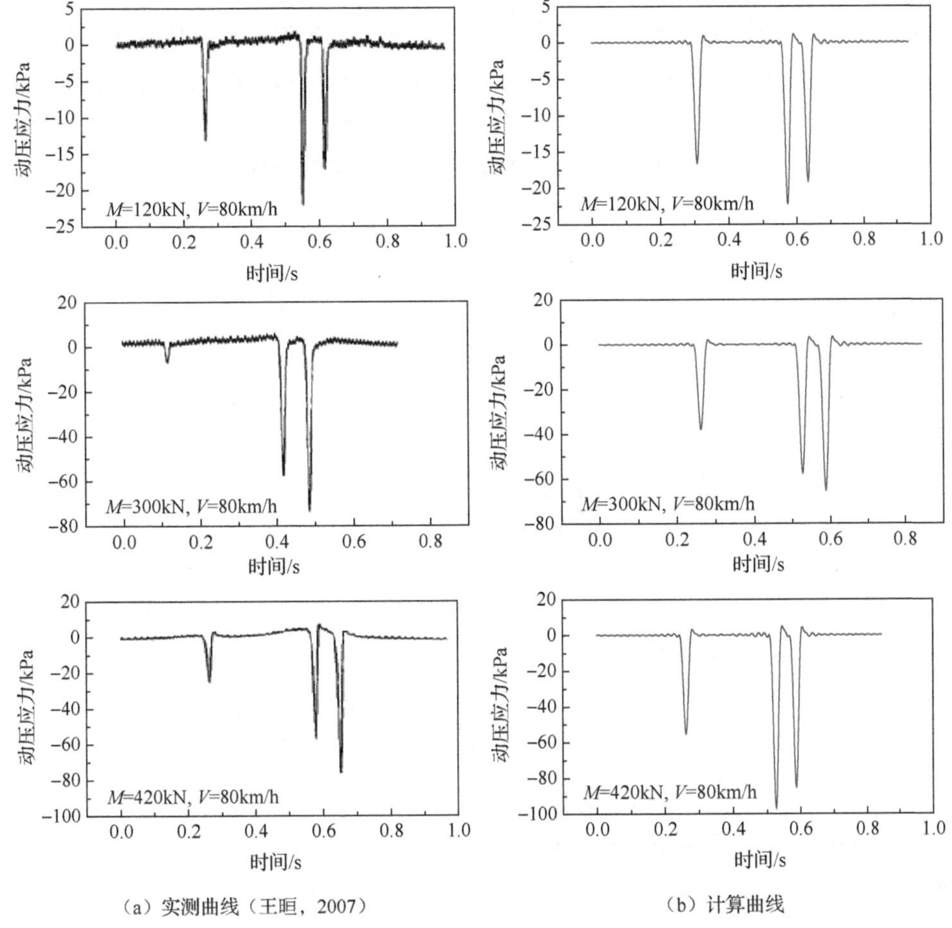

（a）实测曲线（王晅，2007）　　（b）计算曲线

图 9-12　不同载重下基层顶面动压应力时程曲线比较

下基层顶面动压应力时程曲线的实测值和计算值。可以看出，载重 120kN 和 420kN 下，基层顶面动压应力时程曲线的实测值和计算值吻合很好；载重 300kN 时，两者在峰值上有一定差别，分析实测曲线可以发现，后轴产生的动压应力峰值约为前轴的 7 倍，主要原因：一是汽车在行驶过程中，伴随着点头运动、沉浮运动和侧倾运动，而在汽车通过测点瞬间，正处于汽车逆时针点头运动过程中，因此造成后双轴产生的动压应力峰值比前轴大很多；二是汽车载重直接影响汽车的点头惯量，同一汽车结构，质量越大点头惯量越大，点头运动的周期越长，因此会造成同一测点上由于载重的不同而出现测试应力峰值与静轴重呈负比例的情况。

图 9-13（a）为不同载重、速度下基层顶面动压应力峰值的计算值和实测值比较。可以看出，随着载重的增加，基层顶面动压应力峰值增加，在载重 120kN 和 420kN 时，计算值与实测值有一致相关性；载重 300kN 时，计算值较实测值小，其原因见上述分析。图 9-13（b）为不同行车速度下基层顶面动压应力峰值的计算值和实测值比较。可以看出，行车速度为 100km/h 时，计算值与实测平均值吻合良好；而在速度为 60km/h 和 80km/h 时，计算值与实测平均值差异较大。

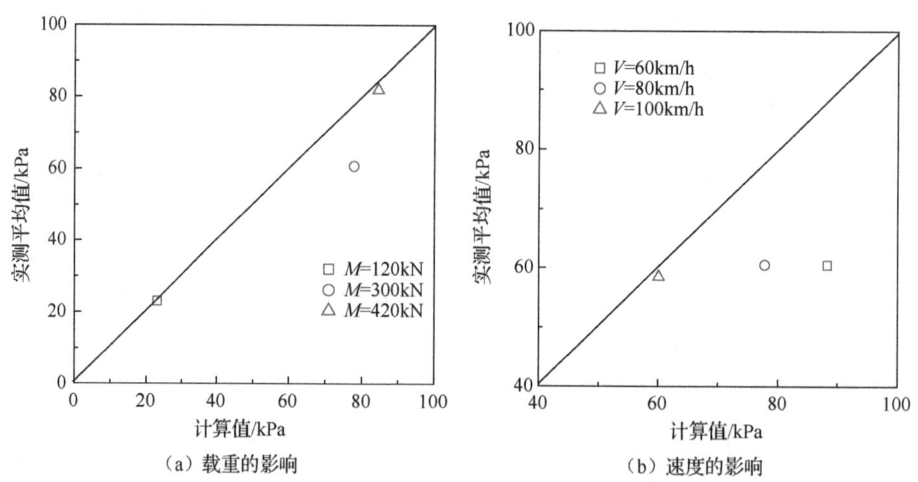

图 9-13　不同载重、速度下基层顶面动压应力峰值比较

为此，进一步分析行车速度对基层地面动压应力和路面动位移在纵向分布的影响。图 9-14 为载重 300kN 时不同行车速度下基层顶面动压应力峰值纵向分布。可以看出，行车速度对基层顶面动压应力峰值在纵向上的分布有较大影响，同样由于汽车在行驶过程中的点头运动，动压应力峰值在纵向上呈波动状态，速度不同，

波动形状不同。随着速度的增加，L=9.25m 处的动压应力峰值增大，其原因在于此处为路面不平度的一个局部极值，由于速度增加，轮胎对该点的冲击也增加。对比 L=14m 和 L=17m 处可以看出，在其他条件不变时，测点位置不同也可产生不同的结果。

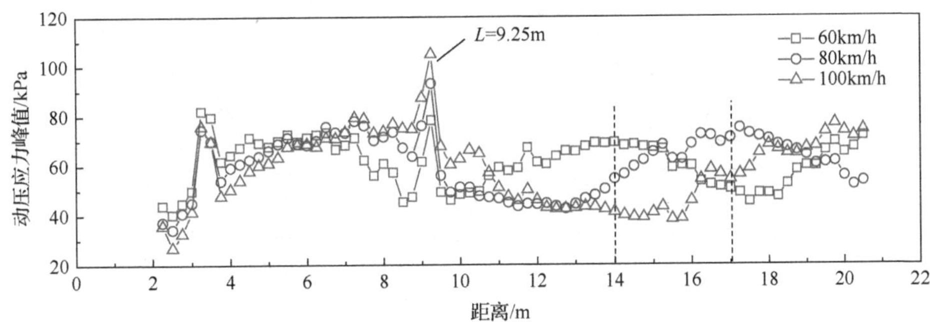

图 9-14　不同行车速度下基层顶面动压应力峰值纵向分布（M=300kN）

图 9-15 为载重 300kN 时不同行车速度下路面动位移峰值纵向分布。与上文相似，行车速度对路面动位移峰值在纵向上的分布有较大影响，路面动位移峰值在纵向上呈波动状态，速度不同，波动形状不同。

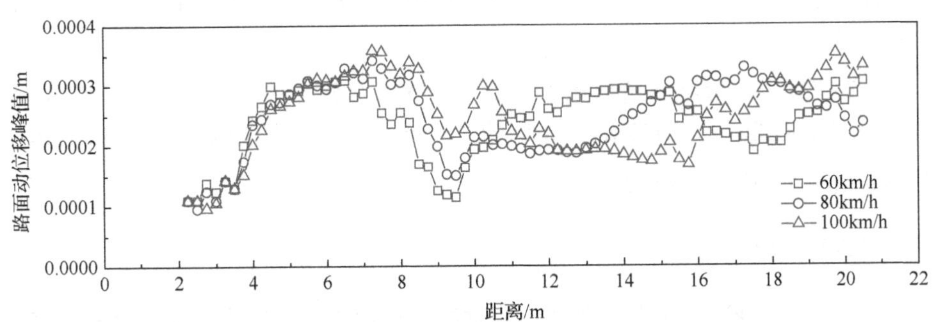

图 9-15　不同行车速度下路面动位移峰值纵向分布（M=300kN）

9.2.3　移动汽车荷载下路面动位移响应验证

9.2.3.1　问题概况

Wu 等[321]将汽车简化为匀速行驶的单自由度质量体系，路面视为弹性的三维块体单元，地基视为线性的黏弹性模型（Kelvin 模型），建立了汽车-路面-地基模型，采用 Newmark 方法求解动力方程，并研究了移动汽车荷载下路面中点的垂向动位移反应的影响。汽车-路面-地基模型如图 9-16 所示。

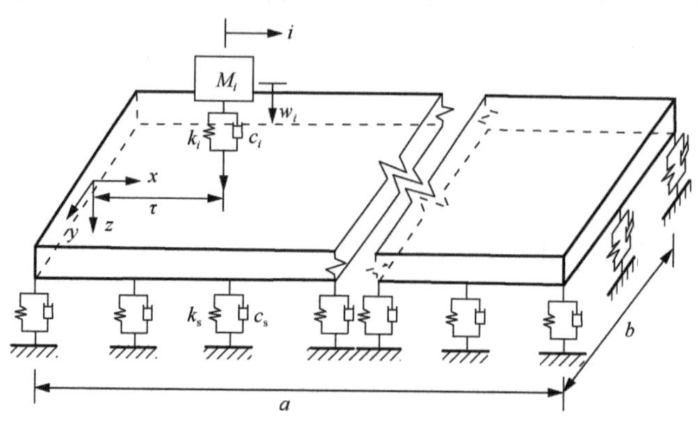

图 9-16　汽车-路面-地基模型[321]

汽车-路面-地基模型参数同文献[321]取值。其中，悬挂质量 M_i 为 3.425×10^4kg，悬挂刚度 k_i 为 1.715×10^4N/m，悬挂阻尼 ξ_i 为 0.005；路面的模量 E 为 2.480×10^{10}Pa，泊松比 μ 为 0.15，密度 ρ 为 2.324×10^3kg/m^3，长度 L 为 38.1m，宽度 W 为 3.81m；土的刚度 k_s 分别为 27.143×10^6N/m^3、81.430×10^6N/m^3 和 13.5717×10^7N/m^3，阻尼比 ξ_d 为 0.05。

数值计算中，取路面边界条件为对边简支，分别计算了不同的路面厚度 h 为 0.4572m、0.3048m 和 0.1524m，不同的汽车行驶速度 v_i 为 89.40m/s、44.70m/s 和 22.35m/s 的路面中点位移响应。

9.2.3.2　结果比较

本研究汽车-路面-地基模型中，取对边简支对边自由的路面振型[309]，并忽略路面不平度的影响，基于 Ritz 法建立体系动力方程并求解。通过试算，确定模态阶数为 100×20。

图 9-17 为本研究计算的路面动位移相对时程曲线与 Wu 等[321]计算结果的比较。可以看出，本研究得出的路面动位移时程曲线与文献[321]给出的计算结果一致，且随着路面厚度和地基刚度的增加，路面中点动位移幅值降低。

表 9-2 为路面中点位移幅值比较。从表中可以看出，采用本研究计算方法和程序得到的路面中点位移幅值与文献[321]和文献[322]基本接近，说明本研究采用的模态叠加法与有限单元法满足工程计算要求。

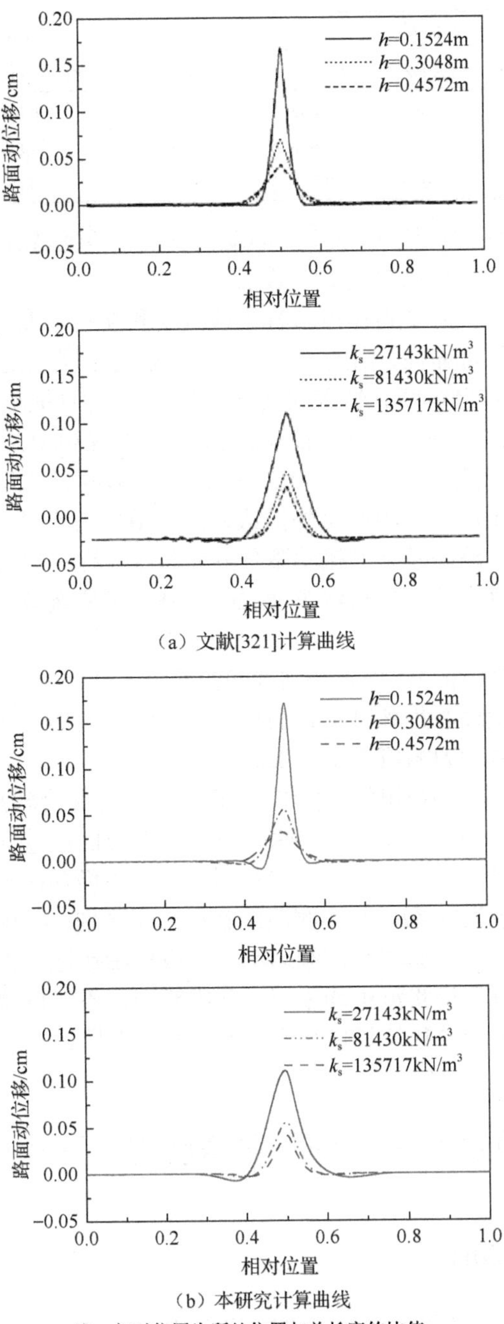

（a）文献[321]计算曲线

（b）本研究计算曲线

注：相对位置为所处位置与总长度的比值。

图 9-17　路面动位移相对时程曲线对比

表 9-2　路面中点位移幅值比较　（单位：cm）

项目	路面厚度			土的刚度		
	0.1524m	0.3048m	0.4572m	27.143×10^6N/m^3	81.430×10^6N/m^3	13.5717×10^6N/m^3
文献[321]值	0.165	0.065	0.035	0.125	0.065	0.050
文献[322]值	0.155	0.060	0.028	0.100	0.060	0.046
本书计算值	0.170	0.055	0.031	0.111	0.055	0.041

采用 DATPS 程序对行车荷载下路面动应变反应验证、路面动应力反应验证和路面动位移反应验证，可以得出如下认识。

（1）验证了所建立的 7 自由度双轴重载汽车和 9 自由度三轴重载汽车振动微分方程和相关代码的可靠性；由此可外推认为，采用相同建模方法得出的 11 自由度四轴重载汽车、16 自由度五轴重载汽车（牵引车双轴+拖车三轴）和 18 自由度六轴重载汽车（牵引车三轴+拖车三轴）的振动微分方程和相关程序代码是可靠的。

（2）验证了 3.3.1 节和 3.3.2 节面层-基层-路基模型的振动微分方程和相关程序代码的可靠性和正确性。由此可外推认为，采用相同建模方法得出的春融期和春融期后面层-基层-路基模型的振动微分方程和相关程序代码是可靠的。

（3）验证了计算中关于重载汽车-路面-路基模型所选取的物理与力学参数的可靠性。

（4）采用 DATPS 程序，可以得到准确的面层、基层内横向应变和纵向应变，路面动位移、轮胎接地时程和基层顶面压应力时程，为后文研究寒区移动重载汽车荷载下路面和路基动力响应奠定基础。

（5）采用 DATPS 程序得出的计算结果和现场实测结果有较高的一致性，但也存在一些误差，分析认为这些差别主要来自以下几个方面：①计算中所采用的汽车模型参数参考了较多国内外文献，但与实测汽车参数仍存在一定差异；②验证计算中路面不平度等级为 A 级，与实测路面状况尚有区别；③由于重载汽车在行驶过程中的沉浮运动、点头运动和侧倾运动，造成轮胎接地压力在路面纵向上存在一定波动性，而所有现场实测中均采用一条横断面，不能反映轮胎接地压力的空间分布特性，由此也会导致计算值与实测值之间的差异。

9.3　重载汽车-路面-路基动力相互作用分析

9.3.1　模型参数选取

以典型三轴重载汽车为例，研究探索重载汽车荷载下轮胎接地压力、路面动位移和基层顶面压应力的时空分布，其中所采用的三轴重载汽车-路面-路基动力模型如图 9-11 所示。

模型的物理力学参数参见文献[303]、文献[317]～文献[319]。路面：弹性模量为 1.2×10^9Pa，黏滞阻尼系数为 0.15，泊松比为 0.30，厚度为 0.15m，质量密度为 2500kg/m^3。基层：弹性模量为 8.0×10^8Pa，泊松比为 0.25，厚度为 0.50m，质量密度为 2300kg/m^3，竖向剪切刚度为 2.5×10^8Pa/m，竖向剪切阻尼为 1.5×10^5 N·s/m。路基土：竖向刚度为 4.0×10^7Pa/m，竖向阻尼为 3.5×10^4 N·s/m。

计算时，取路面模型长度为 40m，宽度为 10.5m，离散尺寸为 0.25m×0.25m，时间步长为 5.0×10^{-4}s。假定路面模型边界为四边简支条件，重载汽车行车速度为 60km/h，截止模态阶数为 190×50。

9.3.2　计算结果分析

图 9-18 为重载汽车行驶方向右侧前轮、中轮和后轮胎接地压力时程曲线及频谱曲线。从图 9-18（a）可以看出，三轴重载汽车行驶中，由于汽车的点头运动，

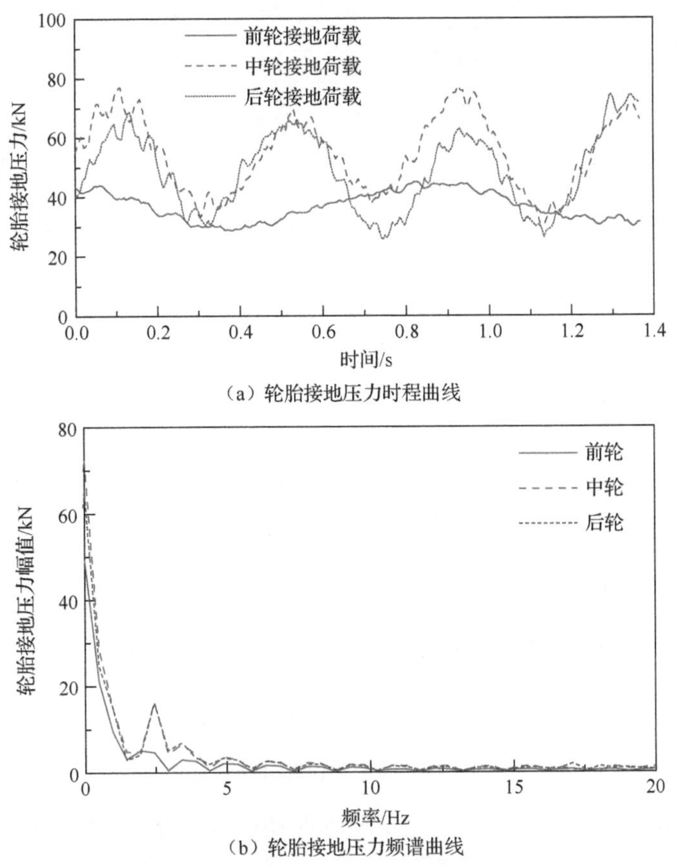

（a）轮胎接地压力时程曲线

（b）轮胎接地压力频谱曲线

图 9-18　轮胎接地压力时程曲线及频谱曲线

各轮接地荷载随时间呈现波浪形周期变化。相对各轮下分配的静荷载（38kN、50kN和 50kN）而言，各轮产生的动荷载最大值依次为 49kN、70kN 和 67kN，最大可达静荷载的 1.4 倍。从图 9-18（b）可以看出，轮胎接地荷载以低频为主，前轴优势频率为 1.95Hz，后轴为 2.44Hz。

图 9-19 为重载汽车行驶产生的路面动位移分布特征。图 9-19（a）为 t=0.9835s 时路面动位移空间分布图，在整个路面范围内，移动重载汽车荷载产生的路面动位移响应区域呈以轮胎接地域为中心的近似同心圆分布，左右轮间有叠加区域，后桥前后双轮可产生叠加区域。图 9-19（b）为重载汽车行进方向右侧轮迹线与路面纵向长度的中线的交点处的路面动位移时程曲线，该点处路面产生的最大动位移为 0.2045mm。

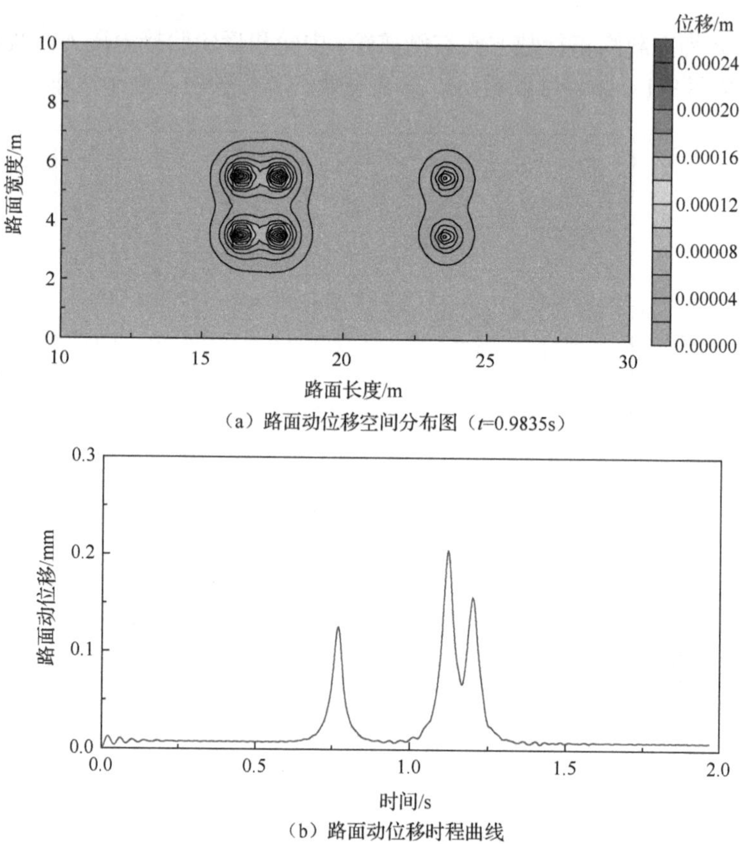

（a）路面动位移空间分布图（t=0.9835s）

（b）路面动位移时程曲线

图 9-19　路面动位移分布特征

图 9-20 为重载汽车行驶产生的基层顶面动压应力分布特征。图 9-20（a）为 t = 0.9835s 时基层顶面动压应力空间分布图，在整个路面范围内，移动重载汽车荷载产生的路面动位移响应区域呈以轮胎接地域为中心的近似同心圆分布，由于路面

厚度较薄，后双轴前后左右轮组间无应力叠加区域，每个轮组下对应一个显著峰值。图 9-20（b）为重载汽车行进方向右侧轮迹线与路面纵向长度的中线的交点处基层顶面动压应力时程曲线和频谱曲线。可见，此刻中轮下基层顶面产生的动压应力最大，前轮最小；动压应力时程对应的频率范围为 0～40Hz。

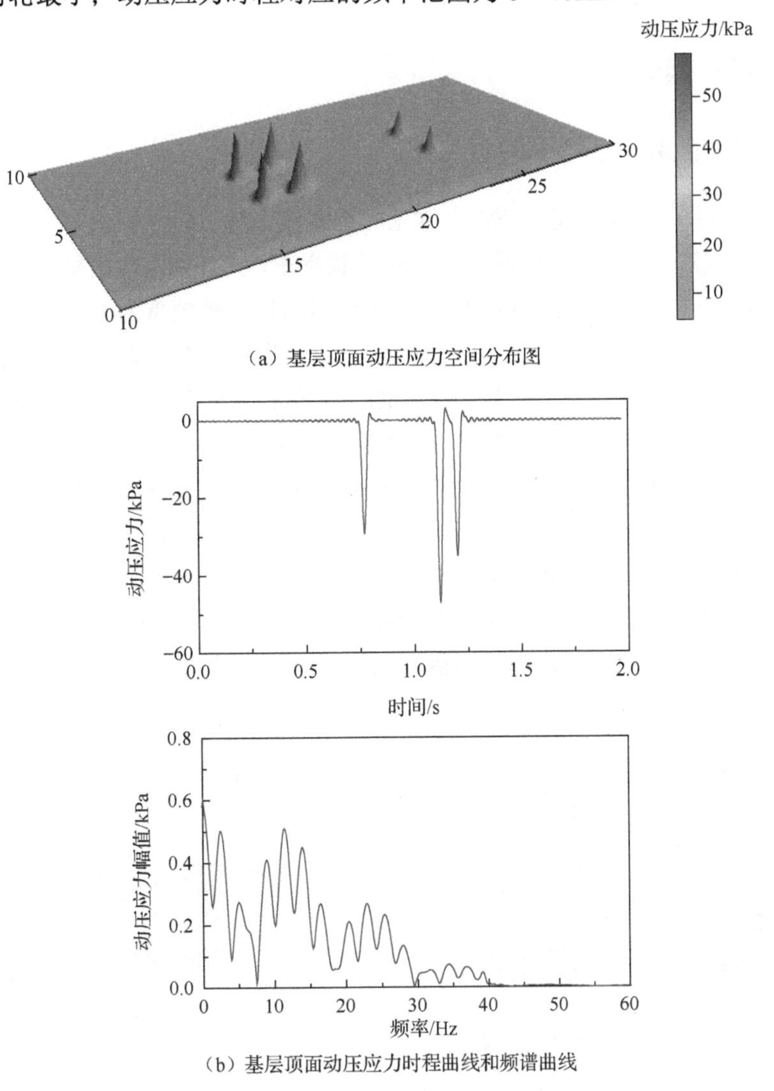

（a）基层顶面动压应力空间分布图

（b）基层顶面动压应力时程曲线和频谱曲线

图 9-20　基层顶面动压应力分布特征

9.4　重载汽车-路面-路基动力相互作用影响因素分析

以 9.3 节中重载汽车-路面-路基动力模型的几何和物理参数为基本输入，进一步研究不同的行车因素（汽车类型、后轴轴重和行车速度）和道路因素（路面不平度等级、路基冻结层融化深度和路基刚度）对轮胎接地压力、轮胎接地压力放大倍数（即轮胎接地动荷载峰值/轮胎接地静荷载）、基层顶面压应力、路面动位移峰值和路面动位移平均值的影响。

9.4.1　行车因素

9.4.1.1　汽车类型

调查表明[308]，我国高速公路上常见的重载汽车为双轴重载汽车、三轴重载汽车、四轴重载汽车、五轴重载汽车和六轴重载汽车，其分别对应的轴型依次为 1+2 型、1+5 型、1+1+5 型、1+2+7 型和 1+5+7 型。当后桥单轴轴重为 100kN、以 60km/h 的速度匀速行驶在 A 级路面上时，图 9-21（a）为重载汽车类型与轮胎接地压力的关系。可见，双轴汽车、三轴汽车、四轴汽车和六轴汽车轮胎接地压力相差不大，而五轴汽车（轴型为 1+2+7 型）产生的轮胎接地压力相对其他轴型汽车较大；然而，5 种类型重载汽车中，五轴汽车对应的轮胎接地压力放大倍数最小，但整体上轮胎接地压力放大倍数均大于 1，也就是说在汽车行驶过程中，轮胎接地压力大于车体质量分配在各轮胎上的静荷载。图 9-21（b）为汽车类型与路面动位移的关系；五轴重载汽车产生的路面动位移平均值较其他轴数汽车大，整体上各轴型重载汽车产生的路面动位移平均值约为路面动位移峰值的 1/4。

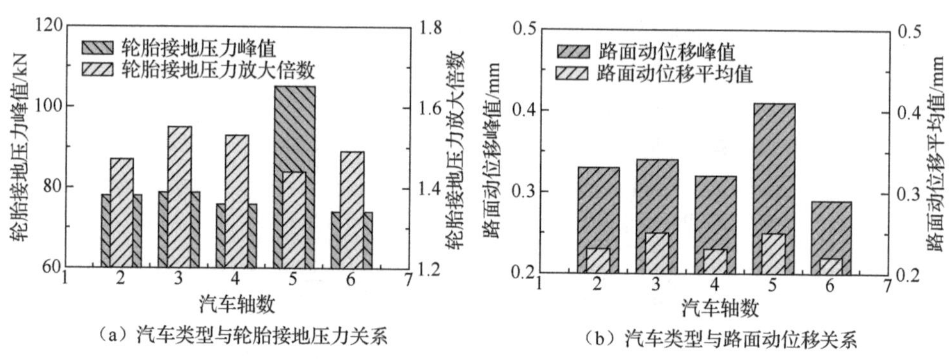

（a）汽车类型与轮胎接地压力关系　　（b）汽车类型与路面动位移关系

图 9-21　汽车类型对轮胎接地压力和路面动位移的影响

不同类型重载汽车在基层顶面产生的动压应力时程曲线和频谱曲线如图 9-22 所示。可以看出，重载汽车各轴作用下的基层顶面动应力峰值不同，而且随着轴数的增加，动应力的频率成分逐渐变得复杂。

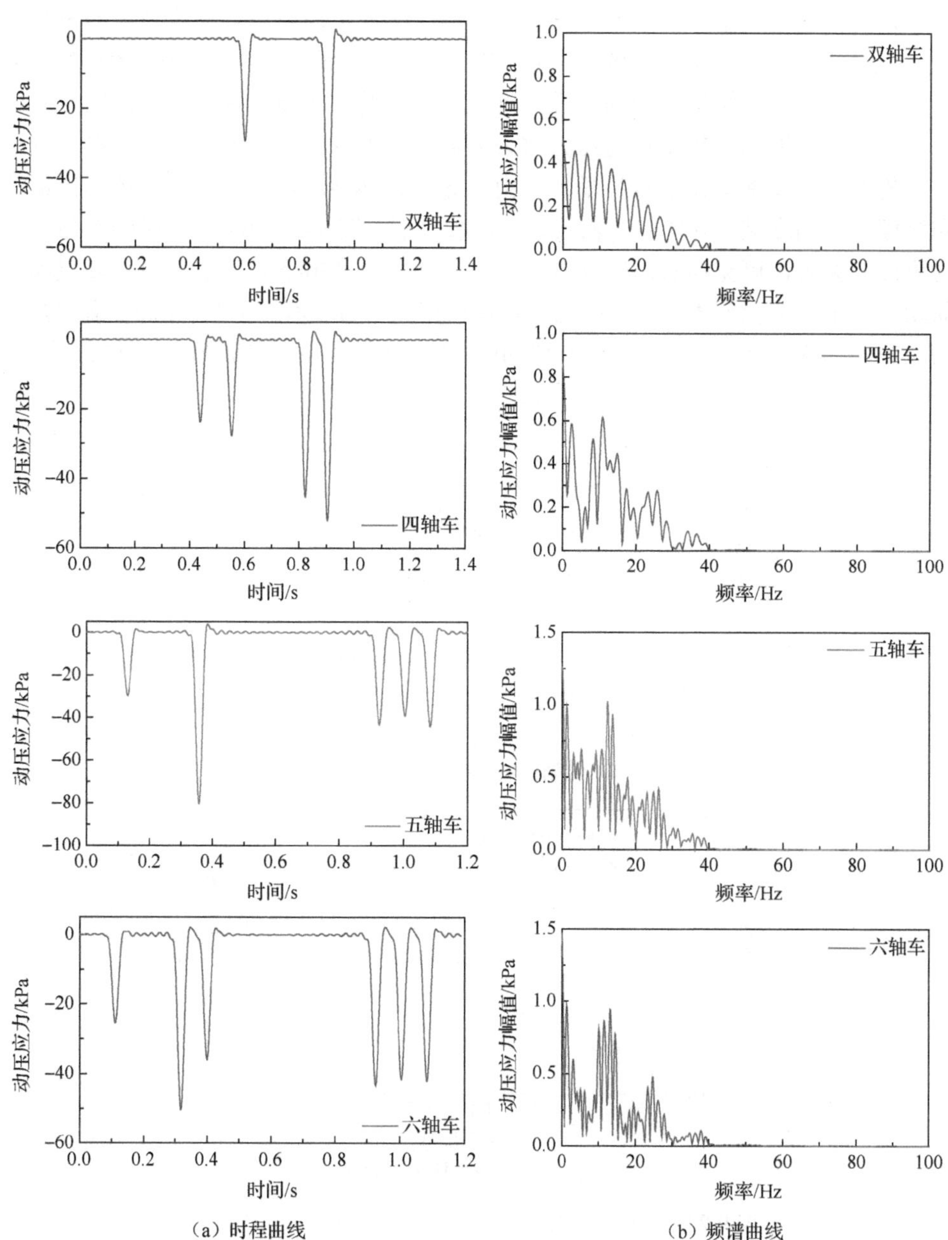

（a）时程曲线　（b）频谱曲线

图9-22　不同类型汽车在基层顶面产生的动压应力时程曲线和频谱曲线

9.4.1.2　后轴轴重

以三轴重载汽车（轴型为 1+5 型）为例，研究了后桥单轴轴重分别为 50kN、100kN、150kN、200kN 和 250kN 下轮胎接地压力和路面动位移的影响。图 9-23（a）为后轴轴重与轮胎接地压力的关系，可以看出，随着轴重成倍增加，轮胎接地压力峰值呈线性增加，轮胎接地压力放大倍数先增加后逐渐降低，其原因在于汽车轴重的增加意味着车体质量的增加，由此导致车体转动惯量增加，车体仰俯运动和侧倾运动幅度减小，使得车轮接地动荷载降低。图 9-23（b）为后轴轴重与路面动位移的关系，可见随着后轴轴重由 50kN 增加至 250kN，路面动位移峰值和路面动位移平均值相差不大，路面动位移峰值由 0.16mm 增加至 0.71mm，增加幅度为 3.4 倍；路面动位移平均值由 0.12mm 增加至 0.55mm，增加幅度可达 3.6 倍。

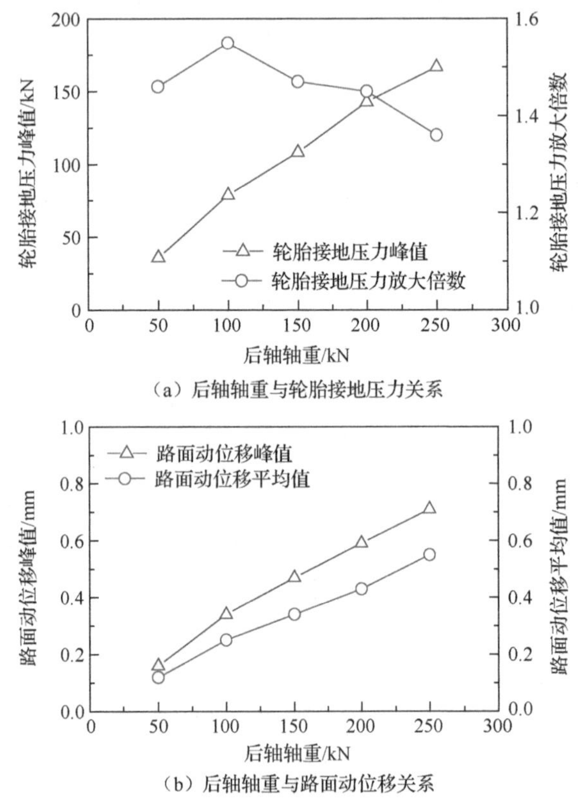

（a）后轴轴重与轮胎接地压力关系

（b）后轴轴重与路面动位移关系

图 9-23　后轴轴重对轮胎接地压力和路面动位移的影响

9.4.1.3　行车速度

以三轴重载汽车（轴型为 1+5 型）为例，研究了行车速度分别为 5km/h、20km/h、40km/h、60km/h、80km/h 和 100km/h 时对轮胎接地压力和路面动位移的影响。

图 9-24（a）为行车速度与轮胎接地压力的关系。可以看出，行车速度对轮胎接地压力影响较为复杂，随着行车速度的增加，轮胎接地压力有增加趋势，速度从 5km/h 增加至 100km/h 时，轮胎接地压力峰值增加 20%；轮胎接地压力放大倍数由 1.37 增加至 1.65，可见汽车行驶过程中产生的轮胎接地压力大于静止轮胎接地压力。图 9-24（b）为行车速度与路面动位移的关系。可以看出，随着行车速度从 5km/h 增加至 100km/h 时，路面动位移峰值由 0.28mm 增加至 0.36mm，增幅为 28.6%；而路面动位移平均值变化趋势不明显。究其原因主要在于，随着行车速度的增加，汽车轮胎对路面的冲击作用增加，轮胎接地瞬时压力增大，使得路面动位移峰值呈现增加的现象。

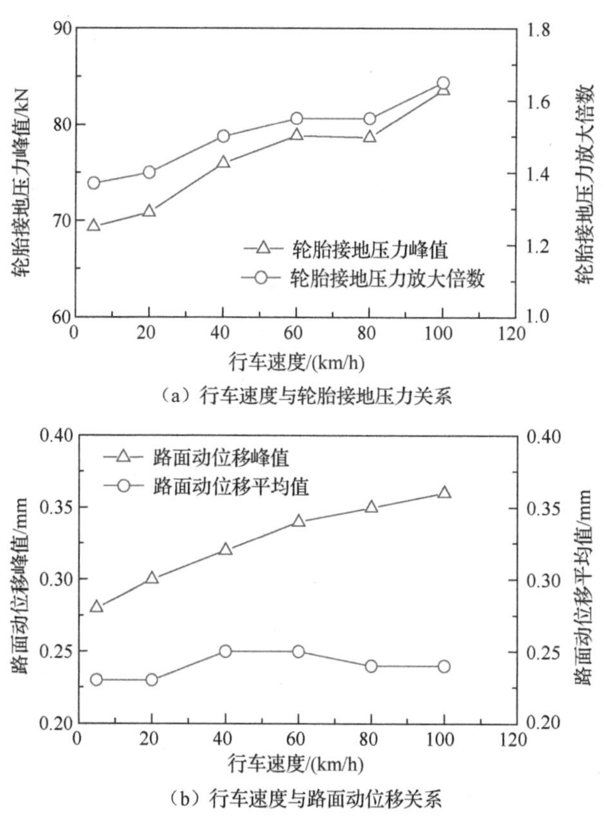

（a）行车速度与轮胎接地压力关系

（b）行车速度与路面动位移关系

图 9-24　行车速度对轮胎接地压力和路面动位移的影响

不同行车速度下重载汽车在基层顶面产生的动压应力时程曲线和频谱曲线如图 9-25 所示。可以看出，随着行车速度的增加，同一点处的动压应力时程曲线波形不尽相同，基层顶面动压应力峰值呈增加趋势；而且，行车速度由 5km/h 增加至 100km/h，动压应力的频带宽度由 0～4Hz 增加为 0～60Hz，主要原因在于，行车速度增加，单位时间内汽车各轮胎对路面的冲击次数增加。

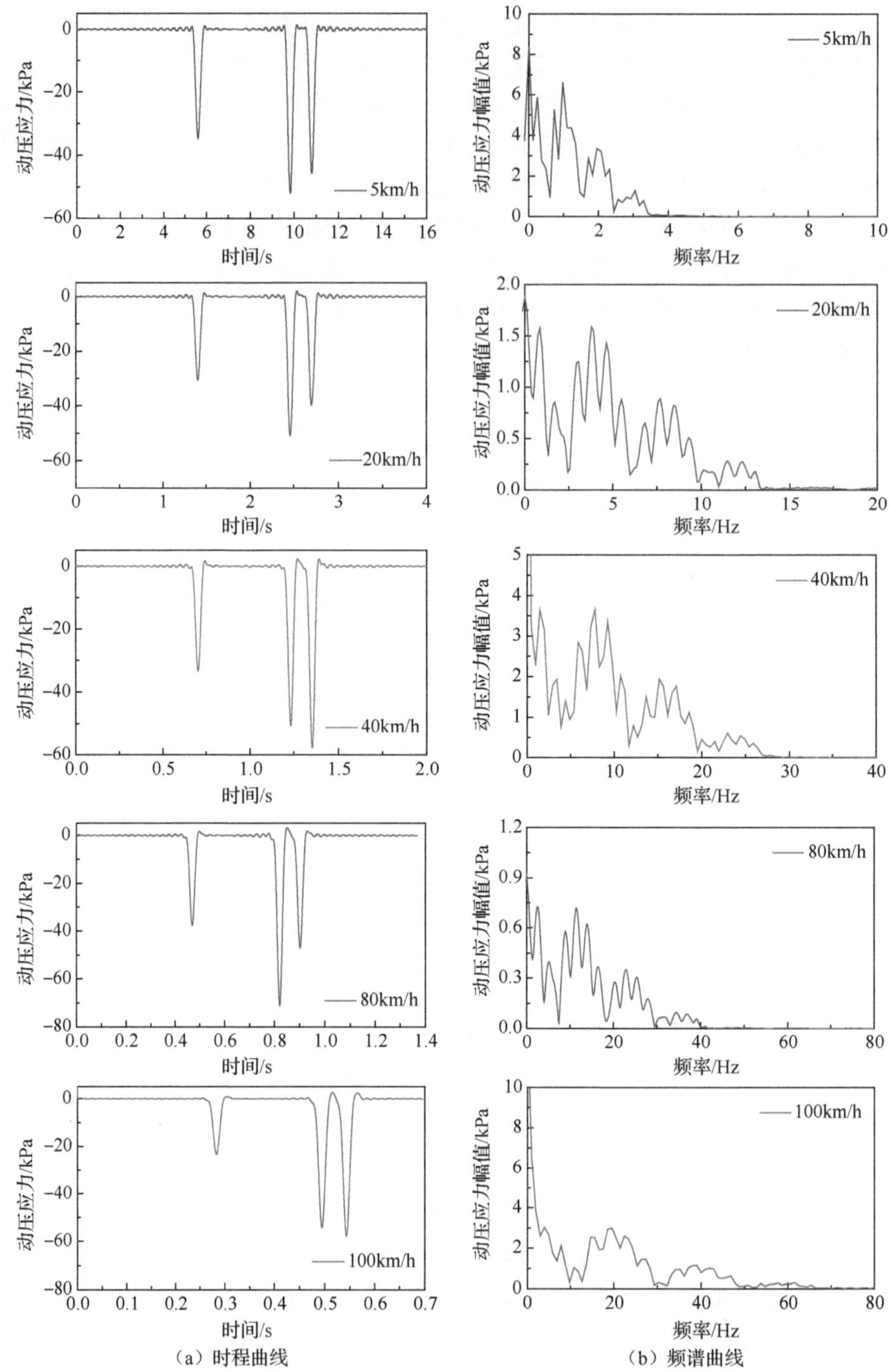

（a）时程曲线　（b）频谱曲线

图 9-25　不同行车速度下基层顶面动压应力时程曲线和频谱曲线

9.4.2 道路因素

9.4.2.1 路面不平度等级

随着高等级公路使用年限的增加，汽车荷载和季节性温度、湿度等因素的循环作用使得的路面平整度降低。参照我国规范[310]，取路面不平度系数为 $16\times10^{-6}m^3$、$64\times10^{-6}m^3$、$256\times10^{-6}m^3$ 和 $1024\times10^{-6}m^3$，分别对应 A、B、C 和 D 级路面的不平度。图 9-26（a）为路面不平度等级与轮胎接地压力的关系，可以看出，路面不平度等级对轮胎接地压力的影响非常显著，随着路面不平度等级的降低，重载汽车轮胎接地压力峰值呈指数非线性增加，轮胎接地压力放大倍数可增加至 A 级路面时的 2 倍有余。图 9-26（b）为路面不平度等级与路面动位移的关系，随着路面不平度等级的降低，路面动位移平均值约为路面动位移峰值的一半，路面动位移峰值非线性显著增加，其幅值由 0.34mm 增加至 0.76mm，增幅最低可达 2.0 倍；路面动位移平均值由 0.25mm 增加至 0.43mm，增幅最低可达 72%。

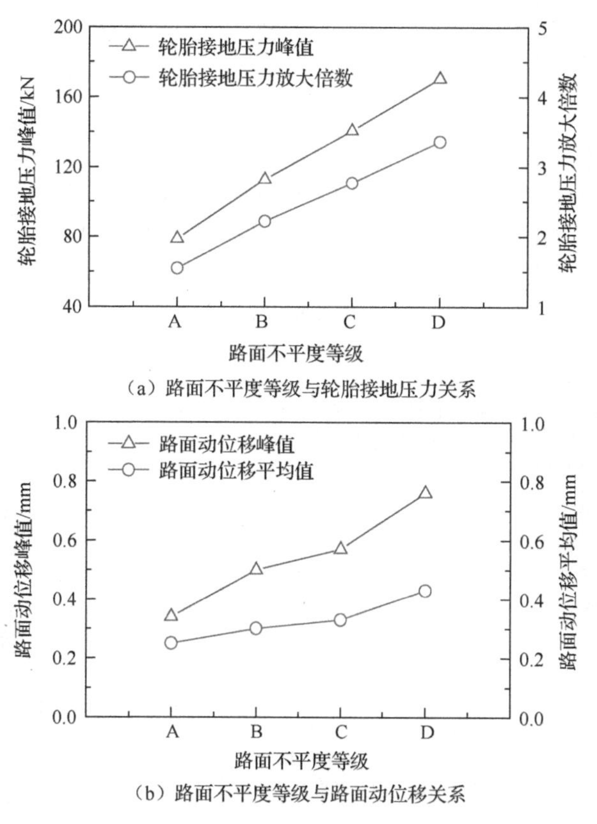

（a）路面不平度等级与轮胎接地压力关系

（b）路面不平度等级与路面动位移关系

图 9-26　路面不平度等级对轮胎接地压力和路面动位移的影响

9.4.2.2　路基冻结层融化厚度

在春融期，随着环境温度的逐渐升高，路基季节冻结层开始融化，将路基冻融深度以内的土体分为融化层和冻结层，并假定路基为均匀冻结和均匀融化。图 9-27（a）为路基融化厚度与轮胎接地压力峰值和基层顶面压应力峰值的关系。可以看出，随着路基冻结部分的融化厚度增加，轮胎接地压力峰值变化不大，而基层顶面压应力峰值有降低趋势；与冻结状态（融化深度为 0）相比，路基完全融化时基层顶面压应力峰值由 87kPa 降低至 83kPa，降幅为 4.5%。图 9-27（b）为路基融化厚度与路面动位移的关系。随着融化厚度的增加，路面动位移显著增加，与冻结状态相比，路基完全融化时路面动位移峰值由 0.31mm 增加至 0.58mm，路面动位移平均值由 0.23mm 增加至 0.42mm，增幅分别为 87%和 83%。主要原因在于，冻结路基融化后，新形成的路基融化层模量相对降低，也即刚度降低，因此路面变形增加。

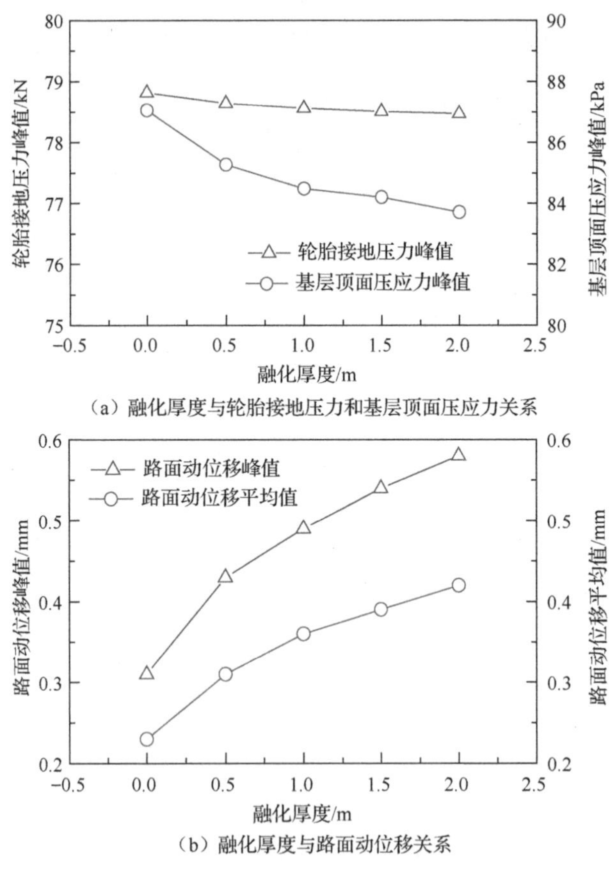

（a）融化厚度与轮胎接地压力和基层顶面压应力关系

（b）融化厚度与路面动位移关系

图 9-27　融化厚度对轮胎接地压力、基层顶面压应力和对路面动位移的影响

9.4.2.3　路基刚度

图 9-28（a）为路基刚度与轮胎接地压力峰值和基层顶面压应力峰值的关系。图中可以看出，随着路基刚度的增加，轮胎接地压力峰值微弱增加；基层顶面压应力峰值线性增加，由 78kPa 增加至 82.3kPa，增幅为 5.5%。图 9-28（b）为路基刚度与路面动位移的关系。路基刚度由 10MPa/m 增加至 130MPa/m，路面动位移峰值由 0.51mm 降低至 0.20mm，降幅达 60.8%；路面动位移平均值由 0.37mm 降低至 0.15mm，降幅达 59.5%。

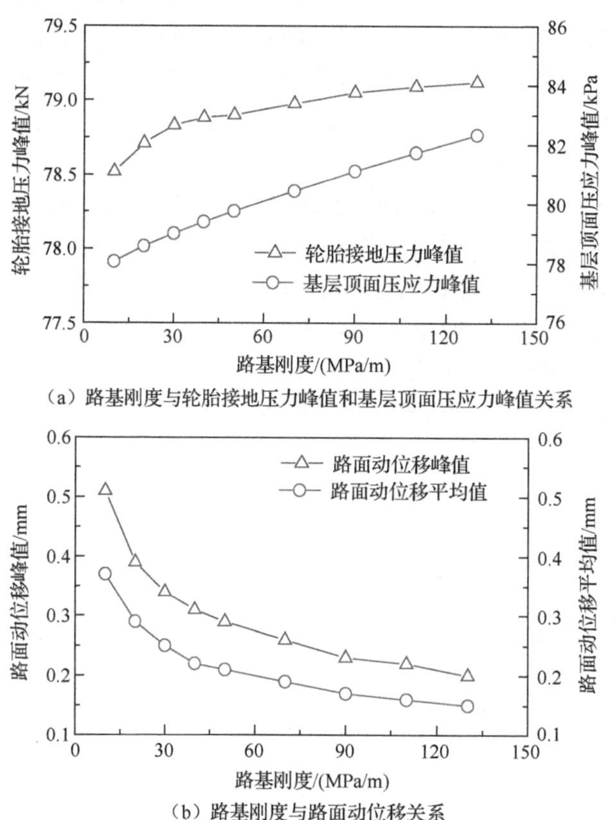

（a）路基刚度与轮胎接地压力峰值和基层顶面压应力峰值关系

（b）路基刚度与路面动位移关系

图 9-28　路基刚度对轮胎接地压力、基层顶面压应力和路面动位移的影响

9.5　小　　结

基于 Fortran 语言开发了寒区重载汽车-路面-路基动力分析计算程序 DATPS，定量研究了行车因素（汽车类型、后轴轴重和行车速度）和道路因素（路面不平

度等级、路基冻结层融化深度和路基刚度）等因素对轮胎接地压力和路面动位移的影响，主要认识如下。

（1）基于已有的实测结果和数值计算结果，验证了计算程序 DATPS 在计算路面动应变、动应力和动位移响应的可靠性。

（2）五轴汽车（轴型为 1+2+7 型）产生的轮胎接地压力相对其他轴型车的较大；在基层顶面，各种重载汽车各轴产生与其对应的动应力峰值，而且随着轴数的增加，动应力的频率成分逐渐变得复杂。随着后轴轴重的增加，轮胎接地压力峰值和路面动位移峰值呈线性增加，轮胎接地压力的放大倍数先增加后逐渐降低。随着行车速度增加，轮胎接地压力峰值和路面动位移峰值增加，路面动位移平均值变化不明显，而且同一点处的动压应力时程曲线波形不尽相同，基层顶面动压应力峰值呈增加趋势。行车速度由 5km/h 增加至 100km/h，动压应力的频带宽度由 0～4Hz 增加为 0～60Hz。

（3）路面不平度等级由 A 级降为 D 级，轮胎接地压力放大倍数可增加至 A 级路面时的 2 倍有余。路面动位移峰值由 0.25mm 增加至 0.43mm，增幅最低可达 72%。路基季节冻结层的融化厚度对轮胎接地压力峰值影响甚微，随着融化厚度的增加，基层顶面压应力峰值减小，路面动位移峰值迅速增加。路基刚度由 10MPa/m 增加至 130MPa/m，轮胎接地压力峰值有较小幅度的增加，基层顶面压应力峰值增加 5.5%，路面动位移降低幅度为 59.5%。

第 10 章　交通荷载作用下寒区路基性能动态演化数值模型

路基作为路面结构的基础，承受着由上部传递下来的重复移动交通荷载作用。特别是在季节性冻土地区，一般路基修筑完成之后，其内部含水率并不维持在修筑时候的最优含水率状态，而是在冬季温度大幅降低的影响下朝路基浅层迁移，同时也伴随着雨雪入渗作用；而且，水分在迁移和积聚过程中遇到负温而冻结成冰，所释放的潜热反过来影响温度分布。因此，季节性冻土地区路基经历着循环的水、热、动力三相耦合作用。

本章首先构建了水-热-动力耦合有限元模型及其求解思路，并利用非饱和路基土水分迁移室内试验验证了水-热耦合模型的合理性，利用路基动压应力现场实测数据验证了路基-路面动力响应模型的模拟能力，从而完成对水-热-动力耦合模型的全面验证。相关研究成果为下一章研究路基温度场和水分场的长期演化规律奠定基础。

10.1　寒区路基水-热-动力耦合有限元模型

寒区水、热耦合作用和交通荷载作用是同步发生的物理力学过程。然而，在计算过程中，道路的水-热耦合过程通常需要以分钟或小时、天为计算单位，交通荷载的作用时间则是以毫秒等为计算单位。基于此，当研究汽车荷载作用下寒区路基动力响应时，可采用如图 10-1 所示计算过程：路基水-热-动力耦合模型由水-热耦合模型和路基-路面动力响应模型组成，即水-热耦合与动力响应分析构成顺序耦合关系，也就是说通过建立道路路基的水-热耦合模型，获取某一时刻的水-热分布状况，进而计算特定时刻下路基的动力响应。这种耦合算法不仅能够合理地描述寒区路基动力响应随季节的变化规律，而且能够节省大量计算成本。

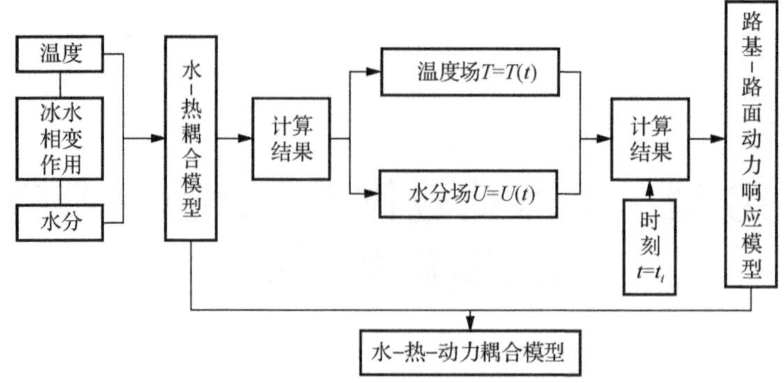

图 10-1　寒区路基水-热-动力耦合有限元模型的构成

10.1.1　水-热耦合模型

10.1.1.1　模型假设

通常，在不计水、热相互影响的情况下，水-热耦合问题可先求解水分运动方程，在此基础上再求解热流迁移方程。然而，对于寒区的路基土而言，由温度差引起的水分重分布现象是造成路基局部水分聚集乃至产生冻胀问题的关键原因，因此水-热相互影响是不可忽略的。对待这类问题，除了上述两种运动的基本方程之外，还需要补充一个联系方程，才可对路基土的水-热耦合问题进行求解。本研究水-热耦合模型是基于如下假设建立的。

（1）水分以液态水的形式发生迁移，并服从达西渗流定律。

（2）不考虑气态水及其与液态水之间的转化。

（3）不考虑盐分、矿物离子对水分迁移的影响。

（4）将路基土视为各向同性体，因此其热传导参数也是各向同性的。

（5）忽略冻融过程中发生的热胀冷缩现象对各组分的影响。

（6）假设土颗粒、液态水、冰均不可压缩。

10.1.1.2　水分运动方程

假设冻融循环过程中非饱和土体由土颗粒、未冻水和冰等三相物质组成，在土体内部取一个微分单元作为研究对象，如图 10-2 所示。设沿着 x、y、z 轴方向的液态水分通量依次为 q_x、q_y 和 q_z，液态水的密度为 ρ_w。由于冰为固体不发生流动，单元体在渗流时间Δt 内水分的质量变化量 Δm_1 为

$$\Delta m_1=\left(\frac{\partial q_x}{\partial x}+\frac{\partial q_y}{\partial y}+\frac{\partial q_z}{\partial z}\right)\rho_w\Delta x\Delta y\Delta z\Delta t \tag{10-1}$$

以未冻水和冰作为研究对象。假设土单元内部未冻水的体积含量为 θ_u (%)，

冰的体积含量为 θ_{i} (%)。冰的密度为 ρ_{i}。单元内部水分质量由未冻水和冰组成，其中液态水质量为 $\rho_{\mathrm{w}}\theta_{\mathrm{u}}\Delta x\Delta y\Delta z$，冰的质量为 $\rho_{\mathrm{i}}\theta_{\mathrm{i}}\Delta x\Delta y\Delta z$。假设冻结过程中土颗粒骨架不变，即 Δx、Δy、Δz 不随时间改变，因此土单元中只有水分含量是时间 t 的函数。在渗流时间 Δt 内单元体内部水分质量的变化量 Δm_2 为

$$\Delta m_2 = \frac{\partial\left(\rho_{\mathrm{w}}\theta_{\mathrm{u}} + \rho_{\mathrm{i}}\theta_{\mathrm{i}}\right)}{\partial t}\Delta x\Delta y\Delta z\Delta t \tag{10-2}$$

根据质量守恒定律，式（10-1）和式（10-2）相等，即

$$\frac{\partial\theta_{\mathrm{u}}}{\partial t} + \frac{\rho_{\mathrm{i}}}{\rho_{\mathrm{w}}}\frac{\partial\theta_{\mathrm{i}}}{\partial t} = \frac{\partial q_x}{\partial x} + \frac{\partial q_y}{\partial y} + \frac{\partial q_z}{\partial z} \tag{10-3}$$

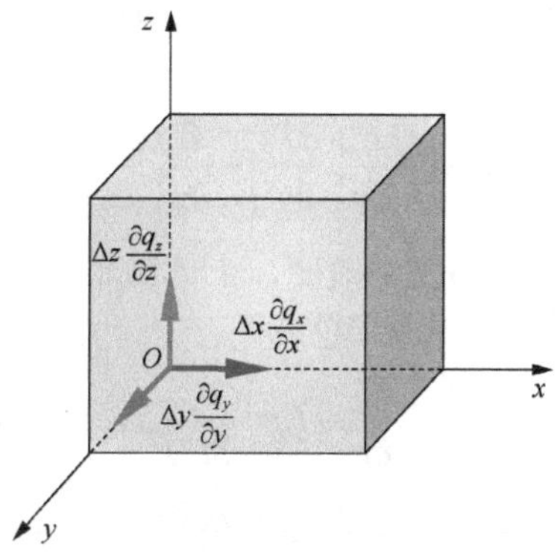

图 10-2　考虑水分的土体微分单元示意图

求解式（10-3）需要知道等式右边液态水通量 q_x、q_y 和 q_z 的表达式。假设土体为各向同性，在 x、y、z 轴方向的渗透系数相等。对于非饱和状态的土体，总水势 φ 包括基质势 φ_{m} 和重力势 φ_{g}。单位质量土体对应的总水势为 $\varphi=\varphi_{\mathrm{m}}+z$，其中 z 为土体沿 z 轴正向上的高度。根据非饱和土的达西定律，得

$$\begin{cases} q_x = -k\left(\theta_{\mathrm{u}}\right)\dfrac{\partial\varphi}{\partial x} \\ q_y = -k\left(\theta_{\mathrm{u}}\right)\dfrac{\partial\varphi}{\partial y} \\ q_z = -k\left(\theta_{\mathrm{u}}\right)\dfrac{\partial\varphi}{\partial z} \end{cases} \tag{10-4}$$

式中，$k\left(\theta_{\mathrm{u}}\right)$ 为各向同性渗透系数，$\mathrm{m\cdot s^{-1}}$，是未冻水体积含量 θ_{u} (%)的函数。

将式（10-4）代入式（10-3）得到水分运动方程为

$$\frac{\partial\theta_{\mathrm{u}}}{\partial t} + \frac{\rho_{\mathrm{i}}}{\rho_{\mathrm{w}}}\frac{\partial\theta_{\mathrm{i}}}{\partial t} + \frac{\partial}{\partial x}\left[k\left(\theta_{\mathrm{u}}\right)\frac{\partial\varphi_{\mathrm{m}}}{\partial x}\right] + \frac{\partial}{\partial y}\left[k\left(\theta_{\mathrm{u}}\right)\frac{\partial\varphi_{\mathrm{m}}}{\partial y}\right] + \frac{\partial}{\partial z}\left[k\left(\theta_{\mathrm{u}}\right)\frac{\partial\varphi_{\mathrm{m}}}{\partial z}\right] + \frac{\partial k\left(\theta_{\mathrm{u}}\right)}{\partial z} = 0$$

（10-5）

10.1.1.3　热流迁移方程

在季节性冻土区，路基内部一定深度处土体的温度在大气温度上边界及深部土体温度下边界的共同影响下发生波动。为了简化计算，认为传入到土体单元中的热量全部用来影响土体发生温度变化及水冰发生相变。假设热流通量为 h（$\mathrm{J\cdot m^{-2}\cdot s^{-1}}$），则单位时间$\Delta t$ 内传入到土体单元中的热量ΔQ为

$$\Delta Q=\left(\frac{\partial h_x}{\partial x}+\frac{\partial h_y}{\partial y}+\frac{\partial h_z}{\partial z}\right)\Delta x\Delta y\Delta z\Delta t \tag{10-6}$$

根据傅里叶定律，热流通量 h 为温度 T 及热传导系数 λ（$\mathrm{W\cdot m^{-1}\cdot K^{-1}}$）的函数。假设土体为各向同性，则在 x、y、z 轴方向上的热传导系数相等。利用傅里叶定律将式（10-6）展开为

$$\Delta Q=\left[\frac{\partial}{\partial x}\left(\frac{\partial T}{\partial x}\right)+\frac{\partial}{\partial y}\left(\frac{\partial T}{\partial y}\right)+\frac{\partial}{\partial z}\left(\frac{\partial T}{\partial z}\right)\right]\lambda\Delta x\Delta y\Delta z\Delta t \tag{10-7}$$

假定Δx、Δy、Δz不随时间发生改变，土体微单元热量变化是时间 t 的函数，单位时间Δt 内微元体的热量变化量ΔQ为

$$\Delta Q=\left(C\frac{\partial T}{\partial t}-L\rho_{\mathrm{i}}\frac{\partial\theta_{\mathrm{i}}}{\partial t}\right)\Delta x\Delta y\Delta z\Delta t \tag{10-8}$$

式中，C 为土体比热容，$\mathrm{J\cdot kg^{-1}\cdot K^{-1}}$；$L$ 为冰水相变潜热，$\mathrm{J\cdot kg^{-1}}$。

为了简化计算，假设引起土体内部温度变化及水冰相变的热量均来源于传入到土体的热量，则式（10-7）和式（10-8）相等，得到热流迁移方程为

$$C\frac{\partial T}{\partial t}-L\rho_{\mathrm{i}}\frac{\partial\theta_{\mathrm{i}}}{\partial t}=\lambda\left[\frac{\partial}{\partial x}\left(\frac{\partial T}{\partial x}\right)+\frac{\partial}{\partial y}\left(\frac{\partial T}{\partial y}\right)+\frac{\partial}{\partial z}\left(\frac{\partial T}{\partial z}\right)\right] \tag{10-9}$$

10.1.1.4　补充方程

分析水分运动方程和热流迁移方程可知，两个方程存在 θ_{u}、θ_{i}和 T 等 3 个未知量，需要知道 3 个未知量之间的关系才求解方程组。在徐敩祖模型[323]的基础上，将冰的体积含量 θ_{i}与温度 T 的关系用式（10-10）的函数表示，即

$$\theta_{\mathrm{i}}=\theta_0-a(|T|)^b \tag{10-10}$$

式中，θ_0为土体初始体积含水率；$a(|T|)^b$ 为未冻水含量，a、b 为拟合参数，取值可通过拟合试验数据得到。

模拟水–热耦合问题的本质是求解式（10-5）、式（10-9）和式（10-10）组成的偏微分方程组。方程组中的未知量包括材料参数和过程变量两类。其中前者包括水的密度 ρ_{w}、冰的密度 ρ_{i}、冰的相变潜热 L 等；后者包括基质吸力 $\varphi_{\mathrm{m}}(\theta_{\mathrm{u}})$、渗透系数 $k(\theta_{\mathrm{u}})$、冰的体积含量 θ_{i}、土体的比热容 C 及热传导系数 λ 等。分别选用范

德朗奇（van Genuchten）基质吸力模型[324]、加德纳（Gardner）渗透系数模型[325]来求解 $\varphi_{\mathrm{m}}(\theta_{\mathrm{u}})$和 $k(\theta_{\mathrm{u}})$：

$$\begin{cases} \varphi_{\mathrm{m}}=\dfrac{\left(S_{\mathrm{r}}^{-1/m}-1\right)^{1-m}}{a_0} \\ k(\theta_{\mathrm{u}})=k_{\mathrm{s}}S_{\mathrm{r}}^{0.5}\left[1-\left(1-S_{\mathrm{r}}^{1/m}\right)^{m}\right]^{2}\times 10^{-\omega\theta_{\mathrm{i}}} \end{cases} \tag{10-11}$$

式中，$S_{\mathrm{r}}=(\theta_{\mathrm{u}}-\theta_{\mathrm{n}})/(\theta_{\mathrm{m}}-\theta_{\mathrm{n}})$，$\theta_{\mathrm{m}}$为土体的饱和体积含水率，$\theta_{\mathrm{n}}$为土体残余体积含水率；$a_0$、$m$ 是与基质吸力有关的模型参数；k_{s}为土体饱和状态下的渗透系数；ω 为阻抗系数，表征冰对水分迁移的阻抗作用。

土体的比热容 C 及热传导系数 λ 在冻结和融化过程中根据冰水含量的变化而动态变化。C 的表达式为

$$C=\rho_{\mathrm{d}}\left(C_{\mathrm{s}}+\frac{\rho_{\mathrm{w}}}{\rho_{\mathrm{d}}}\theta_{\mathrm{u}}C_{\mathrm{w}}+\frac{\rho_{\mathrm{i}}}{\rho_{\mathrm{d}}}\theta_{\mathrm{i}}C_{\mathrm{i}}\right) \tag{10-12}$$

式中，ρ_{d}、ρ_{w}和ρ_{i}分别为土颗粒、液态水和冰的密度；C_{s}、C_{w}和 C_{i}分别为土颗粒、液态水和冰的比热容。

由于冻结和融化过程中土颗粒的比热容明显不同，因此 C_{s}的表达式为

$$C_{\mathrm{s}}=C_{\mathrm{sf}}+\left(C_{\mathrm{su}}-C_{\mathrm{sf}}\right)H\left(T\right) \tag{10-13}$$

式中，C_{sf} 为冻结状态下土颗粒的比热容；C_{su} 为融化状态下土颗粒的比热容；H（T）是与温度 T 有关的阶跃函数。

与此同时，土体的热传导系数 λ 为

$$\lambda=\lambda_{\mathrm{s}}^{\theta_{\mathrm{s}}}\cdot\lambda_{\mathrm{w}}^{\theta_{\mathrm{u}}}\cdot\lambda_{\mathrm{i}}^{\theta_{\mathrm{i}}} \tag{10-14}$$

式中，λ_{s}、λ_{w}和λ_{i}分别为土颗粒、液态水和冰的导热系数。

10.1.1.5　边界条件确定

1）温度边界条件确定

一般而言，模拟道路的短时（以小时、天计）温度场采用第二、第三类温度边界条件能够获取较为精确的数值解，因为可以通过实测的方法较为方便地获取研究区内的太阳辐射、大气温度、风速、蒸发量等数据信息。但对于预测未来数年、数十年内道路的长期温度场而言，采用实测的方法确定温度边界条件一方面会消耗大量的研究成本，另一方面，太阳辐射、大气温度、风速及蒸发量等环境因素的日变化量具有很强的突发性，使得通过实测的数据来预测未来数十年内的温度边界条件变得困难。朱林楠[326]利用附面层理论解决了这一难题，如图 10-3 所示。由于路面结构的吸热效应，使得路面附近存在一个温度大于 A 区和 C 区的区域 B，该区域称为附面层，其厚度由上附面层 B_1 和下附面层 B_2 组成。根据附

面层理论，路面表面的平均温度等于下附面层底面的平均温度加上一个温度增量。因此，将下附面层底面的温度波动方程加上温度增量即可作为路面的温度边界条件。

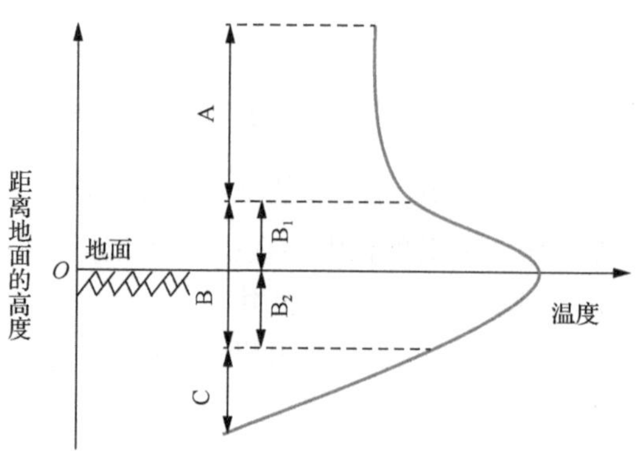

图 10-3　附面层原理示意图[326]

温度增量与路面结构特性有关。根据朱林楠[326]的研究，沥青混凝土路面的下附面层的温度增量为 5.6℃。考虑全球气候变暖的影响，道路系统顶面的中长期温度边界条件通式为

$$T(t)=T_0+A_1\sin\left(\frac{2\pi}{12}t+\varphi_0\right)+\frac{0.024}{12}t \tag{10-15}$$

式中，t 为时间；T_0 为附面层底面的年平均地温；A_1 为温度波动振幅；φ_0 为初始相位；0.024 为气候变化引起的年平均气温增量。

2）含水率边界条件确定

一些研究者为简化计算，将路基的含水率上边界设置为零通量、自由边界或者某一固定值。这种简化对于模拟室内试验或者短时（以小时、天计）水分场能够获得较为准确的数值解。但对于模拟路基的中长期水分场而言，这种简化由于忽视了水分的动态波动而显得不合理。含水率上边界的确定需要综合考虑降雨和降雪带来的水分补给与蒸发作用带走的水分含量之间的动态平衡。同时，路面和地面的渗透系数也决定着水分净入渗量的大小。根据查旭东等[327]和徐国元等[328]的研究结果，公路路基内部含水率随季节发生变化的规律可用正弦函数进行描述，其通式为

$$\omega=\omega_0+A_2\sin\frac{\pi}{6}(t-\varphi_0) \tag{10-16}$$

式中，ω_0 为路基一定深度内的平均体积含水率；A_2 为含水率的波动幅度，其值与关注的路基深度有关。深度越浅，A_2 的取值越大，表征着水分的波动幅度越大。

上述温度和含水率边界条件的确定方法对足尺的道路模型的长期水-热耦合模型适用。室内模型试验直接根据试验条件确定即可。

10.1.1.6　模型求解

利用 COMSOL Mutiphysics 有限元模拟软件中的 PDE 模块实现非饱和路基土水-热耦合问题的求解。该模块内置多种求解偏微分方程的标准形式，方便用户通过自定义的方式将微分方程组输入而完成数值求解。PDE 模块在计算过程中可动态调用其他物理场的运算结果，其计算结果也可供其他物理场调用以实现多种物理场之间的相互耦合，这些操作均不需要进行复杂的算法编写及自定义编程。

现对微分方程组输入到 PDE 模块的方法做简要说明。在物理场添加系数形式的偏微分方程模块之后，首先需要设置待求解偏微分方程组中因变量的个数。本研究因变量为温度 T 和体积含水率 θ_1，因此因变量个数设置为 2，对应的偏微分方程组会自动生成为标准 2 阶形式，如式（10-17）所示：

$$\begin{cases} e_{\mathrm{a}}\dfrac{\partial^2 \boldsymbol{u}}{\partial t^2}+d_{\mathrm{a}}\dfrac{\partial \boldsymbol{u}}{\partial t}+\nabla\cdot\left(-c\nabla\boldsymbol{u}-\alpha\boldsymbol{u}+\gamma\right)+\beta\cdot\nabla\boldsymbol{u}+a\boldsymbol{u}=f \\ \boldsymbol{u}=\begin{bmatrix}T & \theta_1\end{bmatrix}^{\mathrm{T}} \\ \nabla=\begin{bmatrix}\dfrac{\partial}{\partial x} & \dfrac{\partial}{\partial y}\end{bmatrix} \end{cases} \tag{10-17}$$

式中，e_a 为质量系数；d_a 为阻尼系数；c 为扩散系数；α 为对流系数；β 为对流项；γ 为对流源项；a 为吸收项；f 为源项；∇为哈密顿算子。

利用式（10-17）中的 $\boldsymbol{u}=\begin{bmatrix}T & \theta_1\end{bmatrix}^{\mathrm{T}}$ 将第一个式子展开为

$$\begin{aligned} &\begin{pmatrix} e_{\mathrm{a}11} & e_{\mathrm{a}12} \\ e_{\mathrm{a}21} & e_{\mathrm{a}22} \end{pmatrix}\begin{pmatrix} \dfrac{\partial^2 T}{\partial t^2} \\ \dfrac{\partial^2 \theta_1}{\partial t^2} \end{pmatrix}+\begin{pmatrix} d_{\mathrm{a}11} & d_{\mathrm{a}12} \\ d_{\mathrm{a}21} & d_{\mathrm{a}22} \end{pmatrix}\begin{pmatrix} \dfrac{\partial T}{\partial t} \\ \dfrac{\partial \theta_1}{\partial t} \end{pmatrix} \\ &+\nabla\left[-\begin{pmatrix} c_{11} & c_{12} \\ c_{21} & c_{22} \end{pmatrix}\begin{pmatrix} \nabla T \\ \nabla\theta_1 \end{pmatrix}-\begin{pmatrix} \alpha_{11} & \alpha_{12} \\ \alpha_{21} & \alpha_{22} \end{pmatrix}\begin{pmatrix} T \\ \theta_1 \end{pmatrix}+\begin{pmatrix} \gamma_1 \\ \gamma_2 \end{pmatrix}\right] \\ &+\begin{pmatrix} \beta_{11} & \beta_{12} \\ \beta_{21} & \beta_{22} \end{pmatrix}\begin{pmatrix} \nabla T \\ \nabla\theta_1 \end{pmatrix}+\begin{pmatrix} a_{11} & a_{12} \\ a_{21} & a_{22} \end{pmatrix}\begin{pmatrix} T \\ \theta_1 \end{pmatrix}=\begin{pmatrix} f_1 \\ f_2 \end{pmatrix} \end{aligned} \tag{10-18}$$

利用式（10-17）中的哈密顿算子将水分运动方程和热流迁移方程组成的偏微分方程组缩写为

$$\begin{cases} \left(C-L\rho_{\mathrm{i}}\dfrac{\partial\theta_{\mathrm{i}}}{\partial T}\right)\dfrac{\partial T}{\partial t}+\nabla\left[-\lambda\nabla(T)\right]=0 \\ \dfrac{\partial\theta_1}{\partial t}+\dfrac{\rho_{\mathrm{i}}}{\rho_1}\dfrac{\partial\theta_{\mathrm{i}}}{\partial t}+\nabla\left[k(\theta_1)\dfrac{\partial\varphi_{\mathrm{m}}}{\partial\theta_1}\nabla(\theta_1)\right]+\dfrac{\partial k(\theta_1)}{\partial\theta_1}\nabla(\theta_1)=0 \end{cases} \tag{10-19}$$

将式（10-19）改写成 PDE 模块默认的 2 阶矩阵形式[式（10-20）]：

$$\begin{pmatrix} 0 & 0 \\ 0 & 0 \end{pmatrix}\begin{pmatrix} \dfrac{\partial^2 T}{\partial t^2} \\ \dfrac{\partial^2 \theta_1}{\partial t^2} \end{pmatrix}+\begin{pmatrix} C-L\rho_i\dfrac{\partial\theta_i}{\partial T} & 0 \\ \dfrac{\rho_i}{\rho_1}\dfrac{\partial\theta_i}{\partial T} & 1 \end{pmatrix}\begin{pmatrix} \dfrac{\partial T}{\partial t} \\ \dfrac{\partial\theta_1}{\partial t} \end{pmatrix}+\nabla\left[-\begin{pmatrix} \lambda & 0 \\ 0 & -k(\theta_1)\dfrac{\partial\varphi_m}{\partial\theta_1} \end{pmatrix}\begin{pmatrix} \nabla T \\ \nabla\theta_1 \end{pmatrix}-\begin{pmatrix} 0 & 0 \\ 0 & 0 \end{pmatrix}\begin{pmatrix} T \\ \theta_1 \end{pmatrix}+\begin{pmatrix} 0 \\ 0 \end{pmatrix}\right]$$

$$+\begin{pmatrix} 0 & 0 \\ 0 & \dfrac{\partial k(\theta_1)}{\partial\theta_1} \end{pmatrix}\begin{pmatrix} \nabla T \\ \nabla\theta_1 \end{pmatrix}+\begin{pmatrix} 0 & 0 \\ 0 & 0 \end{pmatrix}\begin{pmatrix} T \\ \theta_1 \end{pmatrix}=\begin{pmatrix} 0 \\ 0 \end{pmatrix} \tag{10-20}$$

对比式（10-18）和式（10-20）即可得到相应的可输入到 PDE 模块中的 2 阶系数矩阵。

10.1.2 路基-路面动力响应模型

10.1.2.1 模型假设

通常情况下，路基-路面动力作用是弹性、塑性、黏弹性、黏塑性等多种应力-应变关系共存的复杂过程。本研究采用黏弹性模型实现车辆荷载作用下路基-路面动力相互作用的模拟，主要基于如下假设：

（1）路基、路面材料均为均质、连续的各向同性体。

（2）路基、路面材料的阻尼属性为各向同性。

（3）路基、路面材料的刚度和阻尼均为常数。

（4）不考虑车轮与路面之间的摩擦。

10.1.2.2 *动力方程的建立*

将路基-面层材料假设为各向同性介质。根据虚功原理，施加给路面的动力荷载传递给基层和路基的动力过程可用如下方程描述：

$$[M]\{\ddot{u}(t)\}+[C]\{\dot{u}(t)\}+[K]\{u(t)\}=\{F(t)\} \tag{10-21}$$

式中，$[M]$、$[C]$和$[K]$分别为路基-路面系统的质量矩阵、阻尼矩阵和刚度矩阵；$\{\ddot{u}(t)\}$、$\{(\dot{u})t\}$和$\{u(t)\}$分别为系统的加速度、速度和位移向量。

对于路基-路面系统而言，由于其阻尼机理十分复杂，为了简化计算通常采用线性的黏性阻尼假设。瑞利阻尼是路基路面动力学中最常用的线性阻尼假设。该假设认为系统的阻尼与质量矩阵$[M]$和刚度矩阵$[K]$有关，具体表达式为

$$[C]=\alpha[M]+\beta[K] \tag{10-22}$$

式中，α、β为阻尼系数，其取值与系统的固有频率及阻尼比有关。

实际应用中常采用简化的取值方法：$\alpha=\lambda\omega$，$\beta=\lambda/\omega$。λ和ω分别为面层-基层-路基系统的阻尼比和固有频率。廖公云等[329]认为道路工程中常用的散体

材料（如黏土）固有频率为 8.2rad/s 左右；路面材料固有频率为 18.6rad/s。据此给出了不同阻尼比下道路工程中常用材料的α和β的取值，如表 10-1 所示。

表 10-1　道路材料的瑞利阻尼参数典型值[329]

项目	散体材料	路面材料	散体材料	路面材料	散体材料	路面材料	散体材料	路面材料
λ	0.02	0.02	0.05	0.05	0.10	0.10	0.15	0.15
α	0.16	0.37	0.41	0.93	0.82	1.86	1.23	2.79
β	0.0024	0.0011	0.0061	0.0027	0.0122	0.0054	0.0183	0.0081

10.1.2.3　*动力方程的求解*

时域逐步积分法是求解上述面层-基层-路基动力方程的有效积分方法，分为显式格式和隐式格式两种。由于隐式积分算法求解数目过多的数值模型时会带来很大的计算量，本研究采用计算量偏少的显式积分格式算法[330]求解上述面层-基层-路基动力方程。将式（10-21）写成增量形式为

$$\{F(t+\Delta t)\}+\{F(t)\}=[M](\{\ddot{u}(t+\Delta t)\}+\{\ddot{u}(t)\})+[C](\{\dot{u}(t+\Delta t)\}+\{\dot{u}(t)\})$$
$$+[K](\{u(t+\Delta t)\}+\{u(t)\}) \tag{10-23}$$

根据 Newmark 常数平均加速度法的基本假设，有

$$\begin{cases}\dfrac{\{\ddot{u}(t+\Delta t)\}+\{\ddot{u}(t)\}}{2}=\dfrac{\{\dot{u}(t+\Delta t)\}+\{\dot{u}(t)\}}{\Delta t}\\[2ex]\dfrac{\{\dot{u}(t+\Delta t)\}+\{\dot{u}(t)\}}{2}=\dfrac{\{u(t+\Delta t)\}+\{u(t)\}}{\Delta t}\end{cases} \tag{10-24}$$

将式（10-24）代入式（10-23）可得

$$\{\dot{u}(t+\Delta t)\}=\frac{1}{2}\Delta t[M]^{-1}\{F(t+\Delta t)\}-\left([M]^{-1}[C]+\frac{1}{2}\Delta t[M]^{-1}[K]\right)\{u(t)\}$$
$$-\left([M]^{-1}[C]+\frac{1}{2}\Delta t[M]^{-1}[K]\right)\{u(t+\Delta t)\}+\frac{1}{2}\Delta t[M]^{-1}\{F(t)\}-\{\dot{u}(t)\} \tag{10-25}$$

与此同时，利用中心差分法得到$\{(\dot{u})t\}$和$\{\ddot{u}(t)\}$的近似式为

$$\{\dot{u}(t)\}=\frac{1}{2\Delta t}(\{u(t+\Delta t)\}-\{u(t-\Delta t)\}) \tag{10-26}$$

$$\{\ddot{u}(t)\}=\frac{1}{\Delta t^2}(\{u(t+\Delta t)\}-2\{u(t)\}+\{u(t-\Delta t)\}) \tag{10-27}$$

联立式（10-26）和式（10-27）得到

$$\{\ddot{u}(t)\}=\frac{2}{\Delta t^2}\{u(t+\Delta t)\}-\frac{2}{\Delta t^2}\{u(t)\}-\frac{2}{\Delta t}\{\dot{u}(t)\} \tag{10-28}$$

将式（10-26）和式（10-28）代入式（10-21）得到

$$\left\{\dot{u}(t)\right\}=\left[B\right]^{-1}\left\{F(t)\right\}-\frac{2\left[B\right]^{-1}\left[M\right]}{\Delta t^{2}}\left\{u(t+\Delta t)\right\}+\left(\frac{2\left[B\right]^{-1}\left[M\right]}{\Delta t^{2}}-\left[B\right]^{-1}\left[K\right]\right)\left\{u(t)\right\} \tag{10-29}$$

式中，$[B]=[C]-2[M]/\Delta t$，是与$[C]$及$[M]$同阶的矩阵。

由式（10-25）和式（10-29）组成的方程组即为求解面层-基层-路基动力方程的 1 阶显式积分格式，利用式（10-28）还可以得到对应的 2 阶精度积分格式。在计算时采用逐步积分法以保证计算结果的收敛性。

10.1.2.4 黏性边界

利用数值方法进行面层-基层-路基动力分析时，数值模型的尺寸是有限的，而不是无限延伸的。因此需要通过设置一定的边界条件以模拟计算域边界上的能力损耗。黏性边界是一种较为实用的人工边界，其原理是通过在边界上设置黏性力元件来产生与运动速度成正比的黏性阻尼力以达到能力耗散的效果。当动力波传达至边界时，土体单元受到的阻尼力可分解为正应力和剪应力，对应的黏性系数分别记作黏性系数 C_σ和 C_τ。其中 C_σ可由 ρc_{p} 近似获取；C_τ 可由 ρc_τ 近似获取。ρ 为土体密度，c_{p} 和 c_τ 分别为路基现场实测的纵波波速和横波波速。

10.1.2.5 荷载条件

施加的动荷载为移动均布荷载，不考虑启动和刹车等情况。在 COMSOL Mutiphysics 仿真平台中通过控制方波随着时间的增长出现在不同的位置来实现匀速移动荷载的模拟。如图 10-4 所示定义一个名为 Pulse(x)的方波函数，其宽度为 PulseWidth（取为 25cm），变量 x 表示荷载出现的位置。设置一个名为 LoadX 的变量来指定移动荷载的位置，表达式为 LoadSpeed×t+PulseWidth，其中 LoadSpeed 为荷载的移动速度，PulseWidth 为移动荷载的起始位置。可以明显地发现，随着 t 的不断增长，LoadX 不断增大，表征荷载走过的位移随时间不断累积。由于时间 t 并不具备方向性，需要设置另外一个变量 BehindLoadX，使得荷载不断往前移动，其表达式为 x<LoadX。令 x<FirstLoadX 成立时返回值为“True”，否则为“0”，其中 FirstLoadX 为荷载初始位置。引入条件语句 if（BehindLoadX,-LoadIntensity*Pulse(x-LoadSpeed*t),0），以实现方波荷载随时间不断向前移动，LoadIntensity 为移动荷载的强度。

假设车辆前轮与后双轮的外侧轮在同一个行驶轨迹带上，则整车运动时需要设置 4 条轮迹带，车辆荷载移动时均布荷载的施加方式如图 10-5 所示。在调试程序过程中发现，严格控制方波荷载在每个时间增量步内只移动固定数量的单元格的办法能够得到较为理想的动力响应曲线。假设三维模型的长度和汽车的长度分别为 SubgradeLength 和 TruckLength，行车速度为 LoadSpeed，则荷载移动的总时间 LoadTime=(SubgradeLength+TruckLength)/LoadSpeed；与此同时，让每个网格沿车辆行驶方向的长度为 PulseWidth，则每个单元格对应的作用时间为 PulseWidth/LoadSpeed。假设荷载移动方向的网格总数目为 ElemNumber，为保证网格总数为整数，将 SubgradeLength 设置为 PulseWidth×ElemNumber 即可。为保证每个时间增量步内车辆荷载只移动固定数目的单元格，需要将瞬态求解的时间步进方法设置为“向后差分公式”，并将求解器采用的步长设置为“手动”，时间步为“PulseWidth/LoadSpeed”。因此，只需要使汽车的前轴和后双联轴移动的宽度 PulseWidth 保持一致，即可保证整个车辆荷载在每个时间增量步内只移动固定数目的单元格，从而实现对移动均布荷载的模拟。

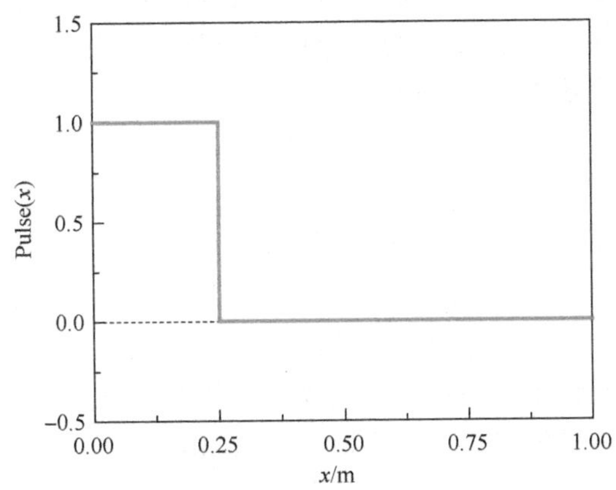

图 10-4　方波函数形式

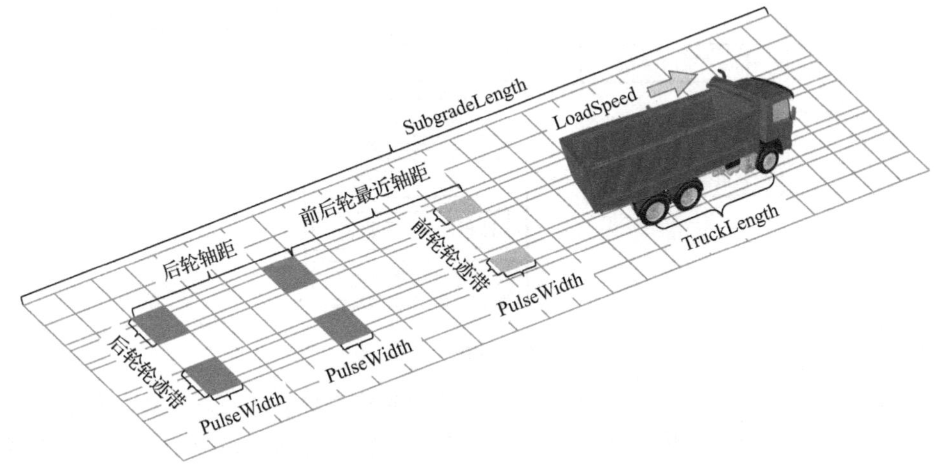

图 10-5　移动均布荷载的施加方式示意图

10.2　水-热耦合试验及模型验证

10.2.1　水-热耦合模型试验系统

室内模型试验能够较好地规避现场试验中偶然因素的影响，同时又能够对试验条件实现准确控制，是研究复杂工程条件下科学问题的有效手段。根据前文中的讨论，路基顶面往下 2m 范围内是水热相变活跃区。在该区域范围内，路基土受环境温度周期性波动的影响而发生着单向冻结、双向融化的冻融现象，受温度梯度、基质吸力及毛细作用的影响而存在着水分重分布现象，两种现象彼此影响、相互耦合是这一区域内的显著特征。因此，合理地监测水分和温度在时间和空间上的变化规律是研究此类水-热耦合问题的核心要点。利用课题组研制的非饱和路基土冻融循环试验系统[331]开展试验。

10.2.1.1　整体设计

试验系统分为 3 个部分，试验仓、控制子系统、数据采集子系统。试验仓是试验的主体部分，整个冻融试验过程在试验仓中进行；控制子系统用于控制试验条件，模拟路基所处的环境情况，包括温度控制装置、上端加压装置和补水控制装置；数据采集子系统用于采集试验过程中的数据，包括温度采集装置、体积含水率采集装置和位移采集装置。试验系统如图 10-6 所示。

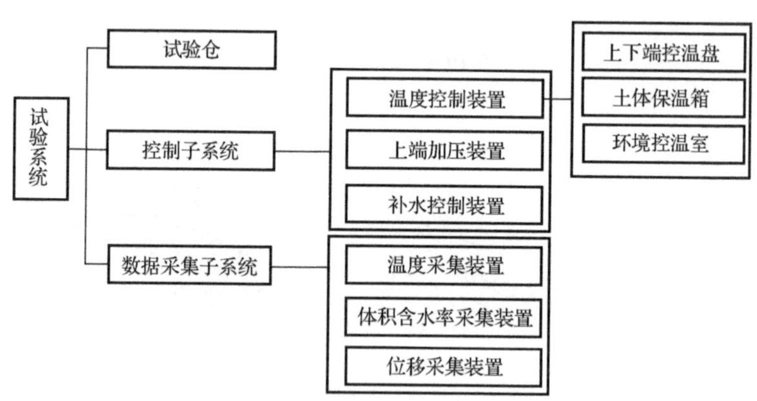

图 10-6　试验系统组成

试验系统整体介绍：如图 10-7 所示，试验时模型体置于试验仓内，模型体下端为透水石，用于防止模型体土与补水孔直接接触造成堵塞。上下端的控温盘为模型体的温度控制装置，两控温盘与循环控温箱相连，用于模拟路基所处的温度条件。下端设有补水控制装置，保证稳压补水，且可实时读取补水量。上控温盘上放有铸铁块，用于模拟上覆荷载，可以调节铁块用量控制上覆荷载的大小。温度传感器、体积含水率传感器分别埋置于模型体两侧壁，同时与数据采集器相连，用以测量、记录数据。位移传感器安置于试件顶面，与采集器相连，用于测量试验过程中试件整体的高度变化情况。试验过程中，模型体在套筒内进行冻融循环，控温、补水装置控制所需的外界条件，采集器采集含水率、温度和位移的变化情况。

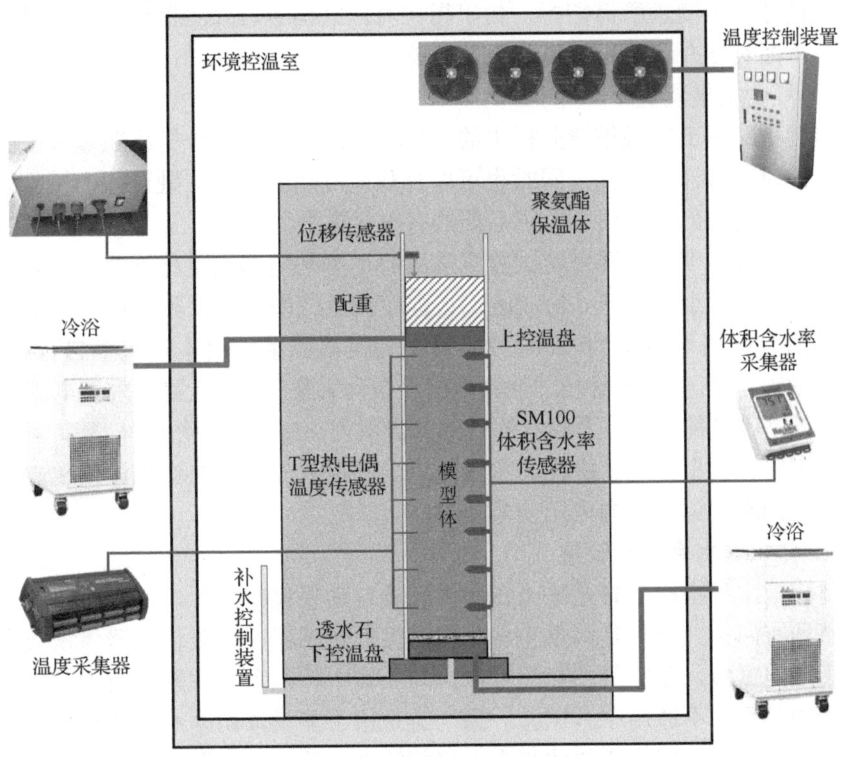

图 10-7　试验系统设计概图

试验原理：试验过程中，通过循环控温箱控制上下控温盘的温度，补水装置从下端为模型体补水，上覆铸铁控制上端荷载。从而实现了控制模型体的温度、补水和上覆荷载 3 个试验条件。温度传感器、体积含水率传感器与数据采集器相连，实时测量记录各项数据。这样就实现了在可控条件下的室内冻融模型试验过程中，实时监测非饱和土中温度、含水率和位移 3 个参数的变化情况。

10.2.1.2　温度、湿度和变形采集

数据采集子系统的作用是采集冻融试验过程中需要测量的参数。路基中水分迁移规律，主要体现在冻融过程中含水率、温度两个基本的可测指标的变化规律。

研究路基土的冻融规律，也需要从这两个可测的试验指标出发。因此本试验中数据采集子系统由温度采集装置、体积含水率采集装置组成。

自动采集设备是目前试验中常用的一类检测工具，由于其自动采集、存储量大等优势，多用于室内或现场需要长期、连续测量数据的试验。自动采集设备的种类很多，常见的物理参数基本都有其对应的自动采集设备，如电压、电流、温度、体积含水率等。其常见的一种工作模式是由传感器和采集器组合构成，传感器插入模型体中测量所需指标，传出指标对应的信号，采集器记录、存储对应的信号。下面具体介绍两种采集装置的性能指标。

1）温度采集装置

温度是路基土冻融规律分析中的重要指标之一，用于分析冻融过程中冻结深度、冻结速率等计算指标，同时也可以直观地反映出整个冻融过程中模型体的温度场分布和变化形式，用于验证后期的有限元模型。

试验中，温度传感器采用试验室常用的 T 型热电偶温度传感器，具有稳定性高、传感器尺寸小（直径 0.1～2mm）、温度测量范围大等试验优点。试验中所用热电偶的温度测量范围为-200～260℃，为提高测量精度本试验中自行标定。

DT80G 型信号采集器是一款室内信号自动采集仪，该装置能采集电压、电流、电阻、频率等多种信号。采集器的电压分辨率为 2.5μV，精确度为 1‰，具有采集信号范围广、数据稳定、操作简单等优点。试验中与 T 型热电偶温度传感器相连接，可准确地采集传来的电压信号。

2）体积含水率采集装置

体积含水率指标一直是冻土试验中较难自动采集的指标。市面上常用到的湿度传感器有两类，一类是测量空气相对湿度的传感器，这类传感器体积较小比较适合于室内试验，但空气相对湿度参数与土壤中体积含水率差异较大，且没有一一对应的关系，不适用于本试验。另一类是用于测量体积含水率的传感器，这类传感器体积较大，但测量的体积含水率能够真实地反应模型体在冻融过程中内部水分的变化情况，本试验中采用这类传感器。后文所提的湿度也均指体积含水率。

体积含水率自动采集装置能较好地记录模型体在冻融循环过程中不同测点的未冻水体积随时间变化情况（后面试验部分的体积含水率均为未冻水体积含水率）。试验中体积含水率采集装置同样由体积含水率传感器和信号采集器组成，其中体积含水率传感器为 SM 100 体积含水率传感器，信号采集器为 WatchDog 信号的采集器，如图 10-8 所示。

SM 100 体积含水率传感器是一款电容型传感器，较适合于室内土壤体积含水率测量。测量时依据土壤的介电常数与体积含水率具有一一对应的函数关系，从而求得土壤中的体积含水率。传感器的输出信号为电压信号，具体的技术指标如表 10-2 所示。

（a）SM 100 体积含水率传感器

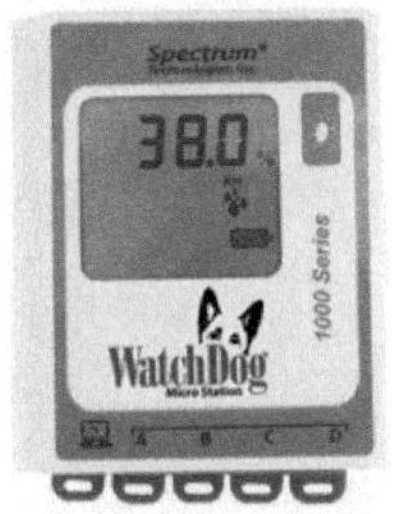

（b）WatchDog 信号采集器

图 10-8　体积含水率采集装置图

表 10-2　SM 100 体积含水率传感器技术指标

项目	指标值
测量范围/%	0～饱和
供电电压/V	3～5
输出电压/V	0.5～3
分辨率/%	0.1
精确度/%	3
尺寸	60mm×20mm×30mm

WatchDog 信号采集器是与 SM 100 体积含水率传感器配套的采集器。内部安装有电源给传感器供电，可以用来采集由 SM 100 传感器输送来的温度、体积含水率等信号，数据分辨率为 0.1%，读数间隔可以设置 1min、5min、10min 等多种情况。采集数据的具体条件设置、采集数据的下载等功能可在与该采集器配套的 Space Ware 软件上完成。

3）位移采集装置

位移传感器采用上海高致精密仪器有限公司生产的 CW-341 型千分容栅测微计，量程为 25mm，精确度为 3μm，分辨率为 1μm。位移采集仪采用 DS822-T3 型重量变送器改造而成，DS822-T3 型重量变送器采用 24 位集成芯片，可分辨 0.2μV，拥有隔离的 232 通信接口和隔离的 485 接口，具有顶松通信协议和标准的 MODBUS RTU 总线协议。系统采集精度高，抗干扰能力强，如图 10-9 所示。

10.2.1.3　试验体系功能

冻融试验系统用于室内冻融模型试验研究，测量模型体在指定条件下多个周期的冻融作用过程中，模型体内部的水分、温度分布情况。试验系统能够设置不同的制冷温度、上端荷载、补水条件，同时自动采集冻融过程中各测点的温度、含水率参数。汇总试验系统的主要工作指标如表 10-3 所示。

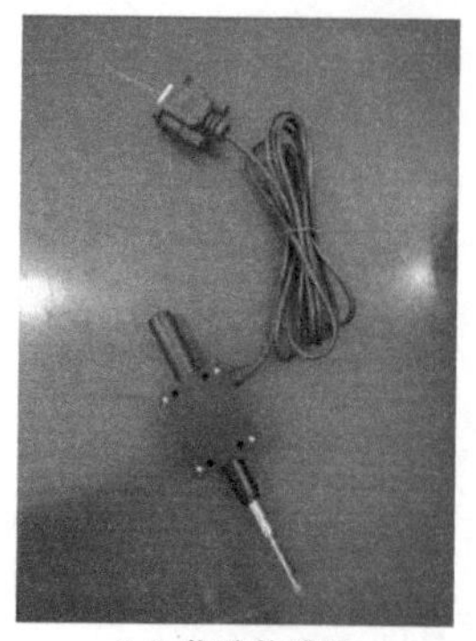
（a）位移传感器

（b）位移采集仪

图 10-9　位移传感器与采集仪

表 10-3　试验系统主要工作指标

项目	指标值
顶端最低制冷温度/℃	−22
顶端控温精度/℃	0.5
最大冻结深度/cm	60
温度传感器测量范围/℃	−200～260
温度传感器测量精度/℃	±0.05
位移传感器精度/cm	0.2%
体积含水率测量范围/%	0～饱和
体积含水率测量精度/%	3

10.2.2　试验设计与结果分析

模型试验对象为高度 100cm、直径 20cm 的圆柱形土体。考虑到东北地区极端气温及路基的真实运营状态，试验的土体模型初始含水率控制为 17.4%的最优含水率，压实度控制为 90%。进行冻融循环试验之前，将击实成型的圆柱体试件连同有机玻璃套筒一起放置在 1℃的环境箱内，检验试件内部温度与环境箱温度持平时，利用聚氨酯绝热材料将有机玻璃套筒包裹以便进行冻融循环试验。冻结时上端温度设置为−22℃，下端温度设置为 1℃；融化时上、下端温度均设置为 15℃；冻结和融化过程各持续约 140h，此为 1 个冻融循环周期。在补水条件下共进行了 3 个周期的连续冻融循环试验，共耗时 35d。沿着土体高度方向分别布置 8 个温度传感器和 8 个水分传感器，用来监测距离试件顶面 10cm、20cm、30cm、40cm、50cm、60cm、70cm 和 80cm 处的温、湿度数据。由于本次模型试验模拟的是路面以下 1m 范围内路基土的水-热状况，因此试件顶部需施加约 15kPa 静压力，此压力由铸铁配重完成。整个试验布置如图 10-10 所示。

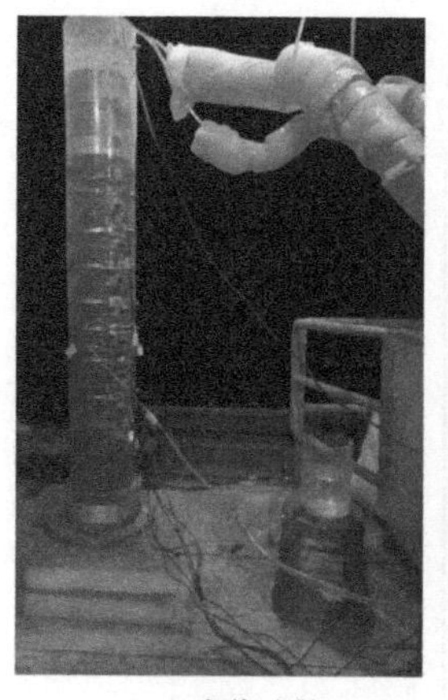

（a）安装过程

（b）完成安装

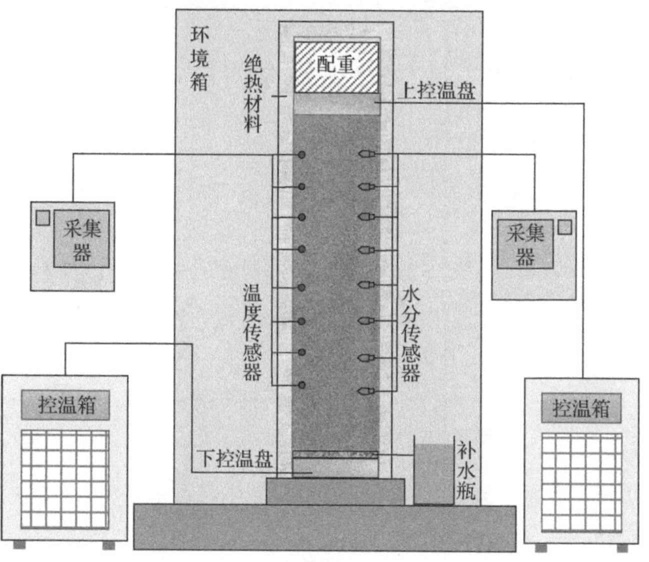

（c）试验布置示意图

图 10-10　非饱和路基土的水-热耦合试验

将获取的温度和水分数据进行整理。基于水分传感器的测试原理，本研究中若非特别说明，含水率均指其体积含水率。利用式（10-30）可将体积含水率 θ_1 转换成质量含水率 θ_w，其中 $\rho_{干土}$取值 1.57g/cm^3，为 90%压实度下的土体干密度。

$$\theta_1 = \frac{V_{水}}{V_{总}} = \frac{m_{水}}{\rho_{水} V_{总}} = \frac{m_{水}}{m_{干土}} \frac{m_{干土}}{\rho_{水} V_{总}} = \theta_w \frac{\rho_{干土}}{\rho_{水}} = \theta_w \rho_{干土} \tag{10-30}$$

图 10-11 为 3 个冻融循环周期内温度和含水率随时间的变化情况。可以看出，第二、第三个冻融循环周期内温度和含水率曲线的形状和第一个冻融循环周期具有很好的相似性，表明整个试验系统运行稳定，试验过程中温度及水分边界条件

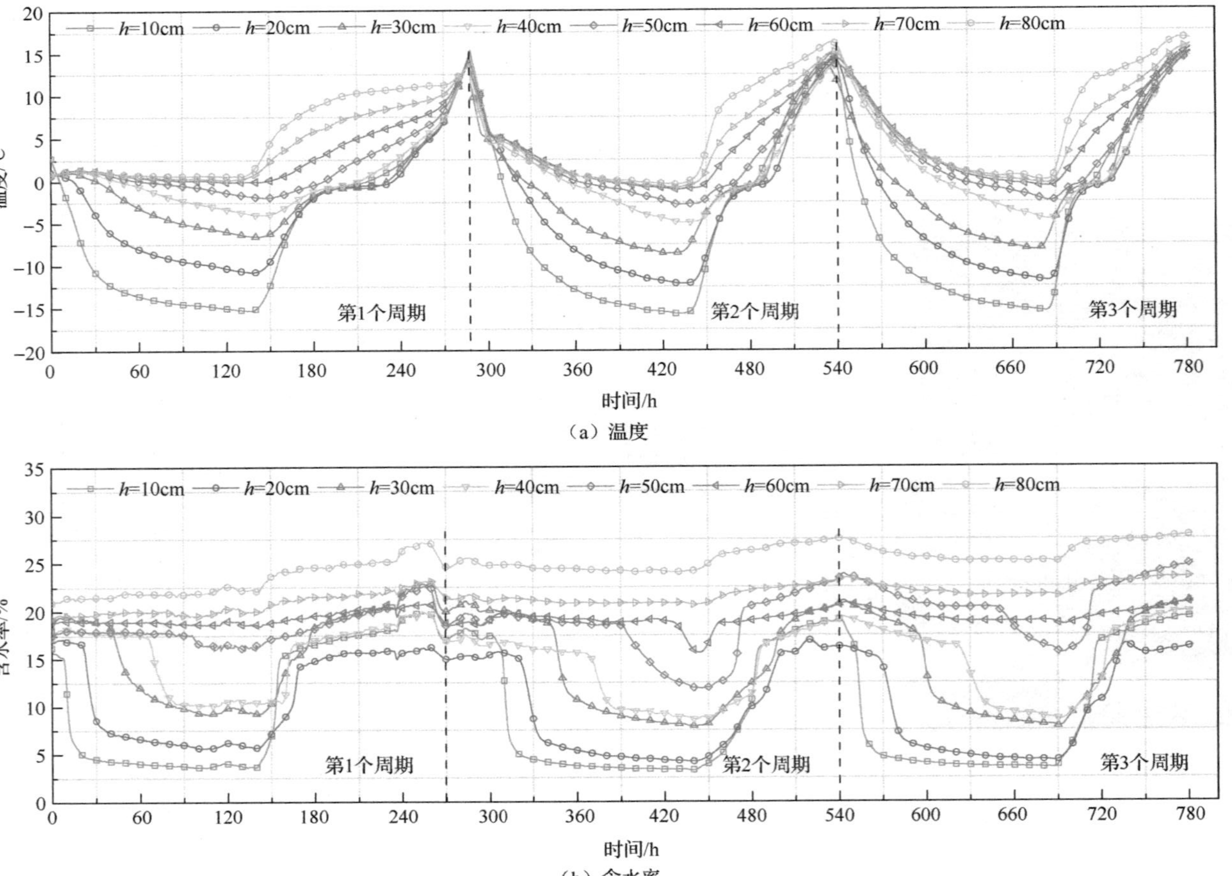

图 10-11　3 个冻融循环周期内温度和含水率随时间的变化情况

控制良好，土体的冻融循环特性得到较好呈现。取第一个周期内的数据进一步分析，可以看出，当圆柱体试件顶端施加-22℃的冷源进行冻结时，距离最近测点 10cm 处的温度和含水率急剧下降，30h 之后温度和含水率的下降趋势趋于平缓直至冻结阶段结束。与此同时，温度和含水率在冻结阶段的这种变化趋势随着测点远离顶端冷源而变缓慢，表现为 60cm、70cm 和 80cm 处的温度及含水率随着冻结时间的延长而缓慢增加，说明在 140h 的冻结时间内这些测点受冷源的影响程度有限。可以推测，只要冻融周期足够长，或者冻融循环次数不断增加，距离试件顶面冷源较远位置处的含水率将继续增加，后文的分析中将验证这一推论。

当试件顶端和底端施加 15℃热源进行双向融化时，不同测点的温度和含水率随时间的变化趋势有所不同，表现为距离顶端较近的测点（10cm、20cm 和 30cm），其温度和含水率在前 30h 内急剧增大之后出现平缓期，即温度和含水率增势平缓，持续大约 50h 之后继续增加。出现这种现象的原因是冻结阶段水分在这些测点处积聚而形成含冰层，由于冰融化成水需要吸收热量，顶端热源的热量传到这些测点处首先会被冰吸收一部分，因此温度和水分传感器的测量值将会有一个平缓波动期，这种现象正是冻融循环过程中冰水相变的具体体现；与此同时，距离顶端较远的测点（50cm、60cm、70cm 和 80cm）由于在冻结阶段未能形成冰层，温度和含水率在融化阶段并未表现出平缓波动期，而是随着融化进程的推进而持续增加直至融化结束。

冻融循环过程中冻结深度和含水率的演化规律是研究重点。冻结深度通常以冻结锋面表征。所谓冻结锋面，是指冻结过程中土体内部同一时刻温度等于相变温度的测点组成的界面。假设水变成冰的相变温度为 0℃，将图 10-11 中各测量位置上 0℃出现的时间提取出来，即可得到圆柱土体在高度方向上冻结锋面和融化锋面的移动规律，结果如图 10-12 所示。3 个冻融循环周期内冻结锋面的曲线形状相似，但演化模型有差异。表现为冻结锋面均随着时间的延长不断向试件底部移动。差异体现在，第一个周期内冻结锋面在 60cm 深度处停滞不前，而第二、第三个周期内冻结锋面在 80cm 深度处仍未有停滞征兆，这意味着在第一次冻结过程中冷源的冻结能力在 140h 内为 60cm 深，同样的温度边界和时间边界条件下，第二次、第三次冻结过程中冷源的冻结能力超过 80cm。由此可见，经过第一次冻融循环作用的改造，非饱和路基黏土的综合热传导能力得到一定程度的提升，使得土体在之后的冻融循环周期内冻深不断增加。与此同时，3 个冻融循环周期内的融化锋面的曲线形状相似，均为反“C”形，属于典型的双向融化特征。进一步分析发现，第一个冻融循环周期内融化锋面的弯曲程度明显大于后面两个周期，这意味着后面两个周期内土体融化所需要的时间明显小于第一个周期，因此认为冻融循环作用提高了非饱和土体的热传导能力。经历过冻融循环之后，路基黏土不但冻得更深，而且融化得更快。

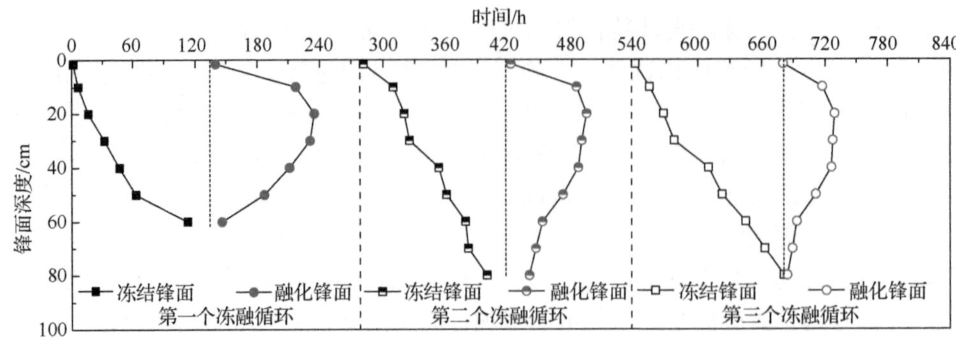

图 10-12　冻结锋面和融化锋面的移动规律

冻融循环作用对路基黏土热传导能力的影响随着冻融循环次数的增加而不断衰减，最终将达到一个稳定的状态。由于水分含量在冻融循环作用中起关键的作用，可以认为水分含量的变化将决定着冻融循环作用影响程度。将图 10-11 中每次冻结结束和每次融化结束时各测点的含水率数据提取出来，继续分析 3 个冻融循环周期内非饱和路基黏土内部含水率的演化规律。为了强化认识，将实测的饱和含水率为 22%～28%的含水率分布带也显示在图中，结果如图 10-13 所示。

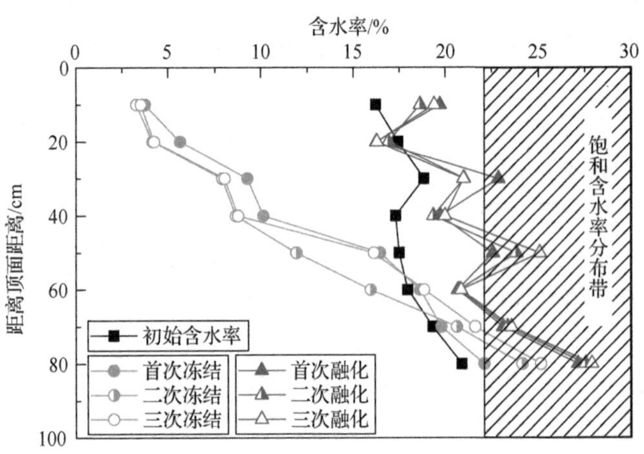

图 10-13　含水率的变化规律

无论是冻结还是融化，土体内部各测点的含水率均会偏离其初始含水率。具体表现为冻结结束之后试件上半部分（10～50cm）的含水率明显低于初始含水率，而试件下半部分（50～80cm）的含水率相比其初始含水率有所增加。试件上部含水率明显降低的原因是冻结过程中土体内部大量的水分冻结成冰，导致水分传感器监测到的未冻水含量降低；试件下部含水率升高是因为 50～60cm 处于冻结前缘，在该处冻结势的影响下，试件下半部分的土体含水率在补水条件下将不断增加。水分的增加无疑为融化阶段土体整体含水率的增加提供了条件。对融化阶段而言，从图 10-13 还可以看出，除了 20cm 处增幅不明显之外，其余 7 个监测点处的含水率在融化结束之后均比其初始含水率显著提高，其中 30cm、50cm、70cm 及 80cm 处的含水率均达到了其饱和含水率的水平。这意味着冻融循环作用不可逆转地改变了非饱和土体内部的水分分布状态，促使某些局部地带的含水率趋近饱和甚至达到过饱和状态。低渗透性和冻融循环作用是非饱和路基黏土内部水分发生局部聚集的两大关键因素。水分含量是决定冻融循环作用影响程度的关键因素之一，土体的渗透能力在冻融作用之后将显著提高，渗透性的提高反过来为水分迁移提供了便利，这种多物理场的耦合作用将对路基黏土的承载力造成不可逆转的破坏。从这个角度上分析，解决寒区冻融病害的处理措施除了提高黏土本身的抗冻性能之外，还应阻断其水分供给路径。

总体而言，和初始含水率相比，3 次冻结结束后黏土上半部分未冻水含量减少量为 5.9%～79.7%，下半部分未冻水含量增加量为 5.3%～20.2%。3 次融化结束之后黏土整体含水率增加量为 11.7%～43.1%。

10.2.3 水-热耦合模型验证

冻融及补水条件下非饱和路基黏土内部发生着温度传递、水分重分布及冰水相变等物理过程，其结果是原本处于最优含水率状态的非饱和土体在局部地带趋近饱和甚至达到过饱和状态。这种现象无疑会对路基乃至路面的服役状态造成重大影响。本研究模型试验是基于室内人工控制的温度和水分边界条件建立起来的，现通过引入相应的水-热耦合理论对上述试验现象进行预测，其预测结果不但可以验证试验数据的可靠性，同时也验证了水-热耦合模型的预测能力，为下一步将水-热耦合理论应用到路基-路面一体化分析中奠定基础。

根据《冻土地区建筑地基基础设计规范》（JGJ 118—2011）[332]中的推荐和徐学祖等[333]的研究成果，求解非饱和路基黏土水-热耦合方程所需的参数取值如表 10-4 所示。

表 10-4 计算水-热耦合模型参数及其取值

参数	ρ_w /（kg/m^3）	ρ_i /（kg/m^3）	ρ_d /（kg/m^3）	L/（kJ/kg）
取值	1000	900	1740	334.5
参数	C_{sf} /[kJ/（kg·K）]	C_{su} /[kJ/（kg·K）]	C_w /[kJ/（kg·K）]	C_i /[kJ/（kg·K）]
取值	0.76	0.84	4.18	2.09
参数	λ_s /[W/（m·K）]	λ_w /[W/（m·K）]	λ_i /[W/（m·K）]	θ_m /%
取值	1.95	0.58	2.32	42
参数	θ_n /%	k_s /（m/s）	m	n
取值	4	1×10^{-7}	0.7	3.3
参数	a_0	ω	a	b
取值	0.15	7	0.17	−0.5

根据试验模型的实际尺寸建立数值模型，温度及含水率边界均按照实际的试验条件输入，其中模型顶、底端的温度边界采用狄氏温度边界。利用瞬态求解器求解。需要指出的是，由于首次冻结过程中聚氨酯绝热材料与试件的有机玻璃套筒之间仍存在一定的孔隙，因此冻结过程中模型四周的温度边界条件需要设置为热通量边界才可使模拟结果与实测结果相符。热通量边界条件的表达式根据牛顿冷却定律写为 2(274.15−T)，其中系数 2 为表面传热系数，单位 W/(m^2·K)；274.15 为环境箱温度，单位 K；T 为土体内部实时温度，单位 K。经过首次冻结阶段的调整，进行首次融化及后期的冻融循环时则不需要考虑这种情况，全部设置为零通量温度边界即可。图 10-14 展示的是第一个冻融循环周期内温度和含水率的演化云图，可以明显观察到单向冻结和双向融化过程中温度和水分的重分布现象。

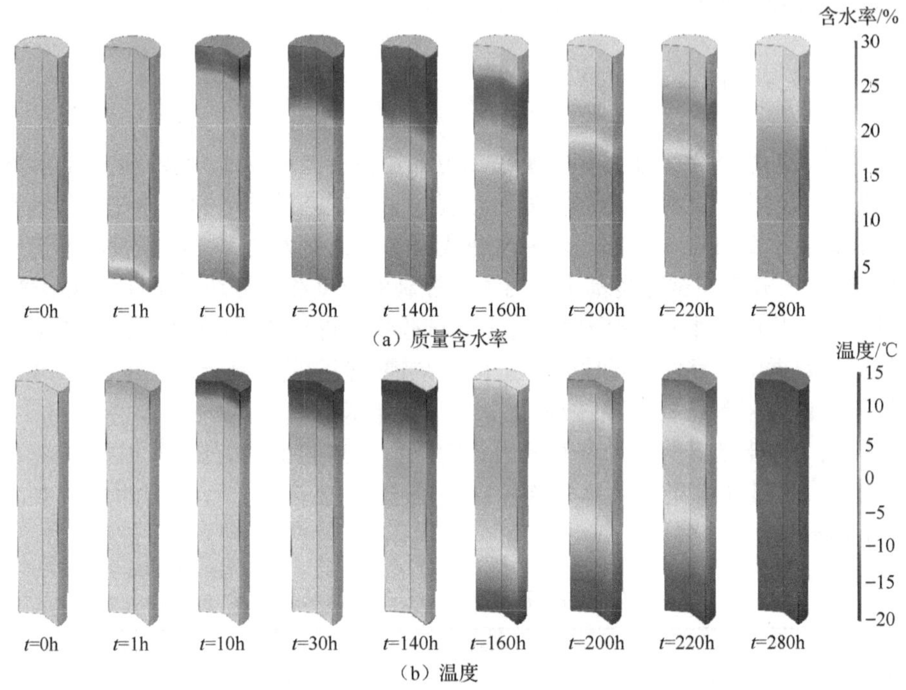

图 10-14　第一个冻融循环周期内温度和含水率演化云图

非饱和土体的水-热耦合问题是一个复杂的物理过程，确定冻融过程中非饱和土体的水分重分布规律是该试验的主要目的。为抓住这一核心问题的关键，引入的水-热耦合模型忽略了冻融过程中水汽迁移和土颗粒变形等影响因素，且将土体视作各向同性体。为了保持计算的连贯性和计算结果的收敛性，将冻结和融化过程中土体的比热容和热传导系数等参数均设为定值。为进一步验证本研究模型的预测能力，将 8 个测点处温度的实测值与预测值进行比较，结果如图 10-15 所示。

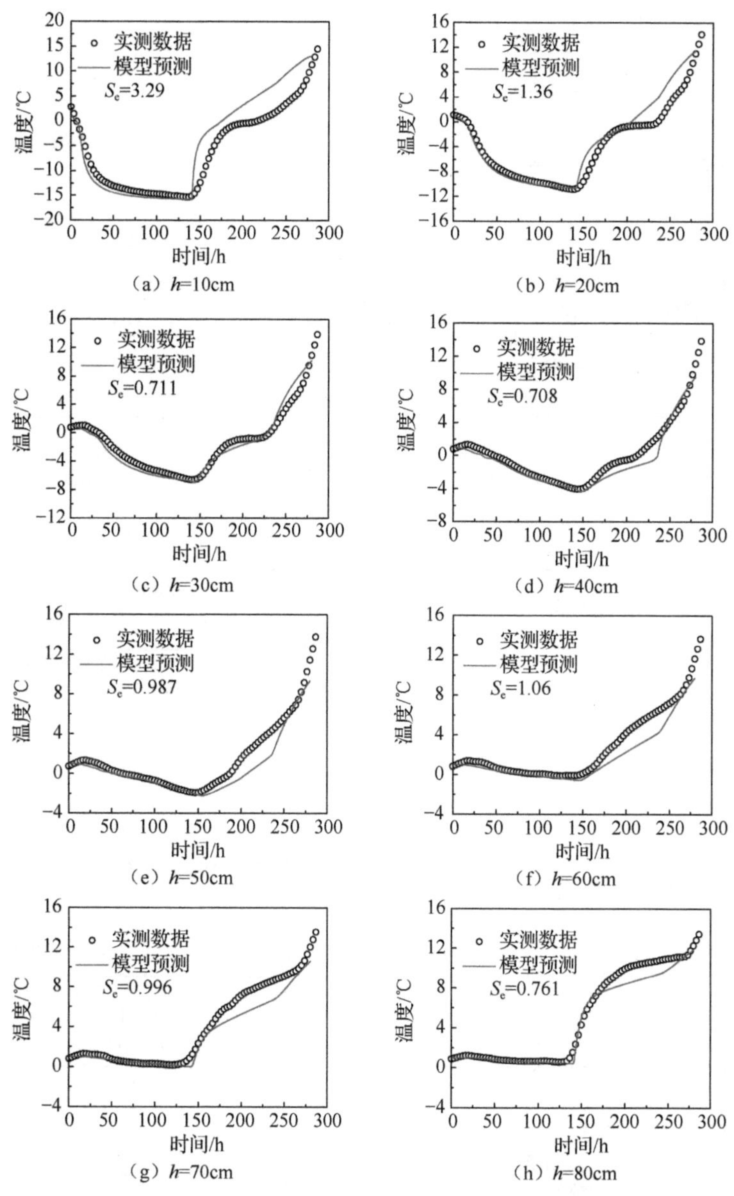

图 10-15　冻融循环过程中温度实测值和预测值比较

将 8 个测点处含水率的实测值与预测值进行比较，结果如图 10-16 所示。同样利用标准误差 S_e 的概念对预测结果进行检验，各个工况下含水率的标准误差值均只占其波动范围的很小部分，说明含水率的预测值能够代表其实测值。此外，预测出来的含水率与实测含水率之间的吻合程度与测点和冷源之间的距离有一定关系，表现为距离冷源越近，二者吻合程度越好，如 h 为 10cm、20cm、30cm 和

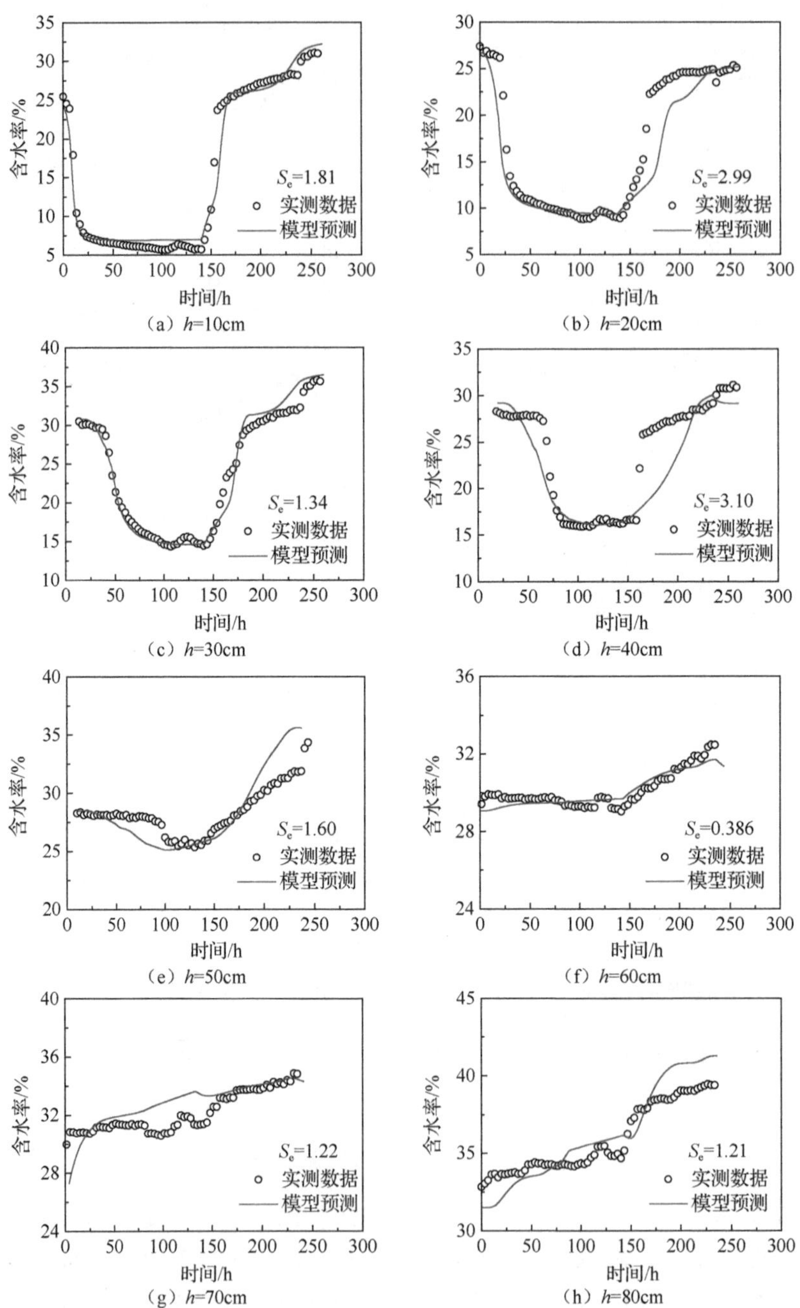

图 10-16　冻融循环过程中含水率的实测值和预测值比较

40cm 处。距离冷源较远的测点，其含水率的实测值与预测值之间的吻合程度相对较弱。出现这种现象的原因与本研究所用的含水率传感器是基于时域反射工作原理有关。该类传感器根据发射和返回的电磁波信号时间差与被测土体介电常数之间存在对应关系来确定土体的介电常数，而土体的介电常数又与其干密度和内部液态水分的变化呈对应关系。由此可见，当水分是以明确的液态形式发生变化时是能够被该类型传感器监测到的，如距离试件顶端冷源较近的 40cm 深度内。对于最大冻结锋面附近，即试件深度 50cm 往下的土体而言，其内部水分处于冻结和未冻结之间的相变活跃期，对应的表观介电常数波动不定，因此传感器测量的未冻水含量往往误差较大。尽管如此，观察图 10-16 可知，本研究模型预测的含水率能够真实地反映未冻水含量的演化特征，与实测含水率之间的吻合程度也是可以接受的。据此，认为本研究引入的水-热耦合模型能够准确地预测补水条件及单向冻结、双向融化条件下非饱和路基砂土内部温度场和水分场的演化规律。

10.3　路基-路面动力响应模型验证

10.3.1　路基动应力响应现场监测概况

10.3.1.1　试验路概况

齐齐哈尔至嫩江高速公路（简称齐嫩高速）路基顶面宽度 24.5m，全线设计时速 100km。现场动应力监测地点位于齐嫩高速 K46+732 断面，地理位置位于讷河市与嫩江市行政区划的交接地带，它处于我国东北典型深季节性冻土地区腹地，最大冻深 2.3m，最低气温可达−42℃。

现场监测路段为双向 4 车道，路面结构形式为沥青混凝土复合路面，厚度为 19cm，其中上面层为 5cm 厚的 AC16 改性沥青混凝土，中面层为 6cm 厚的 AC20 改性沥青混凝土，下面层为 8cm 厚的 ATB25 大粒径沥青碎石；基层为 20cm 厚的水泥稳定级配碎石，底基层为 23cm 厚的水泥稳定砂砾和碎石；路堤高 3.0m，试验路段为平直路段。

10.3.1.2　测试设备和传感器布置

试验所用动态土压力传感器为辽宁省丹东市虬龙传感器制造有限公司生产的 BY-1 型传感器，该传感器外形尺寸为ϕ180mm×22mm，工作量程为 0.2MPa，灵敏度为满量程时 1mV/V，使用环境温度为−30～+60℃。可直接采用动态应变仪测得应变值时程，再根据事先标定的压力-应变曲线得到动态土压力值。信号采集仪器采用江苏东华测试技术股份有限公司生产的 DH5932 动态信号测试分析系统，并配合 DH3840 应变放大器，可以实现动态应变信号的采集。

为研究行车荷载下路基动应力传播规律和分布状况，在行车道两条轮迹带下方沿不同深度埋设动态土压力传感器，传感器埋设位置如图 10-17 所示。

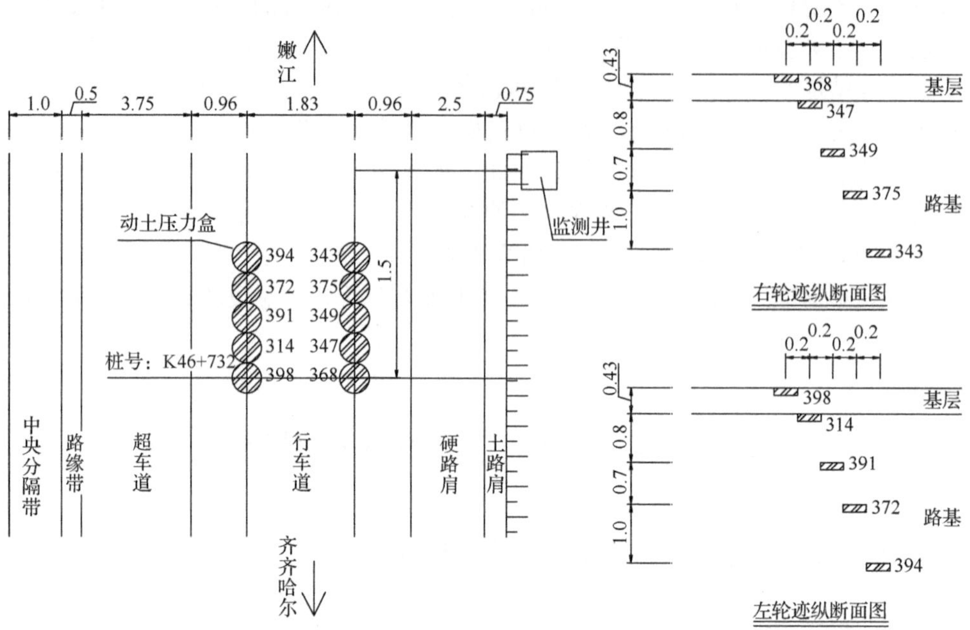

图 10-17　传感器埋设位置（单位：m）

考虑到施工过程、通车后行车荷载及季节性冻融循环对传感器导线的潜在破坏作用，现场埋设土压力传感器之前，必须对导线进行一定的保护措施。先用胶皮管将传感器导线包裹，并用防水胶布处理好传感器与胶皮管的接头处。埋设时，先将细料均匀摊铺于事先刻好的圆形模坑中，并均匀压实；再将传感器置于模坑中并确保传感器底面完全接触，保证传感器顶面水平，导线一并置于引槽中；之后用细料覆于传感器和导线之上，并适当压实。土压力传感器的现场埋设见如图 10-18 所示。

（a）放置

（b）充填

（c）路面铺筑

图 10-18　土压力传感器的现场埋设

10.3.1.3　重载汽车与工况

采用典型三轴 10 轮解放牌重载自卸汽车，前轴为单轴单轮，后桥为双轴双轮。该车整备质量 14000kg，车长 8.90m，轴距分别为 3.60m 和 1.35m，前轮距 2.02m，后轮距 1.83m。

为了研究整车质量和行车速度对路基路面内动应力分布的影响，测试中分 3 种装备质量，整车 53380kg（后双轴 45720kg）、整车 32890kg（后双轴 23650kg）和空载，分别按 80km/h、70km/h、60km/h、50km/h、40km/h、30km/h、20km/h、10km/h 和 5km/h 行驶通过测试断面，进而获取路基、路面的动压应力响应。现场测试概况如图 10-19 所示。

(a) 汽车装载

(b) 采集调试

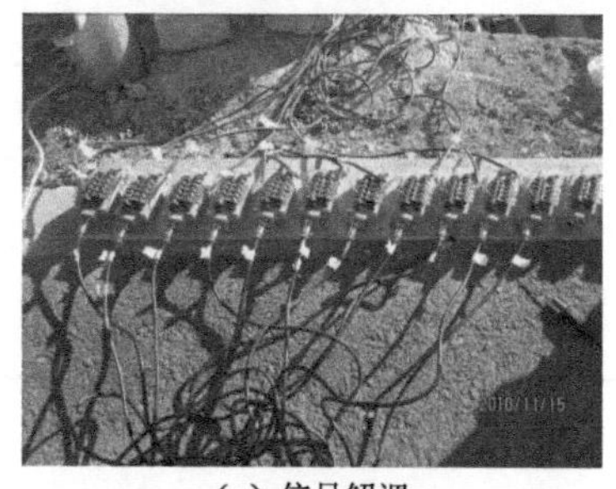

(c) 信号解调

(d) 移动汽车加载

(e) 数据采集

(f) 数据采集界面

图 10-19　现场测试概况

10.3.2 监测结果与分析

现场监测于 2010 年 11 月 15 日、16 日进行，现场最低气温为-10℃。采样频率为 200Hz，进行了不同整车质量、不同行车速度下共计 25 个工况的测量，每个深度设 2 个传感器，共计 10 个传感器，获取了 250 条动压应变时程曲线，据各传感器标定的应力-应变关系对现场数据进行处理。表 10-5 为不同工况条件下各测点动压应力峰值测试结果。

表 10-5 重载汽车荷载下路基动压应力峰值结果

	整车质量/kg	埋深/m	不同行车速度下动压应力峰值/kPa								
			80km/h	70km/h	60km/h	50km/h	40km/h	30km/h	20km/h	10km/h	5km/h
工况一	53380	0.19	—	−81.9	−84.6	−82.7	−86.1	−83.7	−80.7	−94.6	—
		0.62	—	−46.4	−48.0	−50.7	−44.3	−36.8	−34.6	−28.4	—
		1.42	—	−45.1	−41.4	−42.5	−39.4	−39.4	−33.9	−31.7	—
		2.12	—	−32.3	−21.3	−21.0	−23.7	−22.8	−16.5	−18.6	—
		3.12	—	−14.6	−10.9	−11.3	−13.9	−16.9	−12.9	−12.9	—
工况二	32890	0.19	−74.9	−79.7	−62.2	−81.9	−75.7	−66.2	−54.0	−73.9	−72.9
		0.62	−25.3	−27.5	−26.2	−24.8	−24.3	−24.1	−20.9	−20.5	−13.2
		1.42	−24.2	−20.8	−19.7	−19.4	−18.8	−19.7	−18.0	−18.4	−9.4
		2.12	−15.0	−12.0	−15.9	−16.8	−14.7	−14.1	−13.7	−9.0	−6.0
		3.12	−9.6	−7.9	−6.3	−8.3	−9.6	−7.6	−7.6	−6.3	−3.6
工况三	14000	0.19	−34.6	−51.5	−64.0	−49.5	−62.5	−47.5	−45.1	−53.5	−44.1
		0.62	−14.6	−19.8	−21.1	−17.5	−23.2	−21.4	−19.4	−19.8	−12.3
		1.42	−9.7	−14.5	−16.0	−14.5	−14.8	−14.0	−12.4	−11.1	−6.2
		2.12	−9.3	−9.0	−10.1	−11.4	−12.9	−12.9	−13.2	−11.7	−8.1
		3.12	−4.6	−8.3	−7.9	−7.9	−9.3	−8.6	−4.6	−7.3	−5.6

注：“—”表示未进行该工况测试。

10.3.2.1 整车质量的影响

图 10-20 为行车速度为 70km/h 时不同整车质量下基层顶面动压应力时程与频谱曲线。可以看出，同一速度行驶条件下，随着整车质量的增加，公路基层顶面动压应力幅值明显增加。空载时，前轴下对应的动压应力幅值较后轴大，但满载和超载时，后轴产生的动压应力幅值明显大于前轴。其原因很显然，整车质量的增加使得车体的重心后移，相应地分配在后轴的轴重增加。此外，汽车整车质量对荷载频带宽度的影响甚微，主要频率集中在 0～50Hz，其中前 3 个优势频率分别为 3.9Hz、10.6Hz 和 14.4Hz，这主要与汽车行驶过程中前后轴、后双轴及左右轮距对路面的作用率有关。

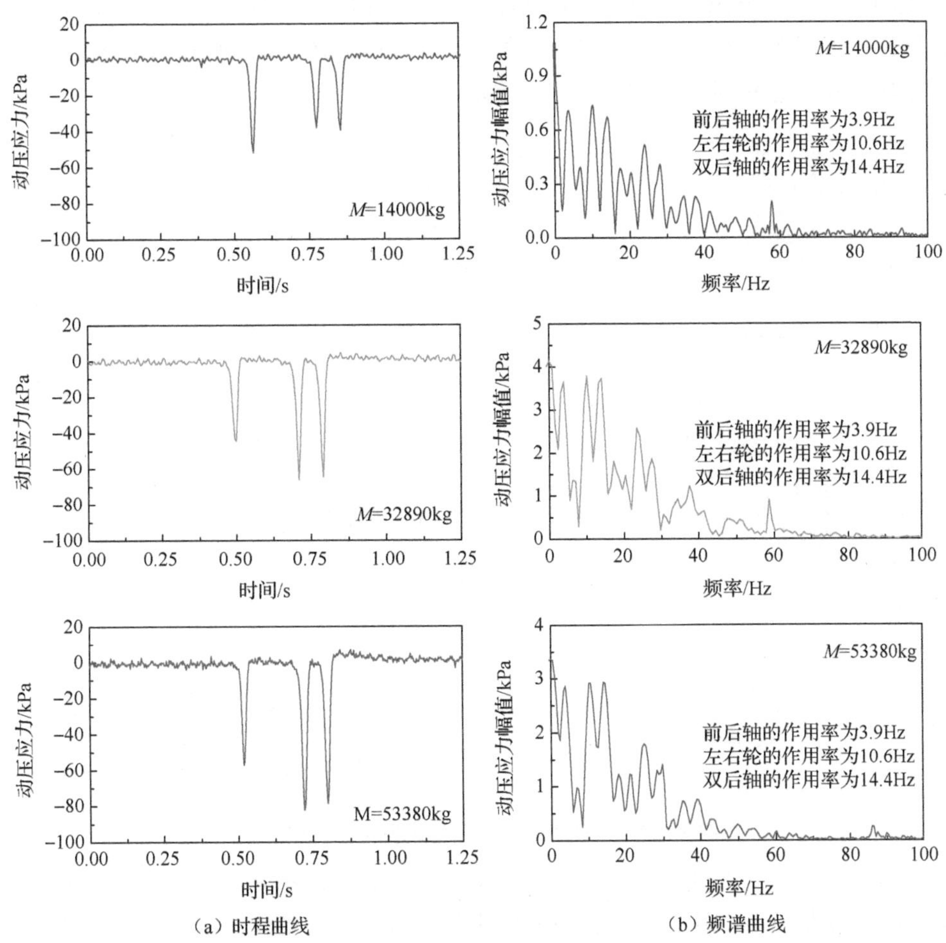

（a）时程曲线　（b）频谱曲线

图 10-20　不同整车质量下基层顶面动压应力时程与频谱曲线（H=0.19m，V=70km/h）

图 10-21 为不同行车速度下动压应力峰值与整车质量的关系曲线。可以看出，随着整车质量的增加，路基和基层顶面动压应力峰值增加显著，但行车速度对各点动压应力峰值有一定影响。

10.3.2.2　行车速度的影响

图 10-22 为整车质量为 32890kg 时不同行车速度基层顶面动压应力时程曲线与频谱曲线。可以看出，同一整车质量下，随着行车速度的增加，动压应力峰值变化趋势较为复杂。汽车在行车速度较低（V=5km/h）通过测点时，可以产生较大的动压应力；当车轮离开测点时，该点产生较大竖向拉应力，这种反复的拉应力的存在无益于路面结构层间的结合。此外，随着行车速度的增加，动压应力频

带逐渐变宽，由 5km/h 的 0～2Hz 增加至 70km/h 时的 0～50Hz。前 3 个优势频率也逐渐向高频方向移动。其原因主要在于行车速度的增加，直接造成汽车前后轴、后双轴及左右轮距对路面的轴重作用率增加。

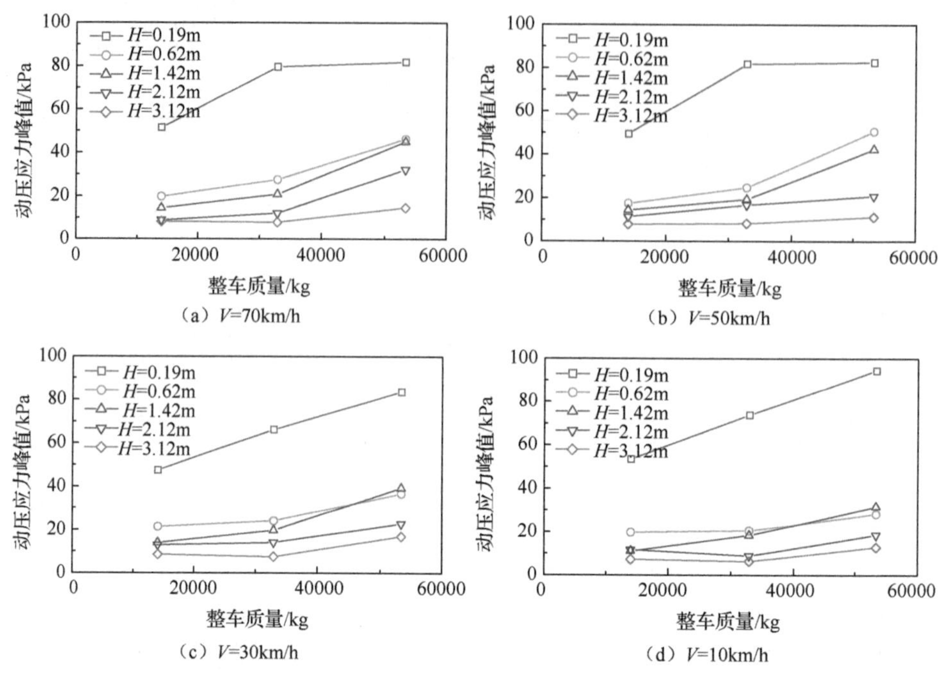

图 10-21　动压应力峰值与整车质量的关系曲线

图 10-23 为行车速度对路基、路面动压应力峰值的影响曲线。可以看出，行车速度对各测点的动压应力峰值有一定影响，其中行车速度对基层顶面的动压应力峰值的影响较为复杂，呈锯齿状；随行车速度的增加，路基内各测点的动压应力峰值有增加的趋势。究其原因可能在于相对于路基内部各测点而言，基层顶面由于距路面（0.19m）较近，动压应力时程中以高频为主，随着荷载逐渐向下传递，高频成分被路基砂土吸收，逐渐以较低频率为主。

10.3.2.3　埋深的影响

图 10-24 为整车质量 M 是 53380kg、行车速度 V 是 60km/h 时，不同埋深条件下路基、路面动压应力时程曲线与频谱曲线。可以看出，随着深度的增加，动压应力时程曲线中前轴的影响部分逐渐减小直至消失，后双轴下应力逐渐叠加。当荷载传递至 3.12m，已经由基层顶面时的 84.6kPa 衰减至 10.9kPa，减少了 87%。此外，随着埋深的增加，动压应力时程中高频成分逐渐被土体吸收，优势频段渐向低频方向移动，至埋深 3.12m 时，优势频率为 1Hz。

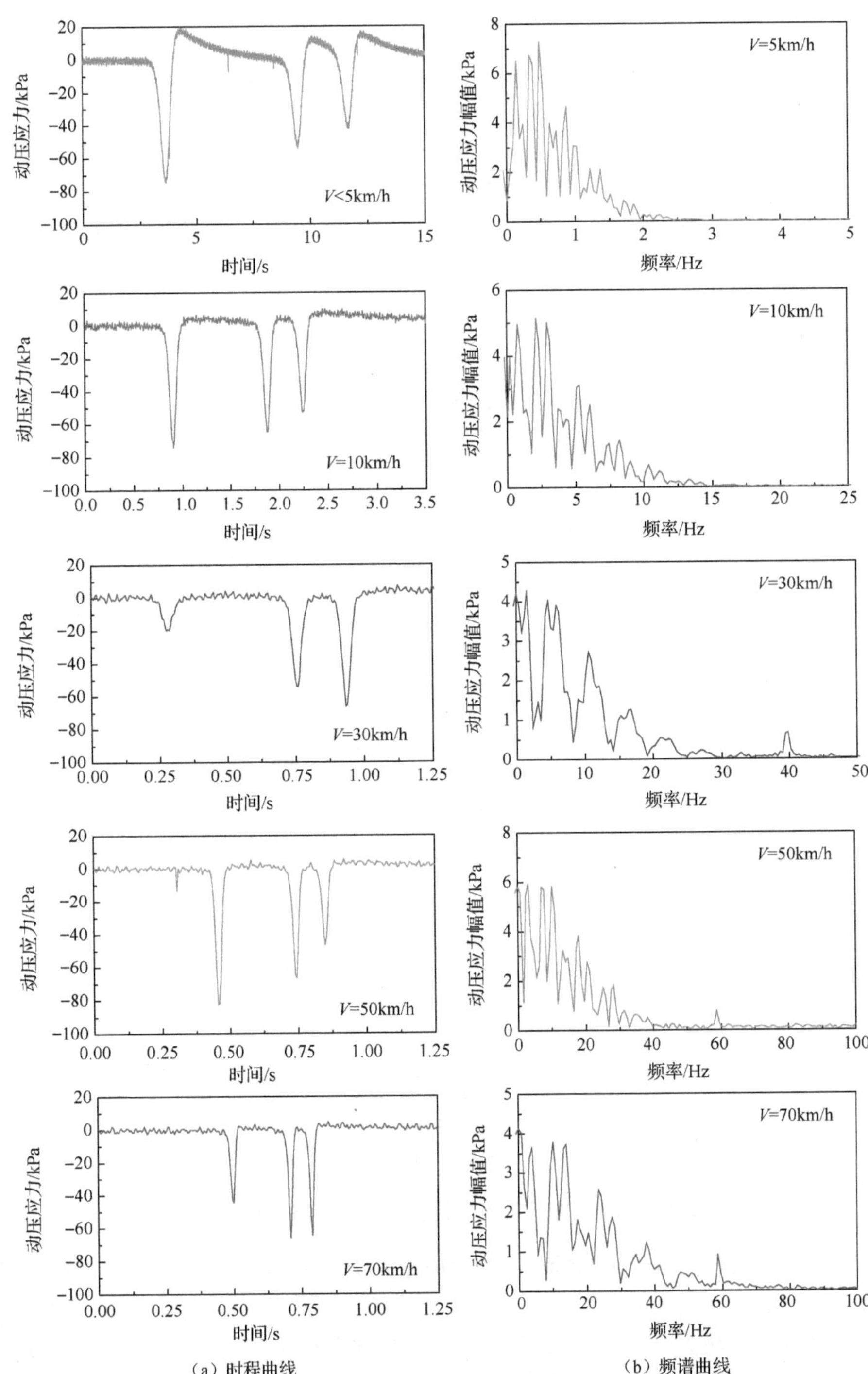

（a）时程曲线　（b）频谱曲线

图 10-22　不同行车速度基层顶面动压应力时程与频谱曲线（M=32890kg, H=0.19m）

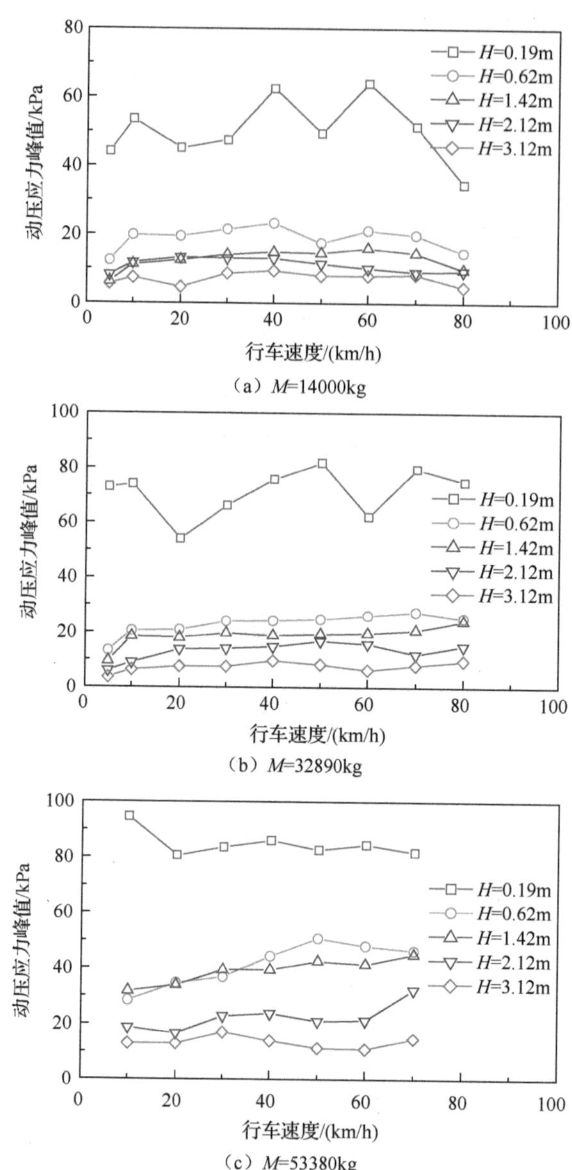

图 10-23　行车速度对路基、路面动压应力峰值的影响曲线

图 10-25 为不同整车质量条件下，动压应力峰值随埋深的分布关系曲线。总体看来，随着埋深的增加，路基内动压应力峰值迅速衰减，其中动压应力峰值在基层内衰减幅度最大，最大可衰减 50%；路基顶面动压应力峰值为 20～50kPa，之后，荷载在路基内的传递衰减较慢，埋深 3.12m 时，动压应力峰值为 10～20kPa。

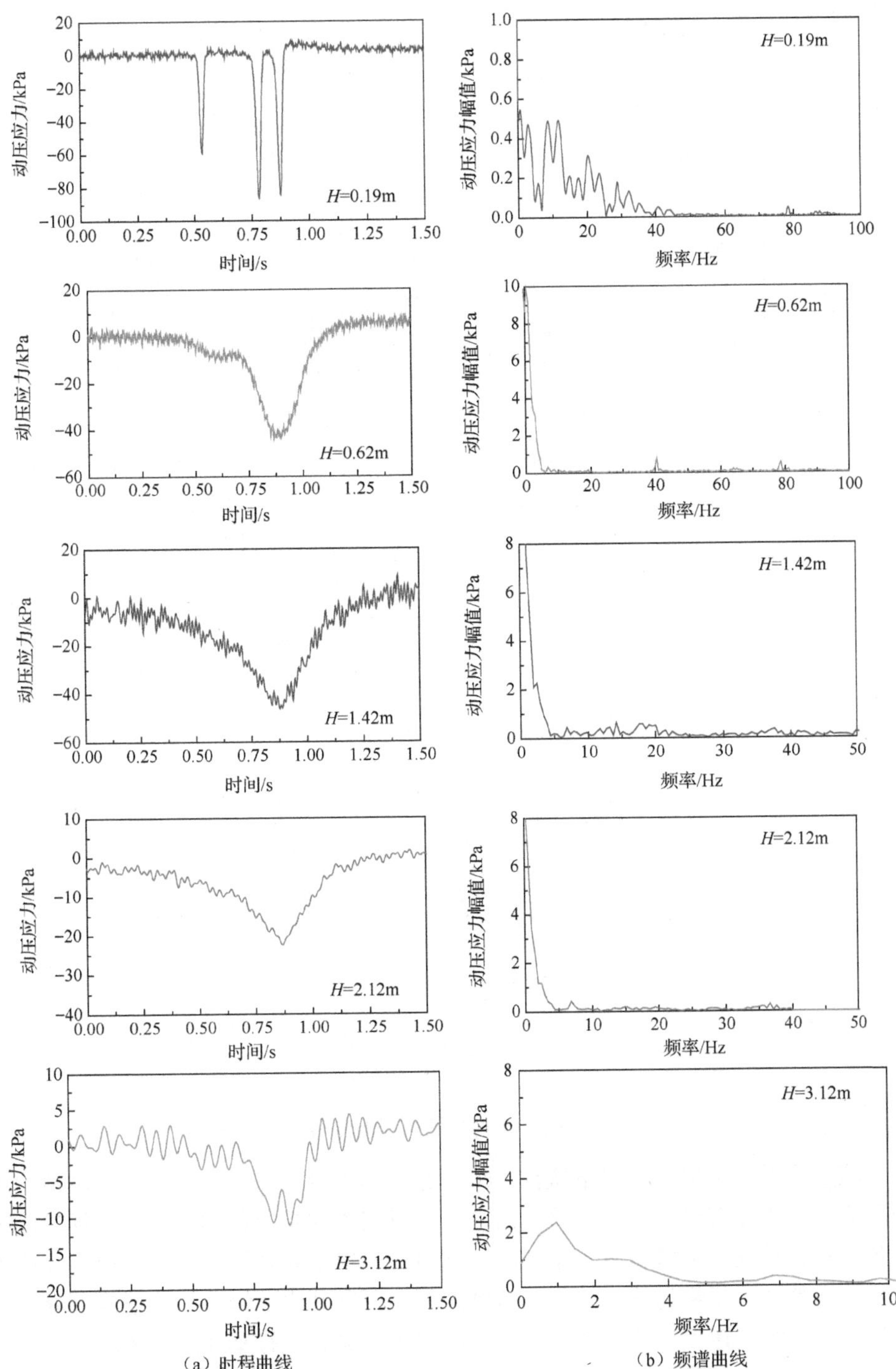

图 10-24　不同埋深下动压应力时程与频谱曲线（M=53380kg, V=60km/h）

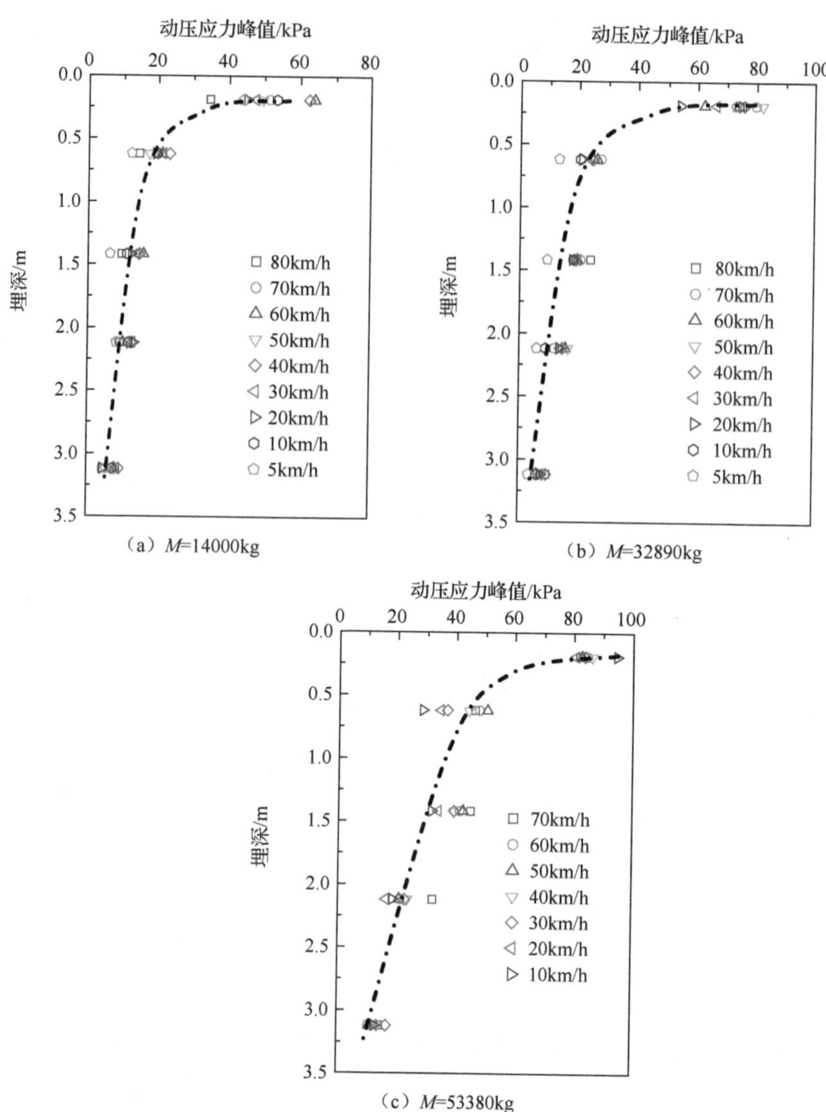

（a）M=14000kg

（b）M=32890kg

（c）M=53380kg

图 10-25　动压应力峰值随埋深的分布关系曲线

综上分析，可以得出如下认识：①随着整车质量增加，路基、路面内各测点动压应力峰值显著增加，但对路基内各点动压应力的频谱影响甚微。②行车速度对各测点的动压应力峰值有一定影响，其中行车速度对基层顶面动压应力峰值的影响较为复杂，呈锯齿状；随行车速度的增加，路基内各测点的动压应力峰值有增加趋势。行车速度对路基动压应力的频谱影响显著，行车速度越大，路基动压应力的频带越宽，优势频率越高。③随埋深的增加，路基内动压应力峰值迅速衰减。动压应力峰值在基层内衰减幅度最大，最大可衰减 50%；路基顶面动压应力峰值主要集中在 20～50kPa；动荷载在路基内的传递衰减较慢，埋深 3.12m 时，动压应力峰值主要集中在 10～20kPa。

10.3.3 模型的验证

10.3.3.1 模型横断面尺寸

选择合理的模型尺寸是保证计算结果符合实测结果的前提。模型尺寸的选定需要兼顾到 3 个方面的内容：①车辆荷载的影响范围；②冻融作用下水分迁移的路径深度；③有限元模型的计算量。本研究的研究路段为双向 4 车道，路堤填方总高度为 3.62m，其中沥青混凝土面层厚度为 0.19m，水泥稳定级配碎石基层厚度为 0.43m，由粉质砂土填筑而成的路基高度为 3m，天然地面往下均为粉质细粒土。课题组前期分析齐嫩高速公路现场试验数据发现，来自路基基层顶面的压应力峰值传递至 3.12m 深度时已衰减 87%，移动汽车荷载在路基横向范围内的影响宽度为 5m[334]。考虑到东北地区冻土深度的状况以及建立的三维模型对长度有最短要求，如采用全尺寸的三维路基模型将会带来计算量的急剧增加，严重影响到计算效率且无益于试验结果的分析。由于道路具备横向对称性且无须考虑阴阳坡太阳辐射效应，因此，以路面中央分隔带中点为起点建立一半的三维路面-路基模型即可满足研究的需要。

基于上述考虑，选定的模型总高度为 13.62m，其中 10m 为天然地基的深度；模型宽度为 27.68m，其中天然地面宽度为 10m，路面宽度为 12.25m。图 10-26 为有限元模型横断面的具体尺寸。

10.3.3.2 轮胎接地荷载的确定

通常情况下轮胎接地面积由轮胎荷载与轮胎胎压之间的比值确定。我国《公路沥青路面设计规范》（JTG D50—2017）[335]中针对标准轴载提出了单轮接地面积的取值，但对于非标准轴载尤其是重载汽车的轮胎接地面积并无推荐值。在缺乏轮胎胎压数据情况下可采用比利时经验公式[336]来确定轮胎接地面积。该经验公式摒弃了路面状况和轮胎性质等因素的影响，直接通过实际研究数据获取轮胎接地面积 A（cm^2）与轮胎荷载 P（N）之间的关系：

$$A=\left(0.008P+152\right)\pm 70 \tag{10-31}$$

式（10-31）在应用中按照轮胎的实际工作状态选取。本研究验证的试验用车为解放牌 10 轮重载卡车，其中前轴为单轴双轮，后桥为双联轴双轮，车辆及轴距尺寸如图 10-27 所示。

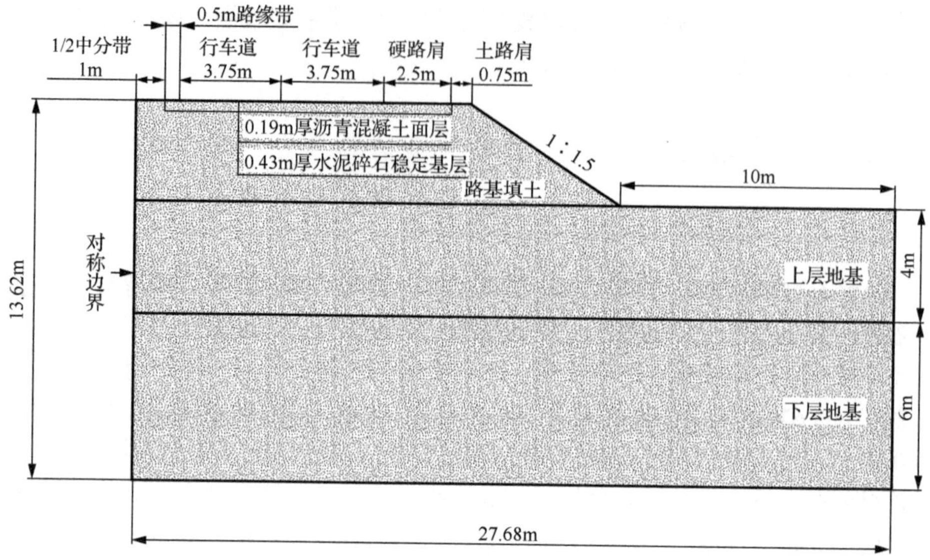

图 10-26　路基-路面动力响应有限元模型横断面尺寸

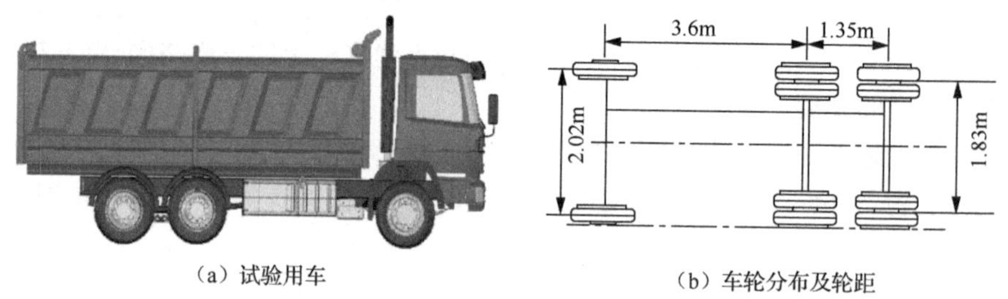

（a）试验用车　　（b）车轮分布及轮距

图 10-27　试验车及其轴距尺寸

选取试验数据中装备质量为 32890kg 和 53380kg 两个量级的荷载以体现荷载的重型化，车辆行驶速度为 10～70km/h。需要注意的是，所选的这两种荷载为静力荷载，而车辆行驶过程中对路面的实际作用力明显大于静力荷载。我国《公路沥青路面设计规范》（JTG D50—2017）[335]仍然以 100kN 的单轴双轮组静荷载作为标准设计轴载。在车速较低、轴载较小、路况较好的情况下采用静荷载设计是合适的。但是，随着行车速度和轴载量级的提高以及路况条件的恶化，由车辆振动引起的惯性荷载和冲击荷载大幅度提高，使得路面的实际受力水平远大于对应的静荷载。郑仲浪[337]系统分析了路面等级、载重量、行驶速度、轮胎刚度、悬架刚度对车辆附加动载荷的影响，认为车辆行驶时产生的附加动载荷是不能忽略的，若只用静荷载模式进行路面结构力学计算，则会大幅降低车辆对路面的实际作用力。可用动载系数来修正路面设计中的静荷载，应用到路面的结构应力计算以及路面使用性能和寿命的评价预估中。不少学者研究了车辆动荷载和静荷载之间的对应关系，取得一批有参考价值的成果。根据钟阳等[338]对北京、黑龙江地区实际路面不平整的调研所提出的动力放大系数，以最优的路况条件作为参考，回归得到动力放大系数增量与行车速度之间的线性关系为

$$\Delta\psi = 0.12545 + 0.00216V \tag{10-32}$$

式中，V 为行车速度（km/h）；$\Delta\psi$ 为动力放大系数增量。放大之后的动荷载 $P_{\max}$ 由下式计算得到

$$P_{\max} = P_s + \Delta\psi P_s \tag{10-33}$$

式中，$P_{\max}$ 为放大之后的动荷载；P_s 为对应的静荷载。

为了简化计算，将后轴单侧相邻的两个单轮面积合并，将轮胎接地形状简化为一条边固定为 25cm 的矩形。动荷载分配及轮胎接地面积统计如表 10-6 所示。

表 10-6　汽车动荷载分配及轮胎接地面积统计

装备质量/kg	车轮情况	轴重/kN	接地面积/cm²	接地矩形尺寸	静态接地压力/kPa	动荷载系数（和速度有关）
32890	前轴单侧单轮	46.2	591.5	25cm×23.66cm	780.9	1.1～1.5
	后轴单侧双轮	59.125	917.0	25cm×36.68cm	644.8	1.1～1.5
53380	前轴单侧单轮	38.3	528.0	25cm×21.12cm	724.8	1.2～1.6
	后轴单侧双轮	114.3	1358.5	25cm×54.34cm	841.4	1.2～1.6

由前可知，车辆的前后轴的最大轴距为 4.95m，为保证整个车辆的作用总时间满足研究的需要，三维有限元模型的纵向长度需要根据车辆行驶的速度并综合考虑单元网格数量级来确定。本研究需要验证的车辆行驶速度为 10～70km/h，因此将三维模型的最大纵向长度确定为 25m。采用映射的网格划分方式将整个计算域离散成立方体单元格，车辆轮迹带下的网格加密处理，如图 10-28 所示。离散后的模型包括 116600 个域单元、63832 个边界元和 9030 个边单元。

10.3.3.3　验证结果

利用建立的有限元模型和车辆荷载的施加方法，分别计算质量为 32890kg 和 53380kg 两种配重下车轮轮迹带下方的动压应力变化规律，测试的行车速度为 10～70km/h。计算时将模型分层指定为线弹性材料并附加瑞利阻尼特性。模型的底面位移约束为 0，四周采用低反射边界条件，顶面除了轮迹带之外均为自由边界。需要注意的是，进行正式计算之前需要对三维模型施加重力并进行稳态计算，

以获取初始状态下的重力场。紧接着将重力场作为预应力代入到正式的车辆荷载计算步骤。所需的模型材料参数如表 10-7 所示。

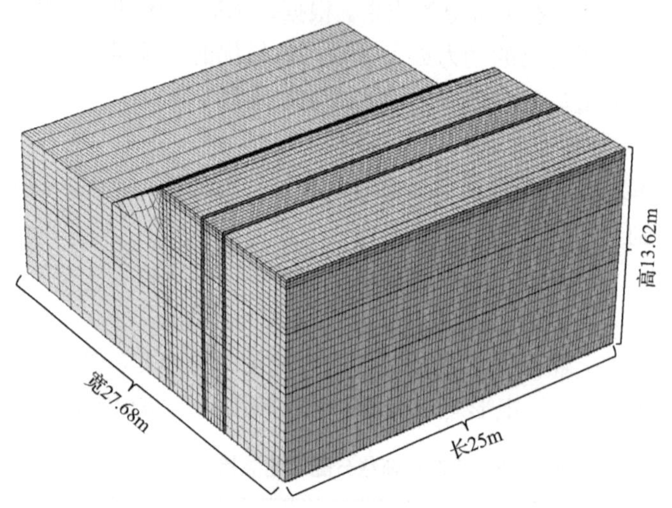

图 10-28　路面-路基动力响应三维有限元模型

表 10-7　路面-路基动力响应模型的材料参数

项目	密度/（kg/m³）	杨氏模量/MPa	泊松比	α	β
沥青混凝土面层	2350	1200	0.2	0.36	0.036
水泥稳定级配碎石基层	2300	1400	0.25	0.36	0.036
路基	1850	80	0.45	0.16	0.055
上层地基	1740	60	0.45	0.16	0.055
下层地基	1740	40	0.45	0.16	0.055

将数值模拟获取的动压应力时程曲线（以压为正）与文献[334]的比较结果展示如图 10-29 所示。可以看出，数值模拟获取的动压应力随时间的波动规律与实测数据较为一致，动压应力幅值与实测的幅值较为统一，不同路基深度处的动压应力幅值也能吻合较好。不足之处在于本研究模拟的动压应力宽度较实测值略宽，其原因是真实的路况中动应力沿路基路面水平方向与垂直方向上的阻尼并不相同，本研究为简化计算，将材料属性统一指定为各向同性，使得无法对材料在水平方向的阻尼属性进行单独指定，进而造成动压应力沿行车方向上的时域较实测值偏宽。由于本研究重点关注动压应力幅值的有效模拟，偏宽的时域并不影响研究目的，因此认为建立的路基-路面动力三维数值模型是合理的。

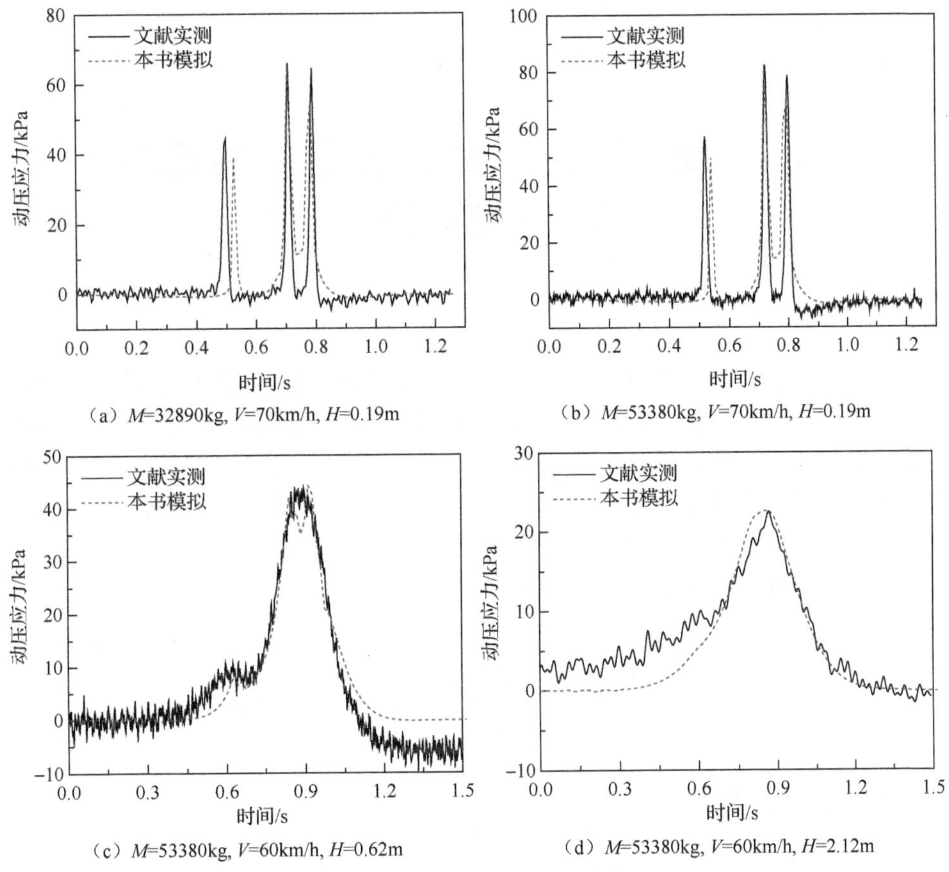

（a）M=32890kg, V=70km/h, H=0.19m　（b）M=53380kg, V=70km/h, H=0.19m

（c）M=53380kg, V=60km/h, H=0.62m　（d）M=53380kg, V=60km/h, H=2.12m

图 10-29　路基动力响应模拟值与实测值的比较

10.4　小　　结

本章提出了水-热-动力耦合模型的建模原则及其求解思路，分别利用非饱和路基土水分迁移室内模型试验和路基动压应力现场实测数据验证了水-热-动力耦合模型中水-热耦合模型和路面-路基动力模型的模拟能力，并利用水-热-动力耦合模型研究了路基弹性模量和车辆载重对路基动力响应的影响。主要研究结论如下。

（1）非饱和路基土的水分迁移试验表明，经过 3 次补水条件下的冻融循环试验之后土体含水率增加 11.7%～43.1%。利用水-热耦合模型能够合理地模拟冻融循环作用下非饱和路基土内部的水分场和温度场分布规律。

（2）基于有限元模拟平台实现了移动均布荷载的施加，建立了路面-路基动力响应模型。通过与现场实测的路基动压应力数据比较，认为该模型能够合理地预测车辆荷载作用下路基的动力响应。

第 11 章　寒区公路路基工作状态的动态演化特征

路基在最优状态下修筑完成后，其湿度和温度状态会随着环境温度和湿度条件发生改变。季节性冻土地区的路基经历着周期性的冻融循环作用，伴随着温度、湿度状况的改变，其模量、应力、变形等工作状态也随之变化。因此，寒区路基的温度、湿度和力学行为是一个动态演化的过程，本章基于建立的水-热-动力模型，计算并分析了寒区温度场和湿度场的时空演化规律；进而，讨论了路基运营过程中的强度变化特征及对路基工作状态的影响。

11.1　计算模型的确定

11.1.1　材料参数

根据《冻土地区建筑地基基础设计规范》（JGJ 118—2011）[332]中的典型值以及徐学祖等[333]的研究成果来确定求解非饱和路基土水-热耦合模型所需的参数。沥青混凝土面层和无机结合料稳定类基层的水-热耦合特征不是本节所关注的对象，其主要功能是充当路基和大气环境之间的热量和水分传递介质。因此，本节针对面层和基层的材料特性选取了其热力学参数代表值，以便采用统一形式的水-热耦合模型进行路基一体化三维模型计算。所确定的模型计算参数如表 11-1 所示。

表 11-1　三维路基水-热耦合模型计算参数

参数	沥青混凝土面层	无机结合料稳定类基层	路基土和地基土
ρ_w /（kg/m^3）	1000	1000	1000
ρ_i /（kg/m^3）	900	900	900
ρ_d /（kg/m^3）	2350	2300	1740
L /（kJ/kg）	334.5	334.5	334.5
C_{sf}/[kJ/（kg·K）]	1.25	1.17	0.76

续表

参数	沥青混凝土面层	无机结合料稳定类基层	路基土和地基土
C_{su}/[kJ/（kg·K）]	1.32	1.22	0.84
C_w/[kJ/（kg·K）]	4.18	4.18	4.18
C_i/[kJ/（kg·K）]	2.09	2.09	2.09
λ_s/[W/（m·K）]	1.25	1.32	1.95
λ_w/[W/（m·K）]	0.58	0.58	0.58
λ_1/[W/（m·K）]	2.32	2.32	2.32
k_s/（m/s）	2×10^{-6}	1×10^{-6}	1×10^{-7}
θ_m/%	0.4	0.4	0.45
θ_n/%	0.3	0.3	0.4
m	0.70	0.70	0.76
n	3.3	3.3	4.2
a_0	0.015	0.015	0.02
ω	5	5	7
a	0.12	0.12	0.12
b	−0.5	−0.5	−0.5

11.1.2　初始条件

假设道路在 9 月 1 日修筑完毕，取此时刻的温度和水分作为计算的初始时刻。由于缺少地基温度和水分沿深度方向分布的实测数据，因此，利用水–热耦合模型预先计算地基在第 20 年的温度和水分场分布，并以此作为正式计算的初始值。根据张玉芝[339]和王锐[340]在东北地区开展的前期研究，结合课题组在齐嫩高速公路现场实测的温湿度数据，不同层位的初始温度和含水率的取值如表 11-2 所示。

表 11-2　初始温度和含水率条件

项目	沥青混凝土面层	无机结合料稳定类基层	路基土	上层地基	下层地基
初始温度/℃	22	20	18	15	8
初始含水率/%	4.5	6.1	17.4	20.5	22.4

按照表 11-2 中给出的初始温度和含水率数据，以 9 月 1 日为温度降低的起始点，利用水–热耦合模型计算地基在 20 年内的温度和水分场动态分布情况，以第 20 年 9 月 1 日的温度和水分场作为三维路基模型正式计算时地基部分的初始值，结果如图 11-1 所示。

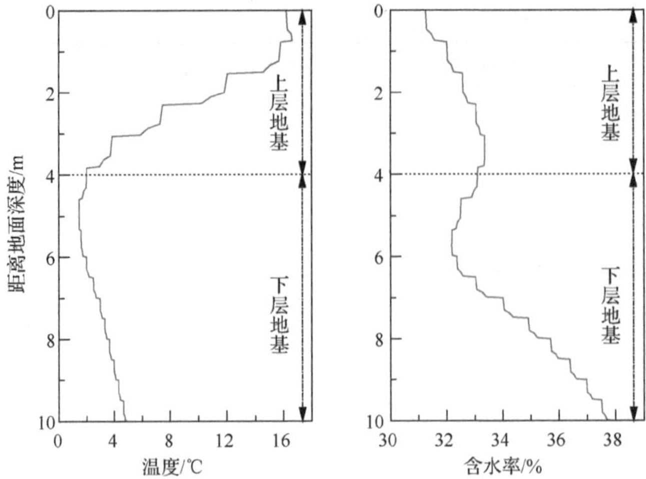

图 11-1　地基的初始温度和含水率

11.1.3　边界条件

温度边界的确定。根据白青波[341]的研究结果，沥青混凝土路面的附面层厚度为 0.30～0.47m。根据王锐[340]在东北高纬度地区的调研结果及本研究组在齐嫩高速公路现场实测的温度数据，将本研究三维模型的路面、边坡、地表的温度边界条件确定为

$$\begin{cases} T_1(t)=1.4+28.05\sin\left(\dfrac{\pi}{6}t+\dfrac{\pi}{2}\right)+\dfrac{0.024}{12}t & \text{路面} \\ T_2(t)=1.2+27.46\sin\left(\dfrac{\pi}{6}t+\dfrac{\pi}{2}\right)+\dfrac{0.024}{12}t & \text{坡面} \\ T_3(t)=0.8+27.89\sin\left(\dfrac{\pi}{6}t+\dfrac{\pi}{2}\right)+\dfrac{0.024}{12}t & \text{地表} \end{cases} \tag{11-1}$$

由于地基一定深度处的温度波动很小，可认为处于恒定温度。将这一恒定温度设置为模型的温度下边界条件。根据张玉芝[339]和王锐[340]在东北地区开展的前期研究，将本研究三维模型的温度下边界设置为 5℃。

含水率边界条件的确定。结合现场实测的水分数据，将水-热耦合三维模型的含水率上边界根据不同区域分别指定为

$$\begin{cases} \omega_1(t)=0.30+0.0015\sin\left(\dfrac{\pi}{6}t+\dfrac{\pi}{2}\right) & \text{路面} \\ \omega_2(t)=0.30+0.015\sin\left(\dfrac{\pi}{6}t+\dfrac{\pi}{2}\right) & \text{坡面} \\ \omega_3(t)=0.32+0.025\sin\left(\dfrac{\pi}{6}t+\dfrac{\pi}{2}\right) & \text{地表} \end{cases} \tag{11-2}$$

含水率下边界的确定。根据赵洪书[342]研究的季节性冻土地区地下水动态图可知，黑龙江中部地区的地下潜水位深度上界在 1.2～3.8m。本研究根据实际情况将潜水位深度指定为 4m，位于潜水面以下的地基均为饱和状态。因此模型的含水率下边界设置为土体的饱和含水率。

11.2　温度场、水分场分布

以 2017 年 9 月 1 日为正式计算的起点，利用验证过的水-热耦合模型对足尺三维道路模型进行 20 年的温度和含水率计算。数值计算时将数据输出的时间增量步设置为 1 个月，由此分别获取温度场和含水率场的数据各 240 组。根据研究的目的，填方路基修筑完成之后 3m 深度范围内的温度和含水率的时空分布规律是本研究需要重点关注的对象。因此，分别以中央分隔带、超车道、行车道及土路肩的中心线作为典型区域，在中心线上每间隔 1m 取一个代表点，每条中心线共取 4 个点，共计 16 个点。研究点的分布如图 11-2 所示。

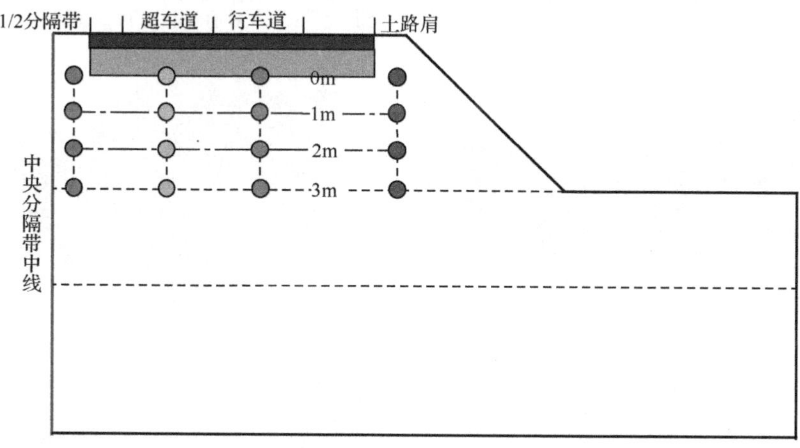

图 11-2　代表性研究点的分布图

11.2.1　温度场

水-热耦合过程中温度是引起水分重新分布的动力。温度的演化规律可以直观地反映含水率的波动趋势。图 11-3 为路基修筑完成后第 1 年、3 年、5 年、7 年、15 年和 20 年 9 月 1 日温度场云图，对应此刻路基均处于融化状态。可以看出，第 1 年路基内部温度出现明显的分层现象，路基底部出现一系列温度偏高的层状区域，表明路基内部的温度发生了重新分布；第 3 年路基内部温度分层现象消失，路基浅部出现负温分层，随着年份的增长，负温分层的厚度有所增加；到第 5 年路基温度场达到一个较为稳定的状态。

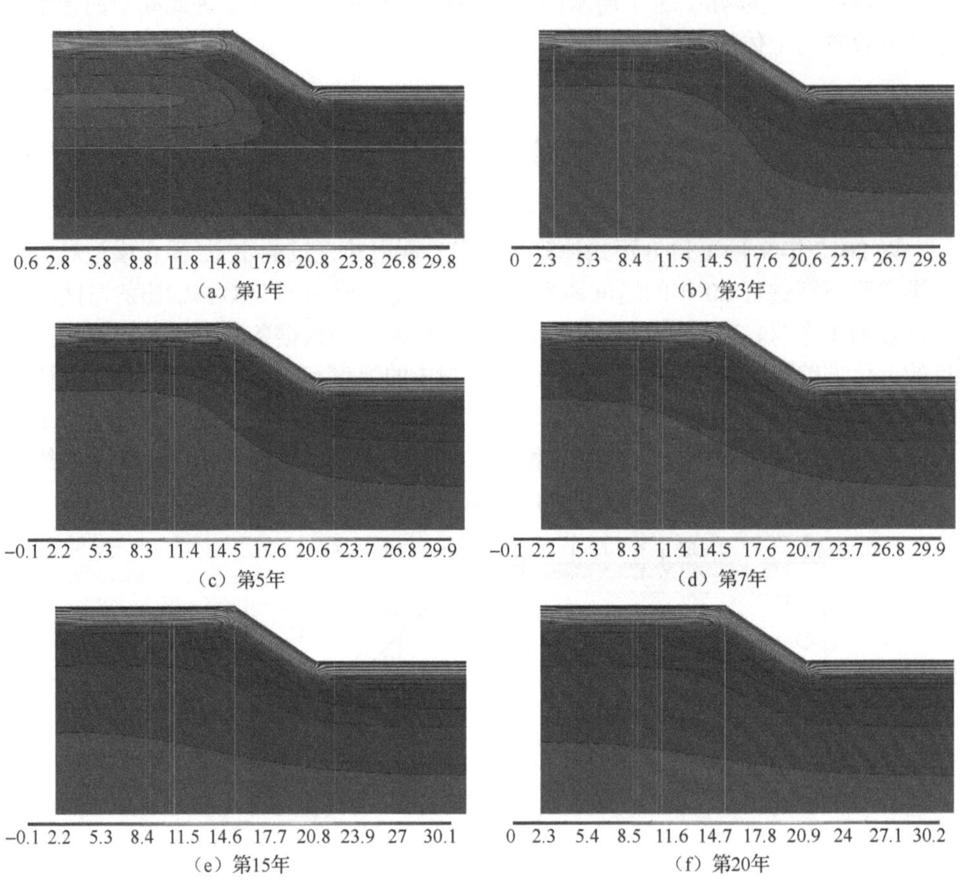

（a）第1年　（b）第3年

（c）第5年　（d）第7年

（e）第15年　（f）第20年

图 11-3　融化状态下路基温度随年份演化（单位：℃）

将第 3 年的 2 月 1 日、6 月 1 日、8 月 1 日和 11 月 1 日的温度云图取出，以分析路基温度场在 1 年之内的变化，结果如图 11-4 所示。可以看出，由于路面材料的覆盖作用，路基的温度波动比大气温度波动明显延迟。路基顶面在 2 月 1 日前后才开始发生冻结，到 6 月 1 日路基冻结深度最大，8 月 1 日路基中部仍有少量未融化冻土区，到 11 月 1 日路基温度又开始下降。

11.2.1.1　温度场随时间的演化规律

图 11-5 为路基不同深度处温度随时间的变化趋势。温度同样显示出波动趋势，其中路基顶面的波动幅度最大，随着路基深度的增加，温度波动幅度减小。以最

低温作为研究对象，发现最低温随着年份变化的趋势与路基层位有关：浅层区域由于受大气影响最大，最低温度呈现出与周期性大气温度较为一致的平稳波动现象；中下层区域的最小温度则随着年份的增长先降低随后趋于稳定，表明新修路基的温度场完成重新分布。

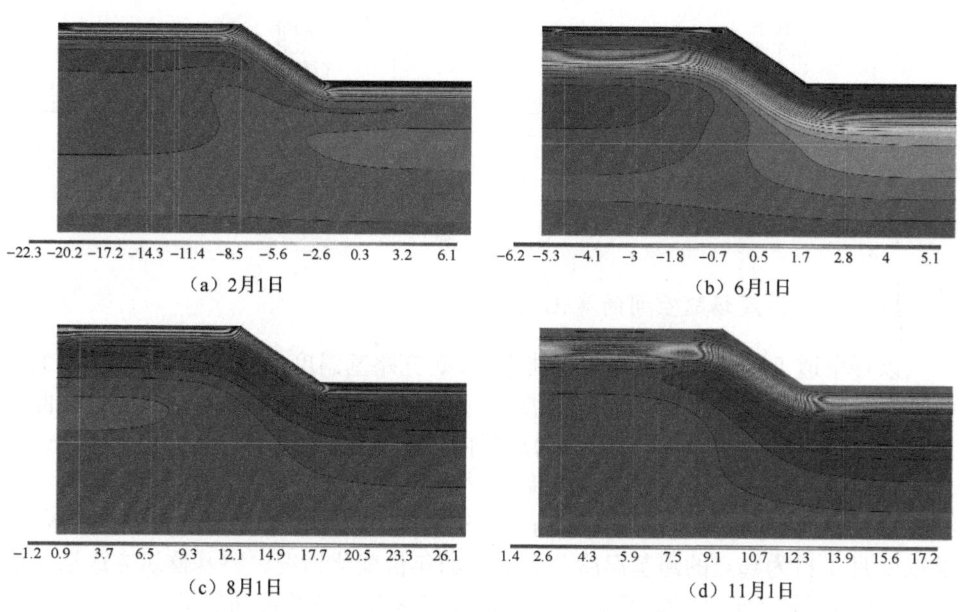

（a）2月1日　（b）6月1日　（c）8月1日　（d）11月1日

图 11-4　路基温度随月份变化的典型结果（单位：℃）

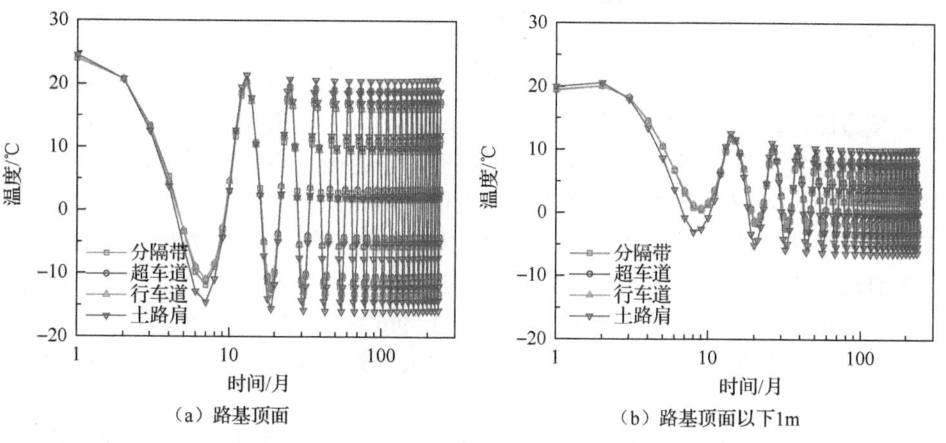

（a）路基顶面　（b）路基顶面以下1m

图 11-5　路基不同深度处温度随时间的变化趋势

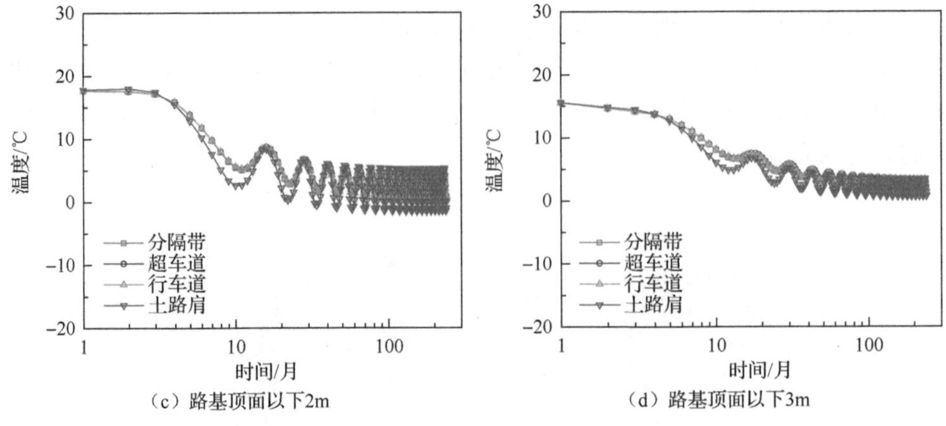

（c）路基顶面以下2m　（d）路基顶面以下3m

图 11-5（续）

11.2.1.2　温度场随空间的演化规律

以行车道下路基的温度场作为典型值，研究路基温度场的重分布规律。图 11-6（a）为路基修筑后第 1 年内温度的波动情况。3 个月后温度随路基深度分布曲线呈反向“C”形，之后随着月份的增加反向“C”形曲线左移，8 个月后曲线达到最左边位置，第 9～12 个月对应的路基内部温度曲线开始呈正向“C”形分布。据此可以发现，路基内部的温度波动比大气温度波动迟滞 2 个月左右。图 11-6（b）是以 9 月 1 日为起点的路基温度分布曲线随年份变化情况，路基修筑完成后的前 3 年是温度场波动较大的时期，第 5 年左右路基温度场的波动趋于稳定。

11.2.1.3　冻融深度的发展

路基修筑完成后其内部温度场将重新分布，经过 5 年左右达到平衡状态。选取路基修筑完毕之后的第 1 年、第 2 年、第 10 年和第 20 年作为研究对象，以 0℃作为冻土开始融化或者开始冻结的临界温度，研究路基冻融深度的发展规律。为评价填方路基的影响，将天然地面的冻融深度纳入一起进行比较，结果如图 11-7 所示。可以发现冻结过程中路基的冻结深度随着月份的增加而增大，在路基修筑完成后的次年 4 月 1 日冻结深度达到最大值，随后冻结路基开始以双向融化的形式解冻，融化曲线呈反向“C”形。路面以下的路基在第 1 年的最大冻结深度达到 1.41m，第 2 年达到 1.86m，第 10 年达到 2.11m，第 20 年达到 2.21m；同等时刻地表的最大冻深依次为 2.39m、2.53m、2.59m 和 2.59m。由此可见，由于路面及路基材料的覆盖效应，使得路基的冻深比天然地表偏浅，冻深稳定所需的时间比天然地表长。

路基最大冻深的确定不仅能够评价路基修筑完成之后内部温度场的重新分布状况，而且能够将冻融循环作用的深度定量化，为后文定量评价冻融循环作用对路基土永久变形的影响做准备。

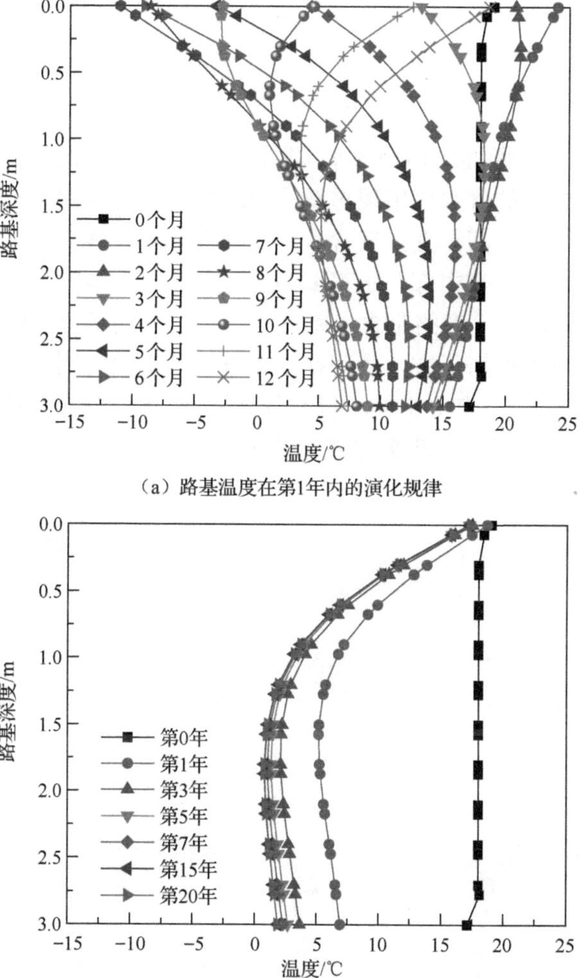

（a）路基温度在第1年内的演化规律

（b）路基温度场的空间分布规律

图 11-6　路基温度的演化规律

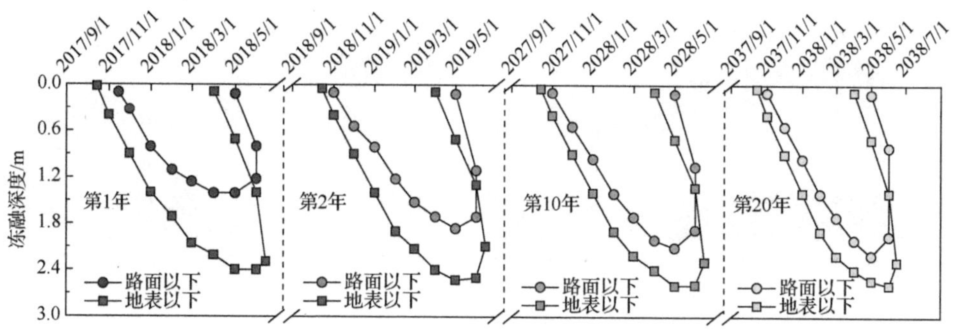

图 11-7　冻融深度随时间的变化

11.2.2　水分场

图 11-8 为道路横断面上体积含水率随时间演化的图。路基在 9 月 1 日修筑完成，1 年后填方路基的含水率出现重新分布现象，表现为路基上部和路基底部含水率较路基中部含水率高。受大气含水率周期性波动及浅层地下水位的影响，路基顶、底部含水率比路基中部含水率偏高的现象是符合事实的，模拟的结果与查旭东等[327]和徐国元等[328]对路基含水率波动规律研究的结果一致。路基中含水率最低的区域出现在土路肩下方，表明在缺乏路面及基层材料覆盖的区域，路基的含水率波动幅度更大。3 年、5 年、7 年后路基含水率的分布规律较上述现象进一步扩大，15 年后路基的含水率分布规律趋于稳定。

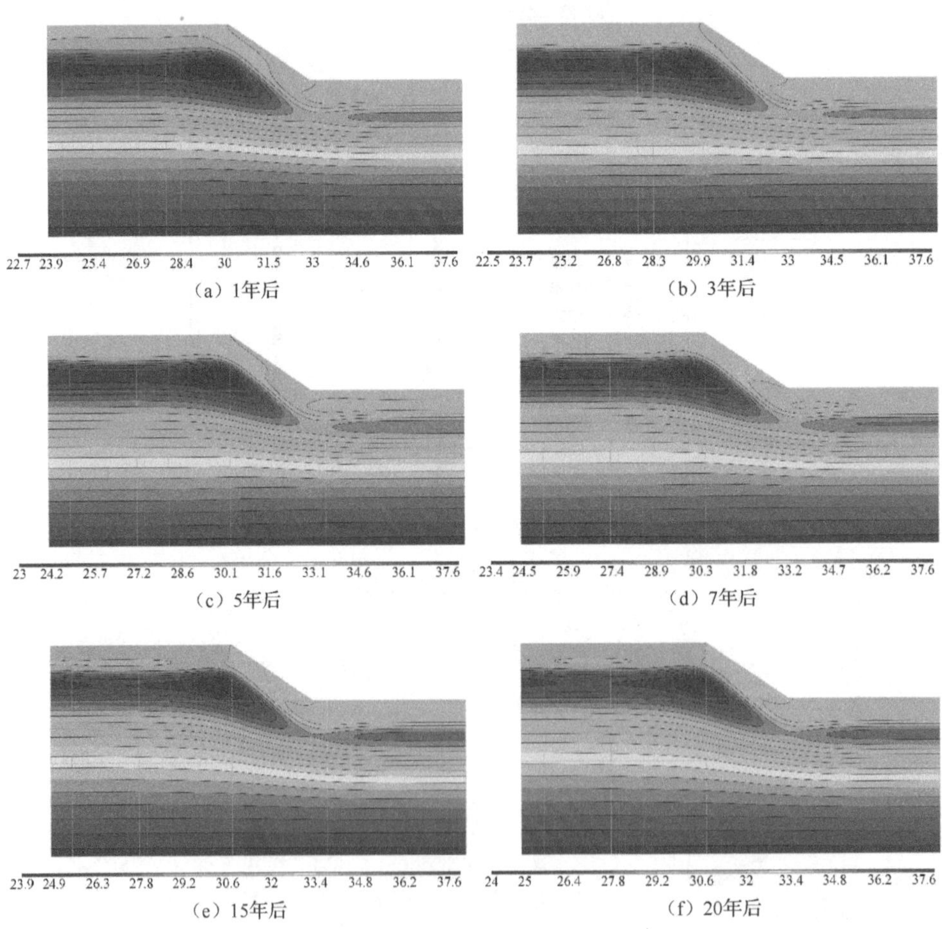

图 11-8　体积含水率随时间演化的云图（单位：%）

图 11-9 为第 3 年的 2 月 1 日、6 月 1 日、8 月 1 日和 11 月 1 日路基的含水率分布云图。路基顶层在 2 月 1 日开始冻结，部分液态水冻结成冰，未冻水含量下降；6 月 1 日路基上部的未冻水含量达到一个新的水平；8 月 1 日路基中部未冻水含量最低，顶、底部较高，此刻的路基处在双向融化状态；11 月 1 日路基顶部未冻水含量再次降低，路基开始发生大面积冻结。整体而言，一年内路基的含水率较为稳定，由浅到深含水率逐渐升高，云图呈层状分布。

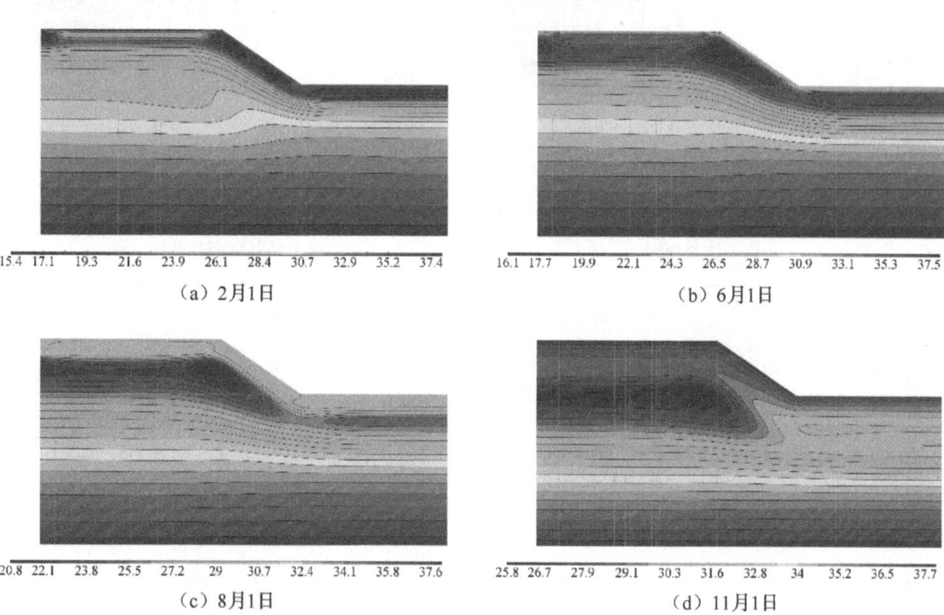

图 11-9　路基体积含水率随月份变化的分布云图（单位：%）

11.2.2.1　水分场随时间的演化规律

图 11-10 为路基不同深度处含水率随时间的变化趋势。可以看出路基不同深度处的含水率均随着时间的增长呈现出波动的趋势，其中路基顶面含水率波动幅度最大，底面含水率波动幅度最小。与此同时，由于上覆路基路面结构性不同，土路肩和中央分隔带下方路基的含水率波动幅度最大，这与图 11-9 中展示的现象相符。

总体而言，路基修筑完成后的 1 年内是含水率波动剧烈的时期。以含水率为研究对象，由于温度的持续降低，路基内部的水分发生冻结从而造成未冻水含量持续降低，在最寒冷月份达到最小值。通过观察图 11-10（a）发现，最小含水率随着月份的增长并未出现明显的增长趋势，表明路基顶面受大气环境因素影响较为显著，其含水率波动维持在一个相对稳定的状态。对比图 11-10（b）～（d），不难发现含水率曲线的波动稳中有升，最寒冷月份对应的最小含水率随着月份的增加逐步上升，其中路基顶面以下 3m 处的最小含水率上升幅度最大。这种现象意味着路基深部区域的含水率受地下水影响显著，含水率正在逐年攀升。

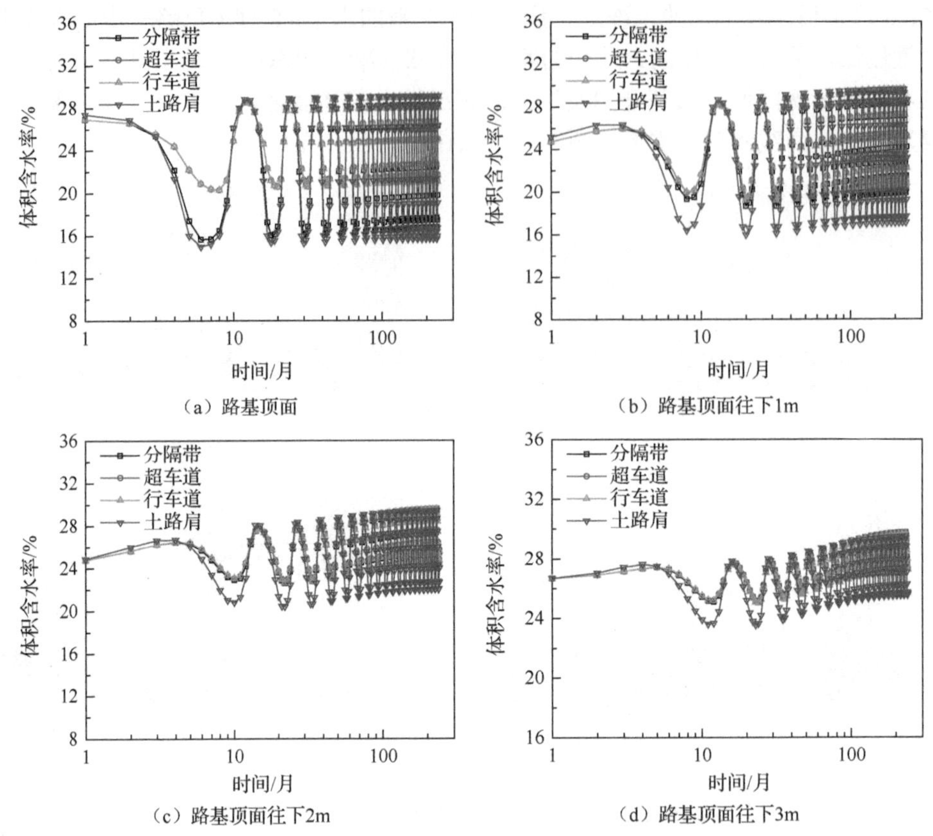

图 11-10　路基不同深度处含水率随时间的变化趋势

11.2.2.2　水分场随空间的演化规律

选取含水率波动最大的土路肩与行车道对照，研究在有、无路面结构的情况下路基含水率的演化规律。结果如图 11-11 所示。图 11-11（a）、（c）为路基修筑完成后 1 年内含水率的剧烈波动情况，随着 9 月 1 日以后温度的持续降低，路基含水率在冷凝势的作用下发生由下往上迁移，含水率随路基深度的分布曲线呈“C”形，随着温度的持续降低，水分发生冻结，未冻水含量在第 5 个月呈反向“C”形，第 12 个月曲线呈反向“S”形分布，路基内部含水率完成首个冻融周期内的重新分布。图 11-11（b）、（d）显示，随着年份的增长，路基内呈反向“S”形分布的含水率曲线逐年右移，表明路基的含水率随着年份的增长而整体升高，15 年后增长趋势不再明显。图 11-11（d）显示，由于土路肩没有路面及基层材料的覆盖，下覆路基直接与大气进行水-热交换，使得下覆路基的含水率在 1.5～3m 深度范围出现低于修筑时的最优含水率状况。

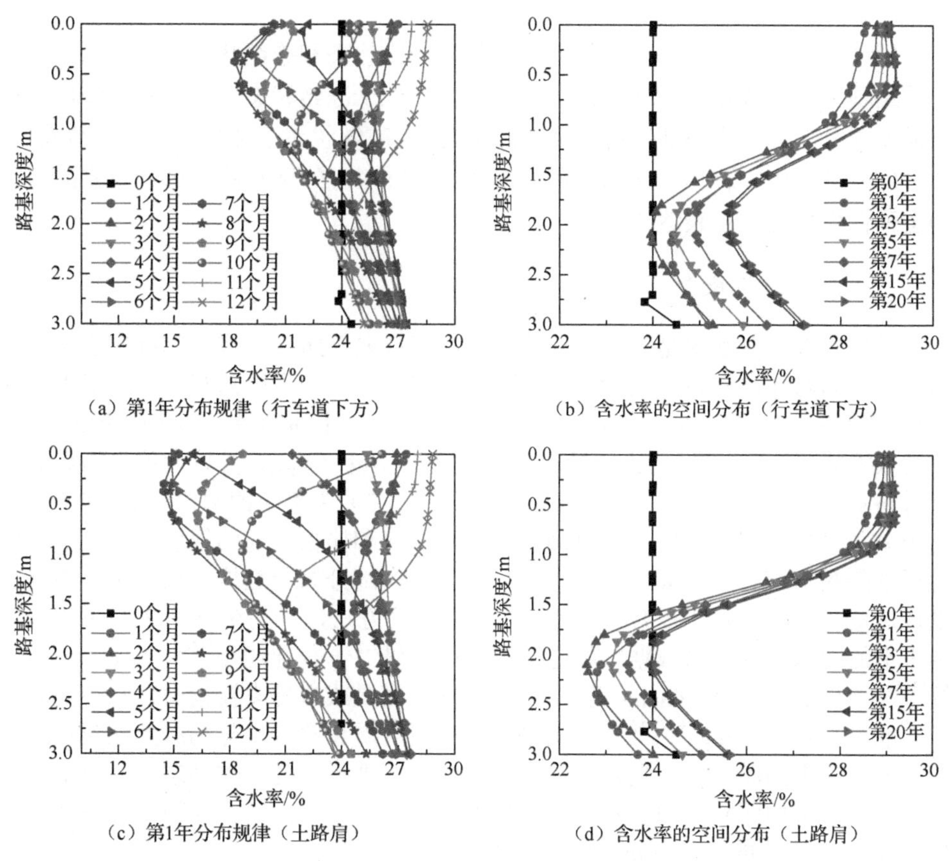

图 11-11　行车道及土路肩下方路基含水率的空间演化规律

11.3　路基工作状态的演化规律

由道路路基内部水分场和温度场分布规律的数值模拟结果可知，随着年份的增长，季节性冻土地区道路路基温度场和水分场呈现各自不同的周期性波动趋势。路基温度在周期性波动过程中逐渐降低而后趋于稳定，含水率在周期性波动过程中先增加而后趋于稳定。温度场和水分场的这种演化趋势无疑会对路基的动模量造成重大影响。因此，本节建立路基温度和水分重分布与路基动态弹性模量的定量关系，以我国《公路沥青路面设计规范》(JTG D50—2017）中推荐的单轴双轮组标准静荷载作为输入，研究不同季节下路基的工作状态，以及季节和重载双重作用下道路路基的动力反应。

11.3.1　动态弹性模量与含水率及温度的关系

以 0℃为界限将路基土所处的状态分为融化状态和冻结状态。处于融化状态下的路基土弹性模量是含水率的单值函数，而处于冻结状态下的路基土弹性模量则需要同时考虑含水率和冻结温度的影响，因为冻结状态下部分液态水冻结成冰，此时的路基土由土颗粒、未冻水和冰组成。现针对上述两种状态分别建立路基土动态弹性模量的定量表达式。

11.3.1.1　融化状态

融化状态下含水率是影响土体动态弹性模量 E_d 的重要参数。为标定含水率 ω 与路基土动态弹性模量 E_d 之间的定量关系，利用多个地点的路基土开展了土体动剪切模量 G_d 的测试试验，获取了不同含水率下各种土体的最大动剪切模量 G_{max}，然后根据式（5-3）转换为土体的最大动态弹性模量 $E_{d,max}$，并以此值作为数值计算时路基土的动态弹性模量 E_d 的代表值。式（5-3）中黏土的泊松比取 0.4。试验用土分别来自哈尔滨市区、吉舒高速、龙蒲高速和榆松高速的现场取样，土性均为低液限黏土或者粉质黏土，加上本研究获取的部分试验数据，按照《公路路基设计规范》（JTD D30—2015）[203]中的标准试验方法，一共获取了 7 组不同应力水平下的动态弹性模量数据。通过分析 Costa 等[343]、凌建明等[344]、Sawangsuriya 等[345]、Yang 等[346]及 Zhang 等[347]路基土回弹模量或者静态模量与含水率关系的研究成果，选用 Zhang 等[347]建议的幂函数来拟合质量含水率与动态弹性模量之间的关系，结果如图 11-12 所示。幂函数能够很好地描述各土体动态弹性模量随着质量含水率增加而降低的演化规律，其中 R^2=0.908。由此，土体的动态弹性模量 E_{du}（MPa）与质量含水率 ω（%）的定量关系可以写成

$$E_{du} = 7657.223\omega^{-1.664} \tag{11-3}$$

11.3.1.2　冻结状态

冻结状态下路基土的动态弹性模量不仅与未冻水含量有关，受冻结温度影响更大。大量研究[348]表明，冻土的动态弹性模量随着温度的降低而增大，二者的关系可通过幂值小于 1 的幂函数描述；一定冻结温度下冻土的动态弹性模量与含水率呈正相关。根据动态弹性模量与动剪切模量的转换关系，将文献[349]中提供的与本研究试验用土相同的哈尔滨市黏土的动剪切模量实测值转换为动态弹性模量，通过二元拟合建立本研究数值模拟所需的冻结状态下路基土动态弹性模量与温度和含水率的关系。

如图 11-13（a）所示，拟合曲面能够合理地反映出哈尔滨黏土的动态弹性模量随着冻结温度和初始含水率增大而增大的规律。需要注意的是，文献[349]中的含水率为试件制作时对应的初始含水率，并非冻结状态下试件内部的未冻水含量，

需要将其转换成未冻水含量才能表征土体在冻结状态下含水率及温度对其动态弹性模量的影响。利用徐学祖等[333]提出的未冻水含量计算式 $W_u = a|T|^{-b}$ 来确定不同初始含水率试件在对应冻结温度下的未冻水含量。式中，与土性有关的参数 a、b 取值参考文献[350]中对黏性土的研究结论，确定图 11-13（a）中对应的黏土试件初始含水率为 0.18、0.28、0.36 时对应的 a 值依次取为 16.62、14.55 和 10.52，b 值依次取为 0.58、0.59、0.55。由此将转换得到的未冻水含量及其对应的冻结温度作为自变量，重新拟合获得路基土动态弹性模量 E_{df}(MPa)与温度 T(K)和质量未冻水含量 ω（%）的关系，结果如图 11-13（b）所示。三者的关系式为

$$E_{df} = -73.97 - 269.08T + 117.08\omega - 7.32T^2 - 4.03\omega^2 \tag{11-4}$$

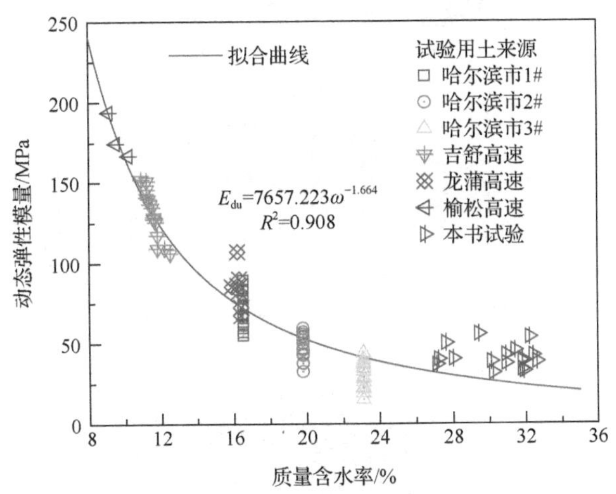

（a）动态弹性模量与质量含水率关系

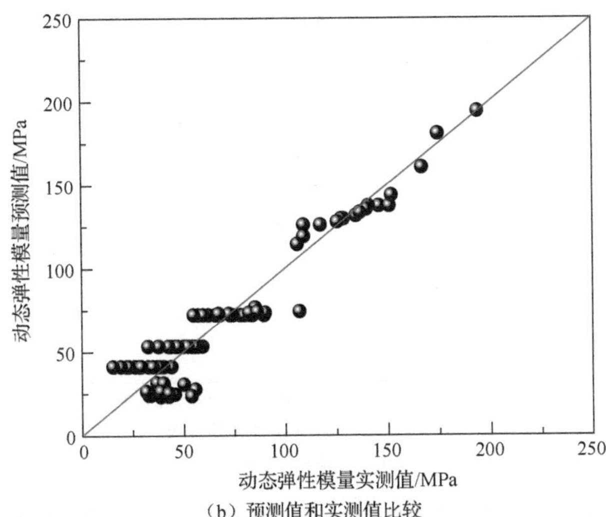

（b）预测值和实测值比较

图 11-12　融化状态下土体动态弹性模量与质量含水率的关系及其验证

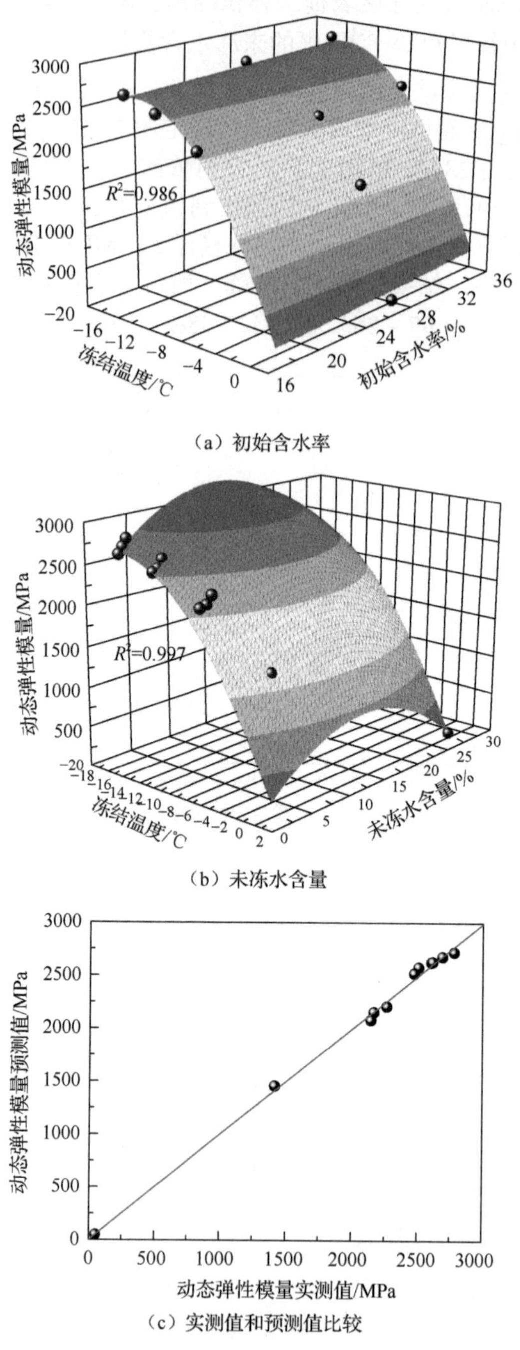

（a）初始含水率

（b）未冻水含量

（c）实测值和预测值比较

图 11-13　路基土动态弹性模量与温度及含水率的关系及其验证

11.3.2　季节变化对路基工作状态影响的预测

考虑到冻结和融化的过程中道路路基内部的温度和水分分布明显不同，提取路基 1m 深度处第 20 年温度和水分数据，确定代表性节点作为分析对象，如图 11-14 所示。2036 年 5 月 1 日对应的温度和含水率最低，2036 年 11 月 1 日对应的温度和含水率综合最高，分别选取这两天作为最大冻深和最大融深的研究点。此外，选取 2036 年 8 月 1 日为升温阶段的研究点，2037 年 2 月 1 日为降温阶段的研究点。

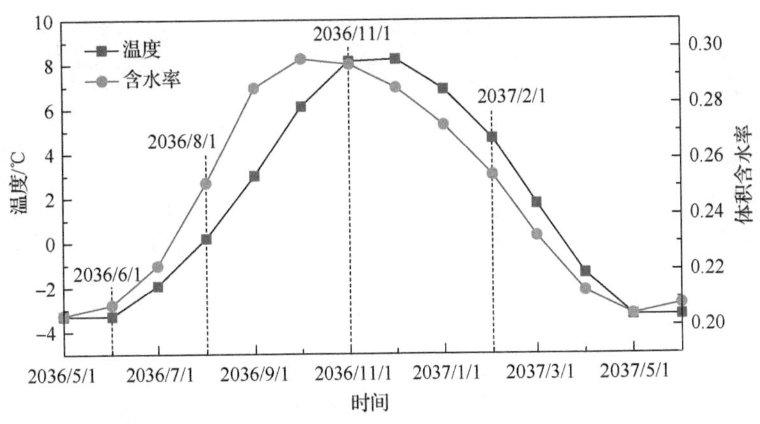

图 11-14　路基 1m 深度处第 20 年温度和含水率情况

计算道路路基在 100kN 的单轴双轮组标准荷载、80km/h 行驶速度下的动压应力反应，动荷载系数取 1.14。以 0℃为标准，处于冻结状态的土体采用式（11-4）计算其动态弹性模量，处于融化状态的土体采用式（11-3）计算其动态弹性模量。图 11-15 展示的是上述典型时刻下路基温度、含水率及弹性模量的分布云图。可以看出，不同时刻下路基的工作状态差异明显。

图 11-15（a）为 2036 年 6 月 1 日路基处于最大冻深状态下的温度、含水率和弹性模量分布云图。由于此刻路基上层处于负温状态，含水率维持在一个较低的水平，对应的弹性模量较大；路基下层处于正温状态，含水率较高，对应的弹性模量较低。在 1.5m 深度附近路基弹性模量的量级发生急剧变化，由 900MPa 快速降低至 450MPa，再降至 40MPa 左右。由此可见，温度和水分的重分布现象强烈影响着路基不同层位的弹性模量，其差异性可达 1 个数量级，若不考虑这种水-热耦合作用必将忽略路基的层间力学响应差异，从而对路基的力学行为造成误判。

图 11-15（b）为 2036 年 8 月 1 日大气温度上升过程中路基温度、含水率、弹性模量的分布云图。可以看出，温度云图很好地展示了路基土正在发生双向融化，在路基中部 1～2m 深度范围内形成了融化土核，对应此区域的弹性模量也处于一

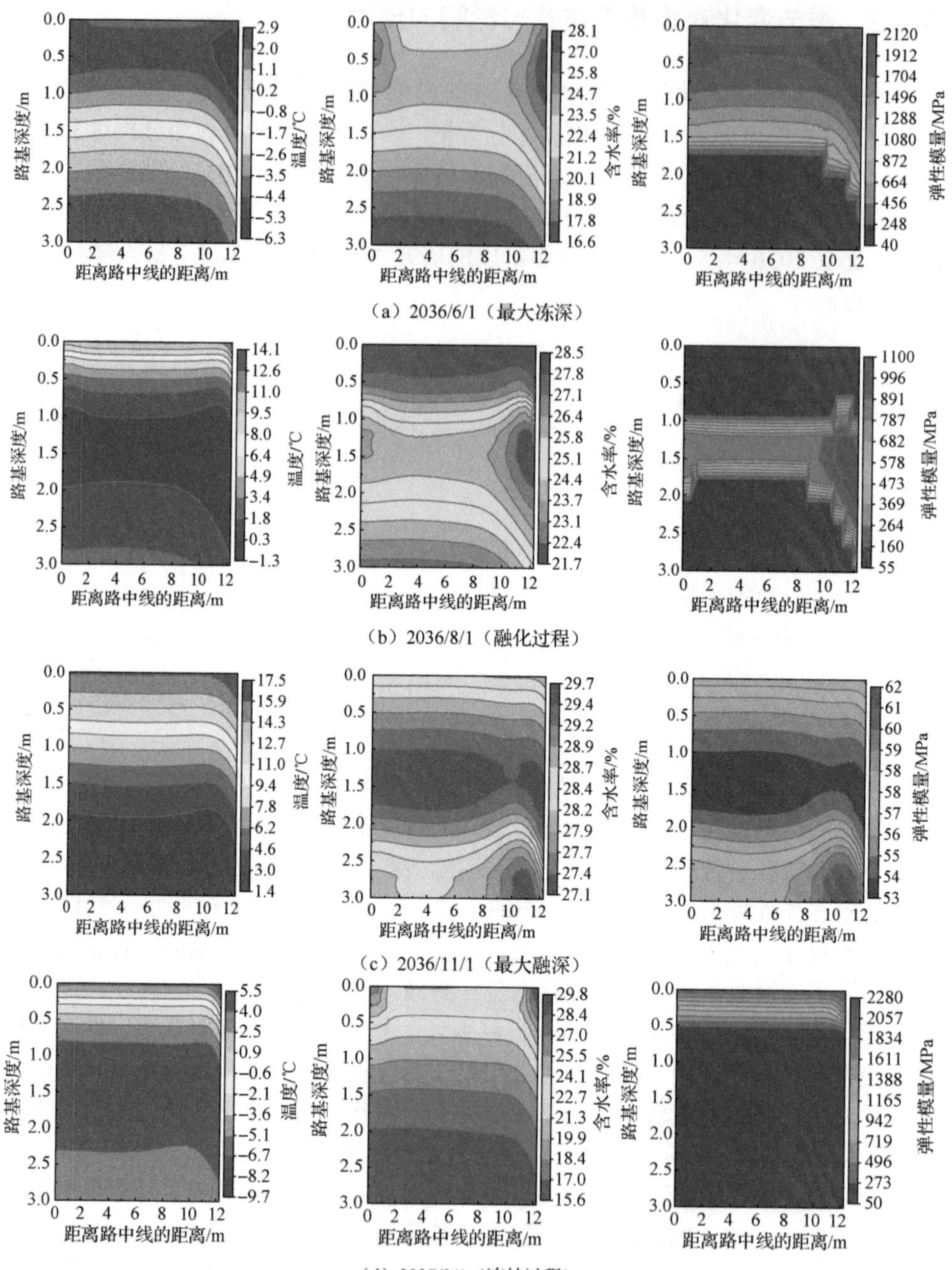

图 11-15　典型时刻下路基温度、含水率及弹性模量的分布云图

个较高的水平，是路基顶、底部弹性模量的 18 倍左右。距离路中央 10～12m 位置处靠近土路肩，水-热耦合过程中土路肩下方路基的温度和水分波动幅度最大，使得此处的弹性模量比路面下方路基的弹性模量偏大。这种现象也表明季节性冻土地区的路基在垂向上存在弹性模量分布不均匀性。

图 11-15（c）展示的是 2036 年 11 月 1 日路基处于最大融深状态下的温度、含水率、弹性模量的分布云图。此时路基冻土全部融化，土体处于正温状态，路基的弹性模量仅受含水率影响。对比含水率云图和弹性模量云图发现二者具有良好的一一对应性。全部融化状态下路基弹性模量在 53～62MPa。因此，从力学响应的角度来讲，最大融深状态下路基处于最不利受力状况。

图 11-15（d）为 2037 年 2 月 1 日路基在冻结状态下的温度、含水率和弹性模量分布云图。大气温度下降导致路基浅层温度处于负温状态，反映在路基弹性模量上则表现为浅层路基弹性模量明显大于中下部。由于此刻冻结深度有限，路基在 0.5m 深度附近弹性模量开始锐减。0.5m 以下的路基土处于常温状态，其弹性模量与含水率有关，维持在 50MPa 左右的水平。

总体而言，季节性冻土地区路基土的工作状态与季节变化息息相关。在大气温度降低或者升高的过程中，路基土处于或者局部处于冻结和融化状态，其弹性模量并不是一个确定值，而是由温度和含水率相互耦合、共同决定的，综合表现为路基不但在深度方向上弹性模量差异性明显，在水平方向上的弹性模量也不尽相同。通过图 11-15 展示的结果可知，以往研究中忽略了季节变化对路基工作状态的影响显然会对路基路面力学响应的认识产生偏差。

11.4　小　　结

基于路基水-热-动力耦合模型研究了寒区道路路基在不同季节和不同载重下的工作状态及其动应力响应。获取了路基内部温度场和水分场，计算得到了行驶车辆荷载下路基内部的动应力分布，继而提出了路基不均匀变形的计算方法，确定了路基不均匀变形的模式及其函数表达式。主要结论如下。

（1）季节性冻土地区道路修筑完成之后，路基内部温度整体水平降低，在第 5 年后率先达到平衡状态；路基内部含水率保持逐年上升，达到平衡状态的时间相对迟滞，约需 15 年。冻融深度在修筑后第 1 年可达 1.41m，之后逐年加深，最深可达 2.21m。

（2）以温度、含水率和动态弹性模量 3 个指标评估了道路路基在不同季节下的工作状态及其动力响应，认为服役期内路基土的弹性模量并不是一个确定值，而是由温度和含水率相互耦合、共同决定的，综合表现为路基土动态弹性模量在深度方向和水平方向上均不相同，从而导致路基动力响应不同。

第 12 章　冻融和汽车荷载作用下寒区路基动力变形

冻融循环作用诱发路基土的湿度和温度发生改变，进而造成土体力学性质的劣化。在长期公路交通荷载作用下，路基将产生累积的塑性变形，直接影响路面结构的受力特性和耐久性。本章在路基温湿状况研究的基础上，分析了寒区道路路基在重车荷载作用下的动力响应；进而提出了寒区路基不均匀变形的计算方法，确定了路基不均匀变形的模式及其定量的函数表达式，以路面及基层的材料性能为评价标准，提出季节性冻土地区路基不均匀变形的控制指标及其预估公式，并针对典型的路面结构提出了路基不均匀变形控制指标的推荐值。

12.1　季节变化和重车荷载对路基动力响应的影响

12.1.1　季节变化

以《公路沥青路面设计规范》(JTG D50—2017）推荐的标准荷载作为输入。荷载移动速度选为 80km/h，动荷载系数取为 1.14。分别预测路基在 2036 年 6 月 1 日、2036 年 8 月 1 日、2036 年 11 月 1 日和 2037 年 2 月 1 日对应的动压应力响应。4 个时间点分别代表了路基在最大冻深、融化过程、最大融深及冻结过程中的典型状态。图 12-1 为不同季节代表日期当汽车荷载通过路基横断面（$t = 0.0452525$s）产生的动压应力峰值分布云图。

可以看出，不同季节下路基动压应力峰值分布云图差异很大。以 2036 年 6 月 1 日路基处于最大冻深状态为例，由于此刻路基浅层冻结成冻土，路基动态弹性模量处于最高的水平［图 12-1（a)］，行驶的车辆荷载在路基浅层 0～0.5m 范围内形成压应力区域，路基动态弹性模量在 1～1.5m 发生大幅度折减，因此该区域内形成了反向拉应力区；2036 年 11 月 1 日路基处于最大融深状态下，路基内部的动压应力峰值分布云图与常规动力响应云图一致，即以轮迹带中心为对称轴呈对称分布，动压应力分布云图的形状在路基浅层为两个对称的半圆状，到路基中层二者合二为一，在远离轮迹带的范围形成反向的拉应力；2036 年 8 月 1 日和 2037 年 2 月 1 日路基处于正融状态和正冻状态，路基的动压应力峰值分布云图迥异，参照对应的路基动态弹性模量分布云图［图 12-1（b）和（d）］可知，二者均是在路基动态弹性模量发生突变的位置动压应力峰值分布同样发生突变，其中正融状态下路基在突变区域产生动压应力集中带，正冻状态下路基在突变区域产生反向拉应力集中区。

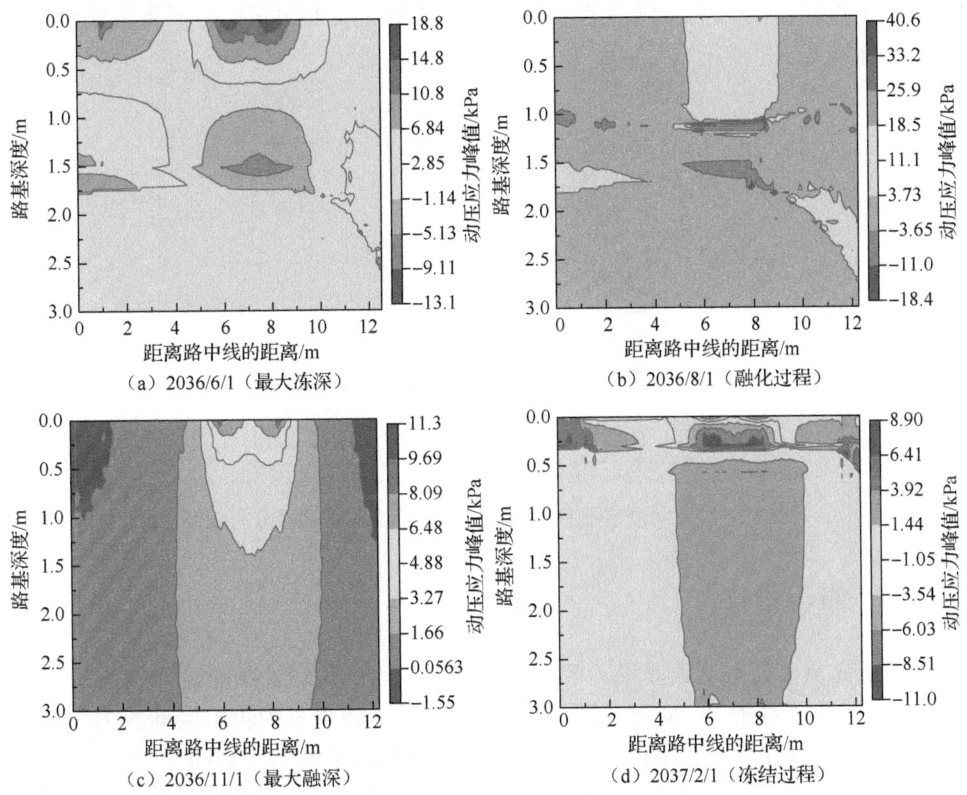

图 12-1　季节变化对路基动压应力峰值分布的影响（t=0.042525s）

图 12-2 为不同季节下路基动压应力峰值沿路基深度分布规律。可以看出，除了动压应力峰值的量级不同之外，不同季节对应的曲线形状也存在差异。最大冻深时路基动压应力峰值随深度的演化曲线为弧形，而且在 1.5m 深度以内动压应力峰值的衰减速度较慢，在 1.5m 附近动压应力峰值幅值发生突变，之后继续保持原有的衰减速度。1.5m 深度处动压应力峰值幅值突变的现象是因为该处路基动态弹性模量由高模量向低模量锐减，如图 11-15 中的模量云图所示；随着气温回升，2036 年 8 月 1 日同等荷载条件下动压应力峰值幅值的衰减速度明显快于最大冻结状态，在 1.5m 深度附近动压应力峰值幅值发生突变，其原因同样是该处存在未融

化土核，对应的路基动态弹性模量偏高，如图 11-15 中的模量云图所示；2036 年 11 月 1 日路基土处于正温状态并达到了最大融深，动态弹性模量仅与含水率有关，路基层间含水率差异性相对较小，同等荷载条件下动压应力峰值能够随着路基深度增加而平稳衰减，路基处于最不利的工作状态；2037 年 2 月 1 日路基土冻结至 0.5m 深度附近，其动压应力峰值幅值在此处发生突变。总而言之，由于季节的不断更替，同等荷载条件下路基内部动压应力峰值曲线的形状明显不同，表明季节性冻土地区路基动力响应受季节性影响不容忽视，最大融深状态下路基处于最不利的工作状态。

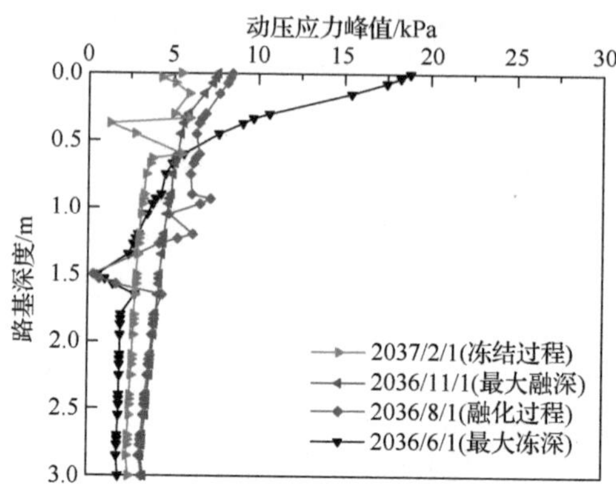

图 12-2　不同季节下路基动压应力峰值沿路基深度分布规律

12.1.2　重车荷载

为研究重车荷载对路基动力响应的影响，以《公路沥青路面设计规范》（JTG D50—2017）推荐的 0.7MPa 标准荷载作为基准，将重车的轮胎接地压力选取为 0.84MPa、0.98MPa、1.12MPa 和 1.26MPa，分别预测了路基在 2036 年 6 月 1 日和 2036 年 11 月 1 日对应的动压应力响应，两个日期下路基分别处于最大冻深状态和最大融深状态。荷载移动速度选为 80km/h，动荷载系数取为 1.14。将 0.7MPa 轮胎接地压力视为常规荷载，则 0.84MPa、0.98MPa、1.12MPa 和 1.26MPa 的接地压力分别超载了 20%、40%、60%和 80%。

图 12-3 为最大冻深状态下不同重车荷载下路基横断面上动压应力峰值的分布云图。由于此时刻路基浅层为冻土，传荷能力大幅提升，重车荷载下该区域产生了动压应力集中区。随着深度的增加，冻土层强度发生衰减，传荷能力大幅减弱，在 1～1.5m 深度范围内产生反向的拉应力集中区。整体而言，随着重车荷载级别的提高，车轮轮迹带下方路基的动压应力峰值云图面积不断增大，动压应力荷载的量级也在不断提高，同时，路基深度 1～1.5m 深度范围内的反向拉应力的量级也在提高。这意味着车辆荷载的超重全面提升了路基内部动压应力水平。

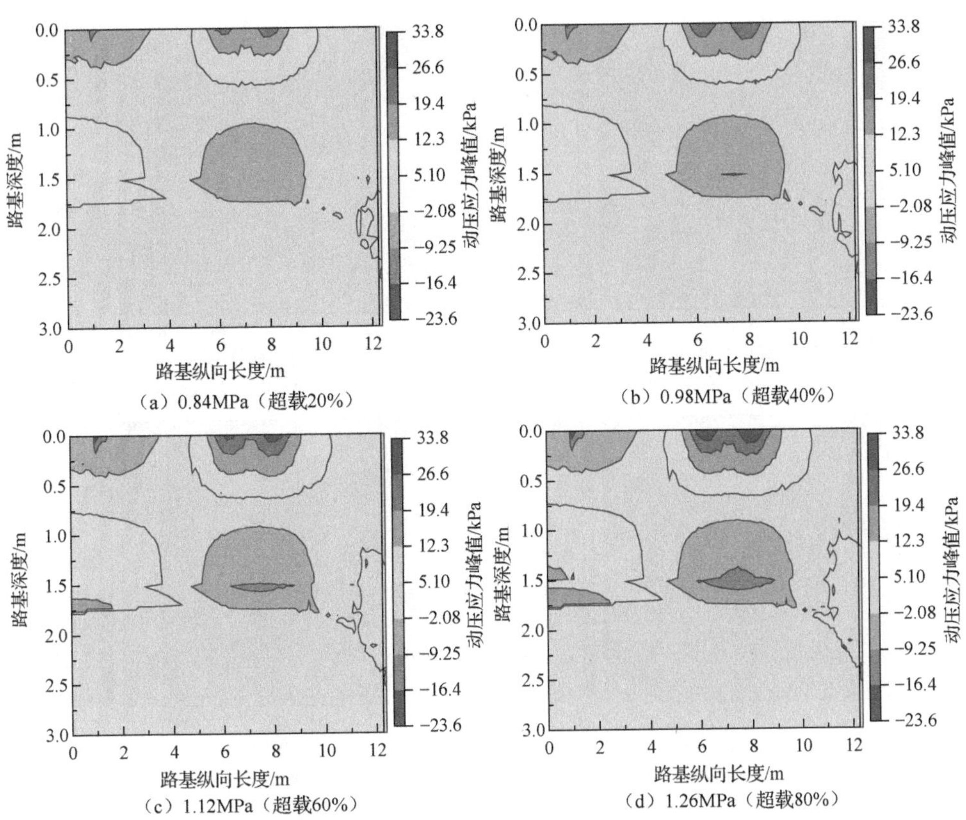

图 12-3　不同重车荷载下路基动压应力峰值的分布云图（最大冻深）

图12-4为最大融深状态下不同重车荷载下路基横断面上动压应力峰值的分布云图。由于路基内部不存在冻土，路基各层位的动态弹性模量相差不大。重车荷载能够随着路基深度的增加而均匀消散，而不是在最大冻深状态下出现突变现象。随着车辆荷载级别的提高，路基内部动压应力荷载的面积和量级均有所提升。

图 12-5 为最大冻深和最大融深时刻不同重车荷载下路基的动压应力峰值分布。可以看出动压应力峰值曲线在坐标系中均随着重车荷载的增大而整体右移，这意味着重车荷载对路基造成的附加应力是全方位的，并非仅仅局限于路基表层。以 0.7MPa 荷载在最大融深状态下在路基顶面产生的动压应力峰值为基准，超载 20%、40%、60%和 80%情况下路基顶面动压应力峰值依次增大 19.8%、33.2%、52.2%和 70.0%；随着天气转冷，路基浅层开始冻结成为冻土，路基浅层的动态弹性模量随之增大，同等条件下传递上部动荷载的能力大幅提升。以 2036 年 6 月 1 日冻深最大时刻为基准，5 种荷载对应的路基顶面动压应力峰值比最大融深状态依次增大 148.4%、148.7%、161.1%、160.9%和 162.8%不等。这种现象再次说明最大融深状态下的路基处于最不利状况。

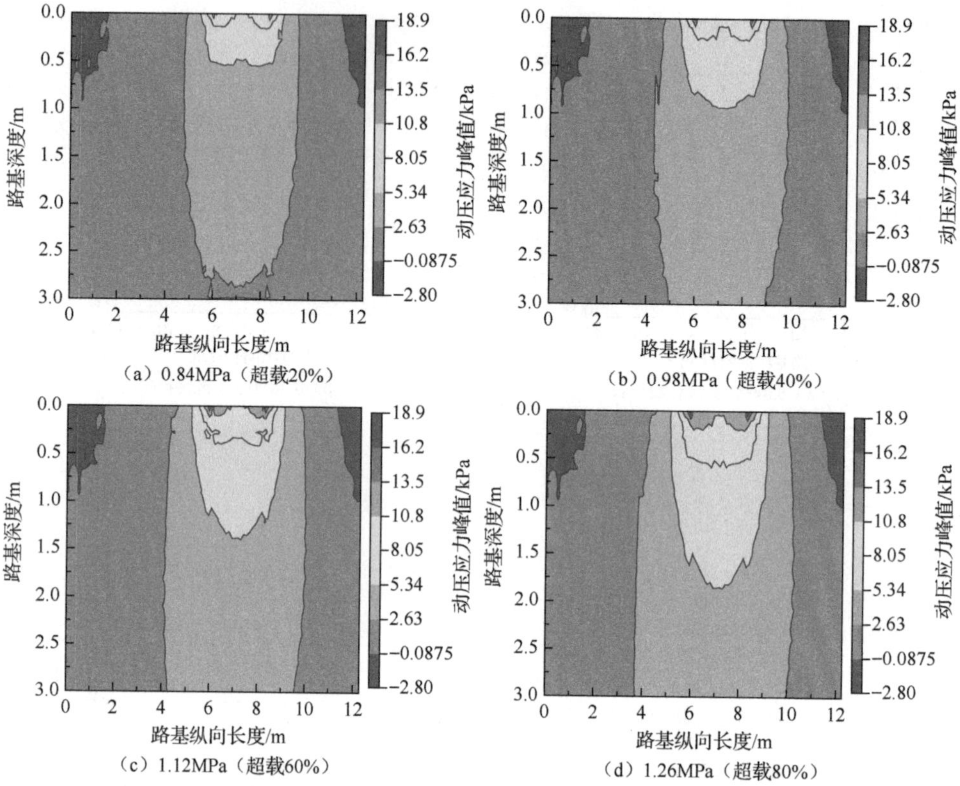

（a）0.84MPa（超载20%）　（b）0.98MPa（超载40%）

（c）1.12MPa（超载60%）　（d）1.26MPa（超载80%）

图 12-4　不同重车荷载下路基动压应力峰值的分布云图（最大融深）

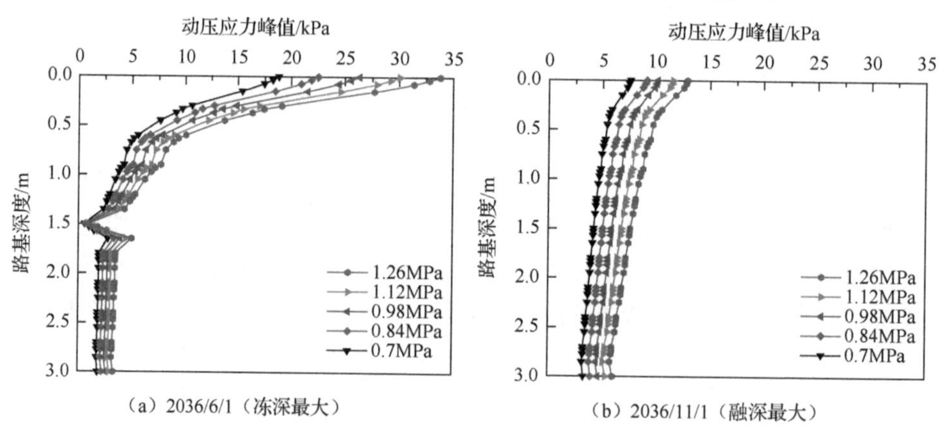

（a）2036/6/1（冻深最大）　（b）2036/11/1（融深最大）

图 12-5　不同重车荷载下路基动压应力峰值分布

前文中分别研究了季节变化和重车荷载对路基动力响应的影响。现研究二者综合影响下路基横断面上动压应力峰值的分布规律。图 12-6 为最大冻深和最大融深状态下路基横断面动压应力峰值曲线。可以发现，由于两种典型状态下路基弹性模量不同，同等车辆荷载作用下路基横断面上动压应力峰值的形状明显不同。当路基处于最大冻深状态时，其上层动态弹性模量达到 1000～2000MPa，对应的路基动压应力峰值曲线呈“W”形分布；当路基处于最大融深状态时，路基动态弹性模量在 50～60MPa，动压应力峰值曲线形状明显不同于“W”形，而是呈近似“U”形分布，在距离路中线 6.06m 和 8.46m 处发生突变，动压应力峰值幅值由最大值迅速衰减至较小值，而在 6.06m 和 8.46m 之间维持一个平稳的压应力状态，如图 12-6（b）所示。通过对比发现，距离路中线 6.06m 和 8.46m 处正是两侧车轮轮迹带外缘附近的位置，这种现象进一步说明路基弹性模量的大小直接决定着路基动力响应的模式。

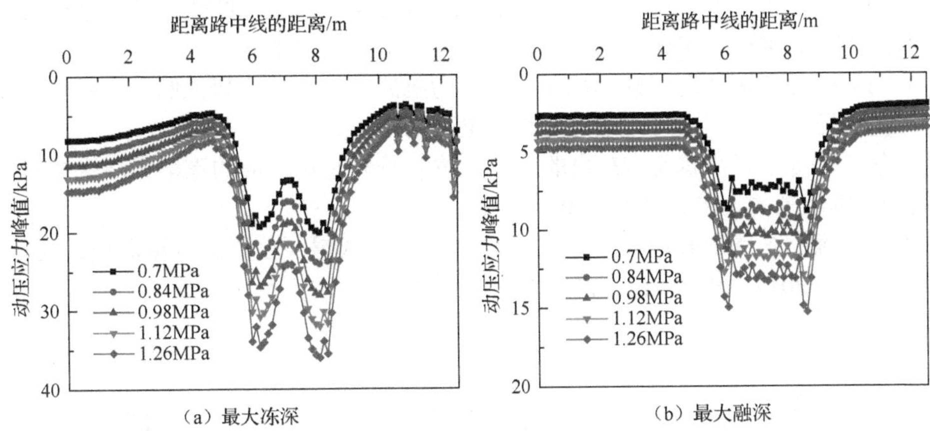

图 12-6　最大冻深和最大融深状态下路基横断面动压应力峰值曲线

季节的转变从本质上改变了路基的工作状态，使得路基动态弹性模量在时间和空间上均呈现出起伏变化，这种起伏变化的状态将导致路基动应力响应的模式明显不同。另外，车辆荷载的增大全方位地提高了路基内部动应力水平，二者综合作用下路基的工作状态在最大融深状态下处于最不利状况，这是季节性冻土地区路基工程需要持续关注的课题，由此产生的路基动力永久变形模式同样值得进一步探讨。

12.2　寒区长期重载作用下路基动力永久变形

12.2.1　计算思路与方法

利用“力学-经验法”分析长期交通荷载下路基的永久变形特性是道路工程领域最常用、最高效的方法，其核心思想是基于弹性理论/数值模型计算出道路路基内部每一个单元对应的应力场，再利用事先建立起来的累积塑性应变经验模型计算每个单元对应的永久变形，继而利用分层总和法得到整个路基的永久变形分布情况，具体流程如图 12-7 所示，实施步骤如下。

（1）计算水-热耦合作用下路基内部水分 $\omega(t)$的分布，并确定冻融影响范围及最大冻结深度 H_f。

（2）将 $E_d(\omega)$表达式作为杨氏模量参数输入到车辆移动荷载的计算步骤，式中，ω 为步骤（1）中的解。

（3）计算重力作用下路基内部的应力分布情况，并将计算结果以预应力形式代入到车辆移动荷载计算步骤。

（4）输出重力场作用下每个单元对应的垂向压应力σ_z、水平向压应力$\sigma_x=\sigma_y$。按照$(\sigma_z+2\sigma_x)/[3(\sigma_z-\sigma_x)]$计算出每个单元对应的初始应力比 η。

（5）进行车辆移动荷载作用下路基动力响应计算，输出研究断面上每个单元对应的动压应力时程曲线，确定时程内最大动压应力σ_d。

（6）对处于最大冻深 H_f 内的土单元按照研究时刻对应的冻融循环次数确定 f_{FT}；在 H_f之外的土单元按照 $n=0$ 确定 f_{FT}。

（7）确定车辆荷载的轴载作用次数 N；本节依据《公路沥青路面设计规范》（JTG D50—2017）中单轴双轮组荷载进行计算。

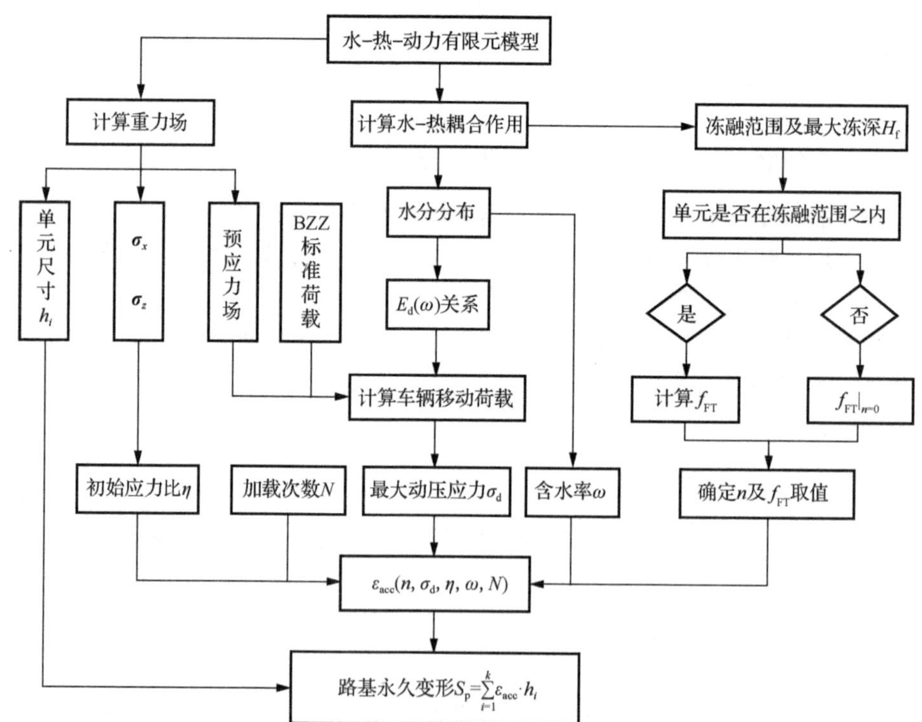

图 12-7　寒区道路路基永久变形计算流程

（8）以栅格形式输出研究区域内每个土体单元对应的尺寸，获取垂直方向上的单元高度 h_i。

（9）计算每个土单元对应的累积塑性应变 ε_{acc}，进而计算每个土单元的变形 $\varepsilon_{acc}\cdot h_i$。根据分层总和法计算车辆荷载作用下累积的路基永久变形 S_p：

$$S_p=\sum_{i=1}^{k}\varepsilon_{acc}\cdot h_i \tag{12-1}$$

12.2.2　影响因素分析及其演化模式

不同季节下路基工作状态的演化规律表明，最大融深状态下路基处于最不利的工作状态。将处于全融化状态的路基作为基准，研究季节性冻土地区路基在冻融循环次数 n、重车荷载 M（指车辆单轮静态接地荷载）及循环振动次数 N 作用下的不均匀变形特性。所选用的有限元计算模型及其参数与第 11 章相同。图 12-8 为不同工况下路基横断面上永久变形的典型计算结果。

可以看出所有的曲线呈现出较为一致的形状。随着研究点由近及远地远离路中线，对应的永久变形均先增大后减小，整条曲线呈钟形分布，在距离路中线 6～8m 永久变形较大，这个宽度也与车辆荷载轮迹带宽度相当。根据永久变形曲线形状呈钟形的特点，选用高斯峰值函数对图 12-8 中的永久变形散点进行拟合，函数的通式为

$$h=h_0+Ae^{-\frac{(x-B)^2}{2C^2}} \tag{12-2}$$

式中，h 为永久变形，mm；x 为距离路中线的距离，m；h_0 为路基永久变形的初始值，mm；A、B、C 为拟合参数，分别表征了永久变形曲线的峰值、中心点和宽度。

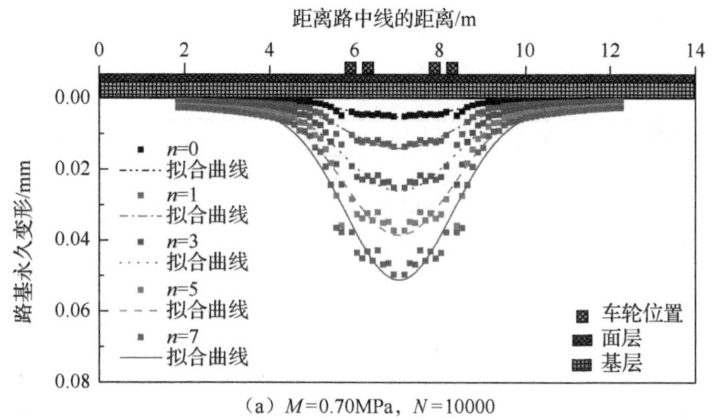

（a）M=0.70MPa，N=10000

图 12-8　路基横断面上的永久变形

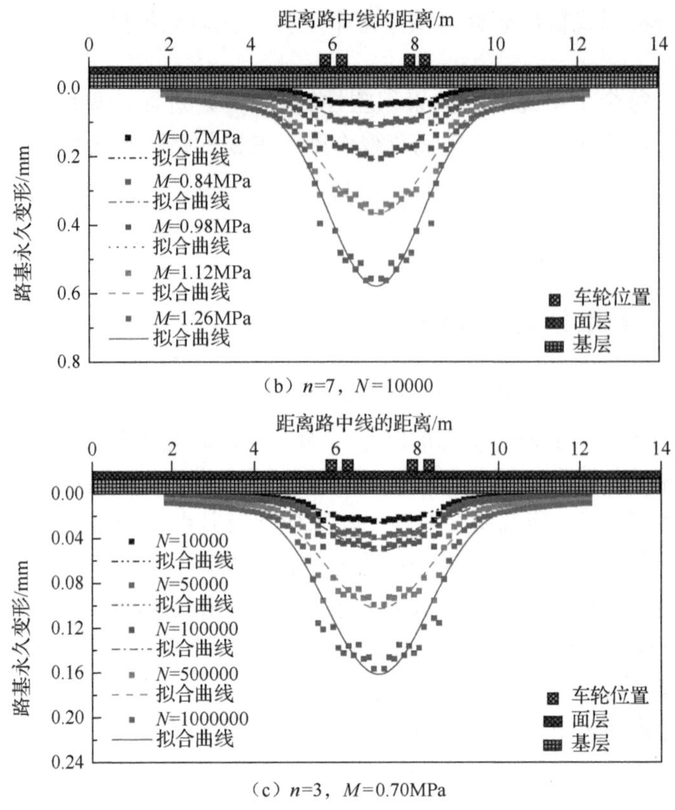

图 12-8（续）

高斯峰值函数式（12-2）的拟合结果如图 12-8 所示，可以看出高斯峰值函数能够很好地拟合路基不均匀沉降曲线。获取的拟合参数如表 12-1 所示，5 种荷载对应的曲线拟合决定系数均超过 0.93。因此，高斯峰值函数可以用来表征季节性冻土地区路基横向不均匀变形的模式。

表 12-1　路基永久变形曲线的拟合参数

n/次	M/MPa	N/次	h_0/mm	A	B	C	R^2
0			0.000384	0.00489	7.09	1.22	0.95
1			0.00165	0.0123	7.05	1.22	0.934
3	0.70	10000	0.00293	0.0228	7.06	1.22	0.935
5			0.00432	0.0339	7.06	1.22	0.936
7			0.00579	0.0452	7.06	1.22	0.936
	0.70		0.00579	0.0452	7.06	1.22	0.936
	0.84		0.0126	0.0978	7.06	1.22	0.937
7	0.98	10000	0.0250	0.181	7.06	1.19	0.95
	1.12		0.0442	0.319	7.05	1.19	0.951
	1.26		0.0712	0.523	6.90	1.17	0.961

续表

n/次	M/MPa	N/次	h_0/mm	A	B	C	R^2
3	0.70	10000	0.00293	0.0228	7.06	1.22	0.935
		50000	0.00458	0.0357	7.06	1.22	0.935
		100000	0.00576	0.0448	7.06	1.22	0.935
		500000	0.0116	0.0902	7.06	1.22	0.935
		1000000	0.0183	0.143	7.06	1.22	0.935

12.2.3　路基永久变形的预估公式

冻融循环次数 n、重车荷载 M 及循环振动次数 N 是季节性冻土地区路基变形的主要影响因素，前文验证了高斯峰值函数能够合理地描述路基横向变形模式，典型工况的拟合参数如表 12-1 所示。参数 h_0 影响着永久变形曲线与基层底面的相对位置；参数 A 影响着曲线的峰值；参数 B 影响着曲线中心的位置；参数 C 影响着曲线的宽度。参数 B、C 的波动很小，其值分别为 7.06 左右和 1.22 左右。参数 A 的取值则与 n、M 及 N 有关，均随着 n、M、N 的增大而增大，但增长趋势有所不同。将 A-n 关系、A-M 关系和 A-N 关系整理如图 12-9 所示。参数 A 与参数 n 及 M、N 的关系可以用线性函数和指数函数分别描述，而且参数 A 可以写成三者的函数：

$$A = \left(0.0252 + 0.0249n\right) M^{4.19} N^{0.472} \tag{12-3}$$

根据上述分析的结果，以 0.7MPa 的单轴双轮组静荷载作为基准，将动荷载系数取为 1.14，车辆行驶速度取为 80km/h，建立了季节性冻土地区路基横向永久变形 S 的预估公式。该公式考虑了 n、M 及 N 的影响。

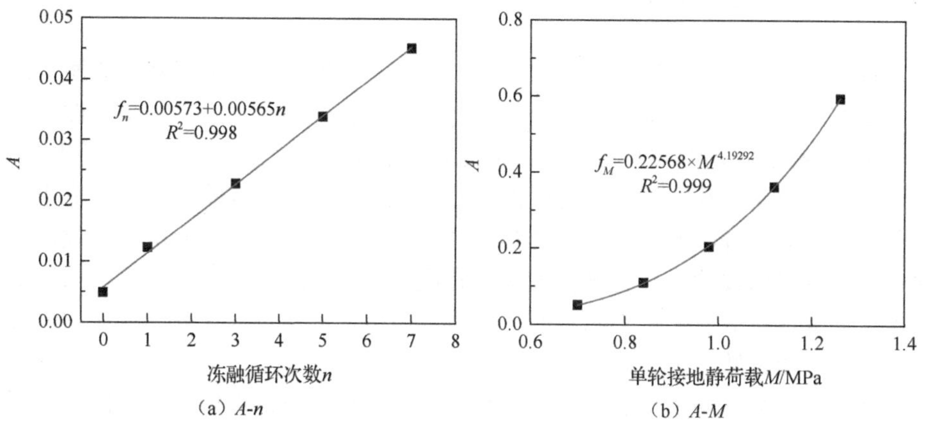

图 12-9　A 与 n、M、N 的关系及其验证

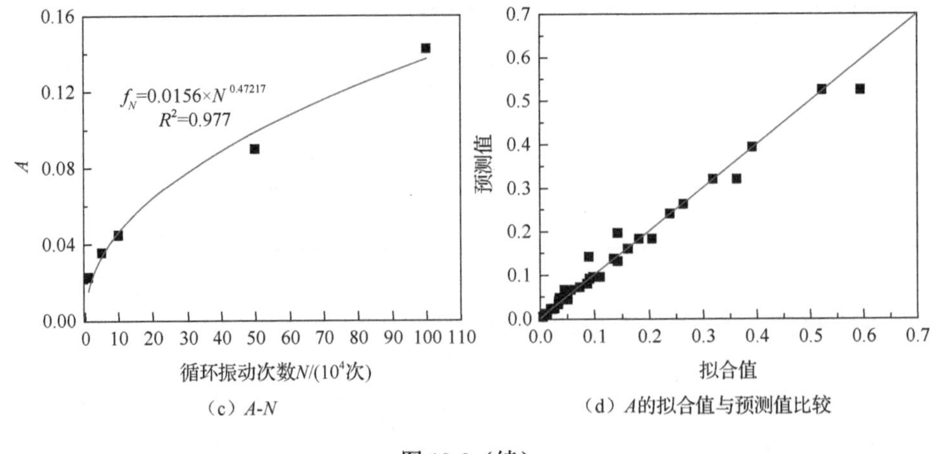

（c）A-N　　（d）A的拟合值与预测值比较

图 12-9（续）

$$S=\left(0.0252+0.0249n\right)M^{4.19}N^{0.472}\mathrm{e}^{-\frac{(x-B)^2}{2C^2}} \tag{12-4}$$

式中，S为路基横向永久变形，mm；x为距离路中线的距离，m；n为冻融循环次数，当$n\geqslant 7$时均取 7；M为重车荷载，MPa；N为循环振动次数，10^4次；B为永久变形曲线中线位置，m，本研究取 7.06m；C为永久变形曲线的宽度，m，本研究取 1.21m。

12.3 寒区路基永久变形控制值的确定

12.3.1 控制指标的选取

前文分析的是不同冻融循环次数、重车荷载及振动次数下路基横断面上永久变形曲线的演化模式。除了重车荷载之外，路基温度、含水率、路基弹性模量、行车速度、路面结构形式及路面不平整度等因素均会影响到道路路基的动力响应，从而影响到路基永久变形曲线的位置、幅值、宽窄等，对应的拟合参数值也会发生相应变化。另外，本研究的研究对象是基于固定轮迹带行驶的重车荷载，因此对应永久变形曲线的中线位置参数B及宽度参数A的取值是基本确定的。真实的路况中车辆的行驶轨迹是不确定的，这将进一步造成路基永久变形曲线的位置、幅值、宽窄等参数发生变化。

有必要对高斯峰值函数的 4 个拟合参数进一步分析，以确定能够控制高斯函数曲线形状的最佳参数。由表 12-1 可知，参数h_0影响着永久变形曲线与基层底面的相对位置，其大小与重车荷载紧密相关，因此其取值需要做特定说明。为了简化计算，本研究数值模拟采用了线弹性假设，没有针对路基路面材料在横向上单独指定阻尼参数，而是整体指定阻尼参数，由此导致永久变形曲线的两端与基层底面几乎平行，而不是理想的相交状态。为了研究参数 A、B 和 C 对永久变形曲线形状的影响，将 h_0 值设定为 0，即不考虑曲线的上下移动。

参数 B 控制着永久变形曲线中心的位置，与行车轨迹有关。当车道确定之后参数 B 的取值也可以确定。假设行车轨迹不变，即参数 B 为定值。重点研究参数 A 和 C 对永久变形拟合函数的影响，结果如图 12-10 所示。参数 A 影响曲线的峰值和宽度，随着参数 A 增大，永久变形深度增大，宽度也相应增大。参数 C 主要影响曲线的宽度，即路基横断面上永久变形曲线的跨度。随着参数 C 减小，永久变形曲线的跨度增大。换言之，参数 C 仅影响路基横向不均匀变形曲线的宽度；而参数 A 不仅影响曲线的宽度，而且影响曲线的深度。因此，选取不均匀变形的参数 A 作为表征路基横向不均匀变形的控制指标（后文称为控制指标 A），以道路底基层弯拉强度作为控制标准，提出季节性冻土地区路基不均匀变形控制指标的参考值。

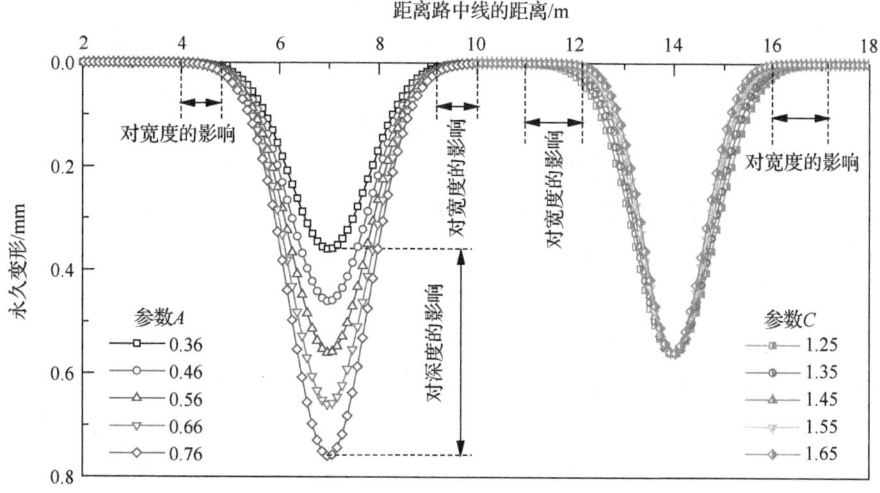

图 12-10　参数 A 和 C 对路基永久变形拟合函数的影响

12.3.2　基于路基永久变形的路面动力响应分析

路基未产生永久变形时，车辆荷载经由路面、基层传递至路基的路径是畅通的，三者构成一个连续层状体系。由于产生了永久变形，路基顶部存在一定深度的脱空区，导致动荷载的传递受阻，继而影响到路面、基层的动力响应。为研究路基永久变形对路面动力响应的影响，利用路面-路基动力模型分别计算了永久变形控制指标 A 为 0mm 和 30mm 时路面动力响应。荷载形式采用 0.7MPa 单轴双轮组标准荷载，行车速度取为 80km/h，动荷载系数取为 1.14。有限元模型的尺寸与 10.3 节相同。截取三维模型中关注区域的横断面作为考察对象，如图 12-11 所示。

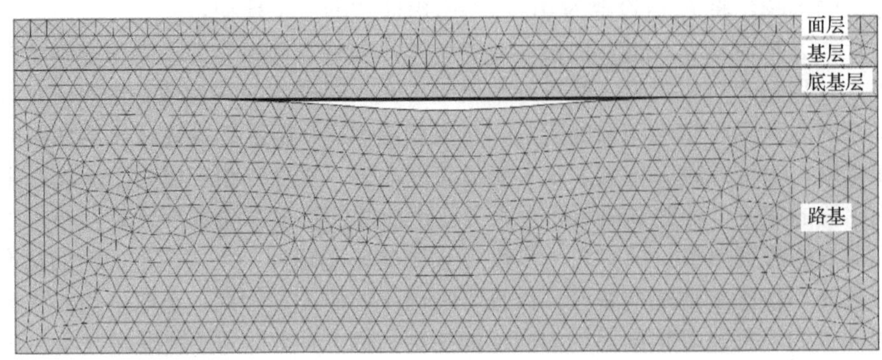

图 12-11　计算容许变形值所用的有限元模型横断面

考虑到路基产生永久变形的脱空之后上覆底基层、基层及面层材料在车辆荷载下的受力状况，分别以拉应力σ_y和竖向位移 w 作为指标来研究各层的动应力响应。图 12-12（a）为 0.6804s 时刻不同路面横断面上拉应力σ_y的分布云图。可以看出，无论路基是否产生了永久变形，位于轮迹带下方的基层和底基层均产生了拉应力，且最不利位置出现在底基层层底。以最大值为评价标准，产生永久变形之后底基层层底的最大拉应力可达 93.2kPa，而未产生永久变形对应的最大拉应力为 63.7kPa。图 12-12（b）为同一个横断面在相同时刻下的竖向位移 w 分布云图。可以看出，由于路基产生永久变形，移动车辆荷载作用下面层和基层产生垂直向下的位移，最大值可达 0.292mm，而路基顶部则出现了垂直向上的反向位移。路基未产生永久变形时，路基、路面成为一个整体，竖向位移从路面顶面往路基深度方向上呈半无限扩散状，最大值为 0.164mm。总之，由拉应力σ_y和竖向位移 w 显示出的道路横断面动力响应一致反映出路基发生不均匀永久变形整体上提高了路面和基层的应力水平和应变水平。

车辆荷载作用下道路底基层层底为最不利位置。将车辆荷载外侧轮迹带垂直往下与底基层层底的交点作为研究点，研究路基发生和未产生永久变形时底基层层底横向拉应力的演化规律，结果如图 12-13 所示。由于路基顶面发生了脱空，致使道路底基层层底横向拉应力明显高于路基未发生不均匀变形时的拉应力。以层底拉应力的最大值作为评价标准，路基产生永久变形之后底基层层底的横向拉应力增大 2.37 倍。由此可见，由于路基顶面产生不均匀永久变形而形成脱空区域，导致道路路面、基层材料受力状态发生改变，车辆荷载作用下底基层层底处在最不利的位置，其横向拉应力的水平可作为评价路基不均匀变形的指标。

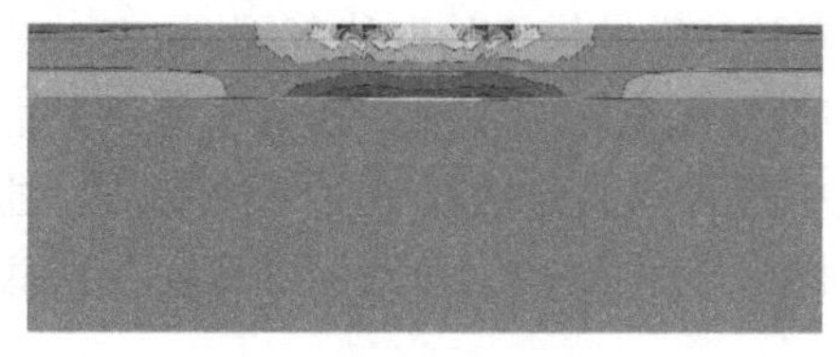

−3.28　−2.57 −2.01 −1.45 −0.89−0.33 0.23 0.79

产生永久变形

−3.02 −2.41 −1.92 −1.43−0.95 −0.46 0.03 0.52

未产生永久变形

（a）横向拉应力σ_y（单位：10^2kPa）

−0.002　0.064　0.123　0.181　0.240

产生永久变形

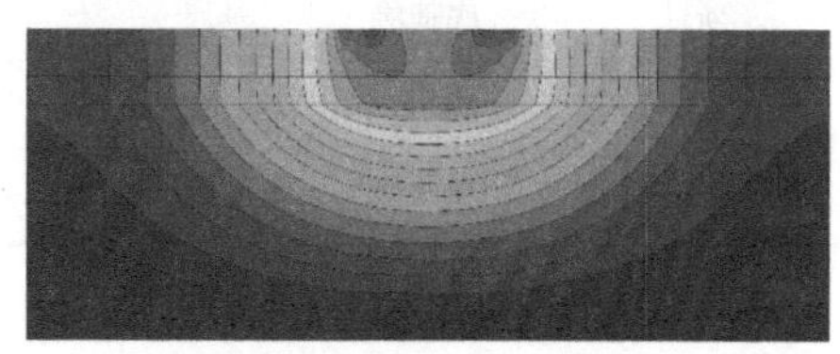

0.000　0.029 0.053 0.078 0.103 0.127 0.152

未产生永久变形

（b）竖向位移w（单位：mm）

图 12-12　有、无永久变形条件下道路横断面上动力响应云图

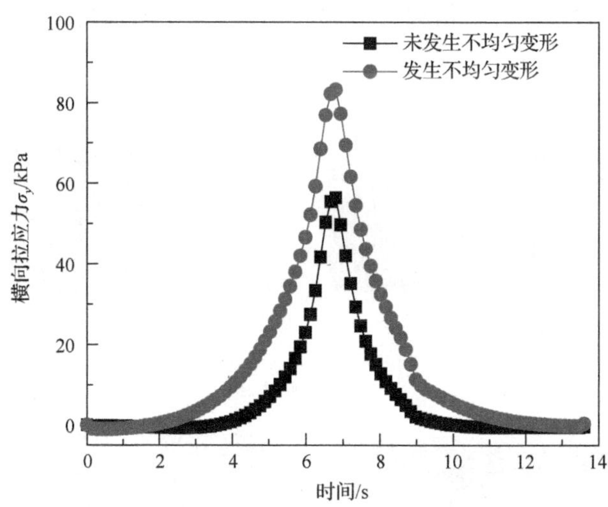

图 12-13　底基层层底横向拉应力σ_y的时程曲线

12.3.3　道路底基层层底横向拉应力预估公式

以底基层层底横向拉应力为评价指标，研究了不同路面结构组合下底基层层底拉应力的演化规律。《公路沥青路面设计规范》（JTG D50—2017）[335]中根据基层材料类型和交通荷载等级的不同提出了沥青路面结构层及其厚度的组合方案。

以此作为依据，确定了典型路基结构层的厚度及其弹性模量的取值范围，如表 12-2 所示。分别将底基层、基层及面层的厚度和弹性模量作为变量，研究了不同路面结构组合下底基层层底拉应力σ_y的变化，其中每种变量分别取 10 个研究水平。通过确定每种研究因素与σ_y的定量关系，得到不同路面结构组合对应的底基层层底拉应力σ_y的预估公式。

表 12-2　底基层层底横向拉应的影响因素及取值范围

项目	底基层	基层	面层	路基	控制指标 A/mm
厚度/mm	150～550	150～600	50～350	3000	2, 5, 10, 15, 30, 50, 70, 150, 250
弹性模量/MPa	1000～5000	1000～5000	1000～5000	40	—

图 12-14 为 0.6804s 时刻不同研究因素对应的底基层层底拉应力σ_y分布云图，此刻车辆荷载处于研究横断面正上方。可以看出，当路面各层的厚度及其动态弹性模量一定时，随着控制指标 A 的增大，即不均匀变形曲线深度和宽度的增大，底基层层底拉应力σ_y随之增大。取控制指标 A=5mm 对应的σ_y最大值$\sigma_{y,\max}$作为评价基准，控制指标 A 为 15mm、50mm 和 70mm 时对应的σ_y最大值依次增大 1.17 倍、1.33 倍和 1.39 倍。后文中所指的底基层层底拉应力均为其最大值$\sigma_{y,\max}$。

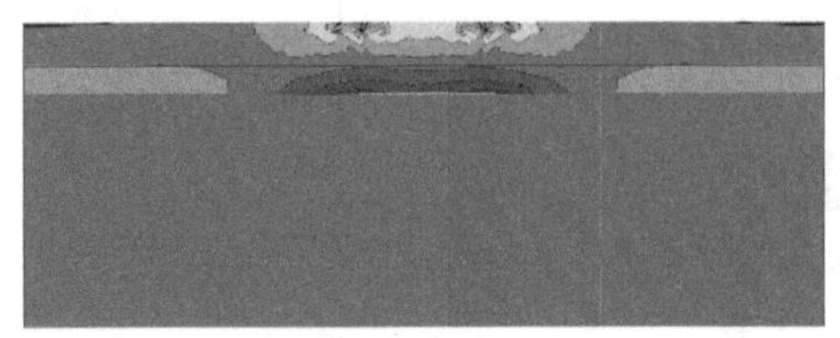

−3.26 −2.56 −2.00 −1.45 −0.89 −0.33 0.23 0.79

A=15mm

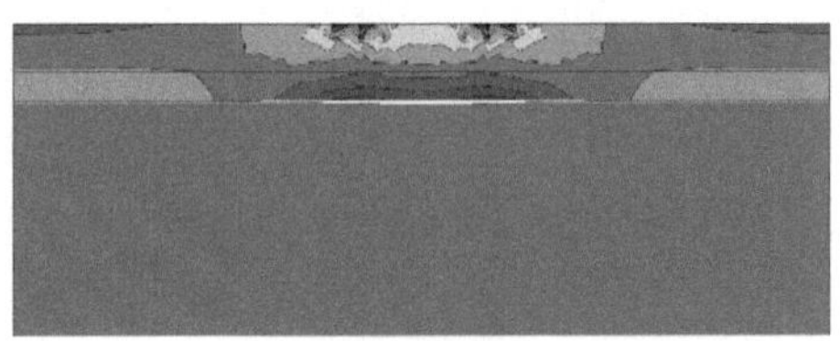

−3.28 −2.58 −2.01 −1.45 −0.89 −0.32 0.24 0.81

A=50mm

（a）控制指标A

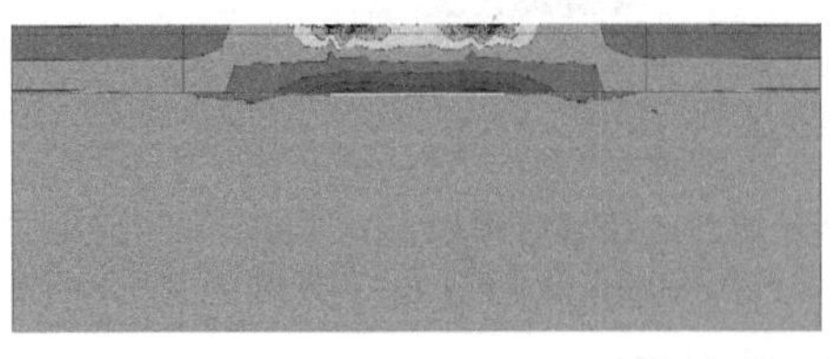

−3.64 −2.85 −2.22 −1.58 −0.95 −0.31 0.32 0.96

h_{pav}=120mm

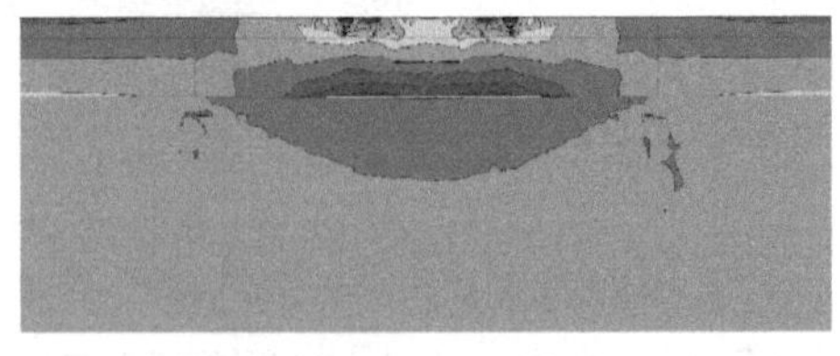

−2.69 −2.11 −1.64 −1.17 −0.7 −0.24 0.23 0.7

h_{pav}=250mm

（b）面层厚度h_{pav}

图 12-14　不同研究因素对应的底基层层底拉应力σ_y分布云图（单位：10^2kPa）

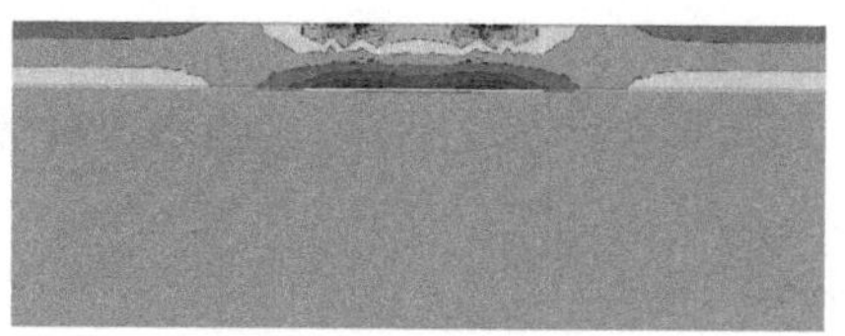

−3.55 −2.73 −2.09 −1.44 −0.79 −0.14 0.51 1.16

h_{bas}=250mm

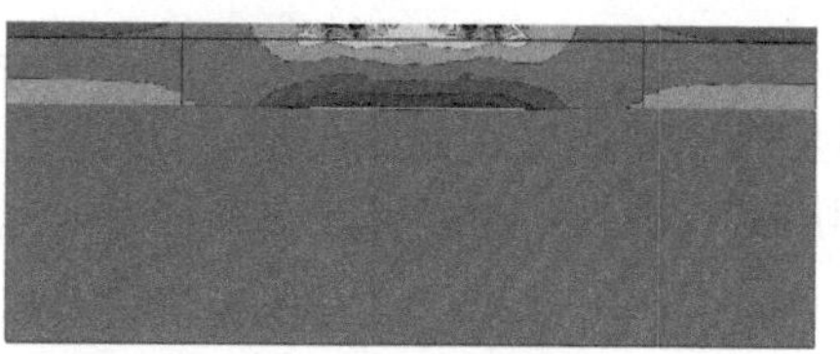

−2.82 −2.22 −1.75 −1.27 −0.8 −0.32 0.15 0.63

h_{bas}=500mm

（c）基层厚度h_{bas}

−3.61 −2.76 −2.08 −1.41 −0.73 −0.05 0.63 1.31

h_{sub}=150mm

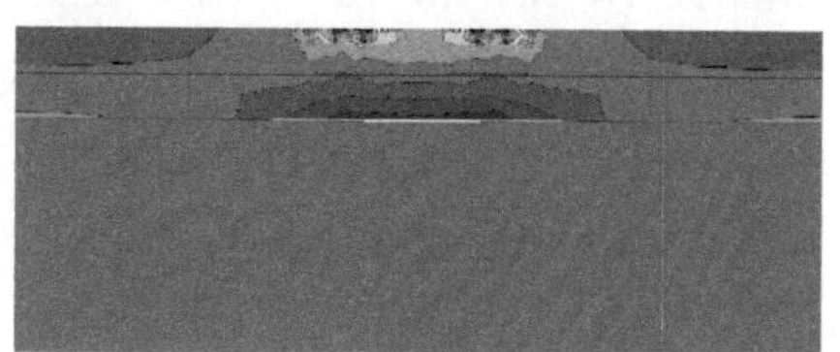

−2.71 −2.16 −1.72 −1.29 −0.85 −0.41 0.03 0.47

h_{sub}=550mm

（d）底基层厚度h_{sub}

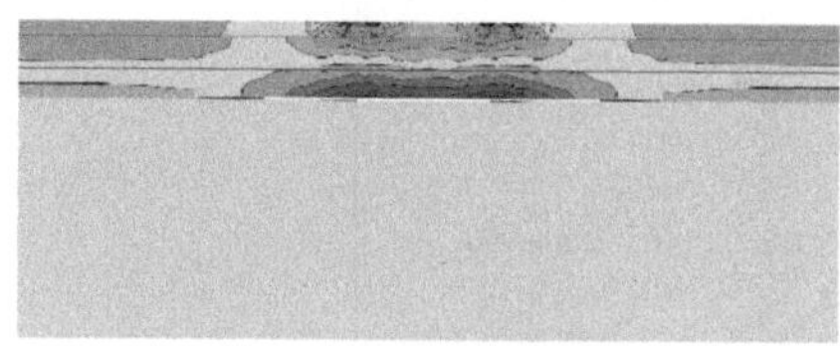

−2.42 −1.84 −1.37 −0.9 −0.43 −0.03 0.5 0.97

E_{pav}=1000MPa

−3.5 −2.78 −2.2 −1.63 −1.05 −0.48 0.09 0.67

E_{pav}=5000MPa

（e）面层弹性模量E_{pav}

−3.44 −2.69 −2.1 −1.5 −0.91 −0.31 0.28 0.88

E_{bas}=1000MPa

−2.68 −2.09 −1.62 −1.15 −0.68 −0.21 0.26 0.72

E_{bas}=5000MPa

（f）基层弹性模量E_{bas}

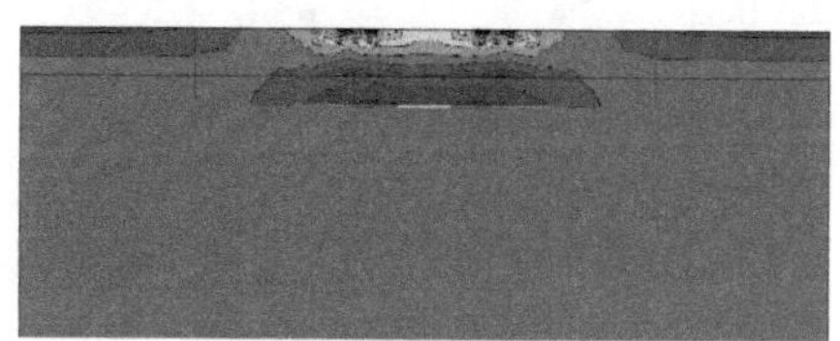

−3.13 −2.5 −1.99 −1.49 −0.98 −0.47 0.03 0.54

E_{sub}=1000MPa

−2.8 −2.14 −1.6 −1.07 −0.53 0 0.53 1.07

E_{sub}=5000MPa

（g）底基层弹性模量E_{sub}

图 12-14（续）

将 A-$\sigma_{y,\max}$ 关系整理如图 12-15 所示。永久变形控制指标 A 在 70mm 范围之内增加时底基层层底拉应力 $\sigma_{y,\max}$ 迅速增大，超过这个范围之后 $\sigma_{y,\max}$ 的增速减缓。利用式（12-5）能够很好地描述 A-$\sigma_{y,\max}$ 关系，即

$$\sigma_{y,\max} = 9.656\ln\left[4463.958\ln(\mathrm{A})\right] \tag{12-5}$$

面层、基层、底基层的厚度分别为 h_{pav}、h_{bas} 和 h_{sub}，对应的动态弹性模量分别为 E_{pav}、E_{bas} 和 E_{sub}。分别将 h_{pav}、h_{bas}、h_{sub} 及 E_{pav}、E_{bas}、E_{sub} 与 $\sigma_{y,\max}$ 的关系整理如图 12-16（a）和（b）所示。上述关系均能用式（12-6）进行描述：

$$\sigma_{y,\max} = a + bx^{c} \tag{12-6}$$

式中，a、b、c 为拟合参数，如表 12-3 所示。当研究对象是路面各层厚度时，x 依次取为 h_{pav}、h_{bas} 和 h_{sub}，单位 mm；当研究对象是路面各层动态弹性模量时，x 依次取为 E_{pav}、E_{bas} 和 E_{sub}，单位 kPa。

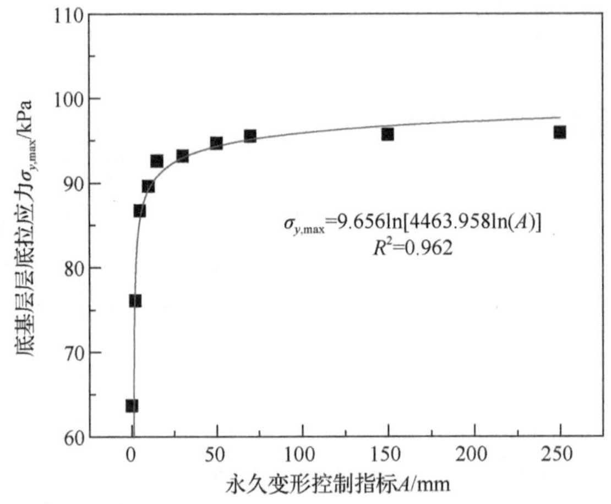

图 12-15　A-$\sigma_{y,\max}$ 关系

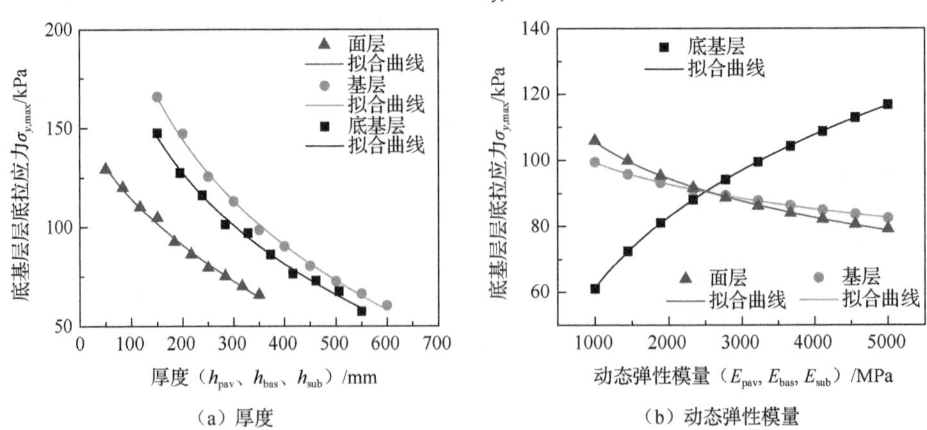

图 12-16　面层、基层、底基层的厚度及动态弹性模量与 $\sigma_{y,\max}$ 的关系

表 12-3　面层、基层、底基层的厚度及动态弹性模量与 $\sigma_{y,\max}$ 关系的拟合参数

项目	参数	a	b	c	R^2
厚度/mm	h_{pav}	166.115	−4.304	0.540	0.994
	h_{bas}	1101.940	−632.347	0.0783	0.997
	h_{sub}	719.500	−333.914	0.108	0.993
动态弹性模量/MPa	E_{pav}	307.590	−118.240	0.0775	0.999
	E_{bas}	152.127	−16.160	0.171	0.999
	E_{sub}	−80.400	34.298	0.205	0.999

在道路的设计阶段，当路面结构和材料选定，对应的面层、基层及底基层的厚度和动态弹性模量即为定值。相应地，在不考虑路基产生横向不均匀变形的情况下，底基层层底的最大拉应力$\sigma_{y,\max}$是确定的，称其为容许拉应力$[\sigma_{y,\max}]$。通过分析上述研究结果可知，面层、基层、底基层的厚度 h 和动态弹性模量 E 等变量均影响着底基层层底拉应力的大小。假设这些变量仅影响$\sigma_{y,\max}$且各变量之间相互独立。考虑上述 7 种影响因素的道路底基层层底拉应力$\sigma_{y,\max}$（kPa）的预估公式可写为

$$\sigma_{y,\max} = \eta \cdot \sigma_{y,\max}(A) \cdot \sigma_{y,\max}(h_i) \cdot \sigma_{y,\max}(E_i) \tag{12-7}$$

式中，$\sigma_{y,\max}(A)$为控制指标 A 的影响函数，其表达式由式（12-5）得出；$\sigma_{y,\max}(h_i)$和$\sigma_{y,\max}(E_i)$分别为各层层厚 h_i 和动态弹性模量 E_i 的影响函数，其表达式由式（12-6）得出，对应的参数取值由表 12-3 给出；η 为修正系数。

将$\sigma_{y,\max}(h_i)$的预测值和模拟值进行比较，如图 12-17 所示。将 η 取为 1.8×10^{-12} 时二者比值几乎都在 $y=x$ 线的附近。因此，将$\sigma_{y,\max}$预估公式中 η 取值为 1.8×10^{-12}。

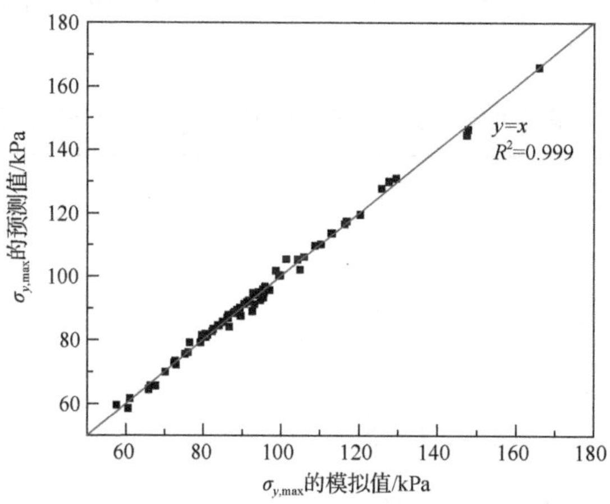

图 12-17　底基层层底拉应力 $\sigma_{y,\max}(h_i)$ 的预测值和模拟值比较

在不考虑路基产生横向不均匀变形的情况下，道路底基层层底的容许拉应力为$[\sigma_{y,\max}]$。在季节性和重车荷载的影响下，季节性冻土地区的道路路基将不可避免地产生不均匀永久变形，基层层底将会在车辆荷载下产生附加拉应力。当道路结构和材料确定的情况下，附加拉应力的水平仅与不均匀变形的控制指标 A 相关。假设季节性冻土地区道路设计过程中以底基层层底的容许拉应力$[\sigma_{y,\max}]$（kPa）为控制标准，则以路基不均匀变形控制指标 A 为变量的底基层层底拉应力容许值$\sigma_{y,\max}(A)$（kPa）应满足：

$$\sigma_{y,\max}(A) \leqslant \frac{[\sigma_{y,\max}]}{\eta \cdot \sigma_{y,\max}(h_i) \cdot \sigma_{y,\max}(E_i)} \tag{12-8}$$

将式（12-5）代入式（12-8）得到季节性冻土地区路基不均匀变形控制指标 A（mm）的容许值计算式为

$$A = \exp\left[0.00022\exp\left(\frac{[\sigma_{y,\max}]}{1.738\times10^{-11}\sigma_{y,\max}(h_i)\sigma_{y,\max}(E_i)}\right)\right] \tag{12-9}$$

12.3.4 寒区路基不均匀变形容许值确定的算例

《公路沥青路面设计规范》（JTG D50—2017）[335]中针对不同的交通荷载等级提出了路面结构层厚度的取值范围。以此为依据选定若干沥青路面结构设计方案（表 12-4），利用本节介绍的寒区路基永久变形控制方法，给出计算寒区道路路基在极重、特重和重型交通荷载等级下不均匀变形容许值的算例。所选用的路面结构底基层为无机结合料稳定类材料，且将路面结构简化为 3 层。该方法在实际工程中可根据真实的路面结构形式灵活使用。本研究选用的车辆荷载为 0.7MPa 单轴双轮组标准荷载，行车速度取为 80km/h，动荷载系数取为 1.14，模型的其他参数与 10.3 节相同。

表 12-4 沥青路面结构设计方案（无机结合料稳定类基层、底基层）

交通荷载等级	结构层名称	厚度/mm	弹性模量/MPa
极重	面层	190	2300
	基层	500	2600
	底基层	200	2400
特重	面层	190	2000
	基层	400	2200
	底基层	180	2200
重	面层	190	1800
	基层	300	2200
	底基层	150	2000

将表 12-4 中各结构层的厚度和弹性模量取值代入式（12-8），计算得到不同路面结构下底基层层底拉应力 $\sigma_{y,\max}$ 的取值。根据不同的底基层层底容许拉应力 $[\sigma_{y,\max}]$，利用式（12-5）和式（12-9）反算得到路基不均匀变形控制指标 A 的容许值。计算结果如表 12-5 所示。

表 12-5 路基横向不均匀变形容许值的算例结果

极重交通量		特重交通量		重交通量	
$[\sigma_{y,\max}]$/kPa	A/mm	$[\sigma_{y,\max}]$/kPa	A/mm	$[\sigma_{y,\max}]$/kPa	A/mm
≤60	1.05	≤80	1.05	≤100	1.04
65	1.08	85	1.07	105	1.05
70	1.13	90	1.10	110	1.06
75	1.20	95	1.15	115	1.08
80	1.34	100	1.22	120	1.11
85	1.57	105	1.32	125	1.14
90	2.04	110	1.47	130	1.19
95	3.04	115	1.72	135	1.25
97	3.79	120	2.15	140	1.33
99	4.92	125	2.93	145	1.45
101	6.74	127	3.42	150	1.61
103	9.81	129	4.10	155	1.86
105	15.37	131	5.03	160	2.22
107	26.30	133	6.36	165	2.81
109	50.04	135	8.33	170	3.80
—	—	137	11.34	175	5.60
—	—	139	16.16	180	9.27
—	—	141	24.22	182	11.79
—	—	143	38.53	184	15.38
—	—	145	65.55	186	20.66
—	—	—	—	188	28.64
—	—	—	—	190	41.14
—	—	—	—	192	61.44

12.4 小　结

基于路基水-热-动力耦合模型研究了寒区道路路基在不同季节和不同载重下的动应力响应，计算得到了行驶车辆荷载下路基内部的动应力分布，继而提出了路基不均匀变形的计算方法，确定了路基不均匀变形的模式及其函数表达式。以道路底基层层底横向拉应力为评价标准，提出寒区路基不均匀变形的控制指标及其预估公式，并给出了确定路基不均匀变形容许值的算例。主要结论如下。

（1）最大冻深状态下道路路基 1.5m 深度范围内的动弹性模量可达 1000～2000MPa，对应的路基横断面上动压应力峰值曲线呈“W”形分布；最大融深状态下道路路基的动态弹性模量处于 50～60MPa 水平，动压应力峰值曲线呈“U”形分布。

（2）季节更替和重车荷载对路基内部动压应力水平的影响程度不同，前者造成路基内部动压应力水平发生波动，但整体仍然维持在一定范围，后者则全面提升了路基内部的动压应力水平。以 0.7MPa 荷载在最大融深状态下在路基顶面产生的动压应力峰值为基准，超载 20%、40%、60%和 80%情况下路基顶面动压应力峰值依次增大 19.8%、33.2%、52.2%和 70.0%。

（3）提出了季节性冻土地区路基永久变形的计算思路与方法，确定利用高斯峰值函数可以合理地描述路基横向不均匀变形曲线。建立了以冻融循环次数、重车荷载及循环振动次数为变量的路基不均匀变形预估公式。

（4）选定了可同时描述不均匀变形曲线宽度和深度的高斯峰值函数参数作为路基不均匀变形的控制指标，建立了可考虑路面结构层厚度、路面结构层模量及路基不均匀变形控制指标的道路底基层层底拉应力的预估公式。以道路设计阶段底基层层底拉应力的容许值作为控制标准，提出了季节性冻土地区路基不均匀变形控制指标的计算式，并给出确定路基不均匀变形容许值的算例。

第13章　主要结论

本研究着重关注寒区冻融路基土的静动力学行为，以及路基在水、热和动力荷载下的力学响应的时空演化特征。通过大量的室内试验、理论分析、数值模拟，以及与数学处理相结合的手段，在充分认识冻融循环作用对路基土结构演化影响规律的基础上，研究了路基融土的静动力学特性，提出了路基融土的动力永久变形预估公式；建立了汽车-路面-路基动力相互作用模型，明确了轮胎接地动力荷载效应；建立并验证了路基水-热-动力耦合模型，研究了寒区道路路基的工作状态及动力响应演化规律。主要研究结论包括以下 3 个方面。

1. 路基土冻融损伤机理及其静动力学行为

（1）冻融循环作用对路基黏土的小应变动剪切模量的影响规律与试件含水率有关。随着冻融循环次数的增加，饱和路基黏土的小应变动剪切模量不断减小。非饱和路基黏土的小应变动剪切模量在垂直方向上产生弱化，在水平方向上有所加强。7 次冻融循环后小应变动剪切模量均趋于稳定。成型的过程中试件形成了初始刚度各向异性，饱和过程一定程度上弱化了这种各向异性，随后的冻融循环作用又改变了刚度各向异性。随着冻融循环次数的增加，饱和黏土试件的密度产生一定程度的弱化，随后趋于稳定，试件的部分裂纹也经历了增长而又愈合的过程。在冻融作用影响下，试件不同层位的等效密度各向异性指数趋于均一化。

（2）随着冻融循环次数的增加，饱和黏土在三轴应力状态下的强度、压缩阶段斜率、回弹阶段斜率依次降低、增大和减小，三者与冻融循环次数的关系均可用指数函数描述。以 15%/h 的应变速率为分界线，融化饱和黏土的强度、E_{50} 模量及抗剪强度指标呈现出不同的变化趋势：当应变速率在不超过 15%/h 的范围内增大时，抗剪强度先增大后减小，内摩擦角则持续减小；当应变速率超过 15%/h 时，抗剪强度和内摩擦角随着应变速率的增大持续增大。E_{50} 模量和黏聚力则不存在临界应变速率现象，与应变速率的增长呈正相关。同时，利用峰值强度作为归一化因子可以得到较好的归一化应力-应变关系，从而保证广义双曲线模型能够合理地描述不同应变速率下融化饱和黏土的应力-应变关系。

（3）采用应变式控制式静三轴仪对冻融循环后非饱和粉质黏土的静力学性能进行测试。发现主应力差随着围压的增加而增加，随着压实度的增加而增加，随着含水率的增加而减小，随着冻融循环次数的增加而减小；主应力差变化速率随着压实度的增加而增加，随着含水率的增加而减小，随着冻融循环次数的增加而减小；试件的静力学参数（破坏强度、切线模量、黏聚力和内摩擦角）在冻融循环 3 次后基本稳定。随着围压的增加、压实度的减小、含水率的增加、冻融循环次数的增加，试件的主应力差与轴向应变关系由应变软化型变为应变硬化型；应变软化型试件呈脆性破坏，表面可以观察到明显的剪切带，内部出现了大量连通的裂缝，并存在剪切滑动面；应变硬化型试件呈塑性破坏，表面变为鼓状，内部无裂缝出现，反而更加密实；存在应变过渡型，呈塑性破坏，试件表面存在不规则剪切带，内部出现大量非连通的细小裂缝，无明显的剪切滑动面，仍具有一定骨架结构。随着围压的增加，破坏强度和切线模量增加；随着压实度的减小、含水率和冻融循环次数的增加，破坏强度、切线模量、黏聚力和内摩擦角减小。

（4）随着动应力幅值的增大，融化饱和黏土的动剪切模量降低，而阻尼比增加；围压对于阻尼比的影响不明显，对于动剪切模量的影响程度则取决于动剪应变水平：在较低的动剪应变水平下动剪切模量随着围压的增大而增大；当动剪应变达到一定水平之后，围压的影响变得不明显。利用 Martin-Davidenkov 模型和双曲线模型能够合理地预测长期循环荷载作用下融化饱和黏土的动剪切模量和阻尼比的演化规律。归一化回弹模量随着动应力幅值和振动次数的增加而减小，随着围压和加载频率的增加而增大。建立了可考虑冻融循环次数、动应力幅值、围压、加载频率及振动次数等 5 种影响因素的融化饱和黏土长期回弹模量经验模型。路基融土的累积塑性应变随着动应力幅值和含水率的增大而增大，随着围压和初始应力比的增大而减小。动应力幅值、含水率与累积塑性应变的关系均可用幂函数描述；初始应力比与累积塑性应变的关系可用指数函数描述。建立了可考虑冻融循环次数、动应力幅值、含水率、初始应力比及振动次数等因素的路基融土累积塑性应变经验模型。

（5）在经典双曲线模型基础上，提出了改进的 Hardin 双曲线模型，能够很好弥补经典双曲线模型某些不足，更好刻画冻融路基砂土的动剪应力幅值与动剪应变幅值之间的关系；当模型参数$c=1$时，改进的 Hardin 双曲线模型即为经典双曲线模型，因此经典双曲线模型属于改进的 Hardin 双曲线模型的一个特例。同一动剪应变幅值下，融土的动剪切模量随含水率的增加而降低，随荷载频率的增加而增大，冻融循环 1 次和 3 次后增大，冻融循环 5 次后显著降低；阻尼比随含水率、冻融循环次数与荷载频率的增加而增大。路基土固结不排水强度，随冻融循环次数的增加而降低，随围压的升高而显著增加，随含水率的增大而变化不大。长期重载汽车荷载下路基的永久应变，随冻融循环次数、含水率和荷载幅值的增加而显著增大。以应力比为关联，建立了寒区长期交通荷载下路基永久应变模型，并采用试验数据验证了可靠性。

2. 汽车-路面-路基相互作用模型及其动力学分析

（1）针对公路交通系统特点，在合理假设的基础上，建立了寒区汽车-路面-路基动力相互作用模型，包括典型重载汽车行驶振动模型、汽车-路面-路基动力相互作用模型、春融期汽车-面层-基层-路基动力相互作用模型、正常期汽车-面层-基层-路基动力相互作用模型，开发相应的计算程序 DATPS。

（2）汽车-路面-路基动力相互作用模型的动力学分析表明：随后轴轴重增加，轮胎接地压力和路面动位移呈线性增加；随行车速度增加，轮胎接地压力峰值和路面动位移峰值增加，路面动位移平均值变化不明显；行车速度由 5km/h 增加至 100km/h，动压应力的频带宽度由 0～4Hz 增加为 0～60Hz。路面不平度等级由 A 级降为 D 级，轮胎接地压力放大倍数增加 2 倍有余，路面动位移峰值至少增加 72%；随路基冻结层融化厚度的增加，基层顶面压应力减小，路面动位移迅速增加；路基刚度由 10MPa/m 增加至 130MPa/m，基层顶面压应力增加 5.5%，路面动位移降低幅度为 59.5%。

（3）提出了路基水-热-动力耦合模型的建模原则及其求解思路。非饱和路基土的水分迁移试验表明，经过 3 次补水条件下的冻融循环试验之后土体含水率增加 11.7%～43.1%。利用水-热耦合模型能够合理地模拟冻融循环作用下非饱和路基土内部的水分场和温度场分布规律。

（4）采用现场动应力监测手段，研究了不同整车质量和行车速度对路基动应力竖向分布的影响，现场动应力监测表明，随整车质量的增加，路基和路面各层动压应力幅值显著增加；随行车速度的增加，基层顶面的动压应力幅值呈锯齿状，路基动压应力幅值有增加的趋势，且路基动压应力的频带增宽，优势频率增大；随埋深的增加，路基内动压应力峰值迅速衰减，基层内衰减幅度可达 50%，路基顶面动压应力峰值为 20～50kPa，埋深 3.12m 时，动压应力峰值为 10～20kPa。进而，利用路基动压应力现场实测数据分别验证了路面-路基动力模型的模拟能力。

3. 寒区重载汽车荷载下路基水-热演化与动力响应特性

（1）利用水-热耦合模型研究了足尺路基在修筑完成之后的 20 年内温度场和水分场的分布规律。结果表明，寒区道路修筑完成之后路基内部的温度场和水分场将充分分布，其中温度整体水平逐年降低，含水率整体水平逐年提升，二者分别在第 5 年和第 15 年后达到平衡状态。以温度、含水率和动态弹性模量 3 个指标研究了道路路基在不同季节下的工作状态及其动力响应，认为服役期内路基土的弹性模量并不是一个确定值，而是由温度和含水率共同决定，综合表现为路基的动态弹性模量随着季节及路基深度的不同而发生改变。

（2）季节更替和重车荷载对路基内部动压应力水平的影响程度不同，前者造成路基内部动压应力水平发生波动，但整体仍然维持在一定范围，后者则全面提升了路基内部的动压应力水平。最大融深状态下的路基处于最不利工作状态。

（3）提出了寒区道路路基永久变形的计算思路与方法，确定高斯峰值函数可以合理地描述路基横向不均匀变形曲线。建立了以冻融循环次数、重车荷载及循环振动次数为变量的路基不均匀变形预估公式。

（4）选定了可同时描述不均匀变形曲线宽度和深度的高斯峰值函数参数作为路基不均匀变形的控制指标，选定底基层层底拉应力作为路面安全性能的研究指标，建立了可考虑路面结构层厚度、路面结构层模量及路基不均匀变形控制指标的道路底基层层底拉应力的预估公式。以道路设计阶段的底基层层底拉应力的容许值作为控制标准，提出了季节性冻土地区路基不均匀变形控制指标的确定方法，并给出了确定路基不均匀变形容许值的算例。

参考文献

[1] 徐敩祖, 王家澄, 张立新. 冻土物理学[M]. 2版. 北京: 科学出版社, 2010.

[2] 王晓春, 张倬元. 寒区工程与冻融力学[J]. 地学前缘, 2000(S2): 99-104.

[3] 杨利民, 李晓东, 张波, 等. 深季节冻土区地基土的冻胀性[J]. 低温建筑技术, 2003(6): 62-63.

[4] 中华人民共和国住房和城乡建设部. 冻土地区建筑地基基础设计规范: JGJ 118—2011[S]. 北京: 中国建筑工业出版社, 2011.

[5] 齐吉琳, 程国栋, PIETER P A. 冻融作用对土工程性质影响的研究现状分析[J]. 地球科学进展, 2005, 20(8): 887-894.

[6] BROMS B B, YAO L Y C. Shear strength of a soil after freezing and thawing[J]. Journal of the soil mechanics and foundations division, 1964, 90(4): 1-25.

[7] OGATA N, KATAOKA T, KOMIYA A. Effect of freezing-thawing on the mechanical properties of soil[C]// Proceedings of the 4th International Symposium on Ground Freezing. Rotterdam, Netherlands: A.A.Balkema, 1985: 201-207.

[8] GRAHAM J, AU V C S. Effects of freeze-thaw and softening on a natural clay at low stresses[J]. Canadian geotechnical journal, 1985, 22(1): 69-78.

[9] FORMANEK G E, MCCOOL D K, PAPENDICK R I. Freeze thaw and consolidation effects on strength of a wet silt loam[J]. Transactions of the American Society of Agricultural Engineers, 1984, 27(6): 1749-1752.

[10] ALKIRE B D, MRRSION J M. Change in soil structure due to freeze-thaw and repeated loading[J]. Transportation research record: journal of the Transportation Research Board, 1983(918): 15-22.

[11] BERG R L, BIGL S R, STARK J A, et al. Resilient modulus testing of materials from mn/road, phase 1[R]. Hanover: U.S. Army Corps of Engineers, Cold Regions Research and Engineering Laboratory,1996.

[12] SIMONSEN E, JANOO V C, ISACSSON U. Resilient properties of unbound road materials during seasonal frost conditions[J]. Journal of cold regions engineering, 2002, 16(1): 28-50.

[13] SIMONSEN E, ISACSSON U. Soil behavior during freezing and thawing using variable and constant confining pressure triaxial tests[J]. Canadian geotechnical journal, 2001, 38(4): 863-875.

[14] TSARAPOV M N. Strength capacity evolution in thawing soils[J]. Moscow University geology bulletin, 2007, 62(6): 393-396.

[15] ISHIKAWA T, OZAKI Y, Miura S. Influence of freeze-thaw action on mechanical behavior of crushable volcanic coarse-grained soils[J]. Journal of geotechnical and geoenvironmental engineering, JSCE, 2008, 64(3): 712-717.

[16] ISHIKAWA T, TOKORO T. Influence of freeze-thaw action on hydromechanical behavior of unsaturated crushable volcanic soils[M]//LALOUI L, FERRARI A. Multiphysical Testing of Soils and Shales. Berlin: Springer, 2013: 143-148.

[17] YAMAKI M, MIURA S, YOKOHAMA S. Effect of freeze-thaw sequence on deformation properties of crushable volcanic soil[J]. Journal of geotechnical and geoenvironmental engineering, JSCE, 2009, 65(1): 321-333.

[18] SAHAPHOL T, MIURA S. Shear moduli of volcanic soils[J]. Soil dynamics and earthquake engineering, 2005, 25(2): 157-165.

[19] 齐吉琳, 张建明, 朱元林. 冻融作用对土结构性影响的土力学意义[J]. 岩石力学与工程学报, 2003, 22(S2): 2690-2694.

[20] QI J L, MA W, SONG C X. Influence of freeze-thaw on engineering properties of a silty soil[J]. Cold regions science and technology, 2008, 53(3): 397-404.

[21] WANG D Y, MA W, NIU Y H. Effects of cyclic freezing and thawing on mechanical properties of Qinghai-Tibet clay[J]. Cold regions science and technology, 2007, 48(1): 34-43.

[22] 苏谦, 唐第甲, 刘深. 青藏斜坡黏土冻融循环物理力学性质试验[J]. 岩石力学与工程学报, 2008(S1):

2990-2994.

[23] 毛雪松, 侯仲杰, 王威娜. 基于含水量和冻融循环的重塑土回弹模量试验研究[J]. 岩石力学与工程学报, 2009, 28(S2): 3585-3590.

[24] LIU J K, WANG T L, TIAN Y H. Experimental study of the dynamic properties of cement-and lime-modified clay soils subjected to freeze-thaw cycles[J]. Cold regions science and technology, 2010, 61(1): 29-33.

[25] 于琳琳, 徐学燕, 邱明国, 等. 冻融作用对饱和粉质黏土抗剪性能的影响[J]. 岩土力学, 2010, 31(8): 2448-2452.

[26] 董晓宏, 张爱军, 连江波, 等. 反复冻融下黄土抗剪强度劣化的试验研究[J]. 冰川冻土, 2010, 32(4): 767-772.

[27] 许强, 吴礼舟, 张莲花. 冻融循环作用下非饱和黏土的抗剪强度试验[J]. 成都理工大学学报(自然科学版), 2011, 38(3): 334-338.

[28] 陈炜韬, 王明年, 王鹰, 等. 含盐量及含水量对氯盐盐渍土抗剪强度参数的影响[J]. 中国铁道科学, 2006(4): 1-5.

[29] 冯勇, 何建新, 刘亮, 等. 冻融循环作用下细粒土抗剪强度特性试验研究[J]. 冰川冻土, 2008, 30(6): 1013-1017.

[30] 邴慧, 何平. 冻融循环对含盐土物理力学性质影响的试验研究[J]. 岩土工程学报, 2009, 31(12): 1958-1962.

[31] ALTUN S, SEZER A, EROL A. The effects of additives and curing conditions on the mechanical behavior of a silty soil[J]. Cold regions science and technology, 2009, 56(2-3): 135-140.

[32] ZAIMOGLU A S. Freezing-thawing behavior of fine-grained soils reinforced with polypropylene fibers[J]. Cold regions science and technology, 2010, 60(1): 63-65.

[33] GHAZAVI M, ROUSTAIE M. The influence of freeze-thaw cycles on the unconfined compressive strength of fiber-reinforced clay[J]. Cold regions science and technology, 2010, 61(2-3): 125-131.

[34] HAZIRBABA K, GULLU H. California bearing ratio improvement and freeze-thaw performance of ine-grained soils treated with geofiber and synthetic fluid[J]. Cold regions science and technology, 2010, 63(1-2): 50-60.

[35] 马巍, 徐学祖, 张立新. 冻融循环对石灰粉土剪切强度特性的影响[J]. 岩土工程学报, 1999(2): 23-25.

[36] 魏海斌, 刘寒冰, 宫亚峰, 等. 动荷载下粉煤灰土冻融损伤特性试验[J]. 哈尔滨工业大学学报, 2009, 41(10): 110-113.

[37] 魏海斌, 刘寒冰, 高一平, 等. 冻融循环对粉煤灰土动强度的影响[J]. 吉林大学学报（工学版）, 2007(2): 329-333.

[38] LIU J K, PENG L Y. Experimental study on the unconfined compression of a thawing soil[J]. Cold regions science and technology, 2009, 58(1-2): 92-96.

[39] 王天亮, 刘建坤, 田亚护. 冻融作用下水泥及石灰改良土静力特性研究[J]. 岩土力学, 2011, 32(1): 193-198.

[40] 戴文亭, 魏海斌, 刘寒冰, 等. 冻融循环下粉质黏土的动力损失模型[J]. 吉林大学学报（工学版）, 2007(4): 790-793.

[41] ZHANG Y. Impact of freeze-thaw on liquefaction potential and dynamic prosperities of mabel creek silt[D]. Fairbanks: University of Alaska Fairbanks, 2009.

[42] 赵亮. 冻融作用下自愈合特性对风积土动力学性质的影响和分析[D]. 阜新: 辽宁工程技术大学, 2012.

[43] WANG J, LIU H B, WU C L, et al. Influence of freeze-thaw cycles on dynamic characteristics of subgrade soils with different plasticity indices[J]. Chinese journal of geotechnical engineering, 2014, 36(4): 633-639.

[44] 严晗, 王天亮, 刘建坤, 等. 反复冻融条件下粉砂土动力学参数试验研究[J]. 岩土力学, 2014, 35(3): 683-688.

[45] TANG Y Q, LI J, WAN P, et al. Resilient and plastic strain behavior of freezing-thawing mucky clay under subway loading in shanghai[J]. Natural hazards, 2014, 72(2): 771-787.

[46] WANG T L, LIU Y J, YAN H. An experimental study on the mechanical properties of silty soils under repeated freeze-thaw cycles[J]. Cold regions science and technology, 2015, 112(4): 51-65.

[47] LI J, TANG Y J, YANG P. Dynamic properties of freezing-thawing muddy clay surrounding subway tunnel in shanghai[J]. Environ earth sciences, 2015, 74(6): 5341-5349.

[48] LING X Z, ZHANG F, LI Q L. Dynamic shear modulus and damping ratio of frozen compacted sand subjected to

freeze-thaw cycle under multi-stage cyclic loading[J]. Soil dynamics and earthquake engineering, 2015, 76(9): 111-121.

[49] CUI Z D, ZHANG Z L. Comparison of dynamic characteristics of the silty clay before and after freezing and thawing under the subway vibration loading[J]. Cold regions science and technology, 2015, 119(11): 29-36.

[50] VIKLANDER P. Permeability and volume changes in till due to cyclic freeze-thaw[J]. Canadian geotechnical journal, 1998, 35(3): 471-477.

[51] FRÝBA L. Vibration of solids and structures under moving loads[M]. Berlin: Springer, 2013.

[52] CEBON D. Handbook of vehicle-road interaction[M]. Exton: Swets & Zeitlinger Publishers, 1999.

[53] GILLESPIE T D, KARAMIHAS S M, SAYERS M W, et al. Effects of heavy vehicle characteristics on pavement response and performance[R]. Ann Arbor: The university of Michigan transportation research institute, 1993.

[54] LIU C, GAZIS D. Surface roughness effect on dynamic response of pavements[J]. Journal of transportation engineering, 1999, 125(4): 332-337.

[55] LIU C, MCCULLOUGN F, OEY H S. Response of rigid pavements due to vehicle-road interaction[J]. Journal of transportation engineering, 2000, 126(3): 237-242.

[56] KIM S M, MCCULLOUGH B F. Dynamic response of plate on viscous winkler foundation to moving loads of varying amplitude[J]. Engineering structures, 2003, 25(9): 1179-1188.

[57] KIM S M. Stability and dynamic response of rayleigh beam-columns on an elastic foundation under moving loads of constant amplitude and harmonic variation[J]. Engineering structures, 2005, 27(6): 869-880.

[58] DARESTANI M Y, THAMBIRATNAM D, NATAATMADJA A, et al. Dynamic response of concrete pavements under vehicular loads[C]//Proceedings IABSE symposium—response to tomorrow's challenges in structural engineering. Budapest: IABSE, 2006: 104-105.

[59] DARESTANI M Y, THAMBIRATNAM D P, NATAATMADJA A, et al. Structural response of concrete pavements under moving truck loads[J]. Journal of transportation engineering, 2007, 133(12): 670-676.

[60] BESKOU N D, THEODORAKOPOULOS D D. Dynamic effects of moving loads on road pavements: a review[J]. Soil dynamics and earthquake engineering, 2011, 31(4): 547-567.

[61] SAAD B, MITRI H, POOROOSHASB H. Three-dimensional dynamic analysis of flexible conventional pavement foundation[J]. Journal of transportation engineering, 2005, 131(6): 460-469.

[62] 杨方廷, 余群. 车辆运动引起路面动力反应的研究[J]. 农业工程学报, 1996(2): 53-57.

[63] 侯芸, 孙四平, 郭忠印. 移动荷载下刚性路面响应的参数影响分析[J]. 同济大学学报(自然科学版), 2003(1): 31-35.

[64] 周华飞, 蒋建群. 刚性路面在运动车辆作用下的动力响应[J]. 土木工程学报, 2006(8): 117-125.

[65] 张文斌, 王祁, 马松林, 等. 刚性路面动态应变响应的变换域分析[J]. 交通运输工程学报, 2007(4): 48-53.

[66] CAO C Y, WONG W G, ZHONG Y, et al. Dynamic response of rigid pavements due to moving vehicle load with acceleration[M]. Minneapolis: The American Society of Civil Engineers, 2008.

[67] LI M L, ZHONG Y, CAO X M. Dynamic response of rigid pavements under moving multi-load[C]// PENG Q Y, WANG K L, QUI Y J, et al. First International Conference on Transportation Engineering. Cheng Du: Southwest Jiaotong University, 2007：955-960.

[68] LV P M, TIAN R L, LIU X Y. Dynamic response solution in transient state of viscoelastic road under moving load and its application[J]. Journal of engineering mechanics, 2010, 133(2): 168-173.

[69] 姚海林, 正卢, 刘干斌, 等. 黏弹性地基上路面板在多轮荷载作用下的响应分析[J]. 岩土力学, 2009, 30(2): 367-372.

[70] SIDDHARTHAN R, ZAFIR Z, NORRIS G M. Moving load response of layered soil, i: formulation[J]. Journal of engineering mechanics, 1993, 119(10): 2052-2071.

[71] SIDDHARTHAN R, ZAFIR Z, NORRIS G M. Moving load response of layered soil, ii: verification and application[J]. Journal of engineering mechanics, 1993, 119(10): 2072-2089.

[72] ZAFIR Z, SIDDHARTHAN R, SEBAALY P E. Dynamic pavement-strain histories from moving traffic load[J].

Journal of transportation engineering, 1994, 120(5): 821-842.

[73] SIDDHARTHAN R, YAO J, SEBAALY P E. Pavement strain from moving dynamic 3d load distribution[J]. Journal of transportation engineering, 1998, 124(6): 557-566.

[74] SIDDHARTHAN R, SEBAALY P E, EL-DESOUKY M, et al. Heavy off-road vehicle tire-pavement interactions and response[J]. Journal of transportation engineering, 2005, 131(3): 239-247.

[75] 张洪亮, 胡长顺, 许伟清. 移动荷载作用下柔性路面的动力响应[J]. 长安大学学报(自然科学版), 2005, 25(5): 6-10.

[76] 董泽蛟, 曹丽萍, 谭忆秋, 等. 移动荷载作用下沥青路面三向应变动力响应模拟分析[J]. 土木工程学报, 2009, 42(4): 133-139.

[77] 卢正, 姚海林, 骆行文, 等. 矩形移动荷载作用下路面-双层地基系统三维振动分析[J]. 岩土力学, 2009, 30(11): 3493-3499.

[78] 卢正, 姚海林, 罗海宁, 等. 双参数黏弹性地基上连续配筋混凝土路面振动参数分析[J]. 岩土力学, 2008, 29(8): 2177-2182.

[79] 卢正, 姚海林, 吴莎, 等. 黏弹性地基板在矩形变速荷载作用下的振动分析[J]. 岩土力学, 2010, 31(11): 3613-3618.

[80] CAI Y Q, CAO Z G, SUN H L, et al. Dynamic response of pavements on poroelastic half-space soil medium to a moving traffic load[J]. Computers and geotechnics, 2009, 36(1-2): 52-60.

[81] HARDY M S A, CEBON D. Response of continuous pavements to moving dynamic loads[J]. Journal of engineering mechanics, 1993, 119(9): 1762-1780.

[82] WU C P, SHEN P A. Dynamic analysis of concrete pavement subjected to moving loads[J]. Journal of transportation engineering, 1997, 122(5): 367-372.

[83] LIN J H, WENG C C. Analytical study of probable peak vehicle load on rigid pavement[J]. Journal of transportation engineering, 2001, 127(6): 471-476.

[84] SHI X M, CAI C S. Simulation of dynamic effects of vehicles on pavement using a 3d interaction model[J]. Journal of transportation engineering, 2009, 135(10): 736-744.

[85] 邓学钧, 孙璐. 车辆——地面结构系统动力学[M]. 北京: 人民交通出版社, 2000.

[86] SUN L, DENG X J. Dynamic analysis of infinite beam under the excitation of moving line loads[J]. Applied mathematics and mechanics, 1998, 19(4): 367-373.

[87] SUN L, GREENBERG B S. Dynamic response of linear systems to moving stochastic sources[J]. Journal of sound and vibration, 2000, 229(4): 957-972.

[88] SUN L. Dynamic displacement response of beam-type structures to moving line loads[J]. International journal of solids and structures, 2001, 38(48/49): 8869-8878.

[89] SUN L, LUO F Q. Nonstationary dynamic pavement loads generated by vehicle travelling at varying speed[J]. Journal of transportation engineering, 2007, 133(4): 252-263.

[90] 陶向华, 黄晓明. 人-车-路相互作用三质量车辆模型分析[J]. 交通运输工程学报, 2004(3): 11-15.

[91] 刘大维, 李国政, 陈焕明, 等. 车辆随机动载作用下路面动态响应研究[J]. 农业机械学报, 2011, 42(2): 28-33.

[92] 李韶华. 重载汽车-路面-路基耦合系统动力学研究[D]. 北京: 北京交通大学, 2008.

[93] SEABAALY P E, TABATABAEE N, KULAKOWSKI B T, et al. Instrumentation for flexible pavements-field performance of selected sensors [R]. Washington: Federal Highway Administration, 1991.

[94] BROWN S F. Soil mechanics in pavement engineering[J]. Geotechnique, 1996, 46(3): 383-426.

[95] HYODO M, YASUHARA K, MURATa H. Deformation analysis of the soft clay foundation of low embankment road under traffic loading[C]//Proceeding of the 31st Symposium of Japanese Society of Soil Mechanics and Foundation Engineering. Tokyo: Japanese Geotechnical Society, 1996: 27-32.

[96] HYODO M, YASUHARA K. Analytical procedure for evaluating pore-water pressure and deformation of saturated clay ground subjected to traffic loads [M]//SWOBODA G. Numerical methods in geomechanics volume 1. London: Routledge, 1988 : 653-658.

[97] MATEOS A. Modeling the structural response of flexible pavement from full scale test track experimental data[D]. Madrid: Technical University of Madrid, 2003.

[98] TIMM D H, PRIEST A L, McEwen T V. Design and instrumentation of the structural pavement experiment at the NCAT test track[R]. Opelika: National center for asphalt technology, 2004.

[99] IMMANUEL S, TIMM D H. Measured and theoretical pressures in base and subgrade layers under dynamic truck loading[C]//IMAD L, AI-QADI P E. Proceedings of Airfield and Highway Pavements Specialty Conference: Airfield and Highway Pavement: Meeting Today's Challenges with Emerging Technologies. Atlanta: The Transportation and Development Institute of ASCE, 2006: 155-166.

[100] 凌建明, 王伟, 邬洪波. 行车荷载作用下湿软路基残余变形的研究[J]. 同济大学学报(自然科学版), 2002, 30(11): 1315-1320.

[101] 崔伯华, 颜治平, 谭祥韶. 某高速公路路基汽车动荷载下的动响应测试初探[J]. 河海大学学报, 2005, 33(S1): 108-110.

[102] 查文华, 洪宝宁, 徐毅. 交通荷载下低路堤高速公路路面路基振动测试与分析[J]. 公路工程, 2007, 32(4): 113-117.

[103] 王晅, 张家生, 杨果岳, 等. 重载作用下公路路基及基层动应力测试研究[J]. 振动与冲击, 2007, 26(6): 169-173.

[104] 王卫强, 刘维正, 赵燕. 交通荷载作用下低路堤结构应力响应试验分析[J]. 公路交通科技(应用技术版), 2007(2): 39-41.

[105] 赵俊明, 刘松玉, 石名磊, 等. 交通荷载作用下低路堤动力特性试验研究[J]. 东南大学学报(自然科学版), 2007, 37(5): 921-925.

[106] 王平安, 王杰贤, 刘跟收. 精密仪器工作台的隔振设计[J]. 西安建筑科技大学学报(自然科学版), 1999, 31(3): 61-63.

[107] 梁铁成, 李桐林, 董瑞春. 公路车辆产生振动波的衰减研究[J]. 吉林大学学报(地球科学版), 2003, 33(3): 382-386.

[108] 刘奉喜, 刘建坤, 房建宏, 等. 车辆载荷作用下岩盐公路振动衰减分析[J]. 公路, 2004, 49(4): 24-28.

[109] 卢正. 交通荷载作用下公路结构动力响应及路基动强度设计方法研究[D]. 武汉: 中国科学院武汉岩土力学研究所, 2009.

[110] COLE J, HUTH J. Stresses produced in a half-plane by moving loads[J]. Journal of applied mechanics, 1958, 25(4): 433-436.

[111] EASON G. The stresses produced in a semi-infinite solid by a moving surface force[J]. International journal of engineering and science, 1965, 2(6): 581-609.

[112] PAYTON R G. Transient motion of an elastic half-space due to a moving surface line load[J]. International journal of engineering and science, 1967, 5(1): 49-79.

[113] HANAZATO T, UGAI K, MORI M, et al. Three-dimensional analysis of traffic-induced ground vibration[J]. Journal of geotechnical engineering, 1991, 117(8): 1133-1151.

[114] JONES D V, PETYT M. Ground vibration in the vicinity of a strip load: a two-dimensional half-space model[J]. Journal of sound and vibration, 1991, 147(1): 155-166.

[115] JONES D V, PETYT M. Ground vibration in the vicinity of a rectangular load on a half-space[J]. Journal of sound and vibration, 1993, 166(1): 141-159.

[116] JONES D V, LE HOUEDEC D, PEPLOW A T, et al. Ground vibration in the vicinity of a moving harmonic rectangular load on a half-space[J]. European journal of mechanics-A/solids, 1998, 17(1): 153-166.

[117] DE BARROS F C P, LUCO J E. Response of a layered viscoelastic half-space to a moving point load[J]. Wave motion, 1994, 19(2): 189-210.

[118] HAO H, ANG T C. Analytical modeling of traffic-induced ground vibration[J]. Journal of engineering mechanics, 1998, 124(8): 921-928.

[119] LEFEUVE-MESGOUEZ G, LE HOUÉDEC D, PEPLOW A T. Ground vibration in the vicinity of a high-speed

moving harmonic strip load[J]. Journal of sound and vibration, 2000, 231(5): 1289-1309.

[120] LEFEUVE-MESGOUEZ G, PEPLOW A T, LE HOUÉDEC D. Surface vibration due to a sequence of high speed moving harmonic rectangular loads[J]. Soil dynamics and earthquake engineering, 2002, 22(6): 459-473.

[121] LOMBAERT G, DEGRANDE G, CLOUTEAU D. Numerical modeling of free field traffic-induced vibrations[J]. Soil dynamics and earthquake engineering, 2000, 19(7): 473-488.

[122] LOMBAERT G, DEGRANDE G. Experimental validation of a numerical prediction model for free field traffic induced vibrations by in situ experiments[J]. Soil dynamics and earthquake engineering, 2001, 21(6): 485-497.

[123] HUANG H H, YANG Y B. Elastic waves in visco-elastic half-space to generated by various vehicle loading[J]. Soil dynamics and earthquake engineering, 2001, 21(1): 1-17.

[124] 钟阳，王哲人，郭大智. 求解多层弹性半空间轴对称问题的传递矩阵法[J]. 土木工程学报，1992, 25(6): 37-43.

[125] 钟阳，孙林，黄永根. 轴对称半空间层状弹性体系动态反应的理论解[J]. 中国公路学报, 1998, 11(2): 26-31.

[126] 颜可珍，夏唐代，姜爱华. 交通荷载作用下地基中瑞利波的传播特性[J]. 岩土力学, 2004, 25(S2): 414-417.

[127] 张昀青. 移动荷载作用下半无限体的动力响应解[J]. 岩土力学, 2004, 25(6): 955-957.

[128] 蒋建群，周华飞，张土乔. 弹性半空间体在移动集中荷载作用下的稳态响应[J]. 岩土工程学报，2004, 26(4): 440-444.

[129] 谢伟平，王国波，于艳丽. 移动荷载引起的土变形计算[J]. 岩土工程学报, 2004, 26(3): 318-322.

[130] 汤连生，徐通，林沛元，等. 交通荷载下层状道路系统动应力特征分析[J]. 岩石力学与工程学报，2009, 28(S2): 3876-3884.

[131] 卢正，姚海林，骆行文，等. 公路交通荷载作用下分层地基的三维动响应分析[J]. 岩土力学，2009, 30(10): 2965-2970.

[132] 张玉红，汤卓文，王长林. 移动荷载作用下土体动力响应的参数影响分析 I：粘弹性半空间[J]. 西安建筑科技大学学报（自然科学版）, 2010, 42(5): 621-624.

[133] CAO Y M, XIA H, LOMBAERT G. Solution of moving-load-induced soil vibrations based on the betti-rayleigh dynamic reciprocal theorem[J]. Soil dynamics and earthquake enginnering, 2010, 30(6): 470-480.

[134] THEODORAKOPOULOS D D. Dynamic analysis of a poroelastic half-plane soil medium under moving loads[J]. Soil dynamics and earthquake engineering, 2003, 23(7): 521-533.

[135] THEODORAKOPOULOS D D, Chassiakos A P, Beskos D E. Dynamic effects of moving load on a poroelastic soil medium by an approximate method[J]. International journal of solids and structures, 2004, 41(7): 1801-1822.

[136] LU J F, JENG D S. A half-space saturated poro-elastic medium subjected to a moving point load[J]. International journal of solids and structures, 2007, 44(2): 573-586.

[137] LEFEUVE-MESGOUEZ G, MESGOUEZ A. Ground vibration due to a high-speed moving harmonic rectangular load on a poroviscoelastic half-space[J]. International journal of solids and structures, 2008, 45(11-12): 3353-3374.

[138] OUYANG H J. Moving-load dynamic problems: a tutorial (with a brief overview)[J]. Mechanical systems and signal processing, 2011, 25(6): 2039-2060.

[139] 郑灶锋，蔡袁强，徐长节. 稳态荷载下轴对称成层饱和粘弹性地基动力响应[J]. 岩石力学与工程学报，2005, 24(13): 2380-2385.

[140] 刘干斌，汪鹏程，陈运平，等. 运动荷载附近有限层厚软土地基的振动研究[J]. 岩土力学，2006(9): 1607-1612.

[141] JIN B, YUE Z Q, THAM L G. Stresses and excess pore pressure induced in saturated poroelastic halfspace by moving line load[J]. Soil dynamics and earthquake engineering, 2004, 24(1): 25-33.

[142] 陈远国，金波. 移动简谐荷载作用下多孔地基的动力响应[J]. 中国科学 G 辑, 2008, 38(3): 250-259.

[143] XU B, LU J F, WANG J H. Dynamic response of a layered water-saturated half space to a moving load[J]. Computers and geotechnics, 2008, 35(1): 1-10.

[144] LU Z, YAO H L, LIU G B. Thermomechanical response of a poroelastic half-space soil medium subjected to time harmonic loads[J]. Computers and geotechnics, 2010, 37(3): 343-350.

[145] ADERSEN L, NIELSEN S R K. Boundary element analysis of the steady-state response of an elastic half-space to a moving force on its surface[J]. Engineering analysis with boundary elements, 2003, 27(1): 23-38.

[146] FRANCOIS S, LOMGAERT G, DEGRANDE G. Local and global shape functions in a boundary element formulation for the calculation of traffic induced vibrations[J]. Soil dynamics and earthquake enginnering, 2005, 25(11): 839-856.

[147] LAK M A, DEGRANDE G, LOMBAERT G. The effect of road unevenness on the dynamic vehicle response and ground-borne vibrations due to road traffic[J]. Soil dynamics and earthquake enginnering, 2011, 31(10): 1357-1377.

[148] 蔡袁强, 刘飞禹, 徐长节, 等. 交通荷载下加筋道路弹黏塑性有限元分析[J]. 浙江大学学报（工学版）, 2006, 40(10): 1743-1748.

[149] 丁凯, 金波. 移动荷载作用下地基动力分析的有限元方法[J]. 力学季刊, 2006, 27(4): 648-654.

[150] 杨佳松, 金波. 移动荷载下多孔饱和地基的动力有限单元法[J]. 力学季刊, 2009, 30(1): 101-108.

[151] WEI Z, SONG E X. Three dimensional fem of moving coordinates for the analysis of transient vibrations due to moving loads[J]. Computers and geotechnics, 2010, 37(1-2): 164-174.

[152] QIU Y J. Permanent deformation of subgrade soils laboratory investigation and application in mechanistic-based pavement design[D]. Fayetteville: University of Arkansas, 1998.

[153] BARKSDALE R D. Laboratory evaluation of rutting in base course materials[C]//Transport and Road Research Laboratory: Proceeding of the 3rd International Conference on the Structural Design of Asphalt Pavement. London: University of Michigan, 1972: 161-174.

[154] MONISMITH C L, OGAWA N, FREEME C R. Permanent deformation characteristics of subgrade soils due to repeated loading[J]. Transportation research record: journal of the Transportation Research Board, 1975(537): 1-17.

[155] BOUCKOVALAS G , WHITMAN R V, MARR W A. Permanent displacement of sand with cyclic loading[J]. Journal of geotechnical engineering, 1984, 110(11): 1606-1623.

[156] GIDEL G, HORNYCH P, CHAUVIN J J. A new approach for investigating the permanent deformation behavior of unbound granular material using the repeated load triaxial apparatus[J]. Bulletin des laboratories des ponts et chaussees, 2001, 6(8): 5-21.

[157] NIEMUNIS A, WICHTMANN T, TRIANTAFYLLIDIS T. High-cycle accumulation model for sand[J]. Computers and geotechnics, 2005, 32(4): 245-263.

[158] WICHTMANN T, NIEMUNIS A, TRIANTAFYLLIDIS T. Strain accumulation in sand due to cyclic loading: drained triaxial tests[J]. Soil dynamics and earthquake engineering, 2005, 25(12): 967-979.

[159] WICHTMANN T, NIEMUNIS A, TRIANTAFYLLIDIS T. On the influence of the polarization and the shape of the strain loop on strain accumulation in sand under high-cyclic loading[J]. Soil dynamics and earthquake engineering, 2007, 27(1): 14-28.

[160] WICHTMANN T, NIEMUNIS A, TRIANTAFYLLIDIS T. Strain accumulation in sand due to cyclic loading: drained cyclic tests with triaxial extension[J]. Soil dynamics and earthquake engineering, 2007, 27(1): 42-48.

[161] WICHTMANN T, NIEMUNIS A, TRIANTAFYLLIDIS T. Strain accumulation in sand due to drained cyclic loading: on the effect of monotonic and cyclic preloading (miner's rule)[J]. Soil dynamics and earthquake engineering, 2010, 30(8): 736-745.

[162] KHOGALI W E I, MOHAMED E H. Novel approach for characterization of unbound materials[J]. Transportation research record: journal of the Transportation Research Board, 2004(1874):38-46.

[163] UZAN J. Permanent deformation in flexible pavements[J]. Journal of transportation engineering, 2004, 130(1): 6-13.

[164] PUPPALA A J, SARIDE S, CHOMTID S. Experimental and modeling studies of permanent strains of subgrade soils[J]. Journal of geotechnical and geoenvironmental engineering, 2009, 135(10): 1379-1389.

[165] KARG C, HAEGEMAN W. Elasto-plastic long-term behavior of granular soils: experimental investigation[J]. Soil

dynamics and earthquake engineering, 2009, 29(1): 155-172.

[166] 周建, 龚晓南. 循环荷载作用下饱和软粘土应变软化研究[J]. 土木工程学报, 2000, 33(5): 75-78.

[167] 蒋军. 循环荷载作用下粘土应变速率试验研究[J]. 岩土工程学报, 2002, 24(4): 528-531.

[168] 唐益群, 黄雨, 叶为民, 等. 地铁列车荷载作用下隧道周围土体的临界动应力比和动应变分析[J]. 岩石力学与工程学报, 2003, 22(9): 1566-1570.

[169] 王军, 蔡袁强. 循环荷载作用下饱和软黏土应变累积模型研究[J]. 岩石力学与工程学报, 2008, 27(2): 331-338.

[170] 陈颖平, 黄博, 陈云敏. 循环荷载作用下结构性软黏土的变形和强度特性[J]. 岩土工程学报, 2005, 27(9): 1065-1071.

[171] 陈颖平, 黄博, 陈云敏. 循环荷载作用下软黏土不排水累积变形特性[J]. 岩土工程学报, 2008, 30(5): 764-768.

[172] 高启聚, 郭忠印, 丛林, 等. 重复荷载作用下粘性路基土的永久变形预估[J]. 同济大学学报(自然科学版), 2008, 36(11): 1521-1525.

[173] 张勇, 孔令伟, 郭爱国, 等. 循环荷载下饱和软黏土的累积塑性应变试验研究[J]. 岩土力学, 2009, 30(6): 1542-1548.

[174] 刘添俊, 莫海鸿. 长期循环压缩荷载下饱和软黏土的应变速率特性[J]. 中国公路学报, 2009, 22(1): 17-22.

[175] 刘建坤, 肖军华, 杨献永, 等. 提速条件下粉土铁路路基动态稳定性研究[J]. 岩土力学, 2009, 30(2): 399-405.

[176] 肖军华, 刘建坤. 循环荷载下粉土路基土的变形性状研究[J]. 中国铁道科学, 2010, 31(1): 1-8.

[177] 吴敏哲, 张柯, 胡卫兵, 等. 地铁行车荷载作用下饱和黄土的累积塑性应变[J]. 西安建筑科技大学学报(自然科学版), 2011, 43(3): 316-322.

[178] LI D Q, SELIG E T. Cumulative plastic deformation for fine-grained subgrade soils[J]. Journal of geotechnical and geoenvironmental engineering, 1996, 122(12): 1006-1013.

[179] LI D Q, SELIG E T. Method for railroad track foundation design. ii: applications[J]. Journal of geotechnical and geoenvironmental engineering, 1998, 124(4): 323-329.

[180] CHAI J C, MIURA N. Traffic-load-induced permanent deformation of road on soft subsoil[J]. Journal of geotechnical engineering division, 2002, 128(11): 907-916.

[181] KIM I T. Permanent deformation behavior of airport flexible pavement base and subbase courses[D]. Urbana: University of Illinois at Urbana-Champaign, 2005.

[182] EL-BADAWY S M A. Development of a mechanistic constitutive model for the repeated load permanent deformation behavior of subgrade pavement materials[D]. Tucson: Arizona University, 2006.

[183] GRÄBE P J, CLAYTON C R I. Effects of principal stress rotation on permanent deformation in rail track foundations[J]. Journal of geotechnical and geoenvironmental engineering, 2009, 135(4): 555-565.

[184] 姚兆明, 黄茂松. 考虑主应力轴旋转角影响的饱和软黏土不排水循环累积变形[J]. 岩石力学与工程学报, 2011, 30(2): 391-399.

[185] 姚兆明, 黄茂松, 张宏博. 长期循环荷载下粉细砂的累积变形特性[J]. 同济大学学报(自然科学版), 2011, 39(2): 204-208.

[186] 钟辉虹, 黄茂松, 吴世明, 等. 循环荷载作用下软黏土变形特性研究[J]. 岩土工程学报, 2002(5): 629-632.

[187] 黄茂松, 李进军, 李兴照. 饱和软粘土的不排水循环累积变形特性[J]. 岩土工程学报, 2006(7): 891-895.

[188] 张宏博, 黄茂松, 宋修广. 循环荷载作用下粉细砂累积变形的等效黏塑性本构模型[J]. 水利学报, 2009, 40(6): 651-658.

[189] 姜岩, 雷华阳, 郑刚, 等. 循环荷载下结构性软土变形预测[J]. 交通运输工程学报, 2011, 11(1): 13-18.

[190] 彭丽云, 刘建坤. 正融粉质黏土在循环荷载作用下的变形特性研究[J]. 岩土工程学报, 2010, 32(4): 567-572.

[191] 李进军, 黄茂松, 王育德. 交通荷载作用下软土地基累积塑性变形分析[J]. 中国公路学报, 2006, 19(1): 1-5.

[192] 边学成, 曾二贤, 陈云敏. 列车交通荷载作用下软土路基的长期沉降[J]. 岩土力学, 2008, 29(11): 2990-2996.

[193] 董亮, 蔡德钩, 叶阳升, 等. 列车循环荷载作用下高速铁路路基累积变形预测方法[J]. 土木工程学报, 2010, 43(6): 100-108.

[194] ULLIDTZ P. Mathematical model of pavement performance under moving wheel load[D]. Transportation Research Board, 1993.

[195] PUPPALA A J, MOHAMMAD L N, ALLEN A. Permanent deformation characterization of subgrade soils from RLT test[J]. Journal of materials in civil engineering, 1999, 11(4): 274-282.

[196] VENKATESH N, HEERALAL M, PILLAI R J. Resilient and permanent deformation behaviour of clayey subgrade soil subjected to repeated load triaxial tests[J]. European journal of environmental and civil engineering, 2018, 24(9): 1414-1429.

[197] 吴万平, 等. 《公路路基设计规范》释义手册[M]. 北京: 人民交通出版社, 2015.

[198] 谈至明, 姚祖康. 软土地基不均匀沉降对铺面结构影响的分析[J]. 岩土工程学报, 1989(2): 54-63.

[199] 臧恩穆, 吴紫汪. 多年冻土退化与道路工程[M]. 兰州: 兰州大学出版社, 1999.

[200] 张久鹏, 袁卓亚, 汪双杰, 等. 冻土融沉对路面结构力学响应的影响[J]. 长安大学学报(自然科学版), 2014, 34(4): 7-12.

[201] 高成雷, 赵文忠, 凌建明, 等. 山区公路半填半挖路基沉降控制指标与标准研究[J]. 岩土力学, 2014, 35(1): 151-158.

[202] GUO Y, ZHAI W M, SUN Y. Mechanical characteristics of modern tramcar - embedded track system due to differential subgrade settlement[J]. Australian journal of structural engineering, 2017, 18(3): 178-189.

[203] 中华人民共和国交通运输部. 公路路基设计规范: JTG D30—2015[S]. 北京: 人民交通出版社, 2015.

[204] 中国民用航空局. 民用机场岩土工程设计规范: MH/T 5027—2013[S]. 北京: 中国民航出版社, 2013.

[205] 王广德, 韩黎明, 柴震林, 等. 机场跑道地基差异沉降控制标准研究[C]//中国地质学会工程地质专委会. 2014 年全国工程地质学术大会论文集, 北京: 科学出版社, 2014: 498-505.

[206] 国家铁路局. 高速铁路设计规范: TB 10621—2014[S]. 北京: 中国铁道出版社, 2014.

[207] 胡一峰, 李怒放. 高速铁路无砟轨道路基设计原理[M]. 北京: 中国铁道出版社, 2010.

[208] 周虎鑫. 软土地基上修筑高等级公路工后沉降指标的研究[D]. 南京: 东南大学, 1993.

[209] 张永清. 山区高速公路路基差异沉降特性与控制措施研究[D]. 西安: 长安大学, 2009.

[210] 宋文佳. 高速公路拓宽路基差异沉降特性与控制措施研究[D]. 西安: 长安大学, 2013.

[211] 弋晓明, 王松根, 宋修广, 等. 路基容许不均匀沉降控制指标的理论分析[J]. 山东大学学报(工学版), 2013(5): 68-73.

[212] 闫强, 支喜兰, 刘保健. 高速公路路基差异沉降标准[J]. 长安大学学报(自然科学版), 2013, 33(2): 16-21.

[213] 向一鸣. 季节冰冻区道路路基差异沉降控制标准及预测方法研究[D]. 长春: 吉林大学, 2013.

[214] 陈晓光. 基于沉降量和沉降速率控制的黄泛区桥头跳车地基处治技术研究[D]. 济南: 山东大学, 2017.

[215] 中华人民共和国交通运输部. 公路土工试验规程: JTG 3430—2020[S]. 北京: 人民交通出版社, 2020.

[216] 中华人民共和国建设部. 岩土工程勘察规范(2009 年版): GB 50021—2001[S]. 北京: 中国建筑工业出版社, 2009.

[217] 中华人民共和国住房和城乡建设部. 土工试验方法标准: GB/T 50123—2019[S]. 北京: 中国计划出版社, 2019.

[218] YAO X L, QI J L, MA W. Influence of freeze-thaw on the stored free energy in soils[J]. Cold regions science and technology, 2009, 56(2-3): 115-119.

[219] KONG Q Z, WANG R L, SONG G B. Monitoring the soil freeze-thaw process using piezoceramic-based smart aggregate[J]. Journal of cold regions engineering, 2014, 28(2): 614001.

[220] ZHANG F, JING R X, FENG D C, et al. Mechanical properties and an empirical model of compacted silty clay subjected to freeze-thaw cycles[C]// ZHAO S, LIU J, ZHANG X. Innovative materials and design for sustainable transportation infrastructure. Fairbanks: American Society of Civil Engineers, 2015: 200-212.

[221] 王大雁, 马巍, 常小晓, 等. 冻融循环作用对青藏粘土物理力学性质的影响[J]. 岩石力学与工程学报, 2005, 24(23): 4313-4319.

[222] 尚守平, 熊伟, 杜运兴, 等. 饱和场地土动力特性试验研究[J]. 岩土力学, 2008, 29(1): 23-27.

[223] ATKINSON J H, SALLFORS G. Experimental determination of stress-strain-time characteristics in laboratory

and in-situ tests[C]//Proceedings of the 10th European Conference on Soil Mechanics and Foundation Engineering. London: British Geotechnical Association, 1991: 915-956.

[224] 周燕国. 土结构性的剪切波速表征及对动力特性的影响[D]. 杭州: 浙江大学, 2007.

[225] 胡瑞林, 等. 粘性土微结构定量模型及其工程地质特征研究[M]. 北京: 地质出版社, 1995.

[226] 吴宏伟, 李青, 刘国彬. 利用弯曲元测量上海原状软黏土各向异性动剪切模量的试验研究[J]. 岩土工程学报, 2013, 35(1): 150-156.

[227] PENNINGTON D S, NASH D F T, LINGS M L. Anisotropy of G_0 shear stiffness in gault clay[J]. Geotechnique, 1997, 47(3): 391-398.

[228] NG C W W, LEUNG E H Y. Determination of shear-wave velocities and shear moduli of completely decomposed tuff[J]. Journal of geotechnical and geoenvironmental engineering, 2007, 133(6): 630-640.

[229] QIU T, HUANG Y B, GUADALUPE-TORRES Y. Effective soil density for small-strain shear waves in saturated granular materials[J]. Journal of geotechnical and geoenvironmental engineering, 2015, 141(9): 4015031-4015036.

[230] 冯德成, 林波, 张锋, 等. 冻融作用对土的工程性质影响的研究进展[J]. 中国科学:技术科学, 2017, 47(2): 111-127.

[231] 何伟朝. 冻融循环作用下路基土的剪切强度及其微观结构研究[D]. 长春: 吉林大学, 2013.

[232] 郑郧, 马巍, 邴慧. 冻融循环对土结构性影响的试验研究及影响机制分析[J]. 岩土力学, 2015, 36(5): 1282-1287.

[233] 张朝宗. 工业 CT 技术和原理[M]. 北京: 科学出版社, 2009.

[234] 王荣本, 顾柏园, 郭烈, 等. 基于分形盒子维数的车辆定位和识别方法[J]. 吉林大学学报(工学版), 2006(3): 331-335.

[235] 彭瑞东, 谢和平, 鞠杨. 二维数字图像分形维数的计算方法[J]. 中国矿业大学学报, 2004, 33(1): 22-27.

[236] 邓志斌. 软粘土蠕变试验与本构模型辨识方法研究及应用[D]. 长沙: 中南大学, 2007.

[237] LEKARP F, ISACSSON U, DAWSON A. State of the art. i: resilient response of unbound aggregates[J]. Journal of transportation engineering, 2000, 126(1): 66-75.

[238] 张锋. 深季节冻土区重载汽车荷载下路基动力响应与永久变形[D]. 哈尔滨: 哈尔滨工业大学, 2012.

[239] CHAN F W K, BROWN S F. Significance of principal stress rotation in pavements[C]// BALKEMA A A. Proceedings of the International Conference on Soil Mechanics and Foundation Engineering. Rotterdam: Society for Soil Mechanics and Foundation Engineering, 1994: 1823-1826.

[240] GUTIERREZ M, ISHIHARA K, TOWHATA I. Model for the deformation of sand during rotation of principal stress directions[J]. Soils and foundations, 1993, 33(3): 105-117.

[241] 朱启银, 尹振宇, 朱俊高, 等. 软黏土加载速率效应特性试验研究:进展与趋势[J]. 岩土力学, 2014, 35(1): 7-24.

[242] 陈铁林, 陈生水, 周成, 等. 粘土的流变特性分析[J]. 岩土工程学报, 2001, 33(3): 279-283.

[243] 蔡羽, 孔令伟, 郭爱国, 等. 动剪应变率对湛江强结构性黏土力学性状的影响[J]. 岩土力学, 2006, 27(8): 1235-1240.

[244] ZHU J G, YIN J H. Strain-rate-dependent stress-strain behavior of overconsolidated hong kong marine clay[J]. Canadian geotechnical journal, 2000, 37(6): 1272-1282.

[245] LEFEBVRE G, LE BOEUF D. Rate effects and cyclic loading of sensitive clays[J]. Journal of geotechnical engineering, 113(5): 476-489.

[246] 尹骥, 陈宝, 李煜, 等. 上海第②层粉质黏土非饱和强度与变形模量的三轴试验研究[J]. 岩土工程学报, 2009, 31(10): 1619-1625.

[247] SCHANZ T, VERMEER P A, BONNIER P G. The hardening soil model: formulation and verification[C]// BRINKGREVE R B J. Beyond 2000 in computational geotechnics-10 years of PLAXIS. Rotterdam: Taylor & Francis, 1999: 281-296.

[248] 周志军, 钟世福, 梁涵. 冻融循环次数对黄土路用性能影响规律的试验[J]. 长安大学学报（自然科学版）, 2013, 33(4): 1-6.

[249] 王铁行, 罗少锋, 刘小军. 考虑含水率影响的非饱和原状黄土冻融强度试验研究[J]. 岩土力学, 2010, 31(8): 2378-2382.

[250] 叶万军, 杨更社, 彭建兵, 等. 冻融循环导致洛川黄土边坡剥落病害产生机制的试验研究[J]. 岩石力学与工程学报, 2012, 31(1): 199-205.

[251] LADD C C, FOOTT R, ISHIHARA K, et al. Stress-deformation and strength characteristics: state of the art report[J]. International journal of rock mechanics and mining sciences and geomechanics abstracts, 1978, 15(2): A26.

[252] 沈珠江. 沈珠江土力学论文选集[M]. 北京: 清华大学出版社, 2005.

[253] 黄博, 丁浩, 陈云敏. 高速列车荷载作用的动三轴试验模拟[J]. 岩土工程学报, 2011, 33(2): 195-202.

[254] 卢正, 王长柏, 付建军, 等. 交通荷载作用下公路路基工作区深度研究[J]. 岩土力学, 2013, 34(2): 316-321.

[255] 胡小弟, 孙立军. 重型货车轮胎接地压力分布实测[J]. 同济大学学报(自然科学版), 2005, 33(11): 25-30.

[256] ISHIHARA K. Soil behavior in earthquake geotechnics[M]. New York: Oxford Science Publications, 1996.

[257] HARDIN B O, DRNEVICH V P. Shear modulus and damping in soils: measurement and parameter effects[J]. Journal of the soil mechanics and foundations divsion, 1972, 98(6): 603-624.

[258] IDRISS I M, DOBRY R, SINGH R D. Nonlinear behavior of soft clays during cyclic loading[J]. Journal of geotechnical engineering division, 1978, 104(12): 1427-1447.

[259] DELFOSSE-RIBAY E, DJERAN-MAIGRE I, CABRILLAC R. Shear modulus and damping ratio of grouted sand[J]. Soil dynamics and earthquake engineering, 2004, 24(6): 461-471.

[260] MARTIN P P, SEED H B. One-dimensional dynamic ground response analyses[J]. Journal of the geotechnical engineering division, 1982, 108(7): 935-952.

[261] RADOVSKY B, MURASHINA N V. Shakedown of subgrade soil under repeated loading[J]. Transportation research record: journal of the Transportation Research Board, 1996(1547): 82-88.

[262] GUO L, WANG J, CAI Y Q. Undrained deformation behavior of saturated soft clay under long-term cyclic loading[J]. Soil dynamics and earthquake engineering, 2013, 50(7): 28-37.

[263] YANG S R, HUANG W H, TAI Y T. Variation of resilient modulus with soil suction for compacted subgrade soils[J]. Transportation research record: journal of the Transportation Research Board, 2005(1913): 99-106.

[264] NGUYEN B T, MOHAJERANI A. Resilient modulus of fine-grained soil and a simple testing and calculation method for determining an average resilient modulus value for pavement design[J]. Transportation geotechnics, 2016, 7: 59-70.

[265] DUNLAP W A. TEXAS A. A report on a mathematical model describing the deformation characteristics of granular materials[R]. Austin: Texas Agricultural and Mechanical University, 1963.

[266] GEORGE K P. Prediction of resilient modulus from soil index properties[R]. Oxford: University of Mississippi, 2004.

[267] HICKS R G, MONISMITH C L. Factors influencing the resilient response of granular materials[J]. Highway research record, 1971(345): 15-31.

[268] FREDLUND D G, BERGAN A T, WONG P K. Relation between resilient modulus and stress conditions for cohesive subgrade soils[J]. Transportation research record, 1977(642): 73-81.

[269] YOSHIMI Y, OH-OKA H. Influence of degree of shear stress reversal on the liquefaction potential of saturated sand[J]. Soils and foundations, 1975, 15(3): 27-40.

[270] MORTEZAIE A R, VUCETIC M. Effect of frequency and vertical stress on cyclic degradation and pore water pressure in clay in the ngi simple shear device[J]. Journal of geotechnical and geoenvironmental engineering, 2013, 139(10): 1727-1737.

[271] LEI H Y, LIU M, ZHANG W J, et al. Dynamic properties of reclaimed soft soil under the combined frequency cyclic loading[J]. Road materials and pavement design, 2017, 18(S3): 54-64.

[272] GUO L, CHEN J M, WANG J. Influences of stress magnitude and loading frequency on cyclic behavior of k_0-consolidated marine clay involving principal stress rotation[J]. Soil dynamics and earthquake engineering, 2016,

84(5): 94-107.

[273] KNITTEL L, LAMPARTER A, NIEMUNIS A, et al. The high-cyclic model for sand tested beyond the usual ranges of application[J]. Acta Geotechnica, 2024, 19: 549-560.

[274] WICHTMANN T, RONDÓN H A, NIEMUNIS A. Prediction of permanent deformations in pavements using a high-cycle accumulation model[J]. Journal of geotechnical and geoenvironmental engineering, 2009, 136(5): 728-740.

[275] RAHMAN M S, ERLINGSSON S. Predicting permanent deformation behaviour of unbound granular materials[J]. International journal of pavement engineering, 2015, 16(7): 587-601.

[276] LI Q L, LING X Z, WANG L N, et al. Accumulative strain of clays in cold region under long-term low-level repeated cyclic loading: experimental evidence and accumulation model[J]. Cold regions science and technology, 2013, 94(10): 45-52.

[277] WU T Y, CAI Y Q, GUO L, et al. Influence of shear stress level on cyclic deformation behaviour of intact wenzhou soft clay under traffic loading[J]. Engineering geology, 2017, 228: 61-70.

[278] SALOUR F, ERLINGSSON S. Characterisation of permanent deformation of silty sand subgrades from multistage RLT tests[J]. Procedia engineering, 2016, 143: 300-307.

[279] 中华人民共和国住房和城乡建设部. 土工试验方法标准: GB/T 50123—2019[S]. 北京: 中国计划出版社, 2019.

[280] 王天亮, 刘建坤, 田亚护. 冻融作用下水泥及石灰改良土静力特性研究[J]. 岩土力学, 2011, 32(1): 193-198.

[281] 戴文亭, 魏海斌, 刘寒冰, 等. 冻融循环下粉质黏土的动力损失模型[J]. 吉林大学学报(工学版), 2007, 37(4): 790-793.

[282] 魏海斌, 刘寒冰, 高一平, 等. 冻融循环对粉煤灰土动强度的影响[J]. 吉林大学学报（工学版）, 2007, 37(2): 329-333.

[283] 魏海斌, 刘寒冰, 宫亚峰, 等. 动荷载下粉煤灰土冻融损伤特性试验[J]. 哈尔滨工业大学学报, 2009, 41(10): 110-113.

[284] LIU J K, PENG L Y. Experimental study on the unconfined compression of a thawing soil[J]. Cold regions science and technology, 2009, 58(1-2): 92-96.

[285] 焦贵德, 赵淑萍, 马巍. 冻融循环后高温冻结粉土在循环荷载下的动力特性试验研究[J]. 土木工程学报, 2010, 43(12): 107-113.

[286] 查文华, 洪宝宁, 徐毅. 交通荷载下低路堤高速公路路面路基振动测试与分析[J]. 公路工程, 2007, 32(4): 113-117.

[287] 王晅, 张家生, 杨果岳, 等. 重载作用下公路路基及基层动应力测试研究[J]. 振动与冲击, 2007, 26(6): 169-173.

[288] 尚守平, 刘方成, 杜运兴, 等. 应变累积对黏土动剪模量和阻尼比影响的试验研究[J]. 岩土力学, 2006, 27(5): 683-688.

[289] LING X Z, ZHU Z Y, ZHANG F, et al. Dynamic elastic modulus for frozen soil from the embankment on Beiluhe Basin along the Qinghai-Tibet Railway[J]. Cold regions science and technology, 2009, 57(1): 7-12.

[290] ZHU Z Y, LING X Z, WANG Z Y, et al. Experimental investigation of the dynamic behavior of frozen clay from the beiluhe subgrade along the QTR[J]. Cold regions science and technology, 2011, 69(1): 91-97.

[291] 朱占元. 青藏铁路列车行驶多年冻土场地路基振动反应与振陷预测[D]. 哈尔滨: 哈尔滨工业大学, 2009.

[292] HARDIN B O, DRNEVICH V P. Shear modulus and damping in soils: design equations and curves[J]. Journal of the soil mechanics and foundations division, 1972, 98(118): 667-692.

[293] 张克绪, 谢君斐. 土动力学[M]. 北京: 地震出版社, 1989.

[294] 徐春华, 徐学燕, 沈晓东. 不等幅值循环荷载下冻土残余应变研究及其 CT 分析[J]. 岩土力学, 2005, 26(4): 572-576.

[295] 张泽, 马巍, 齐吉琳. 冻融循环作用下土体结构演化规律及其工程性质改变机理[J]. 吉林大学学报（地球科学版）, 2013, 43(6): 1904-1914.

[296] 翟婉明. 车辆-轨道耦合动力学[M]. 北京: 科学出版社, 2007.

[297] HARDY M S A, CEBON D. Response of continuous pavements to moving dynamic loads[J]. Journal of engineering mechanics, 1993, 119(9): 1762-1780.

[298] WU C P, SHEN P A. Dynamic analysis of concrete pavements subjected to moving loads[J]. Journal of transportation engineering, 1997, 122(5): 367-373.

[299] LIN J H, WENG C C. Analytical study of probable peak vehicle load on rigid pavement[J]. Journal of transportation engineering, 2001, 127(6): 471-476.

[300] 邓学钧. 车辆-地面结构系统动力学研究[J]. 东南大学学报（自然科学版）, 2000, 32(3): 174-179.

[301] SUN L, DENG X J. Dynamic analysis to infinite beam under a moving line load with uniform velocity[J]. Applied mathematics and mechanics,1998, 19(4): 367-373.

[302] SUN L, GREENBERG B S. Dynamic response of linear systems to moving stochastic sources[J]. Journal of sound and vibration, 2000, 229(4): 957-972.

[303] SHI X M, CAI C S. Simulation of dynamic effects of vehicles on pavement using a 3D interaction model[J]. Journal of transportation engineering, 2009, 135(10): 736-744.

[304] 邓学钧, 孙璐. 车辆-地面结构系统动力学[M]. 北京: 人民交通出版社, 2000.

[305] SUN L, LUO F Q. Nonstationary dynamic pavement loads generated by vehicles traveling at varying speed[J]. Journal of transportation engineering, 2007, 133(4): 252-263.

[306] 陶向华, 黄晓明. 人-车-路相互作用三质量车辆模型分析[J]. 交通运输工程学报, 2004, 4(3): 11-15.

[307] 刘大维, 李国政, 陈焕明, 等. 车辆随机动载作用下路面动态响应研究[J]. 农业机械学报, 2011, 42(2): 28-33.

[308] 吕彭民, 董忠红. 车辆-沥青路面系统力学分析[J]. 岩土力学, 2010, 31(9): 2950.

[309] 曹志远. 板壳振动理论[M]. 北京: 中国铁道出版社, 1989.

[310] 全国机械振动与冲击标准化技术委员会. 机械振动 道路路面谱测量数据报告: GB/T 7031—2005[S]. 北京: 中国标准出版社, 2005.

[311] 刘献栋, 邓志党, 高峰. 公路路面不平度的数值模拟方法研究[J]. 北京航空航天大学学报, 2003, 29(9): 843-846.

[312] 管迪华, 范成建. 用于不平路面车辆动力学仿真的轮胎模型综述[J]. 汽车工程, 2004, 26(2): 162-167.

[313] 郭孔辉, 刘青, 丁国峰. 载荷和胎压对轮胎包容特性的影响[J]. 农业工程学报, 1998, 14(3): 58-60.

[314] 郭孔辉, 刘青, 丁国峰. 轮胎包容特性分析及其在汽车振动系统建模中的应用[J]. 汽车工程, 1999, 21(2): 65-71.

[315] GUO K H. Tire roller contact model for simulation of vehicle vibration input[C]//International Pacific Conference On Automotive Engineering. Warrendale, PA: Society of Automotive Engineers, 1993: 45-51.

[316] YANG S P, LI S H, LU Y U. Dynamics of vehicle-pavement coupled system based on a revised flexible roller contact tire model[J]. Science in China series E: technological sciences, 2009, 52(3): 721-730.

[317] 一汽解放汽车有限公司. 载货车型谱[EB/OL]. （2021-06-30）[2021-07-06]. https://www.fawjiefang.com.cn/fawjiefang/gsdt17/xzzx/cpxp/index. html#jfcs.

[318] 张锋, 冯德成, 凌贤长, 等. 春融期重载车辆-路面-路基垂向动力分析模型[J]. 中国公路学报, 2011, 24(4): 7-14.

[319] 张锋, 冯德成, 凌贤长. 季节冻土区车 - 路耦合作用下路面动力响应数值模拟研究[J]. 中国科技论文在线, 2010, 5(10): 797-802.

[320] CEBON D. Handbook of vehicle-road interaction[M]. London: Taylor & Francis,2000.

[321] WU C P, SHEN P A. Dynamic analysis of concrete pavements subjected to moving loads[J]. Journal of transportation engineering, 1996, 122(5): 367-373.

[322] 刘大维, 李国政, 陈焕明, 等. 车辆随机动载作用下路面动态响应研究[J]. 农业机械学报, 2011, 42(2): 28-33.

[323] 徐敩祖, 奥利奋特 J L, 泰斯 A R. 土水势、未冻水含量和温度[J]. 冰川冻土, 1985, 7(1): 1-14.

[324] VAN GENUCHTEN M T. A closed-form equation for predicting the hydraulic conductivity of unsaturated soils1[J]. Soil Science Society of America journal, 44(5): 892-898.

[325] GARDNER R W. Some steady-state solutions of the unsaturated moisture flow equation with application to evaporation from a water table[J]. Soil science, 1958, 85(4): 228-232.

[326] 朱林楠. 高原冻土区不同下垫面的附面层研究[J]. 冰川冻土, 1988, 10(1): 8-14.

[327] 查旭东, 黄旭, 肖秋明. 粘土质砂路基内部含水率的季节性变化规律[J]. 长沙理工大学学报（自然科学版）, 2010, 7(4): 7-11.

[328] 徐国元, 杨俭, 林立新, 等. 广州地区公路路基含水率季节性变化规律的现场试验研究[J]. 重庆交通大学学报（自然科学版）, 2017, 36(12): 47-52.

[329] 廖公云, 黄晓明. ABAQUS 有限元软件在道路工程中的应用[M]. 南京: 东南大学出版社, 2008.

[330] 李小军, 刘爱文. 动力方程求解的显式积分格式及其稳定性与适用性[J]. 世界地震工程, 2000, 16(2): 8-12.

[331] 周志. 冻融循环作用下非饱和路基土水分迁移规律研究[D]. 哈尔滨: 哈尔滨工业大学, 2017.

[332] 朱磊, 王吉良, 陈建华. 《冻土地区建筑地基基础设计规范》行业标准修编成果简介[J]. 建筑科学, 2012, 28(S1): 340-344.

[333] 徐学祖, 王家澄, 张立新. 冻土物理学[M]. 北京: 科学出版社, 2001.

[334] 张锋. 深季节冻土区重载汽车荷载下路基动力响应与永久变形[D]. 哈尔滨: 哈尔滨工业大学, 2012.

[335] 中华人民共和国交通运输部. 公路沥青路面设计规范: JTG D50—2017[S]. 北京: 人民交通出版社, 2017.

[336] 林绣贤. 重交通柔性路面结构设计方法研究[J]. 广东公路交通, 2009(3): 89-90.

[337] 郑仲浪. 重载车辆作用下沥青路面层间力学行为研究[D]. 西安: 长安大学, 2010.

[338] 钟阳, 王哲人, 张肖宁. 不平整路面上行驶的车辆对路面随机动压力的分析[J]. 中国公路学报, 1992, 5(2): 40-43.

[339] 张玉芝. 深季节性冻土地区高速铁路路基稳定性研究[D]. 北京: 北京交通大学, 2015.

[340] 王锐. 高纬度多年冻土地区路基工后沉降变化规律研究[D]. 哈尔滨: 东北林业大学, 2016.

[341] 白青波. 附面层参数标定及冻土路基水热稳定数值模拟方法初探[D]. 北京: 北京交通大学, 2016.

[342] 赵洪书. 季节性冻土区的地下水状况及其研究方法[J]. 土壤学报, 1981, 18(4): 389-394.

[343] COSTA Y D, CINTRA J C, ZORNBERG J G. Influence of matric suction on the results of plate load tests performed on a lateritic soil deposit[J]. Geotechnical testing journal, 2003, 26(2): 219-227.

[344] 凌建明, 陈声凯, 曹长伟. 路基土回弹模量影响因素分析[J]. 建筑材料学报, 2007, 10(4): 446-451.

[345] SAWANGSURIYA A, EDIL T B, BOSSCHER P J. Modulus-suction-moisture relationship for compacted soils in postcompaction state[J]. Journal of geotechnical and geoenvironmental engineering, 2009, 135(10): 1390-1403.

[346] YANG S R, LIN H D, KUNG J H S, et al. Suction-controlled laboratory test on resilient modulus of unsaturated compacted subgrade soils[J]. Journal of geotechnical and geoenvironmental engineering, 2008, 134(9): 1375-1384.

[347] ZHANG D W, LIU S Y, ZHANG T. Water content and modulus relationship of a compacted unsaturated soil[J]. Journal of Southeast University, 2012, 28(2): 209-214.

[348] 肖东辉, 马巍, 赵淑萍, 等. 冻土动力学参数研究的成果综述与展望[J]. 冰川冻土, 2015, 37(6): 1611-1626.

[349] 于啸波. 季节冻土动剪切模量阻尼比试验研究[D]. 哈尔滨: 中国地震局工程力学研究所, 2016.

[350] 杜耀辉, 杨晓华, 杨延平. 青藏粉质黏土冻融过程水热特征研究[J]. 冰川冻土, 2017, 39(4): 834-841.